"十一五"国家重点图书出版规划项目

新编法学核心课程系列教材

刑事诉讼法学

——理论·实务·案例

- ◆ 主　编　　孙彩虹
- ◆ 副主编　　潘牧天　张进德
- ◆ 撰稿人（以撰写章节先后为序）

孙彩虹　徐　杨　潘牧天

张进德　刘英明　孙青平

胡绩成　江　晨

中国政法大学出版社

2011·北京

出版说明

　　"十一五"国家重点图书出版规划项目是由国家新闻出版总署组织出版的国家级重点图书。列入该规划项目的各类选题，是经严格审查选定的，代表了当今中国图书出版的最高水平。

　　中国政法大学出版社作为国家良好出版社，有幸入选承担规划项目中系列法学教材的出版，这是一项光荣而艰巨的时代任务。

　　本系列教材的出版，凝结了众多知名法学家多年来的理论研究成果，全面而系统地反映了现今法学教学研究的最高水准。它以法学"基本概念、基本原理、基本知识"为主要内容，既注重本学科领域的基础理论和发展动态，又注重理论联系实际以满足读者对象的多层次需要；既追求教材的理论深度与学术价值，又追求教材在体系、风格、逻辑上的一致性；它以灵活多样的体例形式阐释教材内容，既推动了法学教材的多样化发展，又加强了教材对读者学习方法与兴趣的正确引导。它的出版也是中国政法大学出版社多年来对法学教材深入研究与探索的职业体现。

　　中国政法大学出版社长期以来始终以法学教材的品质建设为首任，我们坚信"十一五"国家重点图书出版规划项目的出版，定能以其独具特色的高文化含量与创新性意识成为集权威性和品牌价值于一身的优秀法学教材。

中国政法大学出版社

总　序

　　长期以来，由于大陆法系和英美法系法律渊源不同，法学教育模式迥异。大陆法系的典型特征是法律规范的成文化和法典化；而英美法系则以不成文法即判例法为其显著特征。从法律渊源来看，大陆法系以制定法为其主要法律渊源，判例一般不被作为正式法律渊源，对法院审判亦无约束力，而英美法系则以判例法作为其正式法律渊源，即上级法院的判例对下级法院在审理类似案件时有约束力。两大法系法律渊源的不同，导致归属于两大法系国家的法学教学存在较大差异。大陆法系国家的法学教育采用的是演绎法，教师多以法学基本概念和原理的讲解为主，即使部分采用了案例教学，也重在通过案例分析法律规定，而英美法系采用的是归纳法，判例就是法源，通过学习判例学习法学原理。

　　在我国，制定法为法律规范的主要渊源，长期以来，沿用大陆法系的演绎法教学模式。众所周知，法学是一门实践性、应用性很强的学科，法学教育的目标之一就是培养学生运用法学知识分析和解决实际问题的能力。为此，改变传统教学模式，引入理论和实践相结合的案例教学法成为必需。多年来，我校在这方面进行了有益的尝试和探索，总结了一套行之有效的理论和实务案例相结合的教学模式，深受学生欢迎。这套教学模式，根据大陆法系成文法的教学要求，借鉴英美法系的案例教学模式，将两大法系的教学方法有机地融为一体，既能使学生系统地掌握法学原理，又培养了学生分析和解决实际问题的能力。

　　为了及时反映我校法学教育改革的新成果，更好地满足法学教育的需要，我校组织编写了这套《新编法学核心课程系列教材》。这套教材具有如下特点：第一，覆盖面广。涵盖了现今主要的法学核心课程。第二，体例格式新颖。本套系列教材各章均按本章概要、学习目标、学术视野、理论思考与实务应用、参考文献的体例格式安排，这种体例兼顾了系统掌握法学理论和应用法学理论分析、解决实际问题能力的双重教学目标。第三，案例选择科学合理。主要表现为：一是案例大多选自司法实践，具有新颖性和真实性；二是根据法学知识点的系统要求选择案例，具有全面性和典型性；三是反映理论和实务的密切联系，以案说法，以法解释法学知识和原理，理论与实务高度融合，相得益彰。第四，内容简洁。本丛书力争以简洁的语言阐述法学理论和相关问题，解析实例，说明法理，做到深入浅出，通俗易懂。第五，具有启发性。本套丛书所列学术视野，多为本学科的焦点和热点问题，可帮助学生了解学术动态，激发其学术兴趣；理论思考题可引导学生思考温习所学知识，启迪其心志。

《新编法学核心课程系列教材》吸收了国内外优秀学术成果，在理论与实践相结合的基础上，达到了理论性、实践性和应用性相统一。在理论上具有较强的系统性和概括性，在应用上具有针对性和实用性，在内容上则反映了法学各学科的新发展和时代特征。总之，我真诚地希望这套丛书能成为广大学生和读者学习法学知识的新窗口，并愿这套系列丛书在广大读者和同行的关心与帮助下越编越好。

金国华

2010 年 10 月 28 日

编写说明

本书在编写过程中，努力反映我国近几年来刑事诉讼法学研究的最新成果以及司法实务改革的最新动态；注重理论联系实际，既保证了理论的系统性，又有大量的实证研究；注意全面、准确地阐述本课程的基本概念、基本知识和基本原理；力求做到结构简明、清晰、合理，内容主次分明，文字表述规范，逻辑严谨。

本书主编潘牧天教授提出了编写思路和要求，确定拟写大纲，并负责全书的修改与定稿；副主编协助主编组织书稿，参与了编写大纲的拟定与部分书稿的修改；所有的撰稿人员也参与了书稿的校对与资料的核实工作。在此对他们的辛勤劳动表示感谢！

本书共设 5 编 22 章，依其内容的性质和作用的不同，分为总论（第一至四章）、制度论（第五至十二章）、普通程序论（第十三至十八章）、特别程序论（第十九至二十一章）、执行论（第二十二章）。撰写分工如下（以撰写章节先后为序）：

孙彩虹：第一、三、十二、十八章；

徐　杨：第二、八、十三、十六章；

潘牧天：第四、六章；

张进德：第五、七、九、十七、二十章；

刘英明：第十、十一章；

孙青平：第十四、十五章；

胡绩成：第十九、二十二章；

江　晨：第二十一章。

由于资料和水平有限，加之各撰写人的写作风格和习惯不尽相同，尽管大家按照主编的要求对书稿进行过多次的修改和完善，但本书中仍然不可避免地会出现一些缺陷或失误，敬请读者批评指正。

编　者
2010 年 9 月

第一编 总 论

第二编　制度论

第三编　普通程序论

第四编 特别程序论

第五编 执行论

第一编 总 论

第一章

刑事诉讼法概述

【本章概要】刑事诉讼是诉讼的一种。我国的刑事诉讼是指国家专门机关在当事人和其他诉讼参与人的参加下，依照法律规定的程序，追究犯罪，解决被追诉人刑事责任的活动。刑事诉讼法是规范刑事诉讼活动的法律规范的总称。刑事诉讼法学是专门研究刑事诉讼法律规范、刑事诉讼实践和刑事诉讼理论的一门法学分支学科。

【学习目标】学习本章内容主要掌握以下要点：刑事诉讼与刑事诉讼法；刑事诉讼法的研究对象、研究方法和学科体系及与其他部门法尤其是与刑法的关系；刑事诉讼法的制定目的、根据和任务。

【教学重点与难点】诉讼、刑事诉讼的概念；刑事诉讼的特征；刑事诉讼的目的、任务。

第一节 刑事诉讼

一、诉讼

关于诉讼一词，从词义上讲，"诉，告也"，"讼，争也"，[1] 诉讼就是原告对被告提出告诉，由裁判者解决双方争议的活动。实际上，诉讼就是用司法权来解决社会纠纷的过程。无论纠纷的一方是普通公民，还是代表国家的公诉机关，或者是行政机关，或者双方都是普通公民，诉讼都是诉诸法院，由法院进行事实认定和适用法律的一种活动。因此，老百姓向政府、党委、人大反映情况和意见的活动不能被称为诉讼，而只能称做"人民群众来信来访"，属于信访。

---

[1]（东汉）许慎：《说文解字》。

在中国古代，刑事案件称"狱"，办理刑事案件称为"断狱"，《唐律》中就有《断狱》篇。从元代开始才以"诉讼"作为刑律《大元通制》的篇名。但《诉讼》篇只规定控告犯罪的有关问题，与现代以审判为中心的诉讼的内容不完全相同。

"诉讼"一词英语为 Procedure，德语为 Prozess，法语为 Proces，都是由拉丁语 Procedere 转变而来的，原意是向前推进、过程、程序。诉讼法（Procedural Law），可直译为程序法。我国采用"诉讼法"的名称，不仅由于历史上曾用"诉讼"作为刑律的篇名，还由于日本在明治维新时学习欧美资本主义国家法制，把 Procedural Law 定名为诉讼法，制定了刑事诉讼法、民事诉讼法。我国清末变法，受日本影响最大，因此也使用"诉讼法"的名称直至今日。

根据解决的争议、纠纷的性质不同，现代诉讼可以分为刑事诉讼、民事诉讼和行政诉讼三种。[1]

二、刑事诉讼的概念和特征

（一）刑事诉讼的概念

刑事诉讼是诉讼的一种。我国的刑事诉讼是指国家专门机关在当事人和其他诉讼参与人的参加下，依照法律规定的程序，追究犯罪，解决被追诉人刑事责任的活动。广义的刑事诉讼，是指国家实现刑罚权的全部诉讼行为，包括立案、侦查、起诉、审判、执行等阶段的诉讼行为。狭义的刑事诉讼，是专指审判程序而言，即公诉人提起公诉或自诉人提起自诉后，人民法院在控辩双方及其他诉讼参与人的参加下进行的审判活动。近现代的刑事诉讼一般是指广义上的刑事诉讼。它体现了对犯罪嫌疑人、被告人的诉讼主体地位的尊重和诉讼权利的保障，有助于实现国家权力之间的制约，防止权力滥用，反映了正当程序和诉讼民主的要求。

（二）刑事诉讼的特征

刑事诉讼具有如下几个主要特征：

1. 刑事诉讼由国家专门机关主持进行。在我国，专门机关主要指人民法院、人民检察院和公安机关（包括国家安全机关等其他侦查机关。下同）。它们根据法律的规定，在刑事诉讼中分别行使一定的职权，其中人民法院行使审判权；人民检察院行使公诉权、审查批准逮捕权、部分案件侦查权以及法律监督权；公安机关行使侦查权。我国的刑事诉讼在不同阶段分别由公安机关、人民检察院、人民法院主持进行。

2. 刑事诉讼是实现国家刑罚权的活动。在国家具有的一系列权力中，惩罚

---

[1] 并非所有国家都存在这三种诉讼。例如，美国就只有刑事诉讼和民事诉讼，而不存在行政诉讼。

犯罪的刑罚权是一项十分重要的权力。刑事诉讼的中心内容就是解决被追诉者即犯罪嫌疑人、被告人的刑事责任问题，具体内容包括犯罪事实是否发生，被追诉者是否实施犯罪行为，应否处以刑罚以及如何处以刑罚。刑事诉讼的内容决定了刑事诉讼所采取的形式和程序的特点，并区别于民事诉讼与行政诉讼。

3. 刑事诉讼必须依照法定程序进行。刑事诉讼不仅诉讼结果直接关系到人的生命、人身自由和财产权利，而且诉讼过程也与被追诉人的人身自由和财产权利密切相关。因此，公安司法机关必须严格按照法律规定的程序和规则进行诉讼活动，以防止权力滥用，侵犯人权。当事人和其他诉讼参与人也要严格遵循程序进行诉讼活动，这样才能有效地维护自己的诉讼权利。刑事诉讼追求严格的程序化，这是正当程序的要求，也是诉讼民主的基本要求。

4. 刑事诉讼是在当事人和其他诉讼参与人的参加下进行的活动。诉讼是由原告、被告、裁判机构三方作为基本的参加主体而组成。在我国刑事诉讼中，除公安司法机关外，必须有犯罪嫌疑人、被告人的参加，因为刑事诉讼的中心内容就是解决犯罪嫌疑人、被告人的刑事责任问题。为了追究犯罪，维护被害人的权利，我国刑事诉讼法也规定了被害人作为控方主体之一参加诉讼活动。为了在诉讼中证明案件事实，维护当事人合法权益，保证实现刑事诉讼法的任务，还必须有辩护人、诉讼代理人、附带民事诉讼原告与被告、证人、鉴定人等参加诉讼。诉讼参与人，特别是当事人参与诉讼的权利及参与的程度，是诉讼民主的重要标志。

5. 刑事诉讼是国家用以调整社会关系的一种带有强制约束性的特殊活动。在国家所拥有的各种社会调整手段中，刑事诉讼具有突出的地位。刑事诉讼所调整的是社会根本利益中受到刑法保护并为犯罪行为所侵害的那部分社会关系，这些社会关系无法用其他社会手段或其他法律手段加以调整，只能用刑罚这种极端形式强行实现其他手段实现不了的调整。

第二节　刑事诉讼法

一、刑事诉讼法的概念和性质

刑事诉讼法是国家的基本部门法之一，是国家制定的规范人民法院、人民检察院和公安机关及当事人和其他诉讼参与人进行刑事诉讼活动的法律规范的总称。刑事诉讼法有广义和狭义之分。狭义的刑事诉讼法仅指刑事诉讼法典。广义的刑事诉讼法指一切有关刑事诉讼的法律规范。刑事诉讼法的概念通常是从广义上加以理解。

刑事诉讼法的具体内容主要包括：①刑事诉讼中的专门机关及其权力和义务；②刑事诉讼中的当事人、其他诉讼参与人及其权利和义务；③刑事诉讼的原则、规则和制度；④刑事诉讼中收集和运用证据的规则和制度；⑤刑事诉讼的程序。

刑事诉讼法的性质是指刑事诉讼法所具有的法律属性。可以从不同角度考察其法律属性：

1. 程序法。法按其内容、作用可分为实体法与程序法。实体法是规定实质内容（如权利、义务、罪与刑等）的法律；程序法是规定司法机关司法与行政机关执法的程序的法律。刑事诉讼法规定了国家行使刑罚权的程序，是与刑事实体法——刑法相对应的程序法。现代法治国家越来越重视程序法的价值，认为程序法与实体法应当并重。

2. 公法。法按其涉及国家和个人的关系，可分为公法和私法，这是罗马法的传统分类。公法是调整国家与个人之间关系的法律；私法是调整个人与个人之间关系的法律。刑事诉讼法调整的是刑事诉讼中的国家专门机关与当事人及其他诉讼参与人的关系，特别是与犯罪嫌疑人、被告人和被害人的关系，因而它属于公法。制定和实施刑事诉讼法，应当充分注意到其作为公法的特点，处理好刑事诉讼中国家权力与公民权利的冲突和平衡问题。

3. 基本法。我国的法律按其阶位分为根本法、基本法和一般法律。根本法是指国家的根本大法即宪法；基本法是必须由全国人民代表大会通过的重要法律；一般法律则是由全国人民代表大会常务委员会通过的法律规范。我国刑事诉讼法的制定和修改都必须经全国人民代表大会通过，因此刑事诉讼法是在我国法律体系中占据重要地位的基本法。

二、刑事诉讼法的渊源

刑事诉讼法的渊源是指刑事诉讼法律规范的存在形式或载体。因为我国是成文法国家，我国刑事诉讼法亦以成文法的形式而存在。概括起来，我国刑事诉讼法的渊源有以下几种：

1. 宪法。宪法规定了我国的社会制度、经济制度、政治制度、国家机构及其活动原则、公民的基本权利和义务等重要内容，是国家的根本大法，具有最高法律效力，也是制定一切法律的根据。刑事诉讼法是根据宪法制定的，宪法还规定了一些与刑事诉讼直接有关的原则和制度，如依法独立行使审判权、检察权，适用法律一律平等，分工负责、互相配合、互相制约，使用本民族语言，审判公开，辩护权等。这些规定成为刑事诉讼法的重要渊源。

2. 刑事诉讼法典。它是基本法，是我国刑事诉讼法的主要法律渊源。我国现行的刑事诉讼法典是《中华人民共和国刑事诉讼法》，它于 1979 年 7 月 1 日由第五届全国人民代表大会第二次会议通过、1980 年 1 月 1 日施行，并经 1996 年 3 月 17 日第八届全国人民代表大会第四次会议修正、1997 年 1 月 1 日施行。

3. 有关法律规定。指全国人民代表大会及其常务委员会制定的有关刑事诉讼的法律规定。具体分两类：一类是全国人民代表大会及其常务委员会制定的法律中涉及刑事诉讼的规定，如《中华人民共和国刑法》、《中华人民共和国人民法院组织法》、《中华人民共和国人民检察院组织法》、《中华人民共和国律师法》等；另一类是全国人民代表大会及其常务委员会就刑事诉讼有关问题所作的专门规定，如 1983 年 9 月 2 日第六届全国人民代表大会常务委员会通过的《关于国家安全机关行使公安机关的侦查、拘留、预审和执行逮捕的职权的决定》等。

4. 有关法律解释。①司法解释，指被授权作司法解释的最高人民法院、最高人民检察院就审判工作和检察工作中如何具体运用刑事诉讼法所作的解释、通知、批复等。这些解释中最重要的有：最高人民法院、最高人民检察院会同公安部、国家安全部、司法部、全国人民代表大会常务委员会法制工作委员会于 1998 年 1 月 19 日制定的《关于刑事诉讼法实施中若干问题的规定》，最高人民法院于 1998 年 6 月 29 日制定的《关于执行〈中华人民共和国刑事诉讼法〉若干问题的解释》，最高人民检察院于 1999 年 1 月 18 日制定的《人民检察院刑事诉讼规则》等。②行政法规和部门规章中关于具体执行《刑事诉讼法》的规定，如 1998 年 4 月 20 日公安部制定的《公安机关办理刑事案件程序规定》等。

5. 行政法规和规章。行政法规是指国务院颁布的行政法规中有关刑事诉讼程序的规定，如国务院于 2003 年 7 月 16 日通过的《法律援助条例》等。规章是指国务院下属各部门和其他部门就本部门业务工作中与刑事诉讼有关的问题所作的规定，如公安部制定的《刑事技术鉴定规则》等。

6. 地方性法规。指地方人民代表大会及其常务委员会颁布的地方性法规中关于刑事诉讼程序的规定。

7. 国际公约、条约。条约是国际法的最主要渊源；缔约国忠实履行条约所确定的义务，是国际社会法律秩序得以维护的基本条件。对于缔结的条约，当事国应当善意履行，我国加入国际公约后，当然也不例外。在我国，国际条约被承认是我国法律的渊源之一。我国加入的涉及刑事程序的国际公约主要有：2003 年 8 月 27 日我国全国人民代表大会常务委员会批准的《联合国打击跨国有组织犯罪公约》和 2005 年 10 月 27 日批准的《联合国反腐败公约》。

三、刑事诉讼法与相邻部门法的关系

（一）刑事诉讼法与刑法

刑事诉讼法与刑法同属于刑事法律体系，都是办理刑事案件时所要遵循的法律规范。但刑事诉讼法规定进行刑事诉讼的原则、方式、方法和步骤，以及参与者的诉讼权利和诉讼义务等程序问题，属于刑事程序法；刑法则规定什么行为构成犯罪以及如何惩罚等实体问题，属于刑事实体法。刑事诉讼的过程既是运用刑事诉讼法的过程，也是运用刑法的过程。没有刑法，刑事诉讼的进行就失去了内容和实体上的依据；没有刑事诉讼法，刑法则不可能正确实施，等于一纸空文。因此两者互相依存，相辅相成，密不可分。

虽然刑事诉讼法具有保障刑法正确实施的作用，但是也有自己独立的价值。刑事诉讼法独立的价值表现为：关于审判公开、辩护制度的设置，是民主、法治精神的体现；刑事诉讼法的制定和实施，就是在实现其自身蕴含的民主、法治、人权保障等价值。

（二）刑事诉讼法与民事诉讼法、行政诉讼法

刑事诉讼法与民事诉讼法、行政诉讼法都是程序法，都是为正确实施实体法而制定的。因此，它们之间存在许多共同的原则、制度和程序，如司法机关依法独立行使职权，以事实为依据、以法律为准绳，审判公开，合议制，在程序上实行二审终审制，有一审程序、二审程序以及对已生效裁判的审判监督程序等。

但由于这三种诉讼法所要解决的实体问题不同，因而它们也存在很多不同，主要体现在以下几方面：

1. 诉讼主体。刑事诉讼中国家专门机关为人民法院、人民检察院和公安机关；民事诉讼、行政诉讼则仅指人民法院。当事人在刑事诉讼中为自诉人、被害人和犯罪嫌疑人、被告人以及附带民事诉讼的原告人、被告人；在民事诉讼和行政诉讼中为原告、被告以及第三人。

2. 诉讼原则。刑事诉讼法特有的原则有：未经人民法院依法判决对任何人都不得确定有罪，犯罪嫌疑人、被告人有权获得辩护等；民事诉讼法的特有原则为：当事人平等，辩论原则，调解原则，处分原则；行政诉讼法特有原则为：对具体行政行为进行合法性审查原则，不适用调解原则等。

3. 证据制度。在举证责任上刑事诉讼实行控诉方负举证责任，被告方对自己无罪或罪轻不负举证责任；民事诉讼法实行谁主张谁举证，原告、被告都负有举证责任；行政诉讼法实行被告对自己行政行为合法性负举证责任。在证明标准上，刑事诉讼法为：犯罪事实清楚，证据确实充分；民事诉讼法为：优势证据标准；行政诉讼法为：事实清楚，证据确凿。

4. 强制措施。刑事诉讼法规定对犯罪嫌疑人、被告人采取的强制措施有：拘传、取保候审、监视居住、拘留和逮捕；民事诉讼和行政诉讼，对诉讼参与人和其他人可采取训诫、罚款、拘留，行政诉讼还有责令具结悔过。

5. 诉讼程序。民事诉讼、行政诉讼的程序分为第一审、第二审、审判监督程序和执行程序；刑事诉讼则复杂得多，审判前有立案、侦查和起诉程序，审判

程序中另有死刑复核程序。

四、刑事诉讼法的目的与任务

（一）刑事诉讼法的目的

世界各国的刑事诉讼法，有的没有规定立法目的，有的则对目的作出了规定。如美国《联邦刑事诉讼规则》第2条规定："本规则旨在为正确处理每一起刑事诉讼提供规定，以保证简化诉讼，公正司法，避免不必要的费用和延缓。"日本《刑事诉讼法》第1条规定："本法以在刑事案件上，于维护公共福利与保障个人基本人权的同时，明确案件的事实真相，正当而迅速地适用刑罚法令为目的。"从美国、日本刑事诉讼法的规定可以看出：明确事实真相、正确适用法律、公正司法，最终达到保障基本人权，应是各国刑事诉讼法的共同目的。

我国《刑事诉讼法》第1条规定："为了保证刑法的正确实施，惩罚犯罪，保护人民，保障国家安全和社会公共安全，维护社会主义社会秩序，根据宪法，制定本法。"这便是我国刑事诉讼法的制定目的。确立这一目的是由我国刑事诉讼的实质内容以及刑事诉讼法与刑法的关系决定的。刑事诉讼以指控、证实和惩罚犯罪为其中心内容，确定案件性质与刑事责任必须以刑法为依据。因为刑法专门规定了什么行为是犯罪和对犯罪处以什么刑罚的问题，离开刑法，定罪量刑就失去了统一标准。刑事诉讼法规定了惩罚犯罪的具体程序，司法机关只有严格遵循这些程序，才能查明犯罪事实，从而才能准确适用刑法，惩罚犯罪，保护人民，进而有效地保障国家安全和社会公共安全，维护社会秩序。刑事诉讼法确立的这一目的，既体现了我国刑事诉讼法的社会主义性质，又明确了刑事诉讼法与刑法的关系。

（二）刑事诉讼法的任务

我国《刑事诉讼法》第2条规定："中华人民共和国刑事诉讼法的任务，是保证准确、及时地查明犯罪事实，正确应用法律，惩罚犯罪分子，保障无罪的人不受刑事追究，教育公民自觉遵守法律，积极同犯罪行为作斗争，以维护社会主义法制，保护公民的人身权利、财产权利、民主权利和其他权利，保障社会主义建设事业的顺利进行。"可见，我国刑事诉讼法的任务可从以下三个方面理解：

1. 保证准确、及时地查明犯罪事实，正确应用法律，惩罚犯罪分子，保障无罪的人不受刑事追究。这是刑事诉讼法的首要任务和直接任务。

任何案件的审判过程都可分为事实认定和法律适用两个组成部分，刑事案件自不例外。查明犯罪事实，是整个刑事诉讼的基础。在查明犯罪事实的基础上，还必须正确运用法律。此处的"法律"包括刑法、刑事诉讼法以及办理案件中需要适用的其他法律。

要想实现这一任务，必须正确处理好以下两个关系：

（1）准确和及时的关系。准确查明犯罪事实，正确应用法律，是指对案件事实的认定和对犯罪人的行为定性准确，并根据犯罪的具体情况适用刑法。准确是要求司法机关对案件的查明要做到事实清楚，证据确凿。查明案件事实不仅要准确，还要及时。及时是追求诉讼效率的提高，防止诉讼拖延。准确是关键，是及时的目的；及时是准确的重要保障，过度的诉讼拖延会给当事人带来讼累，准确的意义也就大打折扣。但司法工作人员必须在保证办案质量的前提下讲及时，绝不允许以牺牲质量为代价去追求速度和效率。

（2）惩罚犯罪与保护无辜的关系。惩罚犯罪，保护无辜，是刑事诉讼法任务中对立统一的两个方面。一方面，只要真正做到准确惩罚犯罪，就不会伤害无辜；另一方面，在刑事诉讼中谨慎执法，注意保护无罪的人，就必然更能准确惩罚犯罪分子。为了惩罚犯罪而冤枉无辜既严重侵犯了人权，又给社会造成恶劣的影响，其后果比放纵犯罪更加严重。古书云："与其杀不辜，宁失不经。"[1] 说的就是这个道理，不能单纯为了惩罚犯罪而去肆意侵害无罪之人的权利。

2. 教育公民自觉遵守法律，积极同犯罪行为作斗争。这是刑事诉讼法的重要任务。

3. 维护社会主义法制，保护公民的人身权利、财产权利、民主权利和其他权利，保障社会主义建设事业的顺利进行。这是刑事诉讼法的根本任务。维护社会主义法制就是维护社会主义法制的尊严，做到"有法必依、执法必严、违法必究"。

第三节　刑事诉讼法学

一、刑事诉讼法学的研究对象

刑事诉讼法学作为一门法学的分支学科，有着自己的研究对象和理论体系，其研究对象包括刑事诉讼法律规范、刑事诉讼实践和刑事诉讼理论。需要说明的是，以上三个方面的内容不限于当代中国的刑事诉讼法律、实践和理论，而是包容古今中外，即中外历史上的和当今的刑事诉讼法律、实践和理论都是刑事诉讼法学的研究对象。当然本书以当今中国的刑事诉讼法律、实践和理论为主要内容。

（一）刑事诉讼法律规范

刑事诉讼法学将广义的刑事诉讼法作为其研究对象。我国《刑事诉讼法》

---

[1]　《尚书·大禹谟》。

是刑事诉讼法学的重要研究对象。除了刑事诉讼法典以外的其他法律、法规中有关刑事诉讼的制度、程序的规定，以及最高人民法院、最高人民检察院就审判、检察业务具体应用法律所作的司法解释，都属于刑事诉讼法学的研究对象。

外国的刑事诉讼法相对比较完备，也是我国刑事诉讼法学研究的重要内容。另外，联合国有关公约及其他国际公约、条约中有关刑事司法准则的规定，也已成为我国刑事诉讼法学的研究对象。

研究刑事诉讼法，要准确解读刑事诉讼法条文的字义、词义及其内容含义，同时还要研究刑事诉讼法律规范的结构，把握刑事诉讼法典各个部分之间的关系，这是对刑事诉讼法本身进行研究的基础。此外，要准确了解刑事诉讼法律规范，不能仅仅局限于对法律规范的外在形式进行研究，还必须对其内在的精神进行研究，包括立法背景、立法的指导思想及其所反映的法律价值等内容。

（二）刑事诉讼实践

刑事诉讼法学是一门实践性很强的应用型法律学科，因此，有必要将刑事诉讼实践作为重要的研究对象。即研究刑事诉讼法律规范在司法实践中的适用和实施情况，从中总结经验，发现和解决具体贯彻实施刑事诉讼法过程中存在的问题。司法实践是检验法律是否合理、是否完善的标准，研究司法实践可以提出改进立法的意见。同时，司法实践会不断提出新的研究课题，促使刑事诉讼法学针对司法实践的需要，探索进一步健全刑事诉讼法律制度的措施和途径。实践是知识的源泉，刑事诉讼法学离开了实践，便成为无本之木，无源之水。刑事诉讼法学只有植根于司法实践之中，不断总结实践、服务实践、促进实践，才能使自己获得新的繁荣和发展。

（三）刑事诉讼理论

刑事诉讼理论是分析刑事诉讼法律规范和研究刑事诉讼司法实践的思维工具，只有切实掌握刑事诉讼理论，才能在具体问题的分析中具有锐利明晰的眼光和高屋建瓴的气魄。因此，刑事诉讼法学要成为一门独立的法律学科，就不能不研究刑事诉讼理论。刑事诉讼理论的研究是一个系统工程，不仅要对刑事诉讼的结构模式、原则、制度及其具体程序等课题和范畴内存在的众多学说和理论进行研究，而且要加强对刑事诉讼法学基本理论的研究和创新。历史经验表明，没有深厚的理论积累，就没有高水平的刑事诉讼法学；没有科学的理论指导，也就没有文明、进步的立法和司法实践。因此，应当加强刑事诉讼理论研究。

二、刑事诉讼法学的研究方法

研究方法是否正确、科学，往往是研究活动成败以及取得成效大小的关键因素。关于刑事诉讼法学的具体研究方法，需要着重指出以下几种：

（一）辩证思维的方法

刑事诉讼是一项充满矛盾的复杂的社会系统工程，存在着控制犯罪与保障人权、实体与程序、公正与效率、控诉与辩护等一系列对立统一的范畴。辩证的研究刑事诉讼，就是要全面地看待上述各种矛盾的两个方面，防止顾此失彼。同时解决矛盾要做到具体问题具体分析，一定问题在一定情况下要有所侧重。譬如，控诉与辩护这两种对立的诉讼职能在诉讼中应当同等重视。但是，由于控诉职能大多由国家专门机关行使，辩护职能由被追诉者及其委托的辩护人行使，后者明显处于弱势，因而立法上、司法上应当给辩护权以特殊的保障，这样才能保证控辩双方在诉讼中地位平衡。

辩证思维的方法还意味着应当把归纳和演绎、分析和综合、抽象和具体、现象和本质等观察问题的思维方法辩证地统一起来，这样才能对一些复杂的问题做出适当的判断。

（二）理论联系实际的方法

这是研究社会科学必须运用的共同方法，刑事诉讼法学作为一门实践性很强的学科，更应当如此。联系实际必须认真调查研究实际，即应当深入调查刑事诉讼立法和司法的现状，研究有哪些成就和经验需要加以肯定和总结，有哪些错误和不足需要加以纠正和弥补，存在哪些问题需要加以解决。不断联系实际、服务实际，才能把理论学活，才能促进学科的发展。

应当指出，调查研究案例是本学科联系实际的重要方法。英美法系国家是以判例法为其法制特色的，对部门法的研究和教学，离不开判例。我国虽然是成文法国家，但案例生动直观地反映立法司法实践，通过案例分析可以有效地达到理论联系实际的目的。西方法学、社会学提倡的实证方法，与我们所讲的理论联系实际、调查研究案例的方法，从方法论上说基本上是一致的。

（三）价值分析的方法

在刑事诉讼法学中，运用价值分析法是通过分析刑事诉讼的利益、价值和目的，来研究刑事诉讼程序及程序模式。刑事诉讼作为一项社会控制工程，其目的是保障特定的社会利益。由于利益价值需要产生目标体系并最终决定行为方式，社会的利益要求（即价值取向）不同，其保护手段——刑事司法制度的模式也就不同。因此，分析特定的利益关系，把握驱动刑事司法运行并决定运行方式的利益价值机制，就能由枯燥的程序规范与技术性措施中感触到丰富的社会政治文化底蕴，并从根本上把握刑事司法的设计与操作思想，从而高屋建瓴地考虑诉讼手段与模式的选择与诉讼制度的发展完善。运用价值分析的方法应当注意分析以下问题：刑事司法活动中的主要利益及其界定；互动过程中的利益关系；不同诉讼价值模式及其分析；刑事司法的当代价值取向；在合理的诉讼价值指导下，对制度层面的调整与改革，等等。在具体的分析研究中，还要注意运用利益、价值和权衡方法。

（四）比较与借鉴的方法

比较是认识和把握事物发展的共性和差异性的思维方法，有比较才能有借鉴，有借鉴才能有进步。刑事诉讼法学的研究也同样如此。比较是纵和横的比较。纵的比较就是古今比较，以古为镜，通过对历史上的刑事诉讼理论和制度进行纵的比较，形成对传统的正确认识，从而去其糟粕，取其精华，做到古为今用。横的比较，最重要的是进行中外刑事诉讼法之间的比较研究，从而借鉴外国法中符合一般规律的、科学的并对完善我国刑事诉讼法有益的理论和制度。此外，也可以对刑事诉讼法与民事诉讼法和行政诉讼法进行异同比较，从中得到启迪并受益。

三、刑事诉讼法学的体系

在一定意义上，体系即系统。刑事诉讼法学的体系，就是刑事诉讼法学的系统。根据系统具有相对性的原则，对刑事诉讼法学的体系可以按不同的原则和标准进行划分。例如，就知识范围而言，刑事诉讼法学由中国刑事诉讼法学、外国刑事诉讼法学和古代刑事诉讼法学构成。就刑事诉讼理论本体而言，刑事诉讼法学可分为基本理论和应用理论两个大部分。基本理论是刑事诉讼的一般原理；应用理论立足于刑事诉讼立法和司法的实际，包含解释刑事诉讼法的规定，分析刑事诉讼中的实际问题，等等。

学术视野

我国刑事诉讼法制发展大致可分为两个时期：新中国建立到"文革"结束的前30年是中国刑事诉讼法制曲折发展及遭受严重挫折的时期。这一时期又可以分为从新中国建立到1966年"文革"前的曲折发展阶段，以及从1966年到1976年"文革"10年遭受严重挫折阶段。第二个时期是从十一届三中全会到2008年，这一时期以1996年《刑事诉讼法》修改为界可以分为前后两个阶段。十一届三中全会后的30年是中国刑事诉讼法制发展取得重大成果的30年。新中国第一部刑事诉讼法典的诞生，是新中国现代刑事法律制度的开端和分水岭，是刑事法制的历史性进步。

对于如何看待1996年《刑事诉讼法》的修改，出现了两种截然对立的观点。持否定说的学者认为，1996年《刑事诉讼法》导致辩护律师享有的许多重要权利受到限制，因而是一种倒退。持肯定说的学者认为，虽然存在一些缺陷，但总体而言，1996年《刑事诉讼法》取得了重大进步，并且推动了此后刑事诉讼法学研究的繁荣与发展，因而其意义是不应否定的。

关于《刑事诉讼法》再修改的问题，陈光中先生撰文认为应处理好以下关系：①正确处理好法律的阶级性与普适性的关系；②正确处理好中国特色与全球化的关系；③处理好政治与司法的关系；④处理好程序与实体之间的关系。

理论思考与实务应用

一、理论思考

（一）名词解释

诉讼　刑事诉讼　刑事诉讼法　刑法诉讼法学

（二）简答题

1. 简述现代刑事诉讼的主要特征。
2. 如何正确理解刑事诉讼法与刑法的关系。
3. 我国刑事诉讼法的目的和任务是什么？
4. 我国刑事诉讼法的法律渊源都有哪些？

（三）论述题

1. 试述刑事诉讼法与宪法、刑法的关系。
2. 我国刑事诉讼模式有哪些特点？需要做哪些改革和完善？

二、实务应用

（一）案例分析示范

案例一

在一个偏僻山村，农民周某某（男，19岁）强奸了同村女青年李某某（18岁）。为了解决这一问题，村长和其他几名村干部商议后决定，由村长主持对本案进行调解，以防止家丑外扬。村长在双方家长的参加下，与其他村干部协商，让双方家长达成了如下调解协议：①周某某向李某某赔礼道歉；②周家向李家赔偿损失2000元；③周某某承诺今后一定娶李某某为妻；④李某某承诺不向司法机关告发。事后不久，李某某不同意嫁给周某某，并向司法机关作了告发。司法机关在追究周某某刑事责任的同时，也追究了村长包庇犯罪的刑事责任。村长面对判决一脸茫然，不理解自己做了一件化解纠纷的好事，却反而要吃官司。

问：结合本案谈谈你对"刑事诉讼"的认识。

【评析】刑事诉讼是指国家专门机关在当事人和其他诉讼参与人的参加下，依照法律规定的程序，追究犯罪，解决被追诉人刑事责任的活动。可见，刑事诉讼是在国家专门机关的主持下实现国家刑罚权的活动，主要采取的是国家追诉主义，即由国家专门机关决定是否启动诉讼，要不要追究被追诉者的刑事责任。而民事诉讼则是尊重当事人的意愿，国家专门机关严格遵循消极被动的原则。因此，刑事诉讼中是不允许当事人之间私下进行调解或者和解——即"私了"，除法律规定的案件外（主要是：告诉才处理的案件，被害人有证据证明的轻微刑事案件，以及非人民检察院提起的刑事附带民事案件）。

本案中，周某的行为已构成强奸罪，依法应由国家专门机关追究其刑事责任，即属于公诉案件范畴。虽然当事人之间达成了协议，但并不能影响刑事诉讼的启动、进行和判决；私下所达成的协议也是无效协议。而村长本人也因包庇犯罪触犯了刑律。

案例二

1998 年 4 月 20 日 19 时左右，昆明市公安局通讯处民警王晓湘及昆明市石林县公安局副局长王俊波被人枪杀，尸体被置于一辆牌照号为云 O－A0455 的昌河微型警车上。这一案件引起了云南省和昆明市的高度重视，昆明市公安局刑侦支队抽调精兵强将组成专案组侦破此案。4 月 22 日下午，死者王晓湘的丈夫——昆明市公安局戒毒所民警杜培武被拘押讯问。

在专案组，杜培武从 4 月 22 日下午到 5 月 2 日连续 10 天被留置讯问。其间，身为警察的杜培武多次向办案民警索要留置他的法律手续，但对方只给了他一张《传唤证》。杜培武说："一张传唤证最多只能留置我 12 个小时，你们却关我 10 个昼夜，又拿不出其他法律手续，凭什么还要扣押我？"办案人员竟然说："想扣你，就扣你，要什么法律手续？" 6 月 30 日上午，杜培武被带到昆明市中级人民法院进行 CPS 心理测试，即"测谎仪"测试。杜培武如实作了回答，但测谎仪在一些问题上认为杜培武所说的均为谎言。于是从 6 月 30 日晚到 7 月 19 日，发生了一场令杜培武永生难忘的"高强度"审讯。7 月 2 日，杜培武正式被刑事拘留，8 月 3 日被逮捕。1998 年 10 月 20 日，昆明市人民检察院向昆明市中级人民法院提起公诉，公诉书认定杜培武构成"故意杀人罪"。

1998 年 12 月 17 日，昆明市中级人民法院开庭审理"杜培武故意杀人案"。开庭不久杜培武就向法庭展示他手腕、膝盖及脚上被办案人员殴打留下的伤痕，当庭控告办案人员对其进行刑讯逼供，并要求公诉人出示驻所检察官 7 月 29 日在看守所为他拍下的可证明他遭受刑讯逼供的伤情照片，但未得到理睬。第二次开庭时，杜培武使出最后一招：当着法官、公诉人、律师及几百名旁听者的面扯出被打烂的衣服证明他曾经遭到刑讯逼供。杜培武高声申辩："我没有杀人！我受到了严刑逼供！……"审判长火了："你说你没有杀人，你拿出证据来！"

1999 年 2 月 5 日，昆明市中级人民法院一审以故意杀人罪判处杜培武死刑，剥夺政治权利终身。杜培武不服，于 1999 年 3 月 8 日向云南省高级人民法院提出上诉，以"杀人动机无证据证实；刑讯逼供违法办案；本案证据不足，疑点重重"为由希望省高院认真审查，不要草菅人命。同年 10 月 20 日省高院作出终审判决："……的辩解和辩护是不能成立的，本案基本犯罪事实清楚，证据确实合法有效，应予确认……上诉意见和辩护请求本院不予采纳"，同时"根据本案的具体情节和辩护人所提其他辩护意见有采纳之处，本院认为在量刑时应予注意。"因此，改判杜培武为死刑缓期二年执行，剥夺政治权利终身。

2000 年 6 月 17 日，昆明警方破获以昆明铁路公安分局东站派出所民警杨天勇为首的特大杀人团伙案（杨天勇等 7 人已被处决）。经查明，王晓湘、王俊波系杨天勇等人所杀。

2000 年 7 月 11 日杜培武被云南省高级人民法院再审改判无罪，当庭释放。

问：结合本案谈谈你对"刑事诉讼目的和任务"的认识。

【评析】我国《刑事诉讼法》第 1 条规定："为了保证刑法的正确实施，惩罚犯罪，保护人民，保障国家安全和社会公共安全，维护社会主义社会秩序，根据宪法，制定本法。"第 2 条规定："中华人民共和国刑事诉讼法的任务，是保证准确、及时地查明犯罪事实，正确应用法律，惩罚犯罪分子，保障无罪的人不受刑事追究，教育公民自觉遵守法律，积极同犯罪行为作斗争，以维护社会主义法制，保护公民的人身权利、财产权利、民主权利和其他权利，保障社会主义建设事业的顺利进行。"

由此可见，惩罚犯罪与保障人权是刑事诉讼目的不可分割的两个方面。惩罚犯罪是指通过刑事诉讼程序，在准确及时查明事实真相的基础上，对构成犯罪的被告人公正适用刑法，以抑制犯罪；保障人权是指在刑事诉讼过程中，保障诉讼参与人特别是犯罪嫌疑人、被告人的权利免受非法侵害。惩罚犯罪与保障人权既对立又统一。在刑事诉讼中，只有保证正确应用法律，尤其是正确适用刑事诉讼法，才能实现"法律的正当程序"，才能通过程序设置赋予被追诉者与国家追诉机关相抗衡的权利和机会，使其有效抵御国家权力的非法侵害，从而保障司法公正，最终实现刑事诉讼的任务，达到刑事诉讼的目的。

然杜培武一案，在令人发指的刑讯逼供折磨下，被追诉者几乎无"人权保障"可言。在没有"法律的正当程序"保障下，实体上也险些造成草菅人命的冤案。这不仅是执法理念的问题，更是司法实践中对刑事诉讼两种直接目的追求上的失衡与偏差，是对刑事诉讼目的的严重背离。因此，司法部门应以此为戒，深刻吸取教训，努力提高司法人员的执法观念，在执法中铭记刑事诉讼的目的与任务，不断推进我国法治建设的进程。

案例三

2002 年上海市杨浦区司法局和公安分局联合制定了《关于民间纠纷引发伤害案件联合进行调处的实施意见（试行）》。该意见规定对于因琐事纠葛、邻里纠纷引发的轻伤害案件，公安机关受理后，双方愿意调处解决的，由派出所委托人民调解委员会进行调解。调解成功的，由调解委员会出具调解协议，双方认可后，公安机关不再作为刑事案件处理。2005 年，杨浦区司法局又与检察院联合制定了《关于在办理轻微刑事案件中委托人民调解的若干规定（试行）》，规定在审查起诉阶段当事人双方自愿调解的轻伤害案件，检察机关可以作不起诉处理。同年 11 月，杨浦区公检法司四家又联合制定了《关于轻伤害案件在诉讼阶段委托人民调解的规定（试行）》，规定轻伤害案件通过人民调解就民事赔偿达成一致的，对刑事部分的加害人可以作出不予立案、撤案、不起诉、免予刑事处罚等处理。2003 年，北京市政法委下发了《关于北京市政法机关办理轻伤害案件工作研讨会纪要》，对公检法三家办理轻伤害案件进行规范：对确因民间纠纷引起的轻伤害案件，犯罪嫌疑人、被告人的犯罪情节轻微，有悔罪表现，已全部或部分承担被害人医疗、误工等合理赔偿费用，被害人不要求追究其刑事责任，双方自愿协商解决的，在双方达成书面协议后，可以采用撤销案件、不起诉、免予刑事处罚或判处非监禁刑等方式，从宽处理。浙江、安徽等地也相继出台了类似的轻伤害案件等轻微刑事案件采用刑事和解方式结案的规定。案件类型从最初的轻伤害案件扩展为交通肇事、盗窃、抢劫、重伤等案件。

问：根据上述材料分析刑事诉讼法与刑法之间的关系。

【评析】我国《刑事诉讼法》第 1 条规定："为了保证刑法的正确实施……根据宪法，制定本法。"可见，刑事诉讼法具有相应的工具价值或者手段价值。但是，如何设计刑事诉讼程序才能保证实体法的正确实施，还必须审查刑法关于"罪"与"刑"设定的依据。刑罚手段的严厉性决定了刑法适用的最后性。也就是说，当一个法律关系能通过其他方式予以调整，且可以收到良好的社会效果，这时一般不再动用刑罚手段。这说明法律对于"罪"与"刑"的设置，首先需要考虑适用刑罚造成的"损失"与刑法所保护的法益大小、轻重。因此，在一些特殊情况下，依据刑法一般原则性规定认定为犯罪行为的，也可能出于考虑其他更加重要法益的保护，而允许在程序上的"非犯罪化"处理。我国刑事司法实践中也已开始尝试，将一些刑法没有规定为"告诉才处理"、刑事诉讼法也没有规定为"自诉案件"的较为轻微的犯罪（一般掌握在 3 年有期徒刑以下刑罚），在刑事诉讼程序中进行了非犯罪化或非刑罚化处理。

法律是对利益的衡平，在多种利益共存并无法全面照顾时，法律不可能、也不应当因小失大，牺牲较小的利益保护较大的利益是法律的必然选择。所以，为了保持与刑法相同的立法精神，刑事诉讼法也应当在利益冲突时进行权衡，这种在诉讼程序上"法外开恩"的做法，其实也是人们对符合正义的程序——正当程序的向往，是对保证实体法内容正确实施和对人们实体正义追求的满足。

（二）案例分析实训

案例一

某天男青年甲在电子游戏室玩游戏，男青年乙进屋后用手扼住甲的咽喉要甲给烟钱。由于乙经常欺负甲，甲便记恨在心，从游戏室出来后，甲回家拿了一把菜刀，又回到游戏室，将正在玩游戏的乙用菜刀猛砍几刀，乙因失血过多当场晕倒。事后，甲跑到乡下亲戚家躲避派出所的追查。甲的家人将乙送到医院，并负责支付了乙在医院的所有医疗费用和营养费。医院开出的伤情医疗鉴定是乙只受轻微伤。一个多月后，乙痊愈出院，甲也从乡下回到县城。在县法院，双方由法官主持进行调解，最后达成一致协议：甲付乙5000元的赔偿，并按每天20元的标准给付乙住院治疗期间的误工损失；乙不再要求司法机关对甲进行刑事制裁。

问：请用本章所学理论解释本案所发生的现象。

案例二

被告人赵强，男，某公司职员。被害人李某，女，18岁，某中学学生。赵强与李某两家是邻居且是世交，关系十分要好。某日晚，两家父母均不在家，赵强便约李某到他家看电视。在看电视过程中，赵强向李某表白希望与她交朋友。李某没有回答起身欲走，赵强遂把她拉住并强行与之发生了性关系。事后，赵强表示一定负责任要与她结婚。赵强父母也托人到李家去说情，想通过婚约的形式将此事"私了"。李家一方面考虑到两家的关系，一方面也为了自己女儿的名声也同意以"婚约"的方式处理。婚约有两名证人，双方家长均签字画押。然而事后不久，公安机关知道了此事，遂以涉嫌强奸罪为由将赵强拘留。经公安机关侦查、检察院起诉，人民法院开庭审理，最终以强奸罪判处赵强有期徒刑6年。

问：试用刑事诉讼理论谈谈你对该案的看法。

案例三

2010年6月，张永东、程勇军通过在西安的李武军和在广东打工的王博购买了手枪、弹药等。7月23日，张永东驾车与程勇军一起将乔某载到山下后杀害，随后又杀了乔某的妻女。2010年8月30日，陕西铜川市公安局在耀州区举行公处大会，公开刑事拘留耀州"7·25"杀害一家三口案的4名嫌疑人。当犯罪嫌疑人张永东、程勇军被押入会场时，人群中有人过激地扔出鸡蛋、西红柿、苹果等物，砸向 4 名嫌疑人。大会宣读了铜川市公安局的处理决定：张永东、程勇军涉嫌故意杀人，李武军、王博涉嫌非法买卖枪支弹药分别被依法刑拘。

问：结合本案谈谈，如何处理好保障犯罪嫌疑人的诉讼权利与我国《刑事诉讼法》第 2 条规定的"教育公民自觉遵守法律，积极同犯罪行为作斗争"的刑事诉讼法任务之间的关系。

 主要参考文献

1. 顾培东：《社会冲突与诉讼机制》，法律出版社 2003 年版。
2. 马贵翔：《刑事诉讼结构和效率改造》，中国人民公安大学出版社 2004 年版。
3. 彭海青：《刑事诉讼程序设置研究》，中国法制出版社 2005 年版。
4. 宋英辉：《刑事程序法功能研究》，中国人民公安大学出版社 2004 年版。
5. 汪海燕：《刑事诉讼模式的演进》，中国人民公安大学出版社 2004 年版。
6. 陈瑞华：《刑事诉讼的前沿问题》，中国人民大学出版社 2000 年版。
7. 陈瑞华：《问题与主义之间——刑事诉讼基本问题研究》，中国人民大学出版社 2003 年版。
8. ［德］托马斯·魏根特著，岳礼玲、温小洁译：《德国刑事诉讼程序》，中国政法大学出版社 2004 年版。
9. ［美］伟恩·R. 拉费弗等著，卞建林等译：《刑事诉讼法》，中国政法大学出版社 2003 年版。
10. 卞建林：《刑事诉讼的现代化》，中国法制出版社 2003 年版。
11. 李心鉴：《刑事诉讼构造论》，中国政法大学出版社 1992 年版。
12. 刘金友主编：《刑事诉讼法》，中国政法大学出版社 2007 年版。

第 二 章

刑事诉讼基本范畴

【本章概要】本章重点阐述刑事诉讼基础理论，具体包括刑事诉讼法律关系、刑事诉讼行为、刑事诉讼目的、刑事诉讼构造、刑事诉讼价值、刑事诉讼职能和刑事诉讼主体与客体七个方面内容。这七个方面内容构建了刑事诉讼主要的理论体系，为刑事诉讼的学习提供基本的理论指导和知识框架，是刑事诉讼研究的理论基石。关于刑事诉讼基础理论的研究我国尚处于初级阶段，随着对"程序法"的重视和研究的深入，也取得了重大进步，并初步形成与我国具体实际相适应的理论体系。本章主要论述刑事诉讼基础理论的主要内容以及理论发展状况。

【学习目标】通过本章学习掌握：刑事诉讼法律关系的概念、刑事诉讼法律关系的要素、刑事诉讼主体、刑事诉讼构造的概念、刑事诉讼价值的概念、刑事诉讼职能。通过本章学习了解：刑事诉讼客体、刑事诉讼行为的概念、刑事诉讼行为的分类、刑事诉讼行为的构成要素、刑事诉讼构造的类型、刑事诉讼价值的构成。

【教学重点与难点】本章的内容基本上都起源于国外对刑事诉讼理论的研究成果，我国对刑事诉讼基本理论范畴的研究起步比较晚，因此，我们对这些理论的研究和理解一定要注意与我国传统诉讼理论和观念的冲突，并结合我国的司法实践和现实国情，对现有诉讼程序中不足的、不合时宜的东西进行改革和完善。

第一节　刑事诉讼法律关系

一、刑事诉讼法律关系的概念

法律关系是指通过法律调整形成的，以主体之间的权利义务关系为表现形式的一种特殊的社会关系。按照法理进行推论，刑事诉讼法律关系则是在刑事诉讼这一特定的环境中，受到刑事诉讼法律规范调整而形成的特定主体之间的权利义务关系。诉讼法律关系最早由德国学者提出，按照德国学者的一般观点，刑事诉讼是由一系列诉讼行为连接起来的动态的链条，这些诉讼行为依照一定的顺序进行，并以刑法的实施、被告人的刑事责任为目标。刑事诉讼法律关系即从刑事诉讼开始到终止时为止，在各诉讼主体之间发生的一系列权利义务关系。德国诉讼法学者标罗在 1868 年出版的《诉讼抗辩论和诉讼要件》一书中正式明确提出

"诉讼法律关系"这一概念，并对诉讼法律关系与实体法律关系进行了区别。[1]

关于刑事诉讼法律关系的概念，主要存在两种解释学说：①以德国和日本学者为代表的动态观点。这一观点主要体现在以德国学者哥尔德斯密特（Goldschmidt）为代表的"诉讼法律状态说"。他认为诉讼法律关系是当事人通过诉讼的形式实现实体上的权利而形成的，各方所实施的诉讼行为共同指向的对象是实现实体法的规定。同时，诉讼法并非依附于实体法，而是有其独立的地位。因此，从动态的角度来看，诉讼活动不是以权利义务为内容的诉讼法律关系，而应是以既判力为终点的浮动的法律状态。法律（包括实体法和诉讼法）不是命令，而是应当由法官适用的判断标准。从当事人的角度来看，只是抱有"法院可能会作出有利或不利判断"的期待，并且承受为避免法院作出不利于自己的判决而进行各种诉讼行为的负担。②以前苏联学者为代表的静态观点。这一观点为我国大多数学者所借鉴。前苏联刑事诉讼学者一般认为，所有参加刑事诉讼活动的机关和个人，包括法院、检察院、检察长、侦查人员、调查机关以及被告人、被害人、辩护人、民事原告人、民事被告人、代理人、证人、鉴定人、翻译人员等，都是刑事诉讼权利和义务的承担者，也都是刑事诉讼主体。刑事诉讼法律关系也就存在于这些机关和诉讼参与人相互之间的权利义务中。这一学说没有将控、辩、审三方以诉讼职能为依据而产生的主要权利义务关系与一般的法律关系区别开来，没有将控辩审三方的诉讼地位和相互关系予以特殊对待。这与前述德国、日本的相关理论产生了分歧。

我国在借鉴和吸收前苏联理论的基础上，认为刑事诉讼法律关系是指由刑事诉讼法律规范所调整的，在诉讼中形成的刑事诉讼参加者，包括公安机关、检察院、法院和当事人以及其他诉讼参与人之间的权力（权利）、义务关系。这以对刑事诉讼进行"广义的理解"为逻辑前提。

刑事诉讼法律关系是相对于刑事实体法律关系的一个概念，二者既存在联系，又有区别。刑事诉讼法律关系的产生以刑事实体法律关系出现了不正常的状态为前提，换言之，刑事诉讼法律关系是对刑事实体法律关系的保障和救济，刑事实体法律关系则是刑事诉讼法律关系产生的前提。这是二者的联系。同时，它们又是两种不同性质的法律关系。刑事诉讼法律关系围绕案件事实和被告人的刑事责任问题展开，即在查清案件事实的基础上确定被告人是否有罪、有何罪、应否受刑罚、受何刑罚。而刑事实体法律关系则旨在解决什么是犯罪和什么是刑罚的问题。刑事诉讼法律关系与刑事实体法律关系，同程序法与实体法之关系雷

---

[1]　参见刘荣军："德国民事诉讼行为论学说之展开"，载陈光中、江伟主编：《诉讼法论丛》（第1卷），法律出版社1998年版，第389页。

同。正如国民政府时期我国著名刑事诉讼法学者夏勤在其《刑事诉讼法要论》中论述的那样："法有实体程序之分，实体法犹车也，程序法犹轮也。轮无车则无依，车无轮则不行。"[1]

二、刑事诉讼法律关系的要素

刑事诉讼法律关系由主体、客体和内容三个要素组成。

刑事诉讼法律关系的主体是指在诉讼中享有权力（权利），承担义务的所有诉讼参与者。具体包括公安机关、检察院、法院、被害人、被告人、自诉人、附带民事诉讼的原告和被告、诉讼代理人、辩护人、证人、鉴定人、翻译人员等。他们根据法律规定行使权力（权利）、履行义务而为一定的诉讼行为，以期实现一定的诉讼目的。

刑事诉讼法律关系的客体是刑事诉讼法律关系主体行使权力（权利）、履行义务，进行诉讼活动所指向的对象。案件事实和被告人的刑事责任为刑事诉讼法律关系的客体。主体的全部诉讼活动，围绕客体进行，即查清案件事实、确定被告人的刑事责任。客体是刑事诉讼法律关系得以产生和发展的直接依据，但是不同的主体的诉讼行为所具体指向的对象有所不同，如法官的裁判是对案件事实综合认识基础上对被告人的刑事责任作出的判断，而证人的作证只是为帮助查清案件事实而进行的陈述。主体共同行为指向的对象即客体则是一致的。

刑事诉讼法律关系的内容即为刑事诉讼法律关系主体之间的权力、（权利）义务关系。这种法律关系具有权力义务和权利义务的交叉性和双重性的特点，体现了国家机关和公民之间权力与权利的交融、重合。具体表现为三方面：①单纯的权力义务关系，即公安机关、检察机关、审判机关之间的权力义务关系，三机关代表国家行使司法权、分工负责、互相配合、互相制约，集中体现了这一权力义务关系的内容。②单纯的权利义务关系，即诉讼参与人之间的权利义务关系。具体指被害人、被告人、自诉人、附带民事诉讼的原告和被告、诉讼代理人、辩护人、证人、鉴定人、翻译人员他们之间的权利义务关系，如当事人在法庭上有向证人、鉴定人发问的权利，而证人、鉴定人有回答的义务。③权力义务与权利义务的交叉重合关系，即国家司法机关与诉讼参与人之间的权力（权利）义务关系，如检察机关有代表国家对被告人提起公诉的权力，而被告人有接受审判的义务；被告人有辩护的权利，而国家司法机关有保障这一权利行使的义务。

三、刑事诉讼主体

一般认为，刑事诉讼主体理论的提出是与18、19世纪欧洲大陆法系国家的刑事司法改革相联系的，同时也是保障人权观念在刑事诉讼中得以树立的结果，

---

[1]　参见陈瑞华：《刑事诉讼的前沿问题》，中国人民大学出版社2000年版，第12页。

是刑事诉讼民主化的一个标志。在以往的刑事诉讼中，控审职能不分，被告不享有基本的辩护权，而且承担着自证其罪的义务，不具有主体地位，仅仅被看做追诉的对象，将之视为诉讼客体。随着控审职能分离，被告基本辩护权的拥有和"不被强迫自证其罪"原则的确立。正如德国学者奥托·特里夫特勒（Otto Trifferer）所言："在历史上，被告人的诉讼角色经历了从仅仅是一种诉讼客体到一种能够积极参与和影响程序进程的刑事诉讼主体的变化。"[1] 刑事诉讼主体的概念将纯粹受制于法律与制度之下的诉讼活动的参与人演变为拥有诉讼权利、具有独立诉讼地位的主体，使之成为诉讼活动发生、发展、终结的主导者，从而在一定程度上提升了人的价值。

关于刑事诉讼主体概念存在诸多争议，焦点主要集中于如何界定概念的外延，即主体的范围问题上。一种观点认为，刑事诉讼主体就是具有独立的诉讼地位，享有诉讼权利，承担诉讼义务的"参加诉讼的一切机关和个人"，这样，除审判机关外，控辩双方当事人、诉讼代理人、辩护人、诉讼参与人等均属于刑事诉讼主体的范围。[2] 另一双方种观点则认为，刑事诉讼主体仅限于审判机关和控辩双方当事人。我们认为，刑事诉讼主体应当只包括审判机关和控辩双方当事人。具体包括三方面的理由：

首先，从诉讼本质而言，它是一种纠纷解决机制，是一种"通过言语的相互斥责而取得公平"的活动，其起因在于权利的受损或者权利义务关系需要国家机关重新确定，从这种意义上说，"利害关系"构成诉讼的基本特征，因此刑事诉讼主体应当是与诉讼结果存在利害关系的行为人。刑事诉讼围绕被告人的刑事责任展开，诉讼结果直接关系到国家刑罚权的实施和对被告人的定罪量刑，因此，只有审判机关和控辩双方当事人才能成为刑事诉讼主体。

其次，从刑事诉讼职能来看，审判职能、控诉职能和辩护职能是三种基本的诉讼职能，离开这三种职能就不存在诉讼。控诉职能引发刑事诉讼，辩护职能与控诉职能对应，形成对抗，推动诉讼发展，审判职能对双方的争讼进行裁断从而终结诉讼。刑事诉讼的发动、发展和终结由三大基本诉讼职能成就，因此，承担三大诉讼职能的主体才能成为刑事诉讼主体。

最后，从刑事诉构造来看，控、辩、审三方的法律地位和相互关系构建了刑事诉讼的基本框架，缺少这三方中的任何一方都不可能成为刑事诉讼，而即使没有证人、鉴定人、诉讼代理人的参与，"其诉讼形态的完整性也基本上不受影

---

〔1〕　陈瑞华：《刑事审判原理论》，北京大学出版社1997年版，第221页。

〔2〕　〔苏〕蒂里切夫编著，张仲麟译：《苏维埃刑事诉讼》，法律出版社1984年版，第10~11页。

响"[1]。刑事诉讼这一程序"应由一定主体进行之,从其基本的法律关系言,乃当事人与法院之间法律关系,亦即基于请求及接受审判及接受审判与法院为审判而生之权利义务关系,故诉讼,系由法院及两造当事人组织之,即以法院及当事人为其主体。至为辩护人、辅佐人、代理人之诉讼关系及告诉人、告发人、证人、鉴定人等之第三人,虽为各个诉讼行为之主体,但与诉讼本身并无基本的法律关系"[2]。

因此,刑事诉讼主体不同于刑事诉讼法律关系主体。刑事诉讼法律关系主体是指在刑事诉讼中享有诉讼权利、承担诉讼义务的全部诉讼参加者,是上位概念,它包括了刑事诉讼主体但又不局限于刑事诉讼主体的范围。刑事诉讼主体是指刑事诉讼中直接担当刑事诉讼基本职能,构成刑事诉讼构造的国家专门机关和当事人,其范围为法院和控辩双方当事人。根据我国法律的规定,刑事诉讼主体包括:①国家专门机关,其在刑事诉讼中代表国家行使侦查权、起诉权、审判权和刑罚执行权,即公安机关、国家安全机关、军队保卫部门、监狱、人民检察院、人民法院;②直接影响诉讼进程并与诉讼结果有利害关系的当事人,即犯罪嫌疑人、被告人、被害人、自诉人、附带民事诉讼的原告人和被告人。

第二节   刑事诉讼行为

一、刑事诉讼行为的概念和特征

行为是指受主体思想支配而表现在外的活动。刑事诉讼是由刑事诉讼法律关系主体的一系列诉讼行为交替、连接而成的一个动态的发展过程。刑事诉讼行为是构成刑事诉讼法学体系的重要基石之一,德国学者塞尔(Sauer)曾说"诉讼行为之概念乃为诉讼法之中心点"[3],其重要性可见一斑。刑事诉讼行为是指在诉讼中,诉讼主体或者其他诉讼参与人实施的、构成诉讼程序内容的、可产生诉讼上特定效果的行为。

刑事诉讼行为与一般意义上的行为不同,具有以下特征:

1. 行为时间的特定性。刑事诉讼行为仅存在于刑事诉讼程序中,贯穿于刑事诉讼发展的整个过程。刑事诉讼是按照一定方向不断发展的过程,这一过程从整体上说就是"程序",如果说"程序"是一条"线",那么"行为"就是构成

---

〔1〕 陈瑞华:《刑事诉讼的前沿问题》,中国人民大学出版社 2000 年版,第 157~158 页。

〔2〕 陈朴生:《刑事诉讼实务》(增订版),自印本,1980 年,第 11 页。

〔3〕 转引自曹鸿澜:"刑事诉讼行为之基础理论(1)——刑事诉讼行为之效力",载台湾《法学评论》1974 年第 6 期。

这一条"线"的"点"，这些"点"按照一定的顺序相互交错、连接，始终围绕着"程序"这一条"线"。刑事诉讼行为必须是构成诉讼程序的行为，离开了程序这一条"线"，离开诉讼这一特定的环境，行为也不过是一般意义上的活动，而不是刑事诉讼行为了。例如，法官的任免、法院内部案件的分配等仅为司法行政行为，而非刑事诉讼行为。

2. 行为主体的特定性。刑事诉讼行为是诉讼主体和其他诉讼参与人的行为，如法官审判、检察官提起公诉、被告人陈述、证人作证等，这些特定的国家机关和人员在刑事诉讼中的活动才能成为刑事诉讼行为，非特定主体的活动，虽然对刑事诉讼的产生和发展产生重大影响，但仍不能称之为刑事诉讼行为，如公民对正在实施犯罪的人的扭送行为。

3. 行为效果的特定性。刑事诉讼行为足以引起诉讼上特定效果的产生，例如，提起上诉使上级法院对于具体案件取得审判权，被告人委托辩护人的行为使被委托人取得辩护人的诉讼地位，申请回避使相关人员退出特定案件的诉讼过程，等等。而如书记员在开庭前对法庭进行布置的行为、法官就某些案件请教专家的行为，虽然对于诉讼进行有重要影响，但不产生诉讼上的特定效果，因此不是刑事诉讼行为。

二、刑事诉讼行为的分类

1. 根据行为主体的不同，可分为法院行为、当事人行为和第三人行为。法院行为主要是指审理和裁判行为。为了实现审判的目的，法院还必须进行其他的准备或者附带行为，如法院依职权进行证据的审查行为，为保障诉讼活动顺利进行而对被告人采取的拘传、取保候审、监视居住、逮捕等强制措施。

当事人行为是指被告人、自诉人和被害人在刑事诉讼中实施的行为。检察机关代表国家以公诉人的身份参加诉讼，从本质上看，公诉人在公诉案件中相当于原告的诉讼地位，仍然是刑事诉讼当事人，因此其诉讼行为属于当事人行为。从严格意义上讲，刑事诉讼主要是指起诉后审判阶段的诉讼程序，侦查阶段与执行阶段并不具有"诉讼"性质，而仅为诉讼的准备和延续。但根据我国刑事诉讼法的规定，侦查阶段和执行阶段为两个独立的诉讼阶段，因此，从广义上理解，侦查行为和执行行为也是诉讼行为。公安机关、监狱等行使侦查权、执行权的机关，在诉讼中的主要职能分别是追诉犯罪和执行判决，因此，从广义上讲，侦查机关和执行机关属于刑事当事人的范畴，其行为亦为当事人行为。

第三人行为是指除法院与两造当事人之外的其他诉讼参与人的行为。这类诉讼行为旨在协助法院查清案件事实，具有义务性、口头陈述性，没有主张、举证或申请的性质。如证人出庭作证、鉴定人出庭对鉴定结论和鉴定过程陈述意见并回答当事人的提问等等。

2. 根据行为产生的法律效果是否有行为人的意思表示来划分，可分为诉讼法律行为和诉讼事实行为。所谓"诉讼法律行为"是指以一定意思表示为要素所实施的具有诉讼法上效果的行为，大多数由法院及当事人实施，如法院的审理和裁判行为，当事人的申请、主张、举证、上诉、申诉、撤诉等行为。而那些不以行为人的意思表示为要素，行为本身就在法律上被赋予一定效果的行为，则称为"诉讼事实行为"，如询问证人、当事人双方在法庭上的辩论、收集证据等。诉讼事实行为又可分为表示行为和纯粹的事实行为两种。

3. 根据行为与诉讼的关系不同，可分为形成实体行为和形成程序行为。形成实体行为是指对案件的实体问题使法官形成内心确认的行为。这种行为以具有法律效力的判决的作出为重要标志，它包含着事实方面的实体形成行为和法律方面的实体形成行为两大部分，如举证、质证、认证、评议等。形成程序行为是指推动程序进程，引起诉讼法律关系发生、变更或者消灭的行为，如提起公诉、上诉、撤诉等。这种行为最终促使诉讼程序的完成，事实上，所谓程序的形成主要是通过这种行为实现的。"诉讼之实体与程序，本属诉讼之两面。前者，重在实体的真实之发见，经实体形成过程而形成，在形成中具有浮动性；后者，重在维持程序的公正，在程序形成过程，则具有合目的性。"实体"应依诉讼程序而形成、确定"，但"为维持程序的公正，固难免受实体之影响；即实体，亦难免因程序之影响，无从为实体之形成"[1]。

三、刑事诉讼行为的构成要素

一般说来，刑事诉讼行为的成立应当包含行为主体、行为的意思表示和行为的内容三个基本要素。

1. 行为主体要素。刑事诉讼行为是诉讼主体和其他诉讼参与人的行为。刑事诉讼行为的主体必须以自己的名义实施行为，才可以称为行为适格；那些不具有行为适格的人可以依照刑事诉讼法的规定，通过代理人的代理而取得行为适格性。同时，行为主体还必须具有诉讼行为能力，否则行为难以成立。诉讼法上的行为能力不同于实体法上的行为能力，如民事行为能力是以行为主体的年龄和精神状态来衡量其适格性，而诉讼法上的行为能力不受年龄限制，以行为主体是否具备意思表示能力为条件。如未满18周岁的未成年人不具有完全的民事行为能力，但只要能辨别是非或者能正确表达，就可以作为证人出庭作证，而不能由代理人进行代理。

2. 行为的意思表示要素。诉讼行为的成立必须以行为人的真实意思表示为前提。诉讼行为人的意思表示为行为的本质，任何诉讼行为都是受思想支配的外

---

〔1〕 陈朴生：《刑事诉讼法实务》（增订版），自印本，1980年，第106页。

在活动，是有意识的，如果没有意思表示，或者该意思并非行为人的真实意愿，而是受到欺诈、胁迫或者强制力而作出的，则不能成为刑事诉讼行为。如犯罪嫌疑人在刑讯逼供的情况下作出的供述，不具有证据能力，作出该行为的意思表示并非行为人自愿作出，因此该供述行为不能成为诉讼行为，不能产生诉讼意义上的证据能力。

3. 行为的内容要素。诉讼行为的内容以意思表示为内涵，意思表示则通过行为的内容表现。意思表示应当由行为人在作出该诉讼行为时以明确的方式提出，换言之，意思表示的内容必须明确，否则诉讼行为不成立。同时，诉讼行为一经达成其目时，在同一情况或者目的下，不得反复实施；诉讼行为还不得附加条件或者期限之内容。

以上为刑事诉讼行为的一般构成要素。根据法律规定，有些诉讼行为还必须具备一些特殊要素才能成立。这些要素包括时间、地点、行为方式、具体手续等不同方面。

第三节　刑事诉讼目的

一、刑事诉讼目的概述

刑事诉讼目的是指国家制定刑事诉讼法、进行刑事诉讼活动所希望达到的目标。刑事诉讼目的集中体现了立法者的诉讼价值观，是立法者基于对刑事诉讼本质属性的认识，并根据国家和社会的具体现实所作出的诉讼价值选择的结果，是预先设定的关于刑事诉讼结果的理想模式。

刑事诉讼的目的，在不同的国家有不同的内容；即使同一国家，在不同的历史时期也会有不同的诉讼目的。因为立法者在预先设定刑事诉讼结果时并非任意的，而是受到各国当时社会具体的经济、政治、文化等条件的制约和影响。如在专制主义国家，严惩犯罪、实现国家刑罚权无疑是刑事诉讼所追求的最为重要的甚至是唯一的目的。

刑事诉讼目的理论的提出，从学术背景上看，最早源于美国和日本学者对相关理论的研究。20世纪60年代美国学者赫伯特帕卡（Herbert L. Packer）提出"控制犯罪"与"正当程序"的刑事诉讼目的理论，引起强烈反响。他认为，"控制犯罪绝对为刑事诉讼程序最主要的机能"，但是刑事诉讼应以"效率"为目标和评价标准，"迟来的正义非正义"。高度的"效率"意味着高度的打击犯罪率，为了达到高度的打击犯罪率，刑事诉讼必须注重"速度"，而速度依赖于非正式程序，即警察和检察官的侦查和起诉程序，而非法官的审判程序。而"非正式的与非裁判性质的发现事实的程序"即侦查和起诉程序具有不可信任和产生弊端的可能性，因此正式的审判程序、"正当程序"的信任审查，具有不可或缺的作用。"正当程序"是对"犯罪控制"在程序上的限制，奉行"无罪推定"，强制国家在审判程序中必须证明被告人有罪，否则应予以释放；强调必须运用各种程序规则和法律规范来防止国家刑罚权的任意性，尤其是防止警察和检察官在非正式程序中的权力滥用。

日本学者关于刑事诉讼目的理论的发展大致分为三个阶段：第一阶段，以团藤重光为代表的老一辈法学家所坚持的、从德国法学中继受的"实体真实"理论，强调刑事诉讼的目的在于查明实体真实，正确适用刑法。第二阶段，在美国六七十年代出现的"正当程序"理论的影响下，形成了"实体真实"与"正当程序"并重的思想。日本大多数学者认为刑事诉讼的目的不再局限于实体真实的查明，而要考虑正当的法律程序，并提出了刑事诉讼目的的两个方面同一说，"在正当法律程序中实现实体真实"。第三阶段，以田宫裕和松尾浩也为代表的较为年轻的学者，提出的以"正当法律程序"为核心的诉讼目的理论。该理论与"实体真实"理论直接对立，认为刑事诉讼最终目的只有一个，即确保刑事诉讼法得到公正的实现，使犯罪嫌疑人、被告人的人权得到保障。这是人权主义思想形成和在刑事诉讼中发展的结果。

二、我国刑事诉讼目的

随着国外相关理论的进入，我国刑事诉讼法学界也展开了刑事诉讼目的的研究工作。我国刑事诉讼目的理论的发展大致经历了两个阶段，这与我国的刑事立法和司法实践息息相关。

第一阶段，把惩罚犯罪作为刑事诉讼的首要目的。1979 年颁布的《刑事诉讼法》明确提出准确、及时的查明案件事实真相、惩罚犯罪分子、保障无罪者不受刑事追究为刑事诉讼的任务。这一时期，实体真实、惩罚犯罪等与实体法实施有关的目标得到强调，而维护刑事诉讼过程中的公正性等程序法意义上的目标则被忽视，无论是被告人还是被害人，其诉讼权利和人格尊严在国家和社会利益面前，就显得无足轻重。所谓"保障无罪者不受刑事追究"，实际上也不过是对准确惩罚犯罪的另一种说法，能准确的惩罚犯罪，当然就使得无罪的人得到了保障。刑事诉讼法不过是为了实施刑法的工具，诉讼活动也只是纯粹行政意义上的治罪活动。

第二阶段，将惩罚犯罪和保障人权并列作为刑事诉讼的目的，强调二者的统一，在惩罚犯罪的同时，注重诉讼过程中的人权保障，尤其是被告人人权的保障。1996 年修订后的《刑事诉讼法》在对刑事诉讼任务的表述上没有明显变化，但加强公民基本权利和自由保障的思想，却在刑事诉讼各环节中体现出来。如

《刑事诉讼法》第 12 条规定，"未经人民法院依法判决，对任何人都不得确定有罪"，树立了"无罪推定"的思想；在提交审判之前，案犯被称为"犯罪嫌疑人"。又如《刑事诉讼法》第 23 条规定，"公诉案件自案件移送审查起诉之日起，犯罪嫌疑人有权委托辩护人。自诉案件的被告人有权随时委托辩护人"，加强了犯罪嫌疑人、被告人的辩护权。再如《刑事诉讼法》第 28、40、170 条的规定，都赋予被害人的诉讼地位，使其享有申请回避权、委托诉讼代理人的权利、直接向法院起诉的权利等等。

刑事诉讼的目的是惩罚犯罪和保障人权亦为大多数学者和司法人员所接受。将刑事诉讼的目的单纯的定义为惩罚犯罪、追求实体真实这种工具主义的观点已经受到摒弃。所谓"惩罚犯罪"是指通过刑事诉讼活动，司法机关依法确定被告人刑事责任来达到实施刑法、实现国家刑罚权、打击犯罪的目的。"保障人权"是指在刑事诉讼中，对公民的权利和自由予以保护。惩罚犯罪和保障人权作为刑事诉讼的目的，关于二者的关系问题大致存在以下观点：①保障人权与惩罚犯罪统一论，即保障人权的目的就是为了惩罚犯罪，换言之，惩罚犯罪就是对人权的最大保障。这种观点虽然提出了"保障人权"的诉讼目的，但实际上否定"保障人权"目标的独立性，保障人权也仅仅是为惩罚犯罪服务的。②认为二者之间的关系可以概括为实体真实和正当法律程序的辩证统一关系，二者既相互对立又相互依存。一方面正确的惩罚犯罪离不开对犯罪嫌疑人、被告人、被害人等人权的保障，保障人权有利于按照法定的程序查明案件事实，惩罚犯罪；另一方面惩罚犯罪就是最有效的人权保障的手段。当然他们之间也存在冲突之处，当二者发生冲突时，应"在最大限度上追求由于实现两方面的有机统一所获得的利益。换言之，在发生冲突时所进行的价值选择，应当符合实现更高层次的目的的要求"[1]。

笔者认为，惩罚犯罪和保障人权是刑事诉讼的双重目的，二者存在对立统一的辩证关系，但又彼此独立，有各自的内在价值。在我国现行的诉讼模式下，虽然提出了保障人权这一诉讼目的，但仍然以坚持惩罚犯罪为重心。也就是说，当二者产生利益冲突时的一个价值取向、目标选择的问题，这是一个不能回避、也不容回避的问题。在二者必选其一，不可兼得的情况下，只有明确的价值选择，才能保障司法的一致性和权威性，维护公正的价值目标。不可只强调二者的统一，而忽略其对立的一面。同时，人权保障有其独立的内在价值。保障人权是正当法律程序的体现，是诉讼民主、文明的体现，最终体现了法治的思想。

---

[1] 宋英辉：《刑事诉讼目的论》，中国人民公安大学出版社 1995 年版，第 206~207 页。

第四节　刑事诉讼构造

一、刑事诉讼构造的概念和特征

刑事诉讼构造又称刑事诉讼形式、刑事诉讼模式、刑事诉讼结构。作为一个理论范畴，刑事诉讼构造由日本学者较早提出并确立在刑事诉讼法之中。它是指由一定的诉讼目的所决定的，并由主要诉讼程序和证据规则中的诉讼基本方式所体现的控诉、辩护、裁判三方的法律地位和相互关系。[1]

根据这一定义，可以看出刑事诉讼构造具有以下特征：

1. 刑事诉讼构造由刑事诉讼目的决定。刑事诉讼构造体现为主要诉讼参与人的法律地位和相互关系，这种法律地位和相互关系并非任意形成，立法者总是根据刑事诉讼目的的要求，设计出适应于诉讼目的实现的诉讼构造。一方面，刑事诉讼构造由一定的刑事诉讼目的所决定；另一方面，刑事诉讼构造是实现刑事诉讼目的的手段和方式。刑事诉讼目的在惩罚犯罪和保障人权上的价值取向的差异，决定了刑事诉讼构造的差异，不同的诉讼目的，产生不同的诉讼构造；同时刑事诉讼构造对于提出和实现诉讼目的起到制约作用。例如，当事人主义的诉讼构造将诉讼的主动权交于当事人，当事人在诉讼中居主导地位，体现了注重保障人权和自由的诉讼目的；职权主义的诉讼构造由国家专门机关掌握诉讼主动权，在诉讼中起主导作用，体现了注重惩罚犯罪的诉讼目的。

2. 刑事诉讼构造的内容是控诉、辩护、裁判三方的法律地位和相互关系。控诉是指对被告人的追诉活动，包括侦查和提起公诉，不仅仅局限于向法院的起诉；辩护是指被告人及其辩护人为被告人的利益所进行的防御性活动，包括侦查、起诉阶段的各种辩护活动；裁判是指对刑事案件的实体问题和有关程序问题作出具有裁决性质的处理，主要是法官作出判决和裁定的活动。控诉、辩护、裁判三主体在刑事诉讼中担任不同的诉讼职能，处于不同的诉讼地位，控审分离，各司其职，各尽其能，相互作用，共同完成诉讼任务，实现诉讼目的。控、辩、裁三方是诉讼构造的主体，不可或缺，在审判阶段，三主体法律地位和关系明显，不必赘述，但在侦查和起诉阶段中，是否存在控、辩、裁三方呢？答案是肯定的。在侦查程序中，我国法官不像国外法官那样通过掌握批捕权、搜查权和扣押权而直接介入侦查，不能作为裁判方，而由检察官作为带有准司法官性质的裁判方，因为检察官享有批捕权和对侦查活动的监督权；司法警察为控诉方；犯罪

---

[1]　李心鉴：《刑事诉讼构造论》，中国政法大学出版社 1998 年版，第 7 页。

嫌疑人及其辩护律师为辩护方。在起诉阶段，检察官负责审查起诉，并作出起诉或者不起诉的决定，是裁判方；警察与犯罪嫌疑人仍然为诉讼意义上的控辩双方。

3. 刑事诉讼构造存在于主要诉讼程序和证据规则中。从严格意义上讲，刑事诉讼主要是指起诉后审判阶段的诉讼程序，侦查阶段与执行阶段并不具有"诉讼"性质，而仅为诉讼的准备和延续。但根据我国刑事诉讼法的规定，侦查阶段和执行阶段为两个独立的诉讼阶段，因此，从广义上理解，刑事诉讼包括立案、侦查、起诉、审判、执行五个阶段。狭义的审判程序指一审程序，广义的审判程序还包括上诉审程序、再审程序和监督程序，在我国则包括二审程序、死刑复核程序和审判监督程序。一般认为，刑事诉讼构造仅存在于侦查、起诉和狭义的审判程序中。因为，首先，立案阶段中不存在控、辩、裁三方主体，也就不存在诉讼构造。其次，在执行程序中，控、辩、裁三方围绕被告人刑事责任所开展的诉讼活动已经结束，不存在诉讼构造问题。最后，其他审判程序是对一审程序的书面或者开庭的复核或者复查，可参照一审程序中的诉讼构造。关于刑事诉讼构造还存在于证据规则中的问题，由于我国刑事诉讼法中没有设立非法证据排除规则、自白排除法则等证据规则，对于这方面的研究相当匮乏。根据美国学者帕卡的观点，在自白排除法则和非法证据排除规则中，法官依此规则对警察所取得的证据进行裁判，以保护被告人的合法权利，存在控、辩、裁三方的法律地位和相互关系，因此是诉讼构造的范畴。

二、刑事诉讼构造的类型

刑事诉讼构造理论上，普遍认为，人类历史上存在四种主要的诉讼构造模式，即近现代以前的弹劾式诉讼构造和纠问式诉讼构造以及近现代的当事人主义诉讼构造和职权主义诉讼构造。

弹劾式诉讼构造主要实行于奴隶制时期的古巴比伦、古希腊、古罗马以及封建初期的一些国家中。这一诉讼构造以诉讼当事人作为诉讼主体具有平等的诉讼地位并在诉讼中起主导作用为特征。国家不行使起诉权，由被害人或其代理人，或者其他任何人向法院提起诉讼，法院实行"不告不理"，明确区分控诉、辩护、裁判三种职能；原、被告享有同等的诉讼权利，在法庭上争讼，法官消极居中裁判。纠问式诉讼构造产生于罗马帝国时期，盛行于中世纪后期欧洲大陆各国君主专制时期。这一诉讼构造强化了刑事诉讼的惩罚功能，实行法院主动追究犯罪，不实行"不告不理"，控审不分；被告人没有诉讼主体地位，只是被追诉的对象；采用法定证据制度，进行刑讯逼供。

当事人主义诉讼构造为英美法系国家所奉行，这种诉讼构造在侦查、起诉、审判等各个诉讼阶段都赋予当事人充分、广泛的诉讼权利，控辩双方仅为诉讼行为及诉讼职能的差异，在法律地位完全平等，控辩双方的积极行为、激烈对抗是推动诉讼进展的主要力量，控辩双方在诉讼中起主导作用；法官居中裁断，活动消极、被动，他只是消极的听取控辩双方的陈述和意见，并不积极主动展开法庭调查，主要不偏不倚的对待控辩双方即可。职权主义诉讼构造为以法国、德国为代表的大陆法系国家所普遍适用。这种诉讼构造强调国家专门机关的职权作用的发挥。诉讼由侦查机关、检察机关和审判机关的积极活动来推进，庭审阶段法官职权活动尤为积极、主动，控辩双方活动受限；控辩双方的诉讼权利较小，在诉讼中不占主导地位，双方的对抗性活动受到法官的限制和干预。

我国从法律体系上讲属于大陆法系国家，关于刑事诉讼构造的具体模式，主要表现为"线形构造"模式和"三角形构造"模式。"线形构造"是将诉讼视为一种"双方组合"，一方是作为整体的国家专门机关，另一方为犯罪嫌疑人、被告人，诉讼活动由国家专门机关积极推进。这种"线形构造"强调司法一体化，国家专门机关广泛而深入地介入刑事诉讼，形成一体化的司法体制以有效的惩罚犯罪，侦、诉、审三机关只是职能不同，但目标一致，彼此协作甚至合为一体，使整个诉讼呈工厂流水作业状态，而呈现"线形"。侦、诉、审对于犯罪嫌疑人、被告人而言是一个整体。这种构造体现了以惩罚犯罪为主要目标的诉讼目的，忽略了诉讼中的人权保障。

"三角形构造"又分为"正三角形构造"和"倒三角形构造"。"正三角形构造"是指作为当事人双方的原、被告平等对立，法官作为第三方居中、居上、公正裁判，平等对待双方当事人。"倒三角形构造"是指控诉、裁判两方居于倒三角形的两个顶端，被告人居于倒三角形的底端，处于被追诉、被审判的地位。"正三角形构造"体现了控审分离、控辩地位平等和积极对抗的特征，而"倒三角形构造"注重专门机关之间的地位平等，将被告人视为被追诉对象，其主体地位不明显，忽视对其诉讼权利和自由的保障。"线形构造"和"倒三角形构造"带有浓厚的职权主义诉讼构造的色彩；"正三角形构造"反映了当事人主义诉讼构造的思想。1996年我国《刑事诉讼法》修订后，在一定程度上借鉴了当事人主义诉讼制度的特点，加强了诉讼中当事人双方的对抗性并强化了犯罪嫌疑人、被告人的诉讼权利以缩小与控诉方的地位悬殊。可以说，在诉讼构造上，既有"线形构造"的特点，又有"正三角形构造"的痕迹。要完善我国刑事诉讼构造，应当充分考虑刑事诉讼目的，以及对诉讼目的的依托国情的现实选择，同时贯彻诉讼构造本身所必然要求的控审分离、平等对抗、居中裁断等原则。

第五节　刑事诉讼价值

一、刑事诉讼价值概念和特征

根据哲学上的价值理论，价值概念包含两层含义：①价值是一个关系范畴，它存在于主、客体之间的相互关系中，反映了作为主体的人与作为客体的外界实践之间的相互关系，揭示了人的实践活动的动机和目的；②价值是一个属性范畴，是价值客体通过对主体的生存、发展和完善所发生的影响和作用而表现出来的一种属性。据此，刑事诉讼价值是指刑事诉讼的立法和实施活动对国家、社会以及一般成员的特定需要的满足，以及所产生的意义和效用。具体包括主体为刑事诉讼程序所预定的目标、刑事诉讼程序在运作过程中所达到这些目标的实际效果以及主体依据这些目标对这些效果所作的评价。

刑事诉讼价值具有如下特征：

1. 刑事诉讼价值既有主观性，又有客观性。刑事诉讼价值是以主体的需要为基础，根据主体需要所设定的目标来进行，并且运作的结果是否满足主体的需要是按照主体对诉讼程序的期望而形成的。例如，刑事诉讼活动是使国家、社会整体利益与犯罪嫌疑人、被告人个人利益得到大体上的平衡，并为此而确保诉讼过程的公正性、人道性和合理性，这是这些诉讼主体为刑事诉讼程序所设定的目标。刑事诉讼的结果是否达到这一目标，以及实现这一目标的过程是否符合主体的期望等，这些对价值的评价是主观的。但是，刑事诉讼价值又是客观的，因为诉讼程序所具有的特定功能，也就是满足主体需要的可能性是在长期的社会生活实践中形成的，而非任意的。而且程序作为一种制度一经形成，其对诉讼主体的作用和影响就不能以某些个人的意志为转移，它既能满足主体的需要，又将约束主体的行为；再者，评价刑事诉讼程序价值目标是否实现，其标准也是客观的。

2. 刑事诉讼价值既有积极性，也有消极性。刑事诉讼程序对不同主体要求的满足是不同的；不同价值主体之间对诉讼程序的需要有些是相同或者近似的，如公正，有些是不同的，如自由。因此，刑事诉讼程序对某些主体而言具有积极的影响，可满足其要求，而对某些主体而言则没有满足其要求，甚至带来消极影响。如被法院定罪量刑的被告人经常对裁判结论甚至诉讼过程不满，而控诉方通过刑事诉讼程序实现了国家的刑罚权，达到了惩罚犯罪的目的，对法院的裁判表示满意。

3. 刑事诉讼价值既有辅助性，又有独立性。刑事诉讼是解决国家、社会整体与被告人之间的冲突、纠纷的一种机制，为了保障刑事实体法的实施，以实现国家的刑罚权，这是刑事诉讼价值的辅助性。同时，刑事诉讼程序除了这种辅助性的诉讼价值外，还有其独立的内在价值，如程序公正、程序效率等。

二、刑事诉讼价值的构成

诉讼主体对刑事诉讼程序的需要是多元化的，而且刑事诉讼价值本身也具有双重性。因此，刑事诉讼程序在满足主体需要的过程中，需要与满足的价值关系也呈现多元化的特点。刑事诉讼价值具体体现在两个方面，即外在价值和内在价值。

（一）外在价值

刑事诉讼的外在价值，也称工具性价值，是指刑事诉讼程序对于刑事实体法律关系的工具性效用，包括实现实体公正的价值和维护秩序价值两方面内容。

刑事诉讼实体公正价值指公正地惩罚犯罪，包括两层含义：①一般的实体公正，指立法者对刑事实体权利义务的公正分配，这主要通过立法活动来实现；②个别的实体公正，指司法者以一般的实体公正的要求为依据，通过在刑事诉讼活动中行使自由裁量权达到公正的裁判结果。实体公正要求案件事实认定真实，适用法律正确。案件事实的真实认定是实现实体公正的前提和首要标准，只有在案件事实真实再现的基础上才能据此准确地定罪量刑、正确地适用法律。

刑事诉讼秩序价值是指维护秩序，包括外部秩序和内部秩序两个方面。外部秩序价值是指通过刑事诉讼程序惩罚犯罪，保护无辜的人不受刑事追究，以维护社会秩序，即恢复被犯罪破坏的社会秩序并预防社会秩序被犯罪破坏，从而维持社会稳定，促进社会在有序的状态下发展进步。内部秩序价值是指刑事司法活动的进行必须是有序的，刑事诉讼活动必须按照一定的规则、顺序、制度进行，不能出现无序的任意状态，以防止司法权的滥用。刑事诉讼内部秩序价值是实现外部秩序价值的基础，外部秩序价值是内部秩序价值的目的，只有刑事诉讼程序本身实现了有序运转，才能有效地维护社会秩序。

（二）内在价值

刑事诉讼的内在价值，也称目的性价值，是指刑事诉讼程序除了对实体法律关系的实现和维护的工具性价值外，自身在运作过程中所体现出来的独立的本质属性。主要体现为公正价值、效益价值和自由价值。

1. 公正价值。

（1）公正价值的含义。程序正义作为一个法律名词，最早出现在 13 世纪的英国，但是从其思想根源上来看，则可以追溯到古希腊、古罗马时期。古希腊人认为"若一个人未经过审判或定罪而被处死是一种暴行……是不经判决的暴力"。这表明尽管在当时还不存在程序正义的说法，但"至少存在着一种强烈的，即使并不专业性的支持有序的、无偏的司法程序情感"[1]。古罗马人同样也认为在任何情况下"像野蛮人或无所顾忌的暴君那样，不经审判而处罚某人的做法都不应在和平时期采纳，这将成为可怕的先例"[2]。1215 年英国颁布《大宪章》，虽然其保护的权利范围十分有限，但是却规定，"除经同类人的合法判决或者根据国家的法律，不能对任何自由民予以扣留、监禁、没收其财产……"[3]这被认为是对程序正义最早的法律规定。随着英国对外殖民地的扩张，程序正义这一理念在更大的范围内被推广。1917 年，美国学者约翰·罗尔斯（John Rawls）出版了著名的《正义论》一书，在该书中提出并分析了程序正义的三种形态：纯粹的程序正义、完善的程序正义以及不完善的程序正义，并着重对纯粹的程序正义进行了论述。[4] 到 20 世纪 60 年代，程序正义理论在英美法学界得到了相当的发展，并且大规模地流传开来。

程序正义作为法的一种基本理念，经过长期的发展，目前已经广泛地被人们所接受。所谓程序正义是指一项具有正当性的法律程序或者法律实施过程。美国《布莱克法律辞典》对正当性程序的含义作出了具体的解释，"任何权益受判决结果影响的当事人有权获得法庭审判的机会，并且应被告知控诉的性质和理由……合理的告知、获得法庭审判的机会以及提出主张和辩护等"都是正当性程序的体现。

（2）程序正义的内容和标准。对于程序正义究竟包含哪些基本内容，中外学者存在诸多看法。

根据美国学者约翰·罗尔斯在其名著《正义论》中的论述，程序正义包括三种形态，即纯粹的程序正义、完善的程序正义以及不完善的程序正义。罗尔斯认为，在第一种"纯粹的程序正义"中，"不存在对正当结果的独立标准，而是存在一种正确的或公平的程序，这种程序若被人们恰当的遵守，其结果也会是正确的或公平的，无论他们会是一些什么样的结果"。第二种"完善的程序正义"，是指程序之外存在着决定结果是否合乎正义的某种标准，且同时也存在着满足这个标准的实现的程序这样的情况。在第三种"不完善的程序正义"中，一个有罪的人可能被判无罪，一个无罪的人可能被判有罪；不完善的程序正义基本的标志是："当有一种判断正确结果的独立标准时，却没有可以保证它的程序"。同

〔1〕 ［爱尔兰］J. M. 凯利著，王笑红译：《西方法律思想简史》，法律出版社 2002 年版，第 29～30 页。

〔2〕 ［爱尔兰］J. M. 凯利著，王笑红译：《西方法律思想简史》，法律出版社 2002 年版，第 73 页。

〔3〕 樊崇义、史立梅、张中、朱拥政：《正当法律程序研究》，中国人民公安大学出版社 2005 年版，第 6 页。

〔4〕 参见 ［美］约翰·罗尔斯著，何怀宏、何包钢、廖申白译：《正义论》，中国社会科学出版社 1988 年版，第 80～83 页。

时，罗尔斯同时提出了实现程序正义的两个标准：①每个人的基本自由和权利，如言论自由、人身自由等，应得到平等保护；②尽管每个人的自由和权利应得到平等保护，但是不同人从社会结构中获得权利和义务存在着不平等。[1]

美国学者戈尔丁在其著作《法律哲学》中指出，程序正义具有非常重要的法律意义。"关于程序正义我将试图表明……坚持公正标准能促进纠纷的解决，而不仅仅是把他们了结。"程序可以使争端无需使用任何实体法，而用既非违反某一法律的也非符合某一法律的方式得到解决。他认为，程序公正尤其对纠纷的审理和解决的实现方式有决定性影响，也对第三者接受和使用劝导性纠纷解决方式有决定性影响。并反复强调"对程序公正的需要来自类法律式解决纠纷的本质本身"。同时，戈尔丁将从三方面归纳出程序正义的九项基本要求和标准。①程序的中立性：与自身有关的人不应该是法官；结果中不应该含纠纷解决者个人的利益；纠纷解决者不应有支持或反对某一方的偏见。②对于劝导性争端：对各方当事人的诉讼都应给予公平的注意；纠纷解决者应听取双方的论据和证据；纠纷解决者应只在另一方在场的情况下听取一方的意见；各方当事人都应得到公平机会来对另一方提出的结论和证据提出反响。③争端的解决：解决的诸项条件应以理性推演为依据；推理应论及所提出的证据和论据。[2]

我国学者陈瑞华先生，在其《程序正义论》中提出了刑事审判所要实现的最低限度程序正义的六项要求：①程序的参与性，即那些其权益可能会受到刑事裁判或者刑事审判结局直接影响的主体应有充分的机会并富有意义地参与法庭裁判的制作过程，从而对法庭裁判结果的形成发挥有效的影响和作用；②裁判者的中立性，即裁判者应当在那些其利益处于冲突状态的参与者各方之间保持一种超然和不偏不倚的态度和地位，而不得对任何一方存有偏见和歧视；③程序的对等性，即裁判者在整个刑事审判过程中应给予各方参与者以平等参与的机会，对各方的证据、主张、意见予以同等的对待，对各方的利益予以同等的尊重和关注；④程序的合理性，即裁判者据以制作裁判的程序必须符合理性的要求，使其判断和结论以确定、可靠和明确的认识为基础，而不是通过任意或者随机的方式作出；⑤程序的自治性，指裁判者就被告人的刑事责任问题所作的裁判结论必须从法庭审判过程中产生，从而使刑事审判程序对裁判结论的形成具有唯一的决定作用；⑥程序的及时终结性，即刑事审判活动应当及时地形成裁判结果，并且审判应通过产生一项最终的裁判而告结束。[3]

---

〔1〕　参见［美］约翰·罗尔斯著，何怀宏、何包钢、廖申白译：《正义论》，中国社会科学出版社1988年版。

〔2〕　参见［美］戈尔丁著，齐海滨译：《法律哲学》，三联书店1987年版，第240～241页。

〔3〕　参见陈瑞华："程序正义论"，载《中外法学》1997年第2期。

　　孙笑侠先生指出，程序正义应当包含六方面的基本内容：①法律程序必须是民主的，民主是现行法治的基石。②从权利和权力的关系来看，法律程序应该制约权力的行使，维持法律的稳定性和自治性，把行使权力的行为纳入法律程序的轨道。③从无差别待遇来看，法律程序要求对待每个当事人都是平等的，无差别的。④从法律程序的发展趋势看，法律程序必须是文明的。"文明是指程序应当合乎文明与生活道德，如果就纠纷解决行为中继续存在外部冲突，甚至武力冲突，体罚被告等等，那就没有什么文明可言。"公正是个历史范畴，程序正义也会随着历史的发展而发展的。⑤从法律与客观规律的关系来看，法律程序必须是科学的，是符合客观规律的，是符合社会发展的趋势和方向的。⑥从公开程度来看，法律程序必须是公开的，是使参加程序的当事人能够知道程序的运行规则，处理其权利和义务的过程。[1]

　　综合上述分析，无论人们在表述上有何不同，对于程序正义内容和标准都包含了共同的理解，都认为正义的程序应当符合：程序的公正性、裁判的中立性、参与者权利的保障性、程序的人道性、程序的自治性、程序的对等性、程序的合理性、程序的及时性、程序的终结性等方面的内容和标准。

　　（3）程序正义的意义。程序正义不仅仅是一种诉讼观念被人们所接受，程序正义对于刑事诉讼活动还具有相当重要的现实意义。

　　第一，坚持程序正义，有利于树立程序独立的诉讼价值观，改变"重实体、轻程序"的不良思想观念。我国传统的诉讼价值观认为，诉讼程序就是一种实现实体法律的工具，诉讼程序的存在就是为了实现实体的正义，程序不存在独立的价值，无论什么样的程序，只要有利于实体法的实现，有利于案件事实的发现，就是好的程序，甚至程序本身存在不正义的因素也在所不惜。例如通过非法搜查、刑讯逼供等不正义的程序而获得的证据，也可以作为法官裁判的依据在诉讼中使用。事实上，诉讼程序除了具有基本的工具性价值之外，还具有独立的内在价值，那就是程序的公正和正义。公正的、正义的程序，无论是否有利于公正裁判结果的形成，它都具有一种独立的意义，那就是使那些参与到诉讼中的人们，特别是会受到裁判结果直接约束的人，受到公正的待遇，享有诉讼主体的地位，能够平等地进行理性的辩论和交涉，能通过自己的行为对裁判的结果发挥影响，而不单单是被动地等待国家机关来决定自己的命运。在接受裁判的过程中，裁判者也是中立的、公正无私的，尊重和保护双方当事人的合法权益。这样使得整个诉讼过程不再是简单地追求一个裁判结果，而是在全过程中展现一种法律的正义关怀，树立程序的独立价值观念。

---

〔1〕　参见孙笑侠："法的形式正义和实质正义"，载《浙江大学学报》1999 年第 5 期。

第二，坚持程序正义是对人权保障的最好诠释。在刑事诉讼中对人权的保障，特别是对被告人人权的保障，就是要求被告人受到法官公平、合理的对待；要求被告人受到迅速、公开的审判；要求被告人享有主体地位，而非消极的被追诉对象；要求被告人有积极防御控诉的权利；要求被告人受到人道的而非野蛮的程序对待。平等、参与、公正、人道是程序正义的应有之义，而这些价值的实现正是诉讼中最有利的人权保障措施。

第三，坚持程序正义，有利于彻底地解决社会纠纷和矛盾，真正实现实体正义。公正的程序通过确保诉讼各方对裁判制作过程的参与以及对裁判结果的积极影响，使他们的人格尊严和自主意志得到保障。公正的程序对待，人格的尊重、自主意志的保障，使得被告人、被害人、辩护人等诉讼参与者从心理上真诚接受和承认法院所作裁判的公正性和合理性，即使裁判结果对其不利。同时，公开的审理过程、公正的处理程序，也使得社会大众对法院、审判程序乃至国家法律制度的权威性产生普遍的信服和尊重，即使裁判结局与他们本人的利益无关。因为程序正义的上述要求不仅确保实体正义在刑事审判过程中得到切实的实现，而且是以"人们能看得见的方式"实现的。这样，诉讼推进的过程就是一个逐渐消融社会矛盾和纠纷的过程，使得案件的处理结果得到人们的信服和遵守，这样社会矛盾得到了彻底的处理，实体正义也真正得以实现。

2. 效率价值。

（1）效率价值的含义。效率原本是一个经济学的概念，是指单位时间完成的工作量，或劳动的效果与劳动量的比率。它表明的是一个投入和产出之间的比值关系。投入越少（劳动量越少），而产出越多（劳动效果），效率就越高；反之效率就越低。

随着社会的不断进步和发展，社会关系的日益复杂，社会矛盾也越来越突出，案件数量激增，许多国家开始关注在诉讼过程中成本投入和产出之间的关系了。即便是以完美程序和人权至上著称的英美国家，由于大量积案的影响，也不得不考虑司法成本的节省和诉讼效率的提高。由于法学与经济学的相互融合和借鉴，便在诉讼中引入了效率的概念，甚至在美国20世纪60年代还兴起了法律经济学。该学科用经济学的分析方法来剖析法律资源的投入与效率对比关系，把各种能够影响行为的法律因素作为交易成本，而法律的目的应当是促成交易成本最低化，以实现正义。美国学者科斯就曾指出：在交易成本为零的前提下，任何权利的配置都是有效率的。但是现实世界中交易成本是不可能为零的，"如果我们从交易成本为零的世界转向交易成本大于零的世界，那么立刻变得清楚的是，在这个新天地里，法律制度至关重要。……法律制度对经济体制的运转产生了深远的影响。"[1] 到了 20 世纪 80 年代，法律经济学对政府机构和公共团体产生了较大影响，里根总统还通过总统令要求所有新制定的政府规章都要符合成本—收益分析的标准。[2]

那么什么是诉讼效率呢？按照上述理论，所谓诉讼效率是指单位司法资源的投入与诉讼产出（即案件处理的数量）之间的对比关系。换言之，在保证案件质量的前提下，以一定司法资源处理越多的案件，诉讼效率就越高；反之则越低。从这一定义中可以看出，诉讼效率包含了两个基本要素：①司法资源的投入，即诉讼成本；②诉讼产出，即诉讼效果。诉讼效率与诉讼成本成反比，与诉讼效果成正比。要提高诉讼效率，就要尽可能地减少诉讼成本，而尽可能地增加诉讼效果。申言之，在刑事诉讼中的诉讼效率，就是指刑事诉讼制度各种制度的设置和运作以及各种司法资源的配置，能够达到快速、及时地处理刑事案件，维持社会秩序，保障人权的目的。为了提高刑事诉讼效率，司法机关和诉讼参与人应以尽量少的人力、物力、财力和时间消耗来完成刑事诉讼的任务，并实现公正这一刑事诉讼的基本价值。这里包含了两个方面的基本内容：①从总体上看，刑事诉讼的"投入"与"产出"比应当尽量低一些，不能为了追究犯罪而不惜一切代价；②在具体案件的诉讼过程中，为了实现特定的诉讼目的，应当选择成本最低的方法。[3]

现在诉讼效率已经成为现代刑事司法的一项基本准则，世界各国都制定了各种法律制度来合理配置司法资源，提高诉讼效率。例如各国诉讼中都有的，尽管形式上表现不一的简易程序，其中以发源于英国"有罪答辩"而闻名世界的美国"辩诉交易"制度最为突出。目前，我国社会正处在快速发展阶段，社会矛盾比较突出，刑事案件数量也日益增加。根据最高人民法院的统计，2009 年，最高人民法院受理案件 13 318 件，审结 11 749 件，同比分别上升 26.20% 和 52.09%；地方各级法院受理案件 11 378 875 件，审结 10 544 736 件，标的额 16 707.01 亿元，同比分别上升 6.26%、7.17% 和 16.42%。自 2005 年以来案件量年均递增 5.95%，2009 年案件量比 1978 年增长了 19.87 倍[4]。案件数量的激增，给法院审理工作造成相当大的压力，而国家对司法机关在人力、物力、财力等方面的投入和资源又极为有限，不能跟上案件增长的步伐。如果没有高效的诉

---

〔1〕　[美] 诺斯著，刘守英译：《制度、制度变迁与经济绩效》，三联书店 1994 年版，第 215 页。

〔2〕　参见 [美] 理查德·A. 波斯纳著，徐昕、徐昀译：《证据法的经济分析》，中国法制出版社 2001 年版，第 26～27 页。

〔3〕　龙宗智、杨建广主编：《刑事诉讼法》，高等教育出版社 2003 年版，第 113 页。

〔4〕　引自：《最高人民法院 2009 年度工作报告》，http://news.163.com/10/0714/07/6BH0596800014AEE.html.

讼程序，不仅会积压案件，而且会影响案件的处理质量，最终威胁到诉讼公正。因此，提倡诉讼经济、提高诉讼效率成为我国目前司法体系中必须面对而又亟待解决的问题。

（2）诉讼效率提高的实现。诉讼效率的提高，不仅有利于节约司法资源，避免不必要的开支和不合理的拖延，防止大量"积案"的产生。更为重要的是，诉讼效率的提高，有利于当事人有效的行使诉讼权利，保障当事人的合法权益，最终实现保障人权的刑事诉讼之根本目的，完成打击和控制犯罪、维护社会安定团结的诉讼任务。诉讼效率的提高对整个刑事诉讼而言，其重要性已不言而喻。那么，我们要怎么做才能真正地实现诉讼效率的提高呢？

依照上文的分析，提高诉讼效率要把握两方面的关系：①降低诉讼成本（投入）；②增加诉讼效果（收益）。因此，为了实现诉讼效率的提高，就应当从这两方面着手。具体而言，可以采取以下措施：

第一，简化程序设计。程序的简化，可以降低直接投入的诉讼成本，尽管简化程序后有可能与案件事实之间存在一定的误差，只要控制在合理的可以容忍范围内，也就是直接投入的成本小于因错误而造成的成本即可。简化程序包括：①实行案件分类，不同的案件适用不同的程序，以实现司法资源的优化。对于简单、清楚的案件，实行效率优先原则。例如，意大利《刑事诉讼法》规定，被告人在犯罪现场被抓获的，可以不经过侦查而直接进入审判程序。②借鉴美国"辩诉交易"程序，改革我国目前的简易程序。我国简易程序的种类单一、适用范围不合理。在简易程序的适用上，仅仅是从形式上由法官一人独任审理，并不能真正实现快速解决案件的目的。③合并程序，集中审理。我国目前还没有实行集中审理原则，导致案件不必要的拖延，并且容易滋生司法腐败。④限制再审的条件和次数。目前我国对刑事案件再审条件的规定过宽，对再审的次数也没有明确的限定。这样使得一、二审程序更加轻率，导致较多的案件经历再审程序，消耗了更多的司法资源。限制再审的条件和次数，克服发动再审的随意性，不仅可以维护审判的权威性，还可以书约事后的纠错成本。⑤改革证据制度。首先，确立证据展示和审前证据交换制度，确保审判程序的顺利和快速进行，防止因证据突袭而造成的不必要的诉讼中断。其次，确定举证期限，减少案件退回补充侦查的次数和时间，增强控辩双方的举证责任意识。最后，建立认证规则。法官对证据的认定做到有规可循，有则可依，避免合议庭在证据认定上争论不休，影响案件的审判进程。

第二，节制诉讼手段，尤其是国家的侦讯和司法手段，保障诉讼当事人，特别是被告人的人权。目前我国控诉机关（侦查机关和检察机关）的权力十分强大并且缺乏适当的制约，司法资源的配置也是偏向于控诉方，这使得被告方在诉讼中处于明显不利的弱势地位。在这种情况下，控诉机关就容易侵害被告人的合法权益，被告人权利的行使也得不到应有之保障，案件的质量往往得不到保证。对于被害人而言，不当或者过大的诉讼手段，并不能完全实现对其的保护，甚至会造成"二次"侵害。这两种情况的出现，都使得司法资源的投入产生了不良的效果，也就是使得诉讼收益下降，甚至出现负效应，这是与诉讼效率原则相违背的。

（3）效率价值与公正价值的关系。推行诉讼效率，也不能忽略诉讼公正，因为司法制度和司法程序真正永恒的生命基础就在于它的公正性。公正观是司法价值观中的第一要素，这是不容置疑的。因此，我们必须正确认识和处理诉讼效率和诉讼公正之间的关系。简而言之，二者是辩证统一的关系：离开公正谈效率，会导致诉讼结果的枉然，法律尊严的破坏，社会将陷入无序状态；离开效率谈公正，迟来的公正也就不是真正的公正了。所以，诉讼效率和诉讼公正是相辅相成的，谁也离不开谁。裁判的公正就是最有效地利用社会资源，它可以减少因裁判不公而在资源使用方面的损失和浪费。同时，公正的程序也要求尽量减少不必要的付出，提高诉讼的效率。可以说，真正的诉讼公正是以效率为保障的，真正的诉讼效率是以基本的公正为前提的。

诉讼效率和诉讼公正在大部分情况下能够达成一致，但它们之间也经常存在冲突。关键的问题是，在二者出现冲突时我们应当如何进行价值选择。每个国家都可以根据自身的文化传统、诉讼观念、具体国情作出不同的价值选择。例如，尽管英美法系国家比较注重程序正义和人权保障，但是为了诉讼效率的提高，快速解决案件，消除积案，广泛采用辩诉交易来处理大部分的刑事案件，牺牲了部分公正。而大陆法系国家的司法传统中偏重于实现实体公正，为了达到诉讼公正，往往不惜代价，哪怕牺牲掉诉讼效率。大陆法系国家的简易程序使用的范围和频率都不如英美法系国家那么大。无论作出何种选择，都是一个国家经过理性思考后得出与基本国情相适应的结果，不存在孰优孰劣。当然，虽然我们纯良的希望达到二者兼顾的完美结局，但在二者不可兼得的情况下，明确的态度和选择就显得格外重要了。

从我国现实国情出发，笔者认为，在诉讼公正与效率发生冲突时，我们应当优先考虑公正，这是与我国传统文化、基本价值取向相符合的。当然，我们也应当兼顾效率，积极采取措施提高案件的处理速度，以提高诉讼效率。

3. 自由价值。自由价值是指刑事诉讼要保障诉讼主体的人权和自由，表现为：①保障法官的审判权不受外在的压力和干预，保障当事人的诉权和诉讼权利不受国家权力的贬损和压制；②保障诉讼主体在法律范围内的自由选择，如自诉人自由决定是否撤诉，被告人自由选择是否上诉等等。

刑事诉讼的外在价值和内在价值相互依存、相互作用、相互制约。刑事诉讼外在价值的实现依赖于内在价值的发挥,内在价值的充分彰显也使得外在价值更为突出。如刑事诉讼程序本身越公正、越体现正义的要求,制度的设计越科学合理,就能更好地查清案件事实,更好地解决刑事纠纷,维护社会秩序。

第六节 刑事诉讼职能

刑事诉讼职能是指刑事诉讼中的国家专门机关和诉讼参与人进行诉讼活动所承担的功能和发挥的作用。刑事诉讼参与者功能的承担和作用的发挥是由其在诉讼中的法律地位和诉讼目的所决定的,并且通过其在诉讼中享有的诉讼权利和承担的诉讼义务来体现。

关于刑事诉讼职能的划分,存在诸多观点:①"三职能说",即分为控诉职能、辩护职能、审判职能三种;②"四职能说",即分为控诉职能、辩护职能、审判职能、执行职能或者侦查职能、控诉职能、辩护职能、审判职能四种;[1]③"五职能说",即分为侦查职能、控诉职能、辩护职能、审判职能、监督职能;[2]④"六职能说",即分为追诉职能、辩护职能、审判职能、法律监督职能、附带职能、辅助职能六种;[3]⑤"七职能说",即分为侦查职能、控诉职能、辩护职能、审判职能、执行职能、协助诉讼职能、诉讼监督职能七种;[4]⑥"八职能说",即分为侦查职能、控诉职能、辩护职能、审判职能、法律监督职能、附带职能、辅助职能、执行职能八种。[5]

诉讼理论通说认为,刑事诉讼具有控诉、辩护和审判三大基本职能。

一、控诉职能

控诉职能是指控诉机关和被害人、自诉人所承担的引发刑事诉讼的功能,控诉主体通过向法院提起诉讼并出庭支持诉讼,来实现追究被告人刑事责任的目标。控诉职能的存在主要基于国家惩罚犯罪的需要。控诉职能表现为起诉行为和论证行为两种特定的行为方式。起诉行为引发审判;论证行为影响审判,使法官作出有利于己方的裁判。起诉方式大致可以分为两类:①统一的公诉制。刑事案件由专门机关(检察机关)向法院起诉,不允许个人自诉,如日本。②公诉兼

---

[1] 参见徐静村、樊崇义主编:《刑事诉讼法学》,中国政法大学出版社1994年版,第64页。

[2] 陈卫东:"谈谈刑事诉讼职能",载《法学杂志》1990年第3期。

[3] 参见宫模义主编:《刑事诉讼法学教程》,江苏人民出版社1989年版,第101页。

[4] 樊崇义主编:《刑事诉讼法学》,中国政法大学出版社1996年版,第40页。

[5] 许江:"论我国刑事诉讼的结构和职能",载《南京大学学报》1998年第2期。

自诉制。刑事案件的起诉权分由专门机关和个人享有，允许公民个人自诉，但公诉制为主导，大部分案件由检察机关代表国家提起诉讼，少部分实行公民个人自诉，国家不主动干预，大多数国家采取这种方式。

大多数国家都要求控诉职能由国家专门机关行使，一般是由检察机关行使，并由侦查机关和被害人协助；自诉案件则由自诉人承担。检察官履行控诉职能时，多数国家都提出了客观公正的要求，除了通过对检察官设定"客观公正"的义务之外，还设置了专门针对公诉权的司法审查程序，如英美法系刑事诉讼中的预审及大陪审团审查起诉程序、德国刑事诉讼中的"中间程序"、法国重罪法院的起诉庭对重罪案件的审查程序，等等。

根据我国《刑事诉讼法》的规定，公诉案件的控诉职能由检察院承担。侦查是公诉的前提和必要准备，侦查与公诉在整体上被视为公诉案件控诉职能实行的有机构成，因此行使侦查权的公安机关也是控诉职能的承担者。公诉案件的被害人作为当事人对检察机关行使控诉职能进行辅助。在自诉案件中，被害人为控诉职能的承担者，并由其法定代理人或者委托代理人协助执行。

二、辩护职能

辩护职能是与控诉职能相对立，犯罪嫌疑人、被告人及其法定代理人、辩护人针对控诉方有罪、罪重的指控，进行反驳，提出无罪、罪轻或者从轻、减轻、免除刑罚处罚的事实和理由，维护犯罪嫌疑人、被告人的合法权益，以期抵消指控的职能。辩护职能是人权、民主思想深入人心、程序公正观念得以树立的结果，以无罪推定原则、被告人诉讼主体地位、律师制度、控辩双方地位平等的诉讼构造等为内容的辩护职能，既有利于维护被告人的合法权益，也监督、促进控诉职能的正当行使，保障控辩双方平等对抗，形成在对抗、冲突中揭示案件事实的局面，有利于法官作出正确的判断。辩护职能主要通过论证行为（包括收集证据、提供证据）来实现。

犯罪嫌疑人、被告人是辩护职能的主要承担者，这一职能的执行不是基于法定的义务，而是旨在保障自身的合法权益，其所享有的辩护权贯穿整个刑事诉讼过程。犯罪嫌疑人和被告人是辩护职能最充分和完全的行使者。辩护人依据犯罪嫌疑人、被告人的授权或者法院的指定，帮助被告人进行辩护，也是辩护职能的承担者，处于辅助地位。关于辩护人的资格大致有两种情况：①只能由律师担任，多数国家采用这种方式；②除律师之外的其他人也可担任，如德国、芬兰等国采用这一方式。我国也采用这一方式。

三、审判职能

审判职能是指国家审判机关（法院）通过审理活动，确定被告人是否应负刑事责任，即有罪与否、罪轻罪重、应否受处罚、受何种处罚，以实现国家审判权、刑罚权的职能。审判职能的确立是公正处理案件的需要，控辩双方的刑事冲突和纠纷必须有一个独立的、中立的、公正的、权威的机关以第三者的身份来进行评判，作出处理。同时，审判职能的设置也是基于国家权力科学运作的要求。权力应当受到有效控制并相互制约，审判权从行政权中分离出来，并与控诉职能进行区分，不仅有利于体现程序的工具性价值，对民主以及个人基本人权的保障以及实现司法公正也大有裨益。

审判职能由法院承担，法院是审判职能的唯一主体已为世界各国所公认。法官通过审理行为和裁判行为来具体实现审判职能。通过审理行为，法官可以了解案件事实，查明事实真相，为裁判奠定基础；裁判行为是对审判活动进行总结、分析、推理、判断，运用法律，实现案件的公正处理。我国法院内部体系由最高人民法院和地方各级人民法院（包括高级人民法院、中级人民法院和基层人民法院）组成，这一体系的有序运作，有利于审判职能的实现。

控、辩、审三大诉讼职能相互联系、相互制约、不可或缺，共同构成刑事诉讼活动，实现刑事诉讼目的。但审判仍然是刑事诉讼的重心。控诉职能是审判职能的前提和依据，审判以控诉的事实和被告人为范围；审判是控诉所追求的法律结果，没有审判，控诉也失去存在的价值。辩护职能与控诉职能针锋相对，对控诉起到平衡和制约作用；审判职能对辩护职能予以保障，不保障辩护的控诉和审判只能是独断和专制的诉讼，同时辩护促进审判的民主和公正。

 学术视野

一、关于刑事诉讼的价值

按照一般的说法，刑法是"犯罪人的大宪章"，刑事诉讼法则是"被告人的大宪章"，这从一定程度上反映了刑法和刑事诉讼法都具有人权法的属性。我国长期处于"重实体、轻程序"思想的禁锢中，只强调诉讼程序形式或者工具作用，忽略了其所具有的独立价值。随着人权思想的发展，我们逐渐转变观念，对刑事诉讼内在的独立价值也予以了充分关注。大致经历了两个阶段：第一阶段，1996～2000 年，起步阶段。《刑事诉讼法》修改之初，在对刑事诉讼价值的基础理论进行研究和借鉴国外刑事诉讼价值理论的基础上，学术界把更多的精力放在界定我国刑事诉讼价值上。例如，有学者认为，刑事诉讼法的首要价值是保证刑法的正确实施，同时也不能忽略其自身的独立价值，即认为法律程序的工具性价值优先，同时兼顾内在价值；[1] 有的学者则刚好持相反观点，认为刑事诉讼价值应作层次性划分，位居首要层次的是内在价值，其次才是外在的工具性价值；经济效益性是下一个位阶的次级价值。[2] 第二阶段，2000～2006 年，形成基本共识和研究扩大发展阶段。程序具有独立于实体的内在价值，程序具有双重价值，对此已经在学术界形成基本共识。一般认为，程序的工具性价值表现为：通过明确授权实施实体法的专门机关及其分工，贯彻一系列基本原则和诉讼制度，以保证专门机关权力行使与权力制约相统一；规定运用证据的准则，规定一系列前后衔接的诉讼阶段，以保证实体法的及时、正确实施。程序的独立价值表现为：程序法规定的程序保障体制，强调当事人的人格尊严和法律关系主体地位，体现公正、民主和法制观念；通过司法机关审理个案不断丰富、补充实体法的不足；公正、民主、公开的程序运作，可以向民众宣传程序正义的观念，也容易促使当事人在心理上和行为上接受判决结果；通过不告不理原则，程序法在特定情形下限制了实体法的实施。由此可以得出结论，实体法和程序法相互依存、相辅相成，不能有主次、轻重之分。程序法的第一价值是保证实体法的正确实施，同时绝不能忽视其自身的独立价值。[3] 在这一时期，有关刑事诉讼法价值的研究中，比较突出的特点是视角的进一步扩大。有学者认为，不应从一个程序价值目标，或者从一个部门法学的角度出发来研究刑事诉讼价值，应当将程序安全作为程序价值的必然组成部分。所谓程序安全，是指法律程序在设计和运作过程中，基于对人权关怀所体现的对程序参与人和案外人人身权利和财产权利的无害和无涉。无害，意味着程序自身的安全设计；无涉则是对程序之外和法律事件之外权益的漠然和不触及。具体而言，程序安全价值包括程序基本结构的安全度、程序张力的内敛度和程序安全信赖的满足度三方面内涵。[4] 有的学者从刑事诉讼价值历史沿革出发，认为刑事诉讼价值体系由内在价值和外在价值构成。内在价值由刑事诉讼权利和刑事诉讼义务构成；外在价值分为实现刑法目的价值和妨碍刑法目的价值。实现刑法目的价值，是指依照刑事诉讼法规定的程序所进行的有利于实现揭露犯罪、证实犯罪、打击犯罪并保障无罪的人不受刑事追究等刑法目的的刑事诉讼价值。具体表现为实现刑法价值、控制犯罪价值、维护秩序价值三个层次。妨碍刑法目的价值，是指依照刑事诉讼法规定的程序所进行的不利于实现

---

〔1〕　参见陈光中、王万华："论诉讼法与实体法的关系——兼论诉讼法的价值"，载陈光中、江伟主编：《诉讼法论丛》（第1卷），法律出版社 1998 年版。

〔2〕　参见陈瑞华：《刑事审判原理论》，北京大学出版社 1997 年版。

〔3〕　参见崔敏："当前刑事诉讼法学研究中的热点问题综述"，载《浙江公安高等专科学校学报》2002 年第 6 期。

〔4〕　参见胡亚球："程序安全：程序价值的新视角"，载《中国法学》2004 年第 5 期。

揭露犯罪、证实犯罪、打击犯罪并保障无罪的人不受刑事追究等刑法目的的刑事诉讼价值。具体表现为限制权力价值、保障权利价值、程序正当价值三个层次。[1]

二、关于刑事诉讼的结构

作为一个理论范畴，刑事诉讼结构的概念是由美国和日本学者较早提出，并确立于刑事诉讼法学中的。20 世纪 90 年代初，"构造分析"或者"模式分析"成为我国刑事诉讼法学的基本研究方法之一。有学者提出，为实现刑事诉讼目的，国家不仅要通过刑事诉讼法的相关规定来宣示刑事诉讼追求的价值目标，还要确立实现刑事诉讼目的的活动原则、程序，确立各专门机关及诉讼参与人的地位、相互关系，以及体现诉讼主体间基本关系的格局。这种刑事程序法律规范所确立的构成刑事诉讼的各基本要素之间的诉讼地位和相互关系，就是刑事诉讼构造。刑事诉讼构造决定刑事程序的功能；刑事诉讼法的任务能否实现，取决于刑事诉讼构造功能的发挥。因此，修改、完善我国刑事诉讼法，关键是建立刑事诉讼的合理构造。而建立合理的诉讼构造，必须以符合诉讼规律的理念和原则为指导。其中，控审分离、裁判权中立、控诉与辩护平等对抗三项理念和原则，至关重要。[2] 在刑事诉讼结构的类型上，有学者将其分为纵向结构和横向结构，刑事诉讼纵向结构，是指公、检、法三机关在刑事诉讼中的地位及其相互关系；刑事诉讼横向结构，是指控、辩、审三方在刑事诉讼中的地位及其相互关系。刑事诉讼纵向结构的完善应当解决好侦控构造和控审构造方面的问题。前者主要应强化检察机关对侦查的制约；后者则需要调整起诉方式、改革审前准备程序、妥善解决法院变更指控等问题。刑事程序横向结构的完善则主要应当重塑侦查构造，实现对侦查程序的司法审查，是侦查程序形成以司法裁判为中心的诉讼式侦查构造的主要途径；通过完善证人制度、强化辩护权的保障、完善救济程序等，解决审判构造中存在的问题。[3]

另外，针对传统的三角形模型理论，有学者提出应当确立"以裁判为中心的四面体构造"，即以裁判方为锥顶，以侦、检、辩为锥底三顶点的三角锥形结构。具体表现在整个刑事诉讼过程中，裁判机关位于公、检、法三方关系中的中心地位；在侦查程序面，审判机关位于侦、辩、审这三个角色中间，负责就所有涉及个人基本权利的事项进行授权和审查；在起诉程序面，检察官在检、侦、辩三方关系中具有主导作用，检察机关可以对公安机关的侦查结果进行审查，作出起诉

---

[1] 参见曾友祥："刑事诉讼价值的历史嬗变"，载《政法论坛》2006 年第 3 期。
[2] 参见宋英辉："构建我国刑事诉讼合理构造的理念与原则"，载《政法论坛》2004 年第 3 期。
[3] 参见宋英辉："论合理诉讼构造与我国刑事程序的完善"，载《湖南社会科学》2003 年第 4 期。

或者不起诉决定；在审判程序面，适用完整的三角形构造，法官主持法庭审理，在法庭上扮演一个消极仲裁人的角色。[1] 有的学者采用历史分析方法，对日本非对抗式诉讼的成因作出解释，认为日本经历的三种刑事诉讼模式都属于非对抗式。它虽然受西方法律影响很大，在第二次世界大战之前曾经一度在一定范围内实行陪审团审判制度，第二次世界大战之后又吸收了相当多当事人主义的内容。但受传统宗教思想的影响，以及家族国家观的制约，在开放性和保守性民族心理的支配下，最终选择了非对抗式的诉讼模式。[2] 这种研究的视角和方法对于我们认识和建立适合我国情况的诉讼构造有一定的启发意义。

理论思考与实务应用

一、理论思考

（一）名词解释

刑事诉讼法律关系　刑事诉讼价值　刑事诉讼构造　刑事诉讼职能　刑事诉讼主体

（二）简答题

1. 如何理解刑事诉讼法律关系？
2. 如何理解刑事诉讼的价值？
3. 如何理解刑事诉讼的主体与客体？
4. 如何理解刑事诉讼职能？

（三）论述题

1. 怎样协调刑事诉讼的外在价值与内在价值之间的冲突？
2. 如何完善我国刑事诉讼构造？

二、实务应用

（一）案例分析示范

案例一

被告人彭某，35 岁，原系河北省石家庄市某制冷设备公司财务处副处长，是一位年轻的女干部。1999 年 3 月，被告人彭某的丈夫因炒股亏空了单位一大笔资金，在走投无路的情况下，彭某为了帮丈夫补上亏空，利用职务之便，私自从该制冷设备公司账户中转走资金十万余元。此事不久被制冷公司发现并报案。河北省石家庄市人民检察院接到举报后，立即组织人员进行了侦查。经查明，确定

---

[1] 参见高德道："刑事诉讼构造新论"，载《浙江公安高等专科学校学报》2002 年第 2 期。
[2] 参见汪海燕："日本非对抗式诉讼成因分析"，载《法商研究》2003 年第 5 期。

彭某为重大发现嫌疑人。石家庄市人民检察院遂依法逮捕了犯罪嫌疑人彭某。在对彭某进行第一次讯问时，彭某提出要聘请律师为自己提供法律服务，但检察人员以本案处于侦查阶段，涉及国家秘密，律师无权介入为由拒绝了彭某的要求。一直到审判阶段，彭某才与律师见面。

　　问：本案中检察机关的做法是否正确？

　　【评析】这是一起检察机关自侦案件。根据我国《刑事诉讼法》的规定，犯罪嫌疑人在被侦查机关第一次讯问后或者被采取强制措施之日起，有权聘请律师为其提供法律帮助。因此，本案中检察机关不同意彭某会见律师的做法是错误的。犯罪嫌疑人有聘请律师的权利，检察机关有保障彭某行使这一权利的职责，这是由他们在这一阶段的诉讼法律关系所决定的。

案例二

　　王某因涉嫌贩卖毒品，经人民检察院批准，由公安机关对其进行了逮捕。王某逮捕后，委托李律师为他提供法律帮助。李律师在王某被捕的第二天到公安机关会见了王某，向其了解有关的案件情况。之后，李律师又从公安机关那里了解了王某涉嫌的罪名，并为王某申请取保候审。公安机关经过侦查取证，认为王某的行为已经构成犯罪，应当追究刑事责任，于是向人民检察院递交了提起公诉意见书。在整个侦查阶段，公安机关未曾对王某实施刑讯逼供。人民检察院收到公安机关移送审查起诉的案件材料的次日，即告知了犯罪嫌疑人有权委托辩护人。基于对李律师的信任，王某决定委托他担任自己的辩护人。人民检察院根据公安机关的侦查终结意见书，决定对王某提起公诉。李律师在检察院对王某案件审查起诉的当日，到检察院查阅、摘抄、复制了本案的诉讼文书、技术性鉴定材料。检察院审查后，认为案件事实已经查清楚，证据确实、充分，依法应当追究王某的刑事责任，于是向人民法院提起公诉。人民法院对案件审查后，认为起诉书中有明确的指控犯罪事实，并附有证据目录、证人名单和主要证据复印件或者照片，符合开庭审理条件。法院决定开庭审理后，进行了庭前准备工作，确定开庭时间和地点。法庭审理过程中，法院准许了被告人王某和辩护人李律师的申请，通知新的证人到庭，调取新的物证。经审判长的许可，控辩双方对证据和案件情况发表了意见并进行辩论。经过公开的法庭调查、法庭辩论和被告人最后陈述后，合议庭听取了控辩双方意见，根据其在法庭上的亲自感知和案件事实，当庭作出了判处被告人王某无期徒刑的判决，同时告知控辩双方在法定的期限内有权向上一级人民法院上诉或者抗诉。期限届满，双方均未上诉或者抗诉，王某被交付执行。

　　问：本案体现了刑事诉讼的哪些价值？

【评析】本案中，通过一系列程序的实施，王某最终因贩卖毒品触犯刑法被判处无期徒刑，这体现了刑事诉讼实现实体法的工具主义价值。王某获得律师的帮助、聘请律师作为辩护人、在法庭发言、申请调取新证据、最后陈述；公安机关依法进行侦查，收集证据，没有对王某刑讯逼供；检察机关保障王某基本权利的实现，并依法进行公诉；法院按照法律规定保障王某辩护权的实现，依法裁断；等等，都体现了刑事诉讼内在的实现程序公正、保障人权的独立价值。

案例三

彭某、徐某系夫妻关系。2002 年 8 月，因涉嫌故意杀人，彭氏夫妇在有关群众的举报下被某市公安局拘留，并依法向市人民检察院申请批准逮捕。检察院审查后发现已经有证据证明犯罪嫌疑人彭氏夫妇的犯罪事实，可能判处有期徒刑以上的刑罚，并且有逮捕的必要，于是作出批准逮捕的决定。在大量证据面前，彭氏夫妇低头认罪，交待了他们作案的详细过程。根据其口供，侦查机关查获了作案工具和其他一些证据。经过上述侦查，公安机关认为彭氏夫妇犯罪事实清楚，证据确实充分，足以构成犯罪，依法应当追究其刑事责任，于是向某市人民检察院移送本案的材料并提出了起诉意见书。检察院接受该案卷材料后，指派专门的人员认真审阅案卷材料，讯问犯罪嫌疑人，听取被害人的近亲属的意见和被害人近亲属委托的人的意见。之后，又对案卷中的某些疑点进行了补充侦查，同时批评和纠正了侦查机关在讯问犯罪嫌疑人时的一些不正确做法。

据称，归案后的徐某态度出奇地平静，曾向警方表示不要律师辩护。她说："我杀人得到了解脱，也罪有应得。"但是法庭根据我国刑事诉讼法的有关规定为其指定了律师作为庭审时的辩护人。2003 年 4 月 24 日，某市中级人民法院开庭审判时，公诉人出庭支持对案件的指控，并对合议庭成员的某些违反程序的行为在庭后以检察院的名义向其提出了纠正意见。

庭上，徐某一脸平静，直至她的辩护律师陈述辩词说道"被告人徐某因在一瞬间对被害人余某极端绝望，对毒品爱恨交织，对余某要挟、占有的无奈和羞辱才动杀机"之时，徐某再也按捺不住，失声痛苦。

至徐某作出最后陈述时，徐某字字恳切。她说，自己激愤杀人犯了大罪，但儿子才 2 岁，这么小的孩子成为孤儿会很可怜，所以，她请求法官把丈夫留下来。法官宣布择日宣判。

问：本案体现了哪些诉讼职能？

【评析】本案中涉及的诉讼职能有下列几个方面：①侦查职能。如公安机关为了查明案件事实而查获犯罪嫌疑人彭氏夫妇，缴获其作案工具，调查口供，收集其他一些证据，以及检察机关针对案卷中的疑点所进行的补充侦查等。②控诉职能。如检察机关为审查起诉所进行的审阅案卷材料，讯问犯罪嫌疑人，听取被害人等相关人员的意见，以及所作出的起诉和出庭支持起诉的行为等。③辩护职能。如彭氏夫妇在侦查、起诉和法庭审判过程中所作的各种辩解、反驳以及他们的辩护律师在法庭上为了维护被告人的合法利益，根据事实和法律作的有利于减轻其刑事责任的辩论等。④审判职能。是指某市中级人民法院的合议庭所承担的，通过在控辩双方出席的公开法庭上的调查和质证、辩论，对该刑事案件进行审理，确认指控是否成立，裁决被告人是否有罪，应否承担刑事责任以及刑事责任的轻重。⑤监督诉讼职能。例如，检察机关对公安机关申请逮捕彭氏夫妇的批准；通过审阅案卷材料去批评和纠正侦查机关在讯问犯罪嫌疑人时的一些不正确做法；通过出席法庭审判，在庭后以检察院名义对合议庭成员的某些行为提出纠正意见。⑥协助诉讼职能。如有关公民或组织、单位向公安司法机关提供有利于查清案件犯罪事实的材料、证据或有助于抓获犯罪嫌疑人的行为等。

（二）案例分析实训

案例一

韩某因涉嫌贪污罪被检察机关的反贪部门传唤和讯问。在讯问过程中，检察人员要求韩某如实回答他们提出的问题，不得保持沉默。韩某接受讯问后，委托了砝码律师事务所的张律师为其提供法律帮助。张律师接受委托后，即去了检察机关，要求了解韩某涉嫌的罪名，但遭到负责讯问韩某的检察人员汪某的拒绝，理由是该案可能涉及国家秘密。汪某还说，对于这类案件律师要想介入诉讼，只能等到审判阶段。3 天后，韩某被该检察机关批准逮捕。在公安机关执行逮捕韩某的同时，检察人员对韩某的住宅和人身进行了搜查。韩某不服检察机关的逮捕和搜查决定，遂提出了书面异议，但遭检察机关驳回。侦查终结后，检察机关的审查起诉部门除了对韩某进行简单的问话外，几乎没有作进一步的调查取证，就以贪污罪向人民法院提起了公诉，并移送了证据目录、证人名单和主要证据复印件或者照片。人民法院指派刑庭的赵某负责对案件进行庭前审查。赵某参加合议庭后，因已熟悉案情而被任命为审判长。法庭审判中，公诉人汪某代表检察机关宣读了起诉状，当庭出示和宣读了有关证据，首先对被告人韩某进行了发问，并就案件事实和适用法律方面的问题同辩护律师张某进行了激烈的辩论。为了明确案件的焦点事实，审判长宣布休庭，就有关证据问题作进一步的调查核实。

问：本案有哪些刑事诉讼主体？他们的权利（力）是什么？

案例二

2002 年 2 月 5 日，某市甲区公安机关接到匿名电话举报，称刘某、王某、丁某正在某旅馆密谋抢劫银行。由于情况紧急，公安人员立即出发包围了该旅馆，将三名犯罪嫌疑人刘某、王某、丁某一举擒获，同时对旅馆房间以及三人的身体进行了搜查，当场查获了用于作案的左轮手枪一支，手雷四枚，摩托车两辆。随后，侦查人员将三名犯罪嫌疑人连同该旅馆的负责人李某，一并先行拘留带回甲区公安机关。根据现场的证据，侦查人员认为刘某、王某、丁某三人的行为已足以构成对其进行拘留的理由。尽管旅馆负责人李某一再申辩自己同案件无关，但是侦查人员考虑到查清案情的需要，没有解除对李某的先行拘留。基于上述理由，侦查机关直到 2 月 8 日，才补办了搜查证和拘留证等相应的手续，对他们进行讯问。在讯问过程中，刘某老实交待了自己的犯罪行为；王某、丁某却始终保持沉默，侦查人员于是决定对刘某实行宽大处理，同意了他的委托律师的取保候审申请；李某极力抗议侦查机关对他人身自由的侵犯。鉴于王某、丁某认罪态度不好，侦查机关拒绝了他们取保候审的申请。为了让他们尽早坦白交待，侦查人员对其进行轮番讯问，每天只给两人一顿饭吃，致使两人连续三天不能休息。在极端饥饿、疲劳的情况下，两人终于承认自己参与谋划抢劫银行的犯罪行为。三名犯罪嫌疑人承认了他们的犯罪事实后，侦查人员才释放了旅馆负责人李某。

　　问：本案体现了什么样的刑事诉讼目的？

 主要参考文献

1. 卞建林：《刑事诉讼的现代化》，中国法制出版社 2003 年版。

2. 陈光中主编：《21 世纪域外刑事诉讼立法最新发展》，中国政法大学出版社 2005 年版。

3. 邓云：《刑事诉讼行为基本理论研究》，中国人民公安大学出版社 2004 年版。

4. 刘计划：《中国控辩式庭审方式研究》，中国方正出版社 2005 年版。

5. 马贵翔：《刑事诉讼结构和效率改造》，中国人民公安大学出版社 2004 年版。

6. 左为民、万毅："我国刑事诉讼制度改革若干基本理论问题研究"，载《中国法学》2003 年第 4 期。

7. 陈卫东、李奋飞："论刑事诉讼中的控审不分问题"，载《中国法学》2004 年第 2 期。

8. 孙笑侠："两种价值序列下的程序基本矛盾"，载《法学研究》2002 年第 6 期。

9. 陈建军："刑事诉讼的目的、价值及其关系"，载《法学研究》2003 年第 4 期。

10. 汪建成、王明达："刑事诉讼职能研究"，载《政法论坛》2001 年第 2 期。

第 三 章

刑事诉讼基本原则

【本章概要】刑事诉讼基本原则是指反映一定刑事诉讼理念和目的之要求，对刑事诉讼过程具有普遍指导意义和规范作用，并为刑事诉讼中各方参与人在进行刑事诉讼时必须遵循的基本准则。在现在社会，刑事诉讼原则应当反映现代法治在刑事诉讼程序方面的基本要求；它可以调和追诉犯罪与人权保障之间的冲突与矛盾；它根源于特定时代人类对刑事诉讼目的和价值的理想和追求。

【学习目标】学习本章应掌握以下主要内容：我国刑事诉讼法基本原则的概念、特征和内容；国际上通行的刑事诉讼基本原则。

【教学重点与难点】侦查权、检察权、审判权由专门机关依法行使；严格遵守法定程序；审判公开；未经人民法院依法判决不得确定有罪；依照法定情形不予追究刑事责任等原则。

第一节　刑事诉讼基本原则概述

"原则"一词来自拉丁语 *principium*，其语义是"开始、起源、基础"。在法学中，法律原则一般是指作为法律规则的基础或者本源的综合性、稳定性原理和准则。[1] 作为原则之一，刑事诉讼原则是指反映一定刑事诉讼理念和目的之要求，对刑事诉讼过程具有普遍指导意义和规范作用，并为刑事诉讼中各方参与人在进行刑事诉讼时所必须遵循的基本准则。其中的各方当事人包括公安机关、人民检察院、人民法院、当事人和其他诉讼参与人。

在现在社会，刑事诉讼原则应当反映现代法治在刑事诉讼程序方面的基本要求。具体而言，刑事诉讼原则应当调和追诉犯罪与人权保障之间的冲突与矛盾。"刑事诉讼法乃国家行使刑罚权，实现刑事实体法之程序规定。为使此等程序规则一方面能够与宪法所揭之精神，以及'法治国家原则'（Rechtsstaatsprinzip）相符合，另一方面又能有效地追诉犯罪，使犯罪者无可逃避，无辜者免受冤屈，而能以刑罚威吓，达到抗制犯罪之目的，则在繁杂之刑事诉讼程序中，建立一些可

---

〔1〕 张文显：《二十世纪西方法哲学思潮研究》，法律出版社 1996 年版，第 391 页。

资遵循之基本原则。"[1]

刑事诉讼原则直接根源于特定时代人类对刑事诉讼目的和价值的理想和追求。任何一个国家的刑事诉讼法律体系的建立和运作都是在一定的思想指导下，通过确立原则，具体化为"规则"，并凝固为"制度"，连续化为"程序"。[2]

因此，一般而言，刑事诉讼原则具有以下特点：

第一，具有普遍意义。指这些原则不是只能适用于某一时期、某一国家刑事诉讼的特有原则，而是反映了刑事诉讼的一般规律，反映了人类文明制度在刑事诉讼程序方面的基本要求，因此具有"公理"意义。

第二，贯穿诉讼过程。这些原则不是刑事诉讼中的阶段性原则，而是作用于整个诉讼过程或主要的诉讼阶段，对司法机关和诉讼参与人的行为具有指导和规范意义。也就是说，这些原则的精神在刑事诉讼中具有一以贯之的作用。

第三，体现诉讼价值。刑事司法的两大基本价值是公正和效率，即实现审判的公正和惩罚犯罪的效率。在诉讼中，这两大基本价值突出体现在原则的确立和贯彻上。刑事诉讼的原则集中地体现了公正与效率的要求，同时为实现这两大目的提供了最重要的制度保障。

第四，决定具体程序。刑事诉讼是一整套复杂操作程序的集合。《刑事诉讼法》对刑事诉讼每个阶段上每一个主体的诉讼行为都给予了规范。这些具体的规则都产生于刑事诉讼的基本原则并受基本原则的指导和作用。例如，及时性原则决定了对各种诉讼行为在时间上应有严格限定。从总体上看，刑事诉讼基本原则的确认和贯彻，决定了特定国家刑事诉讼的基本特征与类型。

第五，指导诉讼操作。由于刑事诉讼的复杂性，法律不可能对在特定条件下的每一个行为选择都作出具体规定，由此，刑事诉讼基本原则就起着指导作用，并保证诉讼手段的适当，保证刑事诉讼的正常进行。如程序法定原则，要求司法人员依法办事，在追究犯罪时不得实施法律所禁止的方法和手段，指导司法人员尤其是侦查人员合法实施侦查行为。

第二节　国际通行的刑事诉讼原则

基于共同的保障人权的刑事诉讼理念和目的，现代大多数国家都逐步建立起了以最大限度地保障犯罪嫌疑人、被告人合法权益为基本宗旨的刑事诉讼原则。

---

[1]　林山田："刑事诉讼程序之基本原则"，载《台大法学论丛》第28卷第2期。
[2]　参见陈卫东主编：《刑事诉讼法学原理与案例教程》，中国人民大学出版社2008年版，第59页。

这些原则不仅体现在各国的立法和司法之中，而且也为联合国国际性文件所确认。这些刑事诉讼原则在国际范围内得到普遍确认和推广，对各国的刑事司法制度的改革，促进刑事司法的民主化、法制化、文明化，以及制约国家权力，保障公民权利起了积极的促进作用。

国际上普遍适用的刑事诉讼原则包括：程序法定原则、司法独立原则、无罪推定原则、不告不理原则、平等对抗原则、诉讼及时原则、适度原则、禁止重复追究原则。尽管世界各国在其立法和司法中对于上述原则的表述有所差异，但其基本精神是基本一致的。

一、程序法定原则

法定原则是法治概念下引申出的一个原则，在实体法上表现为罪刑法定原则，在程序法上表现为程序法定原则。程序法定原则，又称"法治国家程序原则"或"程序法治原则"，是现代法治国家对刑事诉讼的基本要求。设置这一原则的宗旨是将刑事诉讼活动纳入法治的轨道，通过明确刑事诉讼的程序性要求，规范国家追诉活动的合法进行，以保证刑事诉讼的民主性、确定性、公正性，防止国家专门机关滥用职权，从而顺利实现刑事诉讼的目的和任务。

程序法定原则的基本含义：①为了惩罚犯罪、伸张正义，国家应建立能发挥作用的刑事司法系统和刑事诉讼程序；②指刑事司法机关的职权及其追究犯罪、惩罚犯罪的程序都只能由国家立法机关制定的法律加以确定。司法机关不得行使法律没有规定的职权；对于其享有的职权，在行使时必须遵守法律中的程序性规定，不得违背法定程序任意决定刑事诉讼的追诉进程。

从世界各国立法与实践来看，在刑事诉讼领域程序法定原则包括以下几方面的具体要求：

1. 国家应保证刑事诉讼程序法制化。国家应以法律的形式明确各诉讼主体在刑事诉讼中的法律地位；明确各主体所承担的诉讼职能、享有的诉讼权利和负有的诉讼义务；要科学地构建刑事诉讼的结构，正确处理控诉、辩护、审判三种诉讼基本职能间的相互关系；要适当界定各国家专门机关之间的职权分工，合理配置司法资源；要严密地设置诉讼程序，使各诉讼环节、各项诉讼活动都有法可依，有章可循。总之，要建立健全完整的刑事诉讼程序体系，使之既具科学性，又具可操作性。

2. 公安、司法机关和诉讼参与人要严格按照法律的规定进行或参与刑事诉讼。在刑事诉讼中要实体与程序并重，切实保障诉讼参与人的诉讼权利，禁止刑讯逼供、非法搜查、非法羁押等违反诉讼程序的行为。

3. 要确立程序违法的制裁性措施，明确违反法定程序所要承担的法律后果。刑事诉讼中贯彻程序法定原则，必须以违法制裁为后盾。例如，一般情况下非法获得的证据不得作为定案的根据；如果作伪证或者不享有拒证权的证人拒绝作证，要受到相应的法律制裁；违反法律程序办案要承担撤销判决或败诉的后果。

4. 要建立必要的诉讼监督制约机制。为保障法律程序的遵守，需要建立切实有效的诉讼监督制约机制。例如，司法机关对执法机关权力行使的监督，法官审查签署逮捕令、搜查令制度，人身保护令制度，司法审查制度，纠正未生效和生效判决裁定错误的机制等。

可以看出程序法定原则包括了对立法和司法两个方面的要求。

二、司法独立原则

司法独立原则是现代西方法治国家刑事诉讼的一项基本原则，也是调整其政治体制的一项宪政原则。确立这一原则的宗旨是使立法、行政、司法相互制衡，防止独裁专职。一般认为，司法独立原则以洛克、孟德斯鸠等提出的"三权分立"学说为基础。资产阶级启蒙思想家孟德斯鸠认为，"如果司法权不同立法权和行政权分立，自由也就不存在了。如果司法权同立法权合而为一，法官便将握有压迫者的力量"。[1] 根据这一学说，资产阶级国家普遍认为，国家权力应当实行三权分立和制衡，即通过立法权、司法权、行政权之间的互相制约从而达到制衡的效果。

司法独立原则的基本含义：①指国家审判权只能由法院行使，其他任何机关都不能行使，即所谓的"司法权独立"；②指法官独立行使审判权，只服从于宪法和法律，既不受立法、行政机关的干涉，也不受上级法院或本法院其他法官的影响，即所谓的"法官独立"。例如，1974 年《日本宪法》第 76 条规定："一切司法权属于最高法院及由法律规定设置的下级法院；所有法官依良心独立行使职权，只受本宪法及法律的约束。"

可见，把司法独立原则仅理解为"司法权独立"是片面的。"司法权独立"并不当然意味着司法独立，司法权在行使过程中还会遭受来自于司法机关内部的不当干涉，因此"法官独立"亦应成为司法独立原则的重要组成部分。

在学理上，法官独立通常包含三个方面的要求：①法官职务上独立。这是指法官在裁判问题是不受他人指示或命令，无论这种指示或命令来自于政府、国会，还是政党、媒体等，都为宪法所禁止。法官只依据法律独立审判，只受法律的约束。因此，马克思就有这句名言"法官除了法律就没有别的上司"。②法官身份独立。除法律规定之外，禁止在未经法官本人同意的情况下，变动其身份地位或调任他职。法官之间只有职务之别，而无上下地位之区分。对法官的惩戒，要设立专门的、公正的听证程序，尽可能排除行政性权力的介入。③应强化并维

---

〔1〕　［法］孟德斯鸠著，张雁深译：《论法的精神》（上册），商务印书馆 1961 年版，第 153 页。

持法官内心的独立，严防其出于恣意、武断或主观好恶影响裁判的客观性。在进行审判时，法官要自我抑制并且独立于其个人的主观思想、信念、世界观、道德观或好恶之念，唯宪法与法律是从。

司法独立原则是现代司法不可或缺的因素，它是实现刑事诉讼理念和价值的保障。为了保证法院独立行使审判权，许多国家都采取了一系列措施和制度。首先是法院的组织机构独立，即司法机关与立法、行政机关分开，自成体系，互不隶属；然后是实行法官终身任职制，法官高薪制等，为法官身份和生活提供保障，解除其后顾之忧，以利其独立行使审判权。

三、无罪推定原则

无罪推定（Presumption of Innocence），或称为"无罪假定"、"无辜假定"，是指在刑事诉讼中任何被怀疑犯罪或者受到刑事指控的人在未经司法程序最终确认有罪之前，在法律上应被推定或假定为无罪。

无罪推定是资产阶级针对封建专制刑事诉讼的有罪推定提出来的，发展至今已成为一项现代法治国家普遍承认和确立的刑事诉讼原则，也是在国际范围内得到确认和保护的一项基本人权。最早提出该思想的是18世纪中叶意大利著名法学家贝卡利亚。他在《论犯罪与刑罚》一书中指出："在法官判决之前，一个人是不能被称为罪犯的，只要还不能断定他已经侵犯了给予其他公共保护的契约，社会就不能取消对他的公共保护。"根据这一理论，法国在大革命成功之后1789年8月制定的《人权宣言》第9条中规定："任何人在其未被宣告有罪之前应被推定为无罪。"此后，各国纷纷效仿，相继在宪法和法律中对无罪推定作出规定，使其成为刑事诉讼中的一项基本原则，即使有些国家在立法上没有明文规定，在理论和司法实践上都对无罪推定原则予以确认。

为切实贯彻无罪推定原则，许多国家的法律和国际条约提出了保障被告人诉讼权利的具体要求和措施，主要有：

（1）控诉一方承担证明被告人有罪的责任，被告人没有证明自己无罪的义务。如果控诉一方不能证明被告人有罪，则应判决被告人无罪。

（2）被告人有权拒绝陈述，即享有沉默权。既不能强迫被告人证明自己有罪，也不能因被告人沉默而认定其有罪。

（3）疑案应作为无罪处理。控方证据不能确切证明被告人有罪，或者对被告人有罪的证明存在合理怀疑时，应作有利于被告人的解释，对被告人按无罪处理。

关于无罪推定的法律性质，在理解上还存在一些争议。我们知道现代诉讼机制以及被告人一系列的权利保障，均是建立在无罪推定的假设基础之上，那么在作出有罪裁判之后，如何解释被告人在审判监督程序或者二审程序中的权利保障问题？如何解释无罪推定原则在这些程序中的适用呢？可见无罪推定中的"推定"，既不是对事实的推定，也不是对法律的推定，而是对被告人的一种保护性假定。

四、不告不理原则

不告不理原则，又称"控审分离原则"，是指在刑事诉讼中，法院只有根据公诉人、自诉人合法有效的起诉才可以进行审理。未经起诉，法院不能进行审判。

作为一种诉讼现象，不告不理最早产生于古代弹劾式诉讼之中。封建专制时期实行纠问式诉讼，司法官员集控诉与审判职权于一身。资产阶级在反对封建专制纠问诉讼的过程中，继承了古代弹劾式诉讼的不告不理原则并加以发展，设立检察机关专门代表国家追诉犯罪的公诉制度，实现了起诉权与审判权的分离，即控审分立。

不告不理原则要求执行控诉职能的主体和执行审判职能的主体要彻底地分离，这种分离既有形式上的，也有实质上的。根据资本主义国家的立法和理论，这一原则主要包含以下内容：

1. 控审分离。承担审判职能的主体与承担控诉职能的主体首先要在组织上分开，起诉机关与审判机关机构独立，互不隶属。例如我国承担审判职能的人民法院与承担控诉职能的人民检察院分别属于两个不同的组织系统。这样做的目的是为审判机关裁判案件时保持中立地位和不偏不倚的心态创造条件。

2. 不告不理。"告"是指起诉，"理"是指审判。审判权具有消极和被动性的特点，审判必须以起诉为前提，只有合法有效的起诉，法院才能对案件进行审判。在不告不理原则的约束下，起诉权和审判权之间形成了一种制衡关系。一方面，如果不启动审判，控诉机关就无法实现其追求的目的；另一方面，如果没有起诉权的启动，审判机关也不得自行追诉犯罪。

3. 审判范围只能及于起诉书指控的人与事。起诉不仅仅启动了审判权力，而且也限定了法官审理和裁判的对象。亦即起诉的效力所及，就是法官的审判权力所及，诉外裁判是无效的。

4. 起诉人有权撤回起诉，一旦撤诉，法院不得对案件继续审理和判决。原则上讲，起诉是起诉人的权力，撤诉也应是其权力。

五、平等对抗原则

平等对抗原则，又称手段同等原则、平等武装原则，是指"对待被告人，在原则上应当如同对刑事追究机关一样予以平等地对待"[1] 这一原则源自古代弹

---

[1]　李昌柯译：《德国刑事诉讼法典》，中国政法大学出版社1995年版。

劾式诉讼，确立于资产阶级的抗辩式诉讼，特别是在英美法系当事人主义诉讼中。

一般认为，平等对抗原则包含三方面的要求：

1. 控辩双方诉讼地位平等，都是诉讼的当事人，任何一方不能凌驾于对方之上。

2. 控辩双方资讯平等。为了保障控辩双方能够在平等基础上进行对抗，不但应当赋予被告方借助司法手段获取有利于自己证据的权利，而且还必须保证辩护方享有接近控诉证据的权利。如英美法系的证据展示制度，大陆法系的阅卷制度。

3. 控辩双方实质能力平等。为了防止控辩平等沦为一种形式上的平等，现代各国都通过法律援助制度向无力聘请律师的被追诉人免费提供辩护人，以保证被告人能真正享有与控诉方平等辩论的可能。

在刑事诉讼中，平等对抗原则集中表现于审判阶段，在侦查阶段则很难做到，而且在大陆法系国家职权主义诉讼中，平等对抗的色彩不如英美法系当事人主义诉讼那样鲜明。

六、诉讼及时原则

诉讼及时原则是指为了有力追究犯罪，保障被告人的利益，查明事实真相，刑事诉讼活动应当尽可能避免一切不必要的延误，从而保证刑事诉讼案件能够得到及时处理。

由于刑事案件的特殊性，如果诉讼延误，犯罪现场可能遭到破坏，证据可能毁损灭失，从而给侦查、审判工作造成困难，甚至使案件无法查清，成为死案、悬案；更重要的是，由于刑事诉讼活动往往伴随着强制性措施的适用，如果诉讼时间拖得太长，使被告人长期处于被追究的状态，甚至受到长期羁押，会严重侵犯公民的合法权益。因此，为了及时惩治犯罪，同时保障公民的合法权利，现代各国均要求刑事诉讼要迅速及时地进行，并在立法上对刑事诉讼的期间作出具体明确的要求。

从国际性法律文件和世界各国的立法内容来看，这一原则要求国家专门机关和诉讼当事人必须在法律特别规定的期限内完成一定的诉讼行为。这一原则体现在刑事诉讼的各个方面，特别是关于诉讼期间和羁押期限的规定。迅速审判在某些国家甚至作为公民的一项宪法性权利加以确认。例如，美国《宪法》第六修正案规定，在一切刑事诉讼中，被告人享有获得迅速、公开审判的权利。日本《宪法》第37条也有类似的规定。

七、适度原则

适度原则是对应现代各国在刑法上实行罪刑相适应原则而确立的刑事诉讼原

则，因此，又称相适应原则。其含义是指在刑事诉讼中采取强制性措施，特别是限制或剥夺公民基本权利的强制性措施，在种类、轻重、期限上，必须与犯罪的严重性、掌握证据的充分性以及案情的紧迫性和必要性相适应。

适度原则是在刑事诉讼历史发展中基于控制犯罪和保障人权的平衡应运而生的，其精神体现在许多国家的立法中，体现在刑事诉讼的各个方面。其中最突出的是强制措施的适用。规定在刑事诉讼中采取强制措施，特别是限制或剥夺被告人人身自由的强制措施，无不以受追究行为的性质和严重程度、被告人的人身危险性程度以及被告人在诉讼中的表现，作为考虑是否适用强制措施以及适用何种强制措施的主要因素。必要性和适度性由司法官员进行审查和把握。

八、禁止重复追究原则

禁止重复追究原则源于古罗马的法律精神。在大陆法系国家的诉讼制度中一般沿用罗马法上"一事不再理"的格言，而在法国诉讼理论中被称为"既判力原则"，其侧重于对确定判决既判力的维护；在英美法系国家被称为"禁止双重危险"，其侧重点在于强调任何人不得因同一行为而遭受两次不利。其基本含义是指对被追究者的同一行为，一旦作出具有法律效力的确定判决，不论是有罪还是无罪的判决，不得再次启动新的刑事诉讼程序，对同一行为再次进行审理和处罚。其主要目的是保持判决的终局性。

确立禁止重复追究原则的原因是：国家对于犯罪的刑罚权已经使用殆尽了。因此，该原则有助于保护被追究者的合法权益，防止国家权力的滥用。该原则为许多国家的宪法和法律所承认。从各国的立法内容来看，这一原则主要适用在两个方面：①侦查控诉机关不得以同一理由重复侦查和起诉已作处理的行为；②审判机关对上述行为不得重复审理，更不能予以处罚。

在欧洲大陆，一事不再理原则被视为法的安定性与法的正义性之间的冲突与权衡。大陆法系各国对已经生效的裁判的重审都设置了特殊程序。重审分为两种：一是因法律问题进行的重审，二是因事实问题进行的重审，这两种情况分别处理。例如，法国《刑事诉讼法》规定，刑事审查庭的裁定、重罪法庭、轻罪法庭和违警罪的终审判决和裁定，如果违反法律，可以因检察院或者败诉一方根据不同特点向最高法院提出的上诉而撤销。在德国，根据《联邦宪法法院法》的规定，如生效的判决所依据的法律违宪，则可依照刑事诉讼法的规定进行再审。

在英美等国，由于双重危险条款主要是为了保持判决的终局性，因而该条款仅适用于审判已经达成裁决的情况。在这种情况下，如果在裁决以前就终结诉讼，不仅可以取消被告人获得无罪判决的机会，还可以避免无罪判决的终局性，从而可以重新起诉。因此，最高法院指出，作为禁止双重危险保障的组成部分，被告人享有"由同一审判组织将他的审判进行到底的'珍贵'的权利"。

第三节　我国刑事诉讼的基本原则

我国刑事诉讼的基本原则是由《刑事诉讼法》明确规定的。我国《刑事诉讼法》在第一编第一章"任务和基本原则"标题下，共规定了17个条文。其中除了第1、2条是关于刑事诉讼目的和任务的规定外，其余条款规定了刑事诉讼的基本原则，形成了一个完整的体系。具体来说，第3～17条规定了以下内容：侦查权、检察权、审判权由国家专门机关行使；审判权和检察权依法独立行使；依靠群众；以事实为依据、以法律为准绳；对一切公民在适用法律上一律平等；公检法分工负责、互相配合、互相制约；人民检察院依法对刑事诉讼实行法律监督；使用本民族语言文字进行诉讼；实行两审终审制；审判公开；犯罪嫌疑人、被告人有权获得辩护；未经人民法院依法判决对任何人不得确定有罪；实行人民陪审制度；保障诉讼参与人依法享有诉讼权利；具有法定情形不予追究刑事责任；追究外国人刑事责任适用我国刑事诉讼法；刑事司法协助。因此，以现行立法规定为标准，应该承认上述内容都属于我国刑事诉讼法的基本原则。

从实定法的角度而言，如此理解并无不可。其中有些原则为当今世界发达或较为发达之各国刑事诉讼中必然遵循之原则，但有些原则是否真为基本原则在理论上殊有探讨之必要，另有些原则与刑事诉讼基本理念实有相冲突之处。因此，本章将《刑事诉讼法》规定的17项原则分解为四个部分，具体包括：①共有原则——即三大诉讼均设置之原则，包括：以事实为根据、以法律为准绳原则，对一切公民在适用法律上一律平等原则，使用本民族语言文字进行诉讼原则，人民检察院依法实行法律监督原则，保障诉讼参与人的诉讼权利原则；②特有原则——是刑事诉讼法区别于其他诉讼法的原则，包括：侦查权、检察权、审判权由专门机关行使原则，审判权和检察权依法独立行使原则，依靠群众原则，公检法分工负责、互相配合、互相制约原则，犯罪嫌疑人、被告人有权获得辩护原则，未经人民法院依法判决对任何人不得确定有罪原则，具有法定情形不予追究刑事责任原则；③制度性原则——即为实现一定的诉讼目的而设置的相关制度，包括：两审终审制原则，审判公开原则，人民陪审原则；④涉外原则——即仅适用于涉外刑事案件之原则，包括：追究外国人刑事责任适用我国刑事诉讼法原则，刑事司法协助原则。

一、共有原则

（一）以事实为根据，以法律为准绳

我国《刑事诉讼法》第6条规定："人民法院、人民检察院和公安机关进行刑事诉讼，必须依靠群众，必须以事实为根据，以法律为准绳。"以事实为根据，以法律为准绳是我国三大诉讼共有的原则之一。其中在刑事诉讼中，由于关系到客观公正地实现国家刑罚，关系到公民个人的人身和财产权利，坚持该原则显得尤为重要。

以事实为根据，就是将客观存在的情况作为处理案件的根据，处理案件不能违背已经查明的事实，也不能在没有查明事实的情况下武断处理案件。它要求公安司法机关进行刑事诉讼时，必须忠实于事实真相，查明案件的真实情况。而认定案件事实必须有确实充分的证据，不能凭主观想象、怀疑、推断或查无实据的设想、说法来处理问题。以事实为根据，最核心的问题就是重证据，重调查研究，以证据为判定案件事实的唯一手段。

以法律为准绳，就是对刑事案件的实体和程序问题的处理，必须以刑事实体法、刑事诉讼法和其他法律的有关规定为基准。它要求公安司法机关在查明案件事实的基础上，应该以法律为尺度来衡量案件的具体事实和情节，按照法律的规定对案件作出正确处理，而不能凭一己好恶或一时情绪来定案，也不能根据其他因素，如外界压力、自己的利益来定案。以法律为准绳还要求公安司法机关及其工作人员严格按照《刑事诉讼法》规定的原则、制度和程序办案。在办案过程中切实保障公民的人身权利。

以事实为根据，以法律为准绳，两者紧密联系，互相依存，不能忽视其中任何一方面。只有以事实为根据，才能查明案件真实情况，准确认定案件事实。在此基础上正确适用法律，才能对案件做出正确处理。如果事实不清，情况不明，适用法律就无从谈起，以法律为准绳便失去意义。反之，如果忽视了以法律为准绳，即使查明了案件事实，案件也得不到正确处理。无论何种情况，都会给刑事诉讼造成严重不良后果，导致冤假错案的发生，不是放纵犯罪，就是伤害无辜。所以，以事实为根据，以法律为准绳，是一个有机的整体，必须在刑事诉讼中全面地贯彻执行。

（二）对一切公民在适用法律上一律平等

我国《宪法》所确定的"中华人民共和国公民在法律面前一律平等"的原则，明确了全体公民在法律适用上一律平等的精神。《刑事诉讼法》第6条规定："人民法院、人民检察院和公安机关进行刑事诉讼……对于一切公民，在适用法律上一律平等，在法律面前，不允许有任何特权。"这一规定就是《宪法》这一原则在刑事诉讼中的具体体现。

这一原则要求，公安司法机关在进行刑事诉讼时，对于一切公民，不分民族、种族、性别、年龄、职业、家庭出身、宗教信仰、受教育程度、财产状况等，在适用法律上一律平等，一视同仁，不允许有任何特权，同时也不允许有任何歧视，对所有公民都要采取同样的原则、程序，适用同样的实体法，对触犯刑法构成犯罪的，都同样追究刑事责任。

法律的平等适用与自然平等的观念密切相关。每个人都有着天然的或者道德上的平等，任何普遍的权利义务都应该为人们同等地享有或承担。当然，平等并不意味着绝对平等，也不可能存在绝对的平等。就法律本身的规定来说，也不可能不分情况和适用对象而作出整齐划一的规定。所以我们所说的平等是指法律适用上的平等，即法律设定的具有普遍适用性的规定应同等地适用于所有的适用对象。

（三）使用本民族语言文字进行诉讼

《刑事诉讼法》第9条规定："各民族公民都有用本民族语言文字进行诉讼的权利。人民法院、人民检察院和公安机关对于不通晓当地通用的语言文字的诉讼参与人，应当为他们翻译。在少数民族聚居或者多民族杂居的地区，应当用当地通用的语言进行审讯，用当地通用的文字发布判决书、布告和其他文件。"这一原则体现了对各民族文化的尊重，对该原则可以从以下几个方面理解：

（1）各民族公民参加诉讼，无论是当事人还是其他诉讼参与人，都有用本民族语言文字进行诉讼的权利。有权用本民族的语言回答公安司法人员和其他诉讼参与人的提问，发表自己的意见；有权用本民族的文字书写有关的案件材料。

（2）在少数民族聚居或者多民族杂居的地区，公安司法机关应当用当地通用的语言进行审讯，用当地通用的文字发布判决书、布告和其他文件。

（3）诉讼参与人如果不通晓当地通用的语言文字，公安司法机关应当为他们指定或者聘请翻译。

使用本民族语言文字进行诉讼，是我国刑事诉讼的一项基本原则，同时也是诉讼参与人的一项重要诉讼权利。在刑事诉讼中贯彻各民族公民有权使用本民族语言文字进行诉讼原则，具有十分重要的意义。①能够保证各民族诉讼参与人平等和充分地行使各项诉讼权利。语言文字是诉讼参与人行使诉讼权利的工具，如果语言文字的障碍不排除，就谈不上各民族的诉讼参与人平等和充分地行使诉讼权利。②有利于公安司法机关查明案件事实和正确处理案件。公安司法机关以当地通用的语言文字进行诉讼，可以消除语言文字的障碍，便于深入群众进行调查，广泛收集和听取群众意见，也便于少数民族公民向公安司法人员提供案件线索和证据材料，进而查明案件事实，正确处理案件。③有利于当地群众了解案件事实和诉讼情况。一方面，对群众进行法制教育，加强少数民族群众的法制观念，促使他们自觉遵守法律，积极同犯罪行为作斗争；另一方面，也利于当地群众对公安司法机关的活动进行监督。

（四）人民检察院依法实行法律监督

根据《宪法》和《人民检察院组织法》的规定，人民检察院是国家的法律监督机关，对宪法和法律的实施实行监督。从现行立法来看，人民检察院除了对国家工作人员的职务犯罪依法进行查处外，其职能主要表现在对诉讼活动是否合法进行法律监督。其中，就刑事诉讼监督而言，我国《刑事诉讼法》第 8 条规定："人民检察院依法对刑事诉讼实行法律监督"。

人民检察院依法对刑事诉讼实行法律监督原则也称法律监督原则，是指在刑事诉讼中人民检察院除行使法律赋予的职权、履行自身的诉讼职能外，还要依法对整个刑事诉讼活动实行法律监督，包括对立案、侦查、起诉、审判、执行等诉讼环节实行全面的、全方位的法律监督。这是由刑事诉讼的性质和人民检察院在我国国家机构中的地位所决定的，是加强刑事诉讼民主、健全刑事诉讼法制的重要举措。

人民检察院对刑事诉讼的法律监督贯穿于刑事诉讼的全过程，我国《刑事诉讼法》对人民检察院在每一个诉讼阶段进行监督的范围、对象、方式和程序均作了具体规定。概括起来，人民检察院的法律监督主要体现在以下几个方面：

1. 立案监督。人民检察院认为公安机关对应当立案侦查的案件而不立案侦查的，应当要求公安机关说明不立案的理由；人民检察院认为公安机关不立案的理由不能成立的，应当通知公安机关立案，公安机关接到通知后应当立案。

2. 侦查监督。人民检察院审查逮捕、审查起诉时，应当审查公安机关的侦查活动是否合法，发现违法情况，应当通知公安机关纠正，公安机关应当将纠正情况通知人民检察院。同时，人民检察院根据情况可以派员参加公安机关对重大案件的讨论和其他侦查活动，发现违法行为，应当及时纠正。

3. 审判监督。人民法院审判公诉案件，人民检察院应当派员出庭支持公诉，并对审判活动是否合法进行监督。人民检察院发现人民法院审理案件违反法定的诉讼程序，有权向法院提出纠正意见。对人民法院的判决、裁定认为确有错误的，有权提起二审抗诉或再审抗诉。

4. 执行监督。人民检察院对执行机关执行刑罚的活动是否合法实行监督，如果发现有违法的情况，应当通知执行机关纠正。如果认为司法行政机关对罪犯暂予监外执行的决定或人民法院减刑、假释的裁定不当，应当书面提出纠正意见，有关机关应当在法定期限内重新审查处理。

但是该原则也存在一些理论基础的错误。全国人大常委会法制工作委员会在向全国人民代表大会所作的关于修正《刑事诉讼法》的说明中指出："为了防止或者减少诉讼中的违法行为，正确适用法律，惩罚犯罪，保障无罪的人不受刑事追究，保护诉讼当事人的诉讼权利，在总则中规定，人民检察院依法对刑事诉讼实行法律监督。"因此，这一原则以诉讼中存在违法行为为基础，以人民检察院能够正确执行法律、公正无私地监督法律的执行为假设。这种制度设计始终无法避免这样的追问：谁来监督监督者？如果无人监督监督者，监督者就很可能滥用职权；如果监督者不会滥用职权，那么有什么理由假定被监督者一定会滥用职权呢？因此，在执法机关之上设置监督机关的制度设计，由于其理论基础的错误，实际上不可能真正发挥立法者期望的效用。如何实现对诉讼的监督，①仍然要靠执法人员素质的提高；②要靠程序透明度的增加；③要靠程序公正要素的增加。只有通过法官内心道德的约束机制的建立以及程序上各种要素的完善，才能从根本上实现对诉讼的监督。

（五）保障诉讼参与人的诉讼权利

我国《刑事诉讼法》第 14 条规定："人民法院、人民检察院和公安机关应当保障诉讼参与人依法享有的诉讼权利。对于不满 18 岁的未成年人犯罪的案件，在讯问和审判时，可以通知犯罪嫌疑人、被告人的法定代理人到场。诉讼参与人对于审判人员、检察人员和侦查人员侵犯公民诉讼权利和人身侮辱的行为，有权提出控告。"此项原则主要包含以下三方面的内容：

1. 诉讼参与人依法享有并充分行使诉讼权利是刑事诉讼顺利进行的必要条件，公安司法机关有义务保障其行使这些权利。包括：承担告知义务，告知诉讼参与人其享有特定的诉讼权利；对诉讼参与人行使诉讼权利提供便利；采取措施制止妨碍诉讼参与人行使诉讼权利的行为；对诉讼参与人的权利，公安司法机关不得以任何理由和方式加以剥夺。

2. 诉讼参与人有权采取法律手段维护自己的合法权益，对公安司法人员侵犯自己诉讼权利和人身侮辱的行为，有权提出控告。有关机关对侵犯、剥夺诉讼参与人的诉讼权利和人身侮辱行为应当予以制止，并追究行为人的法律责任。

3. 对未成年犯罪嫌疑人、被告人给予特殊保障，即对于不满 18 岁的未成年人犯罪的案件，在讯问和审判时，可以通知犯罪嫌疑人、被告人的法定代理人到场。法定代理人在场，可以对讯问和审判活动的合法性、正当性进行观察和了解，并维护未成年犯罪嫌疑人、被告人的合法权益。

依法保障当事人及其他诉讼参与人的诉讼权利，是程序公正的必然要求，是司法文明的重要标志。贯彻本原则有两个方面的作用：①明确了专门机关不能滥用职权，不能随意对诉讼参与人诉讼权利的行使设置障碍；②对诉讼参与人诉讼权利的保障有利于诉讼的顺利进行，有利于刑事诉讼法的规定得到切实的实施。

二、特有原则

（一）侦查权、检察权、审判权由国家专门机关行使

我国《刑事诉讼法》第 3 条规定："对刑事案件的侦查、拘留、执行逮捕、预审，由公安机关负责。检察、批准逮捕、检察机关直接受理的案件的侦查、提起公诉，由人民检察院负责。审判由人民法院负责。除法律特别规定的以外，其他任何机关、团体和个人都无权行使这些权力。人民法院、人民检察院和公安机关进行刑事诉讼，必须严格遵守本法和其他法律的有关规定。"这一规定是侦查权、检察权、审判权由国家专门机关行使原则的基本法律依据。

该原则包含以下内容：

1. 根据法律规定，只有公、检、法三机关有权行使侦查权、检察权和审判权，其他机关、团体和个人都无权行使这些权力。侦查权、检察权和审判权是国家权力的重要组成部分，是国家实现刑罚权的重要保障，关系着政权的巩固和社会秩序的安定，关系个人自由、财产权利甚至生命权，一旦行使不当，祸害甚大，因此必须严格加以限制。限制国家权力的基本方法之一就是将行使这些权力的机关和人员特定化，即实行权力专属。否则国家权力容易失去控制，个人自由也就岌岌可危了。特别注意，这里的"公安机关"是广义上使用的，还包括国家安全机关、军队保卫部门、监狱。

2. 公、检、法三机关只能分别行使各自的职权，不能混淆或互相取代。具体而言，审判权只能由人民法院行使，检察权只能由人民检察院行使，侦查权由各法定的专门机关依照其立案管辖范围行使。贯彻这一原则时，不仅要防止其他机关、社会团体和个人对刑事司法权的干涉，而且也要防止混淆刑事诉讼的职能分工。

3. 公、检、法三机关必须依照法律行使职权，必须遵循《刑事诉讼法》规定的各项制度和程序，不得违反《刑事诉讼法》以及相关法律的规定。所谓"依法"包括依刑事实体法和刑事程序法两个方面。就程序方面而言，所谓"依法"包括依法定权限、依法定条件、依法定程序。对于滥用职权的行为，行使该职权的机关及其直接负责人员应当承担法律责任。

确立和实行侦查权、检察权和审判权依法由专门机关行使的原则，首先，明确了专门机关与犯罪作斗争的职责和权力，一旦发现犯罪，各专门机关应当依法分别行使各自的职权。其次，贯彻该原则，可以有效防止其他机关、团体和个人私设公堂、非法羁押，避免在追究犯罪上发生混乱，以维护国家法律的统一正确实施。最后，在该原则的指导下，可以建立起公、检、法机关彼此的制约机制，有效防止权力滥用、维护司法的廉洁与公正。

　　（二）审判权和检察权依法独立行使

　　人民法院、人民检察院依法独立行使职权原则是我国《宪法》所确立的一项诉讼原则。我国《刑事诉讼法》第 5 条规定："人民法院依照法律规定独立行使审判权，人民检察院依照法律规定独立行使检察权，不受行政机关、社会团体和个人的干涉。"这一原则包含两项内容：①人民法院依法独立行使审判权，即审判独立；②人民检察院依法独立行使检察权，即检察独立。

　　我国的人民法院、人民检察院依法独立行使职权原则与司法独立原则既有相似之处，也有所不同。司法独立是一项为现代法治国家所普遍承认和确立的基本法律准则。作为一项宪政原则，它与国家的政治体制和结构有着密切关系，调整着国家司法机关与立法机关、行政机关的关系，是现代法治的重要内容。司法独立作为一项司法审判原则，它确保法院审判权的公正行使，防止法官的审判和裁决受到来自其他政府权力或外界力量的干涉和影响，使法院真正成为抵制专制权力、维护公民人权的最重要的、也是最后一道屏障。司法独立含有法院整体对外独立和法官独立两项内容。

　　（1）法院对外独立。广义上可以理解为独立于国家、社会各种势力、诉讼当事人和司法人员的上级领导者等。狭义上是指司法权在外部关系中保持独立性，其中最重要的是司法权不受国家权力体系内其他权力的干预。也就是说司法机关作为整体对外保持独立性。

　　（2）法官独立。即法官不受任何其他人（包括不属于审判同一案件的审判组织的其他法官，也包括上级司法机关的法官以及共同审判同一案件的审判组织内的其他法官）的干涉而保持独立性。

　　在我国"司法机关"包括审判机关和检察机关。按照相关法律的规定，人民法院独立行使审判权、人民检察院独立行使检察权与西方国家的司法独立既有相同之处，又有区别。其区别主要是：①由于我们这一原则是建立在人民代表大会制度的基础之上的，审判机关、检察机关都是由人民代表大会产生，对它负责，受它监督。因此人民法院独立行使审判权、人民检察院独立行使检察权只独立于行政机关、社会团体和公民个人，而不独立于中国共产党以及立法机关。②在我国实行的是法院整体独立，还无法做到法官独立。尽管根据《刑事诉讼法》的规定，对一般案件，合议庭有权独立作出裁判，但对于疑难、复杂、重大的案件，合议庭认为难以作出决定的，由合议庭提请院长决定提交审判委员会讨论决定。审判委员会的决定，合议庭必须执行。此外，在我国上下级法院之间的关系，虽属监督关系，但下级法院向上级法院请示汇报的做法比较普遍，这使得法院上下级之间的级别独立也受到了一定影响。具体到人民检察院又有不同于法院的地方，由于检察院上下级之间是领导关系，实行检察一体原则，因此其独立行使职权就是整个检察系统，即全国检察机关作为一个整体依法独立行使职权。

实行人民法院、人民检察院独立行使职权原则，可以保障人民法院、人民检察院在刑事诉讼中正确行使法律赋予的职权，充分发挥其职能作用，排除干扰，维护司法行为的纯洁性，树立司法权威。但是不难看出，我国的法院体制还存在一些问题，需要通过体制改革来进行调整，为增进司法机关的独立性创造条件。我们认为要从以下方面予以改革和完善：

（1）处理好依法独立行使审判权与中国共产党领导的关系。人民法院依法独立审判，并不意味着不接受中国共产党的领导。中国共产党是执政党，共产党的领导是人民法院独立行使审判权的根本保证。党的方针政策是国家制定法律的根据，依法独立审判同正确执行党的方针政策是一致的，各级法院必须在司法工作中积极贯彻党的路线、方针和政策，接受党的领导和监督。但是，党的领导应当主要是政治上和组织上的领导，而不能通过审批案件、参与办案等方式领导或代替司法机关办案。否则，势必妨碍司法工作的进行，反而会削弱党对司法工作的领导。

（2）落实合议庭独立行使职权的法律规定。我国《刑事诉讼法》确认合议庭有权独立作出判决。这一法律规定有利于减少司法运作的内部环节，提高司法效率，并落实诉讼中的直接、言词原则，保障法官审判的独立性。在近年讨论司法改革的过程中，法学界主张逐步废除审判委员会以及立即停止上下级法院请示汇报制度的呼声渐高。

（三）依靠群众原则

我国《刑事诉讼法》第6条规定："人民法院、人民检察院和公安机关进行刑事诉讼，必须依靠群众……"依靠群众原则是指公安司法机关进行刑事诉讼，必须走群众路线，相信群众、依靠群众，发挥人民群众的智慧和力量，把专门机关的业务工作与人民群众的积极性结合起来。这是我党走群众路线的优良传统在刑事诉讼法中的体现。

依靠群众原则并非意味着公安司法机关与群众共同办案。侦查权、检察权、审判权只能由公安司法机关行使，人民群众不能行使这些权力。办案主体是公安司法机关，而不是人民群众；群众只是公安司法机关在办案过程中依靠的对象。公安司法机关在办案中，一方面，要相信群众、尊重群众、宣传组织群众，为群众参加诉讼提供方便，并接受群众监督；另一方面，要加强自身的专门工作，加强自身的思想、组织和业务建设，提高自身的政治和业务素质，利用先进的技术和设备去发现线索、探究事实真相。公安司法机关忽视群众的作用或者自身的专门工作，都不能很好地完成刑事诉讼法的任务。

作为一项法律原则，依靠群众的精神和内容体现在一系列的刑事诉讼制度和程序中，公安司法机关在刑事诉讼中应当贯彻执行。依靠群众应当符合以下要求：首先，应当具有依靠群众、相信群众的观念。其次，学会做群众工作的方法，善于深入群众，善于分析研究群众提供的材料和意见。最后，要做好群众的法制宣传和教育工作。这样可以增强群众的法制观念，提高群众同犯罪作斗争的积极性、主动性。

（四）公检法分工负责、互相配合、互相制约

我国《刑事诉讼法》第 7 条规定："人民法院、人民检察院和公安机关进行刑事诉讼，应当分工负责，互相配合，互相制约，以保证准确有效地执行法律。"

该原则的具体内容，可以从以下三个方面理解：

1. 分工负责，是指在刑事诉讼中公安机关、人民检察院和人民法院分别按照法律规定的职权分工，各负其责，各司其职，不能超越自己的职权，不能互相包办和代替。任何超越职权的诉讼行为都违反了该原则。公检法三机关的职权按照《刑事诉讼法》第 3 条的规定进行分工。

2. 互相配合，是指公检法三机关进行刑事诉讼应当在分工负责的基础上，通力合作、协调一致，共同完成查明案件事实，追究、惩罚犯罪的目的。例如，对人民检察院和人民法院决定的逮捕，公安机关应当予以执行；对于人民检察院提起的诉讼，人民法院应当审理并作出判决。各机关不应各自为战，互不联系，更不应互相推诿扯皮。

3. 互相制约，是指公检法三机关在分工负责、互相配合的基础上，不仅应认真履行自己的职责，而且应对其他机关发生的错误和偏差予以纠正，对重要的刑事诉讼活动或措施，由其他机关予以把关，以达到互相牵制、互相约束的目的，防止权力的滥用导致司法腐败。

分工负责、互相配合、互相制约，三者是密切相关、缺一不可的。其中分工负责是前提，配合和制约是三机关依法行使职权，顺利进行刑事诉讼的保证。分工负责、互相配合、互相制约原则贯穿于刑事诉讼的始终，其最终的目的是为了保证准确有效地执行法律。

但需要注意的是，理论界提出，对该原则需要进行反思。无论是分工负责，还是互相配合、互相制约，都反映了我国《刑事诉讼法》将公安机关、人民法院和人民检察院一道视为刑事诉讼中的司法机关的观念。只有当他们平等地被视为司法机关的时候，他们才能谈得上分工负责，才有资格互相配合，才有能力互相制约。尤其其中的"互相配合"一词，充分体现了公安机关、人民检察院与人民法院一道，联合起来对付被指控犯罪的犯罪嫌疑人和被告人的观念，使得诉讼成为一种单向度的治罪活动。这与现代诉讼中的程序正义原则、无罪推定原则均相违背，因为如果人民法院与公安机关配合，必然导致有罪推定。

（五）犯罪嫌疑人、被告人有权获得辩护

我国《刑事诉讼法》第 11 条规定："……被告人有权获得辩护，人民法院有义务保证被告人获得辩护。"由于犯罪嫌疑人和被告人是在刑事诉讼中不同诉讼阶段对刑事被追诉者的两种不同的称谓，为了全面理解这一原则，我们将其概括为犯罪嫌疑人、被告人有权获得辩护原则。

辩护是指在刑事诉讼中犯罪嫌疑人、被告人及其辩护人从事实和法律上反驳控诉，指出有利于犯罪嫌疑人、被告人的材料和意见的诉讼活动。犯罪嫌疑人、被告人有权获得辩护原则，是指在法律上确认犯罪嫌疑人、被告人享有辩护权，并在诉讼中保障犯罪嫌疑人、被告人行使辩护权。

根据《刑事诉讼法》的有关规定，该原则包括以下含义：

（1）犯罪嫌疑人、被告人在刑事诉讼过程中既可以自行辩护，也可以委托他人代为辩护。由于我国《刑事诉讼法》将辩护人介入刑事诉讼的时间规定为自案件移送审查起诉之日起，因此，在侦查阶段，犯罪嫌疑人只能自行辩护，在移送审查起诉后，犯罪嫌疑人、被告人有权委托辩护。

（2）犯罪嫌疑人、被告人在刑事诉讼全过程中均有权获得辩护。在侦查阶段，犯罪嫌疑人就有权得到律师提供的法律帮助。犯罪嫌疑人在被侦查机关第一次讯问后或者采取强制措施之日起，可以聘请律师为其提供法律咨询、代理申诉、控告。犯罪嫌疑人被逮捕的，聘请的律师可以为其申请取保候审。而其自行辩护贯穿刑事诉讼的全过程。

（3）公安机关、人民检察院有义务保证犯罪嫌疑人在侦查阶段获得律师的法律帮助；人民检察院有义务保证犯罪嫌疑人在审查起诉阶段获得辩护；人民法院有义务保证被告人在审判阶段获得辩护。

（4）被告人因为经济困难或者其他原因无力聘请辩护人时，有权获得国家的法律援助，即人民法院有义务为被告人指定辩护人。

辩护权是犯罪嫌疑人、被告人的一项重要的宪法权利，任何机关和个人都不得非法剥夺。犯罪嫌疑人、被告人有权获得辩护原则，具有保障司法公正的重要意义。具体表现为：

（1）有利于公安司法机关全面了解有关案件的情况，听取不同意见，对案件作出正确的判断和处理。

（2）有利于制约国家专门机关，确保公安司法人员严格依法进行诉讼活动，维护犯罪嫌疑人、被告人的合法权利。

（3）可以使刑事诉讼结构合理化，形成控诉与辩护之间有效的诉讼对抗，以控诉、辩护、审判的三角形结构保障司法公正的实现。

（4）辩护权的充分行使体现了程序正义。程序正义的实现有利于社会公众甚至犯罪嫌疑人、被告人对国家专门机关及其诉讼活动保持信赖和尊重。

（六）未经人民法院依法判决对任何人不得确定有罪

我国《刑事诉讼法》第 12 条规定："未经人民法院依法判决，对任何人都不得确定有罪。"对此规定是否为无罪推定原则，理论界尚有争议。我们认为，该原则是对我国刑事诉讼制度的重大发展，它吸收了西方无罪推定原则的精神，明确了只有人民法院才享有定罪权的法治要求。

这一原则包含以下两层含义：

1. 确定被告人有罪的权力由法院统一行使，其他任何机关、团体和个人均无权行使。这是世界各国的立法通例，也是刑事审判权应有之义。刑事审判就是要通过法庭审理，在查清事实、核实证据的基础上适用法律，判定被告人是否有罪、应否处刑。定罪权是刑事审判权的核心。人民法院作为我国唯一的审判机关，代表国家统一独立行使刑事审判权。与增设这一原则相呼应，立法取消了免予起诉制度，以维护人民法院对刑事案件审判权的统一和完整。

2. 人民法院必须依法以判决的形式确定有罪。定罪判决必须依法作出，即需要根据经过法庭正式调查核实的证据所认定的事实，在正式的法庭审判中听取控辩双方的意见，认为达到法定的证明被告人有罪的标准，并符合刑法的有关规定，方能确定一个人有罪。

为了贯彻这一原则，《刑事诉讼法》从以下几方面作出了相应的规定：①严格区分了"犯罪嫌疑人"和"被告人"这两种称谓。被追诉者自侦查机关立案到检察院提起公诉前这段时期，称为"犯罪嫌疑人"。在人民检察院向人民法院提起公诉后，称为"被告人"，不再笼统地称为"被告人"甚至"人犯"。②明确由控诉方承担举证责任。公诉人在法庭调查中有义务提出证据，对被告人有罪承担证明责任，并达到确实充分的程度，而被追诉者则没有证明自己有罪或无罪的责任。③《刑事诉讼法》摒弃了过去长时期司法实践中形成的，与宁枉勿纵、有罪推定观念相联系的疑案从有、疑案从轻原则，确立了疑罪从无原则。凡是证据不足、事实不清的案件，在审查起诉阶段，人民检察院可以作出不起诉决定；在审判阶段，人民法院应当作出证据不足、指控罪名不成立的无罪判决。

（七）具有法定情形不予追究刑事责任

具有法定情形不予追究刑事责任原则的法律依据是《刑事诉讼法》第 15 条。根据该条规定，具有下列情形之一的，不追究刑事责任，已经追究的，应当撤销案件，或者不起诉，或者终止审理，或者宣告无罪：①情节显著轻微、危害不大，不认为是犯罪的；②犯罪已过追诉时效期限的；③经特赦令免除刑罚的；④依照刑法告诉才处理的犯罪，没有告诉或者撤回告诉的；⑤犯罪嫌疑人、被告人死亡的；⑥其他法律规定免予追究刑事责任的。

根据该原则，对于具有不应追究刑事责任法定情形的案件，应根据案件的不同情况及所处的诉讼阶段做出不同处理：

1. 立案阶段的处理。在立案阶段，如果存在上述六种情形之一的，应当作出不立案的决定。

2. 侦查阶段的处理。在侦查阶段，如果存在上述六种情形之一的，侦查机关应当作出撤销案件的决定。

3. 审查起诉阶段的处理。在审查起诉阶段，如果存在上述六种情形之一的，检察机关应当作出不起诉的决定。

需要注意的是，对于公安机关移送审查起诉的案件：①发现犯罪嫌疑人没有违法犯罪行为的，应当书面说明理由将案卷退回公安机关处理。②发现犯罪事实不是犯罪嫌疑人所为，应当书面说明理由将案卷退回公安机关并建议公安机关重新侦查；如果犯罪嫌疑人已经被逮捕，应当撤销逮捕决定，通知公安机关立即释放。

4. 审判阶段的处理。对于符合第15条规定的第一种情形的，应当判决宣告无罪；对于符合其他五种情形的，应裁定终止审理或决定不予受理。

需要注意被告人死亡的情形：①对于被告人死亡的，应当裁定终止审理；对于根据已查明的案件事实和认定的证据材料，能够确认被告人无罪的，应当判决宣告被告人无罪。②在二审程序中，如果共同犯罪案件中提出上诉的被告人死亡，其他被告人没有提出上诉，第二审人民法院仍应当对全案进行审查。死亡的被告人不构成犯罪的，应当宣告无罪；审查后认为构成犯罪的，应当宣布终止审理，对其他同案被告人仍应当作出判决或裁定。

三、制度性原则

（一）两审终审制原则

我国《刑事诉讼法》第10条规定："人民法院审判案件，实行两审终审制。"所谓两审终审制，是指一个案件至多经过两级人民法院审判即告终结的制度，对于第二审人民法院作出的终审判决、裁定，当事人等不得再提出上诉，人民检察院不得提出二审抗诉。由于我国人民法院分四级设立，因此又称为"四级两审终审制"。

根据两审终审制的要求，地方各级人民法院按照第一审程序对案件审理后作出的判决、裁定，还不能立即发生法律效力；只有在法定的上诉期限内，有上诉权的人没有上诉，同级人民检察也没有抗诉，第一审法院所作的判决、裁定才发生法律效力。在法定期限内，如果有上诉权的人提出上诉，或者同级人民检察院提出抗诉，上一级人民法院应当依照第二审程序对该案件进行审理。上一级人民法院审理第二审案件作出的判决、裁定，是终审的判决、裁定，一旦作出立即发生法律效力。

需要注意的是，两审终审制是对刑事诉讼中一般情况的规定，但也存在以下几种例外情况：

1. 最高人民法院审理的案件，一审终审。《刑事诉讼法》第 197 条规定："第二审的判决、裁定和最高人民法院的判决、裁定，都是终审的判决、裁定。"两审终审只适用于地方各级人民法院的一审判决裁定，而不适用于最高人民法院审理的案件。最高人民法院是我国的最高审级，它审理的案件宣判后立即生效，不存在提出二审上诉或抗诉的问题。

2. 对一审判决、裁定在法定期限内没有提出上诉、抗诉的，地方各级人民法院作出的一审判决和裁定即发生法律效力，而不再进行第二审。这是因为上诉和抗诉是一种权利，如果有权提出的人或机关放弃行使该权利，则不会引起第二审。

3. 判处死刑的案件必须依法经过死刑复核程序才能生效。《刑事诉讼法》第 208 条第 2 款规定："下列判决和裁定是发生法律效力的判决和裁定：……③最高人民法院核准的死刑的判决和高级人民法院核准的死刑缓期二年执行的判决。"例如，由中级人民法院作出的贪污案件的死刑立即执行判决，经高级人民法院二审后，判决并不发生效力，而是必须报请最高人民法院核准。最高人民法院核准之后，该判决才发生法律效力。可见判处死刑的案件，必须经过死刑复核程序核准后，判处死刑的裁判，才能发生法律效力，交付执行。

4. 地方各级人民法院根据《刑法》第 63 条第 2 款的规定在法定刑以下判处刑罚的案件，必须经最高人民法院的核准，其判决、裁定才能发生法律效力并交付执行。

如果对于已经生效的判决、裁定，当事人仍然不服，只能依照审判监督程序提出申诉；如果人民检察院发现其确有错误，只能依照审判监督程序提出抗诉。

（二）审判公开原则

我国《刑事诉讼法》第 11 条规定："人民法院审判案件，除本法另有规定的以外，一律公开进行……"这是审判公开原则的法律依据。

我国审判公开原则一般是指法院开放审判场所，允许一般民众在场旁听审判。审判中的"公开"有两层含义：①向当事人公开，即允许当事人及其他诉讼参与人出庭，审判活动向他们公开；②向公众公开，允许一般民众到庭旁听，包括允许记者等媒体人士到庭旁听和采访报道。《刑事诉讼法》规定的审判公开是指审判向公众公开。该原则具体包括以下几方面的内容：

1. 审判信息的公开。即在开庭前的一定时间内，要以法院公告的形式向社会公布案由、当事人的姓名、案件审判的时间和地点。

2..审判过程的公开。法庭审理案件的全过程，除了合议庭评议之外，都应该公开进行。允许人民群众旁听案件审理，允许新闻记者对法庭审理进行采访和报道。

3. 审判结果的公开。要公开宣告判决，向社会详细宣告判决的结果和理由。

但是，由于刑事诉讼过程必然涉及多方面的利益，不是每一个案件都适合公开进行。因此，各国从保护公共利益和当事人合法权益的角度出发，对审判公开原则均设置了一些例外情况。我国《刑事诉讼法》第152条规定："人民法院审判第一审案件应当公开进行。但是有关国家秘密或者个人隐私的案件，不公开审理。14岁以上不满16岁未成年人犯罪的案件，一律不公开审理。16岁以上不满18岁未成年人犯罪的案件，一般也不公开审理。对于不公开审理的案件，应当当庭宣布不公开审理的理由。"这里应当注意的是，无论审判过程是否公开，判决的宣告一律应当公开进行。

审判公开原则是在反对中世纪野蛮、残酷的审判制度中确立起来的，其积极意义在于：有利于防止司法腐败和专横；有利于增强法院的公信力，从而提高判决和法律的权威性；另外，在一定程度上有利于改进司法工作。

（三）人民陪审原则

我国《刑事诉讼法》第13条规定："人民法院审判案件，依照本法实行人民陪审员陪审的制度。"人民陪审员是指从人民群众中产生的非专职的参加合议庭的审判人员。人民陪审制度是指人民法院依法吸收人民群众组成合议庭，直接参加刑事案件审判的一种审判制度。根据我国《刑事诉讼法》第147条的规定，各级人民法院审判第一审刑事案件时，都可以吸收人民陪审员参加合议庭，人民陪审员在执行审判职务时，同审判员有同等的权利。但是，各级人民法院审判第一审案件时也可以不吸收人民陪审员参加合议庭。同时，人民陪审制度只适用于第一审程序，在第二审程序、死刑复核程序中均不能吸收人民陪审员参加合议庭。

人民陪审制度是吸收人民群众参与管理国家事务的一项民主制度，是贯彻社会主义司法民主的重要方式。人民群众选派自己的代表直接参加法院的审判活动，有助于提高人民群众的主人翁意识和责任感，更加支持人民法院的工作。人民群众和专业审判人员一起审判案件，可以直接了解党和国家的各项方针政策，自己地学习和遵守国家的法律，增强运用法律武器同犯罪行为作斗争的本领。同时，党的政策和国家法律可通过人民陪审员这个媒介及时地传达给人民群众，起到广泛的法制宣传教育作用；人民陪审员也可以及时将群众的意见直接反映出来，发挥群众对审判工作的监督作用。

四、涉外原则

（一）追究外国人刑事责任适用我国刑事诉讼法

我国《刑事诉讼法》第16条规定："对于外国人犯罪应当追究刑事责任的，适用本法的规定。对于享有外交特权和豁免权的外国人犯罪应当追究刑事责任的，通过外交途径解决。"这一原则明确了我国刑事诉讼法对外国人的效力，是国家主权原则在刑事诉讼中的具体体现。

该原则的具体含义包括以下两个方面：

1. 在我国境内进行的刑事诉讼活动，其适用的刑事程序法就是我国的《刑事诉讼法》，不管被追诉的人是中国人、外国人还是无国籍人。外国人、无国籍人以及国籍不明的人犯罪的刑事案件，应当由中级以上人民法院管辖。

2. 对于享有外交特权和豁免权的外国人犯罪应当追究刑事责任的，通过外交途径解决。这是对国际惯例和国家互惠原则的尊重。根据1986年我国通过的《外交特权和豁免条例》，享有外交特权和豁免权的外国人包括：外国驻中国使馆的外交代表不受逮捕或拘留，享有刑事管辖豁免权。与外交代表共同生活的配偶及未成年子女，如果不是中国公民，享有与外交代表相同的特权和豁免权；来中国访问的外国国家元首、政府首脑、外交部长及其他同等身份的官员；途经中国的外国驻第三国的外交代表和与其共同生活的配偶及未成年子女；持有中国外交签证或者持有外交护照来中国的外交官员；经中国政府同意给予外交特权和豁免的其他来中国访问的外国人士。所谓"通过外交途径处理"，一般是指：建议派遣国依法处理；宣布为不受欢迎的人；责令限期出境；宣布驱逐出境；等等。

我国是一个主权独立的社会主义国家，在我国司法权管辖范围内，一切外国人都必须遵守我国的法律，对于外国人犯罪应当追究刑事责任的适用我国法律，不允许他们享有任何非法特权。因此，确立和实施这一原则，有利于维护我国国家主权和民族尊严，符合我国人民的根本利益。同时采用外交途径处理享有外交特权和豁免权的外国人的犯罪问题，符合国际惯例和国家间的互惠原则，有利于开展和保持国家间的正常交往与和睦关系。

（二）刑事司法协助

刑事司法协助是指一国的法院或者其他司法机关，根据另一国的法院或者其他司法机关的请求，代为或者协助实行与刑事诉讼有关的司法行为。刑事司法协助是国际司法协助的一种，除了刑事司法协助外，还有民事司法协助。

我国《刑事诉讼法》第17条规定："根据中华人民共和国缔结或者参加的国际条约，或者按照互惠原则，我国司法机关和外国司法机关可以相互请求刑事司法协助。"根据上述法律规定，进行国际刑事司法协助必须根据中华人民共和国缔结或者参加的国际条约，或者按照互惠原则，由司法机关进行。在我国，宪法规定的司法机关包括人民法院和人民检察院。虽然公安机关的侦查工作也存在国际协作的问题，但是这不属于国际司法协助，不过理论上可以称之为国际刑事侦查协助。

国际社会对刑事司法协助有狭义和广义两种理解。狭义的刑事司法协助是指与审判有关的刑事司法协助，包括送达刑事司法文书、询问证人和鉴定人、搜查、扣押、有关物品的移交以及提供有关法律资料等。广义的刑事司法协助除了狭义的刑事司法协助规定的内容外，还包括引渡等内容。所谓引渡是指一国把在其境内而被他国指控为犯罪或已被定罪判刑的人，根据有管辖权的国家的请求，在条约或互惠的基础上，移交给请求国，以便请求国追究其刑事责任或执行刑罚的一项制度。

根据最高人民检察院《人民检察院刑事诉讼规则》（以下简称《刑诉规则》）和最高人民法院《关于执行〈中华人民共和国刑事诉讼法〉若干问题的解释》（以下简称《刑诉解释》）的规定，国际私法协助的内容包括刑事方面的调查取证，送达刑事诉讼文书，通报刑事诉讼结果，移交物证、书证和视听资料，扣押、移交赃款、赃物以及法律和国际条约规定的其他司法协助事宜。人民检察院对外进行司法协助，应当根据我国有关法律规定决定是否向外国提供司法协助和办理司法协助事务。依照国际条约规定，在不违背我国法律规定的前提下，也可以按照请求国的要求适用请求书中所示的程序。

刑事司法协助的主体，是指请求提供刑事司法协助和接受请求提供刑事司法协助的司法机关。在主张刑事司法协助狭义说的国家，刑事司法协助的主体一般仅指法院；在主张刑事司法协助广义说的国家，刑事司法协助的主体，除了法院，还有检察机关、警察机关。

学术视野

我国刑事诉讼法学界长期存在着"刑事诉讼法的基本原则"、"刑事诉讼的基本原则"、"刑事诉讼法原则"和"刑事诉讼原则"等称谓之争。但多数使用"刑事诉讼原则"这一称谓。与一般的诉讼规则相比，刑事诉讼原则的一个突出特点就是它通常表现为某种司法观念或基本思想，从而难以为刑事诉讼主体提供一个可操作性的行为标准。因此，就有学者主张将刑事诉讼原则提升为宪法原则，将之明文规定在宪法之中，

在理论研究方面，当前我国越来越多的学者开始注意到用系统论的方法研究

刑事诉讼原则的重要性。例如，有的学者[1]从体系的角度研究刑事诉讼原则，提出了刑事诉讼原则体系的层次性概念，并将刑事诉讼原则划分为以下三个层次：最高层次的是与刑事诉讼法的指导思想、目的、任务具有直接联系，因而对整个刑事诉讼具有全局性影响的原则；中间层次的是与第一层次的原则相联系，涉及诉讼职能之间关系及诉讼职能行使的基础性原则；最下位的原则是相对具体的、技术性较强的原则。作此种划分目的在于理顺各个刑事诉讼原则之间的关系，尤其是为刑事诉讼原则之间的矛盾寻找一个合理的解决方法。如当低层次的原则之间或者低层次的原则与高层次的原则发生冲突时，应当遵循高层次原则。但也有学者不同意该划分法[2]他们认为，刑事诉讼原则因其适用的领域和规范的对象不同而存在一定的差别，但绝无高低之分。在同一刑事诉讼原则体系内，不同的刑事诉讼原则发生冲突是正常的，但不应当是顾此失彼的取舍关系。故认为我国刑事诉讼原则体系应包括以下三部分：①理念性原则，即应当存在于人们的司法观念之中的、对整个刑事诉讼活动具有普遍指导意义和规范作用的刑事诉讼原则；②制度性原则，即对特定的刑事诉讼制度运行具有指导意义和规范作用的刑事诉讼原则；③程序性原则，即对具体的刑事诉讼程序的进展具有指导意义和规范作用的刑事诉讼原则。

理论思考与实务应用

一、理论思考

（一）名词解释

审判公开　刑事司法协助　陪审原则　两审终审原则

（二）简答题

1. 简述审判公开原则的内容、例外和意义。

2. 简述依照法定情形不予追究刑事责任原则所包含的具体内容。

（三）论述题

1. 试述我国的人民陪审员制度与国外陪审制度的异同。

2. 试述我国人民法院、人民检察院独立行使审判权、检察权原则与司法独立原则的差别。

3. 试述未经人民法院依法判决不得确定有罪原则与无罪推定原则的关系。

---

[1] 谢佑平、万毅：《刑事诉讼法原则：程序正义的基石》，法律出版社2002年版。

[2] 樊崇义、张中："论我国刑事诉讼原则体系的构建"，载《中国司法》2004年第11期。

二、实务应用

（一）案例分析示范

案例一

1891 年，沙俄皇太子在访日过程中，遭到日本暴徒袭击而受伤。袭击外国贵宾并使之受伤是重大事件，日本当时的松方正义内阁成员和元老们害怕俄国采取报复手段，日本天皇也亲自探望皇太子，以示深深的歉意。这一事件发生在日本大津，因此也被称为"大津事件"。接下来的问题是如何惩罚肇事者。按照当时的日本刑法，杀人未遂是不能处以死刑的，最高的刑罚是无期监禁。日本政府考虑到与沙俄的两国关系，向法院提出希望能灵活执行法律，尽量处以死刑，天皇也下诏要求时任大审院院长的儿岛惟谦谨慎处理此案。但是儿岛惟谦坚决主张维护司法权的尊严，不能枉法，提出只能适用有关加害普通人的法律条例按谋杀未遂论处。最终法院坚持严格执行法律，作出了无期监禁的判决。

问：试用刑事诉讼法的基本原则分析"大津事件"。

【评析】司法独立原则是现代刑事诉讼的一项基本原则。司法独立原则的基本含义：①国家审判权只能由法院行使，其他任何机关都不能行使，即所谓的"司法权独立"；②法官独立行使审判权，只服从于宪法和法律，既不受立法、行政机关的干涉，也不受上级法院或本法院其他法官的影响，即所谓的"法官独立"。就刑事诉讼上的意义而言，司法是否能够独立被认为是司法公正的重要保障措施。一个国家的司法体制是否采取司法独立的模式，取决于它是否满足了司法独立的三项要素，即司法权独立、法院独立和法官独立。

司法独立原则是现代司法不可或缺的因素，是现代法治的重要组成部分，在法治社会中独立的司法权在国家权力和人民自由之间发挥着调节作用。它在限制国家权力的同时，也为个人的各项权利和自由提供了重要的保障。因此说，司法独立是实现刑事诉讼理念和价值的基石。

"大津事件"是日本宪法史和司法史上一个十分重要的案例，被反复引用。它给我们的启示是：历史上，干预司法独立是各国普遍存在的现象，司法独立不仅需要法律文本上的确认，更需要人们尤其是法官们不断地抗争和实践，这样司法独立才不仅仅是写在书本上的一句口号。

案例二

2010 年 5 月 9 日，"杀害"同村人在监狱已服刑多年的河南商丘村民赵作海，因"被害人"赵振晌的突然回家，被宣告无罪释放。

1998 年 2 月 15 日，河南省商丘市柘城县老王集乡赵楼村赵振晌的侄子赵作亮到公安机关报案，称其叔父赵振晌于 1997 年 10 月 30 日离家后已失踪四个多月，怀疑被同村的赵作海杀害，公安机关随后进行了相关调查。1999 年 5 月 8 日，赵楼村在挖井时发现一具高度腐烂的无头、膝关节以下缺失的无名尸体，公安机关遂把赵作海作为重大嫌疑人于 5 月 9 日刑拘。1999 年 5 月 10 日至 6 月 18 日，赵作海做了 9 次有罪供述。从赵作海被拘到商丘市人民检察院提起公诉，长达两年多的时间，该案被检察机关多次退回补充侦查。2002 年 8、9 份，公安机关在清理超期羁押专项检查活动中，将该案提交商丘市政法委研究。政法委组织专题研究会，最后，经过会议集体研究，结论是案件具备了起诉条件。

2002 年 10 月 22 日商丘市人民检察院以被告人赵作海犯故意杀人罪向商丘市中级人民法院提起公诉。2002 年 12 月 5 日商丘中院作出一审判决，以故意杀人罪判处被告人赵作海死刑，缓期二年执行，剥夺政治权利终身。河南省高级法院经复核，于 2003 年 2 月 13 日作出死刑复核裁定，核准商丘中院的上述判决。

2010 年 4 月 30 日，赵振晌回到赵楼村。商丘中院在得知赵振晌在本村出现后，立即会同检察人员赶赴赵楼村，经与村干部座谈、询问赵振晌本人及赵振晌的姐姐、外甥女等，确认赵振晌即是本案的被害人。同时从赵振晌本人处了解到：1997 年 10 月 30 日夜里，其对赵作海到杜某某家比较生气，就携自家菜刀在杜某某家中照赵作海头上砍了一下，怕赵作海报复，也怕把赵作海砍死，就收拾东西于 10 月 31 日凌晨骑自行车，带 400 元钱和被子、身份证等外出，以捡废品为生。因去年得偏瘫无钱医治，才回到了村里。

问：结合我国刑事诉讼法的基本原则分析本案的现象。

【评析】 我国《刑事诉讼法》第 6 条规定："人民法院、人民检察院和公安机关进行刑事诉讼，必须依靠群众，必须以事实为根据，以法律为准绳……"这起案件有很多疑点，却出现了这样的判决，三家办案机关都是有责任的，都没有坚持以事实为依据，以法律为准绳的原则。以事实为根据，就是将客观存在的情况作为处理案件的根据，处理案件不能违背已经查明的事实，也不能在没有查明事实的情况下武断处理案件。只有以事实为根据，才能在此基础上正确适用法律，才能对案件做出正确处理。否则极易导致冤假错案的发生，不是轻纵犯罪，就是伤害无辜。

我国《刑事诉讼法》第 5 条规定："人民法院依照法律规定独立行使审判权，人民检察院依照法律规定独立行使检察权，不受行政机关、社会团体和个人的干涉。"人民法院依法独立审判，并不意味着不接受中国共产党的领导。党的领导应当主要是政治上和组织上的领导，而不能通过审批案件、参与办案等方式领导或代替司法机关办案。但是司法实践中，政法委员会制度的存在是导致地方党委非法干预司法的主要症结所在。政法委实际上是公、检、法、司的联合体，往往就会变成司法机关"联合办公"，多"配合"，而少"制约"。政法委的委员制变成政法委书记首长负责制，他个人说了算，重要案件都须给他审批，这也成了司法实践中判案的习惯程序。这样势必会妨碍司法工作的进行，也会削弱党对司法工作的领导。当前社会上发生的诸多冤案或多或少都与这种制度有所牵连。

我国《刑事诉讼法》第7条规定："人民法院、人民检察院和公安机关进行刑事诉讼，应当分工负责，互相配合，互相制约，以保证准确有效地执行法律。"但本案中明显表现出，公安机关、人民检察院与人民法院一道，联合起来对付被指控犯罪的被告人，使诉讼成为一种单向度的治罪活动。这与现代诉讼中的程序正义原则、无罪推定原则均相违背，其结果必然导致有罪推定。

案例三

1997年3月沈阳市于洪区造化乡小方士村进行拆迁改造。由于对拆迁补偿标准不满意，该村村民孙刚愤怒地写了份《二十评李玉仁》（李玉仁，时任小方士村村支书，于洪区、沈阳市两级人大代表），并将材料邮寄给造化乡、于洪区和沈阳市有关部门反映拆迁问题。1998年2月4日晚11时左右，于洪区造化乡派出所一名便衣和一名干警敲开了孙刚家的门，在没有出示搜查证的情况下，就对孙刚家进行了搜查。二人在孙刚的公文包中搜出两张《二十评李玉仁》的底稿后离开。随后的2月17日和19日，造化乡派出所两次传唤孙刚。2月24日孙刚被拘留。2月26日孙刚接受了第一次预审。3月6日于洪区政法委特别为此案召集公、检、法三家负责人开了"三长会"，最后作出处理意见：孙刚诽谤李玉仁一案，同意以诽谤罪批捕、起诉、交付审判。次日，孙刚被逮捕。随后于洪区检察院以孙刚涉嫌诽谤罪提起公诉。

1998年7月14日，于洪区法院公开审理此案，庭审中，将公诉人驳斥得哑口无言的辩护律师被剥夺了辩护权。7月23日，于洪区法院作出判决：孙刚诽谤罪成立，判处有期徒刑2年。孙刚不服提出上诉。1998年9月30日沈阳中院作出裁定，认为一审程序违法发回重审。在交了1万元取保候审保证金后，孙刚被取保候审（这是一项只对犯罪嫌疑人或被告人采用的强制措施）。但此后三年多，于洪区法院也没有进行重新审判。2002年1月16日，《中国青年报》就此案进行了报道——《谁来对这次"三长会"负责》。此后，本案引起了强烈的社会反响和沈阳市人大的高度关注。本案后经监督予以了纠正并追究了相关人员的责任。

问：分析本案违反了刑事诉讼法的哪些基本原则。

【评析】本案错误集中在"三长会"上，这种在司法实践中多有耳闻的现象却严重违反了《刑事诉讼法》的多项基本原则。

第一，违反了《刑事诉讼法》第3条规定的侦查权、检察权、审判权由国家专门机关行使的原则及第 5 条规定的人民法院独立行使审判权，人民检察院独立行使检察权的原则。虽然人民法院、人民检察院独立行使职权不排除接受党的领导和监督，但是，党的领导应当主要是政治上和组织上的领导，而不能通过审批案件、参与办案等方式领导或代替司法机关办案。

第二，根据《刑事诉讼法》第 3 条第 2 款规定：人民法院、人民检察院和公安机关进行刑事诉讼，必须严格遵守本法和其他法律的有关规定。本案中有多处违反程序的地方。体现在：①诽谤罪（没有达到严重危害后果）属于自诉案件的范围，而本案中由公安机关进行立案侦查、检察院提起公诉不符合相关法律的规定；②接下来，检察院对不符合逮捕、公诉条件的对象进行批捕、提起公诉，人民法院对不符合受案条件的案件进行审理等做法违反了程序法定原则。

第三，违反了《刑事诉讼法》第 11 条的规定：被告人有权获得辩护；人民法院有义务保证被告人获得辩护。本案在审理中，被告人被限制或剥夺了应有的辩护权。

第四，违反了《刑事诉讼法》第 12 条的规定：未经人民法院依法判决，对任何人都不得确定有罪。本案当事人在提出上诉后，二审法院认为一审程序违法发回重审。孙刚被取保候审后，于洪区法院长达三年多也没有对案件进行重新审判，但孙刚却一直处于被采取强制措施之下，这些不仅无视诉讼程序，还违反了无罪推定的原则，致使该案长期被挂起来得不到处理。

（二）案例分析实训

案例一

被告人金某，朝鲜人，因抢劫罪被公安机关抓获。侦查终结后，人民检察院依法审查并向人民法院提起公诉。在此前的审讯中，金某一直都用流利的汉语回答公安司法机关工作人员的提问。人民法院对此案依法进行了公开审判。在庭审中，金某提出用朝鲜语进行陈述。对此合议庭在讨论中有两种意见：一种意见认为金某虽是朝鲜人，但通晓汉语且在审前均未要求使用朝鲜语，况且合议庭又不懂朝鲜语，如果其使用朝鲜语势必要聘请翻译，为了节省时间提高效率，合议庭对金某的要求应不予准许；另一种意见认为，虽然金某懂汉语且在侦查、起诉阶段一直用汉语进行陈述，但使用本民族语言文字进行诉讼是其应有的诉讼权利，不能因为影响审理时间而剥夺其应享有的权利，故其要求应当允许。

问：请你运用刑事诉讼法的某项原则对以上两种意见进行评论。

案例二

1998 年 12 月 18 日，湖南省常宁市官岭镇干部邓先军、欧青山、周清贵等人因向农民征收上缴款与村民发生冲突，推搡当中，村民滕国平将欧青山的头打破，为此滕国平被关进看守所。1998年12月27日官岭镇政府以滕国平犯了故意伤害罪应当接受教育为由，擅自将滕从看守所带走，在其身上挂一写有"故意伤害罪"的牌子，拉到各乡进行游行。1999年1月15日，滕国平以涉嫌故意伤害罪被逮捕。1月25日，常宁市检察院在未查清案件事实的情况下，以犯罪嫌疑人滕国平犯故意伤害罪向常宁市人民法院提起公诉。常宁市人民法院在审理中只采纳公安机关的讯问笔录和镇、村干部的一面之词，对辩护人出示的证人证言一概不理。最终判决被告人犯故意伤害罪，判处有期徒刑1年。

问：结合本案谈谈你对《刑事诉讼法》第12条规定的原则及含义的理解。

案例三

2008年3月，香港居民狄某从香港经福州市B县走私汽车，价值达500万元港币。B县公安局经福州市检察院批准，拘留并逮捕了狄某。审理该案的B县法院认为此案重大复杂，在开庭审判前，将案件分别报送福州市政府和上级法院审批。市政府批复，鉴于港商狄某在本市有巨额投资，建议从轻判处。上级法院也对案件的处理提出了一些具体意见。B县法院审判委员会根据政府的批复和上级法院的意见，对狄某走私一案作出了判决意见，合议庭在审理过程中也按照审判委员会的意见作出了判决。

问：本案违背了刑事诉讼法的哪些基本原则？简要说明理由。

 主要参考文献

1. 高其才、肖建国、胡玉鸿：《司法公正观念源流》，人民法院出版社2003年版。

2. 樊崇义、夏红编：《正当程序文献资料选编》，中国人民公安大学出版社2004年版。

3. 万毅：《程序如何正义——中国刑事诉讼制度改革纲要》，中国人民公安大学出版社2004年版。

4. 张建伟：《刑事司法：多元价值与制度配置》，人民法院出版社2003年版。

5. 谭世贵：《司法独立问题研究》，法律出版社2004年版。

6. 王达人、曾粤兴：《正义的诉求——美国辛普森案与中国杜培武案的比较》，法律出版社2003年版。

第四章

刑事诉讼中的专门机关与诉讼参与人

【本章概要】刑事诉讼中的专门机关与诉讼参与人是展开刑事诉讼活动，实现刑事诉讼目的的重要主体。本章学习的重点在于正确认识公、检、法三机关的性质，以及三机关在刑事诉讼中所承担的权利与义务。准确掌握立法关于刑事诉讼当事人范畴的设定，明确刑事诉讼当事人与其他诉讼参与人之间的差别。认识并掌握刑事诉讼参与人各自享有的诉讼权利与承担的诉讼义务。

【学习目标】学习本章应掌握以下基本内容：国家专门机关和诉讼参与人的概念、范围和特点；公安机关和国家安全机关、人民检察院、人民法院的性质和任务、组织体系、职权；犯罪嫌疑人和被告人、被害人、单位当事人、其他参与人的概念、诉讼地位和诉讼中的权利与义务。

【教学重点与难点】诉讼参与人的范围；犯罪嫌疑人和被告人、被害人的诉讼权利；被害人与自诉人的异同。

第一节　刑事诉讼中的专门机关

一、公安机关

（一）公安机关的性质和任务

论及公安机关的性质问题，首先需要明确司法机关的实质内涵。对此，学者有各不相同的表述。有学者认为，"司法机关是行使审判和法律监督权力的国家机关。资本主义国家一般以法院为司法机关。我国的司法机关是人民法院和人民检察院"[1] 也有学者认为，"在西方国家，司法机关在理论上和法律上都是单一的，仅指审判机关。在社会主义国家，无论从法律上、习惯上或功能上看，司法机关都是多样的。在我国，具体的司法部门有：审判机关、检察机关、侦查机关、执行机关（监狱、劳改机关等）、公证机关、仲裁组织等"[2] 上述表述的科学性与合理性暂且不论，但均涉及一个重要问题，即如何从国家司法机关的角

---

〔1〕　徐进主编：《诉讼法学辞典》，中国检察出版社1991年版，第130页。
〔2〕　朱志华、叶俊南主编：《中国刑事司法辞书》，中国人民公安大学出版社1995年版，第190页。

度认识国家公安机关的性质。

依据我国《宪法》的规定，公安机关属国家行政机关系统。它是国家的治安保卫机关，是各级人民政府的组成部分，在各级政府中专门负责治安保卫工作。可见，公安机关是国家的行政机关。但在刑事诉讼中，公安机关依法行使国家的侦查权，负责大多数刑事案件的立案侦查工作，是最重要的侦查机关。它通过行使法定的刑事侦查权，准确、及时查明犯罪事实、查获犯罪嫌疑人，追究犯罪行为。从这个意义上讲，公安机关又具有司法机关的性质，是我国司法机关组织体系中的重要组成部分，成为刑事诉讼中控诉职能的主要承担者。当然，公安机关所承担的控诉职能同人民检察院提起公诉和出庭支持公诉存在差别。但这种差别与我国刑事诉讼法规定的人民法院、人民检察院和公安机关进行刑事诉讼应当分工负责，互相配合，互相制约的原则是一致的。因此，其差别只是形式上的。从实质上看，公安机关始终执行着广义上的刑事控诉职能。

公安机关所具有的双重性质，决定了公安机关必然担负双重任务。一方面，公安机关要保卫社会主义建设的顺利进行，维护社会主义法制，维护社会治安。另一方面，公安机关应通过各种侦查手段，收集证据，查明犯罪事实、查获犯罪嫌疑人，为人民检察院的起诉工作和人民法院的审判工作提供事实基础。实现揭露犯罪、惩罚犯罪、制裁犯罪的目的。

（二）公安机关的地位、设置与领导体制

作为刑事案件的侦查机关之一，大部分刑事案件的侦查活动由公安机关进行。公安机关即是重要的刑事诉讼法律关系主体，又是重要的诉讼主体。在刑事诉讼中，公安机关承担相当重要的具体诉讼任务，同人民法院和人民检察院处于同等重要的地位。

公安机关设置在各级人民政府之中，是各级人民政府的组成部分。中央人民政府设立公安部；省、自治区、直辖市的人民政府设公安厅或公安局；地区行政公署和自治州、省辖市的人民政府设公安局或公安处；县、自治县、不设区的市的人民政府设公安局；市辖区的人民政府设公安分局。此外，国家还在铁路、航运、林业等系统设公安局或公安处，军队系统设保卫机构。

公安机关隶属于同级人民政府，受同级人民政府的领导。上下级公安机关是领导与被领导的关系。

（三）公安机关在刑事诉讼中的权利与义务

刑事诉讼中，公安机关通过侦查，及时有效地揭露犯罪是起诉和审判顺利进行的前提，也是全面实现刑事诉讼各项任务的基础。因此，公安机关在刑事诉讼中享有广泛的诉讼权利。具体表现为：

1. 立案权。对属于公安机关管辖的刑事案件，自己发现或由单位、个人举报，公安机关认为有犯罪事实，需要追究刑事责任的，有权依法立案。

2. 侦查权。在刑事诉讼中，公安机关主要负责刑事犯罪的侦查工作，依法行使侦查、拘留、预审和执行逮捕的职权。有权讯问犯罪嫌疑人，询问证人，有权对自己侦查的刑事案件进行勘验、检查、搜查、扣押物证、书证，组织鉴定、侦查实验，发布通缉令；经人民检察院或人民法院决定，有权对犯罪嫌疑人、被告人进行拘传、取保候审、监视居住，对现行犯或者重大嫌疑分子进行拘留，有权对经人民检察院批准或人民检察院、人民法院决定逮捕的犯罪嫌疑人、被告人执行逮捕；对人民检察院不批准逮捕的决定和不起诉的决定有权要求复议和提请复核，对侦查终结的案件有权提出起诉的意见等侦查职权。

3. 执行权。人民法院判处的刑事罪犯，绝大多数通过公安机关交付执行，由监狱部门负责监管。对被判处管制、拘役、剥夺政治权利的罪犯以及被判处有期徒刑缓刑、监外执行、假释的罪犯分别由公安机关执行或监督。

刑事诉讼中，公安机关享有的权利与承担的义务具有一致性。有犯罪事实，需要追究刑事责任的，公安机关必须依法立案。在行使各项侦查权与执行职权时，公安机关必须以事实为根据，以法律为准绳。对当事人和其他诉讼参与人享有的各项合法权利有义务切实加以保障。

（四）国家安全机关、军队保卫部门和监狱

《刑事诉讼法》第4条规定："国家安全机关依照法律规定，办理危害国家安全的刑事案件，行使与公安机关相同的职权。"因此，国家安全机关办理危害国家安全的刑事案件，在刑事诉讼中，与公安机关具有相同的性质、地位与职权。其组织体系是：中央人民政府设国家安全部；省级人民政府设国家安全局；某些省辖市的人民政府也设有国家安全局。国家安全局受其隶属的人民政府和上级国家安全机关领导。

《刑事诉讼法》第225条规定："军队保卫部门对军队内部发生的刑事案件行使侦查权。对罪犯在监狱内犯罪的案件由监狱进行侦查。军队保卫部门、监狱办理刑事案件，适用本法的有关规定。"可见，军队保卫部门和监狱所行使的侦查权与公安机关、人民检察院和国家安全机关有所差别，其侦查权的行使只限定在对上述两类案件的侦查。

二、人民检察院

（一）人民检察院的性质和任务

根据《宪法》和《人民检察院组织法》的规定，我国人民检察院代表国家行使检察权，履行国家的法律监督职能。因此，我国人民检察院具有国家法律监督机关的性质。

关于检察机关的性质问题，东西方国家存在很大差异。在西方国家，有从三权分立原则的角度出发，主张检察机关归属于政府系统，具有行政机关的性质；也有从检察权与司法权的相近性角度出发，将检察机关归于司法机关；还有人主张检察机关属于准司法机关或行政司法机关。对上述主张，许多学者从检察官的地位及司法权的发动等角度加以评述，指出了其存在的缺陷。[1] 我国对检察机关性质的定位则深受前苏联的影响，以列宁的法律监督思想作为理论基础。将检察机关与审判机关并列，同称为国家的司法机关。检察机关行使国家赋予的检察权，对法律的遵守和统一实施进行监督。

根据《人民检察院组织法》第 4 条的规定，人民检察院的任务是：通过行使检察权，镇压一切叛国的、分裂国家的和其他反革命活动，打击反革命分子和其他犯罪分子，维护国家的统一，维护人民民主专政制度，维护社会主义法制，维护社会秩序、生产秩序、工作秩序、教学科研秩序和人民群众生活秩序，保护社会主义全民所有的财产和劳动群众集体所有的财产，保护公民私人所有的合法财产，保护公民的人身权利、民主权利和其他权利，保卫社会主义现代化建设的顺利进行。人民检察院通过检察活动，教育公民忠于社会主义祖国，自觉地遵守宪法和法律，积极同违法行为作斗争。

（二）人民检察院的地位、设置与领导体制

人民检察院作为侦查机关、公诉机关以及国家法律监督的专门机关，在刑事诉讼中承担主要的控诉职能，始终处于重要地位，既是刑事诉讼法律关系的主要主体，也是主要的刑事诉讼主体。

检察机关组织体系的设置，一定程度上，受本国特定的政治、文化、历史、诉讼理念、司法传统以及司法结构等因素的影响。我国在设置检察机关组织体系上经历了较为曲折的发展过程。现行检察机关组织体系遵循与国家行政区划、权力机关体系、审判机关体系以及检察权行使的实际需要相一致的原则设置。根据《人民检察院组织法》，具体设有中华人民共和国最高人民检察院、地方各级人民检察院及专门人民检察院。地方各级人民检察院分三级：省、自治区、直辖市人民检察院；省、自治区、直辖市人民检察院分院，自治州和省辖市人民检察院；县、市、自治县和市辖区人民检察院。其中省一级和县一级人民检察院根据工作需要，提请本级人民代表大会常务委员会批准，可以在工矿区、农垦区、林区等区域设置人民检察院作为派出机构。专门人民检察院主要包括军事检察院和铁路运输检察院。各级人民检察院设检察长一人，副检察长和检察员若干人，助理检察员、书记员若干人。在人民检察院内部设立检察委员会。

---

〔1〕 林钰雄：“谈检察官之双重定位”，载《刑事法杂志》1998 年第 6 期；刘立宪、谢鹏程：《海外司法改革的走向》，中国方正出版社 2000 年版，第 9～152 页。

世界各国检察机关在领导体制的建构上可以概括为三种模式，即垂直领导型、双重领导型和分散型。根据我国《人民检察院组织法》的规定，人民检察院实行双重领导体制。各级人民检察院接受同级人民代表大会及其常务委员会的领导，对其负责并报告工作。下级人民检察院接受上级人民检察院的领导。最高人民检察院是我国最高检察机关，领导地方各级人民检察院和专门人民检察院的工作，并对检察工作中如何具体应用法律的问题进行解释。

（三）人民检察院在刑事诉讼中的权利与义务

检察机关具有的法律监督的性质，决定了人民检察院的职权范围。近代法制的分权原则确立了检察机关与审判机关共同承担刑事司法任务的体制。在排除所有不当因素干扰的前提下，由检察机关专司侦查与起诉，法院专司案件的审判，以此明确检察机关与审判机关的职权范围。"现代各国，无论其社会制度如何，也无论是属于哪种法系国家，检察机关的职权都是由国家立法机关以宪法、检察机关组织法、各种诉讼法等法律法规来进行规范的。"[1] 在我国，检察权与审判权和行政权平行存在，均由全国人民代表大会产生，受全国人民代表大会监督，向全国人民代表大会负责。我国现行《宪法》、《刑事诉讼法》、《人民检察院组织法》等对此均作出明确规定。同时，也进一步指出，人民检察院依照上述法律规定行使检察权，不受行政机关、社会团体和个人的干涉。因此，总体上看，在刑事诉讼中，我国人民检察院将通过独立行使以下职权实现我国检察制度的基本功能。

1. 刑事公诉权。刑事公诉权是检察机关所行使的审查起诉权、提起公诉权以及出庭支持公诉权的总称。随着国家政权的组织形式日益专业化，必须由一定的部门作为公益的代表，打击犯罪活动，从而保护国家和人民的合法权益，维护社会秩序。

2. 司法监督权。我国宪法和相关法律均规定检察机关是国家法律监督机关。因此，检察机关在进行法律监督时，承担着保证法律统一实施的职能。具体表现为：

（1）立案监督权。对公安机关不立案的决定，人民检察院认为有错误的，有权进行监督，要求公安机关立案。人民检察院在行使立案监督权的同时，对贪污贿赂犯罪，国家工作人员的渎职犯罪，国家机关工作人员利用职权实施的非法拘禁、刑讯逼供、报复陷害、非法搜查等侵犯公民人身权利以及侵犯公民民主权利的犯罪，有自行立案权。

（2）侦查监督权。对刑事侦查机关侦查行为实施监督，保证侦查行使的合

----

[1] 陈业宏、唐鸣：《中外司法制度比较》，商务印书馆 2000 年版，第 108 页。

法性、准确性，从而防止侦查权滥用对公民的人身权和财产权造成侵害。侦查监督的权能发挥，在我国以检察机关与公安机关的相互制约关系为主要体现。人民检察院对公安机关的侦查活动是否合法进行监督。发现公安机关的侦查活动有违法行为的，有权要求公安机关纠正。对公安机关要求逮捕犯罪嫌疑人，有权进行审查，作出是否批准逮捕的决定。同时，人民检察院对属于自己管辖的案件，有权自行侦查，有权实施法定的侦查行为和强制措施。

（3）审判监督权。对审判机关审判行为实施监督，保证当事人的合法诉讼权利得以行使的同时，达到保护其享有的合法实体权利的目的。当然，不同法系的国家检察机关的这种监督职能的权限也有所不同，一般说来，大陆法系国家比英美法系国家更为广泛。我国检察机关的审判监督则有自身的特点。在人民法院审理案件过程中，检察机关的公诉人出庭支持公诉，参加法庭审理。发现人民法院的审判活动有违法行为时，有权提出纠正意见，要求人民法院改正。对于人民法院的判决、裁定，人民检察院认为确有错误，有权提出抗诉，通过二审程序或审判监督程序予以纠正，以保证法律适用的统一性、公正性。因此，依法抗诉成为我国检察机关依法履行审判监督权的重要表现形式。

（4）执行监督权。执行作为审判结果得以最终实现的一个重要保障手段，在诉讼机制中具有不可替代的功效。检察机关依法享有的执行监督权能否真正发挥作用，直接关系到法院生效判决能否得以正确执行以及执行活动是否合法。在执行阶段，我国检察机关不仅对刑事裁判的执行具有监督权，对监所等执行机关的活动的合法性同样施以监督。同时，也有权对人民法院作出的监外执行、减刑、假释的决定是否合法进行监督。就这一点上看，"我国检察机关对刑事判决、裁定的执行的法律监督范围和内容是多方面的，比英美法系国家检察机关的同类职权范围要广泛得多"。[1]

3．法律解释权。我国检察机关在保证宪法、法律的统一实施的同时，尚具有对法律适用的解释权。这种解释权对刑事诉讼中的侦查行为、诉讼行为包括检察机关在民事、行政诉讼中的行为具有普遍约束力。从而使司法解释权成为我国检察制度中特有的内容。

人民检察院在刑事诉讼中享有上述权利的同时，也应承担相应的义务。各项职权的行使，必须严格依照法律进行；忠于事实、忠于法律、忠于人民利益；切实保障当事人和其他诉讼参与人的各项诉讼权利。

---

[1]　陈业宏、唐鸣：《中外司法制度比较》，商务印书馆2000年版，第108页。

三、人民法院

（一）人民法院的性质和任务

人民法院是国家的审判机关，代表国家行使审判权。审判权是国家权力的重要组成部分，是依法审理和解决刑事、民事（经济）和行政案件的专门权力。我国《宪法》、《人民法院组织法》以及诉讼法律均明确规定审判权专属于人民法院。其他任何机关、团体或个人都不享有审判权，任何公民都有权拒绝非人民法院的审判。

人民法院对刑事、民事（经济）和行政案件的审理和裁决过程的展开与进行受我国刑事诉讼法、民事诉讼法和行政诉讼法的严格制约。依据我国《人民法院组织法》的规定，人民法院通过对刑事、民事（经济）和行政案件的审判活动，完成惩办一切犯罪分子，解决民事、经济和行政纠纷，以保卫人民民主专政制度，维护社会主义法制和社会秩序，保护国有财产和劳动群众集体所有财产，保护公民的人身权利、民主权利和其他权利，保障社会主义建设事业的顺利进行。在刑事诉讼中，人民法院通过刑事审判活动，惩罚犯罪，实现国家刑罚权。

（二）人民法院的地位、设置与领导体制

在刑事诉讼的审判阶段，人民法院是刑事诉讼法律关系的主要主体，也是主要的刑事诉讼主体，始终处于主导地位，负责主持和指挥刑事诉讼的全部活动，直至对刑事案件作出最终裁决。

从不同国家的立法与实践上看，法院组织体系的建构体现各自不同的特点。例如，英国以审理案件的性质和地区现状为依据设置法院，美国采取双轨制的司法体系，法国则设置司法法院和行政法院两个系统，而德国采取分权原则与专门原则设置法院体系。[1] 在我国，依据《宪法》和《人民法院组织法》的规定，设立最高人民法院、地方各级人民法院和专门人民法院。

最高人民法院是我国最高的审判机关，设刑事审判庭、民事审判庭和其他需要设立的审判庭。审理在全国有重大影响的第一审案件、对高级人民法院和专门人民法院判决和裁定的上诉和抗诉案件、按照审判监督程序提起的再审案件、复核判处死刑的案件。同时，最高人民法院监督地方各级法院和专门人民法院的审判工作，并对在审判过程中如何具体应用法律、法令问题进行解释。

地方各级人民法院分为高级人民法院、中级人民法院和基层人民法院三级。高级人民法院设在省、自治区、直辖市一级，在地方各级人民法院中处于最高级。审理本辖区内有重大影响的第一审案件、对中级人民法院的第一审裁判提出的上诉、抗诉案件、按照审判监督程序提起的再审案件、下级法院移送的案件或

---

[1] 林荣耀：《中外法院制度的比较研究》，"中央文物供应社"，1983年，第152页。

必要时高级法院提审的案件。中级人民法院设在省、自治区、直辖市辖区内较大的市和自治州。审理法律、法令规定由其管辖的第一审案件、对下级法院裁判提出上诉、抗诉的案件、按照审判监督程序提起的再审案件以及下级法院移送或中级法院提审的案件。基层人民法院设在县、自治县、不设区的市和市辖区。除法律规定由上级人民法院管辖的第一审案件外，均由基层人民法院管辖。

专门人民法院是根据需要设立的特殊法院。我国在专门人民法院的设置上经过多次调整与完善。1954 年《人民法院组织法》将我国专门人民法院分为军事法院、铁路运输法院和水上运输法院。1979 年《人民法院组织法》将专门人民法院分为军事法院、铁路运输法院、水上运输法院、森林法院和其他专门法院。1983 年《关于修改人民法院组织法的规定》对此再次加以修改，表述为"军事法院等专门人民法院"。就我国目前专门法院的存在现状看，不但有军事法院、铁路运输法院、水上运输法院和森林法院，还有设在沿海一些城市的、与中级人民法院同级的海事法院。但海事法院不受理刑事案件。

就人民法院与国家权力机关的关系上看，最高人民法院对全国人民代表大会及其常务委员会负责，地方各级人民法院对产生它的国家权力机关负责。就人民法院系统内部来看，最高人民法院监督地方各级人民法院和专门人民法院的审判工作，上级人民法院监督下级人民法院的审判工作。

（三）人民法院在刑事诉讼中的权利与义务

在刑事诉讼中，人民法院是执行审判职能，行使审判权的唯一机关。未经人民法院依法审判，对任何人不得宣布有罪。因此，人民法院在刑事诉讼中的职权就是依法对刑事案件进行审判，完成对被告人是否有罪、应否处刑、处何处刑的具体工作。依据《宪法》、《人民法院组织法》、《刑事诉讼法》的规定，人民法院在刑事诉讼中享有的诉讼权利十分广泛，主要有：

1. 人民法院依照法律规定独立行使审判权，不受行政机关、社会团体和个人的干涉。

2. 有权受理、审判刑事公诉案件并直接受理、审判刑事自诉案件。

3. 有权依法对被告人采取强制措施。

4. 有权依法确定合议庭的组成人员、决定法庭开庭的时间、地点。

5. 有权主持法庭的审判活动：决定法庭辩论的开始和终结；决定是否允许被害人、附带民事诉讼的原告人和辩护人、诉讼代理人向被告人发问；决定是否允许公诉人、当事人和辩护人、诉讼代理人向证人、鉴定人发问；制止在法庭上提出与案件无关的问题；决定是否延期审理；决定是否调取新的证据或通知新的证人到庭；对违反法庭秩序的人有权予以处理等。

6. 有权为调查核实证据进行勘验、检查、扣押、鉴定、查询和冻结。

7. 有权决定维持已生效裁判，有权对确有错误的生效裁判按照审判监督程序对案件重新进行审理。

8. 对生效的裁定，有权交付执行机关执行；对判处罚金和没收财产的判决，有权直接执行；对执行中涉及的减刑、假释等问题有权审核。

当然，人民法院在刑事诉讼中行使上述职权必须严格依照法律规定进行；必须忠于事实、忠于法律、忠于人民利益；积极主动到调查核实犯罪事实和证据，依法作出公正的裁判；保证无罪的人不受刑事追究，有罪的人不能逃避法律的制裁。

第二节　刑事诉讼中的诉讼参与人

一、刑事诉讼参与人概述

刑事诉讼参与人，是指除公安司法机关以外参加刑事诉讼活动，依法享有一定的诉讼权利，承担一定的诉讼义务的人。

我国《刑事诉讼法》第 82 条第 4 项在确定刑事诉讼参与人的范围时明确指出，诉讼参与人是指当事人、法定代理人、诉讼代理人、辩护人、证人、鉴定人和翻译人员。刑事诉讼参与人是刑事诉讼法律关系的主体，但并非都是刑事诉讼主体。各诉讼参与人在刑事诉讼中处于不同地位，发挥不同作用。而且，从各参与者与案件事实及案件处理结果是否存在直接的利害关系角度看，又有主要主体与非主要主体之分。因此，刑事诉讼参与人又有当事人和其他诉讼参与人之分。

在刑事诉讼中，当事人与其他诉讼参与人存在多方面的差别：

1. 就二者在刑事诉讼中的地位看：当事人既是刑事诉讼法律关系主体，又是刑事诉讼主体。其他诉讼参与人只是刑事诉讼法律关系主体，而不是刑事诉讼主体。

2. 就二者同案件的关系看：当事人同案件存在直接的利害关系，其他诉讼参与人同案件无直接利害关系。

3. 就二者参加刑事诉讼的过程看：当事人参加诉讼的全过程；其他诉讼参与人只参加诉讼的某些阶段。

4. 就二者行为的效果看：当事人的诉讼行为对刑事诉讼程序的产生、发展和终止具有重大影响；其他诉讼参与人的诉讼行为只对刑事诉讼的进行发挥促进和推动作用。

5. 就二者诉讼权利与诉讼义务范围看：在刑事诉讼中，二者有许多相同的权利与义务，例如，对司法工作人员侵犯合法诉讼权利行为、人身侮辱行为享有控告权；使用本民族语言文字进行诉讼权；遵守法庭纪律、服从司法人员指挥；等等。但当事人比其他诉讼参与人享有更多的诉讼权利，承担更多的诉讼义务，如申请回避权、拒绝辩护权、最后陈述权等。

二、刑事诉讼中的当事人

所谓刑事诉讼中的当事人，是指在刑事诉讼中处于追诉或被追诉的地位，同案件事实及判决结果具有直接的利害关系而参加刑事诉讼的参与人。可见，我国刑事诉讼当事人具有以下三个特点：

1. 该主体在刑事诉讼中处于追诉或被追诉的地位，是控诉职能与辩护职能的主要承担者。

2. 该主体同案件事实具有切身利害关系，案件处理结果对其有直接影响。

3. 该主体是公安司法机关工作人员以外的人，属于刑事诉讼参与人的范畴。依据我国《刑事诉讼法》第82条第2项的规定，当事人包括被害人、自诉人、犯罪嫌疑人、被告人、附带民事诉讼的原告人和被告人。

（一）被害人

1. 刑事诉讼中的被害人的概念。刑事诉讼中的被害人，是指公诉案件中，正当权利或合法利益直接遭受犯罪行为侵害而参加刑事诉讼，要求追究被告人刑事责任的人。

我国《刑事诉讼法》没有对被害人的定义加以表述。由于缺乏法律的明确规定，学者们从不同侧面对这一概念加以阐述。有的表述为"遭受犯罪行为直接侵害的人"[1]；也有表述为"人身权利、民主权利和其他合法权利遭受损害、侵犯的人"[2]；还有的表述为"正当权利或合法利益遭受犯罪行为或不法行为侵犯的人"[3]；无论如何阐述，应当明确的是，被害人这一表述有必要从两方面加以认识，即刑事被害人与刑事诉讼中的被害人。二者的真正内涵有所差异。直接遭受犯罪行为侵害的人是刑事被害人，这是一般意义上的被害人。而刑事诉讼中的被害人则是刑事诉讼法上的概念。刑事被害人成为刑事诉讼中的被害人，至少要具备两个条件：①参加刑事诉讼；②在刑事诉讼中行使诉讼权利、承担诉讼义务。

2. 被害人在刑事诉讼中的地位、权利与义务。刑事诉讼中，被害人是当事人，属于控诉一方的诉讼参与人，具有独立的诉讼地位。享有当事人的诉讼权利，承担当事人的诉讼义务。

---

[1]《中国大百科全书·法学》，中国大百科全书出版社1984年版，第665页。
[2]《简明法律辞典》，湖北人民出版社1982年版，第252页。
[3]《法学辞典》，上海辞书出版社1980年版，第591页。

在我国，就公诉案件而言，由于其一般比较复杂，追诉犯罪实行以国家追诉为主的原则，由国家专门机关负责追究，执行对犯罪进行控诉的职能。被害人虽然同案件事实及案件审判结果具有直接的利害关系，但由于被害人个人无法独立承担揭露犯罪、证实犯罪的控诉职能，现行《刑事诉讼法》虽然赋予被害人刑事诉讼当事人的地位，但在公诉案件中被害人仍不能直接向人民法院提起诉讼。鉴于被害人在刑事诉讼中的特殊性，我国《刑事诉讼法》十分重视对被害人在刑事诉讼中的权利保护。根据我国《刑事诉讼法》和有关法律的规定，被害人的诉讼权利主要有：①对确已发生的犯罪行为，有权向公、检、法机关报案或控告；②对不立案决定不服的，有权申请复议；③对有证据证明被告人侵犯了自己人身权利、财产权利的行为应当追究刑事责任，而公安机关或者人民检察院不予立案、不予追究的案件，有权向人民法院直接起诉；④对不起诉决定不服的，有权依法提出申诉；⑤有权提起附带民事诉讼；⑥有权委托诉讼代理人；⑦有权依法申请侦查人员、检察人员、审判人员、书记员、鉴定人、翻译人员回避；⑧有权参加法庭调查和法庭辩论；⑨被害人及其法定代理人不服人民法院未生效判决、裁定，有权请求人民检察院提出抗诉。

被害人的诉讼义务主要有：①如实向公安司法机关陈述案情、提供证据，不得伪造、隐匿、毁灭证据；②服从侦查、检察、审判人员的指挥，对公安机关、人民检察院、人民法院依法进行的诉讼活动必须给予配合，不得拒绝；③按时出席法庭参加诉讼，遵守法庭秩序。

3. 刑事诉讼中的单位或法人被害人问题。在广泛接受自然人作为刑事诉讼中的被害人的同时，探讨单位或法人在刑事诉讼中的身份与地位问题同样十分必要。单位或法人可以成为刑事诉讼中的被害人，这既有一定的立法与学理根据，也符合刑事诉讼司法实践发展的需要。

首先，法人可以成为刑事被害人。正当权利或合法利益遭受犯罪行为直接侵害是产生刑事被害人的前提。根据我国民事法律的规定，法人是民事法律关系的主体，既享有一定的财产权，也享有名称权、名誉权、荣誉权等人身权。当这些权利在侵犯财产犯罪中遭受犯罪行为的直接侵害时，单位或法人必然成为刑事被害人，因此，也便可以成为刑事诉讼中的被害人。

其次，法人具有刑事诉讼权利能力和行为能力。诉讼权利能力就是作为当事人的资格能力。民事诉讼权利能力对自然人来说始于出生，对法人来说始于依法成立。而诉讼行为能力就是当事人以自己的诉讼行为实现诉讼权利、承担诉讼义务的能力。自然人的民事诉讼行为能力始于成年，法人的民事诉讼行为能力始于依法成立。既然承认法人具有民事诉讼权利能力和民事诉讼行为能力，当然也应该承认法人所具有的刑事诉讼权利能力和刑事诉讼行为能力。因此，在刑事诉讼中，法人完全可以成为刑事诉讼中的被害人。当然，法人以被害人的身份参加刑事诉讼，应该由其法定代表人或法定代表人依法委托的诉讼代理人实际从事各种诉讼行为。

再次，法人可以提起附带民事诉讼，必然有资格作为刑事诉讼中的被害人。我国《刑事诉讼法》第77条第1、2款规定，被害人由于被告人的犯罪行为而遭受物质损失的，在刑事诉讼过程中，有权提起附带民事诉讼。如果是国家财产、集体财产遭受损失的，人民检察院在提起公诉的时候，可以提起民事诉讼。可见，无论提起附带民事诉讼的主体如何，存在刑事被害人是提起附带民事诉讼的前提。虽然我国《刑事诉讼法》未明确规定法人可以充当附带民事诉讼的原告人，但如前所述，既然法人可以成为刑事被害人，法人当然可以提起附带民事诉讼，也必然具备充当刑事诉讼中的被害人的资格。

最后，法人作为刑事诉讼中的被害人与我国《刑事诉讼法》的规定并不矛盾。我国《刑事诉讼法》虽然没有明确规定法人或单位可以作为刑事诉讼中的被害人，但也没有明令禁止。因此，从相关的立法、司法及学理等方面看，确认单位或法人在刑事诉讼中的被害人的身份与地位，既有利于避免国家、集体的合法财产遭受损失，也与刑事诉讼司法实践的客观需要及发展规律相一致。当然，单位或法人毕竟不同于自然人，如何认识它在刑事诉讼中的地位、权利与义务、诉讼行为的具体运作等问题，仍有待做更深入的研究与探讨。

（二）自诉人

1. 自诉人的概念。自诉人，是指在刑事自诉案件中，以个人名义直接向人民法院提起刑事诉讼，要求追究被告人刑事责任的当事人。

刑事自诉是相对刑事公诉而言的，二者在诉讼的启动方式、诉讼的内容以及对案件的具体审理等很多方面存在本质的差异。我国刑事诉讼法明确规定了刑事自诉案件的范围，只有在法律规定的自诉案件中才存在自诉人。通常情况下，自诉人就是被害人。但被害人死亡或者丧失行为能力时，被害人的法定代理人、近亲属有权向人民法院起诉。在告诉才处理的案件中，被害人因受强制、威胁、恐吓等原因无法告诉时，被害人的近亲属为维护被害人的合法权益也可以以自己的名义告诉并参加诉讼。

2. 自诉人的诉讼权利与诉讼义务。自诉人作为刑事诉讼当事人，是刑事自诉案件的重要诉讼主体，享有广泛的诉讼权利，主要包括：①有权提起刑事诉讼；②有权提起刑事附带民事诉讼；③有权委托诉讼代理人代为参加诉讼；④有权使用本民族语言文字进行诉讼；⑤有权拒绝回答与本案无关的提问；⑥有权参加法庭调查和辩论，申请人民法院调取新的证据和传唤新的证人，申请重新鉴定和勘验；⑦有权申请审判人员、书记员、鉴定人和翻译人员回避；⑧有权在法庭审判时，经审判长允许向被告人、证人、鉴定人发问；⑨有权撤诉或者同被告人和解；⑩有权阅读或听取审判笔录，也有权对审判笔录予以补充或更正；⑪有权对第一审裁判提出上诉；⑫有权对已生效判决提出申诉；⑬有权对审判人员非法限制或剥夺其依法享有的诉讼权利、对其人身进行侮辱的行为向有关部门提出控告。

刑事诉讼法在赋予自诉人各项诉讼权利的同时，也为其设定了一定的诉讼义务。我国现行《刑事诉讼法》在制定过程中，对试行《刑事诉讼法》关于刑事自诉案件的某些规定加以修改、完善。其中包括对自诉人在刑事诉讼中应当承担的诉讼义务的有关事项。总体上说，现行《刑事诉讼法》在刑事自诉人应享有的诉讼权利、应承担的诉讼义务问题上：一方面，注重保障自诉人的诉讼权利；另一方面，结合司法实践中存在的一些问题，为其设定必要的诉讼义务。具体来看，自诉人应承担以下主要义务：

（1）自诉人应当按时出庭，参加法庭审理。刑事自诉案件不同于刑事公诉案件。在刑事自诉案件中，自诉人是控诉职能的承担者。法庭审理过程中，没有自诉人参加，自诉案件的审理将无法进行。因此，一般情况下，自诉人应当按照人民法院的通知按时出庭，执行控诉职能。如果自诉人经两次依法传唤，无正当理由拒不到庭，或者未经法庭许可中途退庭的，人民法院对该自诉案件依法按撤诉处理。

（2）自诉人应当如实向人民法院提供案件真实情况。自诉人陈述属于证据的种类之一，对人民法院客观、公正审理案件具有重要作用。自诉人必须如实陈述，否则将承担相应的法律后果。

（3）自诉人承担举证责任。针对自诉案件的特殊性，现行《刑事诉讼法》进一步明确自诉人应承担全部举证责任。对缺乏罪证的自诉案件，如果自诉人提不出补充证据，应当说服自诉人撤回自诉，或者裁定驳回。

（4）自诉人应当执行人民法院生效的判决、裁定或调解协议。人民法院作出的生效判决、裁定或调解协议对诉讼当事人来说，具有法律约束力。即便当事人不服，只要该法律文书未经合法途径更改，自诉人必须执行。

（三）犯罪嫌疑人

1. 犯罪嫌疑人的概念。犯罪嫌疑人，是指在公诉案件立案后，人民检察院提起公诉前，因涉嫌犯有某种罪行而依法接受刑事追究的当事人。

我国1979年的《刑事诉讼法》第59条存在犯罪嫌疑人这一称谓，但只是表层的表述，没有实质上的内容。现行《刑事诉讼法》强化有关犯罪嫌疑人方面的规定，表明我国刑事诉讼立法日趋成熟，体现了合理性与科学性，符合刑事诉讼立法与实践发展的规律，也表明我国对人权的重视及给予的充分保护。

我国刑事诉讼中，在侦查和审查起诉阶段涉嫌犯罪的人被统称为犯罪嫌疑人。它既与刑事诉讼中的被告人有极其紧密的联系，又有一定的差别。随着刑事诉讼程序的进一步发展，犯罪嫌疑人可能转化为被告人。我国《刑事诉讼法》第89条规定："公安机关对已经立案的刑事案件，应当进行侦查，收集、调取犯罪嫌疑人有罪或者无罪、罪轻或者罪重的证据材料。对现行犯或者重大嫌疑分子可以依法先行拘留，对符合逮捕条件的犯罪嫌疑人，应当依法逮捕。"因此，经过侦查机关依法侦查，一旦有足够的确凿证据证明犯罪嫌疑人实施了犯罪行为，依法应当追究刑事责任，案件将依法进入审查起诉阶段。经人民检察院依法审查，正式向审判机关提起公诉后，犯罪嫌疑人便转化为被告人。

2. 犯罪嫌疑人在刑事诉讼中的权利与义务。刑事诉讼的侦查工作将围绕犯罪嫌疑人是否实施了某种犯罪行为而展开。犯罪嫌疑人是刑事诉讼立案、侦查阶段的主要诉讼主体，处于受审查、受追究的地位。如何保护犯罪嫌疑人的合法权益不受侵害，保障无罪的人不受追究，成为刑事诉讼的一项重要内容。因此，法律赋予犯罪嫌疑人广泛的诉讼权利。主要有：①有权进行无罪辩解；②有权了解涉嫌的罪名；③对与本案无关的问题有权拒绝回答；④聋、哑的犯罪嫌疑人有权要求通晓聋、哑手势的人员担当翻译；⑤有权查阅、核对讯问笔录，对记载有遗漏或者差错的，有权提出补充或者改正意见；⑥被侦查机关第一次讯问后或者采取强制措施之日起，有权聘请律师为其提供法律咨询、代理申诉、控告或者代为申请取保候审；⑦有权申请补充鉴定或者重新鉴定；⑧有权自案件移送审查之日起委托辩护人。

犯罪嫌疑人应承担的主要诉讼义务有：①如实回答侦查人员的提问；②接受侦查机关依法对其采取的强制措施；③配合侦查机关依法进行的检查、搜查、扣押等侦查行为。

（四）被告人

1. 被告人的概念。刑事诉讼中的被告人，是指因被指控犯有某种罪行而被自诉人或人民检察院起诉到人民法院，接受审判的当事人。

依据我国《刑事诉讼法》的规定，对公诉案件而言，被追究刑事责任的人，在人民检察院向审判机关对其提起公诉以前，称为犯罪嫌疑人；提起公诉后则称为被告人。一般情况下，对同一案件来说，犯罪嫌疑人与被告人是同一人，只是在不同的刑事诉讼阶段中有不同的称谓。对自诉案件而言，一旦人民法院接受自诉人的起诉，自诉人控诉的对象便成为被告人。

被告人是刑事诉讼中执行辩护职能的主要诉讼主体，刑事诉讼的全部活动都是围绕查明被告人是否实施了被指控的犯罪行为、是否应当承担刑事责任进行的。通常情况下，刑事诉讼中的被告人是达到法定刑事责任年龄并具有责任能力的自然人。某些类型的刑事案件，如贪污、贿赂、走私案件，单位或法人也可以成为被告人。

2. 被告人在刑事诉讼中的权利与义务。被告人在刑事诉讼中的地位较为复杂，他因为自诉人或人民检察院起诉而被迫参加到刑事诉讼中来，最终可能成为被定罪量刑的对象。但是，为保证无罪的人不受法律追究，法律又确认了被告人在刑事诉讼中的地位，赋予被告人广泛的诉讼权利。主要有如下几项：①有权知悉自己被指控的罪名，事实和证据；②有权使用本民族语言文字进行诉讼；③有权在开庭 10 日以前收到人民检察院的起诉书副本；④有权知悉所享有的诉讼权利；⑤有权依法获得辩护；⑥有权申请回避；⑦有权依法获得法律援助，接受指定辩护；⑧有权拒绝辩护人继续辩护，并有权另行委托辩护人；⑨有权参加法庭调查和法庭辩论；⑩有权辨认或鉴别所有证据；⑪有权申请新的证人到庭、调取新的物证、申请重新鉴定和勘验；⑫有权在法庭辩论结束后作最后陈述；⑬有权阅读或听取法庭审判笔录。认为记载有遗漏或者有差错，有权请求补充或改正；⑭有权对第一审未生效裁判提出上诉，对已生效的裁判提出申诉；⑮自诉案件的被告人在诉讼过程中，有权对自诉人提起反诉。

被告人在享有以上诉讼权利的同时，必须履行以下诉讼义务：①如实向司法机关陈述案情；②如实回答司法机关工作人员的提问；③依法行使诉讼权利；④不得伪造、毁灭证据；⑤遵守法庭纪律，服从审判人员的指挥；⑥执行人民法院的生效裁判。

3. 刑事诉讼中的单位或法人犯罪嫌疑人、被告人问题。我国刑事法律明确确认了单位或法人可以成为犯罪主体。《刑法》第 30 条规定，公司、企业、事业单位、机关、团体实施的危害社会的行为，法律规定为单位犯罪的，应当负刑事责任。可见，作为犯罪主体的单位或法人可以成为刑事诉讼中的诉讼主体，当然就可以成为犯罪嫌疑人、被告人。

在确定单位或法人犯罪案件的诉讼主体时，必须结合刑事法律关于单位或法人犯罪应承担的刑事责任的规定。《刑法》第 31 条规定，单位犯罪的，对单位判处罚金，并对其直接负责的主管人员和其他直接责任人员判处刑罚。可见，单位或法人犯罪的案件，在刑事诉讼中，将出现自然人犯罪嫌疑人、被告人和法人犯罪嫌疑人、被告人。但应当明确，这与共同犯罪中的共同犯罪人有本质的不同。自然人犯罪嫌疑人、被告人应当亲自参加诉讼，行使法律赋予的诉讼权利、承担法定的诉讼义务；对于法人犯罪嫌疑人、被告人的参诉问题，可以由单位的法定代表人或者主要负责人代为进行。法定代表人或者主要负责人被指控为单位犯罪直接负责的主管人员的，由单位的其他负责人作为涉嫌犯罪单位的诉讼代表人代为参诉。

（五）附带民事诉讼的原告人和被告人

附带民事诉讼的原告人，是指因被告人的犯罪行为遭受物质损失，在刑事诉讼中提出赔偿请求的诉讼参与人。

附带民事诉讼的原告人一般是被害人本人，某些情况下也可以是被害人的法定代理人、近亲属等人员。在审理对被告人如何定罪量刑的诉讼过程中，他行使控诉职能；审理如何赔偿因被告人的犯罪行为造成的物质损失的诉讼过程中，他行使民事诉讼原告的职权。

附带民事诉讼的被告人，是指在刑事诉讼中，对自己的犯罪行为造成的物质损失负有赔偿责任，被依法提起民事赔偿诉讼的诉讼参与人。

附带民事诉讼的被告人一般就是刑事诉讼中的被告人，有时也可能是被告人的监护人、对被告人的赔偿负有责任的单位或其他未被追究刑事责任的共同侵害人等人员。在审理对被告人如何定罪量刑的诉讼过程中，他行使辩护职能；审理如何赔偿因被告人的犯罪行为造成的物质损失的诉讼过程中，他行使民事诉讼被告的职权。

三、刑事诉讼中的其他诉讼参与人

所谓刑事诉讼的其他诉讼参与人，是指同案件没有直接的利害关系，基于刑事诉讼的某些需要而参加刑事诉讼的参与人。依据我国《刑事诉讼法》第82条第2、4项的规定，其他诉讼参与人应当包括法定代理人、诉讼代理人、辩护人、证人、鉴定人和翻译人员。

（一）法定代理人

法定代理人，是指基于法律规定，对被代理人负有专门保护义务并代理其进行诉讼活动的人。

法定代理权是基于法律所规定的亲权、监护权，为无行为能力或限制行为能力人设置的。法定代理人的范围一般与监护人的范围相一致。我国《刑事诉讼法》第82条第3项规定，法定代理人是指被代理人的父母、养父母、监护人和负有保护责任的机关、团体的代表。

作为刑事诉讼中的其他诉讼参与人，法定代理人在诉讼中具有独立的诉讼地位。但由于法定代理人在不同的刑事诉讼案件中将与不同的被代理人形成代理与被代理的关系，他在诉讼中的地位又不是一成不变的，具有一定的复杂性。

在刑事诉讼中，鉴于法定代理人所处的特殊地位，被代理人享有的许多重要的诉讼权利他都享有，一般不受限制。当然，法定代理人行使诉讼权利必须严格依照法律进行，某些只能由被代理人履行的义务，法定代理人不能代为承担。

（二）诉讼代理人

诉讼代理人，是指接受有关当事人及其法定代理人的委托，以被代理人的名义参加诉讼的人。

诉讼代理人参加刑事诉讼活动是基于双向行为产生的。一方面，被代理人从事了委托授权行为；另一方面，诉讼代理人接受了被代理人的委托。只有这样诉讼代理人才具有代替被代理人从事相关诉讼行为的资格。因此，在刑事诉讼中，诉讼代理人只能以被代理人的名义，在被代理人的授权范围内进行诉讼活动。

在刑事诉讼中，诉讼代理人具有独立的诉讼地位，但他只是刑事诉讼法律关系的主体而不是刑事诉讼主体。他只享有被代理人的部分诉讼权利，且诉讼权利的行使不能超越代理权限，也不能违背被代理人的意志。当然，诉讼代理人在授权范围内进行代理行为，同样具有相对的独立性。对于委托人违背事实、违背法律的无理要求，诉讼代理人可以解除与委托人之间的代理关系。

（三）辩护人

辩护人，是指接受犯罪嫌疑人、被告人及其法定代理人或近亲属的委托，或者接受人民法院指定，帮助犯罪嫌疑人、被告人行使辩护权以维护其合法权益而参加到刑事诉讼中来的诉讼参与人。

公诉案件，自案件移送审查起诉之日起犯罪嫌疑人可以委托辩护人。自诉案件，被告人可以随时委托辩护人。辩护人是刑事诉讼法律关系的主体，在刑事诉讼中执行辩护职能，具有独立的诉讼地位。他参加诉讼是以犯罪嫌疑人、被告人的委托，或者人民法院的指定为根据。辩护人不同于证人，他参加刑事诉讼的目的是为了维护犯罪嫌疑人、被告人的合法权益。根据事实和法律行使辩护权，作出犯罪嫌疑人、被告人无罪、罪轻或者减轻、免除其刑事责任的阐述。

（四）证人

刑事诉讼中的证人，是指向司法机关陈述自己所了解的案件情况的当事人以外的人。

证人是由案件事实本身决定的，具有特定性和不可替代性。证人作证既是权利，也是义务。一般情况下，证人应出庭作证，在法庭上接受公诉人、被害人和被告人、辩护人双方的询问、质证。有意作伪证要承担相应的法律责任。

我国《刑事诉讼法》第48条规定："凡是知道案件情况的人，都有作证的义务。生理上、精神上有缺陷或者年幼，不能辨别是非、不能正确表达的人，不能作证。"可见，我国《刑事诉讼法》对证人的资格加以严格限制。在刑事诉讼中，只有具备以下条件，才能成为证人：①证人只能是自然人；②证人必须是知道案件情况的人；③证人必须是独立于犯罪行为之外的人；④证人必须是通过诉讼外途径了解案件情况的人；⑤证人必须是有作证能力的人，即能够辨别是非、能够正确表达。

在刑事诉讼中，证人是独立的诉讼参与人，是刑事诉讼法律关系的主体。享有一定的诉讼权利，承担一定的诉讼义务。依据我国刑事诉讼法的规定，证人的诉讼权利主要包括：①证人及其近亲属有权获得人民法院、人民检察院和公安机关的安全保障；②证人有权使用本民族语言、文字进行陈述；③在侦查阶段有权要求侦查机关为其姓名保密；④有权阅读询问笔录，并可以要求补充或者修改；⑤有权要求补偿因为作证而受到的经济损失；⑥有权对公安司法人员侵犯其诉讼权利或者对其进行人身侮辱的行为进行控告；⑦有权拒绝作伪证；⑧有权抵制以威胁、引诱、欺骗以及其他非法手段收集证言的行为。证人的诉讼义务主要有：①作证的义务；②配合公安司法机关在收集证言过程中的各项合法要求；③向公安司法机关如实作证；④对公安司法机关的询问及其陈述内容具有保密的义务；⑤证人之间不得互相串通。

（五）鉴定人

鉴定人，是指在刑事诉讼中，接受公安司法机关指派或者聘请，对案件涉及的某些专门性问题，运用其掌握的专门知识或技能进行科学的分析论证并作出书面结论的诉讼参与人。

鉴定人是刑事诉讼法律关系的主体，但并非所有的刑事诉讼案件均需要鉴定人介入。在刑事诉讼中，凡涉及鉴定人参与的刑事案件，鉴定人作出的鉴定结论对案件的最终裁判都将产生重要影响。可见，严格鉴定人应具备的条件至关重要。因此，公安司法机关在指派或者聘请鉴定人时应该保证：①鉴定人同案件没有直接或间接的利害关系；②鉴定人必须具有鉴定某项专门性问题所需要的专门知识或技能；③担任过本案的侦查人员、检察人员和审判人员以及充当过本案证人、辩护人的人员不能作为本案的鉴定人。

我国刑事诉讼法赋予鉴定人较为广泛的诉讼权利以保证鉴定人作出客观、公正、科学的鉴定结论。在刑事诉讼中，鉴定人享有的诉讼权利主要有：①有权使用本民族语言、文字进行鉴定；②有权查阅与鉴定事项有关的案卷材料；③因鉴定需要，经公安司法人员许可，可以询问当事人和证人；④必要时，可以参加勘验、检查和侦查实验；⑤同一专门性问题有几个鉴定人共同鉴定时，有权共同写出一个鉴定结论，也有权单独写出一个鉴定结论；⑥有权要求补充鉴定或重新鉴定；⑦有权拒绝鉴定。鉴定人应承担的诉讼义务主要有：①有义务出席法庭并回答有关人员依法提出的问题；②必须全面客观地反映鉴定过程和结果；③必须在鉴定结论书上签名或盖章。

（六）翻译人员

翻译人员，是指接受公安司法机关的指派或者聘请，在刑事诉讼中进行语言、文字或手语翻译的诉讼参与人。

翻译人员是刑事诉讼法律关系主体，也是刑事诉讼中的其他诉讼参与人之一。依据我国法律规定，各民族公民都有权使用本民族语言文字进行诉讼。此外，刑事诉讼中往往存在某些特殊类型的参与人。针对这一实际，本着充分保障所有诉讼参与人在诉讼中的合法权益、保障诉讼程序得以顺利进行的宗旨，法律明确规定，人民法院、人民检察院和公安机关对于不通晓当地通用的语言文字的诉讼参与人，应当为他们提供翻译。因此，为有关诉讼参与人提供语言、文字或手语翻译是公安司法机关的一项义务。

在刑事诉讼中，翻译人员享有的诉讼权利主要有：有权了解同翻译内容有关的案件情况；有权查阅记载其翻译内容的笔录，并有权修改错误或补充遗漏内容；有权获取相应的报酬；有权拒绝翻译。承担的诉讼义务主要有：如实进行语言、文字或手语翻译，不得隐瞒、歪曲或伪造；对参加诉讼获悉的案件情况和他人隐私予以保密。

学术视野

本章中理论界讨论最多的是被害人。被害人的诉讼地位一直是刑事诉讼领域中比较受关注的一个问题。在我国过去的几十年中，被害人地位一直未受重视，随着被害人学的兴起和世界各国对被害人诉讼权利保护的加强，我国亦开始关注被害人的处遇与其权利的保护。修订后的《刑事诉讼法》增设了一系列对被害人诉讼权利保护的措施，赋予了被害人以当事人地位。被害人作为当事人，只有参与到诉讼中来，才能以看得见的方式，实现自己的愿望和诉求，因此，被害人权利保障的核心是加强并保证被害人的程序参与权。然而，在我国的刑事诉讼中，存在着相当严重的"重打击、轻保护"的现象，普遍存在着只要惩罚了犯罪，就是保护了被害人合法权利的认识误区，从而忽略了被害人应享有的诉讼权利和实际上获得了哪些利益保护。针对上述现象，学者们提出，要想切实加强被害人的权利保护，需要立法从以下方面予以完善：①免受再次受害权；②请求赔偿权；③量刑及刑罚执行建议权；④在特定情况下的独立追诉权；⑤被害人获得法律等方面的社会帮助权；⑥完善被害人的知情权；⑦建立刑事被害人司法审查申请制度等。

关于刑事诉讼参与人的控告权目前也有不甚完善的地方。《刑事诉讼法》第14条明确规定："诉讼参与人对于审判人员、检察人员和侦查人员侵犯公民诉讼权利和人身侮辱的行为，有权提出控告。"这一授权性规定旨在维护和救济公民受到执法、司法侵害的诉讼权利和人身权利，同时也具有预防刑事错案的作用。然而，这一抽象的规定在执法、司法实践中所起的作用甚微，甚至形同虚设。为了使刑事诉讼参与人在诉讼权利和人身权利受到侵害时能得到及时、有效的救济，我国应当尽早完善刑事诉讼参与人控告权保障制度的立法。

理论思考与实务应用

一、理论思考

（一）名词解释

当事人　诉讼参与人　诉讼代理人　犯罪嫌疑人、被告人　自诉人　辩护人

（二）简答题

1. 简述诉讼参与人的概念及种类。

2. 简述当事人的概念及特征。

3. 简述鉴定人的概念及应具备的条件。

（三）论述题

如何看待国家专门机关与诉讼参与人的诉讼地位？

二、实务应用

（一）案例分析示范

案例一

2007年2月，甲区人民检察院接到群众举报，区工商局副局长张霖贪污公款10万元。经过一系列侦查工作，甲区人民检察院认为犯罪事实已经查清，证据确实充分，应当追究刑事责任，于是以涉嫌贪污罪向区基层人民法院提起公诉。

区基层人民法院依法组成合议庭对案件进行审理，经审理认为，被告人张霖的行为应是挪用公款行为，而不是贪污。合议庭评议时，2名审判员认为应直接作出挪用公款罪的有罪判决，1名审判员认为检察院起诉的罪名是贪污，既然不构成贪污那么就应判决无罪。由于合议庭意见不一，于是将案件交由法院院长提交审判委员会讨论，审判委员会讨论后决定判决无罪。判决生效后，在审查案件时，该法院院长认为本案判决错误，即以院长名义撤销了原判决，另行组成合议庭审理此案。重新审理后，以挪用公款罪判处被告人张霖有期徒刑10年。

问：上述程序中有无违法情况，请运用所学知识予以解答。

【评析】有违法的地方。首先，当检察院指控罪名与法院认定不一致时，法院应当按依法作出有罪判决，而不是判决无罪。根据最高人民法院《刑诉解释》第176条第2项规定，起诉指控的事实清楚，证据确实、充分，指控的罪名与人民法院审理认定的罪名不一致的，应当作出有罪判决。

其次，只有对于疑难、复杂、重大的案件，合议庭认为难以作出决定的，才能提请院长决定提交审判委员会讨论决定。不应在意见不一致时，提请审判委员会讨论决定。《刑事诉讼法》第148条规定，合议庭进行评议的时候，如果意见

分歧，应当按多数人的意见作出决定，但是少数人的意见应当写入笔录。

最后，法院院长不应以院长名义撤销原判决，另行组成合议庭审理此案。而应提交审判委员会决定是否对案件重新审判。根据《刑事诉讼法》第205条规定，各级人民法院院长对本院已经发生法律效力的判决和裁定，如果发现在认定事实上或者在适用法律上确有错误，必须提交审判委员会处理。

案例二

2002年10月28日，某人民法院开庭审理一起故意伤害案件，被害人顾某及其代理人到庭参加诉讼。审理中，在公诉人向被告人发问后，被害人要求向被告人提问，审判长说："公诉人已经代你问过了，你就不要再问了。"拒绝了被害人的发问请求。被害人的代理人坚持要向被告人发问，审判长说："公诉人代表了你们的利益，公诉人都问清楚了你们不要浪费时间了。"被害人及其代理人认为审理程序违反了诉讼法的规定，侵犯了被害人的合法利益，就此事向法院院长提出控告。

问：审判长的观点符不符合刑事诉讼法的有关规定？被害人及其代理人可不可以提出控告？

【评析】不符合。根据《刑事诉讼法》第155条第1、2款的规定：公诉人在法庭上宣读起诉书后，被告人、被害人可以就起诉书指控的犯罪进行陈述，公诉人可以讯问被告人。被害人、附带民事诉讼的原告人和辩护人、诉讼代理人，经审判长许可，可以向被告人发问。可见，向被告人发问是被害人及其诉讼代理人的一项诉讼权利，公诉人提问也不能代替被害人的发问。虽然，此项权利是否能被行使还须审判长的许可，但是现行《刑事诉讼法》及其相关的司法解释并没有明确在何种情况下审判长可以拒绝发问的请求。这就要求审判人员在审判中应当秉公执法，切实维护当事人及其诉讼代理人的诉讼权利。因此，本案中审判长拒绝的理由及其做法都是不符合《刑事诉讼法》规定的。

另外根据《刑事诉讼法》第14条第3款的规定：诉讼参与人对于审判人员、检察人员和侦查人员侵犯公民诉讼权利和人身侮辱的行为，有权提出控告。为此，被害人及其代理人向法院院长提出控告也是他们的一项诉讼权利，完全是合法的。

案例三

施某于某年5月成立一贸易公司（系无资金、无货源、无场地的皮包公司）。为筹集资金，施某于同年8月与A公司签订了一份金额为200万的代购煤炭的合同，由A公司先预付30万。施某拿到预付款后根本没有履行合同的打算，而是大肆挥霍。合同到期后，A 公司方知受骗，曾多次追要预付货款，没有结果。后 A 公司向公安机关报案。某区人民检察院以诈骗罪向人民法院提起公诉。某区人民法院受理后，经审查认为，施某诈骗案中所涉及的预付款问题，某区人民法院已作了民事判决，根据一事不再理原则，某区人民法院裁定驳回起诉，将案件退回某区人民检察院。

　　问：在刑事诉讼中，人民法院与人民检察院之间的法律关系是什么？人民法院是否有权驳回人民检察院提起公诉的案件？

　　【评析】 在刑事诉讼中，人民法院与人民检察院都是刑事诉讼法律关系的主体。它们是分工负责、互相配合、互相制约的关系。人民检察院独立行使检察权，也就是说，对于案件起诉还是不起诉，只能由人民检察院来决定，其他任何国家机关、团体和个人无权行使这一权力，也无权干涉。人民法院在刑事诉讼法律关系中，享有审判的权力，同时这也是一种义务。对人民检察院提起公诉的案件，只要符合条件，人民法院都应当进行审理。审理后对案件如何处理是人民法院的职权，人民法院可以作出有罪判决或无罪判决，但人民法院无权在没有审理的情况下以裁定的方式驳回人民检察院的起诉。该案中法院以裁定方式驳回人民检察院的起诉实际上是对人民检察院起诉权的干涉，破坏了刑事诉讼法律关系的稳定。

　　(二) 案例分析实训

案例一

　　刘某，男，17 岁，某县中学学生，2009 年 10 月 9 日上午，刘某和其同班同学赵某在本县一铁道路口玩耍。约 10 点钟左右，一班旅客列车从远处开来，刘某随即准备了一些石块砖块，并告诉同学他要向列车投掷石块和砖块，并专挑车窗玻璃未关的窗口打。最后击中旅客韩某（女，时年 12 岁），导致其颅骨粉碎性骨折，经抢救无效于当晚死亡。公安机关在讯问时通知刘某的母亲胡某到场。法庭在审理此案时，韩某的父亲丁某提起了附带民事诉讼。

　　问：上述各种人的诉讼地位如何？

案例二

　　某甲，男，1985 年 10 月 18 日出生。2003 年 10 月 13 日，某县人民检察院以某甲犯盗窃罪为由，向县人民法院提起公诉。由于某甲没有委托辩护人，县人民法院的承办人员知道，根据《刑事诉讼法》的规定，应当为某甲指定辩护人。但是，承办人员也知道，对公诉案件开庭前审查的期限有 7 天，如果最后一天即第 7 天才决定开庭审判，那么某甲就已满 18 周岁，就不再需要指定辩护人。为此，承办人员将本可在 3 日内审查完毕的本案，花了 7 天时间才审查完毕，从而避免了为某甲指定辩护人。

问：请根据上述案情，阐述一下你是如何看待法院的做法，以及你是怎样理解被告人是"未成年人而没有委托辩护人的，人民法院应当指定承担法律援助义务的律师为其提供辩护"这项权利的。

案例三

某甲，男，16 岁。某乙，男，17 岁。一日，甲与乙因故发生口角，经当时在场的丙劝说无效，继而打斗。甲用石块砸乙头部，致使乙当场倒地昏迷，后被送往医院经抢救无效死亡。公安机关立案侦查此案，指派本单位法医丁对乙的死亡原因作了鉴定。公安机关在讯问甲时，通知甲的父亲到场。在人民法院审理此案时，乙的母亲提起了附带民事诉讼，要求赔偿损失，同时委托李律师依法出庭为其提供帮助。由于甲没有聘请辩护人，法院依法指定赵律师为被告人提供法律服务。丙被人民法院通知出庭。

问：请全面分析本案中各相关主体是哪一种诉讼参与人？

主要参考文献

1. 田思源：《犯罪被害人的权利与救济》，法律出版社 2008 年版。
2. 何家弘主编：《证人制度研究》，人民法院出版社 2004 年版。
3. 莫洪宪：《刑事被害救济理论与实务》，武汉大学出版社 2004 年版。
4. 孙长永：《沉默权制度研究》，法律出版社 2002 年版。
5. 陈光中主编：《辩诉交易在中国》，中国检察出版社 2003 年版。
6. 陈卫东主编：《羁押制度与人权保障》，中国检察出版社 2005 年版。
7. 孙长永：《侦查程序与人权——比较法考察》，中国方正出版社 2000 年版。
8. 叶青主编：《中国检察制度研究》，上海社会科学院出版社 2003 年版。

第二编　制度论

第 五 章

管　辖

【本章概要】刑事诉讼中的管辖，解决的是人民法院、人民检察院和公安机关在受理刑事案件，以及人民法院系统内部在审判第一审刑事案件的权限范围上的划分问题。它分为职能管辖和审判管辖两大类。其中，职能管辖解决的是公、检、法各自直接受理刑事案件的权限范围的划分问题。审判管辖又包括级别管辖、地区管辖和专门管辖。级别管辖解决我国四级人民法院在审判一审刑事案件上的纵向分工；地区管辖解决同级人民法院在审判一审刑事案件上的横向分工；专门管辖解决专门人民法院同普通人民法院之间以及专门人民法院之间在审判一审刑事案件时的权限范围的分工。

【学习目标】了解管辖的概念、意义和分类；理解职能管辖、级别管辖、地区管辖、专门管辖的概念和基本内容。

【教学重点与难点】职能管辖的划分及特殊问题的处理；级别管辖的划分及特殊规定；地区管辖的基本内容；指定管辖的适用。

第一节　管辖概述

一、管辖的概念

我国刑事诉讼中的管辖，是指人民法院、人民检察院和公安机关在受理刑事案件，以及人民法院系统内部在审判第一审刑事案件的权限范围上的划分。人民法院、人民检察院和公安机关等国家专门机关在法律规定的范围内受理刑事案件的职权，称为管辖权。

立案是刑事诉讼的开始阶段，审判是刑事诉讼的核心阶段，而确立管辖则是它们的前提。刑事诉讼中的管辖要解决两大问题：①人民法院、人民检察院和公安机关各自直接受理刑事案件的权限范围，解决由哪个专门机关立案的问题；②人民法院审判第一审刑事案件的权限范围，解决由哪个法院审判的问题。其实，确立由哪个法院审判的直接结果，也正是相应确立了由哪个级别司法机关来立案。如果说立案是刑事诉讼之门的话，那么管辖就是开启这扇门的钥匙。

刑事诉讼的管辖分为职能管辖和审判管辖两大类。其中，审判管辖又包括级别管辖、地区管辖和专门管辖。

二、设置管辖的依据

设置刑事诉讼中的管辖，一般主要是根据以下几种情形：

1. 各种国家专门机关在刑事诉讼中的职责不同。公安机关、检察机关和人民法院等专门机关的性质不同，具体职责也有本质上的区别，这便导致了它们直接管辖刑事案件的种类的不同。

2. 刑事案件的性质、情节的轻重、复杂程度、影响大小等的不同。上述因素可能会影响到处理刑事案件的公安司法机关的级别和不同的地区，这是确定管辖的一种基本的依据。

3. 刑事案件发生地点的不同。考虑案发地的因素，可以使得刑事案件的处理方便易行，有利于公安司法人员对案件的调查和发现真实，同时也便于诉讼参与人参加诉讼活动。

4. 是否有利于提高办案质量和保障诉讼公正。

5. 原则性和灵活性相结合。我国地域辽阔，而刑事案件又纷繁复杂，因此对刑事案件的管辖问题，不宜规定得太死、太严。我国刑事诉讼法既作了原则性的规定，又允许在必要的情况下加以灵活的变通。

三、确立管辖的意义

管辖是刑事诉讼中首先遇到的非常重要而又十分复杂的问题，明确、合理地确立刑事案件的管辖，对于保证刑事诉讼活动的顺利进行以及刑事诉讼任务的实现，具有十分重要的意义。

1. 有利于公检法三机关在受理和审判刑事案件上分工清楚、责任明确，充分调动司法机关工作人员的积极性和责任感，从而做到各司其责、各尽其责。

2. 有利于公检法三机关在刑事诉讼中互相配合、互相制约，防止互争管辖或者互相推诿，保证准确及时地处理刑事案件。

3. 有利于单位和公民个人按照管辖范围控告或者检举犯罪事实或者犯罪嫌疑人，防止告状无门，从而调动人民群众同犯罪作斗争的积极性。

第二节　职能管辖

一、职能管辖的概念

职能管辖，也称立案管辖，是指人民法院、人民检察院和公安机关各自直接受理刑事案件的权限范围的划分。也就是说，哪些刑事案件应当由公安机关或者人民检察院立案侦查，哪些刑事案件应当由人民法院立案受理审判。

职能管辖是我国刑事诉讼管辖制度的一大特色，因为在大多数国家的刑事诉讼中只有审判管辖，而没有职能管辖。而在我国的刑事诉讼中，公安机关、人民检察院和人民法院分别行使侦查权、检察（包括侦查）权和审判权，而且它们是互相平行、互不隶属的三个国家机关。由此也就产生了我国的职能管辖制度。

《刑事诉讼法》第18条对公安机关、人民检察院和人民法院的职能管辖范围作了概括性的规定。为了便于在司法实践中更好地应用这一法律规定，最高人民法院、最高人民检察院、公安部、国家安全部、司法部和全国人大常委会法制工作委员会联合对刑事案件的职能管辖作出了更为具体的规定，公安部、最高人民检察院、最高人民法院也分别对职能管辖作出了司法解释。

二、确定职能管辖的根据

所谓确定职能管辖的根据，即立法者划分职能管辖的立法意图，是指立法者在法律中规定公安机关、人民检察院和人民法院各自直接受理刑事案件的范围时所琐考虑的诸种因素。从刑事诉讼法的规定来看，确定职能管辖的根据主要有下列几点：

（一）犯罪案件的性质、复杂程度和处刑的轻重

案件的性质、复杂程度和处刑的轻重在客观上是存在差别的。比如有危害国家安全案件同普通刑事案件的差别；在普通刑事案件中，又有杀人、放火等案件同贪污、收贿以及虐待、重婚、侮辱等案件的差别；在同类性质的案件中如同属重婚性质的案件，也会有复杂程度、处刑轻重的差别。这些差别是确定职能管辖的主要根据。

（二）有利于准确及时地查明案情，有效地同犯罪作斗争

刑事案件由哪一部门直接立案受理，这同能否保证准确及时地查明案情，有效地保护国家、集体的利益和公民个人的合法权益，都有极为密切的关系。如杀人、抢劫、盗窃等案件，由公安机关立案侦查就最为适宜。又如告诉才处理的案件，都有明确的原告人和被告人，案件情况一般比较清楚。因此，这类案件就大可不必再经公安机关或人民检察院立案侦查，可直接由原告人向人民法院起诉。

三、公安机关直接受理的案件

公安机关直接受理的案件，就是应当由公安机关立案侦查的案件。根据《刑事诉讼法》第 18 条第 1 款的规定，除法律另有规定外，刑事案件的侦查由公安机关进行。

"法律另有规定"主要是指：

1. 法律规定由人民法院直接受理和由人民检察院自行侦查的刑事案件。

2.《刑事诉讼法》第 4 条规定："国家安全机关依照法律规定，办理危害国家安全的刑事案件，行使与公安机关相同的职权。"

3.《刑事诉讼法》第 225 条规定："军队保卫部门对军队内部发生的刑事案件行使侦查权。对罪犯在监狱内犯罪的案件由监狱进行侦查。军队保卫部门、监狱办理刑事案件，适用本法的有关规定。"

公安机关是国家的治安保卫机关，它在刑事诉讼中担负的主要职责就是侦查破案。在长期同犯罪作斗争的过程中，它积累了丰富的经验，而且拥有重要的侦查手段，所以，法律规定由公安机关直接受理的刑事案件的数量最多，涉及的范围也最广。这是与公安机关的性质、职能和办案条件相适应的。同时也是完全符合同犯罪作斗争的需要的。

四、人民检察院直接受理的刑事案件

人民检察院直接受理的案件，主要是国家工作人员的职务犯罪，或者是国家工作人员利用职务上的便利而实行的犯罪。确立人民检察院职能管辖范围的理由在于人民检察院是国家法律监督机关，对违法犯罪的国家工作人员追究刑事责任是它应尽的职责。

《刑事诉讼法》第 18 条第 2 款规定："贪污贿赂犯罪，国家工作人员的渎职犯罪，国家机关工作人员利用职权实施的非法拘禁、刑讯逼供、报复陷害、非法搜查的侵犯公民人身权利的犯罪以及侵犯公民民主权利的犯罪，由人民检察院立案侦查。对于国家机关工作人员利用职权实施的其他重大的犯罪案件，需要由人民检察院直接受理的时候，经省级以上人民检察院决定，可以由人民检察院立案侦查。"另外，根据最高人民检察院《关于人民检察院直接受理立案侦查案件范围的规定》，人民检察院直接自行侦查的犯罪案件主要包括下列内容：

（一）贪污贿赂犯罪

是指《刑法》分则第八章规定的贪污贿赂犯罪以及其他章中明确规定依照第八章相关条文进行定罪量刑的案件。具体包括以下案件和《刑法》法条：

1. 贪污案（第 382 条，第 183 条第 2 款，第 271 条第 2 款，第 394 条）。

2. 挪用公款案（第 384 条，第 185 条第 2 款，第 272 条第 2 款）。

3. 受贿案（第 385 条，第 388 条，第 163 条第 3 款，第 184 条第 2 款）。

4. 单位受贿案（第387条）。

5. 行贿案（第389条）。

6. 对单位行贿案（第391条）。

7. 介绍贿赂案（第392条）。

8. 单位行贿案（第393条）。

9. 巨额财产来源不明案（第395条第1款）。

10. 隐瞒境外存款案（第395条第2款）。

11. 私分国有资产案（第396条第1款）。

12. 私分罚没财物案（第396条第2款）。

（二）国家工作人员的渎职犯罪

是指刑法分则第九章规定的渎职犯罪案件。具体包括：

1. 滥用职权案（第397条第1款）。

2. 玩忽职守案（第397条第1款）。

3. 国家机关工作人员徇私舞弊案（第397条第2款）。

4. 故意泄露国家秘密案（第398条）。

5. 过失泄露国家秘密案（第398条）。

6. 枉法追诉、裁判案（第399条第1款）。

7. 民事、行政枉法裁判案（第399条第2款）。

8. 私放在押人员案（第400条第1款）。

9. 失职致使在押人员脱逃案（第400条第2款）。

10. 徇私舞弊减刑、假释、暂予监外执行案（第401条）。

11. 徇私舞弊不移交刑事案件案（第402条）。

12. 滥用管理公司、证券职权案（第403条）。

13. 徇私舞弊不征、少征税款案（第404条）。

14. 徇私舞弊发售发票、抵扣税款、出口退税案（第405条第1款）。

15. 违法提供出口退税凭证案（第405条第2款）。

16. 国家机关工作人员签订、履行合同失职被骗案（第406条）。

17. 违法发放林木采伐许可证案（第407条）。

18. 环境监管失职案（第408条）。

19. 传染病防治失职案（第409条）。

20. 非法批准征用、占用土地案（第410条）。

21. 非法低价出让国有土地使用权案（第410条）。

22. 放纵走私案（第411条）。

23. 商检徇私舞弊案（第412条第1款）。

24. 商检失职案（第 412 条第 2 款）。

25. 动植物检疫徇私舞弊案（第 413 条第 1 款）。

26. 动植物检疫失职案（第 413 条第 2 款）。

27. 放纵制售伪劣商品犯罪行为案（第 414 条）。

28. 办理偷越国（边）境人员出入境证件案（第 415 条）。

29. 放行偷越国（边）境人员案（第 415 条）。

30. 不解救被拐卖、绑架妇女、儿童案（第 416 条第 1 款）。

31. 阻碍解救被拐卖、绑架妇女、儿童案（第 416 条第 2 款）。

32. 帮助犯罪分子逃避处罚案（第 417 条）。

33. 招收公务员、学生徇私舞弊案（第 418 条）。

34. 失职造成珍贵文物损毁、流失案（第 419 条）。

（三）国家机关工作人员利用职权实施的侵犯公民人身权利和民主权利的犯罪

这类犯罪的主体必须是国家机关工作人员。国家机关工作人员是指在国家机关中从事公务的人员。国家工作人员的范围大于国家机关工作人员。国家工作人员既包括国家机关工作人员，还包括国有公司、企业、事业单位、人民团体中从事公务的人员和国家机关、国有公司、企业、事业单位委派到非国有公司、企业、事业单位、社会团体中从事公务的人员，以及其他依照法律从事公务的人员。这类案件具体包括：

1. 非法拘禁案（第 238 条）。

2. 非法搜查案（第 245 条）。

3. 刑讯逼供案（第 247 条）。

4. 暴力取证案（第 247 条）。

5. 虐待被监管人案（第 248 条）。

6. 报复陷害案（第 254 条）。

7. 破坏选举案（第 256 条）。

（四）国家机关工作人员利用职权实施的其他重大的犯罪案件，需要由人民检察院直接受理的时候，经省级以上人民检察院决定，可以由人民检察院立案侦查

"其他"案件是指上述三类案件以外的案件。这项规定应理解为：只有极少数的国家机关工作人员利用职权实施的其他重大犯罪案件，确实不宜由公安机关立案侦查而必须由人民检察院直接管辖的，经省级以上人民检察院决定，才可以由人民检察院立案侦查。这项规定属于人民检察院直接立案受理方面的弹性规定，但是必须在具体执行中严格掌握，不宜作任意扩大解释。一方面，这项规定在实体上的要求包括：①主体必须是国家机关工作人员；②客观方面必须是利用

职权实施的犯罪；③社会影响或危害程度上必须是重大的犯罪案件。另一方面，这项规定在程序上的要求必须是经过省级以上人民检察院的决定。具体程序为：如果基层人民检察院需要直接立案侦查时，应当经本院检察委员会讨论决定，并逐级上报至所在地省级人民检察院，再由省级检察院的检察委员会讨论决定作出是否立案侦查的决定，可以决定由下级人民检察院直接立案侦查，也可以决定由本院直接立案侦查。

五、人民法院直接受理的刑事案件

我国《刑事诉讼法》第 18 条第 3 款规定："自诉案件，由人民法院直接受理。"可见，属于人民法院职能管辖范围的刑事案件仅限于自诉案件。自诉案件是相对于公诉案件而言的，是指自诉人直接向人民法院起诉，要求追究被告人刑事责任的案件。具体包括：

（一）告诉才处理的案件

所谓告诉才处理，是指被害人或其法定代理人告诉才处理。法律之所以将此类案件的追诉权完全赋予被害人及其法定代理人，而国家不能主动干预和追诉，并且可直接向人民法院控诉，是因为这类犯罪的社会危害性较小，且犯罪情节轻微，案情比较简单，不需侦查即可查明案件事实。当然，如果被害人或其法定代理人因受强制、威吓而无法告诉的，人民检察院和被害人的近亲属也可以告诉。告诉才处理的案件共有四种：

1. 公然侮辱罪、诽谤案（第 246 条第 1 款，严重危害社会秩序和国家利益的除外）。

2. 暴力干涉婚姻自由案（第 257 条第 1 款，致使被害人死亡的除外）。

3. 虐待案（第 260 条第 1 款，致使被害人重伤、死亡的除外）。

4. 侵占他人财物案（第 270 条）。

（二）被害人有证据证明的轻微刑事案件

这类自诉案件需要有两个条件：①被害人或其法定代理人需有相应证据证明被控诉人有罪；②它从案件性质上讲属于轻微的刑事案件。所谓"轻微"，是指犯罪的性质、情节和后果都不严重，社会影响也不大。此类案件具体包括：

1. 故意伤害（轻伤）案（第 234 条第 1 款）。

2. 非法侵入他人住宅案（第 245 条）。

3. 妨害通信自由案（第 252 条）。

4. 重婚案（第 258 条）。

5. 遗弃案（第 261 条）。

6. 生产、销售伪劣商品案（刑法分则第三章第一节，严重危害社会秩序和国家利益的除外）。

7. 侵犯知识产权案（刑法分则第三章第七节，严重危害社会秩序和国家利益的除外）。

8. 属于《刑法》分则第四、五章规定的，对被告人可以判处 3 年有期徒刑以下刑罚的其他轻微刑事案件。

在司法实践中，这类案件不仅案情比较轻微，而且事实清楚，被害人有能够证明案件真实情况的证据，不需要动用侦查机关的力量去侦查，只需采用一般的调查方法就可以查明案件事实，所以也适宜由人民法院直接受理。在实践中需要注意的是，伪证罪、拒不执行判决裁定罪是由公安机关立案侦查的，而非由法院直接受理。针对上述所列八项案件，被害人直接向人民法院起诉的，人民法院应当依法受理，对于其中证据不足、可由公安机关受理的，应当移送公安机关立案侦查。被害人向公安机关控告的，公安机关应当受理。被害人无证据或证据不充分的，人民法院应当说服其撤诉或者裁定驳回起诉。必要时，人民法院也可以将案件移送公安机关处理。

（三）被害人有证据证明对被告人侵犯自己人身、财产权利的行为应当依法追究刑事责任，而公安机关或者人民检察院不予追究被告人刑事责任的案件

这类案件从性质上说原本是属于公诉案件范围，之所以成为自诉案件，需要具备三个条件：①被害人应当提供能够证明被告人犯罪的充分证据；②被告人侵犯了自己的人身、财产权利，应当追究被告人刑事责任；③公安机关或者人民检察院不予追究，并已经作出书面决定的。这样规定的目的在于，加强对公安、检察机关职能管辖工作的制约，维护被害人的合法权益，意在解决司法实践中存在的"告状无门"的问题。这类案件在司法实践中一般也可称为"公诉转自诉"的案件。

六、职能管辖中几个特殊的问题

刑事诉讼法对各司法机关的职能管辖范围都作出了原则性的规定，但是在司法实践中难免会出现这样那样的特殊情况，刑事诉讼法对如何解决这些特殊问题也作出了相应的规定。

1. 在执行法律规定的过程中，有可能因管辖不明或其他原因而发生争执。因此司法机关在解决管辖问题时，必须从有利于同刑事犯罪作斗争出发，不论是否属于自己管辖，都应当首先予以接受，然后再移送主管机关处理，并通知报案人、控告人等相关人员。必须采取紧急措施的应当先采取紧急措施，之后再移送主管机关。

2. 如果一案涉及几个罪名，按规定公安机关和人民检察院都有管辖权的，应当协商解决。对于能够分清主罪和次罪的，由对主罪有管辖权的机关立案侦查；在一时不能分清主罪次罪的情况下，可由接受报案的机关立案侦查，还可由

一个机关受理后联合进行侦查。

3. 公安机关和人民检察院在侦查过程中，如果发现被告人还犯有属于人民法院直接受理的罪行时，应视不同情况进行处理。对于属于告诉才处理的案件，可以告知被害人直接向人民法院提起诉讼。对于属于人民法院可以受理的其他类型的自诉案件，可以立案进行侦查，然后在人民检察院提起公诉时，随同公诉案件移送人民法院，由人民法院合并审理；侦查终结后不提起公诉的，则应直接移送人民法院处理。

4. 人民法院在审理自诉案件过程中，如果发现被告人还犯有必须由人民检察院提起公诉的罪行时，则应将新发现的罪行另案移送有管辖权的公安机关或者人民检察院处理。

5. 公安机关侦查刑事案件涉及人民检察院管辖的贪污贿赂案件时，应当将贪污贿赂案件移送人民检察院；人民检察院侦查贪污贿赂案件涉及公安机关管辖的刑事案件，应当将属于公安机关管辖的案件移送公安机关。在上述情况下，如果涉嫌主罪属于公安机关管辖，以公安机关为主侦查，人民检察院予以配合；如果涉嫌主罪属于人民检察院管辖，以人民检察院为主侦查，公安机关予以配合。

第三节 审判管辖

一、审判管辖的概念

刑事诉讼中的审判管辖，是指个人民法院审判第一审刑事案件的职权范围，包括普通人民法院之间，普通人民法院与专门人民法院之间以及专门人民法院之间在受理第一审刑事案件的权限范围上的划分。

刑事案件都要经过实体上的审理，但我国的法院组织系统内部存在着级别、地域、职权范围的不同。因此就必然存在着控诉主体应该向哪一级中的哪一个法院提出起诉的问题。审判管辖就是解决这一问题的。审判管辖主要是根据各级人民法院的职权范围、刑事案件的性质以及犯罪发生地、罪犯居住地等因素来划分的。

审判管辖与职能管辖的关系，就自诉案件而言，人民法院的职能管辖和审判管辖是重合的，都是审判权的具体落实。就公诉案件而言，职能管辖与审判管辖的关系表现为：

1. 没有职能管辖，便不会产生审判管辖。没有职能管辖，便不会有公安、检察机关的立案侦查，当然不会有人民法院的审判。职能管辖是司法机关在受理案件上的第一次分工，而审判管辖是案件进入审判阶段的第二次分工。

2. 职能管辖并不必然导致实际的审判管辖。因为有的刑事案件经过侦查或审查起诉阶段即告终结，并不进入其后的审判程序，当然也就不产生审判管辖的问题。

3. 确立审判管辖是确立职能管辖的前提。因为公安、检察机关各子系统内部在立案侦查上的权限划分，应当使用划分人民法院的级别管辖、地区管辖以及专门管辖的原则和标准，先确定了由谁审判，才会相应确定由谁进行立案侦查。

二、级别管辖

级别管辖，是指各级人民法院审判第一审刑事案件的权限范围的划分。所要解决的是同地异级人民法院审判第一审案件的分工问题。刑事诉讼法确立级别管辖的根据有：①人民法院职权的不同；②案件的性质和社会影响不同；③罪行的轻重和可判刑期的长短；④案件的复杂程度不同；⑤是否方便诉讼参与人参加诉讼；⑥原则性和灵活性相结合。

刑事诉讼法对各级人民法院的管辖范围作出了明确的规定，有原则性规定，也有灵活性规定。

（一）基层人民法院管辖的第一审刑事案件

《刑事诉讼法》第19条规定："基层人民法院管辖第一审普通刑事案件，但是依照本法由上级人民法院管辖的除外。"基层人民法院只对一般的普通案件享有管辖权，这类案件数量也是最多的。基层人民法院与人民群众关系最密切，法律把大多数案件划归它管辖，既便于法院就地审理案件，也便于诉讼参与人参加诉讼活动；又便于人民群众配合案件的审判，有利于实现刑事诉讼法的教育任务。

（二）中级人民法院管辖的第一审刑事案件

《刑事诉讼法》第20条规定："中级人民法院管辖下列第一审刑事案件：①反革命案件、危害国家安全案件；②可能判处无期徒刑、死刑的普通刑事案件；③外国人犯罪的刑事案件。"其中，反革命案件事实上已不存在。由于《刑事诉讼法》的修改是在1996年，而《刑法》的修改是在之后的1997年，《刑法》修改后，反革命罪名已被取消，所以这类案件仅是指《刑法》分则第一章规定的危害国家安全的案件。

上述三类刑事案件，性质严重、危害极大，案情复杂、重大，或者影响较大，有些甚至涉及国家的外交政策和国际关系，因此在处理上应更加慎重。同时，这些案件在事实认定和适用法律上难度往往也比较大，这就需要由经验丰富、业务熟练、水平较高的审判人员进行审判。由中级人民法院作为第一审管辖法院是必要的，也是适宜的。

另外，由于中级人民法院是基层人民法院所审案件的第二审法院，并且它还负有审判监督的任务。所以，由中级人民法院管辖的第一审刑事案件不宜过多，仅限于上述三类刑事案件。

正确理解与处理中级人民法院管辖的第一审刑事案件的范围，还应当注意以下三个方面的问题：

1. 中级人民法院受理起诉后，如果认为是属于不够判无期徒刑、死刑的普通刑事案件，一般不应以"违反管辖"为由而退回，而应进行审判，以利于案件的及时处理。

2. 基层人民法院受理的公诉案件，认为案情重大、复杂或者可能判处无期徒刑、死刑，应当由中级人民法院管辖，可以请求移送中级人民法院审判。但最终的决定权仍在中级人民法院。

3. 法律规定由中级人民法院管辖的三类第一审刑事案件，只表明不能由基层人民法院管辖，至少应由中级人民法院进行第一审审判，而非只能由中级人民法院管辖，有一些重大的案件也可能由高级人民法院和最高人民法院管辖。

（三）高级人民法院管辖的第一审刑事案件

《刑事诉讼法》第21条规定："高级人民法院管辖的第一审刑事案件，是全省（自治区、直辖市）性的重大刑事案件。"可见，由高级人民法院管辖的第一审刑事案件应具备两个条件：①具有全省（自治区、直辖市）性的社会影响；②案情重大。高级人民法院的主要任务是审判对中级人民法院裁判的上诉、抗诉案件，复核死刑案件，核准死刑缓期二年执行的案件，以及监督全省（自治区、直辖市）的下级人民法院的审判工作。为了保障高级人民法院能集中精力顺利完成主要任务，法律只将影响大、涉及面广但数量不多的全省（自治区、直辖市）性重大案件划归高级人民法院管辖，这是完全合理和必要的。

（四）最高人民法院管辖的第一审刑事案件

《刑事诉讼法》第22条规定："最高人民法院管辖的第一审刑事案件，是全国性的重大刑事案件。"[1] 最高人民法院是国家最高审判机关，主要任务是监督和指导全国的所有人民法院的审判工作。最高人民法院对刑事案件作出的裁判是终审裁判。除非确有必要，最高人民法院不应对刑事案件进行第一审审判。由最高人民法院管辖的一审刑事案件必须是具有全国性影响的重大刑事案件，并且这类案件也只有由最高人民法院作为一审，才能切实保证案件质量和审判的公正、

---

[1] 针对最高人民法院具有一审刑事案件管辖权的问题，有学者提出了质疑的观点，认为这实际上是剥夺了被告人的上诉救济权。参见顾永忠：《刑事上诉程序研究》，中国人民公安大学出版社2003年版，第119页。而被告人的上诉救济权，是目前国外立法极为重视的一项基本权利，比如联合国《公民权利和政治权利国际公约》第14条第5项便规定："凡被判定有罪者，应有权由一个较高级法庭对其定罪及刑罚依法进行复审。"

合法，树立司法的尊严和权威。至于哪些是全国性重大刑事案件，由最高人民法院自由认定。

（五）级别管辖中的特殊规定

1. 在级别管辖中，如果遇有一人犯有数罪或者共同犯罪的案件，应当合并为一案审理，但其罪行按各自的性质、影响和可能判处的刑罚，分别属于不同级别的人民法院管辖时，应当采取就高不就低的原则，即只要其中一罪或者一人属于上级人民法院管辖，全案就都由上级人民法院管辖。

2. 刑事案件多种多样，情况十分复杂，各地区人民法院的实际情况也不尽一致，所以为适应审判实践中可能出现的许多特殊情况的需要，保证案件的正确、及时处理，级别管辖还要有一定的灵活性。鉴于此，刑事诉讼法对级别管辖作了原则性规定以后，又作出了变通性的规定。《刑事诉讼法》第 23 条规定："上级人民法院在必要的时候，可以审判下级人民法院管辖的第一审刑事案件；下级人民法院认为案情重大、复杂需要由上级人民法院审判的第一审刑事案件，可以请求移送上一级人民法院审判。"正确理解与执行上述规定，应当注意以下几点：

（1）上级人民法院审判下级人民法院管辖的第一审刑事案件，可以由上级人民法院依职权自行决定，但只能"在必要的时候"对个别案件适用。

（2）上级人民法院认为有必要审理下级人民法院管辖的第一审刑事案件，应当向下级人民法院下达改变管辖决定书，并书面通知同级人民检察院；被告人被羁押的，通知应送到羁押场所和当事人。

（3）下级人民法院对自己管辖的第一审刑事案件，请求移送上一级人民法院审判的，只能是案情重大、复杂或者可能判处无期徒刑、死刑的刑事案件，并且只有在其请求得到上一级人民法院同意时，才能移送。

（4）下级人民法院请求移送上一级人民法院审判的第一审刑事案件，应当经合议庭报请院长决定后，在案件审理期限届满 15 日以前书面请求移送。上级人民法院应当在接到移送申请 10 日以内作出决定。不同意移送的，应当向下级人民法院下达不同意移送决定书，由该下级人民法院依法审判；同意移送的，向该下级人民法院下达同意移送决定书，并书面通知与上级法院同级的人民检察院，该下级人民法院应当通知其同级人民检察院和当事人，并将全部案卷材料退回同级人民检察院。

三、地区管辖

地区管辖是指同级人民法院之间，按照各自的辖区在审判第一审刑事案件的权限范围上的划分。它所要解决的是同级异地的人民法院审判第一审案件的分工问题。

地区管辖的确立，主要是要考虑有利于人民法院就地调查，节约人力、时间、及时查明案情，便于诉讼参与人出庭和扩大法制宣传教育等因素。我国《刑事诉讼法》对地区管辖主要有下述的规定：

（一）以犯罪地人民法院管辖为主，被告人居住地人民法院管辖为辅

《刑事诉讼法》第24条规定："刑事案件由犯罪地人民法院管辖。如果由被告人居住地的人民法院审判更为适宜的，可以由被告人居住地的人民法院管辖。"这一规定说明，在地区管辖中的地位，犯罪地和居住地并不是并列，而是主次的关系。

刑事案件原则上应由犯罪地的人民法院管辖。其中的"犯罪地"，包括犯罪预备地、犯罪行为实施地、犯罪结果发生地以及销赃地等。之所以要以犯罪地为主划分地区管辖，主要是因为：①犯罪地一般是罪证最集中的地方，由犯罪地法院管辖，便于保护和勘验现场，便于搜查和核实证据，迅速查明案情，正确处理案件；②犯罪地一般是当事人、证人所在的地方，便于当事人和证人等诉讼参与人参加诉讼活动；③犯罪地群众尤其关心案件的处理，可以便于他们参加旁听公开审判的情况，能有效发挥审判的法制教育作用，而且有利于人民群众对审判的监督；④案件由犯罪地法院审判，便于人民法院系统地了解和分析研究犯罪地所属地区的犯罪情况，从而采取相应措施加强防范和更有效地同犯罪作斗争。

刑事案件如果由被告人居住地的人民法院审判更为适宜的，可以由被告人居住地人民法院管辖。这里的"被告人居住地"，包括被告人的户籍所在地、居住地。至于什么是"更为适宜的"，这要根据案件和被告人的具体情况来决定。如在被告人居住地民愤更大或影响更大，或者被告人可能判处缓刑，需要由居住地监督改造时，可以由被告人居住地人民法院审判，这样更有利于教育犯罪人，有利于进行法制宣传教育。单位犯罪的刑事案件由犯罪地的人民法院管辖。但如果由被告人单位所在地或者注册地的人民法院管辖更为适宜的，可以由单位被告人所在地或注册地的人民法院管辖。

（二）以最初受理的人民法院审判为主，主要犯罪地人民法院审判为辅

《刑事诉讼法》第25条规定："几个同级人民法院都有权管辖的案件，由最初受理的人民法院审判。在必要的时候，可以移送主要犯罪地的人民法院审判。"司法实践中经常会遇到对一个案件几个同级人民法院都有管辖权的情况，如犯罪行为预备地与犯罪行为实施地不在同一法院辖区内；犯罪行为实施地与犯罪结果发生地不在同一法院辖区内；同一犯罪人在不同地区犯同一罪行；同一犯罪人在不同地区犯数个罪行；等等。对这类案件，法律规定由最初受理的人民法院审判，主要是为了避免人民法院之间发生管辖争议而拖延案件的审判，同时也由于最初受理的人民法院往往对案件已进行了一些工作，由它审判有利于及时审结案

件。但是，为了适应各种不同案件的复杂情况，法律又规定在必要的时候，最初受理的人民法院可以将案件移送主要犯罪地的人民法院审判。这里的"主要犯罪地"是指最主要最严重犯罪行为的实施地；在共同犯罪中，是指主犯的犯罪行为实施地。

（三）指定管辖

《刑事诉讼法》第 26 条规定："上级人民法院可以指定下级人民法院审判管辖不明的案件，也可以指定下级人民法院将案件移送其他人民法院审判。"指定管辖是相对于法定管辖而言的，是指上级人民法院依职权指定其辖区内的某一下级人民法院对某一具体案件行使管辖权。它在本质上是法律赋予上级人民法院在一定情况下确定或者变更案件管辖法院的职权。

指定管辖一般适用于下列两类案件：

1. 管辖不明的刑事案件。管辖不明包括两种情况，即地区管辖不明和级别管辖不明。前者如案件发生在两个法院管辖范围的交界处；后者如中级人民法院和基层人民法院对某一刑事案件是否是危害国家安全案件的定性产生了分歧。

2. 由于其他因素而需要指定管辖的刑事案件。上级人民法院可以指定下级人民法院将案件移送其他人民法院审判的原因有以下几种：

（1）案件发生了管辖权争议的。包括有管辖权的几个同级人民法院因移送案件发生争议的和无管辖权的人民法院将案件移送管辖时发生争议的情况。对管辖权发生争议的，应当在审限内协商解决；协商不成的，由争议的人民法院分别逐级报请共同的上一级人民法院指定管辖。

（2）有管辖权的人民法院由于特殊原因而不能行使管辖权的，如对本院院长犯罪案件的审判。最高人民法院《关于执行〈中华人民共和国刑事诉讼法〉若干问题的解释》（以下简称《刑诉解释》）第 18 条规定："有管辖权的人民法院因案件涉及本院院长需要回避等原因，不宜行使管辖权的，可以请求上一级人民法院管辖；上一级人民法院也可以指定与提出请求的人民法院同级的其他人民法院管辖。"

（3）上级人民法院认为由其他人民法院审判更有利于正确、及时处理案件的。

上级人民法院指定管辖的，应当将指定管辖决定书分别送达被指定管辖的人民法院和其他有关的人民法院。原受理案件的人民法院，在收到上级人民法院指定其他人民法院管辖决定书后，不再行使管辖权。对于公诉案件，应当书面通知提起公诉的人民检察院，并将全部案卷材料退回，同时书面通知当事人；对于自诉案件，应当将全部案卷材料移送被指定管辖的人民法院，并书面通知当事人。

（四）特殊情况下的地区管辖

刑事诉讼法对地区管辖作出了原则性规定，为了适应一些新情况的出现，依据刑事诉讼法的立法精神，有关司法解释对地区管辖作出了一些特殊规定。

1. 对罪犯在服刑期间发现漏罪及又犯新罪的：

（1）发现正在服刑的罪犯在判决宣告前还有其他犯罪没有受到审判的，由原审人民法院管辖。如果罪犯服刑地或者新发现罪的主要犯罪地人民法院管辖更为适宜的，由服刑地人民法院管辖。

（2）正在服刑的罪犯在服刑期间又犯罪的，由服刑地人民法院管辖。

（3）正在服刑的罪犯在逃脱期间的犯罪，如果是在犯罪地捕获并发现的，由犯罪地人民法院管辖；如果是被缉押回监狱后发现的，由罪犯服刑地人民法院管辖。

2. 对于我国缔结或者参加的国际条约所规定的罪行，我国在所承担条约义务的范围内，行使刑事管辖权，涉及地区管辖的：

（1）对于我国缔结或者参加的国际条约所规定的犯罪，我国具有刑事管辖权的案件，由被告人被抓获地的中级人民法院管辖。

（2）在中国领域外的中国船舶内的犯罪，由犯罪发生后该船舶最初停泊的中国口岸所在地的人民法院管辖。

（3）在中国领域外的中国航空器内的犯罪，由犯罪发生后该航空器在中国最初降落地的人民法院管辖。

（4）中国公民在驻外的中国使领馆内的犯罪，由该公民主管单位所在地或者他的原户籍所在地人民法院管辖。

（5）在国际列车上发生的刑事案件的管辖，按照中国与相关国家签订的有关管辖协定执行；没有协定的，由犯罪发生后列车最初停靠的中国车站所在地或者目的地的铁路运输法院管辖。

3. 刑事自诉案件的自诉人、被告人一方或者双方是在港、澳、台居住的中国公民或者单位的，由犯罪地的基层人民法院审判。港、澳、台同胞告诉的，应当出示港、澳、台居民身份证、回乡证或者其他能够证明本人身份的证件。

4. 中国公民在中华人民共和国领域外的犯罪，由该公民离境前的长期（1年以上）居住地或者原户籍所在地人民法院管辖。

5. 外国人在中华人民共和国领域外对中华人民共和国国家或者公民犯罪，依照我国刑法应受处罚的，由该外国人入境地的中级人民法院管辖。

四、专门管辖

专门管辖是专门人民法院同普通人民法院之间以及专门人民法院之间在审判第一审刑事案件时的权限范围上的划分。《刑事诉讼法》第 27 条规定："专门人民法院案件的管辖另行规定。"专门管辖也应包括各专门法院系统内的级别管辖和地区管辖。但这里的专门管辖不涉及这方面的内容。目前在司法实践中已设立的专门法院有军事法院、铁路运输法院和海事法院。其中，海事法院不受理刑事案件。

（一）军事法院管辖的刑事案件

军事法院管辖的案件，主要是军人违反职责罪，同时也管辖现役军人的犯罪、在军队编制内服务的无军职人员（军内在编职工）的犯罪、普通公民危害和破坏国防军事的犯罪等。这些案件由军事法院审判，便于调查核实证据，防止泄漏国家军事秘密；同时，通过审判活动教育现役军人和军事服务人员，自觉遵守国家法律，保障国家军事安全。

现役军人（含军内在编职工，下同）和非军人共同犯罪的，分别由军事法院和地方人民法院管辖；涉及国家军事秘密的，全案由军事法院管辖。

下列案件应由地方人民法院或者军事法院以外的其他专门法院管辖：①非军人、随军家属在部队营区犯罪的；②军人在办理退役手续后犯罪的；③现役军人入伍前犯罪的（需与服役期内犯罪一并审判的除外）；④退役军人在服役期内犯罪的（犯军人违反职责罪的除外）。

（二）铁路运输法院管辖的刑事案件

铁路运输法院管辖的刑事案件主要是铁路运输系统公安机关负责侦破的刑事案件，以及与铁路运输有关的经济犯罪案件。

铁路运输法院与地方法院对刑事案件管辖发生争议的，暂由地方法院受理。

学术视野

在刑事管辖制度中，当前理论界的研究热点主要集中在以下几个方面：①针对属于人民法院立案管辖的告诉才处理案件，围绕告诉主体的问题产生了争议，有学者尤其对被害人因受强制、威吓无法告诉时人民检察院可以告诉的情形提出了质疑。②属于人民法院立案管辖的"被害人有证据证明的轻微刑事案件"，其中如何认定"被害人有证据证明"，在实践中存在着模糊不清的情形，学者们认为立法有待强化这方面的规定。例如在需要明晰自诉和公诉的界限、需要严格限定自诉案件的范围、需要规定自诉和公诉产生冲突时的解决措施等诸多方面。③针对公诉转自诉的案件，学者们也认为存在着案件范围不明确、转化条件不明确等一些问题。④学者们针对级别管辖和地区管辖的依据以及其中诸多细节问题的协调方面，也认为立法需要进一步细化。⑤我国刑事诉讼法上没有规定管辖权异议的制度，学者们认为应当增设这一制度，在提出管辖权异议的主体、时间、内容和处理方式等方面进行构建。

理论思考与实务应用

一、理论思考

（一）名词解释

职能管辖 级别管辖 地区管辖 指定管辖

（二）简答题

1. 我国刑事诉讼上的职能管辖是如何规定的？
2. 我国刑事诉讼法对级别管辖作了哪些灵活性的规定？
3. 我国刑事诉讼上的地区管辖是如何规定的？
4. 在我国刑事诉讼中指定管辖的适用范围有哪些？

（三）论述题

试述司法实践中不同法院之间争夺立案或者推诿拒不立案问题的解决方法。

二、实务应用

（一）案例分析示范

案例一

徐某，男56岁，原系上海超市集团公司总经理。徐某在2007年6月至2008年11月任商贸公司经理期间，销售白糖243吨，获利130万元。徐某指使本公司会计杨某采用隐蔽手段，将其中115万元转移到该集团公司下属企业的往来账户上，共计偷税84万元，占应纳税额的80%以上。2009年3月至8月期间，徐某和杨某又采用同样的手段偷税75万元，占应纳税额的90%以上，两项合计共偷逃税额159万元。此后，公司进行财务审计发现此事，遂向公安机关报案。公安机关认为应由公安机关立案处理，而检察机关却认为涉税案件是检察机关立案受理的范围，应由检察机关立案侦查。两机关各持己见，相持不下。

问：本案应由哪个机关立案侦查？说明理由。

【评析】此案应由公安机关立案处理。

我国《刑事诉讼法》第18条第1款规定："刑事案件的侦查由公安机关进行，法律另有规定的除外。"这里所说的"法律另有规定"，是指《刑事诉讼法》规定的由人民检察院、国家安全机关、军队保卫部门和监狱负责特定刑事案件的侦查的规定。具体情况是：《刑事诉讼法》第18条第2款规定一部分刑事案件由人民检察院直接立案侦查；《刑事诉讼法》第4条规定危害国家安全的案件，由国家安全机关立案侦查；《刑事诉讼法》第225条规定军队内部发生的刑事案件由军队保卫部门行使侦查权，罪犯在监狱内犯罪的案件由监狱进行侦查。除上述刑事案件外，其余的公诉案件都由公安机关行使侦查权。另外，根据六机关《关于刑事诉讼法实施中若干问题的规定》第 1 条的规定，涉税案件由公安机关立案侦查，检察机关不能直接立案受理。本案中，徐某的行为构成偷逃税罪，依法应当由公安机关立案侦查。

案例二

被告人李某（女，50 岁），生有一子张某，现已结婚与父母分开生活。但张某从小被父母娇生惯养，性格暴躁，且不务正业沉迷于赌博，在其输钱后经常回父母家闹事，无端对其父母拳打脚踢，并以烧毁父母居住房屋作为威胁，向其父母索要钱财。一日，张某输钱后又一次来到父母家，用匕首威胁其父亲拿出家中所有现款供其去赌场翻本之用，其父不从。二人厮打起来，在张某和父亲厮打时，李某从地上捡起一根木棒向张某的头部猛击数下，张某当即倒地，在运送医院途中死亡。当地人民检察院对该案件进行审查后，认为李某犯故意杀人罪，即向中级人民法院提起公诉。中级人民法院受理后认为，被告人李某的行为已构成故意杀人罪，但其原因是不堪忍受其子张某的长期打骂、滋扰，是出于义愤将张某打死，其杀人行为情节较轻，且能够投案自首，判处被告人李某有期徒刑 7 年。

问：（1）本案由中级人民法院管辖是否正确？

（2）中级人民法院受理该案后发现不应判处无期徒刑或者死刑后，应如何处理？

【评析】

（1）本案由中级人民法院管辖正确。根据《刑事诉讼法》第 20 条第 2 项的规定，可能判处无期徒刑、死刑的普通一审刑事案件属于中级人民法院管辖。在此案中，人民检察院认为李某犯故意杀人罪，可能被判处无期徒刑，认为案件应划归中级人民法院管辖，故向中级人民法院提起公诉，其做法是正确的，符合刑事诉讼法的规定。但这里存在一个问题，即未经法院依法审判对任何人都不能确定有罪，又该怎样确定案件中被告人可能会被判处无期徒刑、死刑呢？对"可能判处无期徒刑、死刑"的条件，在司法实践中存在着不同的认识。但我们认为，当人民检察院对侦查终结的案件进行审查后，认为犯罪嫌疑人的犯罪事实已经查清，证据确实、充分，并有可能判处无期徒刑、死刑时，就应向中级人民法院提起公诉。这里，以检察机关的主观认识为据即可。因此，本案由中院管辖是正确的。

（2）最高人民法院《刑诉解释》第 4 条规定："人民检察院认为可能判处无期徒刑、死刑而向中级人民法院提起公诉的普通刑事案件，中级人民法院受理后，认为不需要判处无期徒刑以上刑罚的，可以依法审理，不再交基层人民法院审理。"当然，从中也可看出，中级人民法院也可以退回由基层法院受理。在司法实践中，多采用前种做法，这样有利于案件的及时处理，节省司法资源，提高诉讼效率。

案例三

2010年5月10日，家住甲市的被告人侯某（男，23岁）、王某（男，27岁）、刘某（男，29岁）在一起喝酒，期间侯某提出"弄个小妞玩玩"，王某、刘某表示同意。当晚10时许，刘某将自己的面包车开出，三人驾车行驶在通往乙市的公路上，伺机作案。当女青年孙某骑车迎面而来时，被侯某、王某劫持上车，汽车朝乙市开去。途中三名被告人轮奸了该女青年，直到车开到乙市境内后，轮奸行为仍未实施终了。受害人被轮奸后又被抛出车外，恰遇乙市的治安联防队员及时报案，乙市公安机关当夜将窜至乙市的三名犯罪嫌疑人抓获归案。甲、乙两市法院在管辖上产生了争议。甲市法院认为此案应由乙市法院受理。理由是：其一，此案被告人的犯罪行为虽始于甲市，但犯罪行为的完成无疑是在乙市境内，乙市也是犯罪地的一部分；其二，此案是由乙市公安机关侦破，并由乙市检察机关审查起诉，乙市法院受理更为方便。而乙市法院则认为，此案应由甲市法院受理。理由是：被告人的重要犯罪行为是在甲市实施的，并居住在甲市，所以甲市法院应当受理此案。

问：本案应由哪个法院管辖？在程序上应如何确定管辖法院？为什么？

【评析】《刑事诉讼法》第24条规定："刑事案件由犯罪地人民法院管辖。如果由被告人居住地的人民法院审判更为适宜的，可以由被告人居住地的人民法院管辖。""更为适宜的"，要根据案件和被告人的具体情况来决定，比如被告人在居住地民愤更大或影响更大，或者可能判处缓刑，需要由居住地监督改造时，可以由被告人居住地人民法院审判，这样更有利于教育犯罪人，有利于进行法制宣传教育。所谓犯罪地，则包括犯罪预备地、犯罪行为实施地、犯罪行为终了地、犯罪结果发生地、销赃地等。由于犯罪地可能有多个，对于某一案件可能就有多个法院都有管辖权，此时应由最初受理的人民法院管辖；如果有必要，可以移送主要犯罪地的人民法院审判。

本案中，犯罪行为开始于甲市，但轮奸行为分别实施于甲、乙两市，可以说甲、乙两市都是犯罪地。至于何者为主要犯罪地，不好分清。虽然劫持和轮奸行为始发于甲市，但作为本案的一个重要情节，将被害女青年孙某轮奸并抛出车外，驾车逃跑，则发生在乙市。由被告人居住地法院审判，需要符合由居住地法院审判更为适宜这一条件。虽然本案发案在甲市，破案却在乙市，是由乙市公安机关侦破的，显然再将案件移送甲市法院审判是不适宜的。至于最初受理的法院，本案在向乙市法院起诉时，该院即提出异议，尚未受理。因此，本案已不能仅仅按照《刑事诉讼法》关于地区管辖的规定来确定管辖法院，还需适用《刑事诉讼法》第 26 条关于指定管辖的规定，由甲、乙两市共同的上一级人民法院指定管辖。本案由乙市人民法院审判较为适宜。

（二）案例分析实训

案例一

被告人杜某，男，1966 年出生，汉族，大专文化，原甲县县委副书记。

2008 年 9 月 20 日，杜某找到某林场党总支书记胡某，要求胡某出面向负责保管木材的李某要几根木材做家具，李某考虑到实际情况，同意给杜某 3 根木料。9 月 28 日，杜某亲自带领 8 人，开着两辆解放牌汽车来到林场，未经过林场负责人和护林员的许可，砍伐各种树木 300 余棵，毁林面积达 6000 多平方米。10 月 2 日，杜某又领 3 人开着一辆解放牌汽车进入林场，砍伐各种林木 100 余棵，毁林面积达到 2000 多平方米。10 月 5 日，杜某第三次带人开车进入林场准备砍伐林木时，护林员及时发现并加以制止，同时向有关机关告发。

问：此案在立案管辖与审判管辖上应如何处理？

案例二

杨某，男，甲市人。杨某自 2005 年 9 月至次年 10 月，先后以票据诈骗等方式，流窜于北京至乌鲁木齐铁路沿线各大中城市进行诈骗活动。

2006 年 10 月，杨某在乙市用非法取得的某装饰材料有限公司的转账支票、财务专用章、法定代表人私章，冒名"王某"，以货款的名义，从该有限公司在银行的账号中划走人民币 1.2 万元至某货运公司的账号，后划入"王某"在某银行一卡通的账户，并提出人民币 1 万元。

2007 年 10 月 27 日，杨某在丙市某通信公司骗取诺基亚 8810 型手机一只，随后销赃并获赃款人民币 3000 元。

2008 年 11 月 8 日，杨某以同一手段，在丁市某通信公司，骗取三星 600 型手机一部。

2009 年 11 月 22 日，杨某采用上述相同的作案手段，在戊市某计算机有限公司骗取电脑 2 台。

2009 年 12 月 11 日，杨某在己市行骗时被捕。后查明杨某曾于 2009 年 4 月潜回甲市盗窃人民币 8000 余元。

问：此案由哪一地方的法院管辖最为适宜？

案例三

陶某，男，1990 年 4 月 29 日出生，家住甲市城东区。2010 年 3 月 7 日中午，陶某在甲市城北区某大厦二楼服装部的雅戈尔西装专卖厅内，伺机行窃。后乘专卖厅营业员袁某正在向其他人销售服装之机，陶某顺手从货架上拿下五套共计价值 6940 元的西装，在携赃离开该专卖厅时，被相邻的杉杉专卖厅营业员白某发现。白某立即告知了袁某，并大喊抓贼。袁某即与其他营业员呼喊捉贼并追下楼梯至大门口。此时，正在距大门口 20 米的大厦大堂外值勤的保安发现陶某捧着几套西服跑过，后面有两名营业员冲出来喊捉贼。保安即与营业员一起追赶陶某并将其抓获。在审讯过程中，陶某供述：2009 年五一放假期间，陶某得知城南区某市场夜间治安防卫工作松散，便采取撬锁头的方式，于深夜潜入该市场，盗得各类财物共计人民币 4000 余元。同年 7 月陶某伙同朱某（已另案处理）在甲市城西区，利用朱某是某制革厂工作人员的便利，在该厂整色车间窃得黑色半成品绵羊皮 50 张，价值人民币 5000 余元。

问：此案的地区管辖如何落实？

 主要参考文献

1. 高秀东编著：《刑事管辖权专题整理》，中国人民公安大学出版社 2010 年版。

2. 赵秉志主编：《世纪大劫案：张子强案件及其法律思考——中国内地与香港刑事管辖权冲突问题》，中国方正出版社 2000 年版。

3. 樊崇义主编：《刑事诉讼法实施问题与对策研究》，中国公安大学出版社 2001 年版。

4. 龙宗智主编：《徘徊于传统与现代之间——中国刑事诉讼法再修改研究》，法律出版社 2005 年版。

5. 田文昌、陈瑞华主编：《律师建议稿与论证——〈中华人民共和国刑事诉讼法〉再修改》，法律出版社 2007 年版。

6. 张处社："论刑事诉讼管辖权异议"，载《青海社会科学》2003 年第 3 期。

7. 申君贵："对建立我国刑事诉讼管辖异议制度的构想"，载《贵州民族学院学报》2002 年第 5 期。

8. 刘方权："对审判级别管辖的反思——从刑事诉讼角度分析"，载《福建公安高等专科学校学报》2000 年第 6 期。

9. 张付军："对以'可能判处'确定级别管辖的反思——兼谈简易程序和职能管辖"，载《邢台学院学报》2005 年第 4 期。

10. 刘崇理："对刑事案件中审判管辖异议程序的构想"，载《法律适用》2003 年第 9 期。

第六章

回　避

【本章概要】刑事诉讼中的回避制度是刑事诉讼程序得以顺利运行，最大限度实现司法公正的一种重要保障手段。本章学习的重点在于准确理解并掌握申请回避的主体、回避的法定情形、回避的适用对象以及回避的程序与权限。

【学习目标】学习本章应掌握以下主要内容：回避的概念、意义和确定的原则；回避的种类、理由、适用人员以及适用回避时所应当遵守的程序。

【教学重点与难点】回避的种类；回避的理由；回避的适用人员及回避的程序。

第一节　回避制度概述

一、回避的概念

刑事诉讼中的回避是指与案件或案件的当事人有某种利害关系或其他特殊关系的侦查、检察、审判等人员不得参加处理该案活动的一项诉讼制度。

回避制度是一项较为古老的诉讼制度。我国早在唐朝就有了这方面的规定。《唐六典·刑部》中的"凡鞫狱官与被鞫之人有亲属、仇嫌者，皆听更之"就是其中之一。其意思是说，如果断狱（主持诉讼活动）的官吏同被告有亲属关系或者有仇隙，应当避开，更换他人办理此案。到了元朝，法律首次使用了"回避"这个词，并且规定了对于应回避而不回避的官吏要给予处罚的内容。及至明、清朝代，对回避制度规定得越发具体。如清朝《法律·刑律·诉讼》中规定："凡官吏于诉讼人内有关服亲及婚姻之家，若受业师，及素有仇隙之人，并听移交回避，违者笞四十，若罪有增减者，以故出入人罪论。"这一规定，要求断狱官吏在法定情况下应当回避，如若不然，将受笞四十；因不回避，偏袒一方，导致断案不公，对被告故意作了轻判或重判的，则以罪论处。根据这一规定，当时断狱官吏应当回避的情形包括：①是诉讼人的五服内亲；②与诉讼人有姻亲关系；③是曾向诉讼人传授过知识和技术的老师；④与诉讼人素有仇嫌。

当今世界各国对回避制度也颇为重视，不仅在各自的诉讼法律中对此作了明确规定，而且随着时代的发展，又赋予它许多新的内容。我国《刑事诉讼法》第28~31条对回避制度作了较为明确的规定，要求侦查、检察、审判人员遇有法定应当回避的情形时应主动撤出对案件的审理活动，同时赋予当事人及其法定代理人根据法定理由申请有关人员回避的权利。

二、回避制度的意义

法律确立回避制度，目的在于保障诉讼程序的客观公正，这是诉讼民主化的体现，无论对完善我国刑事诉讼法律制度，还是对司法机关的诉讼实践，都有着十分重要的意义。

1. 实行回避制度，能够有效地防止侦查、检察、审判等人员因各种利害关系或个人感情、恩怨等因素而产生先入为主或徇私舞弊等现象的发生，做到秉公办案、客观地进行诉讼活动，使案件得到公正的处理。

2. 实行回避制度，使与案件有某种利害关系的侦查、检察、审判等人员，均不得参与本案的诉讼活动。这对于维护司法机关的威信，增强司法机关所作出的裁判的权威性有着重要意义。

3. 实行回避制度，使得当事人及其法定代理人得以依据法律规定申请侦查、检察、审判等人员回避，这体现了我国诉讼制度的民主性，也有利于提高公民参与诉讼，维护自己合法权益的意识，有利于提高办案工作的透明度。

总之，回避制度意义重大，不容忽视。无论在侦查阶段、起诉阶段，还是在审判阶段，都应认真贯彻执行。

第二节 回避制度的适用

一、回避的法定情形

回避的法定情形，也称回避的条件，或者回避的理由。根据我国《刑事诉讼法》第28、29条的规定，存在以下情形的，相关主体应当回避。

1. 是本案的当事人或当事人的近亲属的。侦查、检察、审判等有关人员，若是本案当事人，这在诉讼职能上是矛盾的，必须回避。若是本案当事人的近亲属（系指配偶、父母、子女、同胞兄弟姐妹），其势必与案件处理结果有直接或间接的关系，容易考虑自身及亲属利益，因此也应当回避。

2. 本人或者他的近亲属和本案有利害关系的。具有这种关系的侦查、检察、审判等人员，尽管本人及其近亲属不是本案当事人或当事人的近亲属，但是本人或者其近亲属同本案有利害关系，即案件处理结果会对他们产生影响，也可能影响对案件客观、公正的处理，因此，应当回避。

3. 担任过本案的证人、鉴定人、辩护人或者附带民事诉讼当事人的代理人的。担任了本案证人的，已经提供了证言；担任过本案鉴定人的，已经提供了鉴定结论。他们对案件的某些事实已经形成自己的看法，再承办该案或参与案件的讨论，可能会影响到对案件的公正处理。担任过本案辩护人或附带民事诉讼当事人的代理人的，在某种程度上已倾向于一方当事人，形成了自己的观点，再承办该案或参与案件的讨论处理，也可能会影响到对案件的公正处理。因此，在这种情况下应当回避。

此外，依最高人民法院《刑诉解释》第31条第1款的规定："参加过本案侦查、起诉的侦查、检察人员，如果调至人民法院工作，不得担任本案的审判人员。"因此，曾担任过本案的侦查和起诉的侦查、检察人员也应当回避，因为他们在侦查和起诉时对案件所作的结论，也可能妨碍他们公正地审判案件。另外，《刑事诉讼法》第206条规定："人民法院按照审判监督程序重新审判的案件，应当另行组成合议庭进行。……"由此可见，曾参加案件第一审审判的审判人员，当对该案重新进行审判时，他们也必须全体回避。

4. 与本案的当事人有其他关系，可能影响公正处理案件的。这里所说的"其他关系"，是指与当事人在生活、学习、工作中有过密切联系或不和睦关系等。这种情形，是法律所作的灵活性规定。因为法条势必不能将诉讼实践中存在的所有可能影响案件公正处理的情形一一予以列举。此处所说的这种其他关系究竟是否存在、若存在是否确实可能影响本案的公正处理，这是需要靠司法机关在诉讼中实事求是，具体分析的。

5. 审判人员、检察人员、侦查人员等接受当事人及其委托的人的请客送礼，违反规定会见当事人及其委托人的。在刑事案件的办理过程中，法律赋予侦查、检察、审判人员相应的权力。如何行使这些权力将直接关系到对犯罪嫌疑人、被告人能否依法追诉和裁判。而侦查、检察、审判人员如果接受当事人及其委托人的请客送礼，或者违反规定会见当事人及其委托人，势必造成人们对其能否依法行使职权、公正处理案件的一种不信任。司法实践中，这也是侦查、检察、审判人员不当或者违法行使职权、枉法处理案件的一个重要影响因素。因此，出现上述情形，侦查、检察、审判人员必须依法回避。

二、回避的适用对象

回避的适用对象，又称回避的人员范围。侦查、检察、审判人员是行使国家侦查权、检察权、审判权的执法人员，其在职权行使过程中能否实事求是、秉公执法，直接关系到刑事案件的处理是否客观公正。而书记员、翻译人员和鉴定人如果与案件或案件当事人有特殊关系，将可能影响其忠实履行自己的职责。因此，根据我国《刑事诉讼法》第28、31条的规定，回避的适用对象包括以下几种：

1. 审判人员。指直接负责审判本案的审判员和人民陪审员。同时也包括对该案的处理拥有讨论和决定权的法院正、副院长，正、副庭长和审判委员会委员。

2. 检察人员。主要指直接负责本案的审查批准逮捕和审查决定起诉工作的检察人员。同时也包括对该案处理拥有讨论和决定权的正、副检察长和检察委员会委员。

3. 侦查人员。主要指直接负责侦查本案的公安人员和检察人员。同时也包括对该案的处理拥有讨论和决定权的正、副检察长、检察委员会委员和公安机关负责人。

4. 书记员。凡在侦查、起诉和审判阶段担任记录工作的书记员，均在此例。

5. 翻译人员。既包括在法庭审判时担任翻译工作的人员，也包括在侦查、起诉阶段讯问被告人和询问证人、被害人时担任翻译工作的人员。

6. 鉴定人。凡担任本案某个专门问题的鉴定工作并提供鉴定结论的人，都应包括在内。

关于回避制度的适用问题，由于诉讼理论和诉讼结构的差异，我国和西方国家的回避制度在适用对象和适用的诉讼阶段的规定上有所不同。西方国家奉行审判中心论，侦查和提起公诉往往被视为审判的前期准备工作，因而回避制度主要适用于审判阶段的法官和陪审员。我国则不同，侦查、审查起诉和审判是同等重要的三个诉讼阶段，公检法三机关在刑事诉讼中地位平等，互不隶属。因此，回避制度不仅适用于审判阶段，也适用于侦查、审查起诉阶段；在适用对象上不仅包括审判人员，也包括侦查人员、检察人员，甚至包括书记员、翻译人和鉴定人。[1] 需要指出的是，关于回避的适用对象问题，我国诉讼法学界有学者认为，回避制度也应适用于辩护人，还有学者主张回避制度还应适用于管教人员。但从我国现行法律的规定来看，该两种人员并未成为我国回避制度所适用的对象。

第三节　回避的程序规定

一、提出回避的方式

根据我国《刑事诉讼法》第 28 条和最高人民法院《刑诉解释》第 23、26 条的规定，提出回避的方式有三种。

1. 自行回避。自行回避又称积极回避。自行回避是指具有法定回避情形之一的有关人员自行主动提出回避要求。

2. 申请回避。申请回避又称消极回避。申请回避是指案件当事人及其法定

---

〔1〕　徐静村主编：《刑事诉讼法》，法律出版社 1999 年版，第 89 页。

代理人，认为有关人员具有法定回避情形而向有关机关提出申请，要求他们回避。

3. 指令回避。指令回避是指侦查、检察和审判等人员依法应当回避，但其自己因某种原因，不主动提出回避要求，当事人或其法定代理人因不了解情况也无法行使申请回避权，而由公安机关、人民检察院或者人民法院依法作出决定，令他们回避。

二、提出回避的时间

一般来说，回避在侦查、起诉和审判的各个阶段均可提出。

属于回避对象的有关人员，在接受案件并了解自己具有法定应予回避的情形后，应立即向本单位领导提出回避的要求，说明回避的理由。

根据我国《刑事诉讼法》第 154 条关于开庭时审判长应"告知当事人有权对合议庭组成人员、书记员、公诉人、鉴定人和翻译人员申请回避"的规定，当事人及其法定代理人提出回避申请，原则上应在人民法院开庭时提出。但如果当事人及其法定代理人在开庭以前便知悉有关人员具有法定的应当回避的情形，或者在开庭后才得知有关人员具有法定应当回避的情形，也可以分别在开庭前、法庭辩论终结前提出，以保证当事人充分行使申请回避的权利。

在诉讼过程中，司法机关的有关组织和负责人，一旦发现法律规定所列的有关人员应当回避，但其本人没要求自行回避，当事人及其法定代理人也未申请他们回避时，应立即作出决定，指令其回避。

三、对回避的审查及处理决定

不论是自行回避，还是申请回避，都应提出根据，讲明理由。侦查、检察、审判机关对自行回避的要求和申请回避的申请，应立即报送主管领导审批。在回避的要求或申请未经主管领导审查、批准或同意之前，任何人都无权自行决定回避或者驳回当事人及其法定代理人的回避申请。

在对回避要求或申请依法上报后，主管领导作出是否同意回避的决定前，要经过一个过程。此过程中，一般情况下诉讼活动应当停止进行。例如，在法庭审理阶段，当事人提出了回避申请，法庭应一面上报，一面决定暂时休庭或延期审理。但是，回避的要求或申请如果是在侦查过程中提出的，侦查工作则不能因此而停止。这是因为侦查活动有其特殊性，往往情况比较紧急，为了有效地制止犯罪，迅速破案，保护国家、集体利益及公民的合法权益免遭侵害，《刑事诉讼法》第 30 条第 2 款明确规定，"对侦查人员的回避作出决定前，侦查人员不能停止对案件的侦查"。

根据《刑事诉讼法》第 30 条第 1 款和第 31 条的规定，审判人员、检察人员、侦查人员的回避，应当分别由院长、检察长、公安机关负责人决定；院长的回避，由本院审判委员会决定；检察长和公安机关负责人的回避，由同级人民检察院检察委员会决定。书记员、翻译人员和鉴定人的回避，由其执行职务的所在机关的领导人决定。

有关的组织和人员对回避的要求或申请认真审查后，如认为理由充分，应作出同意回避的决定；如认为理由不充分，则应作出不批准自行回避要求或驳回回避申请的决定。对于侦查、检察、审判等人员自行回避的要求，作出决定后无需向当事人及其法定代理人宣告；对于当事人及其法定代理人提出的回避申请，作出决定后，应当向他们宣告。

根据《刑事诉讼法》第 30 条第 3 款的规定，当事人及其法定代理人对驳回回避申请的决定如果不服，可以申请复议一次。公检法机关接到复议的申请后，应立即进行复议；复议后作出的决定，仍应向当事人及其法定代理人宣告。在审查复议期间，除涉及侦查工作外，亦应暂行停止诉讼程序的进行。

学术视野

作为一项重要的诉讼制度，回避制度既有其自身的价值，又为实现实体公正提供了重要的保障。但我国相关立法及司法实践现状均有不尽完善之处，学者们对进一步明确回避理由、扩大回避对象、完善回避程序等问题提出了立法建议。

1. 对回避的理由需要从以下几个方面予以完善：

（1）改变模糊立法，增强法条的可操作性。比如《刑事诉讼法》第 28 条第 2 款规定的"本人或他的近亲属和本案有利害关系"这一回避情形规定的不够明确，过于粗糙。这就导致理论上对"利害关系"究竟如何理解出现很大的分歧。目前就存在几种不同的观点：①一般将其理解为"与案件处理结果存在利害关系"；②"法律上的利害关系"；③"利害关系"包括"与案件事实上的实体利益关系"和"程序上的利害关系"两类。

（2）增加无因回避制度。无因回避是指在申请回避时不需要说明理由的一项制度。无因回避制度的设计目的是强化当事人的权利、解除当事人的顾虑。

（3）回避对象存在偏见的情况下也应该回避。偏见分为对法律规定的偏见、对案件事实的偏见和对当事人的偏见。[1]

2. 应该说我国刑事诉讼回避对象的范围应是非常广泛了。但尽管如此，国内学者在评价我国的刑事诉讼回避对象的时候，大多还认为范围太狭窄。如没有把勘验、检查人员列入回避范围，确立法院整体回避制度，逐步取消侦诉人员的

---

〔1〕　樊崇义主编：《诉讼原理》，法律出版社 2003 年版，第 238 页。

回避等，有关律师是否应该回避也在激烈地争议当中。

3. 有学者认为，我国申请回避的主体范围过小。在我国，申请回避的主体不同于美国、法国、日本等国的规定，有权申请回避的主体皆包括检察官（公诉人）。根据日本《刑事诉讼法》的规定，为了被告人的利益，在不违反被告人明确意思的前提下，辩护人有权申请回避，而我国《刑事诉讼法》将申请回避的权利赋予了当事人及其法定代理人，将辩护人和诉讼代理人排除在外。

4. 对于程序的完善有以下立法建议：①扩大回避申请权人的范围；②规定回避申请权的提前告知制度；③建立法官（包括检察官及其他回避对象）公示制度；④明确回避前诉讼行为的效力问题以及对违反回避规定的处罚；⑤回避救济问题，申请人有权在 5 日内申请复议一次，但应该是向原决定机关的上一级机关，代替现在规定的原机关。

理论思考与实务应用

一、理论思考

（一）名词解释

回避　自行回避　申请回避　指令回避

（二）简答题

1. 简述法定回避的理由。

2. 简述我国刑事诉讼法中回避的适用对象。

3. 简述实行回避制度的意义。

（三）论述题

试述回避制度的问题与改革完善。

二、实务应用

（一）案例分析示范

案例一

被告人张某因涉嫌销售侵权复制品罪被深圳市人民检察院潮海分院依法向深圳市潮海区人民法院提起公诉。潮海区人民法院受理后，组成了合议庭开庭审理。在审理过程中，合议庭认为难以把握罪与非罪的界限，于是提请院长提交审判委员会讨论决定。在讨论时委员赵某提出被告人张某是其小舅子，申请回避。但院长认为《刑事诉讼法》中规定的应该回避的人员中并不包括审判委员会委员，况且赵某和被告人张某的关系不属于《刑事诉讼法》规定的"近亲属"的范围。因此无须回避。

问：院长的意见是否正确？并说明理由。

【评析】院长的意见不正确。

虽然我国《刑事诉讼法》并没有明文规定审判委员会委员属于回避的适用对象，但是根据最高人民法院《刑诉解释》第 23 条规定：审判委员会委员、合议庭组成人员及独任审判员有《刑事诉讼法》第 28、29 条所列情形之一的，应当自行回避；当事人及他们的法定代理人也有权申请上列人员回避。由此可见，审判委员会委员属于法定的回避对象。另外关于"近亲属"的范围，最高人民法院《关于审判人员严格执行回避制度的若干规定》第 1 条第 1 款中把"近亲属"的范围明确界定为三种情形，即与当事人有直系血亲、三代以内的旁系血亲及姻亲关系。所以，根据最高人民法院的司法解释，审判委员会委员赵某与被告人张某之间的关系属于"近亲属"的范围，符合《刑事诉讼法》规定的回避理由，应当回避。

案例二

某县公安局对一起共同抢劫案件立案侦查，以公安局长韩麟为首组成侦破小组，查获犯罪嫌疑人赵某、钱某、孙某涉嫌结伙拦路抢劫。在侦查过程中，孙某聘请的律师李某未与孙某商量，独立提出本案的侦查员张权与被害人是同住一个小区的邻居，关系密切，申请其回避。侦查科的科长立即停止了张权的侦查工作，张权为了避免别人的闲话也立即退出了侦查活动。侦查科长经审查认为不属于法定回避的理由，驳回了回避申请。接着钱某提出申请公安局长回避，理由是公安局长与犯罪嫌疑人的父亲是老战友，关系密切。经上级公安机关作出了回避决定。本案经县检察院起诉至县法院，在审理期间，赵某提出书记员李丽原是本案侦查人员，后工作调动至法院，不应担任本案书记员；钱某提出出庭支持公诉的检察院的书记员陈明在案件审查起诉过程中曾经和被害人一起吃饭，应当回避；孙某提出陪审员王丹相貌凶恶，语气严厉，不应参与案件的审判。审判长武韬当庭决定准许陈明回避，驳回了赵某、孙某的回避申请。

问：本案回避程序有何违法之处？并说明理由。

【评析】本案错误之处有：

（1）李某无权独立提出回避申请。只有案件的当事人及其法定代理人有权独立提出回避申请。

（2）对侦查员张权的回避作出决定前，不应停止张权的侦查工作，张权也不应立即退出侦查活动。对侦查人员的回避作出决定前，侦查人员不能停止对案件的侦查。

（3）对侦查员张权的回避决定，不应由侦查科科长决定。侦查人员的回避应当由公安机关负责人决定。

（4）不应以对侦查员张权的回避申请不符合法定理由为由，驳回回避申请。对侦查员张权的回避申请符合法定理由，应当作出是否回避的决定。

（5）对公安局长的回避决定，不应由上级公安机关作出。公安机关负责人的回避，由同级人民检察院检察委员会决定。

（6）对书记员李丽的回避决定，不应由审判长作出。对法庭审判的书记员的回避问题，由人民法院院长决定。

（7）对出庭支持公诉的书记员陈明的回避决定，不应由审判长作出。对出庭支持公诉的书记员的回避，应由指派其出庭的人民检察院的检察长或者检察委员会决定。

（8）审判长不应驳回赵某对书记员李丽的回避申请。参加过本案侦查的人员，如果调至法院工作，不得担任本案的审判人员和书记员。

案例三

某县法院法官甲担任被告人某乙盗窃一案的审判长。在开庭的时候，法官甲向被告人交代诉讼权利时，被告人问："什么叫做回避？"他回答："回避就是你如果认为我水平不高，没有资格担任审判长，就申请换人，不要我担任审判长"。被告人回答："我信得过你的水平，因为我的辩护人都是你推荐的，昨天他会见我的时候还对我说，你办事很爽快，前天他请你吃饭的时候，求你对我网开一面，你很干脆地就答应了。我不申请你回避。"

问：审判长对回避含义的解释是否正确？本案审判长是否应回避？法院对此问题应该如何处理？出庭支持公诉的公诉人对审判长的回避问题应该如何处理？并针对《刑事诉讼法》的相关规定结合本案谈谈对我国回避制度的理解。

【评析】

（1）审判长的回答是错误的。审判长在交代回避权利时，可以使用通俗的语言，但通俗必须建立在准确的基础之上。解释的语言可以通俗，但不能违背立法原意。本案审判长所解释的回避含义与立法对回避的规定大相径庭，没有起到告知权利的作用。

（2）本案审判长应当回避。审判长为被告人推荐辩护人，接受辩护人的宴请这种行为已经符合我国《刑事诉讼法》第29条的规定，当事人及其法定代理人有权要求其回避。在他没有自行回避、回避申请人也没有申请他回避的情况下，他所在的法院院长（如果他是法院院长则由审判委员会）应当责令他回避，并给予纪律处分。

但是，我国的法律和司法解释对于开庭以后责令法官回避的程序未作明文规定。在这种情况下，法律应当赋予合议庭其他成员决定中止程序的权力，待回避问题解决以后再恢复法庭审理。因此，从这一点上看，我国《刑事诉讼法》应当在责令法官回避的程序上予以完善。

（3）根据最高人民检察院《人民检察院刑事诉讼规则》第394条的规定：人民检察院在审判活动监督中，如果发现人民法院或者审判人员审理案件违反法律规定的诉讼程序，应当向人民法院提出纠正意见；出席法庭的检察人员发现法庭审判违反法律规定的诉讼程序，应当在休庭后及时向本院检察长报告；人民检察院对违反程序的庭审活动提出纠正意见，应当由人民检察院在庭审后提出。据此，出庭支持公诉的公诉人对于法庭组成人员违反回避规定的，应当在休庭后及时向本院检察长报告。

可见，在现有的法律制度框架内，人民检察院对于违反程序的庭审活动只能在休庭后提出，这显然不是解决问题的好办法。因此，就有不少学者建议，赋予公诉人申请回避权，可能是解决开庭以后法官回避问题的最好办法。

（二）案例分析实训

案例一

某县人民法院刑事审判庭只有三名法官。对于被告人某甲盗窃一案，该县人民法院组成合议庭进行了审理，由刑事审判庭庭长担任审判长。一审宣判以后，被告人没有上诉，县人民检察院也没有提起抗诉。判决发生法律效力后，在刑罚执行过程中，县人民法院发现本案在适用法律上确有错误，审判委员会决定对本案进行再审。在组成合议庭时，县人民法院院长对刑事审判庭庭长说："你虽然在一审中担任过审判长，本来不应该参与本案的再审。但是由于我们法院懂刑事审判的也就这么两三个人，因此，没有办法，再审的时候，你也要参加，由你、我和另外一名副院长组成合议庭审理，我担任审判长。"

问：县人民法院院长的做法是否妥当？请说明理由。

案例二

某县人民检察院依法对某甲交通肇事一案向县人民法院提起公诉。在县人民法院开庭以后，审判长告知被告人有权申请回避。被告人说："本案公诉人在担任检察官之前，曾经在县公安局任职，他曾经侦查过本案。因此，我申请他回避。"审判长说："申请回避应当提出书面请求，并提出理由。现在都已经开庭了，你用口头方式提出回避申请，太迟了。你的申请不符合法律的规定，刑事诉讼法并没有规定当过警察的就不能当检察官，本庭对你的申请当庭驳回。"被告人当庭申请复议。审判长说："你连回避请求都没有提出，没有资格申请复议。"

问：请指出审判长的说法有哪些是不符合法律和有关司法解释规定的？并说

明理由。

案例三

某市中级人民法院法官甲目睹了乙杀害丙的全过程，遂将乙扭送到公安机关，并向公安机关证实了乙杀害丙的事实。该市人民检察院以涉嫌故意杀人罪依法向市中级人民法院提起公诉。市中级人民法院在确定合议庭组成人员时，法官甲被指定为审判长。开庭以后，法官甲没有向被告人交代他所享有的诉讼权利。在法庭调查过程中，被告人拒不承认自己实施了故意杀人行为。法官甲当庭指出："我亲眼目睹了你杀害丙的全过程，你就不要狡辩了。"公诉人也说："连审判长都说亲眼看见了你杀害丙的全过程，你就不要抵赖了。我们国家的刑事政策是坦白从宽、抗拒从严。"被告人最终承认了自己杀害丙的犯罪事实。

问：本案法官甲和公诉人的做法是否符合法律规定？并说明理由。

 主要参考文献

1. 陈卫东主编：《刑事诉讼法实施问题调研报告》，中国方正出版社 2001 年版。

2. 陈瑞华：《看得见的正义》，中国法制出版社 2000 年版。

3. ［德］克劳思·罗科信著，吴丽琪译：《刑事诉讼法》，法律出版社 2003 年版。

4. ［美］史蒂文·L. 伊曼纽尔：《刑事诉讼程序》（影印版），中信出版社 2003 年版。

5. ［德］托马斯·魏根特著，岳礼玲、温小洁译：《德国刑事诉讼程序》，中国政法大学出版社 2004 年版。

第七章
辩护与代理

【本章概要】我国的辩护制度由宪法和刑事诉讼法规定。在我国，担任辩护人的人不限于律师，还包括人民团体和犯罪嫌疑人、被告人所在单位推荐的人，以及犯罪嫌疑人、被告人的监护人、亲友。辩护律师可以在侦查阶段为犯罪嫌疑人提供法律援助；审查起诉阶段，犯罪嫌疑人、被告人可以正式委托辩护人参加诉讼。辩护人的责任就是根据事实和法律，提出证明犯罪嫌疑人、被告人无罪、罪轻或者减轻、免除其刑事责任的材料和意见，维护犯罪嫌疑人、被告人的合法权益。辩护人在刑事诉讼中享有独立的诉讼地位，法律赋予了辩护人查阅案卷，与在押的犯罪嫌疑人、被告人会见、通信以及调取证据等权利。司法机关必须保障犯罪嫌疑人、被告人辩护权的实现。刑事代理也是保障当事人合法权益的重要措施之一。刑事代理不同于刑事辩护，代理人的诉讼权利依赖于当事人的授权，受当事人授权范围的制约。刑事代理包括公诉案件的代理、自诉案件的代理和附带民事诉讼的代理三种。诉讼代理人的权限范围既受法律赋予被代理人的诉讼权利范围的限制，又受被代理人对代理人授权范围的限制。

【学习目标】了解辩护、辩护权、代理、代理权的概念和意义。理解辩护人和代理人的范围、责任、诉讼地位及其诉讼权利和义务。

【教学重点与难点】辩护人的范围、责任、诉讼地位以及辩护人的诉讼权利和义务；委托辩护、指定辩护、拒绝辩护的概念、条件、程序；律师在侦查阶段为犯罪嫌疑人提供法律帮助的内容；律师提供法律帮助时享有的权利。

第一节　刑事辩护制度

一、辩护制度概述

刑事诉讼中的辩护，是指犯罪嫌疑人、被告人及其辩护人针对控诉，根据事实和法律，提出相关的证据材料或意见，以证明犯罪嫌疑人、被告人无罪、罪轻或者应被减轻、免除刑事责任的诉讼活动。辩护是与控诉相对应存在的，没有控诉便没有辩护。而辩护制度，是由法律确定的关于辩护权、辩护主体、辩护种类、辩护期间、辩护人的职责、辩护人的权力与义务等一系列规范的总称。

辩护制度起源于古罗马。在公元前 4 ~ 6 世纪的罗马奴隶制共和国时期，由于交通便利和民主共和等自然因素与政治因素的影响，简单的商品经济十分繁荣，贸易往来频繁，贸易程序繁杂，另外纷繁复杂的罗马法律为一般人所不熟悉，因此"代理人"、"代言人"在罗马共和国开始出现并逐渐发展。随着法律的演进，职业法学家兴起，辩护制度逐渐为法律所承认。《十二铜表法》正式规定了法庭上辩护人进行辩护的条文。在罗马帝国末期，又开始允许刑事案件的原、被告双方当事人均可自己延请懂法律的人为辩护人在法庭上开展辩论。由于古罗马法学的发达，辩护人多为熟谙法律者甚至法学家，这就大大促进了古罗马刑事辩护制度的发展，使古罗马成为当时世界上刑事辩护最发达的国家。

而现代意义上的辩护制度，则是缘起于西方国家的资产阶级革命。在资产阶级革命前夕，一批著名的启蒙思想家如英国的李尔本、洛克和法国的狄德罗、伏尔泰、孟德斯鸠等人，便提出了"天赋人权"、"主权在民"、"法律面前人人平等"的革命口号，在诉讼中他们主张用辩论式诉讼模式取代纠问式模式，赋予被告人辩护权，在审判中实现辩护原则。在资产阶级革命胜利后，英法等主要资本主义国家均在立法中肯定了刑事诉讼的辩护原则，在宪法上赋予了刑事被告人自己辩护和延请他人辩护的权利。[1]

当今世界各文明国家都建立起了辩护制度，在法制较健全的国家辩护制度已相当完整。由此看来，辩护制度有十分重大的意义。在我国，实行辩护制度的意义主要在于：

第一，实行辩护制度，有利于司法机关正确处理案件，防止司法人员的主观片面、偏听偏信。控诉方与辩护方是对立存在的，如果没有辩护制度，只存在控诉方的控诉意见，这对正确认定案件事实显然是极其不利的。

第二，实行辩护制度，有利于犯罪嫌疑人、被告人充分行使诉讼权利，有利于保护他们的合法权益。犯罪嫌疑人、被告人在诉讼中出于被追究的弱势地位，他们中许多人又不懂法律，不知道自己在诉讼中有哪些权利及如何行使这些权力，这就使得自行辩护不能进行。有辩护人特别是辩护律师参加诉讼，就可以帮助犯罪嫌疑人、被告人充分行使诉讼权利，有效维护他们的合法权益。

第三，实行辩护制度，有利于更好地实现刑事诉讼法的教育任务。这体现在两个方面：①被告一方充分行使辩护的权利，把有利于他的事实和理由全部讲出来，司法机关在予以充分考虑后实事求是地作出处理，就容易使犯罪人认罪服法；②控辩双方充分辩论，还能使旁听群众全面了解案情，分清是非，加强法制观念，提高守法意识和同犯罪作斗争的积极性。

---

〔1〕　有关辩护制度的历史演进，可参见熊秋红：《刑事辩护论》，法律出版社1998年版，第26～37页。

二、辩护权

辩护权，是指宪法和法律赋予犯罪嫌疑人、被告人针对指控进行辩解，以维护自己合法权益的一种诉讼权利。它是犯罪嫌疑人、被告人各项诉讼权利中的一项核心权利。我国宪法和刑事诉讼法都规定："被告人有权获得辩护"，人民法院有义务保证被告人获得辩护。在刑事诉讼实践中，自己辩护和请辩护人协助辩护二者相结合。

辩护权有广义和狭义之分。狭义的辩护权包括陈述权、提供证据权、提问权、辩证权、获得辩护人帮助权等一系列具体的权利。广义的辩护权又称防御权，除包括狭义辩护权之外，还包括其延伸部分，如证据调查请求权、上诉权、申诉权等，甚至可以说辩护权是被指控人所有诉讼权利的总和，因为其行使诉讼权利的总体目的在于针对控诉进行防御。[1] 本书中的"辩护权"，均指狭义的辩护权。

权利可以行使，也可以放弃，辩护权当然也可以放弃。《刑事诉讼法》第39条规定："在审判过程中，被告人可以拒绝辩护人继续为他辩护，也可以另行委托辩护人辩护。"根据这项立法的基本精神可以推定：犯罪嫌疑人在侦查阶段委托律师的权利和在审查起诉阶段委托辩护人的权利也可以放弃，当然也可以拒绝后另行委托。

犯罪嫌疑人、被告人的辩护权，主要靠两个方面的结合来实现：①犯罪嫌疑人、被告人及其辩护人进行认真充分的辩护；②司法机关认真履行法律职责，对犯罪嫌疑人、被告人的辩护权予以保障。

三、辩护人的范围

所谓辩护人，是指在刑事诉讼活动中接受犯罪嫌疑人、被告人的委托或者经人民法院指定，依据事实和法律，帮助他们行使辩护权的人。根据我国刑事诉讼法的规定，犯罪嫌疑人、被告人可以委托 1 ~ 2 人作为辩护人，即犯罪嫌疑人、被告人最多可以委托两名辩护人。在共同犯罪案件中，由于犯罪嫌疑人、被告人之间存在着利害关系，因此 1 名辩护人不得同时接受 2 名以上同案犯罪嫌疑人、被告人的委托，作为他们的共同辩护人。辩护人在刑事诉讼中与犯罪嫌疑人、被告人共同承担辩护职能。辩护人应当依据事实和法律，与承担控诉职能的控诉一方积极对抗，并针对指控提出证明犯罪嫌疑人、被告人无罪、罪轻或减轻、免除其刑事责任的材料和意见，促使法官兼听则明，在中立的基础上公正裁判。下列三类人员可以充当辩护人：

1. 律师。律师是指依法取得律师执业证书，并且经过登记注册，为社会提

---

〔1〕　参见熊秋红：《刑事辩护论》，法律出版社 1998 年版，第 6 ~ 7 页。

供法律服务的执业人员。《律师法》第 11 条规定："公务员不得兼任执业律师。律师担任各级人民代表大会常务委员会组成人员的，任职期间不得从事诉讼代理或者辩护业务。"第 41 条规定："曾经担任法官、检察官的律师，从人民法院、人民检察院离任后 2 年内，不得担任诉讼代理人或者辩护人。"

现役军人成为犯罪嫌疑人、被告人的，可以聘请军队中的或者地方的律师作为辩护人。外国人、无国籍的犯罪嫌疑人委托律师辩护的，只能委托中国律师作为辩护人。

根据《刑事诉讼法》第 96 条的规定，律师在案件的侦查阶段就有权接受犯罪嫌疑人的委托介入刑事诉讼，为犯罪嫌疑人提供法律服务。但这里的律师还不是辩护人。犯罪嫌疑人只能在案件移送审查起诉之后才可以委托辩护人进行辩护。

2. 人民团体或者犯罪嫌疑人、被告人所在单位推荐的人。鉴于我国当前的律师队伍尚不能完全满足实际需要，为了有效地维护犯罪嫌疑人、被告人的合法权益，工会、妇联、共青团、学联等群众性团体以及犯罪嫌疑人、被告人所在单位，可以推荐公民担任刑事案件的辩护人。需要注意的是，只有经过犯罪嫌疑人、被告人的委托，这类人员才可以充当辩护人，人民法院不可以指定他们为辩护人。

3. 犯罪嫌疑人、被告人的监护人、亲友。这里的"亲友"，指包括近亲属在内的所有的亲戚、朋友。法律对这一类人员充当辩护人的规定，主要也是立足于我国律师数量不够充分的现实情况。

上述三类人员被委托为辩护人的，人民法院应当核实其身份证明和辩护委托书。

虽然法律规定辩护人的范围比较广泛，但也应当受到一定的限制。根据《刑事诉讼法》第 32 条和有关司法解释的规定，下列人员不得被委托担任辩护人：①被宣告缓刑和刑罚尚未执行完毕的人；②依法被剥夺、限制人身自由的人；③无行为能力或限制行为能力的人；④人民法院、人民检察院、公安机关、国家安全机关、监狱的现职人员；⑤本院的人民陪审员；⑥与本案审理结果有利害关系的人；⑦外国人或者无国籍的人。

上述第 4~7 项规定的人员，如果是被告人的近亲属或者监护人，由被告人委托担任辩护人的，人民法院可以准许。

四、辩护的种类

辩护的种类是从不同的角度对辩护所作的类别划分。根据不同的标准，对辩护可以有不同的分类。

（一）根据辩护主体的不同，可以分为自行辩护和他人代为辩护

自行辩护是指犯罪嫌疑人、被告人自己行使辩护权，自己为自己辩护的一种方式。这种辩护是犯罪嫌疑人、被告人辩护权最直接、最本质的体现，它可以贯穿刑事诉讼的始终。他人代为辩护是指在刑事诉讼中由他人代为行使辩护权的一种辩护方式。应当注意，他人代为辩护并不能排除犯罪嫌疑人、被告人的自行辩护，它与自行辩护是共同存在的。

（二）根据辩护人产生的方式不同，他人代为辩护又可以分为委托辩护和指定辩护

委托辩护是指犯罪嫌疑人、被告人通过与法律允许的人签订委托合同，由他人为自己作辩护。委托辩护权是辩护权的一个重要方面。犯罪嫌疑人、被告人可以自行委托辩护人，也可以由其法定代理人、家属或者所在单位为其委托辩护人。

根据委托时间的不同规定，委托辩护又可分为三种情形：①在自诉案件中，被告人有权随时委托辩护人。②公诉案件自案件移送审查起诉之日起，犯罪嫌疑人有权委托辩护人。对于人民检察院直接受理的案件，自检察院内部的刑事侦查部门将该案件移送至审查起诉部门之日起，犯罪嫌疑人即有权委托辩护人。因此，犯罪嫌疑人及其法定代理人有权向负责案件侦查的专门机关询问案件是否侦查终结、是否移送检察机关审查起诉，相关的机关应当如实告知。人民检察院自收到移送审查起诉的案件材料之日起3日内，应当告知犯罪嫌疑人有权委托辩护人。③人民法院决定对刑事案件开庭审判后，至迟在开庭10日以前，对于被告人未委托辩护人的，人民法院应当告知被告人可以委托辩护人。

指定辩护是指遇有法律规定的特殊情况时，人民法院为没有委托辩护人的犯罪嫌疑人、被告人指定辩护律师为其进行辩护。指定辩护中的辩护人都是承担法律援助义务的律师。根据最高人民法院的相关司法解释，被告人没有委托辩护人而具有下列情形之一的，人民法院应当为其指定辩护人：①盲、聋、哑人或者限制行为能力的人；②开庭审理时不满18周岁的未成年人；③可能被判处死刑的人。被告人没有委托辩护人而具有下列情形之一的，人民法院可以为其指定辩护人：①符合当地政府规定的经济困难标准的；②本人确无经济来源，其家庭经济状况无法查明的；③本人确无经济来源，其家属经多次劝说仍不愿为其承担辩护律师费用的；④共同犯罪案件中，其他被告人已委托辩护人的；⑤具有外国国籍的；⑥案件有重大社会影响的；⑦人民法院认为起诉意见和移送的案件证据材料可能影响正确定罪量刑的。

应当指出，我国刑事诉讼中的指定辩护仅限于审判阶段，为被告人指定辩护是人民法院的法定职责。

（三）根据刑事审判活动是否必须有辩护人参加，可以分为任意辩护与强制辩护

任意辩护是指是否有辩护人参加辩护完全取决于犯罪嫌疑人、被告人的意志的一种辩护。凡是法律规定的强制辩护以外的都是任意辩护。强制辩护是指法院审判时必须有辩护人参加，否则法院不能进行审判的一种辩护。根据《刑事诉讼法》第34条第2～3款的规定，我国的强制辩护有两种情形，即被告人是盲、聋、哑或者未成年人而没有委托辩护人和被告人可能被判处死刑而没有委托辩护人。

应当注意到，强制辩护与指定辩护有联系又有区别。在我国的刑事诉讼法上，强制辩护属于指定辩护的范畴，是指定辩护的一种。人民法院的指定辩护有两种：①"可以"指定辩护；②"应当"指定辩护，强制辩护即为"应当"指定辩护之义。

五、辩护人的职责

辩护人的职责，即辩护人的任务，概括讲就是依法为犯罪嫌疑人、被告人进行辩护，维护其合法权益。具体可以分为下列几个方面：

（一）依法为犯罪嫌疑人、被告人进行辩护，这是辩护人的首要职责

辩护人应当根据事实和法律，提出能够证明犯罪嫌疑人、被告人无罪、罪轻或者能够减轻、免除其刑事责任的材料和意见，充分和认真行使辩护权。但是，辩护人只有辩护的职责，而没有控诉的义务，甚至可以认为辩护人根本不能进行控诉。这里有两层含义：①辩护人在诉讼中对不利于犯罪嫌疑人、被告人的事实和理由可以隐瞒，而不会因此受到司法机关的追究；②辩护人不能在诉讼中特别是法庭上，讲述不利于被告人的事实和理由。这些是由辩护制度的价值和宗旨决定的。[1]

（二）维护犯罪嫌疑人、被告人的合法权益，对侵犯其合法权益的行为，依法要求纠正

不考虑犯罪嫌疑人、被告人罪行之严重，犯罪情节之恶劣，只要是其合法权益，辩护人都应尽力去维护。但是，犯罪嫌疑人、被告人的非法利益不能去维护。前面已提到辩护人没有控诉的义务，其实这里是要求辩护人不得为犯罪嫌疑人、被告人的利益去捏造事实和理由，编造假的证据材料，唆使证人作伪证等。

（三）为犯罪嫌疑人、被告人提供法律上的帮助

辩护人，主要是辩护律师，在接受委托或指定以后，应当解答犯罪嫌疑人、

---

〔1〕参见陈光中主编：《刑事诉讼法学（新编）》，中国政法大学出版社1996年版，第121页；王国枢主编：《刑事诉讼法学（新编本）》，北京大学出版社1998年版，第121页。

被告人提出的法律问题，为犯罪嫌疑人、被告人代写法律文书，讲解其在刑事诉讼中的权利、义务等，给犯罪嫌疑人、被告人以法律上的帮助。

六、犯罪嫌疑人、被告人的拒绝辩护

在我国的刑事诉讼法上，拒绝辩护包括两种情形：①辩护人拒绝继续为犯罪嫌疑人、被告人提供辩护，这是辩护人在法定事由发生时的一项诉讼权利，对此下文会有介绍；②犯罪嫌疑人、被告人拒绝辩护人继续为其进行辩护。《刑事诉讼法》第39条规定："在审判过程中，被告人可以拒绝辩护人继续为他辩护，也可以另行委托辩护人辩护。"从法理上讲，辩护权是被追诉人的一项根本权利，辩护权的主体是犯罪嫌疑人、被告人，辩护人的辩护则是派生于被追诉人的辩护权。因此，犯罪嫌疑人、被告人拒绝辩护人为其进行辩护也是行使辩护权的一种体现，属于辩护权内容的应有之义。

根据最高人民法院《刑诉解释》第38条之规定，被告人坚持自己行使辩护权，拒绝人民法院指定的辩护人为其辩护的，人民法院应当准许，并记录在案；被告人如果属于盲、聋、哑人或者限制行为能力的人、开庭审理时不满18周岁的未成年人、可能被判处死刑的人，拒绝人民法院指定的辩护人为其辩护，有正当理由的，人民法院应当准许，但被告人需另行委托辩护人，或者人民法院应当为其另行指定辩护人。同时，第165条又规定：被告人当庭拒绝辩护人为其辩护，要求另行委托辩护人的，应当同意，并宣布延期审理。被告人要求人民法院另行指定辩护律师，合议庭同意的，应当宣布延期审理。重新开庭后，被告人再次当庭拒绝重新委托的辩护人或者人民法院指定的辩护律师为其辩护的，合议庭应当分别情形作出处理：①被告人是成年人的，可以准许。但被告人不得再另行委托辩护人，人民法院也不再另行指定辩护律师，被告人可以自行辩护。②被告人如果属于盲、聋、哑人或者限制行为能力的人、开庭审理时不满18周岁的未成年人、可能被判处死刑的人，则不予准许。

七、辩护人的权利和义务

（一）辩护人的诉讼权利

为了保障辩护人作用的发挥，保障辩护人独立的诉讼地位，刑事诉讼法规定了辩护人相应的诉讼权利和诉讼义务。根据刑事诉讼法的规定，辩护人的诉讼权利主要有：

1. 独立辩护权。辩护人有权依事实和法律独立进行各种辩护活动，国家司法机关、社会团体、个人不得进行非法干预和限制。辩护人的辩护言论不受追究，其辩护活动受法律保护。

2. 阅卷权。辩护律师自人民检察院对案件审查起诉之日起，可以查阅、摘抄、复制本案的诉讼文书、技术性鉴定材料。其他辩护人经人民检察院许可，也

可以查阅、摘抄、复制上述材料。辩护律师自人民法院受理案件之日起，可以查阅、摘抄、复制本案所指控的犯罪事实材料。其他辩护人经人民法院许可，也可以查阅、摘抄、复制上述材料。

3. 会见通信权。辩护律师自人民检察院对案件审查起诉之日起，可以同在押的犯罪嫌疑人会见和通信。其他辩护人经人民检察院许可，也可同在押的犯罪嫌疑人会见和通信。辩护律师自人民法院受理案件之日起，可以同在押的被告人会见和通信。其他辩护人经人民法院许可也可同在押被告人会见和通信。辩护人同犯罪嫌疑人、被告人会见通信后，监管人员不能逼问谈话和书信内容。另外，根据《律师法》第33条之规定，律师会见犯罪嫌疑人、被告人，不被监听。

4. 调查取证权。这是辩护律师特有的一项权利。辩护律师经证人或其他有关单位和个人同意，可以向他们收集与本案有关的材料，也可以申请检察院、法院收集、调取证据，或申请法院通知证人出庭作证。辩护律师经人民检察院、人民法院许可，并且经被害人或其近亲属同意，可以向他们收集与本案有关的材料。

5. 提出辩护意见权。人民检察院审查案件，应当讯问犯罪嫌疑人，听取被害人和犯罪嫌疑人、被害人委托的人的意见。相应地，犯罪嫌疑人委托的辩护人在审查起诉阶段便有权为委托人辩护，人民检察院对此应当给予配合。

6. 获得通知权。辩护人有权至迟在开庭3日以前获得法院的出庭通知书。

7. 参加法庭调查的权利。辩护人在法庭审判中可以向法院出示物证、书证和其他证据文书，还可向本方证人、鉴定人发问。辩护人还有权在法庭同意后通知新的证人到庭，调取新的物证，申请重新鉴定和勘验。

8. 法庭辩论权。辩护人在法庭上经审判长的许可，可以对证据和案件情况发表意见，并可以与公诉人平等地进行辩论。

9. 解除强制措施的请求权。犯罪嫌疑人、被告人及其法定代理人、近亲属或者犯罪嫌疑人、被告人委托的律师及其他辩护人对于人民法院、人民检察院或者公安机关采取强制措施超过法定期限的，有权要求解除强制措施。人民法院、人民检察院或者公安机关对于被采取强制措施超过法定期限的犯罪嫌疑人、被告人应当予以释放、解除取保候审、监视居住或者依法变更强制措施。

10. 司法文书获取权。辩护人有权获取检察院的起诉书和抗诉书副本，有权获取法院的判决书和裁定书副本。

11. 控告权。辩护人对审判人员、检察人员、侦查人员侵犯其人身权利和其他侮辱人身的行为，有权提出控告。

12. 拒绝辩护权。这里的"拒绝辩护"，是指辩护人在法定事由发生时可以不再为犯罪嫌疑人、被告人辩护的行为。《律师法》第32条第2款规定：律师接受委托后，无正当理由的，不得拒绝辩护或者代理；但是，委托事项违法、委托人利用律师提供的服务从事违法活动或者委托人故意隐瞒与案件有关的重要事实的，律师有权拒绝辩护或者代理。

13. 辩护人在征得被告人同意后，可以对检察机关不起诉的决定提出申诉，可以对一审的判决、裁定提出上诉。

（二）辩护人的诉讼义务

在我国，辩护人的诉讼义务主要有：

1. 忠于职守。辩护人为犯罪嫌疑人、被告人进行辩护，应当尽职尽责，维护他们的合法权益，不能无故拖延，无正当理由不得拒绝辩护。

2. 保守秘密。辩护人对于在从事辩护活动中所知悉的国家秘密、当事人的商业秘密和个人隐私，应当负有保守的义务。

3. 证据方面的义务。辩护人不得帮助犯罪嫌疑人、被告人隐匿、毁灭、伪造证据或者串供，不得威胁、引诱证人改变证言或者作伪证以及进行其他干扰司法机关诉讼活动的行为。

4. 遵守法庭规则。辩护人在接到人民法院开庭通知后，应当准时出席，履行辩护义务。在法庭上有义务遵守法庭纪律，遵守法定的刑事诉讼程序和法庭规则，服从法庭的指挥。

另外，根据律师法的相关规定，辩护律师在执业过程中还应当履行以下义务：①不得私自接受委托、收取费用，接受委托人的财物或者其他利益；②不得利用提供法律服务的便利牟取当事人争议的权益；③不得接受对方当事人的财物或者其他利益，与对方当事人或者第三人恶意串通，侵害委托人的权益；④不得违反规定会见法官、检察官以及其他有关工作人员；⑤不得向法官、检察官以及其他有关工作人员行贿，介绍贿赂或者指使、诱导当事人行贿，或者以其他不正当方式影响法官、检察官以及其他有关工作人员依法办理案件；⑥不得故意提供虚假证据或者威胁、利诱他人提供虚假证据，妨碍对方当事人合法取得证据；⑦不得煽动、教唆当事人采取扰乱公共秩序、危害公共安全等非法手段解决争议；⑧不得扰乱法庭秩序，干扰诉讼活动的正常进行；⑨曾经担任法官、检察官的律师，从人民法院、人民检察院离任后二年内，不得担任诉讼代理人或者辩护人；⑩律师、律师事务所应当按照国家规定履行法律援助义务，为受援人提供符合标准的法律服务，维护受援人的合法权益。

第二节 刑事代理制度

一、刑事代理制度概述

代理制度起源于民事法律，其理论的建构和完备，也是以民法领域为先导的。诉讼代理的制度体系承继了民事代理的理论，刑事诉讼中的代理系诉讼代理的一个分支。广义的刑事代理，包括了法定代理和委托代理两种产生方式。而法定代理，是指基于法律的规定，为刑事诉讼中无行为能力或者限制行为能力的诉讼主体设立代理人的制度，它不仅针对被害人、自诉人、附带民事诉讼当事人，而且还针对犯罪嫌疑人、被告人。比如《刑事诉讼法》第 75 条便规定：犯罪嫌疑人、被告人及其法定代理人、近亲属或者犯罪嫌疑人、被告人委托的律师及其他辩护人对于人民法院、人民检察院或者公安机关采取强制措施超过法定期限的，有权要求解除强制措施。可见，犯罪嫌疑人、被告人的法定代理人也可进行诉讼代理，享有一定的诉讼权利。法定代理人的范围，与民事监护人的范围完全一致。在此我们必须指出，我国刑事诉讼中的法定代理，实际上是直接因袭了民事代理制度，是针对无民事行为能力和限制民事行为能力的刑事诉讼主体在刑事诉讼程序中的规定。但是，本书中的刑事诉讼代理，应当采用狭义的范畴，仅仅是指委托代理。实际上，刑事诉讼法中的第四章"辩护与代理"也只是针对委托代理作出了规定。

刑事诉讼中的代理，是指代理人接受公诉案件被害人及其法定代理人或者近亲属、自诉案件自诉人及其法定代理人、附带民事诉讼当事人及其法定代理人的委托，以被代理人的名义在授权范围内参加诉讼，来维护被代理人的合法权益，并由被代理人承担诉讼代理行为法律后果的一种诉讼活动。而刑事诉讼代理制度，是法律确定的关于代理产生方式、代理的种类、代理人的范围、代理人的权利和义务等一系列规定的总称。

刑事诉讼代理有下列几个特征：①被代理人的范围有限定性。依刑事诉讼法规定，被代理人只能是公诉案件的被害人、自诉案件的自诉人和附带民事诉讼的当事人；②诉讼代理人必须以被代理人的名义进行诉讼活动；③诉讼代理人只能在被代理人授权范围内从事活动，如果代理人超越代理权限，但这种越权行为事后又得到了被代理人的追认，那么它也会对被代理人产生效力；④诉讼代理人进行代理活动产生的法律后果由被代理人承担。

诉讼代理人应当从以下几个方面区别于辩护人：①对象不同。诉讼代理人是针对公诉案件中的犯罪嫌疑人、被告人及自诉案件中的被告人而设立的；辩护人则是针对自诉人、被害人、附民事诉讼的当事人而设立的。②进入刑事诉讼的方式不同。诉讼代理人是受被代理人委托进入诉讼的；而辩护人除了基于委托进入刑事诉讼，还可以通过法院指定进入刑事诉讼。③诉讼地位不同。辩护人具有独立的地位，不受犯罪嫌疑人、被告人的意志左右，也不受法院、检察院及其他个人团体的干涉；诉讼代理人必须在委托人依法授权的范围内活动，因为代理人的行为不仅同被代理人在行为上有共同的效力，产生的法律效果也是由委托人全部承担。④承担的诉讼职能不同。除附带民事诉讼中的被告人的诉讼代理人之外，代理人一般是协助被代理人行使控诉职能；辩护人则是协助犯罪嫌疑人、被告人承担辩护职能。

确立和完善刑事诉讼代理制度有十分重大的意义：

1. 刑事诉讼代理有利于及时、准确地惩罚犯罪。代理人通过调查取证，分析案情，发表代理意见，可以促使司法机关及时审结案件，准确地惩罚犯罪分子。

2. 刑事诉讼代理有利于保护当事人的合法权益。公诉机关对犯罪行为进行控诉，目的在于惩罚犯罪，着重于维护国家利益。而代理人参与诉讼，目的在于代理当事人行使诉讼权利，着重于维护当事人的合法权益。

3. 刑事诉讼代理有利于刑事诉讼活动的顺利进行。代理人往往都是一些专业人员，他们富于法律知识和办案经验，由他们代理参加诉讼，有助于诉讼的顺利完成。

二、刑事诉讼代理的种类

根据被代理主体的不同，刑事诉讼代理可以分为如下三种：

（一）公诉案件的诉讼代理

公诉案件中的代理，指律师接受公诉案件中被害人及其法定代理人或者近亲属的委托，担任诉讼代理人的活动。公诉案件的被害人及其法定代理人或者近亲属，自案件移送审查起诉之日起，有权委托诉讼代理人。人民检察院收到移送审查起诉的案件材料之日起 3 日以内，应当告知被害人及其法定代理人或者其近亲属有权委托诉讼代理人。

（二）自诉案件的诉讼代理

自诉案件中的代理，是指在刑事自诉案件中，律师接受自诉人及其法定代理人的委托，担任诉讼代理人的活动。自诉案件的自诉人及其法定代理人有权随时委托诉讼代理人。人民法院自受理自诉案件之日起 3 日以内，应当告知自诉人有权委托诉讼代理人。

（三）附带民事诉讼的代理

附带民事诉讼的代理，是指接受自诉案件或者公诉案件中附带民事诉讼当事人及其法定代理人的委托，担任诉讼代理人的活动。公诉案件附带民事诉讼的当事人及其法定代理人，自案件移送审查起诉之日起，有权委托诉讼代理人。自诉案件附带民事诉讼的当事人及其法定代理人，有权随时委托诉讼代理人。人民检察院自收到移送审查起诉的案件材料之日起3日内，应当告知附带民事诉讼当事人有权委托诉讼代理人。人民法院自受理自诉案件之日起3日内，应当告知附带民事诉讼的当事人及其法定代理人有权委托诉讼代理人。

自诉人、被害人及其法定代理人委托的诉讼代理人，在当事人同时提起附带民事诉讼时，可以兼任附带民事诉讼中原告人的代诉讼理人，一般无须另办法律手续。而刑事被告或对被害人负有赔偿责任的机关、团体，或其法定代理人作为附带民事诉讼被告人的，可以委托原被告人的辩护律师作诉讼代理人，但要征得该律师的同意，并应另行办理有关法律手续。

三、刑事诉讼代理人的范围

根据《刑事诉讼法》第41条的规定，刑事诉讼代理人的范围和辩护人是相同的，即下列三种人可以作为刑事诉讼代理人：①律师；②人民团体或委托人所在单位推荐的人；③委托人的监护人、亲友。而且，法律对刑事诉讼代理人范围的限制与对辩护人的限制也是一样的，即不能充当辩护人的也不能充当刑事诉讼代理人。根据法律规定，下列人员不得被委托担任刑事诉讼代理人：①被宣告缓刑和刑罚尚未执行完毕的人；②依法被剥夺、限制人身自由的人；③无行为能力或限制行为能力的人；④人民法院、人民检察院、公安机关、国家安全机关、监狱的现职人员；⑤本院的人民陪审员；⑥与本案审理结果有利害关系的人；⑦外国人或者无国籍的人。

上述第4～7项规定的人员，如果是当事人的近亲属或者监护人，由当事人委托担任诉讼代理人的，人民法院可以准许。

四、刑事诉讼代理的权限

刑事诉讼代理的权限，即刑事诉讼代理人的诉讼权利范围，它既受法律赋予被代理人的诉讼权利范围的限制，又受被代理人对代理人授权范围的限制，所以会因不同种类案件和不同的委托权限而各异。

（一）公诉案件诉讼代理的权限

一般而言，公诉案件中的诉讼代理人可以行使以下诉讼权利：①申请回避；②代理被害人向公安司法机关控告犯罪；③收集、查阅与本案有关的材料；④参加法庭调查，向被告人、证人、鉴定人发问；⑤申请通知新证人到庭，申请重新鉴定或勘验，调取新的物证；⑥参加法庭辩论，向法庭指控犯罪；⑦人民检察院决定不起诉的案件，被害人如果不服，代理律师有权在被害人收到不起诉决定书后的7日内，代其向人民检察院提出申诉，也可以经被害人授权代其向人民法院提起自诉；⑧人民检察院审查起诉过程中，代被害人向人民检察院反应关于处理案件的意见和惩罚犯罪的要求；⑨对法院作出的一审判决、裁定不服，经被害人授权可以在法定期限内向检察院递交抗诉申请书，请求检察院提起抗诉；等等。

（二）自诉案件诉讼代理的权限

在自诉案件中，自诉人的诉讼代理人享有如下诉讼权利：①经自诉人的授权提起刑事诉讼；②在提起刑事诉讼的同时经授权可以提起附带民事诉讼；③申请回避；④出席法庭审判，参加法庭调查和辩论，申请人民法院调取新的证据、传唤新的证人，申请重新鉴定和勘验；⑤经自诉人的授权可以请求调解或与被告人自行和解；⑥经自诉人的授权在判决宣告以前撤诉；⑦阅读或听取审判笔录，并有权请求补正；⑧对司法人员非法剥夺自诉人诉讼权利和人身侮辱等侵权行为，有权提出控告；⑨如不服地方各级人民法院的一审判决或裁定，经自诉人的授权可以提起上诉，对已经发生法律效力的判决或裁定认为确有错误的，经自诉人的授权可以提起申诉；等等。

（三）附带民事诉讼代理的权限

附带民事诉讼代理人，指的是附带民事诉讼当事人的代理人，包括附带民事诉讼原告人和被告人的诉讼代理人。附带民事诉讼被告人同时又可能是刑事被告人，所以附带民事诉讼代理人不同与一般民事诉讼代理人，前者可能身兼数职，比如既担任附带民事诉讼被告人的诉讼代理人，又担任其辩护人。在这里只介绍其身份为附带民事诉讼代理人时的诉讼权利。附带民事诉讼代理人可以享有以下诉讼权利：①原告方代理人经原告人的授权可以在刑事诉讼过程中提起附带民事诉讼；②原告方代理人有权申请诉讼保全或先行给付；③申请回避；④要求民事诉讼同刑事案件一并审判，及时处理；⑤参加法庭调查；⑥参加法庭辩论；⑦可以要求人民法院进行调解，也可以自行和解；⑧原告方代理人有权撤诉，被告方代理人则有权提起反诉；⑨地方各级人民法院一审判决后，如果对判决不服，可以对一审判决中的附带民事诉讼部分提出上诉；⑩对已发生法律效力的裁判，向人民法院或人民检察院提出申诉；等等。

对刑事诉讼代理人的诉讼义务的理解，可以参见前述辩护人的诉讼义务。

学术视野

在刑事辩护制度与代理制度中，当前理论界的研究热点主要集中在以下几个方面：①关于辩护制度的概念，理论界有着诸多不同的理解，这也是凸显了辩护制度在我国刑事诉讼法上定位不明确的一种现状；②关于辩护人在刑事诉讼程序中的独立性问题，理论界也存在较大分歧，大致包括肯定说、否定说和相对说三种观点，其中肯定说是通说；③关于辩护律师的诉讼权利，我国理论界的研究成果非常丰富，这与律师权利在司法实践中的贯彻情况极不完善有着密切的联系，学者们大致围绕会见权、调查取证权、申请查证权、在场权、阅卷权、刑事豁免权等诸多权利在设定和完善方面进行了充分的讨论；④关于律师保守职业秘密的义务，学者们建议借鉴西方国家的相关规定，强化律师的保密职责，并处理好保守职业秘密和揭发、指证委托人犯罪行为之间的关系；⑤结合刑事被害人保护的研究思潮，学者们对刑事代理制度展开了论说，主要集中于刑事代理人的诉讼地位、诉讼权利以及国外相关规定等方面。

理论思考与实务应用

一、理论思考

（一）名词解释

刑事辩护　辩护人　刑事代理

（二）简答题

1. 辩护制度在刑事诉讼中的意义有哪些方面？
2. 如何看待辩护人在刑事诉讼中的地位与责任？
3. 如何理解辩护人介入刑事诉讼的时间？这一问题有何法律意义？
4. 刑事诉讼代理包括哪些种类？
5. 刑事诉讼代理人的权限包括哪些方面？

（三）论述题

试述我国的刑事诉讼律师辩护环境及其与刑事诉讼辩护制度的关系。

二、实务应用

（一）案例分析示范

案例一

34 岁的王某，河南省兰考县人，原系兰考县印刷厂汽车司机，已停薪留职。2009 年 3 月 22 日被逮捕。

2009 年 3 月 13 日晚 7 时，王某酒后驾驶自己的"东风"牌货车送女友林某某回家，途中王某违章驾车共造成 4 人死亡，3 人重伤，3 人轻伤，一辆解放牌汽车被撞毁报废。

该案侦查终结后，人民检察院以违章驾车的危险方法致人重伤、死亡罪起诉王某。在审查起诉中，犯罪嫌疑人王某委托其在法院工作的父亲王胜利为其辩护。检察机关认为，王某的案件将来要在王胜利所在的法院审判，王胜利在法院工作多年，各方面关系都比较熟，如果由王胜利担任王某的辩护人，将会影响案件的公正处理。于是要求犯罪嫌疑人王某另行委托辩护人。

问：人民检察院的做法是否正确？为什么？

【评析】人民检察院的做法是错误的，违反了我国刑事诉讼法关于辩护制度的规定。

根据《刑事诉讼法》第32条之规定，犯罪嫌疑人、被告人除自己行使辩护权以外，还可以委托1~2人作为辩护人。下列主体都可被委托为辩护人：①律师；②人民团体或者犯罪嫌疑人、被告人所在单位推荐的人；③犯罪嫌疑人、被告人的监护人、亲友。一般说来，现职的司法人员不宜担任犯罪嫌疑人、被告人的辩护人。因为司法机关在处理刑事案件时是打击敌人、惩治犯罪的专门机关，尤其是担负侦查、起诉、审判工作的人员，都是代表国家，依法追究犯罪行为，运用法律手段处罚犯罪的职能部门，它们履行刑事案件各个诉讼程序的职责。而作为被告人或犯罪嫌疑人的辩护人的职责，则主要是从维护其合法权益出发，根据法律和事实，提出有利于犯罪嫌疑人、被告人的事实和主张，以使其从轻、减轻或免除处罚。同一机关的工作人员既讲打击，又去维护，这是不适宜的。因此，司法工作人员一般不宜担任辩护人。但是，在特殊情况下，司法工作人员也可以担任辩护人，这主要是指犯罪嫌疑人或被告人是司法人员的近亲属或监护人时的情形。

在本案中，犯罪嫌疑人王某要求委托其父亲作为辩护人，应予以支持。尽管王胜利是法院工作人员，但其同时也符合犯罪嫌疑人的"监护人或亲友"这一条件。因此，人民检察院以"影响案件公正处理"为由拒绝王某委托其父亲作为辩护人，这是缺乏法律依据的。

案例二

某县人民法院在对县人民检察院提起公诉的被告人贾某（男，46岁）犯有组织卖淫罪开庭审判之前，贾某要求委托辩护人。法院告知贾某：根据刑事诉讼法的规定，聘请辩护人是被告人的权利，在案件移送县人民检察院审查起诉之日起，就可以委托辩护人。但是，被告人却表示不知道在检察院起诉阶段就可以聘请律师，检察院并没有告诉他可以委托律师进行辩护。法院通过向检察院询问此事，得到答复如下：负责本案起诉工作的检察官因工作疏忽，没有告知被告人有聘请律师的权利。

问：（1）县人民检察院的做法违反了什么法律规定？

（2）在这种情况下，县人民法院应当如何处理？

【评析】

（1）根据《刑事诉讼法》第33条的规定，公诉案件自案件移送审查起诉之日起，犯罪嫌疑人有权委托辩护人。人民检察院自收到移送审查起诉的案件材料之日起 3 日以内，应当告知犯罪嫌疑人有权委托辩护人。这一规定明确了犯罪嫌疑人何时可以委托辩护人。并且，为了保障犯罪嫌疑人的辩护权，该条立法还明确了人民检察院的告知义务。人民检察院应当告知而没有告知，违背了刑事诉讼法规定的基本诉讼程序。

（2）本案中，人民检察院没有告知犯罪嫌疑人委托辩护人的权利，犯罪嫌疑人的权利就可能因为没有得到辩护人的协助而不能得到有效的维护。但是，我国法律对于人民法院在这种情况下应当如何处理，并未作出明确的规定。为了切实保障犯罪嫌疑人在审查起诉阶段的辩护权，消除其对违反法定程序的起诉活动之公正性的疑虑，贯彻人民法院与人民检察院之间互相制约的规定，人民法院可以考虑建议人民检察院撤回起诉，另行指定检察官对案件重新审查起诉。在重新审查起诉过程中，人民检察院应当告知犯罪嫌疑人有权委托辩护人。如果人民检察院不接受建议的，人民法院也只能根据刑事诉讼法的规定审核是否符合起诉条件，并决定是否开庭审判。《刑事诉讼法》第 150 条规定："人民法院对提起公诉的案件进行审查后，对于起诉书中有明确的指控犯罪事实并且附有证据目录、证人名单和主要证据复印件或者照片的，应当决定开庭审判。"如果决定开庭审判的，在审判过程中人民法院应当充分注意严格保障被告人贾某的辩护权。

案例三

被告人庄刚（男，26 岁）因涉嫌诈骗罪被山东省某县人民检察院提起公诉，但在某县人民法院开庭前表示坚持不委托辩护人。某县人民法院认为该案具有重大社会影响，准备组织一次大型公开审判，于是根据刑事诉讼法的规定，指定某律师事务所的律师周某为其担任辩护人。庭审过程中，庄刚认为周某"对案件事实都不清楚"，要求周某退庭，拒绝其为自己辩护。合议庭认为被告人无权拒绝法院指定的辩护律师，当庭决定驳回庄刚的请求。

问：本案中，某县人民法院在对待被告人的辩护权问题上是否有错误？说明理由。

【评析】某县人民法院为被告人庄刚指定辩护人的做法是正确的，驳回被告人庄刚拒绝辩护人继续为他辩护的请求的做法是错误的。

根据《刑事诉讼法》第 34 条的规定，人民法院为被告人指定辩护人，必须符合下列情形之一：①公诉人出庭公诉的案件，被告人因经济困难或者其他原因没有委托辩护人的；②被告人是盲、聋、哑或者未成年人而没有委托辩护人的；③被告人可能判处死刑而没有委托辩护人的。本案被告人显然不符合指定辩护的第 2、3 种情形。本案被告人是自己坚持不委托辩护人，而不是出于经济困难或者其他原因，所以也不符合指定辩护的第1种情形。但是，最高人民法院《刑诉解释》第37条规定，被告人没有委托辩护人而具有下列情形之一的，人民法院可以为其指定辩护人：①符合当地政府规定的经济困难标准的；②本人确无经济来源，其家庭经济状况无法查明的；③本人确无经济来源，其家属经多次劝说仍不愿为其承担辩护律师费用的；④共同犯罪案件中，其他被告人已委托辩护人的；⑤具有外国国籍的；⑥案件有重大社会影响的；⑦人民法院认为起诉意见和移送的案件证据材料可能影响正确定罪量刑的。因此，县人民法院在认为案件具有重大社会影响时，根据该条第6项的规定为没有委托辩护人的被告人指定辩护人的做法是正确的。

人民法院为了保证被告人的辩护权而为其指定辩护人，并不意味着被告人就有义务接受人民法院指定的辩护人，拒绝辩护也是辩护权的一个必不可少的内容。《刑事诉讼法》第39条还规定，在审判过程中，被告人可以拒绝辩护人继续为他辩护，也可以另行委托辩护人辩护。法律并未规定被告人可以拒绝辩护的辩护人只能是委托辩护人，这意味着被告人有权拒绝指定辩护人为其辩护。最高人民法院《刑诉解释》第38条也规定，被告人坚持自己行使辩护权，拒绝人民法院指定的辩护人为其辩护的，人民法院应当准许，并记录在案；被告人具有应当指定辩护人的情形之一，拒绝人民法院指定的辩护人为其辩护，有正当理由的，人民法院应当准许，但被告人需另行委托辩护人，或者人民法院应当为其另行指定辩护人。可见，县人民法院驳回被告人拒绝指定辩护人继续为其辩护的请求的做法是缺乏法律依据的。

（二）案例分析实训

案例一

孙某（男，39岁）因负债无力偿还，于2009年7月6日离家外出。7月19日，孙某在江苏省大丰县遇到在该地贩米的同乡成某、杨某夫妇及其女儿成甲、成乙和他们的保姆周某。孙某认为成某贩米有钱且老实可欺，遂起意诈骗。孙某谎称自己是采购员，并以租成某的船运输化工原料为名，骗使成某卖掉大米，驾船随他去东台、兴化、海安、盐城、宝应等地。途中，孙某以贷款不足为由，骗得成某的现金人民币9500元，为了达到最终非法占有此款的目的，孙某产生了杀人灭口的恶念。同年9月14日，孙某将成某一家随船骗至宝应县交警大队南侧的偏僻处。当晚，孙某利用成某夫妇为琐事闹矛盾的机会，将杨某及成甲、成乙还有其保姆骗去宝应县城看电影。然后，折回劝成某在电影散场母女归来时以假自缢的方法吓唬杨某不再为琐事吵闹，并约定电影散场时，他在岸上用手电显示信号，成某即开始上吊，待成某上吊踢翻脚下的凳子时，由他及时施救。成某表示同意，孙某即与成某一起准备了自缢时所用的绳索和凳子。晚9时许，孙某按约定在岸上以手电发信号示意成某开始自缢。但当成某自缢踢翻脚下的凳子时，孙某并不施救，致成某死亡。然而这一切被保姆周某听到，原来周某在随同3人去看电影途中，偶感恶心、呕吐，便在船旁河堤上纳凉，等3人回来后再一起上船。纳凉时，由于河面风平浪静，加之船在偏僻处，无噪声干扰，所以船内发生的一切均被其听见，当听到成某真死后，惊吓过度的周某边叫边跑，被孙某发现并追杀，由于夜黑，追杀未果。当夜杨某母女3人看电影回船发现成某已自缢身亡后，孙某又采取欺骗和威吓手段说："事情闹大了公安局要来验尸"，"我与你们都要被逮捕，可能还要枪毙"，声称要与杨某母女3人共同服毒自尽，骗得了杨某的相信。9月17日，孙某又购得"1605"农药一瓶（0.5千克），于当晚骗杨某、成甲服用致死，后又采用威吓手段逼成乙服毒死亡。随后被告人孙某伪造现场并携款逃回家里，在其母苗某某的追问下，孙某将此事告诉了苗某某，并让其保密。

9月30日，公安机关立案侦查，孙某被刑事拘留。公安机关侦查终结后，将本案移送市人民检察院审查起诉。此时，犯罪嫌疑人孙某委托辩护律师李某为自己辩护。李某在接受委托后，查阅了案卷材料，会见了犯罪嫌疑人。在会见的当天晚上，孙某的母亲苗某某找到李某，二人在一起商量如何为孙某开脱罪责。次日上午李某到境村走访，找到孙某犯罪过程的目击者周某，以作证就找人杀她全家和不作证就给他一笔钱相威胁、利诱。证人在威胁和利诱下屈服了，表示拒绝充当本案的证人。

后在市人民法院开庭审理中，周某作了伪证。

问：（1）辩护律师李某得知被告人孙某诱骗他人自杀，是否有义务向公安机关举报？

（2）结合此案，说说辩护律师在刑事诉讼中有哪些义务？对辩护人李某的行为应如何处理？

案例二

1999年9月10日，被告人夏某以介绍青年妇女到某县饭店当服务员为诱饵，将青年妇女范某骗去某县。途中，夏某奸污了范某还强迫范某卖淫。后来范某因受不了摧残，外逃躲藏，被公安机关发现解救回乡。经法医诊断，范某全身多处软组织受挫并患有多种性病。县公安机关于10月20日对夏某刑事拘留，刑拘时警校实习生徐某问侦查员叶某，是否必须告诉犯罪嫌疑人夏某在侦查期间有聘请律师的权利。叶某说，《刑事诉讼法》没有此规定，不用告诉。后夏某聘请律师刘某提供法律帮助，刘律师要求会见夏某，侦查员叶某以"案情涉及国家秘密"

为由不许刘律师会见在押的夏某。12月4日，移送检察机关审查起诉，6日被告人夏某脱逃。

次年2月19日（农历正月初二），晨3时58分，在胶济铁路高密车站以东2公里附近，发生一起颠覆货车的严重事件。现场勘查发现，罪犯将线路北侧34号钢轨外侧道钉全部拔出，把钢轨两端的螺丝及夹板卸掉，掀下钢轨，致使908次货车脱轨，列车遭到很大破坏，后果极其严重。钢轨垫板下面留下的痕迹证明，犯罪分子拔道钉使用的作案工具是一根右爪短缺一截的撬棍。在现场路基上还发现了2枚纽扣，其中1枚是铁路职工棉大衣上的。经铁路公安部门侦查，认为在逃犯罪嫌疑人夏某有重大嫌疑。通过线人提供的情报，公安机关在某城乡结合区夏某的租住房内将其抓获，并在其炕席下的麦草中发现一根缺爪撬棍。经初步辨认，此撬棍的一个铁爪后部沾有钢轨垫板的油垢，撬棍特点与现场所留痕迹相符。经鉴定，证实这根撬棍是作案工具之后，对夏某的住处进行了搜查，又查获了可供作案使用的活动扳手。由于夏某有犯罪的重大嫌疑，因而将其拘留审查。宣布拘留时，夏某又提出聘请律师的申请，侦查员岳某告诉其此案案情已涉及国家秘密，侦查期间，一律不许聘请律师。

问：（1）对于警校实习生徐某的提问，侦查员叶某的回答是否正确？实施拘留时，侦查人员是否有义务告知犯罪嫌疑人夏某有权聘请律师？

（2）在县公安局侦查夏某涉嫌强迫卖淫罪期间，侦查机关以"案情涉及国家秘密"为由不许律师会见在押的犯罪嫌疑人夏某，是否合法？

（3）铁路公安机关的侦查员岳某以该案案情已涉及国家秘密，侦查期间，一律不许聘请律师为由，拒绝犯罪嫌疑人夏某聘请律师是否合法？假如铁路公安机关同意犯罪嫌疑人聘请律师，受聘律师如会见犯罪嫌疑人，是否还须再次获得侦查机关的批准？

案例三

甲乙二人系亲兄弟。他们涉嫌盗窃罪，被某县公安局立案侦查终结，移送县人民检察院审查起诉。县人民检察院在收到移送审查起诉的案件材料之日起3日内，告知他们有权委托辩护人。由于他们均被人民检察院批准逮捕，现在在押，他们指定自己的父亲代为委托辩护人。县人民检察院通知他们的父亲为他们委托辩护人。甲乙的父亲认为，甲乙是亲兄弟，没有什么利害冲突，请一个律师就够了，多请一个纯粹是浪费。于是为甲乙二人委托了1名律师担任辩护人。

问：1名辩护人能否为共同犯罪案件中的2名以上同案犯罪嫌疑人辩护？为什么？

主要参考文献

1. 熊秋红：《刑事辩护论》，法律出版社 1998 年版。

2. 陈瑞华主编：《刑事辩护制度的实证考察》，北京大学出版社 2005 年版。

3. 陈卫东编著：《司法公正与律师辩护》，中国检察出版社 2002 年版。

4. 樊崇义主编：《刑事审前程度改革实证研究——侦查讯问程序中律师在场（试验）》，中国人民公安大学出版社 2006 年版。

5. 宋英辉：《律师制度比较研究》，中国政法大学出版社 1995 年版。

6. 汤啸天主编：《刑事诉讼研究的新视角》，上海人民出版社 2008 年版。

7. 徐静村、潘金贵："《刑事诉讼法》再修正中辩护制度改革的基本构想"，载《中国司法》2006 年第 4 期。

8. 顾永忠："关于辩护权的主体归属及存在根据的再认识"，载《中国司法》2005 年第 1 期。

9. 陈兴良："七个不平衡：中国律师业的现状与困境"，载《中国司法》2005 年第 3 期。

10. 王进喜："中国律师职业道德：历史回顾与展望"，载《中国司法》2005 年第 2 期。

11. 张进德："做律师和做好人"，载《律师文摘》2005 年第 5 辑。

第八章

强制措施

【本章概要】本章重点阐述刑事诉讼中的强制措施。强制措施是保障刑事诉讼活动顺利进行必不可少的条件。本章按照从一般到具体的方式，首先从宏观上论述强制措施的概念、意义、性质，以及与相关概念的比较；其次，依照我国法律的规定，对我国刑事诉讼中所涉及的五种强制措施进行分别阐述，具体包括拘传、取保候审、监视居住、拘留和逮捕。这五种强制措施在刑事诉讼中的运用为本章重点，应当把握每种强制措施的概念、适用对象、适用条件、适用程序和期限以及在适用中特殊情况的处理。

【学习目标】通过本章学习掌握：强制措施的概念和意义、强制措施的性质、强制措施的种类，逮捕的概念、条件和程序；

通过本章学习了解：刑事诉讼中的强制措施与其他相近概念的区别，拘传、取保候审、监视居住、拘留的概念和程序。

【教学重点与难点】五种强制措施的比较学习，它们的概念、条件、主体、对象、期限、程序；强制措施的性质，强制措施与刑罚的区别，刑事诉讼中的强制措施与民事诉讼中和行政实施中的强制措施的区别。

第一节　强制措施概述

一、强制措施的概念和意义

刑事诉讼中的强制措施是指侦查机关、人民检察院、人民法院为了保障刑事诉讼活动的顺利进行，按照一定程序，依法对现行犯、重大嫌疑分子、犯罪嫌疑人、被告人所采取的以强制方式，在一定期限内限制或者剥夺其人身自由的各种方法和手段的总称。刑事诉讼中的强制措施具有以下特征：

（1）主体的特定性。强制措施只能由法定的专门机关适用，根据我国刑事诉讼法的规定，适用强制措施的主体只能是公安机关、检察院和法院；同时《刑事诉讼法》第4条规定："国家安全机关依照法律规定，办理危害国家安全的刑事案件，行使与公安机关相同的职权"，第225条规定："军队保卫部门对军队内部发生的刑事案件行使侦查权。对罪犯在监狱内犯罪的案件由监狱进行侦查。军队保卫部门、监狱办理刑事案件，适用本法的有关规定。"因此，采取强制措施的机关具体包括公安机关、国家安全机关、军队保卫部门和监狱、人民检察院和人民法院，除此之外，其他任何机关、团体和个人都无权实施强制措施，否则将构成对个人人身权利的侵害。

（2）阶段的特定性。强制措施的采用应当在刑事诉讼中，换言之，从刑事诉讼程序的开始到结束这个阶段，才能采取强制措施，没有刑事诉讼活动，就没有强制措施。具体而言，在公诉案件中，强制措施主要存在于立案、侦查、起诉和审判阶段，执行阶段对人身自由的限制和剥夺是刑罚实施的体现，不属于强制措施的范畴，但是，在执行阶段对漏罪或者新罪的侦查也会涉及强制措施。自诉案件中强制措施主要存在于起诉和审判阶段。值得注意的是，对现行犯、重大嫌疑分子采取的强制措施，虽然有可能还没有正式的启动诉讼程序，但是根据法律的规定，在这种特殊情况下，专门机关仍然可以采取强制措施。

（3）适用对象的特定性。刑事诉讼强制措施适用的对象只能是现行犯、重大嫌疑分子、犯罪嫌疑人或者被告人，对诉讼主体、其他诉讼参与人和案外人，如证人、鉴定人、被害人、自诉人等不能采取强制措施，当其行为违反诉讼程序，或者妨碍诉讼顺利进行，如果不构成犯罪，对其进行的相关的强制性的处理不属于强制措施范畴，而是属于司法处罚的范围；如果构成犯罪，则可以对其采取强制措施。

（4）目的的特定性。刑事诉讼强制措施的采用是为了保障诉讼活动的顺利进行，防止现行犯、重大嫌疑分子、犯罪嫌疑人或者被告人逃匿、隐藏，逃避侦查和审判；防止其以串供、转移、毁灭证据等方式干扰司法机关查证；防止其继续犯罪、危害社会；防止其自杀等。实施强制措施的根本目的是对刑事诉讼活动的保障，司法实践表明，几乎所有的刑事案件都采取强制措施，离开强制措施，刑事诉讼活动很难顺利开展。

（5）适用条件的特定性。依照我国刑事诉讼法的规定，强制措施包括拘传、取保候审、监视居住、拘留和逮捕五种，对现行犯、重大嫌疑分子、犯罪嫌疑人或者被告人采取何种强制措施不是由公安司法人员任意而为的，而是有特定的适用条件，这些适用条件由法律明确规定，侦查机关、人民检察院和人民法院在采用强制措施时必须严格遵守和执行相关规定。

强制措施是刑事诉讼中必不可少的制度，是惩罚犯罪诉讼目的得以实现的强大保障，可以说，离开强制措施，刑事诉讼几乎不可能顺利进行，无法实现诉讼任务。因此，强制措施对刑事诉讼具有重要意义：

（1）强制措施是刑事诉讼活动顺利进行的重要保障。刑事诉讼围绕犯罪嫌疑人、被告人的刑事责任展开，以确定其应受的刑罚，刑事诉讼活动的目的是与犯罪嫌疑人、被告人的主观愿望相矛盾的，因此，必然产生对抗追诉的各种行为，阻碍诉讼活动的进行，以逃避法律的制裁。所以，只有采取强制措施，对其人身自由实施一定程度的限制或者剥夺，才能完成刑事诉讼活动。

采取强制措施：①可以防止现行犯、重大嫌疑分子、犯罪嫌疑人或者被告人逃避侦查、起诉和审判；②可以防止现行犯、重大嫌疑分子、犯罪嫌疑人或者被告人进行串供，隐匿证据、毁灭证据和伪造证据，防止现行犯、重大嫌疑分子、犯罪嫌疑人或者被告人妨碍公、检、法等专门机关迅速查明案件的真实情况的行为发生；③可以防止现行犯、重大嫌疑分子、犯罪嫌疑人或者被告人威胁被害人，干扰证人作证；④可以防止现行犯、重大嫌疑分子、犯罪嫌疑人或者被告人自杀或者发生其他意外事件。

（2）强制措施有利于维护社会稳定，防止现行犯、重大嫌疑分子、犯罪嫌疑人或者被告人继续进行犯罪活动，保障国家、社会、个人的安全和利益。有些社会危害性极大的犯罪分子，如惯犯、累犯、带有黑社会性质的犯罪，在一次犯罪后，往往还会继续作案，因此，对其采取强制措施，限制或者剥夺其人身自由，不仅是进行诉讼活动的需要，而且可以防止其继续危害社会，维护社会安定。

（3）强制措施有利于预防犯罪。强制措施的适用，不仅对现行犯、重大嫌疑分子、犯罪嫌疑人或者被告人加以强制和制裁，而且可以警戒和威慑社会上的不法人员、不安定分子，预防和减少犯罪，并且还可以鼓励公民积极同犯罪行为进行斗争。

二、强制措施的性质

强制措施的种类、适用对象、适用主体、适用条件由法律规定，并以国家强制力为后盾保证其实施。强制措施是刑事诉讼活动的一种保障条件，不是一种刑罚，也不是治安处罚或者其他处分。具体而言，强制措施具有以下特性：

第一，强制性。强制措施是国家权力的体现，由专门的国家机关予以实施，只要符合法定的适用条件，就可以强制使用，对现行犯、重大嫌疑分子、犯罪嫌疑人或者被告人的人身自由进行一定程度的强行限制或者剥夺，不以其主观愿望为转移。可以说，强制措施是国家主动追诉犯罪，实现国家刑罚权的强制性活动在刑事诉讼中的重要体现，强制措施的强制性来源于国家权力的强制力。

第二，预防性。强制措施的根本目的在于排除刑事诉讼中的障碍，保障刑事诉讼活动的顺利进行。刑事诉讼中的障碍一般都属于主观性障碍（由于行为人的主观上存在妨害诉讼的故意而实施的妨害称为主观性障碍）、可能性障碍（妨害尚未发生，其发生与否仅为一种可能，如果不采取强制措施有可能会影响诉讼活动的进行，这种妨害称为可能性障碍），因此，刑事诉讼中的强制措施所针对的障碍具有不确定性，仅是对可能发生的妨害进行预防，不具有惩罚的性质，是一种事先的防范措施。

第三，可变性。强制措施的适用有严格的适用条件，随着刑事诉讼活动的进行，案件情况不断发生变化，对于不同的情况应当采取不同的处理方式，适用条件发生了变化，强制措施也应随之变化，才能符合现实的需要，实现强制措施的目的。因此，刑事诉讼中强制措施的适用具有可变性，可以从一种强制措施变更为另一种强制措施。

刑事诉讼中强制措施的性质决定了它与其他相关的处罚、措施有着严格的区别。

（一）强制措施与刑罚的异同

刑罚是刑法规定的由国家审判机关依法对犯罪分子所适用的限制或者剥夺其某种权益的最严厉的强制性法律制裁方法。刑罚也体现为对人身自由的限制或者剥夺，如刑罚中的管制、拘役和有期徒刑，这与强制措施相同；同时，刑罚的实施和强制措施一样，由专门的国家机关采用，以国家的强制力为后盾。但是，二者存在重大的区别：

1. 性质不同。刑罚是一种最严厉的法律制裁，它涉及对人的生命、自由、财产、资格的限制或者剥夺，刑罚具有处罚性，是一种实体的制裁方式；而强制措施不具有最终的处罚性和制裁性，它是一种阶段性的措施，具有工具性。

2. 适用的对象不同。强制措施适用于现行犯、重大嫌疑分子、犯罪嫌疑人或者被告人；而刑罚仅适用于经人民法院审判后确定有罪的人，即罪犯。

3. 目的不同。强制措施的目的在于保障刑事诉讼活动的顺利进行，防止现行犯、重大嫌疑分子、犯罪嫌疑人或者被告人逃避侦查、起诉、审判等追诉活动或者继续犯罪的行为，具有程序上的保障和防范作用；刑罚的目的既是实现对犯罪分子的惩罚和制裁，并加以改造，使之不再危害社会，也对社会上的不稳定因素进行警戒，起到预防犯罪的作用。

4. 适用主体不同。强制措施由公安机关、国家安全机关、军队保卫部门和监狱、人民检察院和人民法院适用；而刑罚只能由人民法院适用。除此之外，其他任何机关、团体、组织和个人都无权适用强制措施和刑罚。

5. 法律依据不同。适用强制措施主要以刑事诉讼法为依据，属于程序法的范畴；而刑罚的适用以刑事实体法——刑法为依据。

6. 稳定性不同。强制措施具有可变性，可以随着案情的变化从一种强制措施变换为另一种强制措施，甚至可以撤销强制措施；而刑罚具有相对的稳定性，一经确定，非经法定程序不得随意变动。

7. 适用的时间不同。强制措施适用于刑事诉讼的立案、侦查、起诉和审判阶段，即自诉讼开始时起到判决发生法律效力时止；而刑罚适用于诉讼的执行阶段，即在人民法院作出判决之后。值得注意的是，在刑罚执行阶段中对新罪或者漏罪的侦查也存在适用强制措施的情形。

8. 法律后果不同。被采取强制措施的对象是现行犯、重大嫌疑分子、犯罪嫌疑人或者被告人，其是否犯罪还处于不确定的状态，未经人民法院审判，不得确定任何人有罪，因此，如果最终不被人民法院判处刑罚，所被采取的强制措施不得作为以后犯罪的从重、加重处罚的条件；而被处以刑罚的犯罪分子，在刑罚执行完毕后的一定期限内，如果再犯罪，则成为从重处罚的情形，如累犯。

（二）强制措施与行政处罚的异同

行政处罚是国家行政机关对具有行政违法行为的公民、法人或者其他组织依法给予的行政性制裁。行政处罚同强制措施一样具有强制性，并由专门的国家机关予以实施，而且某些具体行政处罚形式与强制措施相同，如拘留。但二者的差异极为明显：

1. 性质不同。强制措施是为了保证刑事诉讼的顺利进行，在诉讼程序上采用的具有强制性和预防性的方法，起到程序性的作用；而行政处罚是对违反行政法规的对象采用的一种行政性处罚，具有实体结论性的制裁。

2. 适用主体不同。强制措施由公安机关、国家安全机关、军队保卫部门和监狱、人民检察院和人民法院适用；而行政处罚只能由国家行政机关适用。

3. 适用对象不同。强制措施适用于现行犯、重大嫌疑分子、犯罪嫌疑人或者被告人；而行政处罚适用于违反行政法规的公民、法人或者其他组织。

4. 法律依据不同。强制措施以刑事诉讼法律、法规为依据；而行政处罚以行政处罚法等行政法律、法规为依据。

5. 稳定性不同。强制措施具有可变性，可以根据刑事诉讼的实际情况变换或者撤销；而行政处罚具有相对的稳定性，在一般情况下，非经法定程序，不能变更。

（三）刑事诉讼强制措施与民事诉讼强制措施、行政诉讼强制措施的异同

民事诉讼强制措施是人民法院在民事诉讼过程中，对妨碍民事诉讼的人所采取的强制方法。行政诉讼强制措施是人民法院在行政诉讼过程中，对妨碍行政诉讼的人所采取的强制方法。民事诉讼强制措施、行政诉讼强制措施同刑事诉讼强制措施一样，都是在诉讼过程中所采取的，都是为了保证诉讼活动的顺利进行，都具有一定的强制性，甚至有些强制措施的名称与形式都是相同的，如拘传、拘留。但是它们存在诸多不同：

1. 性质不同。刑事诉讼强制措施具有强制性、预防性和可变性，其根本目的在于排除诉讼障碍，保证刑事诉讼活动的顺利开展；而民事诉讼强制措施、行政诉讼强制措施除了保证性的功能外，还具有对被采取强制措施的对象的惩罚性

和制裁性功能。

2. 适用的主体不同。刑事诉讼强制措施除拘留不能由人民法院采用之外，公安机关、人民检察院、人民法院，包括国家安全机关、军队保卫部门、监狱都可以采用；而民事诉讼强制措施、行政诉讼强制措施只能由人民法院采用。

3. 适用对象不同。刑事诉讼强制措施适用于刑事诉讼中的现行犯、重大嫌疑分子、犯罪嫌疑人或者被告人，现行犯、重大嫌疑分子、犯罪嫌疑人或者被告人在诉讼中处于被控告的地位，是刑事诉讼主体。民事诉讼强制措施、行政诉讼强制措施除了可以对诉讼当事人，即原、被告适用之外，还可以适用于其他诉讼参与人，如证人、鉴定人，乃至案外人。

4. 适用的条件不同。不同的刑事诉讼强制措施有不同的适用条件，这种保证性强制措施的适用条件主要针对刑事诉讼中的可能性障碍，即适用的条件主要是涉及尚未发生的，但可能发生的妨害事实；而民事诉讼强制措施、行政诉讼强制措施只有在行为人故意实施了妨碍民事诉讼或者行政诉讼的行为之后，人民法院才能适用，对有可能但尚未发生的妨害，不能采取强制措施。

5. 适用的时间不同。刑事诉讼强制措施适用于立案、侦查、起诉和审判阶段，不涉及执行阶段，除了执行阶段中对新罪或者漏罪的追诉外；而民事诉讼强制措施、行政诉讼强制措施既适用于起诉、审判阶段，也适用于执行阶段。

6. 种类不同。刑事诉讼强制措施包括拘传、取保候审、监视居住、拘留和逮捕五种；而民事诉讼强制措施包括拘传、训诫、责令退出法庭、罚款和拘留五种；行政诉讼强制措施包括训诫、责令具结悔过、罚款和拘留四种。三大诉讼中的拘留具有不同的性质，我们将在后面的章节中予以阐述。

（四）强制措施与司法处罚的异同

根据《刑事诉讼法》第 161 条的规定："在法庭审判过程中，如果诉讼参与人或者旁听人员违反法庭秩序，审判长应当警告制止。对不听制止的，可以强行带出法庭；情节严重的，处以 1000 元以下的罚款或者 15 日以下的拘留。"可以看出，司法处罚是指在刑事审判中，对违反法庭秩序的诉讼参与人或者案外人采取的强制方法。司法处罚与强制措施都是在刑事诉讼过程中所采取的，都具有强制性，都是为了保证诉讼活动的顺利进行，但二者存在区别：

1. 性质不同。强制措施是一种预防性、保证性、程序性的强制方法，不具有惩罚、制裁的性质；而司法处罚是具有制裁性质的实体处罚方法。

2. 适用的主体不同。强制措施由公安机关、人民检察院、人民法院、国家安全机关、军队保卫部门、监狱采用；司法处罚仅由人民法院适用。

3. 适用对象不同。强制措施适用于现行犯、重大嫌疑分子、犯罪嫌疑人或者被告人；而司法处罚适用于违反法庭秩序的诉讼参与人或者旁听人员。

4. 目的不同。强制措施是为了防止现行犯、重大嫌疑分子、犯罪嫌疑人或者被告人妨碍和逃避追诉，保障诉讼活动的顺利进行；司法处罚以保证审判活动的顺利进行为目的，其保障的范围较强制措施而言要小。

5. 种类不同。强制措施包括拘传、取保候审、监视居住、拘留和逮捕五种；而司法处罚包括警告、责令退出法庭、罚款和拘留四种。

（五）强制措施与扭送的异同

根据《刑事诉讼法》第 63 条的规定："对于有下列情形的人，任何公民都可以立即扭送公安机关、人民检察院或者人民法院处理：①正在实行犯罪或者在犯罪后即时被发觉的；②通缉在案的；③越狱逃跑的；④正在被追捕的。"可以看出，扭送是指公民将具有法定情形的人强行送交公安机关、人民检察院或者人民法院处理的行为。扭送与强制措施都具有强制性，在适用对象上也有相同之处，如现行犯，但是二者存在本质区别：

1. 性质不同。强制措施是在刑事诉讼程序中采取的强制性方法，具有诉讼性质；而扭送是公民的个人行为，不是诉讼行为，不具有诉讼性质，是法律赋予公民同犯罪行为进行斗争的一种权利。

2. 适用主体不同。强制措施由国家专门机关所采用；而扭送主体是公民，原则上任何公民都可以进行，没有任何限制。

3. 适用对象不同。强制措施适用于现行犯、重大嫌疑分子、犯罪嫌疑人或者被告人；扭送适用于现行犯、通缉犯、越狱逃跑者或者正在被追捕者。

4. 立法目的不同。强制措施的确定是为了实现对刑事诉讼活动的保障，是法律赋予国家专门机关追诉犯罪的权力；而扭送是法律赋予公民同犯罪进行斗争的一种权利，目的在于调动公民与犯罪斗争的积极性，是依靠群众打击犯罪思想的体现。

第二节　拘　传

一、拘传的概念、特征

拘传是指公安机关、人民检察院和人民法院对未被羁押的犯罪嫌疑人、被告人采取的强令其到指定的地点接受讯问的一种强制措施。拘传与其他的强制措施相比较，具有下列显著特征：

1. 拘传是强制性最轻的一种强制措施。拘传只是强制犯罪嫌疑人、被告人到指定的地点接受讯问，强制力从通知犯罪嫌疑人、被告人时起，到讯问完毕时止；而且拘传的方式大多数情况下都是以通知形式予以告知，只有在被拘传对象有不服从的情况时才强行将其带到指定的地点，强制其接受讯问。对犯罪嫌疑人、被告人讯问结束，强制性就随即解除，拘传也就自动消灭。拘传充分体现了强制措施只有预防性、强制性而无惩罚性的特点。

2. 拘传是强制时间最短的一种强制措施。根据《刑事诉讼法》第 92 条的规定，拘传的最长时间不得超过 12 小时，不得以连续方式变相拘禁被拘传的对象。拘传只能在短时间内防止犯罪嫌疑人、被告人逃避侦查、起诉和审判，而无法防止其在整个诉讼过程中实施的妨碍行为，也无法防止其继续犯罪。因此，当发现犯罪嫌疑人、被告人有可能实施较为严重的妨碍行为时，应采取其他更为适宜的强制措施。

二、拘传的适用对象和条件

拘传的适用对象是指未被羁押（即未被拘留或者逮捕）的犯罪嫌疑人、被告人。在刑事诉讼中，已经被司法机关拘留或者逮捕的犯罪嫌疑人、被告人，可以运用提审的方法直接对其进行讯问或者审判，无需采用拘传的强制措施。未被羁押的犯罪嫌疑人、被告人既包括没有被采取任何强制措施的犯罪嫌疑人、被告人，也包括被取保候审或者监视居住的犯罪嫌疑人、被告人。

根据《刑事诉讼法》第 50 条的规定，拘传适用的条件比较原则，即由司法机关"根据案件情况"决定是否采用。从司法实践来看，大多数情况下在对犯罪嫌疑人、被告人经合法传唤后，无正当理由拒不到案时适用。但是，经过合法传唤，无正当理由拒不到案并非适用拘传的前提条件，换言之，拘传既可以在传唤后采用，也可以不经传唤而直接采用。传唤与拘传是两个不同的概念。传唤是指以传票的方式通知犯罪嫌疑人、被告人在规定的时间到指定的地点接受讯问，犯罪嫌疑人、被告人在接到传票后自动到案接受讯问。传唤是诉讼活动中的一种通知方式，不具有强制性，不是强制措施，对经合法传唤而无正当理由拒不到案的犯罪嫌疑人、被告人，不得采取强制性的措施。而拘传是强制措施，具有强制性，对不愿意到案接受讯问或者审判的犯罪嫌疑人、被告人即可采取强制性的方式使其到案接受讯问或者审判。

三、拘传的程序

在刑事诉讼中，公安机关、人民检察院、人民法院对未被羁押的犯罪嫌疑人、被告人采取拘传的强制措施必须严格遵守法律的规定，依据法定的程序。具体包括：

1. 拘传的申请和批准。拘传应当由案件的经办人提出申请，经本部门负责人审核后，对符合拘传条件的，由县级以上公安局长、人民检察院检察长、人民法院院长批准，签发《拘传证》。《拘传证》上应当载明被拘传人的姓名、性别、年龄、籍贯、住址、工作单位、案由、拘传地址和拘传理由等事项。

2. 拘传的地点。关于拘传的地点，即将犯罪嫌疑人、被告人带到什么地方进行讯问，由拘传机关决定，根据《刑事诉讼法》第92条的规定："对于不需要逮捕、拘留的犯罪嫌疑人，可以传唤到犯罪嫌疑人所在市、县内的指定地点或者到他的住处进行讯问，但是应当出示人民检察院或者公安机关的证明文件。"根据最高人民检察院《刑诉规则》第35条的规定："人民检察院拘传犯罪嫌疑人，应当在犯罪嫌疑人所在市、县内的地点进行。犯罪嫌疑人的工作单位、户籍地与居住地不在同一市、县的，拘传应当在犯罪嫌疑人的工作单位所在的市、县进行；特殊情况下，也可以在犯罪嫌疑人户籍地或者居住地所在的市、县内进行。"

3. 拘传的执行。拘传应当由侦查人员或者司法警察执行，执行拘传的人员不得少于2人。拘传时，应当向被拘传的对象出示《拘传证》。对于抗拒拘传的对象，可以使用警棍、警绳、手铐等戒具，强制其到案。

4. 拘传的期限。拘传持续的时间最长不得超过12小时，从被拘传的对象到案时起算。法律虽然未对拘传的次数加以规定，由拘传机关根据实际情况自行决定，但是不得以连续拘传的方式变相拘禁被拘传的对象；两次拘传之间的间隔时间，通常情况下不应少于12小时，以便被拘传的对象有充分休息的时间。

5. 拘传的法律结果。被拘传的对象到案后，拘传机关应当立即讯问。讯问完毕，如果被拘传的对象符合其他强制措施，如拘留、逮捕条件的，应当依法采取其他强制措施；如果不需要采取其他强制措施的，应当立即释放，不得变相扣押。

第三节　取保候审

一、取保候审的概念、特征

取保候审是指在刑事诉讼中，由犯罪嫌疑人、被告人或者法律规定的其他有关人员提出申请，经公安机关、人民检察院、人民法院同意后，责令犯罪嫌疑人、被告人提出保证人或者交纳保证金，保证其不逃避或者妨碍侦查、起诉和审判，并随传随到的一种强制措施。

取保候审与其他强制措施比较，具有以下特征：

1. 财产性。根据刑事诉讼法的规定，取保候审的方式包括人保和财产保两种。其中，财产保具有明显的财产性，对符合条件的犯罪嫌疑人、被告人，提供相应的保证金，以保证其不逃避或者妨碍侦查、起诉和审判，就不对其予以羁押。其他的强制措施没有这一特征。我国刑事诉讼法修改之前，没有财产保这种取保候审的形式,随着市场经济的发展和人们思想观念的转变,根据我国的实际情况,借鉴国外的立法例,在1996年修改刑事诉讼法时增加规定了财产保。

2. 人身限制性。取保候审是一种限制人身自由的强制措施,对符合条件的犯罪嫌疑人、被告人不予以羁押,对其进行适度的监控,其不得违反相关规定自由活动,及时报告行踪,并随传随到。监视居住也具有这一特征,而拘留、逮捕则是短期剥夺人身自由的一种强制措施。

二、取保候审的适用对象

根据《刑事诉讼法》第50~51、60、74条的规定以及其他相关法律、法规的规定,人民法院、人民检察院和公安机关可以对符合下列条件的犯罪嫌疑人、被告人采取取保候审:

1. 可能判处管制、拘役或者独立适用附加刑的。从刑罚的角度来看,这类犯罪嫌疑人、被告人罪行较轻,可能被判处的刑罚不重,其社会危害性也较小,逃避侦查、起诉和审判、继续犯罪的可能性也不大。因此,采取取保候审就足以实现强制措施的保障刑事诉讼活动顺利进行的目的。

2. 可能判处有期徒刑以上刑罚,采取取保候审不致发生社会危险性的。较上一种情况而言,犯罪嫌疑人、被告人所犯罪行较重,有可能被判处有期徒刑以上较重的刑罚,因此,在对其适用取保候审时,必须对其社会危险性加以判断,如果人身危险性不大,且没有逮捕必要,为贯彻我国"少捕"的刑事政策,也可以采取取保候审。

3. 应当逮捕,但患有严重疾病,不适宜羁押的。这种情况,犯罪嫌疑人、被告人已经具备应予逮捕的条件,但由于患有严重疾病,其人身危险性就大大降低;而且贯彻人道主义原则,应对其进行治疗,不适宜关押,因此,可以采取取保候审。

4. 应当逮捕,但正在怀孕、哺乳自己不满一周岁婴儿的妇女。一般情况下,女性犯罪嫌疑人、被告人的人身危险性较小,且从人道主义出发,对怀孕、哺乳自己婴儿的妇女也不宜逮捕。具有此种情形,在逮捕前发现的,不能决定逮捕,可以采用取保候审;在逮捕后发现的,应当变更强制措施,采用取保候审。

5. 对已被依法拘留的犯罪嫌疑人,经过审查,认为需要逮捕,但证据不足的。这种情况下,对犯罪嫌疑人拘留的期限已到,但不能排除其犯罪的嫌疑,而且其所犯罪行可能判处有期徒刑以上刑罚;但是获得的证据不能证明其有犯罪事实,达不到逮捕的条件,需要继续侦查,继续收集证据。因此,采取取保候审以保证侦查活动的顺利进行。

6. 已被羁押的犯罪嫌疑人、被告人,在法律规定的侦查、起诉、一审、二审的办案期限内不能结案,采取取保候审不致产生社会危险性的。这种情况下,法定的办案期限届满，但未能完成刑事诉讼任务，未排除犯罪嫌疑，需要继续进行诉讼活动，可以采取取保候审的方法。

此外，根据公安部《公安机关办理刑事案件程序规定》（以下简称公安部《程序规定》）第63条的规定，对提请逮捕后，检察机关不批准逮捕，需要复议、复核的；对移送起诉后，检察机关决定不起诉，需要复议、复核的，可以采取取保候审。根据最高人民检察院《规则》第37条的规定，对持有有效护照和有效出入境证件，可能出境逃避侦查，但不需要逮捕的犯罪嫌疑人，也可以采取取保候审。

值得注意的是，根据最高人民检察院《规则》第38条、公安部《程序规定》第64条的规定，对于严重危害社会治安的犯罪嫌疑人，以及其他犯罪性质恶劣、情节严重的犯罪嫌疑人不得取保候审；对累犯、犯罪集团的主犯，以自伤、自残办法逃避侦查的犯罪嫌疑人，危害国家安全的犯罪、暴力犯罪，以及其他严重犯罪的犯罪嫌疑人，不得取保候审。

三、取保候审的种类

根据《刑事诉讼法》第53条的规定："人民法院、人民检察院和公安机关决定对移犯罪嫌疑人、被告人取保候审，应当责令犯罪嫌疑人、被告人提出保证人或者交纳保证金。"因此，取保候审分为两种：人保和财产保。

（一）人保

人保又称保证人制度，是指人民法院、人民检察院和公安机关责令犯罪嫌疑人、被告人提供保证人并出具保证书，保证被保证人在取保候审期间不逃避和妨碍侦查、起诉和审判，并随传随到的保证方式。保证人是指由犯罪嫌疑人、被告人提供的，经过司法机关审查后，符合保证人条件，承担保证责任的自然人。根据《刑事诉讼法》第54条的规定，保证人必须符合下列条件：①与本案无牵连；②有能力履行保证义务；③享有政治权利，人身自由未受到限制；④有固定的住处和收入。符合上述条件，并经本人同意，才能成为保证人。

保证人保证的期间即取保候审的期间，自采取取保候审之日起，至结束时止。在保证期间，如果保证人不愿继续担保或者丧失担保条件的，根据最高人民检察院《规则》第48条的规定，应当责令犯罪嫌疑人重新提出保证人或者变更为保证金担保方式。具体操作步骤，按《最高人民法院、最高人民检察院、公安部、国家安全部关于取保候审若干问题的规定》（以下简称《关于取保候审若干问题的规定》）第19条的规定进行：采取保证人形式取保候审的，执行机关发现保证人丧失了担保条件时，应当书面通知决定机关。决定机关收到执行机关的书面通知后，应当责令被取保候审人重新提出保证人或者交纳保证金，或者作出变更强制措施的决定，并通知执行机关。

保证人在保证期间应当履行下列义务：①监督被保证人遵守《刑事诉讼法》第 56 条的规定；②发现被保证人可能发生或者已经发生违反《刑事诉讼法》第 56 条规定的行为的，应当及时向执行机关报告。保证人如果没有履行上述义务，必须承担一定的法律后果，保证人对被保证人有违反《刑事诉讼法》第 56 条规定的行为未及时报告的，对被保证人处以罚款；构成犯罪的，依法追究刑事责任。

（二）财产保

财产保又称保证金制度，是指指人民法院、人民检察院和公安机关责令犯罪嫌疑人、被告人交纳保证金并出具保证书，保证被保证人在取保候审期间不逃避和妨碍侦查、起诉和审判，并随传随到的保证方式。财产保与人保相对应，是另一种取保候审的方式，二者在保证的实质上相同，在保证的形式上不同，财产保是以财产作保，而人保以保证人的人格、名誉和信誉作保，不涉及财物。财产保是对人保的补充，我国刑事诉讼法修改前并未规定财产保这种取保候审的方式，但在实践中，被保证人往往无法找到符合条件的保证人，而且保证人对被保证人的监管作用很难发挥，因此，为适应现实的需要，在修改后的刑事诉讼法中增加规定了财产保。

财产保的担保物为保证金，根据《关于取保候审若干问题的规定》第 7 条的规定，"保证金应当以人民币交纳"，不能用其他形式的财物代替，以避免实践操作中的混乱。保证金应当由犯罪嫌疑人、被告人交纳，即被取保候审的对象交纳保证金，不能由被取保候审人之外的人交纳，而有些国家如保加利亚等国规定，既可以由犯罪嫌疑人、被告人交纳，也可以由犯罪嫌疑人、被告人之外的其他人交纳。

关于保证金的数额，法律没有明确的规定，根据《最高人民法院、最高人民检察院、公安部、国家安全部、司法部、全国人大常委会法制工作委员会关于〈中华人民共和国刑事诉讼法〉实施中若干问题的规定》（以下简称六机关《规定》）、《关于取保候审若干问题的规定》以及其他相关司法解释的精神，保证金的数额由决定机关根据犯罪嫌疑人、被告人所涉案件的性质和情节、人身危险性、社会危险性、经济状况、当地的经济发展水平、涉嫌犯罪的数额、可能判处刑罚的轻重以及认罪、悔罪的表现等自行决定，但不应低于 1000 元。

应当注意，人保和财产保是取保候审的两种方式，二者不能同时采用，只能选择其一适用。《关于取保候审若干问题的规定》第 4 条明确指出："对同一犯罪嫌疑人、被告人决定取保候审的，不得同时使用保证人和保证金保证。"

四、被取保候审的犯罪嫌疑人、被告人的义务

不论是人保还是财产保，被取保候审人都应当遵守法律的规定，不得作出逃避或者妨碍侦查、起诉和审判的行为。根据《刑事诉讼法》第56条的规定，被取保候审的犯罪嫌疑人、被告人，在取保候审期间，应当遵守以下规定：

1. 未经执行机关批准不得离开所居住的市、县。这是对被取保候审的犯罪嫌疑人、被告人取保候审期间活动范围的规定，以被取保候审人所居住的市、县为基本界限，如果被取保候审人有正当理由需要离开这一基本范围，必须向执行机关提出申请，执行机关同意后，可以在一定期限内离开。

2. 在传讯时及时到案。采取取保候审对犯罪嫌疑人、被告人的人身自由进行限制的目的在于保证侦查、起诉和审判等诉讼活动的顺利进行，因此，在刑事诉讼活动进行的过程中，需要犯罪嫌疑人、被告人及时到案，这是对被取保候审人的基本要求。

3. 不得以任何形式干扰证人作证。这是在证据方面对被取保候审人的禁止性规定。取保候审是对犯罪嫌疑人、被告人人身自由的限制，而并非剥夺，在一定的自由空间内，被取保候审人不得采取威胁、殴打、报复等手段使证人不敢作证，也不得以贿赂手段指使、引诱证人不作证或者作伪证。

4. 不得伪造、毁灭证据或者串供。这也是在证据方面对被取保候审人的禁止性规定，除了不得干扰证人作证外，自己也不能采取其他的形式隐匿、毁灭、伪造证据或者与其他同案犯统一口径，妨碍诉讼活动的进行。

被取保候审的犯罪嫌疑人、被告人如果违反上述规定，已经交纳保证金的，没收保证金；并根据实际情况，对其采用责令具结悔过、重新交纳保证金、提供保证人或者变更强制措施为监视居住、逮捕的处理方式。采取人保形式的，对未尽到监督义务的保证人，予以罚款处罚，构成犯罪的，依法追究刑事责任。

五、取保候审的程序

1. 取保候审的主体。人民法院、人民检察院、公安机关有权采用取保候审，换言之，取保候审由上述机关作出决定。另外，国家安全机关在对危害国家安全的犯罪进行侦查的时候，也可以根据案件的具体情况作出取保候审的决定。根据《关于取保候审若干问题的规定》第2条的规定，公安机关、人民检察院、人民法院决定取保候审的，由公安机关执行；国家安全机关决定取保候审的，以及人民检察院、人民法院在办理国家安全机关移送的犯罪案件时决定取保候审的，由国家安全机关执行。因此，作出取保候审决定的主体为：人民法院、人民检察院、公安机关和国家安全机关；而执行取保候审的主体为：公安机关、国家安全机关。

2. 取保候审的决定。取保候审决定的作出有两种形式：①决定机关依职权主动作出；②依申请作出。《刑事诉讼法》第52条规定："被羁押的犯罪嫌疑人、被告人及其法定代理人、近亲属有权申请取保候审。"第96条规定："犯罪嫌疑人被逮捕的，聘请的律师可以为其申请取保候审。"即在侦查阶段依据犯罪嫌疑人聘请的律师的申请或者犯罪嫌疑人、被告人及其法定代理人、近亲属的申请而作出决定。决定取保候审的，由办案人员填写取《保候审决定书》和《取保候审通知书》，经部门负责人审核，由公安局局长、人民检察院检察长、人民法院院长签发。作出取保候审决定后，不得中止对案件的侦查、起诉和审理。严禁以取保候审变相放纵犯罪。

对犯罪嫌疑人、被告人决定取保候审的，应当责令其提出保证人或者交纳保证金。决定机关作出取保候审收取保证金的决定后，应当及时将《取保候审决定书》送达被取保候审人和为其提供保证金的单位或者个人，责令其向执行机关指定的银行一次性的交纳保证金。决定机关核实保证金已经交纳到执行机关指定银行的凭证后，应当将《取保候审决定书》、《取保候审执行通知书》和银行出具的收款凭证及其他有关材料一并送交执行机关执行。

3. 取保候审的执行。

（1）具体执行机关。公安机关、人民检察院、人民法院决定取保候审的，由公安机关执行；国家安全机关决定取保候审的，以及人民检察院、人民法院在办理国家安全机关移送的犯罪案件时决定取保候审的，由国家安全机关执行。公安机关决定取保候审的，应当及时通知犯罪嫌疑人居住地派出所执行。人民法院、人民检察院决定取保候审的，应当先将《取保候审决定书》、《取保候审执行通知书》送达负责执行的县级公安机关，公安机关收到有关材料后，对采取保证人制度的，及时指定被取保候审人居住地的派出所执行；对采取保证金制度的，及时通知被取保候审人交纳保证金，并指定其居住地的派出所执行。

（2）执行开始。执行人员应当向被取保候审的犯罪嫌疑人、被告人和保证人宣读《取保候审决定书》，并告知其各自应当遵守的规定和承担的义务，以及违反规定和义务或者重新犯罪所应承担的法律后果，并要求其出具保证书。

（3）执行机关的职责：监督、考察犯罪嫌疑人、被告人遵守法律的规定和履行义务；监督保证人履行义务；被取保候审人违反规定、不履行义务或者保证人不履行义务，及时告知决定机关。

（4）被取保候审人违反规定或者重新犯罪的处理。①被取保候审人违反《刑事诉讼法》第56条规定，依法应当没收保证金的，由县级以上执行机关作出没收部分或者全部保证金的决定，并通知决定机关；对需要变更强制措施的，应当同时提出变更强制措施的意见，连同有关材料一并送交决定机关。决定机关收到执行机关已没收保证金的书面通知，或者变更强制措施的意见后，应当在5日内作出变更强制措施或者责令犯罪嫌疑人重新交纳保证金、提出保证人的决定，并通知执行机关。决定机关发现被取保候审人违反《刑事诉讼法》第56条规定，认为依法应当没收保证金的，应当提出没收部分或者全部保证金的书面意见，连同有关材料一并送交县级以上执行机关。县级以上执行机关应当根据决定机关的意见，及时作出没收保证金的决定，并通知决定机关。②被取保候审人没有违反《刑事诉讼法》第56条的规定，但在取保候审期间涉嫌重新犯罪被司法机关立案侦查的，执行机关应当暂扣其交纳的保证金，待人民法院判决生效后，决定是否没收保证金。对故意重新犯罪的，应当没收保证金；对过失重新犯罪或者不构成犯罪的，应当退还保证金。③没收保证金时执行机关应当向被取保候审人宣布没收保证金的决定，并告知如不服本决定，可以在收到《没收保证金决定书》后的5日以内，向执行机关的上一级主管机关申请复核一次。上一级主管机关收到复核申请后，应当在7日内作出复核决定。没收保证金的决定已过复核申请期限或者经复核后决定没收保证金的，县级以上执行机关应当及时通知银行按照国家有关规定上缴国库。

（5）对保证人不履行保证义务及丧失保证人资格的处理。①采取保证人形式取保候审的，被取保候审人违反《刑事诉讼法》第56条的规定，保证人未及时报告的，经查证属实后，由县级以上执行机关对保证人处1000元以上20 000元以下罚款，并将有关情况及时通知决定机关。执行机关应当向保证人宣布罚款决定，并告知其如不服本决定，可以在收到《对保证人罚款决定书》后5日内，向执行机关的上一级主管机关申请复核一次。上一级主管机关收到复核申请后，应当在7日内作出复核决定。②采取保证人形式取保候审的，执行机关发现保证人丧失了担保条件时，应当书面通知决定机关。决定机关收到执行机关书面通知后，应当责令被取保候审人重新提出保证人或者交纳保证金，或者作出变更强制措施的决定，并通知执行机关。

没收取保候审保证金和对保证人罚款均系刑事司法行为，不能提起行政诉讼。当事人如不服复核决定，可以依法向有关机关提出申诉。

（6）取保候审的解除、撤销或者变更。①取保候审即将到期的，执行机关应当在期限届满15日前书面通知决定机关，由决定机关作出解除取保候审或者变更强制措施的决定，并于期限届满前书面通知执行机关。执行机关收到决定机关的《解除取保候审决定书》或者变更强制措施的通知后，应当立即执行，并将执行情况及时通知决定机关。被取保候审人在取保候审期间没有违反《刑事诉讼法》第56条的规定，也没有故意重新犯罪的，在解除取保候审、变更强制措施或者执行刑罚的同时，县级以上执行机关应当制作《退还保证金决定书》，通知银行如数退还保证金，并书面通知决定机关。执行机关应当及时向被取保候审人宣布退还保证金的决定，并书面通知其到银行领取退还的保证金。②在侦查或者审查起诉阶段已经采取取保候审的，案件移送至审查起诉或者审判阶段时，如果需要继续取保候审，或者需要变更保证方式或者强制措施的，受案机关应当在7日内作出决定，并通知执行机关和移送案件的机关。受案机关决定继续取保候审的，应当重新作出取保候审决定。对继续采取保证金方式取保候审的，原则上不变更保证金数额，不再重新收取保证金。取保候审期限即将届满，受案机关仍未作出继续取保候审、变更保证方式或者变更强制措施决定的，执行机关应当在期限届满15日前书面通知受案机关。受案机关应当在原取保候审期限届满前作出决定，并通知执行机关和移送案件的机关。③原决定机关收到受案机关作出的变更强制措施决定后，应当立即解除原取保候审，并将《解除取保候审决定书》、《解除取保候审通知书》送达执行机关，执行机关应当及时书面通知被取保候审人、保证人；受案机关作出继续取保候审或者变更保证方式决定的，原取保候审自动解除，不再办理解除手续。④被告人被取保候审的，人民法院决定开庭审理时，应当依照刑事诉讼法的有关规定传唤被告人，同时通知取保候审的执行机关。⑤对被取保候审人判处罚金或者没收财产的判决生效后，依法应当解除取保候审，退还保证金的，如果保证金属于其个人财产，人民法院可以书面通知执行机关将保证金移交人民法院执行刑罚，但剩余部分应当退还被取保候审人。⑥犯罪嫌疑人、被告人及其法定代理人、近亲属或者犯罪嫌疑人、被告人委托的律师及其他辩护人对取保候审超过法定期限的，有权要求解除取保候审。对超过法定期限要求解除取保候审的，应当在7日内审查决定。对审查未超过法定期限的，应当书面答复申请人。人民法院、人民检察院和公安机关如果发现对犯罪嫌疑人、被告人采取取保候审不当的，应当及时撤销或者变更。⑦变更取保候审包括：一是被取保候审人违反了《刑事诉讼法》第56条的规定；二是取保候审不当，不足以保证诉讼活动的顺利进行，需要更严厉的强制措施。取保候审一般变更为拘留或者逮捕。

4. 取保候审的特别程序。对县级以上各级人民代表取保候审的，应当经人大代表所在的代表大会主席团或者常务委员会许可；对乡、民族乡、镇人民代表大会代表取保候审的，执行机关应当立即向该人大代表所在的该级人民代表大会报告。

5. 取保候审的期限。人民法院、人民检察院和公安机关对犯罪嫌疑人、被告人取保候审最长不得超过12个月。这12个月的取保候审期限是指公安机关、人民检察院和人民法院在不同的诉讼阶段各自采取取保候审的最长期限，还是在整个刑事诉讼中的最长期限，理论界和实践中的认识不一，有待进一步总结经验。但应当注意不能重复对犯罪嫌疑人、被告人适用取保候审。

第四节　监视居住

一、监视居住的概念和特点

监视居住是指人民法院、人民检察院、公安机关在刑事诉讼中限令犯罪嫌疑人、被告人在规定的期限内不得离开住处或者指定的居所，并对其行动加以监视，限制其人身自由的一种强制方法。

监视居住与取保候审相同，都是对犯罪嫌疑人、被告人人身自由进行限制而非剥夺的强制方法，其特点在于限制的强制性高于取保候审，是较严厉的限制被监视居住人的人身自由的强制方法。与取保候审相比较而言，其严厉性体现为：①被监视居住人的活动区域更小。被取保候审人活动的范围是其所居住的市、县；而被监视居住人的活动范围限定在其住处或者指定的居所。②被监视居住人活动内容更少。被取保候审人不得从事妨碍诉讼活动进行的行为，如干扰证人作证，伪造、毁灭证据或者串供等，并保证随传随到，但可以进行正常的生活、工作和学习；而被监视居住人的活动受到执行机关的监视，不得随意活动，其正常的生活、工作和学习受到适度限制，未经批准不能会见他人。

二、监视居住的适用对象

根据《刑事诉讼法》第51条的规定，监视居住适用的对象和范围与取保候审相同，对符合法定条件的犯罪嫌疑人、被告人，人民法院、人民检察院和公安机关既可以采取取保候审，也可以采取监视居住，但不得对同一对象同时适用监视居住和取保候审，只能择一适用。对于在什么情况下适用取保候审，在什么情况下适用监视居住，法律没有明确的规定，由公安司法机关根据案件的实际情况自行决定。在司法实践中，公安司法机关一般在犯罪嫌疑人、被告人既提不出保证人，又无法交纳保证金的情况下，才适用监视居住。

三、被监视居住的对象应当遵守的规定

根据《刑事诉讼法》第57条的规定，被监视居住的犯罪嫌疑人、被告人应当遵守下列规定：

1. 未经执行机关批准不得离开住处，没有固定住处的，未经批准不得离开指定的居所。所谓"固定住处"是指犯罪嫌疑人、被告人日常生活居住的处所；所谓"指定的居所"是指决定监视居住的人民法院、人民检察院和公安机关指定犯罪嫌疑人、被告人在被监视居住期间居住的处所。在司法实践中，有些流窜作案、异地作案的犯罪嫌疑人，在作案地没有固定的住处，如对其需要监视居住的，指定犯罪嫌疑人、被告人不得离开其居所如指定的旅馆、饭店等。对于在执

行机关所在地有住处的犯罪嫌疑人、被告人监视居住时，不得再另行指定居所。被监视居住人有正当理由需要离开住处或者指定的居所，如生病等，必须经过执行机关的同意。

监视居住不同于拘留、逮捕，对犯罪嫌疑人、被告人并没有实行羁押，因此，应当允许被监视居住人有一个适度生活、工作和学习的空间，不能将监视居住变成变相的羁押。执行机关在考虑被监视居住人的活动区域时，既要考虑到保证侦查、起诉和审判的顺利进行，不允许被监视居住人到可能干扰证人作证、串供、毁灭证据、继续犯罪的地点，还应当考虑到被监视居住人的居住地、工作地、学习地和医疗地点。在决定被监视居住人的活动区域时，既不能让被监视居住人一直局限于同一个小院或者房间中，派人专门看管，形成变相羁押，也不能对被监视居住人放任不管，使监视居住流于形式。

2. 未经执行机关批准不得会见他人。"他人"是指除与被监视居住人共同生活的家庭成员和所聘请律师以外的其他人。监视居住是一种较为严厉的限制犯罪嫌疑人、被告人人身自由的强制方法，在不羁押的情况下进行限制，因此，被监视居住人的活动受到监管，会见他人必须经过批准，以防止发生妨碍诉讼的行为，如串供。

3. 在传讯的时候及时到案。被监视居住人在被人民法院、人民检察院和公安机关传讯的时候，必须按照指定的时间、地点到案接受讯问或者审判。

4. 不得以任何形式干扰证人作证。任何形式是指以暴力、威胁、利诱、无理纠缠等各种方法迫使证人作伪证、改变证词、不作证等方式干扰证人作证，既可以是被监视居住人实施的，也可以是被监视居住人指使他人实施的；既可以是直接针对证人实施的，也可以是针对证人的配偶、父母、子女、兄弟姐妹或者其他亲属实施的。

5. 不得毁灭、伪造证据或者串供。毁灭、伪造证据或者串供都是妨碍刑事诉讼活动顺利进行的行为，必须予以禁止。

被监视居住的犯罪嫌疑人、被告人在监视居住期间，违反上述规定，应当立即采取措施，情节严重的，予以逮捕。根据公安部《程序规定》第99条的规定，情节严重是指：①在监视居住期间逃跑的；②以暴力、威胁方法干扰证人作证的；③毁灭、伪造证据或者串供的；④监视居住期间又进行犯罪活动的；⑤实施其他严重违反《刑事诉讼法》第57条规定的行为，情节严重的。

四、监视居住的程序

1. 监视居住的决定。人民法院、人民检察院和公安机关有权对犯罪嫌疑人、被告人决定监视居住。人民法院、人民检察院和公安机关决定对犯罪嫌疑人、被告人采取监视居住的，应当由办案人员提出《监视居住意见书》，经办案部门负责人审核后，由县级以上公安局局长、人民检察院检察长、人民法院院长批准，制作《监视居住决定书》和《监视居住通知书》。《监视居住决定书》应当载明犯罪嫌疑人、被告人的姓名、性别、住址等身份基本情况，被监视居住人应遵守的事项和违反规定的法律后果，执行机关的名称等内容，并向被监视居住人宣布。

2. 监视居住的执行。监视居住由公安机关执行。人民法院和人民检察院决定监视居住的，应当将《监视居住决定书》和《监视居住通知书》及时送达执行的公安机关。公安机关作出监视居住决定后，或者收到人民法院、人民检察院移送执行的《监视居住决定书》和《监视居住通知书》后，交由被监视居住人住处所在地或者指定居所所在地的派出所执行。执行机关应当履行监督被监视居住人遵守法律规定和履行义务的职责，当发现被监视居住人有违反应遵守的规定时，及时向作出监视居住的决定机关报告。

3. 监视居住的期限。公安机关、人民检察院和人民法院采取监视居住最长不得超过6个月。同取保候审一样，对于这6个月的最长期限的理解也存在差异，在适用时应当注意监视居住与取保候审不能同时适用的原则。

4. 监视居住的解除、撤销和变更。监视居住期限届满，或者发现有《刑事诉讼法》第15条规定的不应追究犯罪嫌疑人、被告人刑事责任的情形时，应当撤销监视居住。撤销监视居住，应当由办案人员填写《撤销监视居住通知书》，经办案部门负责人审核后，由县级以上公安局局长、人民检察院检察长、人民法院院长批准签发。撤销监视居住的决定，应当通知被监视居住人。人民检察院、人民法院撤销监视居住的，应当将《撤销监视居住通知书》送达执行的公安机关。

对犯罪嫌疑人、被告人监视居住超过法定期限的，犯罪嫌疑人、被告人及其法定代理人、近亲属或者犯罪嫌疑人、被告人委托的律师及其他辩护人，有权向人民法院、人民检察院、公安机关提出申诉，要求撤销监视居住。经审查情况属实的，应当撤销监视居住。

监视居住的变更主要是因为：①被监视居住人违反了《刑事诉讼法》第57条的规定；②公安司法机关发现采取监视居住不当，不足以保证诉讼活动的顺利进行，需要更严厉的强制措施；③应当逮捕，但患有严重疾病，不适宜羁押的，或者应当逮捕，但正在怀孕、哺乳自己不满1周岁婴儿的妇女，疾病好转或者怀孕、哺乳情况结束的。如果出现上述情况，通常将监视居住变更为逮捕。

监视居住期间，不得中止案件的侦查、起诉和审判。

第五节 拘 留

一、拘留的概念和特点

拘留是指公安机关、人民检察院对直接受理的案件，在侦查过程中遇到法定的紧急情况，对某些现行犯或者重大嫌疑分子所采取的临时剥夺其人身自由的强制方法。刑事诉讼中的拘留，也称作刑事拘留。拘留与其他强制措施相比较，具有以下特点：

1. 拘留主体的特定性。根据法律规定，拘留由公安机关、人民检察院决定适用，由公安机关执行，人民法院亦无权采用。人民法院可以采用除拘留外的其他强制措施，而无权决定适用拘留，这是与其他强制措施明显的区别。拘留由具有侦查权的机关适用，除此之外，其他任何机关（包括人民法院）、团体和个人都没有对他人实施拘留、剥夺其人身自由的权力。公安机关是专门负责治安、保卫工作的部门，绝大多数刑事案件的侦查由公安机关进行，处在同犯罪作斗争的第一线。在侦查刑事案件中，经常遇到一些突发的事件和紧急情况，如果不赋予他们拘留的紧急处置权，而按逮捕程序提请人民检察院批准后再执行逮捕，会给侦破工作带来巨大的困难，使社会秩序遭到更严重的破坏。检察机关对自行侦查的案件享有拘留权，但其决定拘留的权力较为有限，仅在出现《刑事诉讼法》第61条第4~5项的规定时才有权决定拘留，即犯罪嫌疑人犯罪后企图自杀、逃跑或者在逃的；有毁灭、伪造证据或者串供可能的。人民法院直接受理的案件范围狭小，而且较为简单，遇到紧急情况的可能性较小，因此不需要先行拘留，如果需要关押被告人时，人民法院有权决定逮捕，可以径行逮捕。

2. 适用拘留条件的紧急性。拘留是专门机关在紧急情况下采用的，如果没有紧急情况，公安机关、人民检察院有充足的时间办理逮捕的批准手续，就不需要采用拘留。在紧急情况下，来不及办理逮捕手续而又必须马上剥夺现行犯或者重大嫌疑分子的人身自由，否则会造成诉讼重大困难时，就应当适用拘留。拘留一般是在立案后的侦查阶段采用，也可以在立案前采用。从某种意义上讲，拘留不仅是一种刑事诉讼强制措施，还是一种制止犯罪、维护社会治安的紧急措施。

3. 拘留对人身自由的剥夺性。与拘传、取保候审、监视居住相比较，拘留突出的特点在于剥夺被拘留人的人身自由，这与逮捕相同。剥夺人身自由是指将被拘留人收押于特定的场所看管，不得与外界接触。因此，拘留是一种更为严厉的强制措施。

4. 拘留的暂时性。拘留的暂时性是指对被拘留人人身自由的剥夺期限较短，是一种临时性的强制方法。与逮捕的期限相比，拘留期限很短，是一种具有过渡性的措施。公安机关、人民检察院在处理直接受理的案件中实施拘留的，由于案件的性质不同，拘留的羁押期限也不同，不得超期羁押。对公安机关、人民检察院不遵照法定期限办理的行为，被拘留人及其法定代理人、近亲属或者其委托的律师有权要求释放，公安机关、人民检察院一定立即释放。

二、拘留适用的对象

公安机关、人民检察院由于直接受理的案件性质不同，在其侦查过程中适用拘留的对象也有所不同。根据《刑事诉讼法》第61条的规定，公安机关适用拘留的对象为：

公安机关对于现行犯或者重大嫌疑分子，如果有下列情形之一的，可以先行拘留：①正在预备犯罪、实行犯罪或者犯罪后即时被发觉的；②被害人或者在场亲眼看见的人指认他犯罪的；③在身边或者住处发现有犯罪证据的；④犯罪后企图自杀、逃跑或者在逃的；⑤有毁灭、伪造证据或者串供可能的；⑥不讲真实姓名、住址，身份不明的；⑦有流窜作案、多次作案、结伙作案重大嫌疑的。

上述规定明确提出拘留必须同时具备两个条件：①必须是现行犯或者重大嫌疑分子。现行犯是指正在犯罪的人，如正在预备犯罪、实行犯罪或者犯罪后即时被发觉的。如果超过了从预备犯罪到犯罪后即时被发觉这段时间，就不能称为现行犯。重大嫌疑分子是指有证据证明该人犯罪的嫌疑重大，并非案件的案情重大，如果犯罪案情并不重大，而犯罪嫌疑重大，仍属于重大嫌疑分子。②必须是情况紧急。所谓情况紧急，是指具备以上七种法定情形之一，来不及办理逮捕手续，如果不先行拘留，就会给刑事诉讼造成困难。

根据《刑事诉讼法》第132条的规定，检察机关适用拘留的对象为：

人民检察院对直接受理的案件中符合《刑事诉讼法》第61条第4～5项规定情形，需要拘留犯罪嫌疑人的，由人民检察院作出决定，由公安机关执行。即人民检察院对犯罪嫌疑人犯罪后企图自杀、逃跑或者在逃的，或者有毁灭、伪造证据或者串供可能的，有权决定拘留。人民检察院适用拘留时，也必须同时符合拘留的两个条件。人民检察院只是对拘留有决定权，而无执行权，其作出的拘留决定，由公安机关执行。

三、拘留的程序

1. 拘留的决定。根据我国刑事诉讼法的规定，有权决定刑事拘留的机关是公安机关、国家安全机关和人民检察院。拘留由公安机关执行。公安机关办案人员认为需要拘留犯罪嫌疑人时，应当填写《呈请拘留报告书》，注明有关情况和理由，经部门领导审核，由县级以上公安机关负责人决定；人民检察院认为需要拘留犯罪嫌疑人的，由具体办案人员提出意见，经部门负责人审核，报检察长决定，再送达公安机关执行。在紧急情况下，人民检察院可以先向犯罪嫌疑人宣布拘留决定，再送交公安机关执行。

2. 拘留的执行。公安机关执行拘留时，应当持有县级以上公安机关签发的《拘留证》，向被拘留人出示《拘留证》，宣布对其实行拘留，并责令被拘留人在《拘留证》上签名、盖章或者按手印。被拘留人拒绝签名、盖章或者按手印的，应当注明。拘留时不出示拘留证，或者先行拘留后再补办拘留证的做法都是违法的。公安机关依法执行拘留时，任何机关、单位和个人不得阻拦或者抗拒，如遇到反抗，执行人员可以使用武器和械具。公安机关在异地执行拘留时，应当通知被拘留人所在地的公安机关，被拘留人所在地的公安机关应当予以配合。

决定拘留的机关在拘留后，除有碍侦查或者无法通知的情形外，应当把拘留的原因和羁押的处所，在 24 小时内通知被拘留人的家属或者他所在的单位。这是对被拘留人进行人权保障的体现，被拘留人的家属或者单位有权知晓拘留的原因和收押的场所，以便探望或者帮助被拘留人。"有碍侦查的情形"包括：其他共同犯罪嫌疑人得知后有可能逃跑，隐匿、毁弃或者伪造证据的；可能串供，形成攻守同盟的；对其他共同犯罪嫌疑人还未采取强制措施的；其家属或者单位有可能隐匿、毁弃或者伪造证据，或者向其他共同犯罪嫌疑人通风报信的。有碍侦查的情形消除后，应当立即通知被拘留人的家属或者单位。"无法通知的情形"包括：被拘留人不讲真实姓名、住址的；被拘留人无家属或者工作单位的；等等。在 24 小时内没有通知的，应当在《拘留通知书》中注明原因。对人民检察院决定拘留的案件，由人民检察院负责通知。

公安机关对于被拘留的人，应当在拘留后 24 小时内进行讯问。在发现不应当拘留的时候，必须立即释放，发给释放证明。对需要逮捕而证据还不充足的，可以取保候审或者监视居住。拘留后，公安机关尽快讯问既有利于及时收集证据，抓获其他共同犯罪嫌疑人，也有利于防止不当拘留的情形，保障被拘留人的合法权益。不应当拘留是指不符合拘留的条件而拘留，具体包括：没有犯罪行为发生，或者被拘留人的行为不构成犯罪的；有犯罪行为发生，但并非被拘留人所为的；有犯罪行为发生，但依法不应当追究被拘留人的刑事责任的；有犯罪行为发生且为被拘留人所为，但被拘留人不符合《刑事诉讼法》第 61 条规定的拘留条件，而应当不需要拘留的。对不应当的拘留，应当立即释放，并发给释放证明。讯问后，发现被拘留人符合逮捕的条件，但暂时无法收集到证据的时候，可以将拘留变更为取保候审或者监视居住，以便进一步侦查取证。

3. 对特殊身份人员拘留的特别程序。

（1）对人大代表的拘留。拘留担任本级人大代表的犯罪嫌疑人，应当立即向本级人大主席团或者常委会报告；拘留担任上级人大代表的犯罪嫌疑人，应当立即报该代表所属人民代表大会同级的公安机关、检察机关，并向该级人大主席团或者常委会报告；拘留担任下级人大代表的犯罪嫌疑人，可以直接向该代表所属的人大主席团或者常委会报告，也可以委托该级同级的公安机关、检察机关报告；拘留担任乡、镇人大代表的犯罪嫌疑人，由县级公安机关、检察机关报乡、镇人民代表大会。如果拘留的犯罪嫌疑人担任两级以上人大代表，要按规定分别报告，不得省略手续。如果拘留的犯罪嫌疑人是本辖区之外的人大代表，应委托该代表所属同级公安机关、检察机关报告。

（2）对外国人、无国籍人的拘留。决定对不享有外交特权和豁免权的外国人、无国籍人采取刑事拘留时，要报有关部门审批。西藏、云南及其他边远地区来不及报告的，可以边执行边报告，同时要征求省、直辖市、自治区外事办公室和外国人主管部门的意见。对外国留学生采用刑事拘留时，在征求地方外事办公室和高教厅、局的意见后，报公安部或者国家安全部审批。

4. 拘留的期限。

（1）公安机关拘留的期限。《刑事诉讼法》第69条规定："公安机关对被拘留的人，认为需要逮捕的，应当在拘留后的3日以内，提请人民检察院审查批准。在特殊情况下，提请审查批准的时间可以延长1～4日。对于流窜作案、多次作案、结伙作案的重大嫌疑分子，提请审查批准的时间可以延长至30日。人民检察院应当自接到公安机关提请批准逮捕书后的7日以内，作出批准逮捕或者不批准逮捕的决定。"因此，公安机关拘留的一般最长期限为10天，即提请批准逮捕的3天加上检察机关审查批捕的7天。特殊情况下拘留的最长期限为14天，即提请逮捕的时间可以延长1～4天，加上检察机关审查批捕的7天。"特殊情况"是指案件比较复杂或者交通不便的边远地区，调查取证困难等情况。拘留的最长期限为37天，即对于流窜作案、多次作案、结伙作案的重大嫌疑分子，提请批准逮捕的时间延长至30天，加上检察机关审查批捕的7天。"流窜作案"是指跨市、县管辖范围连续作案，或者在居住地作案后逃跑到外省、市、县继续作案。"多次作案"是指3次以上作案；"结伙作案"是指2人以上作案。

（2）人民检察院决定拘留的期限。《刑事诉讼法》第134条规定："人民检察院对直接受理的案件中被拘留的人，认为需要逮捕的，应当在10日以内作出决定。在特殊情况下，决定逮捕的时间可以延长1～4日。"因此，人民检察院决定拘留的一般最长期限为10天；特殊情况下拘留的最长期限为14天。

根据公安部《程序规定》第112条的规定，犯罪嫌疑人不讲真实姓名、住址，身份不明，在30日内不能查清，提请批准逮捕的，经县级以上公安机关负责人批准，拘留期限自查清其身份之日计起算，但不得停止对其犯罪行为的侦查。根据《刑事诉讼法》第128条的规定，犯罪嫌疑人不讲真实姓名、住址，身份不明的，侦查羁押期限自查清其身份之日起计算，但不得停止对其犯罪行为的侦查取证。因此，公安部《程序规定》与《刑事诉讼法》的立法精神不符，《刑事诉讼法》中的侦查羁押期限是指逮捕后的期限，而非拘留的期限，公安部《程序规定》将这一期限扩大到拘留的期限中不恰当。

公安机关、人民检察院应当严格遵守法律规定的拘留羁押期限，不得超期羁押。犯罪嫌疑人、被告人及其法定代理人、近亲属或者犯罪嫌疑人、被告人委托的律师及其他辩护人对于公安机关、人民检察院采取拘留超过法定期限的，有权要求解除拘留。公安机关、人民检察院应当予以释放。

四、刑事拘留与相关概念的联系和区别

（一）刑事拘留与行政拘留的联系和区别

行政拘留是指由行政法规定的对违反行政法规的人给予的一种处理决定。行政拘留与刑事拘留都是对被拘留人人身自由的短期剥夺，但二者存在原则性的差别：

1. 拘留的性质不同。行政拘留是对行政违法的公民，主要是对违反治安管理法规的公民适用的一种行政处罚，具有制裁性和惩罚性；而刑事拘留是在刑事诉讼中对现行犯或者重大嫌疑分子适用的一种强制措施，具有预防性和强制性。

2. 拘留的目的不同。行政拘留的目的，是制裁行政违法者，维护社会秩序；而刑事拘留的目的在于排除妨碍，保障刑事诉讼活动的顺利进行。

3. 拘留的决定机关不同。行政拘留由行政机关依法决定，具体是指公安机关，但这里的公安机关属于行政机关，而非司法机关；而刑事拘留由公安机关、国家安全机关、人民检察院决定适用。

4. 拘留的对象不同。行政拘留适用于行政违法人；而刑事拘留适用于现行犯或者重大嫌疑分子。

5. 拘留的期限不同。行政拘留的期限为 1 日以上 15 日以下；而刑事拘留的一般期限为 10 日，特殊期限为 14 日，对流窜作案、多次作案、结伙作案的重大嫌疑分子拘留期限可以延长至 37 日。

6. 拘留的救济方式不同。对于行政拘留，被拘留人不服可以向拘留决定机关的上一级机关提起行政复议，对复议结果不服的，还可以向人民法院提起行政诉讼；而对于刑事拘留不能提起行政复议和行政诉讼，根据《国家赔偿法》的有关规定，对于没有犯罪事实或者没有证据证明有犯罪重大嫌疑的，非因自己的过错被拘留的，可以要求国家赔偿，对超期拘留的，可以要求公安机关、人民检察院释放或者变更其他强制措施。

7. 拘留能否暂缓执行不同。根据《治安管理处罚法》第 107 条的规定，在申诉和行政诉讼期间，被行政拘留人或者其法定代理人、近亲属提出保证人或者

交纳保证金的，可以暂缓执行行政拘留；而刑事拘留不能暂缓执行。

（二）刑事拘留与司法拘留的联系和区别

司法拘留分为刑事司法拘留、民事司法拘留和行政司法拘留。刑事司法拘留是指在刑事诉讼中，主要是在审理阶段，人民法院对严重违反法庭秩序的诉讼参与人、旁听人员等采取的短期剥夺其人身自由的一种制裁方法。民事司法拘留是指在民事诉讼中，人民法院对实施妨碍民事诉讼行为，情节严重的诉讼参与人、案外人等采取的短期剥夺其人身自由的一种制裁方法。行政司法拘留是指在行政诉讼中，人民法院对实施妨碍行政诉讼行为，情节严重的诉讼参与人、案外人等采取的短期剥夺其人身自由的严重制裁方法。司法拘留和刑事拘留都是在诉讼过程中采取的强制方法，都是为了保障诉讼活动的顺利进行，都是对被拘留人人身自由的短期剥夺。但二者是两个不同的概念：

1. 拘留的性质不同。司法拘留是对实施妨碍诉讼行为的人的制裁措施，具有处罚性；而刑事拘留是一种强制措施，具有预防性，不是处罚措施。

2. 拘留的机关不同。司法拘留只能由法院适用，而刑事拘留由公安机关、国家安全机关和人民检察院适用。

3. 拘留的对象不同。司法拘留适用于故意实施妨碍诉讼行为、情节严重者，包括刑事诉讼中的其他诉讼参与人、旁听人员或者其他案外人，民事诉讼中的诉讼参与人或者案外人，行政诉讼中的诉讼参与人或者案外人；而刑事拘留适用于现行犯或者重大嫌疑分子。

4. 拘留的期限不同。司法拘留的期限为 1 日以上 15 日以下；而刑事拘留的一般期限为 10 日，特殊期限为 14 日，对流窜作案、多次作案、结伙作案的重大嫌疑分子拘留期限可以延长至 37 日。

5. 拘留的条件不同。司法拘留适用的条件是已经故意实施了妨碍诉讼活动进行的行为；而刑事拘留适用的条件是现行犯或者重大嫌疑分子具有《刑事诉讼法》第 61 条规定的情形。

第六节 逮 捕

一、逮捕的概念和特点

逮捕是指公安机关、人民检察院、人民法院在一定期限内完全剥夺犯罪嫌疑人、被告人人身自由并予以羁押的一种强制措施。逮捕是各种强制措施中最为严厉的一种强制措施。

逮捕与其他刑事诉讼强制措施比较而言，最显著的特征在于严厉性。这种强制措施不仅剥夺了犯罪嫌疑人、被告人的人身自由，而且羁押的时间较长，一般情况下，从逮捕之日起到人民法院判决生效时止。逮捕是防止犯罪嫌疑人、被告人妨碍刑事诉讼顺利进行最有效的方式，但必须采用谨慎的态度，严格依法办事，才能准确、及时的追究犯罪，同时保障公民的人身自由不受侵犯，实现惩罚犯罪和保障人权的刑事诉讼目的。

逮捕和拘留都是剥夺人身自由的强制措施，都由公安机关依法执行，而且被拘留人往往是被逮捕的对象。但是，逮捕和拘留是两种不同的强制措施，二者存在差异：

1. 决定的机关不同。逮捕犯罪嫌疑人、被告人由人民检察院批准或者决定，或者由人民法院决定；而拘留现行犯、重大嫌疑分子由公安机关决定，或者由人民检察院决定。

2. 适用的条件不同。逮捕适用的条件是对有证据证明有犯罪事实，可能判处有期徒刑以上刑罚的犯罪嫌疑人、被告人，采取取保候审、监视居住尚不足以防止发生社会危险性，而有逮捕必要的；而拘留适用的条件是现行犯或者重大嫌疑分子具有《刑事诉讼法》第61条规定的情形之一的。

3. 羁押的期限不同。逮捕的羁押期限较长，可能贯穿刑事诉讼的侦查、起诉和审判阶段；而拘留的时间较短，一般期限为10日，特殊期限为14日，对流窜作案、多次作案、结伙作案的重大嫌疑分子拘留期限可以延长至37日。

二、逮捕的要件

逮捕应当具备两个要件：形式要件和实质要件。

（一）形式要件

形式要件是指逮捕必须依据有权机关签发的《逮捕证》进行。关于哪个机关有权签发逮捕证的问题，各国刑事诉讼法有不同的规定。英美法系采取彻底的当事人主义，认为侦查机关无权签发逮捕证，逮捕证只能请求法院签发；有的国家刑事诉讼法则赋予检察机关或者检察长有签发逮捕证的权力，如前苏联。根据我国具体情况，我国《宪法》第37条明确规定："任何公民，非经人民检察院批准或者决定或者人民法院决定，并由公安机关执行，不受逮捕。"《刑事诉讼法》第59条也指出："逮捕犯罪嫌疑人、被告人，必须经过人民检察院批准或者人民法院决定，由公安机关执行。"这表明：逮捕权由公安机关、人民检察院和人民法院行使，其他任何机关、团体和个人都无权进行逮捕。同时，依照三机关分工负责、互相配合、互相制约的原则，逮捕在三机关之间权限有所划分：

1. 人民检察院、人民法院有权决定逮捕。人民检察院和人民法院在办理案件的过程中对应当逮捕的犯罪嫌疑人、被告人有权作出逮捕决定。人民检察院办理直接立案侦查的案件，需要逮捕犯罪嫌疑人的，由侦查部门填写逮捕犯罪嫌疑人意见书，连同案卷材料一并送交本院审查批准逮捕部门。人民检察院侦查部门对已被拘留的犯罪嫌疑人报捕的，应当在法定期限内提出，审查批捕部门在接到逮捕犯罪嫌疑人意见书后，在拘留后 10 日内，特殊情况下 14 日内，作出逮捕的决定或者不予逮捕的决定，并制作《逮捕决定书》。

人民法院在办案过程中，对自诉案件的被告人和公诉案件的被告人，符合逮捕条件，认为应当逮捕的，有权决定逮捕。人民法院决定逮捕的，应当制作《逮捕决定书》。

2. 公安机关提请批捕，人民检察院审查、批准逮捕。《刑事诉讼法》第 66 条规定："公安机关要求逮捕犯罪嫌疑人的时候，应当写出提请批准逮捕书，连同案卷材料、证据，一并移送同级人民检察院审查批准。必要的时候，人民检察院可以派人参加公安机关对于重大案件的讨论。"公安机关在侦查案件中，认为需要逮捕的，无权作出逮捕决定，应当向同级人民检察院提请批准逮捕，并移送《提请批准逮捕书》和案卷材料、证据。《提请批准逮捕书》应当载明犯罪嫌疑人的姓名、性别、年龄、籍贯、职业、民族、住址、所犯罪行、主要证据、认定的罪名和逮捕的法律依据。这些材料是人民检察院审查、批准逮捕的依据。人民检察院认为必要时，还可以直接派员参加公安机关对重大案件的讨论，提前了解案情，为审查、批准逮捕作准备。

人民检察院收到公安机关移送的《提请批准逮捕书》和案卷材料、证据后应当进行审查。审查由人民检察院的审查批捕部门办理，审查批捕部门应当指定办案人员审查。办案人员审查后，提出审查意见，由审查批捕部门负责人审核后，报请检察长批准或者决定；重大案件应当经检察委员会讨论决定。《刑事诉讼法》第 68 条规定："人民检察院对于公安机关提请批准逮捕的案件进行审查后，应当根据情况分别作出批准逮捕或者不批准逮捕的决定。对于批准逮捕的决定，公安机关应当立即执行，并且将执行情况及时通知人民检察院。对于不批准逮捕的，人民检察院应当说明理由，需要补充侦查的，应当同时通知公安机关。"

最高人民检察院《规则》第 103 条规定："人民检察院办理审查逮捕案件，发现应当逮捕而公安机关未提请批准逮捕的犯罪嫌疑人的，应当建议公安机关提请批准逮捕。如果公安机关不提请批准逮捕的理由不能成立的，人民检察院也可以直接作出逮捕决定，送达公安机关执行。"第 104 条规定："对已作出的批准逮捕决定发现确有错误的，人民检察院应当撤销原批准逮捕决定，送达公安机关执行。对已作出的不批准逮捕决定发现确有错误，需要批准逮捕的，人民检察院应当撤销原不批准逮捕决定，并重新作出批准逮捕决定，送达公安机关执行。对因撤销原批准逮捕决定而被释放的犯罪嫌疑人或者逮捕后公安机关变更为取保候审、监视居住的犯罪嫌疑人，又发现需要逮捕的，人民检察院应当重新办理逮捕手续。"

人民检察院对公安机关移送提请批准逮捕的案件，应当自接到公安机关提请批准逮捕书后的 7 日以内，作出批准逮捕或者不批准逮捕的决定。最高人民检察院《规则》第 99 条规定："未被拘留的，应当在接到提请批准逮捕书后的 15 日以内作出是否批准逮捕的决定，重大、复杂的案件，不得超过 20 日。"

《刑事诉讼法》第 70 条规定："公安机关对人民检察院不批准逮捕的决定，认为有错误的时候，可以要求复议，但是必须将被拘留的人立即释放。如果意见不被接受，可以向上一级人民检察院提请复核。上级人民检察院应当立即复核，作出是否变更的决定，通知下级人民检察院和公安机关执行。"这是公安机关对人民检察院不批准逮捕决定的制约，既可以要求复议，再次申请批准，也可以向上级人民检察院申请复核。上级人民检察院的复核决定是最终决定，公安机关或者下级人民检察院应当执行。

审查批捕既是人民检察院的权力，是对逮捕权限划分的结果，又是人民检察院对公安机关侦查活动进行监督的方式。《刑事诉讼法》第 76 条规定："人民检察院在审查批准逮捕工作中，如果发现公安机关的侦查活动有违法情况，应当通知公安机关予以纠正，公安机关应当将纠正情况通知人民检察院。"

3. 公安机关执行逮捕。有权执行逮捕的国家机关，只能是公安机关，无论是公安机关提请人民检察院批准逮捕的犯罪嫌疑人，还是人民检察院、人民法院决定逮捕的犯罪嫌疑人、被告人，都交由公安机关执行。《刑事诉讼法》第 59 条规定："逮捕犯罪嫌疑人、被告人，必须经过人民检察院批准或者人民法院决定，由公安机关执行。"

4. 除公安机关、人民检察院、人民法院外，其他任何机关、团体或者个人都无权批准、决定和执行逮捕。根据《全国人民代表大会和地方各级人民代表大会代表法》的规定，人民代表的人身自由受到特别保护，逮捕人民代表时，人民检察院、人民法院无权直接批准或者决定逮捕，必须履行特别程序：①全国人民代表大会代表非经全国人民代表大会会议主席团许可，在全国人民代表大会闭会期间非经全国人民代表大会常务委员会许可，不受逮捕或者刑事审判。②县级以上的地方各级人民代表大会代表，非经本级人民代表大会常务委员会同意，不受逮捕或者审判。经本级人民代表大会或者其常务委员会同意后，由同级人民检察院办理批准手续。③被逮捕的犯罪嫌疑人、被告人是乡、镇一级人民代表大会代表时，应当向乡、镇人民代表大会报告。

（二）实质要件

实质要件是指被逮捕人应当符合的条件，换言之逮捕必须有法定的理由。逮捕的理由与刑事诉讼法上采取逮捕这一强制措施的目的有联系。英美法系国家认为刑事诉讼法中的逮捕是保证被告人出庭接受讯问和审判的手段，因此，只有被告人有不到庭接受讯问和审判的可能时就可以进行逮捕。大陆法系国家把逮捕作为防止被告人逃跑、保全证据、排除妨碍刑事诉讼顺利进行的手段，因此逮捕的理由较多，多用列举的方式作出明确的规定。根据我国《刑事诉讼法》第60条第1款的规定："对有证据证明有犯罪事实，可能判处徒刑以上刑罚的犯罪嫌疑人、被告人，采取取保候审、监视居住等方法，尚不足以防止发生社会危险性，而有逮捕必要的，应即依法逮捕。"逮捕应当具有以下实质要件：

1. 有证据证明有犯罪事实的发生。这是逮捕的前提条件，是案件事实方面的要求，具体包括：①有证据证明犯罪行为已经发生，即存在犯罪事实；②有证据证明犯罪行为是犯罪嫌疑人、被告人实施的，即有犯罪的主体；③证明犯罪嫌疑人、被告人实施犯罪行为的证据已经查证属实，即有证据。值得注意的是，此处指出的"犯罪行为"，并非最后判决的全部的犯罪事实，只要存在犯罪行为即可，可能是单一犯罪行为的事实，也可能是数个犯罪行为中一个犯罪行为的事实；并且"有证据证明"并非是证据确实、充分，前者的证明标准显然低于后者，但"有证据证明"中的证据也必须查证属实，并非推测、怀疑或者臆想。

2. 可能判处有期徒刑以上刑罚。这是逮捕在刑罚方面的条件。根据已有证据证明的案件事实，比照刑法的有关规定，衡量其所犯罪行，最低也可能要判处有期徒刑以上的刑罚。这表明犯罪嫌疑人、被告人的社会危害性较大，罪行较重。如果只可能判处管制、拘役、独立适用附加刑或者免除刑罚，不可能判处有期徒刑以上刑罚的，就不能采用逮捕。司法实践中，对那些可能判处有期徒刑缓刑的犯罪嫌疑人、被告人，一般也不采用逮捕。

3. 采取取保候审、监视居住等方法，尚不足以防止社会危险性，而有逮捕必要的。这一条件主要针对能否防止犯罪嫌疑人、被告人的社会危险性，如果对其采用取保候审、监视居住等方法，足以防止其串供、逃跑、隐匿证据、伪造证据、销毁证据、干扰证人作证、自杀、威胁被害人、继续犯罪等社会危险性的发生，则没用必要予以逮捕。犯罪嫌疑人、被告人是否具有严重的社会危险性是衡量应否对其实行逮捕的重要条件之一，司法实践中，社会危险性应从以下几个方面考虑：①案件的性质。一般来说，案件性质严重，作案人的主观恶性大，其社会危险性也大，被判处的刑罚也重，作案人也就更容易毁灭证据、伪造证据、串供、逃避侦查和审判，继续犯罪甚至自杀。②犯罪嫌疑人、被告人自身情况。犯罪嫌疑人、被告人自身情况是指其在犯罪前后的表现以及个人情况，如其是偶然犯罪还是累犯，故意犯罪还是过失犯罪，其犯罪前的一贯表现等。③案件的其他情况。具体包括：同案人是否被抓获；案件中重要的证据是否已经被收集；犯罪嫌疑人、被告人是否知道举报人、证人的姓名和住址等。如果同案人未被抓获，案件中的重要证据未被收集，犯罪嫌疑人、被告人串供、隐匿、毁灭或者伪造证据的可能性就更大；如果知道举报人、证人的姓名和住址，其干扰作证、进行报复、继续犯罪的可能性也就更大。其社会危险性就大。

上述逮捕的三个条件相互联系，必须同时具备，缺一不可。

《刑事诉讼法》第60条第2款规定："对应当逮捕的犯罪嫌疑人、被告人，如果患有严重疾病，或者是正在怀孕、哺乳自己婴儿的妇女，可以采用取保候审或者监视居住的办法。"从人道主义精神出发，对严重患病需要治疗的病人或者怀孕、哺乳的妇女可以不采用最严厉的逮捕强制措施，而采用取保候审、监视居住等代替。当然，在适用时也应当考虑其社会危险性。

三、逮捕的程序

（一）逮捕的提请、批准和决定程序

公安机关要求逮捕犯罪嫌疑人的时候，应当写出提请批准逮捕书，连同案卷材料、证据，一并移送同级人民检察院审查批准。必要的时候，人民检察院可以派人参加公安机关对于重大案件的讨论。公安机关对被拘留的人，认为需要逮捕的，应当在拘留后的3日以内，提请人民检察院审查批准。在特殊情况下，提请审查批准的时间可以延长1～4日。对于流窜作案、多次作案、结伙作案的重大嫌疑分子，提请审查批准的时间可以延长至30日。人民检察院应当自接到公安机关提请批准逮捕书后的7日以内，作出批准逮捕或者不批准逮捕的决定。对未被拘留的，应当在接到提请逮捕书后的15日以内作出是否批准逮捕的决定，重大、复杂的案件，不得超过20日。人民检察院审查批准逮捕犯罪嫌疑人由检察长决定。重大案件应当提交检察委员会讨论决定。

公安机关对人民检察院不批准逮捕的决定，认为有错误的时候，可以要求复议，但是必须将被拘留的人立即释放。如果意见不被接受，可以向上一级人民检察院提请复核。上级人民检察院应当立即复核，作出是否变更的决定，通知下级人民检察院和公安机关执行。

人民检察院对自行侦查的案件中认为需要逮捕犯罪嫌疑人的，由侦查部门填写逮捕犯罪嫌疑人意见书，连同案卷材料一并送交本院审查批准逮捕部门。人民检察院侦查部门对已被拘留的犯罪嫌疑人报捕的，在拘留后10日内，特殊情况下14日内，作出逮捕的决定或者不予逮捕的决定。人民法院在审理自诉或者告诉案件中认为需要逮捕被告人的，自行决定，交由公安机关执行。

（二）逮捕的执行程序

逮捕犯罪嫌疑人、被告人，一律由公安机关执行。公安机关在接到《批准逮捕通知书》或者《执行逮捕通知书》后，必须立即执行。

公安机关接到《批准逮捕通知书》或者《执行逮捕通知书》后，应当制作

《逮捕证》。《逮捕证》应当写明经人民检察院批准或者决定或者人民法院决定，被逮捕人姓名、性别、年龄、住址，执行逮捕人员。《逮捕证》由县级以上公安机关负责人签发。执行逮捕必须由两名以上公安人员进行。公安机关逮捕人的时候，必须向被逮捕人出示《逮捕证》，宣布对其依法逮捕，并责令被逮捕人在《逮捕证》上签字或者盖章。被逮捕人拒绝签字或者盖章的，执行人员应当予以说明。被逮捕人抗拒，执行人员可以采用强制方法，必要时可以使用戒具、武器。公安机关执行逮捕时，被逮捕人死亡、逃跑或者其他原因，不能执行逮捕或者逮捕未获的，应当立即通知原批准逮捕的人民检察院或者决定逮捕的人民检察院、人民法院。

《刑事诉讼法》第71条第2款规定："逮捕后，除有碍侦查或者无法通知的情形以外，应当把逮捕的原因和羁押的处所，在24小时以内通知被逮捕人的家属或者他的所在单位。"公安机关提请经人民检察院批准逮捕的，由公安机关通知；人民检察院或者人民法院决定逮捕的，由人民检察院或者人民法院通知。"有碍侦查的情形"是指其他共同犯罪嫌疑人得知后有可能逃跑，隐匿、毁弃或者伪造证据的；可能串供，形成攻守同盟；对其他共同犯罪嫌疑人还未采取强制措施的；其家属或者单位有可能隐匿、毁弃或者伪造证据，或者向其他共同犯罪嫌疑人通风报信的。有碍侦查的情形消除后，应当立即通知被拘留人的家属或者单位。"无法通知的情形"是指被拘留人不讲真实姓名、住址的；被拘留人无家属或者工作单位的。

《刑事诉讼法》第72条规定："人民法院、人民检察院对于各自决定逮捕的人，公安机关对于经人民检察院批准逮捕的人，都必须在逮捕后的24小时以内进行讯问。在发现不应当逮捕的时候，必须立即释放，发给释放证明。""不应当逮捕"是指不符合逮捕的条件而逮捕，具体包括：没有犯罪行为发生，或者被逮捕人的行为不构成犯罪的；有犯罪行为发生，但并非被逮捕人所为的；有犯罪行为发生，但依法不应当追究被逮捕人的刑事责任的；有犯罪行为发生且为被逮捕人所为，但被逮捕人不符合《刑事诉讼法》第60条规定的逮捕条件，而应当不需要逮捕的。

《刑事诉讼法》第62条规定："公安机关在异地执行拘留、逮捕的时候，应当通知被拘留、逮捕人所在地的公安机关，被拘留、逮捕人所在地的公安机关应当予以配合。"

人民法院、人民检察院和公安机关如果发现对犯罪嫌疑人、被告人采取逮捕措施不当的，应当及时撤销或者变更。撤销或者变更逮捕的情形，具体包括：①被逮捕人患有严重疾病；②被逮捕人是正在怀孕、哺乳自己不满1周岁婴儿的妇女的；③案件不能在法定期限内办结，采取取保候审、监视居住没有社会危险性的；④第一审人民法院判处管制或者宣告缓刑以及单独适用附加刑，判决尚未生效的；⑤第二审人民法院审理上诉案件期间，被告人被羁押的时间已到第一审人民法院对他判处的刑期的。具有以上情形可以变更或者解除逮捕；需要继续侦查或者审判的，可以变更为取保候审或者监视居住。公安机关解除或者变更逮捕的，应当通知原批准逮捕的人民检察院；人民检察院、人民法院撤销或者变更自行决定的逮捕措施的，通知公安机关执行。

犯罪嫌疑人、被告人及其法定代理人、近亲属或者犯罪嫌疑人、被告人委托的律师及其他辩护人对于人民法院、人民检察院或者公安机关逮捕超过法定期限的，有权要求解除逮捕。

学术视野

当前，刑事诉讼中的强制措施在立法和司法实践中都存在诸多问题：①刑事案件中适用强制措施的比率十分高，几乎所有的刑事案件都适用过强制措施，尤为突出的是，侦查机关在侦查中"普遍"适用剥夺人身自由的强制措施，使得犯罪嫌疑人或者被告人被羁押成为一种"常态"。近三年来，全国检察机关的刑事案件批捕率始终在百分之九十左右。虽然法律规定对可能判处管制、拘役以及没有逮捕必要的犯罪嫌疑人、被告人可以适用取保候审或监视居住的强制措施，但在实践中却很少适用。②刑事诉讼中的强制措施被违法滥用问题非常突出。实践中，非法搜查公民的住宅；非法扣押公民的财物；以连续拘传的方式变相延长控制犯罪嫌疑人的时间；对同一犯罪嫌疑人重复适用取保候审，违反法定条件适用取保候审；以变相拘禁的方式适用监视居住；对不符合《刑事诉讼法》第69条第2款规定的犯罪嫌疑人也适用30日的拘留期限，对没有逮捕必要的犯罪嫌疑人也适用逮捕措施；超期羁押犯罪嫌疑人；对处于强制措施控制之下的犯罪嫌疑人进行刑讯逼供或变相刑讯逼供；根据部门规章、司法解释或地方规范性文件随意限制犯罪嫌疑人或者律师的诉讼权利等[1]。③对刑事诉讼中的强制措施没有司法审查制度。司法审查制度是对公权力运用的合法性进行审查的一项重要制度，即凡是对公民人身自由和财产权利进行剥夺或限制的措施，都必须经过司法机关或司法官员审查批准，否则不得适用。然而，在我国，除了逮捕需要经过检察机关的批准之外（暂不论检察机关的批捕行为是否是司法审查），其他强制措施的实施，实施者即为决定者，裁判员与运动员合二为一；并且，强制措施的实施者与被实施对象之间，在诉讼关系上是直接对立的双方，强制措施适用的公正

---

〔1〕 参见陈卫东主编：《刑事诉讼法实施问题调查报告》，中国方正出版社 2001 年版，第 10 页。

性难以得到保证。④刑事诉讼中的强制措施违法滥用后，没有程序性救济措施，使得公民的权利被侵犯后，得不到任何救济。非法搜查、扣押得到的证据仍然可以作为定案依据使用；变相羁押、超期羁押、非法羁押查证困难，制裁程序缺失，公民告状无门，最后不了了之，等等。

要改变现状，必须从立法上和实践中对刑事诉讼中的强制措施进行改革，予以完善。改革必须秉承保障人权、程序正当性的诉讼基本原则和精神，从根源上消除实践中无法可依，有法不依的状态；改革还应立足现实情况，借鉴国外成熟的先进经验，切忌照抄照搬，脱离我国国情。刑事诉讼中的强制措施的改革和完善是一个十分紧迫而重要的课题，目前学者们已经展开了全面的、深入的探讨和研究，同学们可以进行相关阅读和研究。

理论思考与实务应用

一、理论思考

（一）名词解释

强制措施　拘留　取保候审　监视居住　逮捕

（二）简答题

1. 刑事诉讼中的强制措施的意义是什么？
2. 刑事诉讼中的强制措施与民事诉讼中的强制措施有什么相同和不同？
3. 取保候审与监视居住的相同和不同？
4. 刑事诉讼中的拘留与行政拘留的区别？
5. 逮捕的条件是什么？

（三）论述题

1. 刑事诉讼中的强制措施的性质是什么？
2. 你认为，刑事诉讼中的强制措施的完善措施有哪些？
3. 对刑事诉讼中的强制措施的司法审查制度应当如何建立？

二、实务应用

（一）案例分析示范

案例一

李某的父亲是某市公安局副局长，李某（男）与张某（男）系大学同学，两人关系要好，后因毕业分配问题产生矛盾，致使断绝往来。后来，张某与李某表妹相识并恋爱，李某得知此事十分生气，多次找到其表妹要求与张某断绝恋爱关系，但遭到表妹拒绝。李某怀恨在心，寻找机会报复张某。一次，李某在路上看到张某与陈某（女）同行，关系暧昧，便私自拍摄二人照片。李某凭借父亲关系，找到当地公安机关，控告张某作风随便、生活放荡，并出示照片，要求公安机关马上拘留张某。公安机关经过调查后，认为张某行为属于道德问题，并不构成犯罪，不属于公安机关管辖范围，不应拘留，也未采取任何强制措施。

问：①什么是刑事诉讼中的强制措施，其特点和意义何在？②强制措施的性质是什么？

【评析】刑事诉讼中的强制措施是指侦查机关、人民检察院、人民法院为了保障刑事诉讼活动的顺利进行，按照一定程序，依法对现行犯、重大嫌疑分子、犯罪嫌疑人、被告人所采取的以强制方式，在一定期限内限制或者剥夺其人身自由的各种方法和手段的总称。强制措施有着主体特定性、阶段特定性、适用对象特定性、目的特定性和适用条件特定性的特点。强制措施的意义在于保证诉讼活动的顺利进行，维持社会稳定，预防犯罪。强制措施是一种强制性、预防性的措施，在诉讼过程中会随具体情况的变化而变化。

本案中，张某的行为属于道德问题，不构成犯罪，不能启动刑事诉讼程序进行追诉；张某不符合强制措施适用对象特定性的要求。强制措施具有阶段性的特点，只适用于刑事诉讼过程中。逮捕是强制措施的一种具体形式，因此，不能对张某实施逮捕。

案例二

王某因涉嫌故意伤害罪被公安机关逮捕，并由检察机关依法提起公诉，由某区人民法院进行审理，王某之父参加了旁听。由于王某之父对法庭的审理存在抵触情绪，在法庭审理过程中，多次大声喧哗，干扰法庭审理。审判员刘某对王某之父的行为进行制止，要求其保持安静，遵守法庭秩序，但王某之父并不听从法庭安排，还与刘某发生直接冲突，并冲到刘某面前，伸手抓住刘某的衣服。法警将王某之父强行带出了法庭，并最终对王某之父处以拘留15天的处理。

问：对王某之父的拘留是刑事诉讼中的强制措施吗？这种拘留的性质是什么？

【评析】对王某之父哄闹法庭的行为予以拘留的处理，是一种刑事司法处罚，具有惩罚性。这种拘留又称刑事司法拘留，是指在刑事诉讼中，主要是在审判阶段，人民法院对严重违反法庭秩序的诉讼参与人、旁听人员等采取的短期剥夺其人身自由的一种制裁方法。这种拘留不属于刑事诉讼中的强制措施，刑事诉讼中的拘留，又称刑事拘留，其性质、适用对象、目的、适用主体都与刑事司法拘留不同。

案例三

2000 年 4~6 月间，陈强利用其担任某厂厂长的职务之便，以本厂急需生产流动资金的名义，从银行贷款 7 万元。贷款下来后，陈强又从该厂账上提出 6 万元，与其妹妹一起投资股票。陈强挪用公款的行为被人检举到该市人民检察院分院，检察院分院立即立案侦查并传讯了犯罪嫌疑人陈强。陈强面对检察院分院的审查，彻底坦白了自己的犯罪事实，认罪态度较好。同时，陈强积极主动的想办法筹措了 8 万元资金，归还单位。某市检察院分院根据陈强的罪行及其认罪表现，决定对其采取取保候审的强制措施，并由陈强家属出具保证书，保证其在取保候审期间不得逃避侦查和审判。

问：什么是取保候审？取保候审适用的对象有哪些？

【评析】 取保候审是指在刑事诉讼中，由犯罪嫌疑人、被告人或者法律规定的其他有关人员提出申请，经公安机关、人民检察院、人民法院同意后，责令犯罪嫌疑人、被告人提出保证人或者交纳保证金，保证其不逃避或者妨碍侦查、起诉和审判，并随传随到的一种强制措施。取保候审适用于：①可能判处管制、拘役或者独立适用附加刑的；②可能判处有期徒刑以上刑罚，采取取保候审不致发生社会危险性的；③应当逮捕，但患有严重疾病，不适宜羁押的；④应当逮捕，但正在怀孕、哺乳自己不满 1 周岁婴儿的妇女的；⑤对已被依法拘留的犯罪嫌疑人，经过审查，认为需要逮捕，但证据不足的；⑥已被羁押的犯罪嫌疑人、被告人，在法律规定的侦查、起诉、一审、二审的办案期限内不能结案，采取取保候审不致产生社会危险性的。

本案中，陈强对于检察机关的审查，坦白自己的罪行，并积极退还资金，其认罪态度好，主观恶性较小，其逃避侦查或者审判的可能性就较小，符合取保候审适用条件。因此，检察机关在陈强家属出具保证书后对其采取取保候审的强制措施是十分恰当的，这样既是对陈强积极配合侦查行为的肯定，也有利于减轻羁押部门的负担。

（二）案例分析实训

案例一

周松为某市汽车修理厂工作人员，1998~2000 年期间多次利用职务上的便利，先后将解体旧车外卖，从中牟利近十万元。某市人民检察分院接到群众举报后，立案侦查，并对周松进行了传唤。周松到案后，认罪态度较好，主动交代了自己的罪行，并揭发了其他相关人员的犯罪事实。鉴于周松的表现，某市检察院分院决定对其采取监视居住的强制措施，并向周松宣布了这一决定，同时通知其所在地公安机关予以执行。当地公安机关派出所委托周松所在单位协助执行监视居住。汽车修理厂接受委托后，将周松放在本厂一四十多平米的仓库里，由单位保安负责监护，一日三餐由家人负责。由于检察院的案件比较多，没有顾上周松的事，一直拖了八九个月才向人民法院提起公诉。人民法院判决周松有期徒刑3年，缓刑3年后，周松才从汽车修理厂的仓库放出。

问：①什么是监视居住？适用监视居住的条件有哪些？②被监视居住人应遵守什么规定？执行监视居住应注意什么问题？③监视居住的期限是多久？

案例二

王某，系某厂仓库保管员，由于其投资股票失败，欠了5万元的债务，便想办法弄钱。一天，王某朋友李某对他说："你真是笨得很，自己守着个金库，还愁没钱花！"王某听后说："是呀，但我一个人恐怕不太好弄！你能不能来帮忙，好处我们大家分！"当晚正好王某值班，王某便假装熟睡，李某便用绳子将王某捆绑，并用布头堵住王某的嘴，造成王某被制服的假象，李某从仓库中盗走价值二十余万元的精密仪器。李某将赃物变卖，得赃款14万元，王某分得3万元。由于分赃不均，王某到公安机关投案自首，公安机关作出拘留王某的决定，并立即派人去李某住处拘留李某。由于走得匆忙，执行拘留的公安人员未带拘留证。王某、李某被拘留后，公安机关忙于追回被盗仪器，无暇顾及二人，致使他们在拘留所呆了两个多月，也没有通知二人的亲属或者单位。后来，王某的姐姐通过其他途径得知此事，便到公安机关要求释放王某，但公安机关以案件尚未查清为由，拒绝释放王某。

问：①拘留适用的对象是什么？②执行拘留的程序是什么？③拘留的期限是什么？

案例三

王某，女，28岁，由于家庭琐事与邻居张某发生口角，遭到张某的辱骂，后又与张某之妻发生厮打，身上多处被抓伤。王某怀恨在心，寻找机会报复。某日，张某与妻外出，留有4岁的小孩在家。王某趁机将小孩骗至家中，殴打小孩。小孩哭闹，王某怕被人发现就用枕头捂住小孩的头，结果用力过猛，致使小孩窒息死亡。王某见状十分害怕，连忙把小孩放回张某家中，打开房间煤气，造成小孩中毒死亡的假象。王某回到家中，十分后悔，上吊自杀，被家人及时发现，抢救脱险。公安机关立即对王某立案侦查，发现王某有2个月的身孕，遂决定对其采用监视居住的强制措施。王某对自己的行为十分后悔，想到自己将被当做杀人犯枪决，小孩子生下来就会失去母亲，于是撞墙企图自杀。公安机关得知此事后，立即对王某实施了逮捕。

问：①适用逮捕的条件是什么？②对正在怀孕的妇女能否予以逮捕？

 主要参考文献

1. 陈瑞华：《刑事诉讼前沿问题》，中国人民大学出版社 2000 年版。
2. 陈瑞华：《问题与主义之间——刑事诉讼基本问题研究》，中国人民大学出版社 2003 年版。
3. 陈卫东：《保释制度与取保候审》，中国检察出版社 2003 年版。
4. 陈卫东：《羁押制度与人权保障》，中国检察出版社 2005 年版。
5. 孙长永：《侦查程序与人权》，中国方正出版社 2000 年版。
6. 徐美君：《侦查讯问程序正当性研究》，中国人民公安大学出版社 2003 年版。
7. 孙谦："关于完善我国逮捕制度的几点思考"，载《中国法学》2000 年第 4 期。
8. 孙长永："比较法视野中的刑事强制措施"，载《法学研究》2005 年第 1 期。
9. 杨旺年："关于监视居住几个问题的探讨"，载《法律科学》2001 年第 6 期。
10. 徐海法："超期羁押的预防机制研究"，载《中国刑事法杂志》2003 年第 5 期。

第 九 章

附带民事诉讼

【本章概要】 本章对附带民事诉讼作了系统阐述。附带民事诉讼，是司法机关在追究被告人刑事责任的同时，根据被害人的申请，附带解决由于被告人的犯罪行为直接造成的被害人的物质损失的赔偿问题，而进行的一种诉讼活动。通过附带民事诉讼制度，有利于刑事案件的全面正确处理，有利于保障被害人的合法权利，有利于正确执行我国惩办与宽大相结合的刑事政策，有利于节约诉讼成本和提高诉讼效率，有利于维护人民法院审判工作的统一性和权威性。附带民事诉讼的提起，以刑事案件成立为前提，原告人要求赔偿的损失必须是因犯罪行为造成的物质损失，不能是精神损害。附带民事诉讼的当事人包括原告人和被告人，其未必与刑事诉讼的被害人和被告人是重合的。附带民事诉讼应当在一审宣告判决前提出，其审判程序有诸多特殊之处。在诉讼中人民法院对民事问题的处理要遵循民事诉讼法的有关规定。

【学习目标】 了解附带民事诉讼的意义、附带民事诉讼的提起和审判程序；理解附带民事诉讼的概念、提起附带民事诉讼必须具备的条件以及附带民事诉讼当事人的范围。

【教学重点与难点】 附带民事诉讼的提起条件；附带民事诉讼当事人的范围；附带民事诉讼的审判程序。

第一节　附带民事诉讼概述

一、附带民事诉讼的概念

刑事附带民事诉讼，是指司法机关在追究被告人刑事责任的同时，根据被害人的申请，附带解决由于被告人的犯罪行为直接造成的被害人的物质损失的赔偿问题，而进行的一种诉讼活动。我国《刑事诉讼法》第 77 条规定："被害人由于被告人的犯罪行为而遭受物质损失的，在刑事诉讼过程中，有权提起附带民事诉讼。如果是国家财产、集体财产遭受损失的，人民检察院在提起公诉的时候，可以提起附带民事诉讼。"

附带民事诉讼，在本质上是一种具有民事诉讼特征的经济损害赔偿诉讼。因此，虽然它属于刑事诉讼中的一类诉讼程序，却具有极为强烈的民事特征。在实体问题上，针对损害事实的认定，既要依据刑法中关于犯罪构成的规定，也要遵循民事立法的规定；在程序问题上，附带民事诉讼的诉讼程序，既要遵循刑事诉讼法的专门规定，也要顾及民事诉讼法的相关规定，比如在诉讼原则、强制措施、证据制度、先予执行、财产保全、撤诉、反诉等诸多方面，都要受民事诉讼法的调整。于是，最高人民法院《刑诉解释》第 100 条便规定："人民法院审判附带民事诉讼案件，除适用刑法、刑事诉讼法外，还应当适用民法通则、民事诉讼法有关规定。"

然而，附带民事诉讼又不同于一般的民事诉讼。附带民事诉讼必须由犯罪行为引起，其成立与解决都依附于刑事诉讼，和刑事诉讼是不可分割的。附带民事诉讼与普通民事诉讼相比，在以下几个方面有着显著的区别：①受案范围。我国当前的附带民事诉讼，只涉及因犯罪行为而引发的物质损害赔偿；而普通民事诉讼不限于此种范围。②诉讼费用。按照民事诉讼法的规定，普通民事诉讼需要交纳一定的诉讼费用；而按照刑事诉讼法的规定，刑事诉讼无需交纳诉讼费用，同时附带民事诉讼也是免交诉讼费用的。③管辖。附带民事诉讼的管辖不遵循民事诉讼法的规定，而是从属于刑事诉讼的管辖。一般而言，刑事诉讼归哪一类别、哪一级别、哪一地区的法院管辖，附带民事案件也要归属这一法院的管辖。④审判组织。附带民事诉讼的审判组织是由进行刑事诉讼的审判组织一并兼任。⑤诉讼期间。在诉讼期间的跨度上，我国的民事诉讼和刑事诉讼有着较大的区别，附带民事诉讼的期间应当从属于刑事诉讼。另外，在期间的顺延上也有不同。按照民事诉讼法的规定，因正当理由而耽误期限的，当事人在障碍消除后的 10 日内，可以申请顺延期限；而根据刑事诉讼法的规定，则应当在障碍消除后的 5 日内申请顺延，附带民事诉讼也需遵循这一规定。

二、附带民事诉讼制度的意义

实行附带民事诉讼制度，具有十分重要的意义。

1. 附带民事诉讼有利于刑事案件的全面正确处理。在审理刑事案件过程中，一并解决民事赔偿问题，有利于全面查明被告人的行为是否构成犯罪以及应当判处何种刑罚。在许多种类的刑事犯罪案件中，比如侵犯财产的犯罪，被告人的行为是否造成物质损害以及造成物质损害的程度，恰恰也是对被告人定罪量刑的决定性因素。

2. 附带民事诉讼可以有效解决犯罪行为造成的损害赔偿，有利于保障被害人的合法权利。一方面，实行附带民事诉讼，控方在追究被告人刑事责任的过程中会同时收集证明被告人应当承担民事责任的证据，这有利于减轻被害人在民事赔偿部分本应负担的举证要求，从而降低被害人获得赔偿的难度。另一方面，要求司法机关在解决被告人刑事责任的过程中必须一并解决其应承担的民事赔偿责任，有利于及时弥补被害人因犯罪行为遭受的物质损害，而不是等到刑事案件结束后再向民事审判庭提起诉讼，那样的话往往会因为时过境迁，导致有关损害事实难以查清，或因被告人将财产转移、隐匿，导致损害赔偿难以实现。

3. 附带民事诉讼有利于正确执行我国惩办与宽大相结合的刑事政策。在处理刑事案件过程中一并解决民事赔偿问题，有利于查明被告人对其犯罪行为造成的物质损害的态度，从而正确判断被告人是否悔罪及悔罪的态度，判断被告人的人身危险性，这对于在定罪量刑时正确执行我国惩办与宽大相结合的刑事政策具有非常重要的意义。

4. 在解决刑事责任的同时附带解决因犯罪行为造成的物质损失赔偿问题，可以节约诉讼成本，提高诉讼效率。对公安司法机关而言，附带民事诉讼有利于避免刑事和民事部分分别处理必然产生的调查和审理上的重复，从而大大节省人力、物力和时间。对于附带民事诉讼原告人来说，附带民事诉讼有利于其在刑事审判过程中就刑事、民事部分一并陈述和辩论，就刑事、民事部分一并提起诉讼，从而避免分别处理时当事人参与刑事诉讼后又要参与民事诉讼的麻烦。对于附带民事诉讼被告人来说，有利于通过一个审判组织和一次审判同时解决应当承担的两种责任，避免因一个犯罪行为受到两次审判的负担。对于法定代理人、证人、鉴定人等其他诉讼参与人来说，也有利于避免参与两次审判所带来的讼累。

5. 附带民事诉讼有利于维护人民法院审判工作的统一性和权威性。在处理刑事案件过程中一并解决民事赔偿问题，有利于避免由刑事审判庭和民事审判庭分别处理刑事和民事问题可能出现的对同一案件作出矛盾裁判的问题，从而维护法院裁判的权威。

三、附带民事诉讼的构成要件

（一）附带民事诉讼必须以刑事诉讼的成立为前提

附带民事诉讼是由刑事诉讼所追究的犯罪行为引起的，是在追究行为人的刑事责任的同时，附带解决相关的损害赔偿责任的一种诉讼形态。因此，附带民事诉讼必须以刑事诉讼的成立为前提，如果刑事诉讼不成立，附带民事诉讼就失去了存在的基础。但是，刑事诉讼的成立并不以是否对被告人科处刑罚为标准。在有些情况下，被告人的行为虽然构成犯罪但依法却不需要判处刑罚或者可以免除刑罚。在这些案件中，犯罪行为给被害人造成物质损失的，附带民事诉讼仍然可以提起。另外，刑事诉讼的成立也不以被告人最终构成犯罪为条件。这里有两种特殊的情况：一种情况是被告人的行为不是犯罪行为，而是受法律保护的行为，如正当防卫、紧急避险等，因这些行为所引起的损害，当然不能提起附带民事诉讼；另一种情况是被告人的行为虽然不构成犯罪，但却构成民事侵权行为。在后一种情况下，被害人能否提起附带民事诉讼，要视刑事诉讼的阶段而定：如果在侦查和起诉阶段，刑事诉讼部分作了撤销案件或者不起诉的处理决定，意味着刑事诉讼已经终结，刑事诉讼不存在，附带民事诉讼也就失去了存在的前提，被害人只能提起独立的民事赔偿之诉；如果案件已到法院审判阶段，被害人则可以提出附带民事诉讼，法庭经过审理，可以就刑事部分作出无罪的刑事判决，附带民事部分作出赔偿损失的附带民事判决。对此，最高人民法院《关于执行〈中华人民共和国刑事诉讼法〉若干问题的解释》第101条规定："人民法院认定公诉案件被告人的行为不构成犯罪的，对已经提起的附带民事诉讼，经调解不能达成协议的，应当一并作出刑事附带民事判决。"

（二）犯罪行为给被害人造成了物质损失

我国《刑法》第36条规定："由于犯罪行为而使被害人遭受经济损失的，对犯罪分子除依法给予刑事处罚外，并应根据情况判处赔偿经济损失。"根据最高人民法院《关于刑事附带民事诉讼范围问题的规定》第1条之规定，因人身权利受到犯罪侵犯而遭受物质损失或者财物被犯罪分子毁坏而遭受物质损失的，可以提起附带民事诉讼；而对于被害人因犯罪行为遭受精神损失而提起附带民事诉讼的，人民法院不予受理。在这里，"经济损失"与"物质损失"具有相同的含义。可见，附带民事诉讼请求赔偿的损失仅限于物质损失，而不包括精神损失。

如果在刑事诉讼结束后，另行提起单独的民事诉讼时是否可以请求赔偿精神损失呢？对此，最高人民法院在2002年发布的《关于人民法院是否受理刑事案件被害人提起精神损害赔偿民事诉讼问题的批复》（以下简称《批复》）明确指出，对于刑事案件被害人由于被告人的犯罪行为而遭受精神损失提起的附带民事诉讼，或者在该刑事案件审结以后，被害人另行提起精神损害赔偿民事诉讼的，人民法院不予受理。[1]

附带民事诉讼不赔偿精神损失，在立法上存在着巨大的逻辑错误。一种侵害人身权的侵权行为，根据民事法律的相关规定，造成精神损失的应当给予赔偿。

---

[1] 关于附带民事诉讼能否追索精神损失的问题，我国在司法实践中曾经一度有过不同的做法。最高人民法院于1993年颁行的《关于审理名誉权案件若干问题的解答》第3条规定："当事人因受到侮辱、诽谤提起刑事诉讼的，应中止民事案件的审理，待刑事案件审结后，根据不同情况分别处理：对于犯罪情节轻微，没有给予被告人刑事处罚的，或者刑事自诉已由原告撤回或者被驳回的，应恢复民事案件的审理；对于民事诉讼请求已在刑事附带民事诉讼中解决的，应终结民事案件的审理。"可见，其支持了附带民事诉讼可以追索精神损害的做法。但是，最高人民法院于2000年颁行的《关于刑事附带民事诉讼范围问题的规定》又否定了上述做法。2001年，深圳市罗湖区人民法院判决了一宗因强奸罪侵犯妇女"贞操权"而获得精神损害赔偿人民币8万元的民事案件。这起案件中的被害人曾在刑事诉讼中附带提起精神损害赔偿，但遭到法院的拒绝，后被害人又单独提起民事诉讼，并成功获赔。参见孔献之："深圳判决首例侵犯'贞操权'索赔案"，载《人民法院报》2001年4月23日。针对这种做法，最高人民法院在2002年的《批复》中又予以明确的禁止。

但是，当这种侵权行为更加严重而上升为犯罪行为时，带来的精神损失却不予赔偿。这显然是在理论上和实践中都无法讲通的逻辑。因此我们主张，相关的附带民事诉讼的立法应当进行修改，将精神损失纳入附带民事诉讼的赔偿范围。

（三）被害人所遭受的物质损失与被告人的犯罪行为之间必须存在因果关系

被害人的物质损失必须是犯罪行为造成的，要求赔偿的损失与被告人的犯罪行为之间应当有直接的因果联系。最高人民法院《关于刑事附带民事诉讼范围问题的规定》第 2 条规定："被害人因犯罪行为遭受的物质损失，是指被害人因犯罪行为已经遭受的实际损失和必然遭受的损失。"可见，犯罪行为造成的物质损失，既包括犯罪行为已经给被害人造成的物质损失，还包括被害人将来必然遭受的物质利益的损失。前者又称积极损失，例如犯罪分子作案时破坏的车辆、房屋、物品，被害人的医疗费、营养费等；后者也称消极损失，例如因伤残导致日后误工而减少的劳动收入，今后继续治疗的费用，被毁坏的生长中的庄稼等。但是，这里的损失并不包括今后可能会获取的或通过努力才能获取的物质利益，例如科研奖金、加班费等。对于在犯罪过程中因被害人自己的过错造成的损失，则不应由被告人承担。此外，因民事上的债权债务关系纠纷而引起的刑事犯罪，不能在刑事诉讼过程中解决，也不能就刑事犯罪之前的债权债务问题提起附带民事诉讼。

（四）有赔偿请求权人在刑事诉讼过程中提出了赔偿请求

刑事诉讼过程指的是从刑事案件立案开始到刑事案件审结的整个过程。但是，附带民事诉讼最好在一审法庭开庭审理前提起。这样，可以节省司法资源，方便诉讼参与人，有利于防止诉讼的拖延。

由于提起附带民事诉讼是遭受物质损失的被害人的权利，可以行使也可以放弃。只有当有附带民事诉讼请求权的人提起附带民事诉讼时，附带民事诉讼才能成立。人民法院在受理刑事案件后，可以告知有赔偿请求权的人提起附带民事诉讼。在司法实践中，被害人在刑事诉讼开始之初可能并不直接就被告人犯罪行为造成的物质损失向人民法院提出赔偿请求，而是向侦查机关或公诉机关提出。针对此种情况，最高人民法院《关于执行〈中华人民共和国刑事诉讼法〉若干问题的解释》第 90 条规定："在侦查、预审、审查起诉阶段，有权提起附带民事诉讼的人向公安机关、人民检察院提出赔偿要求，已经公安机关、人民检察院记录在案的，刑事案件起诉后，人民法院应当按附带民事诉讼案件受理；经公安机关、人民检察院调解，当事人双方达成协议并已给付，被害人又坚持向法院提起附带民事诉讼的，人民法院也可以受理。"如果侦查机关或公诉机关决定不再进行刑事诉讼，被害人要求赔偿物质损失的请求，可以作为普通的民事诉讼，单独向人民法院提起民事诉讼。

第二节　附带民事诉讼的当事人

一、附带民事诉讼的原告人

附带民事诉讼的原告人，是指在刑事诉讼的过程中，以自己的名义向人民法院提起附带民事诉讼，要求被告人赔偿因其犯罪行为而遭受物质损失的一方当事人。在我国，附带民事诉讼的原告人应当包括下列几类：

（一）因犯罪行为而遭受物质损失的被害人

这里的被害人应当从广义上去理解，不仅限于自然人，还应当包括法人和其他组织。如果被害人是未成年人、精神病患者等无行为能力人或者限制行为能力人的，其法定代理人可以代为提起附带民事诉讼。但是应当注意的是，被害人的法定代理人并不是原告人，原告人仍然是被害人。法定代理人进行附带民事诉讼的目的在于维护被害人的民事权益，必须以被害人的名义参加诉讼。

（二）已死亡被害人的近亲属

近亲属是与死者有血缘关系或婚姻关系的亲属，通常享有继承被害人财产的权利。刑事诉讼法上的近亲属包括夫妻、父母、子女和同胞兄弟姐妹。被害人的死亡，可以是因本案中的犯罪行为导致的死亡，也可以是因其他事由导致的而与本案犯罪行为无关的死亡。

（三）人民检察院

如果是国家财产、集体财产遭受损失，受损失单位未提起附带民事诉讼，人民检察院在提起公诉时可以提起附带民事诉讼。但是，人民检察院不是民事实体权利义务的主体，只能成为程序意义上的附带民事诉讼原告人。

（四）其他因犯罪行为而遭受物质损失的公民、法人和其他组织

在刑事案件中，除了被害人会因犯罪行为的侵害而遭受物质损失外，其他的公民、法人和其他组织也可能会因犯罪行为而遭受物质损失。例如，为被害人支付了医药费、治疗费、营养费、生活补助费、护理费、交通费、丧葬费等有关费用的公民、法人和共他组织，在被害人死亡而没有继承人或遗产的情况下，便可以就其因救助被害人或因为被害人处理善后事宜而支付的费用提起附带民事诉讼，成为附带民事诉讼的原告人。另外，如果被害人与保险公司签订有保险合同，保险公司对于被害人因犯罪行为所遭受的财产损失已经预付了保险赔偿金的，也会取得在刑事诉讼中提起附带民事诉讼请求赔偿的权利，可以成为附带民事诉讼的原告人，而被害人即丧失了提起附带民事诉讼的权利，不能再成为附带民事诉讼的原告人。

二、附带民事诉讼的被告人

附带民事诉讼的被告人是指对犯罪行为或不构成犯罪的共同致害行为所造成的物质损失依法负有赔偿责任，而被附带民事诉讼的原告人起诉要求赔偿经济损失的一方当事人。附带民事诉讼被告人一般也是刑事诉讼的被告人，但在特殊情况下，应当赔偿物质损失的附带民事诉讼被告人，也可能不是应当承担刑事责任的被告人。根据最高人民法院《关于执行〈中华人民共和国刑事诉讼法〉若干问题的解释》第 86 条的规定，在附带民事诉讼中负有赔偿责任的人包括下列几类情形：

（一）刑事被告人及没有被追究刑事责任的其他共同致害人

这里的被告人或共同致害人不仅包括公民，也包括法人和其他组织。所谓其他共同致害人，是指由于行为轻微或者其他法律规定的原因而没有被追究刑事责任，但其共同致害行为已经造成物质损失的人。这种情形主要存在于共同犯罪案件中，有的被告人被交付人民法院审判，有的被公安机关作出劳动教养处理或行政拘留处分，有的被人民检察院作出不起诉决定。在上述情况下，被作出其他处理的同案人都可以列为附带民事诉讼的被告人。因为数人共同造成他人物质损失的行为是一个不可分开的整体行为，造成物质损失结果的原因是共同的加害行为，各加害人都应对物质损失承担民事赔偿责任。

（二）未成年刑事被告人的监护人

未成年人的监护人是其父母。父母死亡或者没有监护能力的，由下列人员中有监护能力的人担任监护人：祖父母、外祖父母；兄、姐；关系密切的其他亲属、朋友愿意承担监护职责，经未成年人父母的所在单位或者未成年人住所地的居民委员会、村民委员会同意后，也可以作监护人。对担任监护人有争议的，由未成年人父母的所在单位或者未成年人住所地的居民委员会、村民委员会在亲属中指定。对指定不服提起诉讼的，由人民法院裁决。

如果刑事被告人是未成年人的，则由其监护人承担赔偿责任。但其监护人是不是附带民事诉讼的被告人，在理论界却是一个存在争议的问题。[1] 既然附带民事诉讼是一种特殊的民事诉讼，它所解决的实体问题应当适用民事实体法的规定。我国《民法通则》第 133 条第 2 款规定："有财产的无民事行为能力人、限制民事行为能力人造成他人损害的，从本人财产中支付赔偿费用。不足部分，由监护人适当赔偿，但单位担任监护人的除外。"可见，监护人只有在未成人无财

---

[1] 参见程荣斌主编：《刑事诉讼法》，中国人民大学出版社 1999 年版，第 244 页；陈卫东：《中国刑事诉讼法》，法律出版社 1998 年版，第 91 页；陈建国主编：《刑事诉讼制度的改革与完善》，红旗出版社 1997 年版，第 270～271 页。

产或财产不足时才承担赔偿责任。即使监护人承担赔偿责任，其作为被监护人的法定代理人，也只能以被监护人的名义参加诉讼，而不是附带民事诉讼的被告人，被告人只能是作为被监护人的未成年人。另外，在民事诉讼法上，当事人的监护人在诉讼中也只是处于法定代理人的地位，而不能成为当事人。从这一角度上讲，附带民事诉讼中的未成年刑事被告人的监护人也不能在诉讼中具有当事人的法律地位。

（三）在全案终结以前已被执行死刑的罪犯的遗产继承人和共同犯罪案件中案件审结前已死亡的被告人的遗产继承人

在涉及两人或多人犯罪的刑事案件中，全案未终结之前有的罪犯便可能会被执行了死刑，那么其遗产继承人应在附带民事诉讼中作为被告人。在这两种情况下，对被害人的经济赔偿应当看作是已经死亡的刑事被告人生前所负的债务，属于遗产的清偿范围。

（四）其他对刑事被告人的犯罪行为依法应当承担民事赔偿责任的单位和个人

在刑事案件中，如果刑事被告人是国家机关、社会团体、企事业单位和其他组织的工作人员，并且其犯罪行为是在执行职务的过程中发生的，由于刑事被告人的犯罪行为侵犯了他人的合法权利所造成的损害，根据《民法通则》第 121 条之规定和其他有关规定，应当由其所在的国家机关、社会团体、企业、事业单位和其他组织负民事责任。在这种情况下，如果附带民事诉讼的原告人提起附带民事诉讼请求赔偿的，对刑事被告人的犯罪行为所造成的损害负有赔偿责任的国家机关、社会团体、企业、事业单位和其他组织即成为附带民事诉讼的被告人。例如，某单位的汽车司机在执行公务途中违反交通规则致人重伤，这种情况下汽车司机应承担刑事责任，但单位必须承担民事赔偿责任，成为附带民事诉讼的被告。

在上述情形之外，附带民事诉讼的成年被告人应当承担赔偿责任的，如果其亲属自愿代为承担，应当准许。但是，成年被告人的亲属并不是附带民事诉讼中的赔偿责任人。另外需要指出的是，司法解释对附带民事诉讼赔偿责任人的列举有所遗漏。例如，如果没有被追究刑事责任的其他共同致害人，在案件审结前已经死亡的，其遗产继承人也应当成为负有赔偿责任的人。

第三节　附带民事诉讼的提起与审判

一、附带民事诉讼的提起

（一）提起的条件

根据最高人民法院《刑诉解释》第88条的规定，提起附带民事诉讼的条件具体包括：①提起附带民事诉讼的原告人、法定代理人符合法定条件；②有明确的被告人；③有请求赔偿的具体要求和事实根据；④被害人的物质损失是由被告人的犯罪行为造成的；⑤属于人民法院受理附带民事诉讼的范围。

（二）提起的期间

提起附带民事诉讼的期间，是法律规定的提起附带民事诉讼的有效期间。最高人民法院《刑诉解释》第89条规定："附带民事诉讼应当在刑事案件立案以后第一审判决宣告以前提起。有权提起附带民事诉讼的人在第一审判决宣告以前没有提起的，不得再提起附带民事诉讼。但可以在刑事判决生效后另行提起民事诉讼。"可见，附带民事诉讼只能在限定的期间内提起，但在超出法定期限之后，遭受犯罪行为侵害的民事物质利益仍然可以受到保护，系通过另行提起单独的民事诉讼的方式进行。这是因为，如果允许在刑事一审判决宣告后提起附带民事诉讼，那么便会导致两种不同性质诉讼的程序分离，也就失去了附带的意义，无法达到提高审判效率和节省诉讼资源的目的。

人民法院受理刑事案件后，如果未提起附带民事诉讼的，可以告知因犯罪行为遭受物质损失的被害人（公民、法人和其他组织）、已死亡被害人的近亲属、无行为能力或者限制行为能力被害人的法定代理人，有权提起附带民事诉讼。但是，有权提起附带民事诉讼的人放弃诉讼权利的，法院应当准许，并记录在案。需要指出的是，有权提起附带民事诉讼的人在刑事诉讼中放弃附带民事诉讼的权利，并不意味着彻底放弃实体权利，在刑事诉讼之后还可单独提起民事诉讼。

另外，针对刑事公诉案件而言，在侦查、预审、审查起诉阶段，有权提起附带民事诉讼的人向公安机关、人民检察院提出赔偿要求，已经公安机关、人民检察院记录在案的，刑事案件起诉后，人民法院应当按附带民事诉讼案件受理。经公安机关、人民检察院调解，当事人双方达成协议并已给付，被害人又坚持向法院提起附带民事诉讼的，人民法院也可以受理，审判结果可以对抗双方当事人的协议。

（三）提起的方式

提起附带民事诉讼，一般应当以书面形式进行，提交附带民事诉状。附带民事诉状的写法与一般民事诉状的写法相同。对于附带民事诉讼原告人书写起诉状确有困难时，可以口头起诉。对于口头起诉的，有关司法机关应当详细询问，问清其诉讼请求，提起附带民事诉讼的事实与理由和有关的证据情况，并制作笔录，向原告人宣读，经其确认准确无误后，由其签名或者盖章。附带民事诉讼以口头方式起诉经司法机关记录在案后，便与以书面形式提起附带民事诉讼具有同等的效力。在以书面形式提起附带民事诉讼时，除了应当提交附带民事诉讼的起诉状以外，还应当按照附带民事诉讼被告人的人数提出附带民事诉讼的起诉状副本。

另外，检察机关在提起附带民事诉讼时必须在起诉书上写明，不能适用口头的方式提起附带民事诉讼。

二、附带民事诉讼的保障措施

（一）附带民事诉讼的财产保全

附带民事诉讼的财产保全，是指在刑事诉讼过程中，在可能因被告人或其他人的行为导致将来生效的附带民事诉讼判决无法得到或难以得到执行时，司法机关对被告人的财产采取一定的保全措施，从而保证附带民事判决能够得到执行。《刑事诉讼法》第77条第3款规定："人民法院在必要的时候，可以查封或者扣押被告人的财产。"此项立法即是规定了附带民事诉讼中的保全措施。

附带民事诉讼的财产保全应当注意以下几个方面的问题：①必须存在紧急情况，即被告人或其他人可能实施某种行为导致法院未来作出的附带民事诉讼判决可能无法或难以得到执行；②财产保全的对象限于被告人的财产或与本案有关的财产，对于与被告人和本案无关的财产不得进行保全；③保全财产的价值必须以诉讼请求所主张的赔偿数额为限，不能大于诉讼请求主张的价额或金额；④采取财产保全措施后，如果案件情况发生变化，据以采取财产保全的原因消失，应当及时撤销财产保全。

（二）附带民事诉讼的先予执行

附带民事诉讼的先予执行，是指在刑事诉讼过程中，在法院就附带民事诉讼作出判决之前，根据附带民事诉讼原告人的请求，要求附带民事诉讼被告人先行给付原告人一定款项或履行一定义务并立即执行的措施。最高人民法院于2000年颁行的《关于审理刑事附带民事诉讼案件有关问题的批复》规定，根据最高人民法院《刑诉解释》第100条的规定，对于附带民事诉讼当事人提出先予执行申请的，人民法院应当依照民事诉讼法的有关规定，裁定先予执行或者驳回申请。

附带民事诉讼的先予执行必须符合以下条件：①附带民事诉讼当事人之间的权利义务关系具有明确性，不存在争议。②双方当事人之间不存在对等的给付义务。③实体权利的行使具有紧迫性。也就是说，附带民事原告人急需实现其权利，如不实现则将严重影响其生产或生活。较为常见者比如，在故意伤害案件中，如果医疗费得不到先予执行，被害人就无法得到及时救治。④必须由附带民事诉讼原告人提出书面申请，否则法院不能依职权决定先予执行。⑤附带民事诉讼被告人必须有履行能力。如果被告人确无履行能力，即使原告人提出了申请，先予执行也没有实现的可能性。

三、附带民事诉讼的审判

（一）附带民事诉讼的一审程序

根据《刑事诉讼法》和相关的司法解释的规定，附带民事诉讼的一审程序主要包括以下几个方面：

1. 受理和准备程序。人民法院收到附带民事诉状后，应当进行审查，并在 7 日内决定是否立案。符合法定条件的，应当受理；不符合规定的，应当裁定驳回起诉。

人民法院受理附带民事诉讼后，应当在 5 日内向附带民事诉讼的被告人送达附带民事起诉状副本，或者将口头起诉的内容及时通知附带民事诉讼的被告人，并制作笔录。被告人是未成年人的，应当将附带民事起诉状副本送达其法定代理人，或者将口头起诉的内容通知其法定代理人。

人民法院送达附带民事起诉状副本时，应当根据刑事案件审理的期限，确定被告人或者其法定代理人提交民事答辩状的时间。

2. 以一并审判为原则，以先刑后民为例外。审理有附带民事诉讼的刑事诉讼案件，应当合理协调刑事诉讼和附带民事诉讼二者之间的关系。从设立附带民事诉讼制度的价值和目的来看，主要是为了一并审理，一并判决；以刑事诉讼和附带民事诉讼的关系来看，刑事诉讼是基本的和主要的，附带民事诉讼是附带的和相对次要的。因此，《刑事诉讼法》第 78 条规定："附带民事诉讼应当同刑事案件一并审判，只有为了防止刑事案件审判的过分迟延，才可以在刑事案件审判后，由同一审判组织继续审理附带民事诉讼。"一并审判是为了提高司法效率，而特殊情况下，"先刑后民"是为了贯彻以刑事诉讼为主的精神。

即使被告人的行为不构成犯罪的，也不影响附带民事诉讼的一并审判。《刑诉解释》第 101 条规定："人民法院认定公诉案件被告人的行为不构成犯罪的，对已经提起的附带民事诉讼，经调解不能达成协议的，应当一并作出刑事附带民事判决。"

在司法实践中，对于被害人遭受的物质损失或者被告人的赔偿能力一时难以确定，以及附带民事诉讼当事人因故不能到庭等案件，为了防止刑事案件审判的过分迟延，附带民事诉讼可以在刑事案件审判后，由同一审判组织继续审理。在将刑事部分和民事部分分开审判时，应当注意以下几点：

（1）只能先审刑事部分，后审附带民事部分，而不是相反。

（2）必须由审理刑事案件的同一审判组织继续审理附带民事部分，不得另行组成合议庭。只有当同一审判组织的成员确实无法继续参加审判时，才可以更换审判组织成员。

（3）附带民事诉讼的判决对案件事实的认定不得与刑事判决产生抵触。

（4）附带民事诉讼部分的延期审理，一般不影响刑事判决的如期生效。

3. 在适用刑事立法外，还应适用民事立法。人民法院审判附带民事诉讼案件，除适用刑法、刑事诉讼法之外，还应当适用民法通则、民事诉讼法的有关规定。具体主要包括以下几个方面：

（1）附带民事诉讼原告人有权提出先予执行的申请。对于先予执行的申请，人民法院应当依照民事诉讼法的有关规定，裁定先予执行或者驳回申请。

（2）人民法院审理附带民事诉讼案件，在必要的时候，可以决定查封或者扣押被告人的财产。

（3）附带民事诉讼的原告人经人民法院传票传唤，无正当理由拒不到庭，或者未经法庭许可中途退庭的，应当按自行撤诉处理。

（4）附带民事诉讼当事人对自己提出的主张，有责任提供证据。

（5）审理附带民事诉讼案件，除人民检察院提起的以外，可以适用调解。调解应当在自愿合法的基础上进行。经调解达成协议的，审判人员应当及时制作调解书。调解书经双方当事人签收后即发生法律效力。调解达成协议并当庭执行完毕的，可以不制作调解书，但应当记入笔录，经双方当事人、审判人员、书记员签名或者盖章即发生法律效力。经调解无法达成协议或者调解书签收前当事人一方反悔的，附带民事诉讼应当同刑事诉讼一并开庭审理，作出判决。

（6）人民法院审理附带民事案件依法判决后，查明被告人确实没有财产可供执行的，应当裁定中止或者终结执行。

4. 遵循刑事惩罚与经济赔偿相联系的原则。刑事惩罚与经济赔偿相联系，主要体现为以下两个方面：

（1）被告人已经赔偿被害人物质损失的，人民法院可以作为量刑情节予以考虑。

（2）犯罪分子非法占有、处置被害人财产而使其遭受物质损失的，人民法院应当依法予以追缴或者责令退赔。被追缴退赔的情况，人民法院可以作为量刑情节予以考虑。经过追缴或者退赔仍不能弥补损失，被害人向人民法院民事审判庭另行提起民事诉讼的，人民法院可以受理。

（二）附带民事诉讼的二审和再审程序

根据相关司法解释的规定，在刑事附带民事案件二审和再审过程中，应当遵守以下的特殊规定：

1. 对附带民事判决或者裁定上诉、抗诉的期限，应当按照刑事部分上诉、抗诉的期限确定。如果原审附带民事部分是另行审判的，上诉期限应当按照民事诉讼法规定的期限执行。

2. 附带民事诉讼案件，只有附带民事诉讼的当事人和他们的法定代理人提出上诉的，第一审刑事部分的判决，在上诉期满后即发生法律效力。应当送监执行的第一审刑事被告人是第二审附带民事诉讼被告人的，在第二审附带民事诉讼案件审结前，可以暂缓送监执行。

3. 第二审人民法院审理刑事附带民事上诉、抗诉，如果发现刑事和附带民事部分均有错误需依法改判的，应当一并改判。

4. 第二审人民法院审理对刑事部分提出上诉、抗诉，附带民事诉讼部分已经发生法律效力的案件，如果发现第一审判决或者裁定中的民事部分确有错误，应当对民事部分按照审判监督程序予以纠正。

5. 审理附带民事诉讼部分的上诉、抗诉，刑事部分已经生效的案件，应当对全案进行审查：

（1）如果第一审判决的刑事部分并无不当，第二审人民法院只需就附带民事诉讼部分作出处理。

（2）如果第一审判决附带民事部分事实清楚，适用法律正确的，应当以刑事附带民事裁定维持原判，驳回上诉、抗诉。

（3）如果发现第一审判决或者裁定中的刑事部分确有错误，应当对刑事部分按照审判监督程序进行再审，并将附带民事诉讼部分与刑事部分一并审理。

6. 在第二审案件附带民事部分审理过程中，第一审民事诉讼原告人增加独立的诉讼请求或者第一审民事诉讼被告人提出反诉的，第二审人民法院可以根据当事人自愿的原则就新增加的诉讼请求或者反诉进行调解，调解不成的，告知当事人另行起诉。

7. 按照审判监督程序进行再审的刑事自诉案件，应当依法作出判决、裁定；附带民事部分可以调解结案。

 学术视野

在刑事附带民事诉讼制度中，当前理论界的研究热点主要集中在以下几个方面：①关于附带民事诉讼的本质，理论界产生了一定程度的争议，大致有刑事诉讼说、民事诉讼说、刑事诉讼和民事诉讼综合说等几种观点。②在附带民事诉讼的法律适用方面，理论界也有不同观点，有学者认为应当以刑事法律为主、以民事法律为辅；有学者认为应当遵循刑事法律服从民事法律的原则；也有人认为当刑事法律和民事法律规定不一致时可以由法官根据立法本意和有利于维护社会秩序、保护被害人利益的指导思想选择适用。③在附带民事诉讼的参加主体方面，理论界对原告人和被告人的范围进行了探讨，另有学者建议参照民事诉讼第三人理论，在刑事诉讼法上增设附带民事诉讼第三人的制度。④关于人民检察院提起附带民事诉讼时的法律地位，理论界大致包括国家公诉人、原告人、公诉机关和原告人双重身份、代理人等几种观点。⑤关于附带民事诉讼的提起期限，理论界大致包括在整个刑事诉讼过程中、仅限在庭审阶段、在一审法庭调查前、在刑事诉讼立案后一审开庭前、在一审宣判前等几种观点。⑥关于附带民事诉讼的赔偿范围，理论界探讨的焦点在于精神损失是否应受保护的问题，另外针对赔偿范围中的"物质损失"是否包括间接损失以及包括哪些间接损失也存在着一定的争论。⑦关于附带民事诉讼中的财产保全问题，理论界围绕公安机关和检察机关能否在案件进入审判程序之前采取财产保全措施展开了讨论。⑧针对附带民事诉讼对刑事被害人保障不力的情况，有学者以国家责任说为基础，提出了设立刑事被害人国家补偿制度的立法建议。

理论思考与实务应用

一、理论思考

（一）名词解释

附带民事诉讼　附带民事诉讼原告人　附带民事诉讼被告人

（二）简答题

1. 附带民事诉讼与普通民事诉讼有哪些联系和区别？

2. 附带民事诉讼的构成要件有哪些？

3. 附带民事诉讼的当事人具体包括哪些人？

4. 如何理解附带民事诉讼与刑事案件的一并审判原则？

（三）论述题

试述公权与私权的平衡在我国刑事附带民事诉讼制度中的体现以及相应的完善措施。

二、实务应用

（一）案例分析示范

案例一

高某（男，27岁）与李某（女，20岁）同为一家超市的工作人员，2009年

4 月初都被超市辞退。2009 年 4 月 23 日，高某与李某到原单位索要薪酬未果后，高某将李某约至自己的住处喝酒。待李某酒醉之际，高某从当晚至次日强奸了李某两次。李某报警后，高某于 2009 年 4 月 30 日被警方抓获，案件进入了刑事诉讼程序。事后，李某怀孕并引产。2009 年 8 月 25 日，李某向法院提起附带民事诉讼。诉状中称，由于被告人的犯罪行为，致使其贞操受到侵害并遭受经济损失，要求高某赔偿医疗费、营养费等共计 13 万余元，并赔偿后期治疗费 4 万元和精神损失费 6 万元。

问：被告人高某是否应当赔偿原告人提出的所有诉讼请求？为什么？

【评析】医疗费、营养费和后期治疗费总计 17 万余元高某应当赔偿，而 6 万元的精神损失费则缺乏法律依据。

我国《刑事诉讼法》第 77 条第 1 款规定："被害人由于被告人的犯罪行为而遭受物质损失的，在刑事诉讼过程中，有权提起附带民事诉讼。"最高人民法院《关于刑事附带民事诉讼范围问题的规定》对此作了进一步的解释，主要规定了被害人因人身权利受到犯罪侵犯而遭受物质损失或者财物被犯罪分子损坏而遭受物质损失的，可以提起附带民事诉讼，而且还规定这里的物质损失是指被害人因犯罪行为已经遭受的实际损失和必然遭受的损失。所谓实际遭受的损失又称"积极损失"，如被盗窃、抢夺、诈骗的财物、损失的款项等；必然遭受的损失又称"消极损失"，是指被害人将来必然要遭受的损失，如伤残者的生活补助费，因误工减少的收入等。同时，也规定了对于被害人因犯罪行为遭受精神损失而提起附带民事诉讼的，人民法院不予受理。本案中，原告人要求被告人赔偿医疗费、营养费等共计 13 万余元，后期治疗费 4 万元和精神损失费 6 万元。其中，医疗费、营养费属于直接损失，应予赔偿。后期治疗费，如果是为了治疗必须要支出的则属于必然遭受的损失，则应予赔偿。精神损害赔偿，根据目前的法律规定，被告人不予赔偿。而且，根据最高人民法院在 2002 年发布的《关于人民法院是否受理刑事案件被害人提起精神损害赔偿民事诉讼问题的批复》的规定，对于刑事案件被害人由于被告人的犯罪行为而遭受精神损失提起的附带民事诉讼，或者在该刑事案件审结以后，被害人另行提起精神损害赔偿民事诉讼的，人民法院不予受理。可见，精神损失费另外通过单独提起民事诉讼的方式予以主张也不能得到法院的支持。

案例二

王某和时某均系郑州职业技术学院 2003 级 4 班学生，同住该学院女生宿舍 418 房间，平时关系很好，形影不离。时某眼睛近视达 350 度。2007 年 3 月 11 日 22 时许，王某在宿舍床铺上看书时，时某纠缠同室临铺的同学黄某某为其按摩，王某对时某予以制止，遂发生争吵，王某用枕头砸时某没砸到，便从床铺上下来将枕头拾起后，二人继续争吵，王某到时某床前，用手向时某面部击打，时某用脚踢王某，王某抓住时某的脚将时某拉到床下，后被同宿舍同学拉开。当时据时某讲，眼睛看不清了。次日，时某到医院就诊，住院治疗 24 天。

3 月 12 日 10 时许，王某到其班主任处汇报了与时某打架的经过，之后，班主任带王某到学院保卫处向处长进行了汇报。公安机关介入本案，作为故意伤害罪进行立案侦查，在此过程中，时某对王某也向公安机关提出了附带民事诉讼的赔偿要求。但是，后来经法医鉴定，时某所受伤害只构成轻微伤。王某的行为并未构成犯罪，公安机关撤销了案件。

问：犯罪嫌疑人的行为不构成犯罪，公安机关对提起的附带民事诉讼应当如何处理？

【评析】本案中，公安机关在立案后又认定王某的行为没有构成刑事犯罪，对之前被害人提起的附带民事诉讼的处理我国法律缺乏明确的规定。但根据相关的法律规定，附带民事诉讼必须是基于被告人的犯罪行为而提起。在本案中，公安机关已经撤销了刑事案件，因此被害人并不能再提起附带民事诉讼。根据相关的司法解释，被害人可以在侦查、预审和审查起诉阶段，向公安机关、检察机关提出附带民事诉讼的赔偿请求，公安机关、检察机关可以进行调解。根据以上规定的立法精神，公安机关可以在本案中撤销案件的同时对时某提起的附带民事诉讼进行调解，调解不成的，告知时某另行单独提起民事诉讼。

案例三

公诉机关：贵州省贵阳市云岩区人民检察院。

附带民事诉讼原告人：李××，男，70 岁，山东省鄄城县人，系贵州省建设厅离休干部，住贵阳市新建路 7 号。

附带民事诉讼原告人：张××，女，63 岁，贵州省赤水市人，系贵州省物资局退休干部，李××之妻，住贵阳市新建路 7 号。

被告人：郭××，男，28 岁，广西壮族自治区梧州市人，系广西壮族自治区人民政府驻贵阳办事处招待所保安员，住贵阳市北京路 61 号，1998 年 5 月 16 日被逮捕。

附带民事诉讼被告人：广西壮族自治区人民政府驻贵阳办事处（以下简称广西办事处）。

法定代表人：韦××，广西办事处主任。

被告人郭××系广西办事处的聘用人员，在该办事处当保安员。1997 年 9 月 24 日下午 5 时许，郭××在单位值班时，贵州省建设厅离休干部李××和其妻张××到该办事处找厕所，被郭××阻止，双方发生争执。在抓扯中，郭××用手将李、张二人的头部打伤，经贵阳市法医活体检验鉴定中心鉴定：李××的损伤为外伤性脑积水，系重伤；张××的损伤为多发性软组织挫伤及左耳挫伤，系轻伤。1998年3月18日，被告人郭××在其父母的陪同下到公安机关投案自首。后经贵州省司法精神病学鉴定委员会鉴定，认定被告人郭××患有精神分裂症，系限制刑事责任能力人。

问：广西壮族自治区人民政府驻贵阳办事处（广西办事处）可否作为附带民事诉讼的被告人？为什么？

【评析】广西办事处可以成为附带民事诉讼的被告人。最高人民法院《刑诉解释》第86条规定："附带民事诉讼中依法负有赔偿责任的人包括：……⑤其他对刑事被告人的犯罪行为依法应当承担民事赔偿责任的单位和个人。"这实际上是将其他与被告人有着特殊关系的单位和个人囊括至附带民事诉讼中来。最高人民法院《关于贯彻执行〈中华人民共和国民法通则〉若干问题的意见（试行）》第152条明确规定："国家机关工作人员在执行职务中，给公民、法人的合法权益造成损害的，国家机关应当承担民事责任。"

在本案中，广西办事处作为政府的派出办事机构，在聘用人员上理应慎重。该办事处将患有精神分裂症的郭××聘用为办事处招待所的值班保卫人员，实属用人不当，加之对郭××值班保卫工作未加以有效管理，对郭在值班保卫工作中伤害他人的行为应当负相应的民事责任。据此，广西办事处对其保卫人员郭××在执行职务期间对李××、张××两人的合法权益造成的损害应当承担民事责任。

（二）案例分析实训

案例一

2008年9月，某厂女工王某从工厂下班回家途中，被1名歹徒刘某拦路强奸。为查找和告发作案人，王某及时向当地公安机关报了案，还向邻居和丈夫说了被强奸的事实。3天后，夫妻之间因此而发生口角，被害人王某服毒自杀。幸亏及时送医院抢救，后王某并未死亡。破案后，公安机关将刘某抓获归案。侦查终结后，检察机关就强奸案向法院提起了公诉。同时，被害人王某也向人民法院提起了附带民事诉讼，让被告人刘某赔偿因自杀抢救而花费的医药费用。

问：王某是否有权提起附带民事诉讼？请说明理由。

案例二

2006年底，汤阴县宜沟镇的李明与刘菊举行结婚典礼。2007年11月21日，生一男孩。2009 年 3 月 20 日，因李明将小孩拉的屎倒在屋内垃圾桶内，与刘菊发生争吵，继而李明恼羞成怒，拿起菜刀朝刘菊就砍，一直从屋内砍到屋外，直至刘菊倒在血泊中。刘菊住院治疗，花费五万六千余元，现仍在治疗中。经鉴定，刘菊面部等处损伤属重伤，构成六级伤残。

问：本案中，被害人刘菊可否对作为其丈夫的被告人李明提起附带民事诉讼？为什么？

案例三

自诉人唐某与被告人莫某因纠纷互相殴打，莫某将唐某按倒在地，被人拉开后，突然有另一年轻男子冲上前对唐某拳打脚踢。后他人报警，警察赶到现场，年轻男子已离去，未能查清其身份。唐某因被殴打导致左耳鼓膜穿孔，构成轻伤，用去医药费五百余元。

自诉人唐某向法院提起刑事附带民事诉讼，要求追究莫某的刑事责任并赔偿医药费等经济损失。在庭审中，唐某提交证人证言证明被告人莫某打了自诉人，但不能准确证明自诉人的轻伤是被告人所致，也不能证明案发时年轻男子是何人。被告人莫某承认与自诉人发生冲突并殴打了自诉人，不承认自诉人的轻伤系被告人所致，应为年轻男子所致，但声称对殴打自诉人的年轻男子不认识。

开庭审理后，审判人员对本案的处理有两种意见：

一种意见是：本案事实不清，自诉人的损伤是否系被告人所致，缺乏充分证据证明，不能认定。应当以自诉人举证不能，认定被告人无罪，驳回自诉人的附带民事诉讼请求。

另一种意见是：本案应当分两部分处理，刑事部分，因自诉人不能举证证明其轻伤确系被告人所致，故对自诉人的诉讼请求不予支持，认定被告人无罪；附带民事部分，自诉人提交的证据足以证明被告人殴打了自诉人，且被告人也承认在与自诉人的冲突中打了自诉人，自诉人的损害结果客观存在，因此应当判决由被告人对自诉人的损害结果承担部分赔偿责任。

问：你同意哪一种意见？请充分说明理由。

主要参考文献

1. 邵世星、刘选:《刑事附带民事诉讼疑难问题研究》,中国检察出版社 2002 年版。

2. 房保国:《被害人的刑事程序保护》,法律出版社 2007 年版。

3. 刘金友:《附带民事诉讼原理与实务》,法律出版社 2005 年版。

4. 陈光中、严端主编:《中华人民共和国刑事诉讼法修改建议稿与论证》,中国方正出版社 1995 年版。

5. 刘根菊等:《刑事司法创新论》,北京大学出版社 2006 年版。

6. 肖建华:"刑事附带民事诉讼制度的内在冲突与协调",载《法学研究》2001 年第 6 期。

7. 奚玮:"刑民合一抑或刑民分审——刑事附带民事诉讼制度评析",载《国家检察官学院学报》2002 年第 6 期。

8. 秦瑞基等:"我国刑事附带民事诉讼制度的立法改造",载《政法论坛》2002 年第 3 期。

9. 杨立新:"刑事附带民事诉讼制度的完善与再修改",载《人民检察》2004 年第 7 期。

10. 王福华、李琦:"刑事附带民事诉讼制度与民事权利保护",载《中国法学》2002 年第 2 期。

11. 王文军、黄洵:"刑事附带民事诉讼的现状与反思",载《法学》2008 年第 3 期。

第十章

证　据

【本章概要】证据是指证明待证事实的信息及其载体。根据资格要求的不同，可以分为"证据材料"和"定案根据"。"证据材料"泛指一切能证明案件待证事实的信息及其载体。"定案根据"特指能满足法定资格要求且能证明案件待证事实的信息及其载体。在我国，证据能力，是指证据材料可以作为定案根据的资格。证据能力规则多种多样，一般可以分为三大类：关联性规则、可靠性规则、正当性规则。我国现行刑事诉讼法及其司法解释已经确立了比较完善的证据能力规则。证明力，是指证据材料对于案件事实有无证明作用及证明作用的大小。

我国刑事证据法已经确立了四大基本原则：实质真实原则、无罪推定原则、证据裁判原则、自由心证原则。

我国现行刑事诉讼法将证据分为物证、书证、证人证言、被害人陈述、犯罪嫌疑人供述与辩解、鉴定结论和勘验、检查笔录、视听资料等七种法定形式。在学理上，证据又有原始证据与传来证据、言词证据与实物证据、有罪证据与无罪证据、直接证据与间接证据四种分类。

我国已经确立了比较完善的证据审查与认定规则，这些证据规则的准确适用对保障我国刑事诉讼基本目标、基本价值的实现起着至关重要的作用。

【学习目标】学习本章内容主要掌握以下要点：证据法的三个基础概念：证据、证据能力、证明力；刑事证据法的基本原则：实质真实、无罪推定、证据裁判、自由心证；各类证据的审查判断与认定。

【教学重点与难点】证据材料与定案根据的区别；不同法定证据种类的区分；证据的理论分类；各种证据的审查判断与认定；证据的综合审查与认定。

第一节　刑事证据制度概说

一、证据法概述

审判程序核心的部分是依据证据准确无误地认定事实的过程，规定这个过程的法律规范的总称是证据法，它是程序法的重要组成部分。刑事诉讼法从确保正确认定事实和实现正当程序两个方面促进了证据法的发展，证据法的内容也不断得到丰富。

证据法的内容大体可以分为以下三个方面：①规定证据的调查方法；②有关证据能力和证明力的内容；③有关证明活动的范围和证明责任等。其中，①的内容主要是审判程序的一部分，其基本内容将在审判程序中讲述；②的内容将在本章讨论；③的内容将在下一章讨论。证据法的内容十分庞大，美国威格摩尔教授出版了 10 卷本 8000 页的巨著。证据法的许多部分涉及刑事和民事共通的问题，不过，随着宪法型刑事诉讼的发展，刑事证据法特有的问题正在不断增多。

和刑事诉讼法的整体法源一样，中国现行刑事证据法的法源也是多种多样，包括宪法、国际法、刑事诉讼法典、相关法律、法律解释、地方法规等。其中，地位重要的主要有以下三个：《刑事诉讼法》（全国人大 1997 年修订）、《关于办理死刑案件审查判断证据若干问题的规定》[1]（最高人民法院、最高人民检察院、公安部、国家安全部、司法部于 2010 年 6 月发布，以下简称《办理死刑案件证据规定》）、《关于办理刑事案件排除非法证据若干问题的规定》（最高人民法院、最高人民检察院、公安部、国家安全部、司法部于 2010 年 6 月发布，以下简称《非法证据排除规定》）。

在比较法上，由于立法与司法制度的差异，英美法系和大陆法系证据立法模式迥异其趣。英美法系国家一般有独立的证据法典，大陆法系国家一般没有独立的证据法典，其证据规则散见于诉讼程序法典之中。立法上的这种分野，自然也导致了法学教材写作方面的差异。在大陆法系，一般在诉讼法教材中将证据专列一章加以论述；在英美法系，证据法常常单独成为教材，在法学教育中属于独立学科。

我国目前没有类似于美国《联邦证据规则》的统一证据法。三大诉讼法都发布了专门的证据法司法解释，其中刑事诉讼证据法司法解释与民事、行政诉讼证据法司法解释在宏观结构、微观规则上差异较大，可以预计在相当长时间内，我国证据法刑民分立的状况将始终存在。

二、证据法基本概念

（一）证据的概念

对于包括刑事诉讼证据在内的诉讼证据的概念，学理上有不同的理解，存在着事实说、根据说、材料说、统一说等不同的观点。[2] 但一般认为，刑事诉讼证据是指能够证明刑事案件真实情况的各种事实材料。

---

［1］ 顾名思义，《办理死刑案件证据规定》仅适用于死刑案件，不适用于其他刑事案件。但是，最高人民法院、最高人民检察院、公安部、国家安全部、司法部在下发两个证据规定时曾专门提到："另，办理其他刑事案件，参照《关于办理死刑案件审查判断证据若干问题的规定》执行。"根据这句话，《办理死刑案件证据规定》原则上对非死刑案件也应适用。

［2］ 参见何家弘、刘品新：《证据法学》，法律出版社 2004 年版，第 106～107 页。

在立法和司法实践中,人们往往从不同的角度使用"证据"一词,用证据材料、定案根据、证据方法、证据资料等不同术语表述证据不同侧面的含义。为了更好地理解刑事诉讼证据的概念,有必要将证据材料、定案根据、证据方法、证据资料这几个证据法学中的概念作一简单介绍。

1. 证据材料与定案根据。证据材料,是指刑事诉讼当事人向法院提供的或法院依职权收集的,用来证明案件事实的各种材料。经过当事人的质证并被法院采纳为认定案件事实的依据的证据材料称为定案根据。因此,定案根据来源于证据材料,证据材料则是定案根据的初始形态。当事人提供和法院收集的证据材料,有的符合定案根据的条件,能够成为法院认定案件事实的依据;有的不具备条件,最终不能成为认定本案事实的证据使用。

在刑事诉讼法中,"证据"一词有时是指证据材料,如"证明案件真实情况的一切事实,都是证据。证据有下列七种⋯⋯以上证据必须经过查证属实,才能作为定案的根据"(《刑事诉讼法》第42条),"审判人员、检察人员、侦查人员必须依照法定程序,收集能够证实犯罪嫌疑人、被告人有罪或者无罪、犯罪情节轻重的各种证据"(《刑事诉讼法》第43条);有时则是指定案根据,例如"有新的证据证明原判决、裁定认定的事实确有错误的"(《刑事诉讼法》第204条),"据以定罪量刑的证据不确实、不充分或者证明案件事实的主要证据之间存在矛盾的"(《刑事诉讼法》第204条)。

2010年颁布实施的《办理死刑案件证据规定》许多法条在表述上,对于经过法庭调查、具有证据能力的"证据",直接使用"定案根据"这一概念,以示与未经法庭审查认定或虽经法庭审查但不具备证据能力资格的"证据材料"相区别。例如,"据以定案的物证应当是原物。只有在原物不便搬运、不易保存或者依法应当由有关部门保管、处理或者依法应当返还时,才可以拍摄或者制作足以反映原物外形或者内容的照片、录像或者复制品。物证的照片、录像或者复制品,经与原物核实无误或者经鉴定证明为真实的,或者以其他方式确能证明其真实的,可以作为定案的根据。原物的照片、录像或者复制品,不能反映原物的外形和特征的,不能作为定案的根据"(《办理死刑案件证据规定》第8条);"以暴力、威胁等非法手段取得的证人证言,不能作为定案的根据。处于明显醉酒、麻醉品中毒或者精神药物麻醉状态,以致不能正确表达的证人所提供的证言,不能作为定案的根据。证人的猜测性、评论性、推断性的证言,不能作为证据使用,但根据一般生活经验判断符合事实的除外"(《办理死刑案件证据规定》第12条)等。

尽管立法和司法实践中曾经不加区别地使用"证据"一词来概称"证据材料"和"定案根据",并且在大多数场合下,例如讨论证据理论分类、法定种类时，两者区分也没必要，故本书在一般场合使用时也不作区分。但是，在某些场合，例如讨论证据的证据能力和证明力时，必须要对"证据材料"和"定案根据"区分使用。

2. 证据方法和证据资料。证据方法和证据资料是大陆法系国家和地区证据法学中常用的两个概念。[1] 证据方法，是指在诉讼中，为了证明案件事实，可作为调查对象的有形物，如证人、文书、物体等。证据资料，则是指法院对各种证据方法经过调查后所获得的资料，如证人证言、鉴定结论等。

证据方法一般可分为两种类型。一种是"人证"，又称为"人的证据方法"，即以人作为提供证据资料的方法，如证人、鉴定人等。另一种是"物证"，又称为"物的证据方法"，即以物作为提供证据资料的方法，如证书、勘验物等。因此，证据方法是指证人、鉴定人、文书、物体而言；而证据资料是指对这些证据方法进行调查后所得到的证人证言、鉴定意见、文书内容、物证特征而言。

中国现行刑事诉讼法及其相关司法解释，没有特别区分证据方法和证据资料。不过，我们认为"证据方法"这一概念对于证据的法庭调查具有意义，在探讨证据法庭调查时，理论和实务上都区分人的证据方法和物的证据方法，对前者主要通过询问等方式调查；对后者主要通过出示、朗读、播放等方式进行调查。我们认为"证据资料"这一概念对于证据的审查判断具有意义。不同的证据资料能够成为定案根据的具体要求不尽一致。因此，从长远看，我国诉讼法学还得引进这两个概念。

借鉴国内学界与大陆法系关于诉讼证据的概念界定，我们对诉讼"证据"概念界定如下：

证据是指证明待证事实的信息及其载体。根据资格要求的不同，可以分为"证据材料"和"定案根据"。"证据材料"泛指一切能证明案件待证事实的信息及其载体。"定案根据"特指能满足法定资格要求且能证明案件待证事实的信息及其载体。

（二）证据能力

证据能力，亦称证据资格，证明能力或者证据的适格性，它是指证据材料能够被法院采信，作为定案根据的资格。刑事诉讼中，用以证明当事人主张的要件事实的证据材料，必须具有证据能力。

证据能力对于诉讼证明具有重要意义。从证明的过程看，证据能力的有无是法院认定案件事实依据所应具备的法律上的资格。从证明的过程看，证据能力的有无是法院认定证据时首先要解决的问题。因为从逻辑上说，证据材料只有具备

---

[1] [日] 田口守一著，刘迪、张凌、穆津译：《刑事诉讼法》，法律出版社 2000 年版，第 218 页。

证据能力，才有资格进入诉讼发挥证明作用，才需要进一步判断其证明的大小。无证据能力的证据材料进入诉讼不仅会浪费时间和精力，还可能造成法官对事实的错误认定。因此，在证明活动中，如果一方当事人提出某一证据材料而另一方当事人提出质疑，法庭应当先对证据能力进行审查，如缺乏证据能力，就应当将它排除出诉讼。

有关证据能力的规则，从规定方式来看，可以分为积极规定和消极规定两种。前者是指积极地规定证据的资格要件，即规定只有什么样的证据材料才能成为定案根据；后者是指消极地规定证据材料的排除，即规定不符合法定标准的证据材料不能作为定案的根据。从各国的立法和实践来看，无论是大陆法系还是英美法系，对于证据能力问题，法律上很少作积极的规定，而主要是就无证据能力或其能力受限制的情形加以规定。我国刑事诉讼法及其相关司法解释同样如此。

证据能力规则多种多样，一般可以分为三大类。

1. 关联性（relevance）。关联性（relevancy），是指证据必须与案件的待证事实有关，从而具有能够证明案件待证事实的属性。为了限制诉讼调查和辩论的范围，证据法理论认为，凡对自己的主张提出证据的，所提供的资料须与其主张及争议事实有关联性。

相关性并不涉及证据是否真实的问题，其重点是要解决证据与证明对象的形式关系问题，即证据对于证明对象是否具有实质性和证明性。检验证据是否有相关性，有下面几个标准：①所提供的证据是用来证明什么的？②这是本案的实质性问题吗？③所提供的证据对该问题有证明性吗？法官们在决定大多数相关性问题时的根据，是对所提供证据的感觉和可能存在的已确立的司法判例或法典化规则。相关性有时依赖于人类的知识和在特殊领域内的专门知识。例如，在过去，弹道学证据被认为不具有相关性，甚至是荒谬的。现在，弹道学证据已经被几乎所有的国家所接受；再如，人体 DNA 的鉴定结论也被认为是可靠的，它也具有关联性。

最高人民法院《刑诉解释》第 139 条规定："控辩双方要求证人出庭作证，向法庭出示物证、书证、视听资料等证据，应当向审判长说明拟证明的事实，审判长同意的，即传唤证人或者准许出示证据；审判长认为与案件无关或者明显重复、不必要的证据，可以不予准许。"本条确立了证据调查的关联性规则（内含必要性规则）。

2. 可靠性（reliability）。可以作为定案根据的证据材料是证明待证事实的根据或方法，它必须是可靠、可信的，否则就无法得出符合案件真相的认识。尽管提出证据、调查证据可能会受人的主观因素的影响，但是定案根据必须是客观存在的材料，而不是任何人的猜测或主观臆造的产物。正是因为证据具有客观性，才能使不同的裁判者可以借助司法途径对同一案件事实的认识有大体相同的结论，公正地作出裁判。《办理死刑案件证据规定》第 32 条第 2 款规定："证据之间具有内在的联系，共同指向同一待证事实，且能合理排除矛盾的，才能作为定案的根据。"本款的宗旨即在确保证据的可靠性。

3. 妥当性（rightness）。有些证据材料虽然既有关联性，又有可信性，但是因为其缺乏妥当性而被排除。这种妥当性在我国现行刑事诉讼法及其相关司法解释中主要体现在非法证据排除规则上面。《刑诉解释》第 61 条规定："严禁以非法的方法收集证据。凡经查证确实属于采用刑讯逼供或者威胁、引诱、欺骗等非法的方法取得的证人证言、被害人陈述、被告人供述，不能作为定案的根据。"2010 年 6 月，结合非法证据规则的司法实践，最高人民法院、最高人民检察院、公安部、国家安全部、司法部专门发布了权威性更高、内容更详细的《非法证据排除规定》。

（三）证明力

证明力，也称证据价值，是指证据材料对于案件事实有无证明作用及证明作用的大小。根据《办理死刑案件证据规定》第 32 条的规定，对证据的证明力，应当结合案件的具体情况，从各证据与待证事实的关联程度、各证据之间的联系等方面进行审查判断。

三、证据法的基本原则

我国刑事诉讼法及其相关司法解释确立了如下刑事证据原则，其中实质真实原则和无罪推定原则可以看做是刑事证据法特有的原则，证据裁判原则和自由心证可以看作是三大诉讼证据法共通的原则。

（一）实质真实原则

在民事诉讼程序中适用的是当事人主义，由于只涉及当事人的利益，双方当事人需自行设法搜集证据资料，且双方为此各自承担责任。在此情形下，基于自由处分原则，双方当事人为搜集诉讼资料所拥有的处分权也就扩张到证据之取得。依当事人进行主义，法官只能就双方当事人之主张、所提之证据及已经证明者作为裁判之基础：明示自认和默示自认对法官具有约束力，法官对诉讼上自认无需再行调查，即可采为裁判之基础（最高人民法院《关于民事诉讼证据的若干规定》第 8 条）；对于有争议的事实，法官原则上不能依职权主动搜集调取证据，当事人有义务准备对其有利的证据（最高人民法院《关于民事诉讼证据的若干规定》第 16 条）。根据以上规定可知，在民事诉讼中适用"形式真实原则"。

与民事诉讼程序不同，刑事诉讼涉及社会公共利益，采取"实质真实原则"。实质真实原则是指法院依职权主动对犯罪事实进行客观全面调查，不受诉讼参与人之申请或陈述的约束。根据我国《刑事诉讼法》第155～158条的规定，审判人员可以依职权讯问被告人、询问证人、鉴定人等；法庭可以依职权调查核实有疑问的证据。

此外，实质真实原则还包括以下个别规定：①法院不受诉讼参与人之主张的约束，尤其不受被告自白的拘束；其可以完全自由决定是否应相信被告的自白（《人民检察院刑事诉讼规则》第334条第4项规定：在法庭审理中不存在异议的程序事实无需证明。据此反推，在法庭审理中不存在疑义的实体事实仍然需要证明）。②国家刑事司法机关（包括公安机关、检察机关、审判机关）均负有客观全面、发现实质真实的义务。《刑事诉讼法》第43条规定："审判人员、检察人员、侦查人员必须依照法定程序，收集能够证实犯罪嫌疑人、被告人有罪或者无罪、犯罪情节轻重的各种证据。"《办理死刑案件证据规定》第3条规定："侦查人员、检察人员、审判人员应当严格遵守法定程序，全面、客观地收集、审查、核实和认定证据。"

（二）无罪推定原则

无罪推定是指任何人在被证明为有罪之前，均应被推定为无罪。我国《刑事诉讼法》第12条基本确立了这一原则。该条规定："未经人民法院依法判决，对任何人都不得确定有罪。"不过，我国目前所确立的无罪推定原则与现代国际通行的无罪推定原则尚有差距。现代国际通行的无罪推定原则包括三个方面：①国家追诉者（通常是检察官）负有证明责任，且需证明至排除合理怀疑或内心确信程度，法院方能对被告定罪；②被告没有证明自己无罪的义务（不自证己罪），享有保持沉默的权利，因而即使被告辩解自己无罪失败，或仅保持沉默，法院也不得单纯根据这一事由认定被告有罪而加以处罚；③罪疑唯轻，即如果法院已经用尽法定证据资料与调查程序仍然无法证明被告有罪，法院应当作出对被告有利的认定。

（三）证据裁判原则

所谓证据裁判原则是指诉讼中对案件事实应依据证据认定，没有证据不能认定案件事实。据以认定案件事实之证据，不仅须具备证明能力，且必须经过正式的法庭调查程序。证据裁判原则已经成为各国普遍接受的原则。我国《办理死刑案件证据规定》第2条规定："认定案件事实，必须以证据为根据。"《办理死刑案件证据规定》第4条规定："经过当庭出示、辨认、质证等法庭调查程序查证属实的证据，才能作为定罪量刑的根据。"《办理死刑案件证据规定》第6条以下，还规定了各类证据的证据能力审查规则。

需要说明两点：①《办理死刑案件证据规定》第2条确立了我国刑事证据法上的证据裁判原则，这一条文直接改变了我国《刑事诉讼法》第44条确立的

"忠实于事实真相原则"。《刑事诉讼法》第44条规定："公安机关提请批准逮捕书、人民检察院起诉书、人民法院判决书，必须忠实于事实真相。故意隐瞒事实真相的，应当追究责任。"应当说，这一改变意义巨大。诉讼法中的事实认定，是一种基于证据间接推认的历史事实认定，不像实验科学那样可以重复构建，因而从所谓的"事实真相"出发，容易流于偏听偏信，堕落为先验的唯心主义。与此相反，从"证据"出发，往往能够兼听则明，醇化为经验的唯物主义。②《办理死刑案件证据规定》第4条是对《刑事诉讼法》第47条扩大适用得来。《刑事诉讼法》第47条规定："证人证言必须在法庭上经过公诉人、被害人和被告人、辩护人双方讯问、质证，听取各方证人的证言并且经过查实以后，才能作为定案的根据。法庭查明证人有意作伪证或者隐匿罪证的时候，应当依法处理。"

（四）自由心证原则

1. 证明力的概念与判断原则。近现代法制史上，有两种判断证据证明力的基本原则：①法律预先明文规定证据证明力的大小以及对它们的取舍和运用，而不允许法官自由加以判断和取舍的制度，此谓之"法定证据制度"；②法律不预先规定证据的证明力，允许法官在审理案件时依法自由判断的证据制度，此即"自由心证制度"。一般认为，西方国家在资产阶级革命胜利以后都以自由心证制度代替了法定证据制度，但是英美法系国家则更多保留着法定证据制度的某些痕迹。

所谓自由心证，是指证据的取舍及其证明力由法官根据自己的理性和良知自由判断，形成确信，并依此认定案情的一种证据制度。自由心证制度是西方资本主义国家司法制度的组成部分。自由心证的核心内容，就是对于各种证据的真伪、证明力的大小以及案件事实如何认定，法律并不作具体规定，完全听凭法官根据理性和良心的指示，自由地判断。法官通过对证据的审查而在思想中所形成的信念，称为"心证"；"心证"达到法定证明标准的程度，称为"确信"。法官通过自由判断证据所形成内心确信的这样一种理性状态，就是作出判决的依据。

在18世纪末19世纪初，随着资产阶级革命相继取得胜利，欧洲各国包括法律制度在内的上层建筑也随之发生变革。在证据制度方面，表现为以自由心证制度取代了法定证据制度。1791年法国宪法会议发布训令：废除法定证据制度，建立自由心证制度，规定法官有把自己的内心确信作为判决的惟一根据的义务。1808年，法国颁布了世界上第一部专门的刑事诉讼法典，该法典在第342条中确立了自由心证原则。此后，欧洲大陆各国通过立法，基本上都确立了自由心证原则。资产阶级法学家认为，法定证据制度将审查判断证据的权力不是赋予法官，而是赋予法律，法官只能机械地按照法律预先对证据所作的各种规定来判断和运用证据、认定案情，其结果只能达到法律规定的形式真实，而难以符合案件的客观真实；只有采用自由心证制度，才能为法官提供有利条件，使其有最大可能查明案件的事实真相，公正地处理案件。当然，"自由心证"中的自由并不是绝对的，而是有其不自由的一面。为了防止法官心证权力的绝对的自由化，西方国家在立法上、理论上对法官自由审查判断证据均作出了一定的限制。例如，在法国，法官的自由心证有两条限制：①法官必须对决定作出解释。法官仅仅列出所依赖的证据清单而不解释每一个证据的分量是不够的，这种缺乏"动机"的判决可以被最高法院推翻。②法官形成内心确信所依靠的证据必须是依法取得的，而且不得侵犯辩方的权利。

2. 我国的相关规定。我国最高人民法院《关于民事诉讼证据的若干规定》第 64 条[1]和最高人民法院《关于行政诉讼证据若干问题的规定》第 54 条[2]分别确立了中国民事诉讼、行政诉讼中的"自由心证"制度。中国刑事诉讼法及其相关司法解释没有类似的规定，但是在法解释学上，普遍认为中国刑事诉讼中也实行自由心证。参照最高人民法院对民事诉讼、行政诉讼中自由心证原则的规定，我们认为，在我国刑事诉讼中，法庭同样应当对经过庭审质证的证据和无需质证的证据进行逐一审查和对全部证据综合审查，遵循法官职业道德，运用逻辑推理和生活经验，进行全面、客观和公正地分析判断，确定证据材料与案件事实之间的证明关系，排除不具有关联性的证据材料，准确认定案件事实。

在我国刑事诉讼中，原则上证据的证明力由本案审判法官自由评断，但如果法律已经给出了证据评断的明文限制，对这些明文限制，法官审案时必须遵循。现行刑事诉讼法关于证据证明力评断的明文限制主要是《刑事诉讼法》第 46 条的规定："对一切案件的判处都要重证据，重调查研究，不轻信口供。只有被告人供述，没有其他证据的，不能认定被告人有罪和处以刑罚；没有被告人供述，证据充分确实的，可以认定被告人有罪和处以刑罚。"另外，《办理死刑案件证据规定》第 32 条以下也规定了多则证明力评断或事实认定规则（参见本章第 4 节）。

---

[1]　最高人民法院《关于民事诉讼证据的若干规定》第 64 条规定："审判人员应当依照法定程序，全面、客观地审核证据，依据法律的规定，遵循法官职业道德，运用逻辑推理和日常生活经验，对证据有无证明力和证明力大小独立进行判断，并公开判断的理由和结果。"
[2]　最高人民法院《关于行政诉讼证据若干问题的规定》第 54 条规定，法庭应当对经过庭审质证的证据和无需质证的证据进行逐一审查和对全部证据综合审查，遵循法官职业道德，运用逻辑推理和生活经验，进行全面、客观和公正地分析判断，确定证据材料与案件事实之间的证明关系，排除不具有关联性的证据材料，准确认定案件事实。

第二节 刑事证据的法定种类

我国现行刑事诉讼法将证据分为物证、书证、证人证言、被害人陈述、犯罪嫌疑人供述与辩解、鉴定结论和勘验、检查笔录、视听资料等七种形式。根据《刑事诉讼法》第42条第2款的规定:"证据有下列七种:①物证、书证;②证人证言;③被害人陈述;④犯罪嫌疑人、被告人供述和辩解;⑤鉴定结论;⑥勘验、检查笔录;⑦视听资料。"

一、物证、书证

(一)物证的概念和特征

物证是指以其外部特征、存在场所和物质属性证明案件事实的实物和痕迹。物证包括实物和痕迹两类。前者指与案件事实有联系的客观实在物,如作案工具、赃款赃物等;后者包括两个物体相互作用所产生的印痕和物体运动时所产生的轨迹,如脚印、指纹等。物证是刑事诉讼中广泛使用的一种证据,具有较强的客观性、稳定性。

物证是形形色色、多种多样的,在刑事诉讼中经常使用的物证,大致可概括为以下几类:①犯罪使用的工具。例如:犯罪人杀人时所使用的凶器、毒药,盗窃时使用的钳子、万能钥匙等。②犯罪遗留下来的物质痕迹,即犯罪人在作案过程中留在某种物体上的犯罪痕迹。例如:犯罪人留在犯罪现场的指纹、脚印、血迹,强奸案件中的精斑,使用犯罪工具留下的破坏痕迹,等等。③犯罪行为侵犯的客体物。例如:被犯罪人所杀害的人的尸体,抢劫的财物,盗窃的赃款、赃物,窃取的机密文件,等等。④犯罪现场留下的物品。例如:犯罪人留在犯罪现场的衣服、帽子、手绢、纽扣、烟头、火柴棒、票证、纸屑,等等。⑤其他可以用来发现犯罪行为和查获犯罪分子的存在物。例如:人体的特征,物体的位置、大小、颜色、气味,等等。

随着科学技术的不断发展,可以作为证据使用的物品和痕迹也在逐步扩大。在司法实践中,勘验现场拍摄的照片,对某些难以移动或易于消失的物品、痕迹复制的模型或拍摄的照片,都是对物证的固定和保全。在运用时,作为物证发挥证明作用的,当然不是这些照片和模型本身,而是被拍摄的照片、复制的模型所固定和保全下来的原物品和痕迹。但是,这些照片和模型是在诉讼过程中制作出来的,能够正确地反映客观存在的事物,同样可以起到物证的作用。

同其他证据相比,物证有如下特征:①稳定性。物证是客观存在的物品或痕迹,所以只要及时收集,用科学的方法提取和固定,就具有较强的稳定性。②可靠性。物证是以其自身客观存在的形状、规格、痕迹等证明案件事实，不受人们主观因素的影响和制约，只要判明物证是真实的，就具有很大的可靠性和较强的证明力。同言词证据相比，它更客观、更真实。言词证据的运用一般要靠实物证据来检验，言词证据同实物证据相结合，才能发挥其证明作用，物证则可以不依赖于言词证据而存在，在西方国家的历史上，曾把物证称为"哑巴证人"，并将它作为最有证明力的证据来使用。

物证在整个证据体系或证据制度中的地位和作用，可谓举足轻重。由于其具有客观性、直观性的特点，同各种言词证据相比，特别是同可变性较大的嫌疑人、被告人的口供相比，同双方当事人的陈述相比，其证明力更强于各种言词证据。尤其是当今世界在证人、当事人多变的情况下，口供作为"证据之王"处于退出历史舞台的发展趋势中，我们要逐渐地确立物证是"证据之王"的观念。有了确实可靠的物证，不管双方当事人如何巧言善辩，也不管证人如何见风使舵，更不管被告人如何真真假假，甚至翻供，都可以认定案件事实。因此，物证是制服翻证、翻供的有力武器。但是，运用物证时，应当查明物证来源，注意有无伪造、变造、变化或损害等情况。物证必须按照法律规定的程序经过出示、辨认，查证属实后才能作为定案的根据。

（二）书证的概念、特征和分类

书证是指以文字、符号、图画等所表达的思想内容来证明案件事实的书面文件。它表现为文字或者其他能表达人的思想或者意思的有形物。使用中国或者外国文字，或者能为他人所了解的符号代码如电报号码、电脑字码做成的书面文件，都可以成为书证。书证有广义、狭义之分。广义的书证不仅包括原始形态的书证，还包括转化形态的书证；狭义书证仅包括原始形态的书证。所谓原始形态的书证，是指直接来源于案件事实或直接源于原始出处的书证。所谓转化形态的书证，是指书面的证人证言、书面的鉴定结论、勘验笔录，其原始形态分别是证人、鉴定人、现场物证。通常而言，证据法意义上的书证仅指狭义的书证。

书证必须同时具备两个条件：①书证必须是以文字、符号、图画等记载或者表达了人的一定思想的物品，而且其所记载或表达的思想内容能够为人们认知和理解，可借以发现信息；②该项材料所记载的内容或者所表达的思想，必须与待证明的刑事案件事实有关联，能够借以证明案件事实。书证是指以文字、符号、图画等记载的内容和表达的思想来证明案件事实的书面文件和其他物品。

书证具有以下三个特征：①书证并不是一般的物品，而是用文字符号记载和表达一定思想内容的物品；②书证把一定的思想内容固定下来，以此表达人们的思想，并能为一般人所认知或了解，证明有关的案件事实；③书证是固定在一定的物体上的思想内容，所以有较强的客观性和真实性，不像言词证据那样，容易因为有关人员主观意识的改变而改变，也不存在因时间久远造成记忆模糊而影响其证明力的现象。但它易丢失和被伪造。

书证有多种表现形式，根据不同的标准，可以对书证进行以下的分类：

1. 公文书与私文书。按照书证的制作主体或制作者的身份的不同，可以把书证分为公文书与私文书。公文书指公法人或公务员在职务范围内依法定的方式做成的文书。公法人或公务员所制作的文书，如果不依职权或者不依法定程序制作，也不具有公文书的效力。公文书所载内容无论是私法上的关系还是公法上的关系，也无论所载内容是否全面、完整，都不影响公文书的性质。公文书的范围很广，例如婚姻登记机关发给的结婚证书，法院制作的判决书、行政机关制作的行政裁决书等，都是公文书。凡不属于公文书的书证，都是私文书。私文书即使经公法人证明或者认证，仍然是私文书，如个人信件、商事合同等。

将书证分为公文书与私文书，是由于制作文书的主体是否行使法定的职权以及在制作程序上存在明显差别。在一般情况下，公文书要比私文书的证明力强。但在诉讼中也必须对公文书进行审查核实，注意制作公文书的公法人及其工作人员是否依法定权限制定，是否遵守了有关的程式规定，所记载的内容是否可靠等。

2. 处分性书证与报道性书证。文书依其内容的不同，可以分为处分性书证与报道性书证。处分性书证，指文书所记载的事项系文书制作人发出的以发生某种法律效果为目的的意思表示，如为设定、变更或消灭一定的法律关系的目的而成立的书证。处分性书证中发生公法上效力者，为公文书，如记载判决原本、记载行政处分的文书；发生私法上效力的文书则是私文书，如买卖合同、遗嘱等。

凡是书证中所记载或表述的内容，不是以产生一定的法律后果为目的，而是制作人用以记下或者报道已发生的或者了解的某种事实，则称为报道性书证，如会议记录、会计或商业账簿等。报道性书证与处分性书证的区别在于，报道性书证表明文书制作人只观察待证事实并记载其结果，并不以产生一定的法律后果为直接目的。

3. 普通文书与特别文书。书证，以是否要具备一定的形式为标准，可以分为普通文书与特别文书。

普通文书，就是法律不要求必须具备一定形式就能够成立的文书。例如，一般买卖合同等民法上不要式的法律行为，只要双方当事人意见一致，合同就成立，就发生法律上的效力。

特别文书，就是法律规定某种法律行为必须具备一定的形式才能够成立的文书。如买卖房屋，就必须订立书面合同并经房管部门登记，才能发生法律效力。根据《民事诉讼法》第59条第3款的规定，侨居在外国的中国公民，委托代理人的授权委托书，必须经我国驻该国的使领馆证明，才发生效力。这种授权委托书，也是特别文书。

4. 原本、缮本、正本、副本与节本。以制作方法为标准，文书可分为原本、缮本、正本、副本与节本等。

原本，指文书制作人所作成的文书。例如，审判员制作的判决书，经本人签名以后，就称为原本。

缮本，就是抄录原本全部内容的文本。缮本又可以分为正本与副本。正本，就是抄录原本、与原本有同一内容，对外具有与原本同一效力的缮本。副本，是送达当事人的抄本。

节本（节录本），仅摘抄原本或正本内容的一部分或者全部内容的抄本。

（三）物证与书证的区别

物证与书证的主要区别在于：

1. 书证是以其表达的思想内容来证明案件事实；而物证（包括作为物证的书面文件）则以它的存在、外形和特性等去证明案件事实。

2. 法律对书证的规定，有的要求必须具备一定的形式才能够产生某种法律后果；对物证，一般没有这种要求。

3. 书证一般是行为人的意思表示的书面形式；而物证一般是有形的物体，不包含人的意思表示的内容。

4. 审查物证时，应当对物证进行鉴定或勘验；而书证一般是进行鉴定确定其真伪。

尽管物证和书证有显著的区别，但它们之间也有密切的联系。某些情况下，根据与案件的联系和所证明的案件事实，同一物品可以同时具备书证与物证的特征，既可以作为书证，又可以作为物证。

二、证人证言

（一）证人证言的概念

证人有广义、狭义之分。广义上的证人包括当事人、狭义上的证人。狭义上的证人仅指以自己所感知的案件情况向人民法院提供有关案件事实的陈述的、除当事人以外的第三人。证人陈述的内容，称为证言。证人的陈述，一般是陈述自己感知的事实，如果陈述从他人处听来的事实，必须说明出处或来源，否则不能作为证据使用。

当证人在作证过程中，对事实的陈述和对事实的判断往往混在一起，为求得证言的客观性，证人应当根据自己所了解的事实提供证言，并不要求对这些事实在主观上作出评价。但在必要时允许证人根据其体验的事实作一些他人无法替代的分析、判断或者推测。

诉讼过程中，人民法院对案件事实并没有亲身经历和感知，要靠证据才能认定案件的真相。证人证言是证人对争议事实的重述，在刑事诉讼中起着重要作用。它既可以用于认定案件事实，还可以用来鉴别其他证据的真伪和确定其证明力的大小。

（二）证人的特点

证人有如下特点：

1. 证人与客观存在的案件事实形成的联系是特定的，是他人不可替代的。

2. 证人只是了解案件的某些情况，他与该案的审理结果无法律上的利害关系，如果既了解案情，又与案件处理结果有利害关系，就不得为证人，而是诉讼当事人（在刑事诉讼中或为被告人，或为被害人）。

3. 出庭作证的证人应当客观陈述其亲身感知的事实，作证时不得使用猜测、推断或者评论性的语言。

（三）证人的资格

《刑事诉讼法》第48条规定："凡是知道案件情况的人，都有作证的义务。生理上、精神上有缺陷或者年幼，不能辨别是非、不能正确表达的人，不能作证人。"最高人民法院《刑诉解释》第57条规定："对于证人能否辨别是非，能否正确表达，必要时可以进行审查或者鉴定。"

根据上述规定，我国证人的资格包括以下两个方面：

1. 证人必须了解案件情况。这种了解既可以是直接的了解，也可以是间接的了解。

2. 证人必须能够辨别是非并能正确表达。生理上、精神上有缺陷或者年幼，从而不能辨别是非、不能正确表达的人，不能作为证人。要注意，生理上、精神上有缺陷或者年幼，但是能辨别是非、能正确表达的人，可以作为证人。证人为聋哑人的，可以用口述以外的其他表达方式作证。

（四）证人的诉讼权利

证人享有的诉讼权利有：

1. 有权用本民族语言文字提供证言。如果不通晓当地语言文字的，可以要求人民法院为其指定翻译；对于聋哑证人，他们可以用哑语、书面、手势进行陈述。

2. 对于自己的证言笔录，有权申请补充或者更正。

3. 因作证而侮辱、诽谤、殴打或者其他方法被打击报复时，有权要求法律给予保护。

4. 有权要求人民法院给予因出庭作证所支付的费用和影响的收入。

5. 有权接受审判人员和当事人的询问。但询问证人时，其他证人不得在场。

证人不得旁听法庭审理；人民法院认为有必要的，可以让证人进行对质。

6. 有权要求人民法院、人民检察院和公安机关保障证人及其近亲属的安全。《办理死刑案件证据规定》第 16 条第 2 款规定：证人出庭作证，必要时，人民法院可以采取限制公开证人信息、限制询问、遮蔽容貌、改变声音等保护性措施。对证人及其近亲属进行威胁、侮辱、殴打或者打击报复，构成犯罪的，依法追究刑事责任；尚不够刑事处罚的，依法给予治安管理处罚。

（五）证人的诉讼义务

证人应承担的诉讼义务有：

1. 证人应当出庭作证，接受当事人的质询。最高人民法院《刑诉解释》第 141 条规定："证人应当出庭作证。符合下列情形，经人民法院准许的，证人可以不出庭作证：①未成年人；②庭审期间身患严重疾病或者行动极为不便的；③其证言对案件的审判不起直接决定作用的；④有其他原因的。"

2. 如实作证、不得作虚假陈述，不得作伪证。即如实陈述所了解的案情或回答审判人员、检察人员、当事人、诉讼代理人提出的问题。

3. 保守国家秘密、个人隐私。《办理死刑案件证据规定》第 16 条第 1 款规定：证人作证，涉及国家秘密或者个人隐私的，应当保守秘密。

4. 遵守法庭秩序。

三、当事人陈述

（一）当事人陈述的概念

刑事诉讼的当事人，包括被告人、被害人。被告人、被害人向法院陈述的其感知的有关案件事实的内容，分别称为犯罪嫌疑人供述与辩解、被害人陈述。

当事人是法院审判活动的直接利害关系人，在法院审判活动中，当事人所作陈述的内容大致包括四种，即当事人有关诉讼请求的陈述，有关案件法律适用的陈述，有关案件事实认定意见的陈述，有关案件事实感知、了解和认识的陈述等。其中当事人有关案件事实认定意见的陈述大多与事实自认有关，理论上一般放在无需证明事项中加以研究。其中当事人有关案件事实感知、了解和认识的陈述，属于证据资料的范畴。

（二）当事人与证人

就诉讼权利与诉讼义务而言，当事人与证人差别很大；但就证据法而言，当事人本质上是证人，即都是根据自己所感知的案件事实向法院作证的人。

由于当事人本质上是证人，因此证据方法意义上的当事人与证人在很大程度上是共同的，比方说法庭证据调查方式相同，都是通过询问方式作证；原则上都必须出庭作证；证据资料的审查方式基本相同，重点是其感知能力、记忆能力、判断能力、表述能力等。

四、鉴定意见

(一) 鉴定制度概述

1. 鉴定人和鉴定结论的概念和特点。鉴定，即鉴定人运用自己的专门知识和技能，以及必要的技术手段，对案件中有争议的专门性问题进行检测、分析、鉴别的活动。运用专门知识对涉及案件事实的技术问题进行鉴定活动的人，称为鉴定人。诉讼中，当某一案件需要以专业知识、技能或者手段进行分析研究后才能鉴别或判明的专门性问题，是鉴定的对象或者鉴定客体。经过鉴定活动，对鉴定对象所形成的判断性意见结论，称为鉴定意见。

刑事诉讼中需要鉴定的专门问题很多。实践中经常遇到需要鉴定解决的专门性问题主要有以下几种：①法医鉴定。主要用于确定死亡原因、伤害情况等。②司法精神病鉴定。目的在于确定犯罪嫌疑人、被告人、被害人、证人的精神状态是否正常，以便确定被鉴定人有无行为能力和责任能力。③痕迹鉴定。包括对指纹、脚印、工具、枪弹、轮胎等痕迹进行鉴定，确认是否同一。④化学鉴定。目的在于确定毒物的化学性质和剂量，对人体的危害程度、伤害性质。⑤会计鉴定。确定账目、表册是否真实，是否符合有关规定。⑥文件书法鉴定。用于确定文件的书写、签名是否伪造或同一。⑦其他鉴定。解决案件中的其他专门问题所进行的鉴定。例如，建筑、交通运输、产品质量、物价、责任事故等方面的鉴定。随着科学技术的不断发展，需要鉴定的专门性问题日益增多，鉴定的范围会不断扩大。

鉴定结论的特点是：一方面，它是鉴定人按照案件的事实材料，按科学技术要求，以自己的专门知识，进行鉴定后提出的结论性意见；另一方面，它是鉴定人对案件中应予查明的案件事实中的一些专门性问题所作的结论，而不是就法律问题提供意见。

2. 刑事鉴定的启动。在刑事诉讼中，一般由国家机关启动刑事鉴定程序。在侦查案件过程中，为了查明案情，需要解决案件中某些专门性问题的时候，侦查机关可以依职权指派、聘请有专门知识的人进行鉴定。侦查机关应当将用作证据的鉴定结论告知犯罪嫌疑人、被害人。如果犯罪嫌疑人、被害人提出申请，可以补充鉴定或者重新鉴定。在审判案件过程中，对鉴定结论有疑问的，人民法院也可以依职权指派或者聘请有专门知识的人或者鉴定机构，对案件中的某些专门性问题进行补充鉴定或者重新鉴定。

重新鉴定，是在人民法院对鉴定结论进行审查后，对其可采信度存有疑虑，另行委托新的鉴定人进行的鉴定。重新鉴定应当附送历次鉴定所需的鉴定资料，新鉴定人应独立进行鉴定，不受以前鉴定的影响。补充鉴定是在原鉴定的基础上，针对原鉴定中的个别问题，由原鉴定人进行再次修正和补充，以完善原鉴定结论的鉴定。它只是对通常鉴定的补救手段。根据《办理死刑案件证据规定》第 24 条第 2 款的规定，对鉴定意见有疑问的，人民法院应当依法通知鉴定人出庭作证或者由其出具相关说明，也可以依法补充鉴定或者重新鉴定。

3. 鉴定人的诉讼权利和诉讼义务。鉴定人的主要诉讼权利是：有权了解进行鉴定所必需的案件材料；有权询问当事人或者证人；有权要求参加现场勘验；同时有几个鉴定人的，对如何鉴定可以互相讨论；意见一致的可以共同写出鉴定结论，不一致的，有权写出自己的鉴定结论；有权拒绝鉴定；对因鉴定受到侮辱、诽谤、诬陷、殴打或者其他方法打击报复时，有权请求法律保护；有权用本民族语言文字作鉴定结论；有权要求给付相应的报酬。

鉴定人的主要诉讼义务有：按时作出鉴定结论并保证鉴定结论的科学性；应当出庭接受当事人质询，确因特殊原因无法出庭的，经人民法院准许，可以书面答复当事人的质询；妥善保管提交鉴定的物品、材料；不徇私受贿或弄虚作假；对有意陷害他人，故意作虚假鉴定的应承担刑事责任。

4. 鉴定书的内容。鉴定结论应当采用书面形式，鉴定人应当在鉴定书上签名，同时也应加盖鉴定人所在单位的公章。鉴定书的内容包括绪论、鉴定过程、结论等几部分。绪论写明委托或者聘请鉴定的单位、鉴定资料的情况、鉴定的目的和要求等。检验部分写明鉴定采用的方法和步骤、对观察所见现象和特征的分析判断。结论是针对鉴定要求所作出的结论性意见。必要时，鉴定书还可以附上说明有关情况的照片、图表等。最后是签名盖章。

《刑事诉讼法》第 120 条第 1 款规定："鉴定人进行鉴定后，应当写出鉴定结论，并且签名。"

（二）鉴定人的法律地位

我国诉讼法学界一般把鉴定人与证人、鉴定结论与证人证言严格区分开，认为二者的区别是：①鉴定人应当中立，对国家法律负责而不是对当事人负责。②证人是由案件本身决定的，不能选择和更换；鉴定人则是在案件发生后，根据需要指派或聘请的，可以选择，也可以替代、更换。③鉴定人是具有专门知识的人员，要对事实材料进行分析评价；而证人一般并不需要专门知识，只要对案件事实进行陈述即可，不必评价所感知的事实。④只要了解案件情况的人，都可作为证人，不论他是否与案件有利害关系；而鉴定人如果与本案有利害关系，则应当回避。⑤鉴定人一般在诉讼中担任鉴定工作才对案件情况有所了解；而证人则在诉讼之前案件事实发生时就知道案件的事实。

（三）鉴定机构和鉴定人的确定

我国的鉴定人以前是以单位的名义进行的。各级公安机关、法院和行政部门单位内部往往都设立司法鉴定部门，高等学校、科研机构、社会团体、其他组织或机构也设立了鉴定机构。

《司法鉴定人登记管理办法》（2005 年由司法部发布）和《司法鉴定机构登记管理办法》（2005 年由司法部发布）等规定在不断探索完善鉴定机构和鉴定人的途径，并对单位鉴定制度进行了改革。

2005 年司法部颁布了《司法鉴定机构登记管理办法》，对于高等学校、科研机构、社会团体、其他组织或机构申请设立司法鉴定机构的资格、条件作了规定。具备《司法鉴定机构登记管理办法》规定的条件的，经司法行政机关核准登记，取得《司法鉴定许可证》，有关单位方可以在核准的鉴定业务范围内进行司法鉴定活动。关于鉴定人的资格、条件，《司法鉴定人登记管理办法》规定，司法鉴定人实行职业资格证书制度。实施司法鉴定人职业资格制度的领域，由司法部视实际需要确定。在已实施司法鉴定人职业资格制度的领域内，未取得执业证书的人员不得从事相应的司法鉴定活动。

根据《刑事诉讼法》第 119 条的规定："为了查明案情，需要解决案件中某些专门性问题的时候，应当指派、聘请有专门知识的人进行鉴定。"该条对通常情况下刑事鉴定机构的要求是"有专门知识"。"有专门知识"的具体解释应参照《司法鉴定机构登记管理办法》第 14 条和《司法鉴定人登记管理办法》第 12 ~ 13 条。《司法鉴定机构登记管理办法》第 14 条规定："法人或者其他组织申请从事司法鉴定业务，应当具备下列条件：①有自己的名称、住所；②有不少于 20 万至 100 万元人民币的资金；③有明确的司法鉴定业务范围；④有在业务范围内进行司法鉴定必需的仪器、设备；⑤有在业务范围内进行司法鉴定必需的依法通过计量认证或者实验室认可的检测实验室；⑥每项司法鉴定业务有 3 名以上司法鉴定人。"《司法鉴定人登记管理办法》第 12 条规定："个人申请从事司法鉴定业务，应当具备下列条件：①拥护中华人民共和国宪法，遵守法律、法规和社会公德，品行良好的公民；②具有相关的高级专业技术职称；或者具有相关的行业执业资格或者高等院校相关专业本科以上学历，从事相关工作 5 年以上；③申请从事经验鉴定型或者技能鉴定型司法鉴定业务的，应当具备相关专业工作 10 年以上经历和较强的专业技能；……"

《司法鉴定人登记管理办法》第 13 条规定："有下列情形之一的，不得申请从事司法鉴定业务：①因故意犯罪或者职务过失犯罪受过刑事处罚的；②受过开除公职处分的；③被司法行政机关撤销司法鉴定人登记的；④所在的司法鉴定机构受到停业处罚，处罚期未满的；⑤无民事行为能力或者限制行为能力的；⑥法律、法规和规章规定的其他情形。"

根据《刑事诉讼法》第 120 条第 2 款的规定，对人身伤害的医学鉴定有争议需要重新鉴定或者对精神病的医学鉴定，由省级人民政府指定的医院进行。鉴定人进行鉴定后，应当写出鉴定结论，并且由鉴定人签名，医院加盖公章。根据本款的规定，对于有争议的伤情鉴定和精神病鉴定，应当由省级人民政府指定医院进行。

五、勘验、检查笔录

勘验笔录是指办案人员对与犯罪有关的场所、物品、尸体等进行勘查、检验后所作的记录。勘验笔录就其内容可分为现场勘验笔录、物体检验笔录、尸体检验记录等勘验笔录。亦包括死因不明的尸体解剖笔录、侦查实验的笔录。

检查笔录是指办案人员为确定被害人、犯罪嫌疑人、被告人的某些特征、伤害情况和生理状态，而对他们的人身进行检验和观察后所作的客观记载。

在大陆法系国家，勘验是指审判人员用五官感知物证，是法庭上物证出示的法定方法。正因勘验与物证紧密联系，因此大陆法系把把物证称为"勘验物"。在英美法系国家，勘验笔录是物证的一种代替形式。因此，在两大法系国家中，勘验笔录都不是独立的证据形式，而是物证的转化形式。检查笔录也类似。从勘验、检查笔录的内容看，记载的多是物证材料，但它并不是物证材料（如血迹、毛发等）本身，而是保全这些证据的方法。

勘验、检查笔录是一种书面形式的证据材料，但它在形成时间、制作主体以及内容等方面都有别于书证。勘验、检查笔录是案件发生后在诉讼中制作的，若记载有漏误，可以重新勘验、检查。而书证一般在案件发生前或者发生过程中制作，在诉讼中不得涂改或者重新制作。

勘验、检查笔录与鉴定结论是两种不同的证据。区别是：前者由办案人员制作，后者是由办案机关指派或聘请的鉴定人制作；前者是对所见情况的客观记载，后者主要内容是科学的分析意见；前者大多是解决一般性问题，后者则是解决专门性问题。

勘验、检查笔录及现场笔录是公安、司法机关依照法定程序制作的，它又是现场物证的固定和保全，因此，它的证明力相对比较客观，作为证据表现形式的笔录，具有很强的证明力。但是，由于笔录是对诉讼活动的记载，而诉讼活动的对象如物品、痕迹可能被人为地更换、损坏或伪造等，如果公安、司法人员未发现这些情况，则诉讼活动是在假象下进行的，这样的笔录也难以真实。再有公安、司法人员的业务素质、工作责任心和业务水平也影响着笔录的质量。由此可知，这种证据在有些情形下，也可能具有虚假性的特点。

六、视听资料和电子证据

（一）视听资料

视听资料，就是利用录音、录像以及电子计算机储存的资料来证明待证事实的证据。大致有录音资料、录像资料、电脑贮存资料等表现形式。视听资料是随着科学技术的发展而出现的新型证据，已被世界各国广泛采用。

在德国，视听资料被认为是勘验物的一种。之所以如此，是因为德国证据方法按法庭调查方式分类，法官也是通过五官感知视听资料的内容，故其属于勘验物的一种。在英美法系，视听资料被视为书证。

我们认为，在物理性能上，视听资料与传统书证区别甚大。但在证据法意义上，视听资料与书证是一样的，都是以其内容来证明案件的待证事实，故视听资料本质上是传统书证的一种现代形态。此外，如同书证，视听资料也有原始形态与转化形态之分，仅其原始形态属于视听资料。其转化形态如关于证人作证的录像带，关于鉴定人鉴定的录像带、现场勘验的录像带、关于传统书证的电子版等，分别属于证人证言、鉴定意见、物证、书证。

视听资料有以下特点：①视听资料的形成、储存和再现，具有高度的准确性和逼真性；②具有各种言词证据都不具备的直感性，可以将与案件有关的形象和音响，甚至案件发生的实际状况直观地再现在人们面前；③视听资料具有客观性强、能动态连续地再现案情、信息量丰富等优点。视听资料对高科技的依赖性，使其也存在一些弱点，主要表现在：①易被伪造。如录音带、录像带容易被冲洗、消磁、剪辑，电子计算机容易输入病毒或变换输入、输出的数据；②其被篡改、伪造后，凭人的感官往往难以发现。因此，运用视听资料时，应附有制作者、制作时间、地点、对象、制作过程及设备有关情况的书面说明。

（二）电子证据的概念和特点

电子证据，也叫计算机证据、数据电文证据、网络证据等，它是借助电子技术或者电子设备形成的、作为证据使用的、以电子形式存在的材料或其派生物。电子设备包括但是不限于计算机设备，指以无纸方式生成、发送、接收、存储信息的设备或类似设备；电子形式是指以介质、磁性物、光学设备、计算机内存或类似设备生成、发送、接收、存储信息的存在形式。电子形式的派生物，是指由电子形式的材料转化而来的附属材料，如将计算机内部文件打印在纸面或胶片上而得来的计算机打印输出，当其证明待证事实取决于能否同计算机系统内部的证据鉴证一致时，就与传统纸面文件区别开来，而属于电子证据的派生物。

电子证据以前被列为视听资料的一部分，但是视听资料强调以声音和图像而非文字内容证明案件的真实情况，电子证据则主要以文字内容的可视性证明案件事实。本质上，电子证据也是传统书证的一种新形态。

电子证据的特点：①在保存方式上，电子证据需要借助一定的电子介质；②在传播方式上，电子证据可以无限地快速传播；③在感知方式上，电子证据必须借助电子设备，而且不能脱离特定的环境系统；④安全性高。最新的计算机研究结果表明，电子记录任何被删除、复制、修改的痕迹都能够通过技术手段分析确认。

第三节 证据的理论分类

刑事诉讼理论对证据依据不同的规则有不同的分类。证据的分类，是指在理论研究上将证据按照不同的标准划分为不同类别。其目的在于研究不同类别证据的特点及其运用规律，以便于指导办案工作。研究证据的分类，实质是深入研究运用证据的客观规律，以便提高运用证据查明事实真相的能力。

证据的分类有别于法定的证据种类。我国《刑事诉讼法》第42条把刑事证据分为7种：物证、书证；证人证言；被害人陈述；犯罪嫌疑人、被告人供述和辩解；鉴定结论；勘验、检查笔录；视听资料。法律规定的证据种类，也是对证据的一种分类，是立法者根据我国科学技术的发展水平以及证据的存在和表现形式对证据所作的法律上的划分；而证据的分类并非法律的规定，而是从理论上对证据进行的分类研究。证据的种类具有法律上的效力，不具备法定表现形式的证据不得作为定案的根据；而证据的分类仅仅是学理上的解释。证据种类的区分标准是单一的；而证据的分类则是从多角度按照不同的标准，以两分法对证据进行分类研究。因此，证据的分类与法律上的证据种类区别是明显的。同时，两种划分又是交叉的，同是一种证据，由于分类的标准和角度不同，其类属也不完全相同，具有多重性。

在理论上对证据按照不同的标准加以区分，这是深入研究证据的一种方法，其目的在于研究不同类别证据在证明力和证据力上的特点，以及运用的规则，亦即研究运用各类证据的客观规律，最终保证案件的质量。

一、言词证据与实物证据

根据证据事实形成的方法、表现形式、存在状况、提供方式的不同，可以把证据分为言词证据和实物证据。

言词证据，是指以人的陈述为存在和表现形式的证据，因而又称为人证。它包括以人的陈述形式表现出来的各种证据，如刑事被害人陈述、犯罪嫌疑人、被告人供述和辩解、民事当事人的陈述、行政诉讼当事人陈述、证人证言、鉴定结论等。言词证据的内容，是陈述人直接或间接感知的与案件有关的事实，通过询问或讯问而取得的陈述，而陈述又往往固定于笔录（记录材料）中，如对犯罪嫌疑人、被告人的讯问笔录，对证人的询问笔录。鉴定结论是一种较为特殊的言词证据。它与当事人的陈述、证人证言等言词证据有所不同，它的内容不是陈述人对案件事实的直接或间接的感知，而是鉴定人对司法和执法人员提交的与案件有关的专门性问题进行鉴定后出具的书面结论。但这并不影响鉴定结论属于言词证据的范畴。首先，鉴定结论是鉴定人以书面陈述的形式对案件中的专门性问题发表的意见或看法，实质上仍是一种人证。在英美法系国家中，鉴定结论就属于证人证言的范畴，称为"专家证言"或"专家意见"。其次，鉴定结论在一定场合也直接表现为人的陈述。在法庭审理中，鉴定人要出庭宣读鉴定结论，接受控辩双方的质询，当庭阐述鉴定的过程和作出结论的依据。因此，鉴定结论应划入言词证据。

实物证据，是指以实物形态为存在和表现形式的证据，又称作广义上的物证。它包括各种具有实物形态的证据：物证、书证、音像证据、勘验笔录等。物证、书证、音像证据都是以实物形态存在的，自然应归属于实物证据。勘验笔录是由司法和执法人员对案件有关的场所、物品、人身、尸体进行实地查看、检验、调查后所作的记录，通常表现为一定的书面材料、照片、绘图。而且就其内容而言，它是对有关场所、物品、人身、尸体情况的客观记载，而非司法和执法人员的意见或判断，因而也应归入实物证据。

言词证据的特点。由于言词证据属于人证的范畴，作为人的认识和反映，其优点是生动、形象、具体，其缺点是客观性较差，因此言词证据的一个突出特点是其能够从动态上证明案件事实。它是当事人、证人等对其直接或间接感知的案件事实的复述，往往能够较为形象生动、详细具体地反映案件事实；尤其当事人是案件事实的亲历者，其陈述不仅可以把案件发生的过程及许多具体情节复述出来，而且往往还能把案件发生的前因后果、来龙去脉叙说清楚，反映得比较深入，司法和执法人员通过广泛听取和综合分析各种知情人的陈述，可以迅速地从总体上以至在细节上把握案件的全貌，这是实物证据所无法比拟的。但是，言词证据容易受各种主客观因素的影响而出现虚假或失真。从主观因素的影响看，陈述人与案件的利害关系有可能使陈述人有意作虚假陈述。刑事诉讼中的被害人、犯罪嫌疑人、被告人，民事、行政诉讼中的当事人，都与诉讼的结果有利害关系，这种利害关系有可能导致他们作虚假陈述。证人虽然一般与案件没有直接的利害关系，但也会由于证人个人的品质，或受到威胁、利诱而不如实作证。鉴定人也存在同样的问题。从客观因素的影响看，言词证据的形成是一个相当复杂的过程，一般要经过感知、记忆、陈述三个阶段，在这三个阶段都可能会因各种客观因素的影响而出现失真，使言词证据与案件真实情况不符。

实物证据的特点。实物证据与言词证据相比，实物证据最突出的特点是客观性、稳定性强，不易失真。实物证据都是客观存在的物，且往往是伴随着案件的发生而形成，一般难于伪造，不像言词证据那样易受人的主观因素的影响而出现虚假或失真；而且实物证据往往是经司法和执法人员勘验或搜查、扣押而到案的，一经收集保全后，就可以长期保持其原有形态，成为证明案件事实的有力证据。这是实物证据的突出优点。但是，实物证据又称"哑巴证据"，很容易被人们毁灭、伪造、顶替，等等。实物证据是客观存在之物，其存在离不开一定的外界条件，一旦外界条件发生了变化，实物证据就可能灭失，再也无法收集；实物证据也会因人为的毁弃而灭失。这是实物证据在收集中的不利方面。针对这一特点，在实物证据的收集中必须强调迅速、及时，否则就可能因时过境迁而丧失收集证据的时机。因此，在对实物证据的运用中就要着力揭示实物证据与案件事实的关联，并注意把实物证据与言词证据结合起来使用。

言词证据与实物证据的运用，最佳途径和方法是把言词证据与实物证据结合起来使用，相互印证，相互补充，发挥各自的优势，避免各自的弱点。言词证据有动态证明优点，能直接证明案件主要事实的证据可以成为直接证据，司法和执法人员据此可直接、迅速地认清案件的主要事实。但言词证据又容易出现虚假或失真，为避免在认定案情上出现差错，在运用言词证据时，就要把它与实物证据相互印证，运用实物证据客观性、稳定性强的优点，克服言词证据的弱点。在运用实物证据时，则要注意运用言词证据挖掘实物证据的证明力，如用鉴定、辨认的方式，揭示实物证据与案件事实的联系，用当事人的陈述说明现场的情况，等等。实物证据具有较强的客观性和稳定性，一旦其证明意义被揭示出来，便成为证明力很强的证据。总之，在证据的运用中，一定要综合运用证据，充分发挥两种不同证据各自的优势，克服各自的弱点，从而取得最佳的证明效果。

二、直接证据与间接证据

根据证据与案件主要事实的证明关系的不同，可以将证据划分为直接证据与间接证据。所谓刑事案件的主要事实，是指犯罪行为是否系犯罪嫌疑人、被告人所实施；所谓证明关系的不同，是指某一证据是否可以单独地直接证明案件的主要事实。直接证据与间接证据的划分同证据是否直接来源于案件事实无关，传来证据可以是直接证据，原始证据也可以是间接证据。前者如口耳相传了多次的目击证言；后者如犯罪现场的凶器。直接证据和间接证据与原始证据和传来证据是依据不同的标准对证据的划分，其关系需要辨别清楚。

直接证据是能够单独地直接证明案件主要事实的证据。直接证据应具备三个条件：①单独一个证据；②能够证明案件的主要事实；③证明方式是直接的，无需经过推理过程，即可以直观地说明犯罪行为是不是犯罪嫌疑人、被告人所实施。例如，某犯罪嫌疑人供认他持刀将被害人杀死，某证人称他目睹犯罪嫌疑人用木棍打伤了被害人，都属于直接证据。其中，证明某人有罪的直接证据必须具有肯定犯罪事实确已发生、该人为犯罪人两个因素；证明某人无罪的直接证据则只需否定其中一个因素即可。因此，否定犯罪存在或否定犯罪嫌疑人、被告人实施犯罪的直接证据，可以是七种证据中的任何一种。而肯定犯罪的直接证据则往往表现为言词证据。

间接证据是不能单独地直接证明刑事案件主要事实，需要与其他证据相结合才能证明的证据。例如，案件现场有某人的指纹，只能说明该人到过案发现场，而不能说明该人就是作案人。因此，属于间接证据。

在实践中，直接证据的存在形式主要有：犯罪嫌疑人、被告人所作的有罪供述；被害人所作的能证明犯罪系何人所为的陈述；能证明某犯罪分子实施犯罪的证人证言；共同犯罪中共犯之间对彼此的犯罪行为的供述；能够直接证明犯罪分子如何犯罪的视听资料及某些书证等。直接证据能够单独地、直接地证明案件主要事实，但根据"孤证不能定案"的原则，只有一个直接证据，因其本身的真实性得不到其他证据印证，不得据此认定案件事实。

间接证据的特点是：其与案件主要事实的联系是间接的，一个间接证据只能证明案件主要事实的某个片段。间接证据都需要与其他证据相结合，才能证明案件主要事实；由于间接证据关联方式的间接性，决定了运用间接证据证明案件主要事实，必须经过推理过程。刑事诉讼中，多数证据属于间接证据。

根据《办理死刑案件证据规定》第 33 条的规定，在没有直接证据证明犯罪行为系被告人实施，完全依据间接证据认定有罪的情况下，同时符合下列条件的可以认定被告人有罪：①据以定案的间接证据已经查证属实；②据以定案的间接证据之间相互印证，不存在无法排除的矛盾和无法解释的疑问；③据以定案的间接证据已经形成完整的证明体系；④依据间接证据认定的案件事实，结论是唯一的，足以排除一切合理怀疑；⑤运用间接证据进行的推理符合逻辑和经验判断。根据间接证据定案的，判处死刑应当特别慎重。

三、原始证据与传来证据

按照证据的来源划分，凡是直接来源于案件事实，未经复制、转述的证据是原始证据；凡是间接来源于案件事实，经过复制、转述的证据，是传来证据。

常见的原始证据有：亲眼目睹犯罪活动的证人证言，被害人陈述，被告人供述和辩解，物证的原物，书证的原件，勘验笔录等。常见的传来证据有：物证的复制品，文件的副本、影印件、抄件，非亲自感受案件事实的证人所作的证言等。

一般而言，直接来源于案件事实的原始证据比传来证据可靠。就来自同一来源的证据，距原始证据越近的通常越可靠，转手和复制的次数越多，离证明对象越远，其所含信息发生减损或者扭曲的可能性越大。

传来证据的作用有：可以作为发现原始证据的线索；在特定情形下，可以作为审查原始证据是否真实的手段；在原始证据无法取得或确有困难时，代替原始证据；可以强化原始证据的证明作用。

传来证据的运用，应当遵循以下规则：①没有正确的来源或者来源不明的传说、文字材料，不能作为定案的根据；②只有在原始证据不能取得或者确有困难时，才能用传来证据代替；③应当收集和运用距原始证据最近的传来证据；④如果案内只有传来证据而没有原始证据，不能认定犯罪嫌疑人、被告人有罪。

四、有罪证据与无罪证据

根据证据的证明作用是肯定还是否定犯罪嫌疑人、被告人实施了犯罪行为，可以将证据分为有罪证据与无罪证据。

凡是能够证明犯罪事实存在和犯罪行为系犯罪嫌疑人、被告人所为的证据，是有罪证据。在立案和侦查阶段，犯罪嫌疑人尚不明确的情况下，可以说发生了犯罪事件的证据也是有罪证据。凡是能够否定犯罪事实存在，或者能够证明犯罪嫌疑人、被告人未实施犯罪行为的证据，是无罪证据。

应当指出，有罪证据和无罪证据的分类，是根据证据的内容和作用划分的，并不是根据诉讼当事人哪一方提供的证据来划分的。例如，犯罪人自首、被告人供认自己犯罪，经过查证属于有罪证据，而不是无罪证据。

把证据分为有罪证据和无罪证据的意义，使办案人员能够全面客观地收集和运用证据，防止主观片面性。《刑事诉讼法》第43条规定，审判人员、检察人员、侦查人员必须全面地收集能够证实犯罪嫌疑人、被告人有罪或者无罪、犯罪情节轻重的各种证据。对于每个案件，既要查明犯罪嫌疑人、被告人有罪和加重罪责的情况，又要查明犯罪嫌疑人、被告人无罪和减轻罪责的情况；既要收集对犯罪嫌疑人、被告人不利的证据，又要收集对犯罪嫌疑人、被告人有利的证据。只有全面地收集和运用证据，才能查明案件的事实真相。

犯罪嫌疑人、被告人是否有罪，或罪轻、罪重是刑事诉讼中的一个核心问题，解决这一核心问题的关键还是要靠证据。有罪证据和无罪证据截然不同的区分，为办案人员认定案件的性质和适用法律提供了一个坚实的基础。但是，运用有罪证据和无罪证据认定案件事实，必须遵守运用证据的规则。就无罪证据和有罪证据而言，在使用时要做到以下三点：①在证据的收集上，要坚持客观、全面的原则，在指导思想和具体的侦查或调查工作中，克服先入为主，既要注意收集同本案有关联的有罪证据，又要注意收集无罪证据，在两类证据的比较和鉴别之中，分清是非、划清界限，准确地认定案件事实。②在证明标准和要求上，要按照有罪证据和无罪证据所固有的特征，即两者是相互排斥的，不管是有罪，还是无罪，只有达到证明的要求和标准，即证据确实、充分的时候，才能否定对方。具体来说，就是只有有罪证据达到了确实、充分的程度，才能排斥无罪证据的存在；反之，只有无罪证据达到确实、充分的程度，才能排斥有罪证据的存在。③在证明的过程中，有罪证据与无罪证据势均力敌，定也定不了，否也否不掉时，尽了最大的努力仍不能收集新证据，否定一方，这时只有按照"疑罪从无"的原则，宣告无罪。

第四节　证据的审查与认定

《办理死刑案件证据规定》第一次系统地规定了对各种法定证据种类的审查认定和对全案证据的综合审查认定；《非法证据排除规定》完善了刑事非法证据排除规则。下文内容主要基于《办理死刑案件证据规定》展开，兼顾《非法证据排除规定》。

一、证据的分类审查和认定

（一）对物证和书证的审查认定

1. 物证、书证审查认定的总体指导意见。《办理死刑案件证据规定》第 6 条规定，对物证、书证应当着重审查以下内容：①物证、书证是否为原物、原件，物证的照片、录像或者复制品及书证的副本、复制件与原物、原件是否相符；物证、书证是否经过辨认、鉴定；物证的照片、录像或者复制品和书证的副本、复制件是否由 2 人以上制作，有无制作人关于制作过程及原件、原物存放于何处的文字说明及签名。②物证、书证的收集程序、方式是否符合法律及有关规定；经勘验、检查、搜查提取、扣押的物证、书证，是否附有相关笔录或者清单；笔录或者清单是否有侦查人员、物品持有人、见证人签名，没有物品持有人签名的，是否注明原因；对物品的特征、数量、质量、名称等注明是否清楚。③物证、书证在收集、保管及鉴定过程中是否受到破坏或者改变。④物证、书证与案件事实有无关联。对现场遗留与犯罪有关的具备检验鉴定条件的血迹、指纹、毛发、体液等生物物证、痕迹、物品，是否通过 DNA 鉴定、指纹鉴定等鉴定方式与被告人或者被害人的相应生物检材、生物特征、物品等作同一认定。⑤与案件事实有关联的物证、书证是否全面收集。

2. 物证、书证提取、检验遗漏情形的补救。《办理死刑案件证据规定》第 7 条规定，对在勘验、检查、搜查中发现与案件事实可能有关联的血迹、指纹、足迹、字迹、毛发、体液、人体组织等痕迹和物品应当提取而没有提取，应当检验而没有检验，导致案件事实存疑的，人民法院应当向人民检察院说明情况，人民检察院依法可以补充收集、调取证据，作出合理的说明或者退回侦查机关补充侦查，调取有关证据。

3. 原物、原件优先规则。《办理死刑案件证据规定》第 8 条规定，据以定案的物证应当是原物。只有在原物不便搬运、不易保存或者依法应当由有关部门保管、处理或者依法应当返还时，才可以拍摄或者制作足以反映原物外形或者内容的照片、录像或者复制品。物证的照片、录像或者复制品，经与原物核实无误或者经鉴定证明为真实的，或者以其他方式确能证明其真实的，可以作为定案的根据。原物的照片、录像或者复制品，不能反映原物的外形和特征的，不能作为定案的根据。

据以定案的书证应当是原件。只有在取得原件确有困难时，才可以使用副本或者复制件。书证的副本、复制件，经与原件核实无误或者经鉴定证明为真实的，或者以其他方式确能证明其真实的，可以作为定案的根据。书证有更改或者更改迹象不能作出合理解释的，书证的副本、复制件不能反映书证原件及其内容的，不能作为定案的根据。

4. 物证、书证鉴证规则。《办理死刑案件证据规定》第 9 条第 1 款规定，经勘验、检查、搜查提取、扣押的物证、书证，未附有勘验、检查笔录，搜查笔录，提取笔录，扣押清单，不能证明物证、书证来源的，不能作为定案的根据。

第 10 条规定，具备辨认条件的物证、书证应当交由当事人或者证人进行辨认，必要时应当进行鉴定。

5. 非法物证、书证排除规则。《办理死刑案件证据规定》第 9 条第 2 款规定，物证、书证的收集程序、方式存在下列瑕疵，通过有关办案人员的补正或者作出合理解释的，可以采用：①收集调取的物证、书证，在勘验、检查笔录，搜查笔录，提取笔录，扣押清单上没有侦查人员、物品持有人、见证人签名或者物品特征、数量、质量、名称等注明不详的；②收集调取物证照片、录像或者复制品，书证的副本、复制件未注明与原件核对无异，无复制时间、无被收集、调取人（单位）签名（盖章）的；③物证照片、录像或者复制品，书证的副本、复制件没有制作人关于制作过程及原物、原件存放于何处的说明或者说明中无签名的；④物证、书证的收集程序、方式存在其他瑕疵的。

《办理死刑案件证据规定》第 9 条第 3 款规定，对物证、书证的来源及收集过程有疑问，不能作出合理解释的，该物证、书证不能作为定案的根据。《非法证据排除规定》第 14 条规定，物证、书证的取得明显违反法律规定，可能影响公正审判的，应当予以补正或者作出合理解释，否则，该物证、书证不能作为定案的根据。

（二）对证人证言的审查认定

1. 审查证人证言的总体指导意见。《办理死刑案件证据规定》第 11 条规定，对证人证言应当着重审查以下内容：①证言的内容是否为证人直接感知。②证人作证时的年龄、认知水平、记忆能力和表达能力，生理上和精神上的状态是否影响作证。③证人与案件当事人、案件处理结果有无利害关系。④证言的取得程序、方式是否符合法律及有关规定：有无使用暴力、威胁、引诱、欺骗以及其他非法手段取证的情形；有无违反询问证人应当个别进行的规定；笔录是否经证人核对确认并签名（盖章）、捺指印；询问未成年证人，是否通知了其法定代理人到场，其法定代理人是否在场等。⑤证人证言之间以及与其他证据之间能否相互印证，有无矛盾。

2. 非法证人证言（含被害人陈述）排除规则。《办理死刑案件证据规定》第12条第1款规定，以暴力、威胁等非法手段取得的证人证言，不能作为定案的根据。[1]

本条规定较为抽象，《非法证据排除规定》相关条文对本条内容进行了完善。《非法证据排除规定》第1条规定："……采用暴力、威胁等非法手段取得的证人证言、被害人陈述，属于非法言词证据。"第2条规定："经依法确认的非法言词证据，应当予以排除，不能作为定案的根据。"第3条规定："人民检察院在审查批准逮捕、审查起诉中，对于非法言词证据应当依法予以排除，不能作为批准逮捕、提起公诉的根据。"第13条规定："庭审中，检察人员、被告人及其辩护人提出未到庭证人的书面证言、未到庭被害人的书面陈述是非法取得的，举证方应当对其取证的合法性予以证明。对前款所述证据，法庭应当参照本规定有关规定进行调查。"

3. 不能正确表达的证人所表达的证言排除规则。《办理死刑案件证据规定》第12条第2款规定：处于明显醉酒、麻醉品中毒或者精神药物麻醉状态，以致不能正确表达的证人所提供的证言，不能作为定案的根据。

4. 意见排除规则。《办理死刑案件证据规定》第12条第3款规定：证人的猜测性、评论性、推断性的证言，不能作为证据使用，但根据一般生活经验判断符合事实的除外。

5. 询问证人违反法律及其后果。《办理死刑案件证据规定》第13条规定，具有下列情形之一的证人证言，不能作为定案的根据：①询问证人没有个别进行而取得的证言；②没有经证人核对确认并签名（盖章）、捺指印的书面证言；

---

[1] 本条规定已经部分修正了此前最高人民法院和最高人民检察院司法解释的规定。此前，《刑诉解释》第61条规定：严禁以非法的方法收集证据。凡经查证确实属于采用刑讯逼供或者威胁、引诱、欺骗等非法的方法取得的证人证言、被害人陈述、被告人供述，不能作为定案的根据。《人民检察院刑事诉讼规则》第265条第1款重申：严禁以非法的方法收集证据。以刑讯逼供或者威胁、引诱、欺骗等非法的方法收集的犯罪嫌疑人供述、被害人陈述、证人证言，不能作为指控犯罪的根据。这两个条文规定一切以刑讯逼供、威胁、引诱、欺骗以及其他非法的方法获取的证人证言都应被排除。而根据上述《办理死刑案件证据规定》第12条第1款和《非法证据排除规定》第1条的规定，仅通过暴力、威胁两种法定方法获得的证人证言必须排除，通过"等其他方法"获得的证人证言则由法院根据具体情况裁量排除。

③询问聋哑人或者不通晓当地通用语言、文字的少数民族人员、外国人，应当提供翻译而未提供的。

第14条规定，证人证言的收集程序和方式有下列瑕疵，通过有关办案人员的补正或者作出合理解释的，可以采用：①没有填写询问人、记录人、法定代理人姓名或者询问的起止时间、地点的；②询问证人的地点不符合规定的；③询问笔录没有记录告知证人应当如实提供证言和有意作伪证或者隐匿罪证要负法律责任内容的；④询问笔录反映出在同一时间段内，同一询问人员询问不同证人的。

6. 部分书面证言排除规则。《办理死刑案件证据规定》第15条第1款规定，具有下列情形的证人，人民法院应当通知出庭作证；经依法通知不出庭作证证人的书面证言经质证无法确认的，不能作为定案的根据：①人民检察院、被告人及其辩护人对证人证言有异议，该证人证言对定罪量刑有重大影响的；②人民法院认为其他应当出庭作证的。

7. 证人证言的采信规则。《办理死刑案件证据规定》第15条第2款规定，证人在法庭上的证言与其庭前证言相互矛盾，如果证人当庭能够对其翻证作出合理解释，并有相关证据印证的，应当采信庭审证言。

第15条第3款规定，对未出庭作证证人的书面证言，应当听取出庭检察人员、被告人及其辩护人的意见，并结合其他证据综合判断。未出庭作证证人的书面证言出现矛盾，不能排除矛盾且无证据印证的，不能作为定案的根据。

（三）对被害人陈述的审查判断

《办理死刑案件证据规定》第17条规定，对被害人陈述的审查与认定适用前述关于证人证言的有关规定。

（四）对被告人供述与辩解的审查认定

1. 审查被告人供述与辩解的总体指导意见。《办理死刑案件证据规定》第18条规定，对被告人供述和辩解应当着重审查以下内容：①讯问的时间、地点、讯问人的身份等是否符合法律及有关规定，讯问被告人的侦查人员是否不少于2人，讯问被告人是否个别进行等。②讯问笔录的制作、修改是否符合法律及有关规定，讯问笔录是否注明讯问的起止时间和讯问地点，首次讯问时是否告知被告人申请回避、聘请律师等诉讼权利，被告人是否核对确认并签名（盖章）、捺指印，是否有不少于2人的讯问人签名等。③讯问聋哑人、少数民族人员、外国人时是否提供了通晓聋、哑手势的人员或者翻译人员，讯问未成年同案犯时，是否通知了其法定代理人到场，其法定代理人是否在场。④被告人的供述有无以刑讯逼供等非法手段获取的情形，必要时可以调取被告人进出看守所的健康检查记录、笔录。⑤被告人的供述是否前后一致，有无反复以及出现反复的原因；被告人的所有供述和辩解是否均已收集入卷；应当入卷的供述和辩解没有入卷的，是否出具了相关说明。⑥被告人的辩解内容是否符合案情和常理，有无矛盾。⑦被告人的供述和辩解与同案犯的供述和辩解以及其他证据能否相互印证，有无矛盾。对于上述内容，侦查机关随案移送有录音录像资料的，应当结合相关录音录像资料进行审查。

2. 非法被告人供述排除规则。《办理死刑案件证据规定》第 19 条规定，采用刑讯逼供等非法手段取得的被告人供述，不能作为定案的根据。

本条规定较为抽象、不方便司法适用，为此，《非法证据排除规定》花了较大篇幅对非法被告人供述规则进行完善。《非法证据排除规定》的相关条款可以整理如下：

（1）非法被告人供述的范围。《非法证据排除规定》第 1 条规定，采用刑讯逼供等非法手段取得的犯罪嫌疑人、被告人供述……，属于非法言词证据。

（2）效力。《非法证据排除规定》第 2 条规定，经依法确认的非法言词证据，应当予以排除，不能作为定案的根据。《非法证据排除规定》第 3 条规定，人民检察院在审查批准逮捕、审查起诉中，对于非法言词证据应当依法予以排除，不能作为批准逮捕、提起公诉的根据。

（3）调查。《非法证据排除规定》第 4 条规定，起诉书副本送达后开庭审判前，被告人提出其审判前供述是非法取得的，应当向人民法院提交书面意见。被告人书写确有困难的，可以口头告诉，由人民法院工作人员或者其辩护人作出笔录，并由被告人签名或者捺指印。人民法院应当将被告人的书面意见或者告诉笔录复印件在开庭前交人民检察院。

《非法证据排除规定》第 5 条规定，被告人及其辩护人在开庭审理前或者庭审中，提出被告人审判前供述是非法取得的，法庭在公诉人宣读起诉书之后，应当先行当庭调查。法庭辩论结束前，被告人及其辩护人提出被告人审判前供述是非法取得的，法庭也应当进行调查。

《非法证据排除规定》第 6 条规定，被告人及其辩护人提出被告人审判前供述是非法取得的，法庭应当要求其提供涉嫌非法取证的人员、时间、地点、方式、内容等相关线索或者证据。

《非法证据排除规定》第 7 条规定，经审查，法庭对被告人审判前供述取得的合法性有疑问的，公诉人应当向法庭提供讯问笔录、原始的讯问过程录音录像或者其他证据，提请法庭通知讯问时其他在场人员或者其他证人出庭作证，仍不能排除刑讯逼供嫌疑的，提请法庭通知讯问人员出庭作证，对该供述取得的合法性予以证明。公诉人当庭不能举证的，可以根据《刑事诉讼法》第 165 条的规定，建议法庭延期审理。经依法通知，讯问人员或者其他人员应当出庭作证。公诉人提交加盖公章的说明材料，未经有关讯问人员签名或者盖章的，不能作为证明取证合法性的证据。控辩双方可以就被告人审判前供述取得的合法性问题进行质证、辩论。

《非法证据排除规定》第8条规定，法庭对于控辩双方提供的证据有疑问的，可以宣布休庭，对证据进行调查核实。必要时，可以通知检察人员、辩护人到场。

《非法证据排除规定》第9条规定，庭审中，公诉人为提供新的证据需要补充侦查，建议延期审理的，法庭应当同意。被告人及其辩护人申请通知讯问人员、讯问时其他在场人员或者其他证人到庭，法庭认为有必要的，可以宣布延期审理。

（4）认定。《非法证据排除规定》第10条规定，经法庭审查，具有下列情形之一的，被告人审判前供述可以当庭宣读、质证：①被告人及其辩护人未提供非法取证的相关线索或者证据的；②被告人及其辩护人已提供非法取证的相关线索或者证据，法庭对被告人审判前供述取得的合法性没有疑问的；③公诉人提供的证据确实、充分，能够排除被告人审判前供述属非法取得的。对于当庭宣读的被告人审判前供述，应当结合被告人当庭供述以及其他证据确定能否作为定案的根据。

《非法证据排除规定》第11条规定，对被告人审判前供述的合法性，公诉人不提供证据加以证明，或者已提供的证据不够确实、充分的，该供述不能作为定案的根据。

（5）调查遗漏的救济。《非法证据排除规定》第12条规定，对于被告人及其辩护人提出的被告人审判前供述是非法取得的意见，第一审人民法院没有审查，并以被告人审判前供述作为定案根据的，第二审人民法院应当对被告人审判前供述取得的合法性进行审查。检察人员不提供证据加以证明，或者已提供的证据不够确实、充分的，被告人该供述不能作为定案的根据。

3．被告人讯问一般违法的后果。《办理死刑案件证据规定》第20条规定，具有下列情形之一的被告人供述，不能作为定案的根据：①讯问笔录没有经被告人核对确认并签名（盖章）、捺指印的；②讯问聋哑人、不通晓当地通用语言、文字的人员时，应当提供通晓聋、哑手势的人员或者翻译人员而未提供的。

《办理死刑案件证据规定》第21条规定，讯问笔录有下列瑕疵，通过有关办案人员的补正或者作出合理解释的，可以采用：①笔录填写的讯问时间、讯问人、记录人、法定代理人等有误或者存在矛盾的；②讯问人没有签名的；③首次讯问笔录没有记录告知被讯问人诉讼权利内容的。

4．被告人供述和辩解的采信。《办理死刑案件证据规定》第22条第1款规定，对被告人供述和辩解的审查，应当结合控辩双方提供的所有证据以及被告人本人的全部供述和辩解进行。

《办理死刑案件证据规定》第22条第2款规定，被告人庭前供述一致，庭审中翻供，但被告人不能合理说明翻供理由或者其辩解与全案证据相矛盾，而庭前供述与其他证据能够相互印证的，可以采信被告人庭前供述。

《办理死刑案件证据规定》第22条第3款规定，被告人庭前供述和辩解出现反复，但庭审中供认的，且庭审中的供述与其他证据能够印证的，可以采信庭审中的供述；被告人庭前供述和辩解出现反复，庭审中不供认，且无其他证据与庭前供述印证的，不能采信庭前供述。

（五）对鉴定意见的审查判断

1. 审查鉴定意见的总体指导意见。《办理死刑案件证据规定》第23条规定，对鉴定意见应当着重审查以下内容：①鉴定人是否存在应当回避而未回避的情形；②鉴定机构和鉴定人是否具有合法的资质；③鉴定程序是否符合法律及有关规定；④检材的来源、取得、保管、送检是否符合法律及有关规定，与相关提取笔录、扣押物品清单等记载的内容是否相符，检材是否充足、可靠；⑤鉴定的程序、方法、分析过程是否符合本专业的检验鉴定规程和技术方法要求；⑥鉴定意见的形式要件是否完备，是否注明提起鉴定的事由、鉴定委托人、鉴定机构、鉴定要求、鉴定过程、检验方法、鉴定文书的日期等相关内容，是否由鉴定机构加盖鉴定专用章并由鉴定人签名盖章；⑦鉴定意见是否明确；⑧鉴定意见与案件待证事实有无关联；⑨鉴定意见与其他证据之间是否有矛盾，鉴定意见与检验笔录及相关照片是否有矛盾；⑩鉴定意见是否依法及时告知相关人员，当事人对鉴定意见是否有异议。

2. 鉴定意见排除规则。《办理死刑案件证据规定》第24条第1款规定，鉴定意见具有下列情形之一的，不能作为定案的根据：①鉴定机构不具备法定的资格和条件，或者鉴定事项超出本鉴定机构项目范围或者鉴定能力的；②鉴定人不具备法定的资格和条件、鉴定人不具有相关专业技术或者职称、鉴定人违反回避规定的；③鉴定程序、方法有错误的；④鉴定意见与证明对象没有关联的；⑤鉴定对象与送检材料、样本不一致的；⑥送检材料、样本来源不明或者确实被污染且不具备鉴定条件的；⑦违反有关鉴定特定标准的；⑧鉴定文书缺少签名、盖章的；⑨其他违反有关规定的情形。

3. 鉴定意见有疑后的补救措施。《办理死刑案件证据规定》第24条第2款规定，对鉴定意见有疑问的，人民法院应当依法通知鉴定人出庭作证或者由其出具相关说明，也可以依法补充鉴定或者重新鉴定。

4. 特殊鉴定意见的审查与认定规则。

（1）测谎结论。最高人民检察院《关于CPS多道心理测试鉴定结论能否作为诉讼证据使用问题的批复》（1999 年 9 月 10 日指出）：CPS 多道心理测试鉴定结论与刑事诉讼法规定的鉴定结论不同，不属于刑事诉讼法规定的证据种类。人民检察院办理案件，可以使用 CPS 多道心理测试鉴定结论帮助审查、判断证据，但不能将 CPS 多道心理测试鉴定结论作为证据使用。

（2）检察机关的法医审查意见。最高人民检察院《关于检察机关的法医能否根据省级人民政府指定医院作出的医学鉴定作出伤情程度结论问题的批复》（1999 年 10 月 11 日）指出：检察机关委托省级人民政府指定的医院进行刑事医学鉴定，其鉴定没有明确指明损伤程度等法医学问题的，检察机关的法医可以根据省级人民政府指定医院出具的医学鉴定，就伤情程度等问题提出法医学意见。办理案件的检察人员应当根据省级人民政府指定医院出具的关于伤情情况的鉴定并参照检察机关法医提出的法医学意见，综合进行审查判断，以正确认定案情。

（3）骨龄鉴定。最高人民检察院《关于"骨龄鉴定"能否作为确定刑事责任年龄证据使用的批复》（2000 年 2 月 21 日）指出：犯罪嫌疑人不讲真实姓名、住址，年龄不明的，可以委托进行骨龄鉴定或其他科学鉴定，经审查，鉴定结论能够准确确定犯罪嫌疑人实施犯罪行为时的年龄的，可以作为判断犯罪嫌疑人年龄的证据使用。如果鉴定结论不能准确确定犯罪嫌疑人实施犯罪行为时的年龄，而且鉴定结论又表明犯罪嫌疑人年龄在刑法规定的应负刑事责任年龄上下的，应当依法慎重处理。

（六）勘验、检查笔录的审查与认定

1. 审查勘验、检查笔录的总体指导意见。《办理死刑案件证据规定》第 25 条规定，对勘验、检查笔录应当着重审查以下内容：①勘验、检查是否依法进行，笔录的制作是否符合法律及有关规定的要求，勘验、检查人员和见证人是否签名或者盖章等。②勘验、检查笔录的内容是否全面、详细、准确、规范：是否准确记录了提起勘验、检查的事由，勘验、检查的时间、地点，在场人员、现场方位、周围环境等情况；是否准确记载了现场、物品、人身、尸体等的位置、特征等详细情况以及勘验、检查、搜查的过程；文字记载与实物或者绘图、录像、照片是否相符；固定证据的形式、方法是否科学、规范；现场、物品、痕迹等是否被破坏或者伪造，是否是原始现场；人身特征、伤害情况、生理状况有无伪装或者变化等。③补充进行勘验、检查的，前后勘验、检查的情况是否有矛盾，是否说明了再次勘验、检查的原由。④勘验、检查笔录中记载的情况与被告人供述、被害人陈述、鉴定意见等其他证据能否印证，有无矛盾。

2. 勘验、检查违法法律的后果。《办理死刑案件证据规定》第 26 条第 1 款规定，勘验、检查笔录存在明显不符合法律及有关规定的情形，并且不能作出合理解释或者说明的，不能作为证据使用。

《办理死刑案件证据规定》第26条第2款规定，勘验、检查笔录存在勘验、检查没有见证人的，勘验、检查人员和见证人没有签名、盖章的，勘验、检查人员违反回避规定的等情形，应当结合案件其他证据，审查其真实性和关联性。

（七）视听资料的审查与认定

1. 审查视听资料的总体指导意见。《办理死刑案件证据规定》第27条第1款规定，对视听资料应当着重审查以下内容：①视听资料的来源是否合法，制作过程中当事人有无受到威胁、引诱等违反法律及有关规定的情形；②是否载明制作人或者持有人的身份，制作的时间、地点和条件以及制作方法；③是否为原件，有无复制及复制份数；调取的视听资料是复制件的，是否附有无法调取原件的原因、制作过程和原件存放地点的说明，是否有制作人和原视听资料持有人签名或者盖章；④内容和制作过程是否真实，有无经过剪辑、增加、删改、编辑等伪造、变造情形；⑤内容与案件事实有无关联性。对视听资料有疑问的，应当进行鉴定。对视听资料，应当结合案件其他证据，审查其真实性和关联性。

2. 未能鉴证的视听资料排除规则。《办理死刑案件证据规定》第28条规定，具有下列情形之一的视听资料，不能作为定案的根据：①视听资料经审查或者鉴定无法确定真伪的；②对视听资料的制作和取得的时间、地点、方式等有异议，不能作出合理解释或者提供必要证明的。

（八）对电子证据的审查与认定

《办理死刑案件证据规定》第29条规定，对于电子邮件、电子数据交换、网上聊天记录、网络博客、手机短信、电子签名、域名等电子证据，应当主要审查以下内容：①该电子证据存储磁盘、存储光盘等可移动存储介质是否与打印件一并提交；②是否载明该电子证据形成的时间、地点、对象、制作人、制作过程及设备情况等；③制作、储存、传递、获得、收集、出示等程序和环节是否合法，取证人、制作人、持有人、见证人等是否签名或者盖章；④内容是否真实，有无剪裁、拼凑、篡改、添加等伪造、变造情形；⑤该电子证据与案件事实有无关联性。对电子证据有疑问的，应当进行鉴定。对电子证据，应当结合案件其他证据，审查其真实性和关联性。

（九）对其他几种刑侦证据的审查和认定

1. 辨认结果。辨认是侦查人员为了查明案情，在必要时让被害人、证人以及犯罪嫌疑人对与犯罪有关的物品、文件、尸体、场所或犯罪嫌疑人等进行辨认的一种侦查行为。这种侦查行为的结果，称为辨认结果。辨认结果通常记载在辨认笔录中。

辨认是我国侦查机关常用的侦查手段，但我国刑事诉讼法没有规定辨认的规则和程序。我国关于辨认的规则和程序主要规定在公安部的《程序规定》和最高人民检察院的《规则》中。最近,《办理死刑案件证据规定》专门规定了对辨认结果的审查与认定规则。

《办理死刑案件证据规定》第30条第1款规定,侦查机关组织的辨认,存在下列情形之一的,应当严格审查,不能确定其真实性的,辨认结果不能作为定案的根据:①辨认不是在侦查人员主持下进行的。②辨认前使辨认人见到辨认对象的。③辨认人的辨认活动没有个别进行的。④辨认对象没有混杂在具有类似特征的其他对象中,或者供辨认的对象数量不符合规定的;尸体、场所等特定辨认对象除外。⑤辨认中给辨认人明显暗示或者明显有指认嫌疑的。

《办理死刑案件证据规定》第30条第2款规定,有下列情形之一的,通过有关办案人员的补正或者作出合理解释的,辨认结果可以作为证据使用:①主持辨认的侦查人员少于二人的;②没有向辨认人详细询问辨认对象的具体特征的;③对辨认经过和结果没有制作专门的规范的辨认笔录,或者辨认笔录没有侦查人员、辨认人、见证人的签名或者盖章的;④辨认记录过于简单,只有结果没有过程的;⑤案卷中只有辨认笔录,没有被辨认对象的照片、录像等资料,无法获悉辨认的真实情况的。

2. 破案经过。《办理死刑案件证据规定》第31条规定,对侦查机关出具的破案经过等材料,应当审查是否有出具该说明材料的办案人、办案机关的签字或者盖章。对破案经过有疑问,或者对确定被告人有重大嫌疑的根据有疑问的,应当要求侦查机关补充说明。

3. 特殊侦查手段获得的证据材料。特殊侦查手段,又称为秘密侦查手段,是指侦查机关根据法律的规定,在刑事案件的侦查中采取的控制下交付和电子监听监视、卧底、窥视监控、诱惑侦查等秘密侦查措施。特殊侦查手段在对付有组织犯罪、毒品犯罪、公职人员的腐败犯罪等隐蔽型、智能型犯罪案件中凸现其特有的威力。相对于常规侦查手段,特殊侦查手段具有以下特点:秘密性、多样性、技术性。我国关于特殊侦查手段的法律规范较为粗略,仅《国家安全法》第10条和《人民警察法》第16条进行了初步规定。对运用特殊侦查手段的原则、条件、程序以及通过特殊侦查手段获得的证据资料的证明力问题都没有明确规定。

最近颁布的《办理死刑案件证据规定》第35条规定了通过特殊侦查手段获得的证据资料能否作为定案根据以及如何调查。该条规定,侦查机关依照有关规定采用特殊侦查措施所收集的物证、书证及其他证据材料,经法庭查证属实,可以作为定案的根据。法庭依法不公开特殊侦查措施的过程及方法。

二、证据的综合审查认定

综合审查认定是对案件所有证据的综合分析与研究,看其内容和反映的情况是否协调一致，能否相互印证和吻合，能否确实充分地证明案件的真实情况。综合审查认定的关键是发现矛盾和分析矛盾。法官要善于对各种证据进行交叉的逻辑分析，善于从细微之处发现不同证据之间的矛盾，然后认真分析这些矛盾的性质和形成原因，以便对案件中的证据作出整体性分析。证据的综合认定对于人民法院正确认定案件事实，进而依法对被告人进行定罪量刑起着非常重要的作用。

最近颁布实施的《办理死刑案件证据规定》第三部分从七个方面对法院如何综合审查认定证据进行了规范。

1. 规定了综合判断证据证明力的总体指导意见。《办理死刑案件证据规定》第32条规定，对证据的证明力，应当结合案件的具体情况，从各证据与待证事实的关联程度、各证据之间的联系等方面进行审查判断。证据之间具有内在的联系，共同指向同一待证事实，且能合理排除矛盾的，才能作为定案的根据。

2. 明确规定了依靠间接证据定案的规则。《办理死刑案件证据规定》第33条第1款规定，没有直接证据证明犯罪行为系被告人实施，但同时符合下列条件的可以认定被告人有罪：①据以定案的间接证据已经查证属实；②据以定案的间接证据之间相互印证，不存在无法排除的矛盾和无法解释的疑问；③据以定案的间接证据已经形成完整的证明体系；④依据间接证据认定的案件事实，结论是唯一的，足以排除一切合理怀疑；⑤运用间接证据进行的推理符合逻辑和经验判断。第2款规定，根据间接证据定案的，判处死刑应当特别慎重。

3. 明确规定了三重证据相互印证可定罪的规则。《办理死刑案件证据规定》第34条规定，根据被告人的供述、指认提取到了隐蔽性很强的物证、书证，且与其他证明犯罪事实发生的证据互相印证，并排除串供、逼供、诱供等可能性的，可以认定有罪。

4. 完善了补强证据规则。1997年修订的《刑事诉讼法》第46条规定了口供补强规则，该条规定，对一切案件的判处都要重证据，重调查研究，不轻信口供。只有被告人供述，没有其他证据的，不能认定被告人有罪和处以刑罚；没有被告人供述，证据充分确实的，可以认定被告人有罪和处以刑罚。但是，刑事诉讼实践中还存在其他需要补强的证据情形，对此，《办理死刑案件证据规定》第37条进行了补充完善。该条规定，对于有下列情形的证据应当慎重使用，有其他证据印证的，可以采信：①生理上、精神上有缺陷的被害人、证人和被告人，在对案件事实的认知和表达上存在一定困难，但尚未丧失正确认知、正确表达能力而作的陈述、证言和供述；②与被告人有亲属关系或者其他密切关系的证人所作的对该被告人有利的证言，或者与被告人有利害冲突的证人所作的对该被告人不利的证言。

5. 进一步明确规定了调查核实存疑证据的程序。《刑事诉讼法》第158条规定了合议庭对证据有疑问的可以庭外调查核实。《办理死刑案件证据规定》第38条对庭外调查核实证据的程序进行了细化规定，并对如何运用庭外调查取得的证据进一步加以明确。《办理死刑案件证据规定》第38条第1款规定，法庭对证据有疑问的，可以告知出庭检察人员、被告人及其辩护人补充证据或者作出说明；确有核实必要的，可以宣布休庭，对证据进行调查核实。法庭进行庭外调查时，必要时，可以通知出庭检察人员、辩护人到场。出庭检察人员、辩护人一方或者双方不到场的，法庭记录在案。第2款规定，人民检察院、辩护人补充的和法庭庭外调查核实取得的证据，法庭可以庭外征求出庭检察人员、辩护人的意见。双方意见不一致，有一方要求人民法院开庭进行调查的，人民法院应当开庭。

6. 强化了对死刑案件裁定量刑情节证据的严格把握。《办理死刑案件证据规定》第36条第1款规定，在对被告人作出有罪认定后，人民法院认定被告人的量刑事实，除审查法定情节外，还应审查以下影响量刑的情节：①案件起因；②被害人有无过错及过错程度，是否对矛盾激化负有责任及责任大小；③被告人的近亲属是否协助抓获被告人；④被告人平时表现及有无悔罪态度；⑤被害人附带民事诉讼赔偿情况，被告人是否取得被害人或者被害人近亲属谅解；⑥其他影响量刑的情节。第2款规定，既有从轻、减轻处罚等情节，又有从重处罚等情节的，应当依法综合相关情节予以考虑。第3款规定，不能排除被告人具有从轻、减轻处罚等量刑情节的，判处死刑应当特别慎重。这不仅符合刑事司法中有利于被告人的原则，对"严格控制死刑"也有重要意义。

7. 明确规定了若干法定量刑情节证据的审查认定规则。《办理死刑案件证据规定》第39条规定，被告人及其辩护人提出有自首的事实及理由，有关机关未予认定的，应当要求有关机关提供证明材料或者要求相关人员作证，并结合其他证据判断自首是否成立。被告人是否协助或者如何协助抓获同案犯的证明材料不全，导致无法认定被告人构成立功的，应当要求有关机关提供证明材料或者要求相关人员作证，并结合其他证据判断立功是否成立。被告人有检举揭发他人犯罪情形的，应当审查是否已经查证属实；尚未查证的，应当及时查证。被告人累犯的证明材料不全，应当要求有关机关提供证明材料。

8. 澄清了被告人年龄的审查认定规则。《办理死刑案件证据规定》第40条规定，审查被告人实施犯罪时是否已满18周岁，一般应当以户籍证明为依据；对户籍证明有异议，并有经查证属实的出生证明文件、无利害关系人的证言等证据证明被告人不满18周岁的，应认定被告人不满18周岁；没有户籍证明以及出生证明文件的，应当根据人口普查登记、无利害关系人的证言等证据综合进行判断，必要时，可以进行骨龄鉴定，并将结果作为判断被告人年龄的参考。未排除证据之间的矛盾，无充分证据证明被告人实施被指控的犯罪时已满18周岁且确实无法查明的，不能认定其已满 18 周岁。

关于包括民事诉讼证据在内的诉讼证据的法定种类，比较法上的做法差别较大。英美法系一般将证据分为言词证据和实物证据两大类。大陆法系一般将民事证据从证据方法角度分为证人、鉴定人、物证、书证四种。我国现行刑事诉讼法将证据分为书证、物证、证人证言、当事人陈述、视听资料、鉴定结论和勘验笔录等七种形式。我们认为，严格讲这七种证据形式有些是证据方法的种类，有些是证据资料的种类，七种法定证据种类划分标准不一，其划分的实践效果也不明显。有鉴于此，笔者主张根据中国现行法律的实际情况，参照两大法系的证据方法形式，把我国民事诉讼证据方法分为两大类，即人的证据方法和物的证据方法。其中人的证据方法又分为普通证人和鉴定人；物的证据方法证包括狭义上的物证和书证。

至于现行法上的当事人，应为证人之一种。原因是，就诉讼权利与诉讼义务而言，当事人与证人差别很大；但就证据法而言，当事人本质上是证人，即都是根据自己所感知的案件事实向法院作证的人。由于当事人本质上是证人，因此证据方法意义上的当事人与证人在很大程度上是共同的，比方说法庭证据调查方式相同，都是通过询问方式作证；原则上都必须出庭作证；证据资料的审查方式基本相同，重点是其感知能力、记忆能力、判断能力、表述能力等。

至于勘验笔录，应为物证之替代。原因是比较法上都把勘验和物证视为一种证据方法。在大陆法系国家，勘验是指审判人员用五官感知物证，是法庭上物证出示的法定方法。正因勘验与物证紧密联系，因此大陆法系把把物证称为“勘验物”。在英美法系国家，勘验笔录是物证的一种代替形式。因此，在两大法系，勘验笔录都不是独立的证据形式，而是物证的一种替代。从实际功能上看，庭外勘验笔录起着固定或者保存物证的作用，因而勘验笔录不是一种独立的诉讼证据，而是物证的替代。

至于视听资料，则为传统书证之一种现代形态。原因是，在物理性能上，视听资料与传统书证区别甚大。但在证据法意义上，视听资料与书证是一样的，都是以其内容来证明案件的事实，故笔者不把它作为独立的证据方法种类，而是作为传统静态书证的一种现代形态。当然，如果该视听资料以其存在状态、物理、化学特征作证时，其属于物证，如同传统书证。最后，如同书证，视听资料也有原始形态与转化形态之分，仅其原始形态属于狭义的书证。其转化形态如关于证人作证的录像带，关于鉴定人鉴定的录像带、现场勘验的录像带、关于传统书证的电子版等，分别属于证人、鉴定人、物证、传统书证。

至于电子证据，以前被列为视听资料的一部分，但是视听资料强调以声音和图像而非文字内容证明案件的真实情况，电子证据则主要以文字内容的可视性证明案件事实。有学者认为，电子证据同传统证据相比，不同之处在于载体方面，而非证明机制方面，电子证据可以根据我国法定的七种证据类型而分为电子书证（如当事人通过 E-mail 订立商业合同）、电子物证（侵入计算机系统的犯罪嫌疑人留下的关于自己计算机的电子"痕迹"）、电子视听资料（数码照相等）、电子证人证言（电子聊天记录）、电子当事人陈述（电子聊天记录）、关于电子证据的鉴定结论（就电子邮件是否属实聘请鉴定人鉴定）、电子勘验检查笔录（如勘验现场时以数码相机拍摄的现场照片）等[1] 我们赞同这种观点，认为在证据法意义上，电子证据不是一种独立的证据种类。因此，根据笔者关于证据种类的划分方法，电子证据视情况应分别作为证人、鉴定人、书证、物证。

还需要注意的是，上述的四种证据方法都是从证据方法的原始形态进行分类的；如果某一证据方法是一种转换形态，我们必须先将其转换成原始形态，然后再归入到某一证据方法中。例如，中国诉讼实践中经常可以见到不出庭证人的书面证言，单看其书面形式，似应归入书证；但是考虑到其原始形态是证人，应归入到证人。控辩双方对该书面证言的辩驳、法庭对该书面证言的审核认定都主要根据证人这一证据方法的相关规则和原理进行，而不是根据书证这一证据方法的相关规则和原理进行。

理论思考与实务应用

一、理论思考

（一）名词解释

证据能力　证明力　实质真实原则　无罪推定原则　证据裁判原则　自由心证原则　直接证据　间接证据

（二）简答题

1. 物证和书证有什么区别？
2. 书证和视听资料有什么区别？
3. 证人作证有哪些资格要求？
4. 证人在哪些情况下可以不出庭作证？

---

[1] 参见刘品新、张斌："电子证据在我国的法律地位"，载何家弘主编：《证据学论坛》（第6卷），中国检察出版社2003年版。

5. 仅根据间接证据定案的前提条件。

6. 被告人供述和辩解的采信规则。

（三）论述题

1. 试述我国刑事诉讼法上的非法证据排除规则。

2. 论现行法关于鉴定意见的审查判断与认定规则。

3. 试述现行法关于辨认结论的审查判断与认定规则。

4. 略论我国刑事诉讼中的证据综合审查评断规则。

二、实务应用

（一）案例分析示范

案例一

1996 年 9 月 11 日晚，被告人朴奎海同金春东、朴金一（均不起诉）在本市西新乡双丰村祥玉饭店喝酒，与同在饭店喝酒的孟凡友因言语不合发生口角，后在该饭店东侧过道外，金春乐、朴金一用砖头将孟凡友头、背部打伤。后被告人朴奎海将孟凡友送往一汽职工医院治疗。孟凡友在就医过程中，又与被告人朴奎海发生口角，并从该医院一楼窗户跳出跑到一汽三号门门卫室欲打电话报警未果，后进入三号门院内。此间，被告人朴奎海尾随孟凡友，并于三号门院内捡一铁棒殴打孟凡友的头、胸、腿、脚等部位，直至将孟凡友打倒在三号门吊车车间内之后，被告人朴奎海抢走孟凡友现金一千余元。经法院鉴定，被害人孟凡友系头部受钝性物体打击造成颅脑损伤死亡。案发后，被告人朴奎海被公案机关抓获归案，所抢赃款被其挥霍。

现吉林省长春市人民检察院提起公诉，指控被告人朴奎海之行为构成故意杀人罪、抢劫罪。辩护人在庭审中提出的辩护意见之一是：侦查机关有刑讯逼供行为，被告人朴奎海供述不能作为证据使用。本案法院一审判决书对此回应如下："其辩护人当庭不能提供侦查机关对被告人有刑讯逼供行为的证据，只是听被告人所讲，所提供的被告人朴奎海的病情介绍也不能证明朴奎海的伤病是由刑讯逼供所致。被告人朴奎海多次作有罪供述，且供述内容的真实性有其给亲属写的三张条佐证，应当采信作为定案的证据之一。"

问：假设本案发生在 2010 年 7 月以后，请根据现行法评价该一审法院的上述判决意见。

【评析】本案涉及的是非法被告人口供的证明问题。2010 年 7 月《非法证据排除规定》颁布实施以前，关于《刑事诉讼法》的司法解释虽然明文规定：通过刑讯逼供等非法手段获得的被告人口供不能作为定案根据。但是，相关司法解释并没有明确规定刑讯逼供等非法手段如何证明等调查问题。刑事司法实践中，通常法院要求主张刑讯逼供的被告一方承担证明刑讯逼供存在的责任，又由于刑事诉讼中被告人进入看守所之后的弱势地位，实际上被告人很难证明刑讯逼供的存在，其结果是即使真的存在刑讯逼供，也很难被证明进而认定。

2010 年 7 月以后，《非法证据排除规定》第 6 条规定，被告人及其辩护人提出被告人审判前供述是非法取得的，法庭应当要求其提供涉嫌非法取证的人员、时间、地点、方式、内容等相关线索或者证据。也即被告方仅承担刑讯逼供等非法手段取证存在的初步证明责任，或者说仅承担存疑责任。根据《非法证据排除规定》第 7 条的规定，控诉方应当承担证明不存在刑讯逼供等非法取证的最终责任，或者说去疑责任。

如果本案发生在 2010 年 7 月之后，根据《非法证据规定》的上述规定，本案一审法院的上述判决意见值得商榷。我们认为辩护人提供的被告人关于自己曾经受刑讯逼供的讲话、被告人的病情介绍等应能满足被告方的存疑责任；此后，应由控诉方承担不存在刑讯逼供的去疑责任，倘控诉方没能举出充分合法证据证明这一点，则法院应依法认定刑讯逼供在本案中存在。

案例二

贵阳市中级人民检察院指控：1996 年 4 月至同年 11 月，被告人唐明松与五〇一厂子校高中女学生谢玲（18 岁）相识后曾多次发生两性关系。同年 12 月，谢玲告诉被告人唐明松其已怀孕并为此多次找唐明松要钱，引起唐明松极为不满。1997 年 4 月 4 日，谢再次找唐明松要 500 元钱，唐明松即约谢玲次日（5 日）中午到五〇一厂旁丁关村火牛坡处见面，谢玲按约前往。双方见面后，谢玲再次谈到其怀孕并向被告人索要钱。为此，双方发生争吵，被告人唐明松拔出随身携带的自制单刃锐器刺伤谢玲，致其右颈总动静脉断裂，子宫破裂引起失血性休克死亡。庭审中，公诉人当庭向法庭宣读未到庭证人张文刚、卢思群、付艳芳等的证人证言、刑事科学技术鉴定书、被告人唐明松的现场指认笔录，出示受害人谢玲的尸体照片及被告人唐明松在公安机关供述与谢玲多次发生两性关系及杀害谢玲的过程等证据。故以被告人唐明松犯故意杀人罪，要求依法追究被告人唐明松的刑事责任。

其辩护人提出的辩护意见是：检察院出示的有关证词没有一份可以证实唐明松在现场，不能作为指控唐明松杀死谢玲的证据；法医根据尸体胃内容物确定谢玲的死亡时间是饭后 4 小时内，即应是下午 3～4 时，而在此时间内有多份证词证明唐明松在车间和家中，故唐明松没有作案时间；故意杀人案件应以收集物证为主，被告人供述不能作为指控犯罪的证据；检察院出示的数份间接证据，由于没有稳定的、可靠的基础，所形成的锁链不牢靠，所以起诉书指控唐明松杀害谢玲证据不足，一审法院对唐明松宣告无罪是正确的。

贵州省贵阳市中级人民法院经公开审理查明：公诉机关起诉指控被告人唐明松故意杀害被害人谢玲之事实，虽当庭宣读、出示有关证据，但均不能直接证实谢玲之死确系被告人唐明松所为。此次补充的有关证据与原公安机关收集的同一证据产生矛盾，并不具有惟一性、排他性。且这些证据之间并未形成证据锁链，均无法直接证明被告人唐明松有故意杀人之犯罪事实。故公诉机关指控被告人唐明松杀人犯罪的证据不足，不予确认。被告人唐明松庭审辩解公安机关对其有逼供行为之理由，无任何证据证实，亦不予采信。被告人唐明松之辩护人所提公诉机关指控被告人唐明松犯罪证据不足之辩护理由符合本案事实，应予采纳。

贵州省贵阳市中级人民法院根据上述事实和证据认为：公诉机关指控被告人唐明松故意杀人一案，由于缺乏直接有效证据，且向法庭提供的间接证据不能形成证据锁链，故其指控被告人唐明松故意杀死谢玲之犯罪事实不能成立。被告人唐明松辩解理由也不能采信；其辩护人辩护理由有理，应予采纳。

贵州省贵阳市中级人民法院判决被告人唐明松无罪。该判决得到贵州省高级人民法院的维持。

问：没有直接证据，仅根据间接证据定案，需要满足哪些条件？

【评析】《办理死刑案件证据规定》第33条第1款规定，没有直接证据证明犯罪行为系被告人实施，但同时符合下列条件的可以认定被告人有罪：①据以定案的间接证据已经查证属实；②据以定案的间接证据之间相互印证，不存在无法排除的矛盾和无法解释的疑问；③据以定案的间接证据已经形成完整的证明体系；④依据间接证据认定的案件事实，结论是唯一的，足以排除一切合理怀疑；⑤运用间接证据进行的推理符合逻辑和经验判断。

案例三

1994年3月21日5时许，洛阳东站公安所新场公安室值班民警张先进、王纪军和联防队员马少东、金建国、刘宏伟、张松林根据群众举报，将在新场铁路轨道中逗留的被告人李国青带至公安室讯问。讯问中张先进对李国青有殴打行为。当日8时许，张先进在交接班过程中，因被告人李国青不承认自己有偷盗行为而与之发生争执并互相殴打，张先进头部及躯体多处软组织损伤。后洛阳铁路运输检察院对李国青提起公诉，指控其构成故意伤害罪；张先进提起附带民事诉讼，主张民事赔偿。

本案公诉机关提交的证据之一是洛阳市公安局的刑事技术鉴定书（鉴定张先进为重伤）。一审法院审理查明洛阳东站公安所没有委托洛阳市公安局进行法医鉴定。

问：如果本案发生在2010年7月以后，本案中的上述鉴定结论能作为定案根据吗?

【评析】本案涉及的是鉴定意见的采纳问题,更具体点说,涉及的是没有合法委托手续进行的鉴定意见能否采纳的问题。对此,《办理死刑案件证据规定》第23条第6项规定,对鉴定意见应当着重审查以下内容:鉴定意见的形式要件是否完备,是否注明提起鉴定的事由、鉴定委托人、鉴定机构、鉴定要求、鉴定过程、检验方法、鉴定文书的日期等相关内容,是否由鉴定机构加盖鉴定专用章并由鉴定人签名盖章。不过,本条虽然明示应当审查委托手续,但是没有明确没有合法委托手续的法律后果。《办理死刑案件证据规定》第24条尽管专门规定了不当鉴定结论排除规则、详细列举了不当鉴定结论的具体情形,但是,好像没有明确规定本案这种情况。

我们认为,合法委托手续是鉴定意见产生的必备条件;没有合法委托手续出具的鉴定意见不能作为定案根据。在理由说明上,可以以《办理死刑案件证据规定》第24条规定的兜底条款"其他违反有关规定的情形"作为制定法依据。

(二)案例分析实训

案例一

在一起抢劫案中,公安人员收集到如下证据:

(1)被害人钟小梅从昏迷中苏醒过来后,说是原来的邻居吕佑江在她身上连砍两刀,并抢去她的卡美牌手表一块、微型收音机一台。

(2)公安人员在现场发现鞋印两个,提取吕佑江的鞋印,经鉴定与现场所留鞋印一致。

(3)在吕佑江家搜出卡美牌手表一块、上海牌手表一块,微型收音机一台、满尺龙水果刀一把、菜刀一把。

(4)经鉴定沾在菜刀上血迹的血型与钟小梅的血型相同,菜刀与钟小梅身上的伤口吻合。

(5)经辨认,从吕佑江家搜出的卡美牌手表、微型收音机确实是钟小梅的。

(6)审问中,吕佑江承认由于赌博输了钱而去钟家进行抢劫的犯罪事实。

问:本案中公安机关搜集的上述证据分别属于哪种法定证据种类和哪种证据理论分类?

案例二

1998年5月初,齐齐哈尔市规划设计院技术科张慰中等人合伙,以齐齐哈尔市大宇建筑公司的名义与垦区齐齐哈尔工商行政物价分局查哈阳物价所联合建资综合楼。在预售楼房时,无人购买。张慰中与主要投资人其妹张放商量,认为被告人张有杰是查哈阳工商物价所副所长，又负责楼房销售，在该工程承建过程中能帮不少忙，于1998年5月31日上午，张慰中与张放2人来到查哈阳工商物价所在国税局2楼临时租用的张有杰办公室，张慰中单独交给张有杰人民币2万元，张有杰将此款收下后，全部用于个人购买一楼商场的高间和柜台。2000年12月19日张放向张有杰要回人民币2万元。后公诉机关提起公诉，指控被告人张有杰涉嫌构成受贿罪。公诉方提交的证据之一是举报人张放到张有杰家要款时的录音整理记录及中华人民共和国公安部（2001）公物证鉴字第0581号物证鉴定书，证实张放、张慰中等人到被告人张有杰家要款，张有杰承认拿了2万元并提出用个人购买的高间和柜台还款的事实。鉴定书证实该录音中没有发现剪辑现象和录音带中说话人有张有杰。

庭审中，辩护人提出，张放私自搞的录音属违法录音，不能作为定案的依据。

问：本案举报人张放搞得私自录音能否作为定案根据？

案例三

通辽市人民检察院指控，被告人王娟与被害人徐良之父徐某有不正当两性关系。案发前，王娟曾要求徐某与妻子伊俊萍离婚与她结婚，徐某以有孩子等理由加以拒绝。2005年4月间，伊俊萍曾因此到王娟家与王娟及其家人发生冲突。2005年5月13日12时许，王娟在村西的大坑内，从徐良的背后用双手掐住徐良的脖子，并将他的面部向下按到地上，又用手捂其口、鼻，见徐良不再挣扎，王娟将他抱起放到附近的树根中间，当即离开现场，回家换掉身上的牛仔裤又返回王兴林家。被害人徐良的尸体于次日下午2时许被村民发现。法医尸体检验证实，徐良系颈部遭受外力作用致机械性窒息而死亡。据以上事实公诉机关指控被告人王娟的行为触犯了《刑法》第232条之规定，构成故意杀人罪，应当追究其刑事责任。

被告人王娟当庭作无罪辩解，称以往有罪供述受侦查刑讯逼供所致，犯罪细节均听徐某及他人所讲。其辩护人辩称控方指控王娟犯罪事实不清，证据不足，侦查机关有违反刑事诉讼法规定之嫌，请求宣告无罪。

通辽市中级人民法院经审理查明，被告人王娟（未婚）与被害人徐良（男，8岁）系同村村民，与徐良的父亲徐某存在不正当两性关系。2005年4月间，王娟之父王锁林找徐某到其家中，告知徐某王娟已与他人恋爱，以后别再纠缠，徐某的妻子伊俊萍赶到王家，与王娟及其家人吵骂。2005年5月13日，被害人徐良于11点40分放学回家，午饭后12点10分许出来。伊俊萍侄儿伊佳华16时告诉徐家徐良下午未上学。徐良父母寻找徐良，次日13时30分，村民佟长山发现徐良尸体，告知徐某。徐某等到现场确认系徐良后报案。

公安机关对现场进行勘查证实，现场位于腰乃木格勒与西乃木格勒两个村之间村道旁，死者徐良的尸体位于坑内一堆木根（木头疙瘩）的空隙中。呈头朝南，脚朝北，面西向仰卧状。

经尸体检验证实，死者头部左侧额顶部可见 4 处表皮剥脱；皮下出血及 1 处头裂伤；左额部可见 4 处表皮剥脱，皮下出血；额面部、前额 3 处表皮剥脱，鼻背部右侧可见 2 处表皮剥脱、鼻腔有干血痕；左侧鼻唇沟处可见表皮剥脱；左牙廓可见皮肤剥脱；右侧颌下三角区可见 2 处表皮剥脱；左侧颌下三角区可见 2 处表皮剥脱；颈部可见一处以后颈部为轴向两侧延伸的半环形皮肤皮革样化，皮革样化于前颈部消失，后颈部皮革样化宽 3.0 cm，右颈部皮革样化宽 2.0 cm，左颈部皮革样化宽 1.2 cm；腰背部可见 2 处表皮剥脱；解剖可见，胃容物约 150 mL，肉眼观察为面食，已经软化。结论意见，徐良系颈部遭受外力作用致机械性窒息而死亡。

另查明，被告人王娟 2005 年 5 月 13 日上午，在本村王兴林家看录像。11 时许回家，饭后 12 时 10 分左右又来到王兴林家。见王妻文淑艳与其子吃饭离去，约 20 分钟左右又到王家继续看录像至 16 时许返家。

通辽市中级人民法院经审理认为：公诉机关通辽市人民检察院据以指控被告人王娟犯故意杀人罪的证据存在如下疑点和欠缺：

（1）王娟向徐某告知案件真相原因存疑。犯罪分子作案后如欲逃避法律制裁，其通常表现为极力毁灭证据，否认犯罪等。本案中徐良被害后警方即与王娟接触，案发当月直至到案，警方即没再与王娟正面接触，对其侦查压力已经放松，其正常反应是继续规避法律制裁，而王娟虽与徐某存在奸情，但她应意识到徐某有可能将其告发，而后来事实也证明王娟系因徐某的告发而到案。王娟明知上述风险却 3 次主动找到徐某某向其告知此事，显然不符合常理。

（2）王娟的供述存疑。本案中侦查阶段，王娟有 15 份供述材料，其中前 5份连续作无罪供述，后 10 份供述中有 3 份无罪供述穿插其间，即王娟供述表现特征为：不供（2005 年 5 月）——供又翻（12 月 4 日两次供、5 日翻供）——翻又供（2005 年 12 月 6 日~2006 年 1 月 23 日供）——不供（2006 年 3 月 17 日之后翻供），至公诉和审判阶段王娟均作无罪供述，其心理历程和内在原因应引起警觉和斟酌，警方提供王娟 2006 年 1 月 6 日供述的录音录像，对此证据的来源、客观性不持异议，但视听资料证据需要其他证据补强，其证明内容为王娟有罪供述，现在王娟已作无罪供述，该证据前后不一致，又无其他证据佐证，该证据存在疑点。

（3）认定王娟有作案时间和地点的证据存疑。证人文淑艳、邱华峰、王锁林等人证实，2005 年 5 月 13 日中午，王娟有 20 多分钟没有其他证据证实她的活动，由此可以认为王娟具有作案时间，并根据公安调取的腰乃木格勒村地图来看王娟到达案发现场条件是允许的，但控方所列举的证据只能达到这种程度，即案发现场为村中大道旁，案发时间为中午时间，因无法排除其他人在此时间路过此地点，所以无法认定王娟有作案时间的唯一性。

（4）对现场勘查和法医尸检的分析。本案案发现场和尸检的缺陷：①案发现场没有私密性，属敞开现场。案发现场被佟长江等人发现后在及时通知警方之前先行告知了被害人家属，虽然现在没有证据证明有多少人在警方到达之前就已经到了现场，但现场勘查照片显示在警方勘查现场时有数十人以上在围观，所以经现场勘查和尸检所获取的有价值的信息存在失去其证明力和指向性的可能性，并能引起合理性怀疑，如被害人被害地点、尸姿、衣着、死亡原因等，同时本案在勘查时未找到第一案发现场。且法医尸检未能就被害人死亡时间作出结论，警方虽然于 2006 年 3 月份出具书面材料证实被害人徐良死于进食后一小时左右，但经查该结论是在没有检材的情况下作出的，不能作为证据使用。所以本案中徐良死亡时间没有得到固定，而徐良是在 2005 年 5 月 13 日中午失踪后至次日中午尸体被发现的，即无法确定徐良死亡时间为王娟无人证明的活动时间区段内。在上述情形下，现场勘查和尸检报告与王娟的有罪供述进行印证，认定其供述与尸检和现场勘查吻合是不合适的。②对案发现场勘查未发现第一现场，所以对王娟杀人地点的供述没有其他证据证实。王娟在多次有罪供述中对现场勘查中在徐良身体侧发现的风化雨靴和两块磁铁均未作过供述，同时法医尸检发现被害人身上头顶部、面部、颈处、后背部有十余处创伤，但王娟在多次有罪供述中均未对被害人头顶部、后背部伤情形成作过供述。③警方在王娟到案后对徐景海等部分村民进行询问，被询问人均证实未与王娟谈论过徐良被害一事，但证人徐景海等人均证实王娟经常到其家串门聊天。徐景海等人在不知王娟为作案人的情况下，与经常到其家串门聊天的王娟回避谈论其侄子被害一事，显然不符合常理。

（5）对法医物检的分析。本案中共有 3 份物证检验报告，①对案发时间内，王娟所穿衣物提取后进行检验，没有任何发现。②对徐良被害所穿衣物经提取后将其上所染血迹和现场勘查中发现的血迹进行了检验和比对，均为"O"型血，与徐良血型一致。③警方在此基础上进行了 DNA 检验，证实徐良衣物上的血迹均检出徐良的 DNA。对上述 3 份物证检验，合议庭对其来源性和所证内容的客观性不持异议，但就认定王娟犯罪没有证明力。

（6）关于徐某证言疑点的分析和证明效力。①徐某是被害人徐良亲生父亲，无证据证明其与其子感情不睦。依据其本人证实，案发后月余许，徐某已知晓王娟为作案凶手，未将其告发，后在王娟 2 次主动与其相见时均谈论了此事，直至

2005 年 11 月 28 日将其告发。其中原因，庭审中对其本人询问，其解释说第一次知晓后为进一步证实王娟作案细节而未将其告发。但其证言证实，其与王娟的见面均是王娟主动提出的，与徐某所解释原因中欲达到的意图所要求的主动性不相符。同时又解释称在第一次知晓后即向警方检举，但其解释无其他相关证据证实。再有引起合议庭警觉的是徐某明知王娟是杀害其子的凶手后还与其发生性行为。②徐某从侦查阶段至庭审共有 7 次证实，后 4 次均指证王娟为作案凶手。证人证言作为言词证据受其自身条件限制以及外部环境影响不能理性全面的反映其感知的客观世界，同时人对所感知事实表述受其思维方式和外界影响具有不稳定性，所以言词证据内含着与客观事实存在差异的风险和前后不一致的可能性。故在证据规则中言词证据的证明效力相对较弱。而作为故意杀人案中的证据证明体系要求更为严格，而本案中徐某的证言无其他证据佐证，同时徐某的证言存在瑕疵。

通辽市中级人民法院认为：控方所列举的证据，就徐良被害一案作案凶手为王娟未形成完整的证据体系，不具有排他性和唯一性。公诉机关指控王娟犯有故意杀人罪的事实不清，证据不足，指控罪名不成立，不予支持。被告人王娟所作辩解及辩护人的辩护意见部分成立，予以采纳。依据《刑事诉讼法》第 162 条第 3 项、最高人民法院《刑诉解释》第 176 条第 4 项之规定。于 2006 年 6 月 21 日作出判决：宣告被告人王娟无罪。

宣判后，公诉机关通辽市人民检察院提出抗诉。抗诉机关通辽市人民检察院和支持抗诉机关内蒙古自治区人民检察院的意见是：一审法院采信证据错误，判决结果错误。被告人王娟的翻供理由不能成立，其从侦查到开庭审理的翻供理由不尽一致，侦查机关的视听资料可以清楚地证实被告人王娟所作的有罪供述是在意识清醒，无刑讯逼供状态下进行的。被害人徐良的父亲徐某向公安机关告发王娟承认杀死徐良与被告人王娟的有罪供述相互印证。本案事实清楚，证据确实、充分。被告人王娟的有罪供述与证人证言、现场勘查笔录、法医尸体检验报告等证据在主要情节上可以相互印证，能够形成完整的证据链，足以认定被告人王娟实施了杀人行为。

内蒙古自治区高级人民法院经审理认为，原审被告人王娟与被害人徐良之父徐某有不正当两性关系，并因此于 2005 年 4 月间徐某之妻伊俊平与王娟家人发生冲突。2005 年 5 月 13 日中午，被害人徐良在本村西头一大坑内由于颈部受外力作用致机械性窒息死亡，均是客观存在。经开庭审理，以现有证据尚不能认定被害人徐良的死亡系王娟所为，以抗诉机关庭审时所举证据认定原审被告人王娟犯故意杀人罪证据不充分，故抗诉机关的抗诉理由不能成立，王娟及其辩护人的辩护意见成立，予以采纳。通辽市中级人民法院一审审判程序合法，适用法律正确。依照《刑事诉讼法》第 189 条第 1 项的规定，于 2006 年 10 月 11 日作出裁定：驳回抗诉、维持原判。

问：结合本案一审法院的判决书，谈谈应当如何审查认定证据？

 主要参考文献

1.　何家弘、刘品新：《证据法学》（第 2 版），法律出版社 2007 年版。

2.　樊崇义主编：《刑事诉讼法》，法律出版社 2004 年版。

3.　徐静村主编：《刑事诉讼法学》，法律出版社 1997 年版。

4.　易延友：《刑事诉讼法》，法律出版社 2004 年版。

5.　孙长永、黄维智、赖早兴：《刑事证明责任制度研究》，中国法制出版社 2009 年版。

6.　刘金友主编：《证据法学》，中国政法大学出版社 2001 年版。

7.　张保生主编：《证据法学》，中国政法大学出版社 2009 年版。

8.　孙彩虹主编：《刑事诉讼法学》，广西师范大学出版社 2009 年版。

9.　卞建林主编：《证据法学》，中国政法大学出版社 2000 年版。

10.　何家弘主编：《证据的审查认定规则示例与释义》，人民法院出版社 2009 年版。

11.　林钰雄：《刑事诉讼法》，中国人民大学出版社 2005 年版。

12.　陈一云主编：《证据学》，中国人民大学出版社 2001 年版。

13.　徐立根："论物证的双联性"，载《法学家》1997 年第 2 期。

14.　王谢春："音像证据若干问题探讨"，载《法学家》1997 年第 6 期。

15.　田平安："证人证言初论"，载陈光中、江伟主编：《诉讼法论丛》（第 2 卷），法律出版社 1998 年版。

16.　邹明理："论鉴定结论及其属性"，载何家弘主编：《证据学论坛》（第 3 卷），中国检察出版社 2001 年版。

17.　何家弘："传说、传闻、传真及其他"，载何家弘主编：《证据学论坛》（第 4 卷），中国检察出版社 2001 年版。

18.　刘品新："论电子证据的定位——基于中国现行证据法律的思辨"，载《法商研究》2002 年第 4 期。

19.　刘万奇："物证新论"，载《法学研究》1993 年第 2 期。

20.　裴苍龄："论人证"，载《现代法学》1996 年第 2 期。

21.　朱丹："民事诉讼中的本证和反证探析"，载《法学》1993 年第 5 期。

22.　张坚、薛喜堂："刑事直接证据和间接证据实践研究"，载《江苏社会科学》1995 年第 2 期。

第十一章
刑事诉讼证明

【本章概要】"证明"就是用已知的证据事实来明确或表明未知的待证事实。诉讼证明具有相对真实性和正当性，两者共同决定了案件事实认定的可接受性。

刑事诉讼中的证明对象，是指需要当事人或者有关司法机关运用证据加以证明的事实。刑事诉讼证明对象通常包括如下事实：被指控犯罪行为构成要件的事实、与犯罪行为轻重有关的各种量刑情节事实、排除行为的违法性、可罚性和行为人刑事责任的事实、刑事诉讼程序事实。与此相对，根据相关规定，以下四类事实无需证明：①众所周知的事实；②司法认知事实；③推定的事实；④无争议的程序性事实。

证明责任，分为主观证明责任和客观证明责任。主观证明责任，是指当事人为避免不利于己的判决而承担的，证明自己主张的事实是否存在的责任。客观证明责任，是指法律规定的要件事实在法律审理的最后阶段仍然真伪不明时，由对该要件事实负有主张责任的当事人承担不利后果的责任。中国现行刑事诉讼体制基本上采取职权主义，在这种体制下，不存在主观证明责任及其承担问题。但是，有时候肯定会存在客观证明责任及其承担问题。由于被告人受"无罪推定原则"的保护，客观证明责任原则上全部由检察官或自诉中的原告承担，只有在非常特殊的情况下才分配给被告人。这种非常特殊的情况在目前的制定法中仅有"巨额财产来源不明罪"。

证明标准就是指承担证明责任的当事人为完成其证明责任、避免承担其主张不能成立之后果而对其主张应当予以证明，从而使法官对其主张之事实产生确信的程度。我国现行刑事诉讼法把定罪的证明标准表述为"案件事实清楚、证据确实充分"，与两大法系的相关表述不同。

【学习目标】学习本章内容主要掌握以下要点：诉讼证明的概念；严格证明和自由证明的区别；刑事诉讼证明的一般对象和无需证明事项；我国刑事诉讼证明责任与证明标准的含义。

【教学重点与难点】诉讼证明的相对性；刑事证明责任的分配；刑事证明标准的含义和适用。

第一节　刑事诉讼证明概论

一、证明的概念及其特点

一般来讲，"证明"就是用已知的证据事实来明确或表明未知的待证事实。证据法或者诉讼法中的证明称为诉讼证明，它是指当事人（在刑事公诉案件中是指控辩双方）运用已知的证据让法官确信待证事实存在与否的诉讼行为或诉讼结果。

诉讼证明具有相对真实性和正当性。所谓相对真实性是指证明的案件事实与实际上发生的事实不可能完全吻合。之所以诉讼证明具有相对真实性，有以下几个方面的原因：

1. 人的认识具有主观性和客观性，主观的认识结果必须完全符合客观情况，认识才具有绝对的真理性。但是，不管从理论上还是从经验上，我们都做不到这一点，因为主观和客观的两极对立永远无法消除。因此，作为主观的人的认识，与客观世界或者客观发生的事情，不可能完全一致，而是只能达到最大限度的一致性。从真理的绝对性与相对性看也是如此，辩证唯物主义认为人的思维是至上的，是能够认识客观世界的，但这里的思维不是单个人的思维，而是"作为无数的过去、现在和未来的人的个人思维而存在"。这就是说，辩证唯物主义可知论是从人类在整体上，在无止境的时代更迭中所具有的对客观世界的无限认识能力或所能实现的终极认识目标上来说的，而不是每一次具体认识活动都能发现或达到绝对真理。具体到诉讼领域，一次诉讼所能查明的事实只能具有相对意义上的客观性，对案件的认识也只能达到一种"相对真理"，证明结果也只能是达到一种相对性。

2. 诉讼证明制度本身的特点决定了其结果的相对性。在诉讼领域，案件事实必须通过证据来证明，但是，证据本身的真实性不可能是先验的，它仍然要通过其他证据来证明，而其他证据的真实性还需要其他证据来证明……如此推演下去，诉讼证明从逻辑上说就是不可能完成的任务。但是，人类的理性却会在一个可以接受的水平上让这种无限推演的证明活动停止下来。这是因为人们具有共同的知识框架或背景，它们是公认的、不用证明即可接受的规则。这些作为共同知识框架或背景的东西，就是证明领域中所谓的经验规则。它们构成了证明推理中的大前提。但这些经验规则并不是绝对的，因此，关于诉讼证明的结论，也只能是相对的。

3. 法律价值的冲突和协调也造成了证明的相对性。一种诉讼程序不仅要追求对案件事实的真理性的认识，而且还要在正义、秩序、效率等价值之间作出适当协调，如果以牺牲这些法律价值为代价，则会造成物极必反的效果。比如，单纯为了发现案件的真实情况，将诉讼过程无限期地拖延下去，则对于当事人来说，未必称得上是正义的，因为，迟来的正义并非正义；同时，在案件持续期间，秩序和效率也会遭到破坏。这是任何一个正常人都无法容忍的。实际上，法律并不要求完全发现案件的客观真实情况。就刑事案件而言，只要证明达到法律规定的标准，如刑法关于犯罪构成要件的规定，主要事实或者基本事实查清，就可以定案了。如果在法定的诉讼期限内完不成证明任务，也应当依法结案。

4. 司法活动与科学研究不同。科学研究的对象是客观存在的事物，司法活动的证明对象不仅包括客观存在的事物，还包括当事人的心理活动；科学研究揭示的规律具有普遍性，因而可以轻易地进行检验，司法活动证明的对象具有不可回复性，一旦发生，根本无法将其复原；科学研究的惟一目的是为了追求真理，司法活动在此之外，还要协调各种价值；科学研究可以采取人类所能承受的各种手段，甚至不计成本，而司法活动则必须使用法律允许的手段，而且有严格的期间、甚至人员限制。总之，与科学研究相比，诉讼上的证明在客观上是不全面的，是相对的。

诉讼证明本质上具有相对性绝不意味着我们不承认诉讼证明绝对真实，只是提醒我们注意在"诉讼证明"中发现绝对真实是需要大量成本的，我们不能奢望每个案件都要不计成本地发现绝对真实。

所谓正当性，就是在伦理上具有道德性。正当性有时又称为合法性。具体来说，诉讼证明的正当性体现在以下几个方面：

1. 证据要正当、合法，也就是说证据方法和证据资料要具有证据能力或者可采性。《刑事诉讼法》第43条规定："审判人员、检察人员、侦查人员必须依照法定程序，收集能够证实犯罪嫌疑人、被告人有罪或者无罪、犯罪情节轻重的各种证据。严禁刑讯逼供和以威胁、引诱、欺骗以及其他非法的方法收集证据。必须保证一切与案件有关或者了解案情的公民，有客观地充分地提供证据的条件，除特殊情况外，并且可以吸收他们协助调查。"《刑诉解释》第61条规定："严禁以非法的方法收集证据。凡经查证确实属于采用刑讯逼供或者威胁、引诱、欺骗等非法的方法取得的证人证言、被害人陈述、被告人供述，不能作为定案的依据。"最高人民检察院《规则》第265条规定："严禁以非法的方法收集证据。以刑讯逼供或者威胁、引诱、欺骗等非法的方法收集的犯罪嫌疑人供述、被害人陈述、证人证言，不能作为指控犯罪的根据。"上述规定确立的非法获得言辞证据排除规则，就是为了保证言辞证据获得的正当性。类似的还有《刑诉解释》第146条，该条规定："询问证人应当遵循以下规则：①发问的内容应当与案件的事实相关；②不得以诱导方式提问；③不得威胁证人；④不得损害证人的人格尊严。前款规定也适用于对被告人、被害人、附带民事诉讼原告人和被告人、鉴定人的讯问、发问或者询问。"

2. 证明的程序必须正当、合法。由于证明的程序就是诉讼程序，所以，诉讼程序必须体现一定的法律价值，遵守一定的原则，例如，裁判中立、控审分离、控辩对等、直接言词等，而且，依据这些原则建立的诉讼程序必须在实际的证明过程中被遵守。就严格的法律调查和事实认定过程来说，举证、质证、辩论以及评议等必须符合法律的要求。《刑事诉讼法》第47条规定："证人证言必须在法庭上经过公诉人、被害人和被告人、辩护人双方讯问、质证，听取各方证人的证言并且经过查实以后，才能作为定案的根据。法庭查明证人有意作伪证或者隐匿罪证的时候，应当依法处理。"最高人民法院《刑诉解释》第58条规定："证据必须经过当庭出示、辨认、质证等法庭调查程序查证属实，否则不能作为定案的根据。对于出庭作证的证人，必须在法庭上经过公诉人、被害人和被告人、辩护人等双方询问、质证，其证言经过审查确实的，才能作为定案的根据；未出庭证人的证言宣读后经当庭查证属实的，可以作为定案的根据。法庭查明证人有意作伪证或者隐匿罪证时，应当依法处理。"上述规定就是为了保证证明程序的正当性。

实际上，诉讼程序或者证明过程的正当性最典型地体现在当事人对证明的参与以及对当事人各项权利和利益的保护上。尊重公民的尊严和利益，正是法律价值或者正当性的核心意义所在。由于有了当事人的充分参与，也就是说当事人可以充分地对证明结果施加影响，使得这种结果能够合理地为当事人和公民所接受。也就是说，证明结果仅具有相对性是不够的，还必须具有正当性，才能最终具有合理的可接受性。

二、证明的种类

根据一定的标准，可以对证明进行以下分类：

1. 行为意义上的证明和结果意义上的证明。这是以证明的表现形态为标准所作的分类。行为意义上的证明是证明行为，指证明主体根据已知事实查明案件事实的活动。结果意义上的证明，是指运用已知事实查明案件事实的结果，特别是指司法人员对案件事实形成确信的心态。行为意义上的证明可以进一步分为取证、举证、质证和认证等行为，这些行为表现为连续的证明过程；而结果意义上的证明可以进一步分为严格证明与自由证明。

2. 严格证明与自由证明。在我国台湾地区及日本，证明分为"严格证明"与"自由证明"。所谓严格证明，是指以具有证据法上所规定证据能力的证据，通过符合一定格式的证据调查程序而达到排除合理怀疑的确证程度的证明。在刑事诉讼中，应当进行严格证明的待证事实主要包括犯罪构成要件事实、法定从重情节、阻却事由、不利于被告人的量刑情节。自由证明，与严格证明相对，是指不需要严格证明的证明。对于自由证明，其证明资料法律未加以严格限制，纵使用无证据能力或未经合法调查程序的资料，凡依适当方法所取得者，依法官合理之自由裁量得采为诉讼上事实之证明，谓之"自由证明"。[1] 在刑事诉讼中，应当进行自由证明的待证事实主要包括程序法事实、法定减免情节、酌定量刑情节、有利于被告人的量刑情节等。

第二节　证明对象

一、现行法规定的证明对象

刑事诉讼中的证明对象，又称"待证事实"或"要证事实"，是指需要当事人或者有关司法机关运用证据加以证明的事实。[2]

《刑事诉讼法》第 43 条规定："审判人员、检察人员、侦查人员必须依照法定程序，收集能够证实犯罪嫌疑人、被告人有罪或者无罪、犯罪情节轻重的各种证据。"《刑诉解释》第 52 条规定，我国刑事诉讼中需要运用证据证明的案件事实包括以下几项：①被告人的身份；②被指控的犯罪行为是否存在；③被指控的行为是否为被告人所实施；④被告人有无罪过、行为的动机、目的；⑤实施行为的时间、地点、手段、后果以及其他情节；⑥被告人的责任以及与其他同案人的关系；⑦被告人的行为是否构成犯罪，有无法定或者酌定从重、从轻、减轻以及免除处罚的情节；⑧其他与定罪量刑有关的事实。这两条规定了刑事诉讼证明对象中的实体要件事实。

《刑事诉讼法》第 191 条规定："第二审人民法院发现第一审人民法院的审理有下列违反法律规定的诉讼程序的情形之一的，应当裁定撤销原判，发回原审人民法院重新审判：①违反本法有关公开审判的规定的；②违反回避制度的；③剥夺或者限制了当事人的法定诉讼权利，可能影响公正审判的；④审判组织的组成不合法的；⑤其他违反法律规定的诉讼程序，可能影响公正审判的。"该条规定了我国刑事诉讼证明对象中的程序要件事实。

具体来说，刑事诉讼证明对象包括如下事实：

---

〔1〕 褚剑鸿：《刑事诉讼法论》（第 5 版），台湾商务印书馆 2001 年版，第 266 页。
〔2〕 陈一云主编：《证据学》（第 2 版），中国人民大学出版社 2001 年版，第 128 页。

（一）被指控犯罪行为构成要件的事实

构成要件，是指被指控的犯罪行为成立的要件。刑法规定的各种犯罪之所以成立并且相互区别，是因为它们各自的构成要件不同。每一种犯罪行为都有自己的构成要件，使犯罪得以被确认，并且在概念上有所区别。被指控的犯罪不同，证明对象所包含的要件事实也就不同。学理认为，一般的犯罪行为的构成要件有四个：①犯罪客体，是指刑法所保护的、犯罪行为所侵害的具体的社会关系、政治关系、经济关系等；②犯罪主体，是指实施了危害社会的行为、依法应负刑事责任的人；③犯罪的客观方面，是指犯罪嫌疑人、被告人所实施的危害社会的行为，以及与犯罪行为有关的各项客观事实，如犯罪的时间、地点、手段、危害社会的结果等；④犯罪的主观方面，是指犯罪嫌疑人、被告人实施犯罪行为时所持的主观心理态度，如故意、过失等。

对于以上四个方面的构成要件，有的学者总结了一个便于掌握的、有可操作性的公式：①何人——犯罪的主体要件；②何种动机与目的——犯罪的主观方面要件；③何时——犯罪的时间，属于客观方面的要件；④何地——犯罪的地点；⑤何种手段——犯罪方法，属于客观方面的要件；⑥何行为——犯罪行为的表现形式，如杀人、盗窃等；⑦何种危害后果——犯罪行为造成的损害，属于客观方面的要件。以上七个方面连贯起来，可以把刑事诉讼证明对象概括为：何人基于何种动机与目的，在何时、何地，用何种方法实施了何种行为，产生了何种危害后果。当然，在这七个要件中，并不是每个犯罪对于所有因素都不可或缺，或处在相同的重要地位。只有犯罪行为构成的四个一般要件，才是必不可少的。

（二）与犯罪行为轻重有关的各种量刑情节事实

量刑是定罪基础上进一步产生的问题。关于量刑的事实与关于定罪的事实有不同的意义。前者是关于犯罪行为的量的规定；后者是关于犯罪行为的质的规定，前者只是在后者的基础上才起到对后者的补充作用。

根据我国刑法的规定，有关量刑事实称为情节事实，分为法定情节事实和酌定情节事实，具体包括：①从重处罚的事实。如组织、领导犯罪集团或者在共同犯罪中起主要作用的情节，教唆不满 18 周岁的人犯罪，累犯等。②从轻、减轻处罚或者免除处罚的事实。如犯罪未遂、犯罪中止，在共同犯罪中起次要或者辅助作用的从犯或者系被胁迫诱骗参加犯罪的胁从犯等，犯罪人在犯罪时不满 18 周岁的，犯罪人是又聋又哑的人或者是盲人的，犯罪以后自首等其他可以从轻、减轻、免除处罚的事实或情节。

（三）排除行为的违法性、可罚性和行为人刑事责任的事实

《刑事诉讼法》第 2 条规定："中华人民共和国刑事诉讼法的任务，是保证准确、及时地查明犯罪事实，正确应用法律，惩罚犯罪分子，保障无罪的人不受

刑事追究……"惩罚犯罪和保障无罪的人不受刑事追究，是我国刑事诉讼法所要完成的两大并重的任务。据此，行为人有罪的事实应当全面查清，排除行为人行为的可罚性的事实也应当查清。

1. 排除行为违法性的事实。某些行为在外观上类似犯罪行为，但由于客观条件和支配这些行为的目的、动机等主观意志具有正当性，刑法明确否定这类行为的犯罪性质。行为既然因排除了其中的违法性因素而不构成犯罪，当然也就排除了受刑事追究的可能性。根据刑法规定，这类行为有正当防卫、紧急避险等。

2. 排除可罚性的事实。这类事实一经发生，尽管构成犯罪，但并不产生相应的刑事处罚责任。例如，犯罪行为实施后已过多年，超出了刑法所规定的追诉时效；经特赦令免除刑罚的；依照刑法告诉才处理的犯罪，被害人没有告诉，或者告诉后又撤诉的；被告人已经死亡等。

3. 排除或减轻刑事责任的事实。如果犯罪嫌疑人、被告人没有达到法定的刑事责任年龄，或者行为人在实施犯罪行为时，处于精神不正常状态，根据刑法规定，行为人即属无刑事责任的人或限制刑事责任的人。对于他们的行为所造成的危害结果，刑法规定不追究刑事责任或减轻刑事责任。根据我国刑法有关规定，行为人不满 14 周岁，不负刑事责任；已满 14 周岁但不满 16 周岁，只有在犯罪行为属于故意杀人、故意伤害致人重伤或者死亡、强奸、抢劫、贩卖毒品、放火、爆炸、投毒罪的，才负刑事责任。可判处死刑处罚的责任年龄，必须在实施犯罪的时候已年满 18 周岁等。

（四）刑事诉讼程序事实

刑事诉讼程序事实，是指有关刑事诉讼程序是否合法进行的事实，具体包括：①有关管辖的事实；②有关回避的事实；③有关对犯罪嫌疑人、被告人采取强制措施的事实；④有关审判组织组成的事实；⑤有关诉讼程序的进行是否超过法定期限的事实；⑥司法机关侵犯犯罪嫌疑人、被告人等当事人诉讼权利的事实；⑦与执行的合法性有关的事实，如犯人"是否怀孕"的事实；⑧其他与程序的合法性或者公正审判有关的事实，如延期审理的事实等。

二、无需证明的事实

刑事诉讼中无需证明的事实，是指不需要控辩双方举出证据加以证明的事实。对于此类事实，刑事诉讼法未明确规定，最高人民检察院《规则》第 334 条规定："在法庭审理中，下列事实不必提出证据进行证明：①为一般人共同知晓的常识性事实；②人民法院生效裁判所确认的并且未依审判监督程序重新审理的事实；③法律、法规的内容以及适用等属于审判人员履行职务所应当知晓的事实；④在法庭审理中不存在异议的程序事实；⑤法律规定的推定事实。"根据该规定，我国刑事诉讼中无需证明的事实可分为四类：①众所周知的事实；②司法认知事实；③推定的事实；④无争议的程序性事实。兹分述如下：

（一）众所周知的事实

众所周知的事实，是指一般公众或不特定多数人皆已知晓且确信无可置疑的事实。即上述规定中第1项"为一般人共同知晓的常识性事实"。至于公众如何得知，是通过直接体认，或是新闻报道，或听信传闻，均不限制，例如某地某日发生特大火灾，或者山洪暴发致使交通中断等，如无认定错误之危险，自然无需举证，法院亦无需调查。

（二）司法认知的事实

司法认知的事实是指审判中法庭在无需当事人或检察官举出证据加以证明即可认定的事实。在美国，司法认知的事实主要包括立法事实、审判事实和陪审团认知的事实；[1] 其中，陪审团认知的事实显然包括"众所周知的事实"在内。在英国，司法认知主要包括臭名昭彰的事实与推论之显著事实，其内容显然包括以下将要讨论的"推定事实"在内。我们以为，就我国司法实践而言，司法认知事实应当是指法庭审判中无需举证，只需由法官以经验法则认可的事实，具体包括立法事实、审判事实等。例如，被告人口供如已经证明为非法证据，当事人依据最高人民检察院发布的人民检察院刑事诉讼规则要求人民法院将此证据予以排除，对于人民检察院刑事诉讼规则规定非法获得的言辞证据必须予以排除这一规范，当事人无需举证。另外，已经生效裁判确定的事实，也应当可以作为无需证明的事实，纳入司法认知事实的范围。

（三）推定的事实

推定是法院和评论者用来描述规制一种证明过程诸规则的术语，这种证明过程是在一个已经证明的事实 A——基础事实和另一个推定的事实 B 之间创设一种特定的法律关系。根据推定规则，法院一旦查明了基础事实，即可以直接认定推定事实；主张推定的一方当事人对基础事实的存在承担举证责任，而反驳推定的一方当事人对基础事实和推定事实的不存在都应当承担举证责任。

诉讼活动本来就是一个由已知事实推断过去事实的活动，在这一过程中，存在着无数次推理与推论，但是并非所有的推理与推论都无需举证，只有那些根据制定法规定或者司法惯例由已知事实可以推导出来的结论，才能作为"推定事实"而无需举证。由此，推定可以分为立法推定与司法推定。凡属司法推定，实际上就是依据司法实践中的经验法则所作的推定。所谓法律的推定，是指根据法律规定由一已知事实而推定另一法律事实的推定。例如，甲持有与乙结婚之登记证明，应当推定两人具有婚姻关系。

---

〔1〕 Jon R. Waltz, Roger C. Park, *Evidence: Cases and Materials*, 10th edition, Foundation Press, p.734.

又，推定可以分为转移客观证明责任的推定和仅转移主观证明责任的推定。在中国现行刑事诉讼法中，由于实行职权主义，主观证明责任弱化，仅存在客观证明责任；由于被告人受"无罪推定原则"的保护，客观证明责任原则上全部由检察官承担，只有在非常特殊的情况下才分配给被告人。因此，原则上仅存在对被告不利且转移客观证明责任的推定。[1] 这种对被告不利且转移客观证明责任的推定，在目前的制定法中仅有"巨额财产来源不明罪"。

（四）无争议的程序事实

无争议之事实包括实体性事实与程序性事实。在民事诉讼中，有自认的制度，对于当事人自认的事实，通常无需证明；在刑事诉讼中，被告人的自认被称为"自白"，在西方国家，自白只要具有自愿性或者真实性，其所指向的事实，通常不再需要证明。在我国，没有采纳有罪答辩制度，因此即使被告人作有罪答辩，案件仍然要经过人民法院审判，公诉人仍然要在法庭上指控犯罪，犯罪事实仍然必须得到证明。因此，无争议的事实作为无需证明之事实，并不包括实体性事实，而仅包括程序性事实。

第三节　证明责任

一、古代罗马法上的证明责任

古罗马法谚云："法官只知法，事实须证明。"[2] 既须证明，自然产生证明责任问题。从有关文献来看，古罗马的诉讼中，原告承担证明责任。因为"原告不举证，被告即开释"[3] 意思就是，原告在诉讼中负有举证责任，如不履行责任，被告将获得胜诉。但是，这一原则显然仅仅解决证明责任分配的一部分问题，如果原告举出证据，被告加以反驳，并提出新的主张与事实，此时当如何处理？罗马法谚云："谁主张，谁举证。"因此，提出主张之人有举证责任。但主张有肯定性主张与否定性主张之分，若原告提出一诉讼主张，被告予以否认，实际上也是在提出主张，是否均应负举证责任？罗马法谚云："否认者不负举证责

---

[1] 无罪推定，尽管对被告有利，但是它作为刑事诉讼证明责任分配的基础性原则，不应该当作刑事诉讼中的具体推定，因而它不受此处讨论的旨在规范具体推定的理论所约束。也有学者认为无罪推定是没有基础事实的推定，因而不是真正的推定。参见何家弘："从自然推定到人造推定——关于推定范畴的反思"，载《法学研究》2008 年第 4 期。

[2] 黄风编著：《罗马法词典》，法律出版社 2002 年版，第 137 页。

[3] 黄风编著：《罗马法词典》，法律出版社 2002 年版，第 21 页。

任。"[1] 又："凡事应为否认人之利益推定之。" 此谚语经法律家解释为："举证责任在于肯定主张之人而不存于否定之人。"[2]

根据以上格言可见，在古代罗马法上，证明责任即举证责任，其含义是指诉讼过程中原被告双方必须举出一定证据证明自己提出的诉讼主张，在不能完成该义务时负担败诉风险的责任。

从这一概念看出，证明责任首先与诉讼主张联系在一起，没有诉讼主张，不产生证明责任；其次，证明责任是一种义务，它是提出证据支持并证明自己的诉讼主张的义务；最后，证明责任表现为一种风险机制，它在本质上是当事人对于自己的诉讼主张不能提供相应证据加以证明时所负担的败诉风险。

古代罗马法上证明责任的分配，乃是近现代各国诉讼法上证明责任分配之开端。由于各国法律及政策之不同，以及诉讼模式之差异，使得在有些诉讼制度下，法官得自行收集证据，从而减轻当事人之证明责任；在另一些诉讼制度下，则完全采取当事人主义，因此证明责任完全由当事人承担，由此而导致各国证明责任之分配并非完全一致。

二、英美法系刑事诉讼中之证明责任

（一）英美法系关于证明责任的两个概念[3]

1. 说服责任（burden of persuasion）。在整个诉讼过程中，提出证据证明主张事实之各个要素并使事实的裁判者相信该事实存在的责任。在美国证据法上，当我们说原告对待证事实 A 承担说服责任，我们的意思是在证据调查结束时，如果陪审团不能确定待证事实 A 已经被证实到相应确定程度（在刑事案件中通常是排除合理怀疑程度），陪审团必须就待证事实 A 作出不利于原告的决定。

2. 举证责任（burden of production）。当事人在诉讼的不同阶段提出证据证明所主张或所反驳的事实使法庭相信该事实存在的责任。在美国证据法上，如果我们说原告对待证事实 A 承担举证责任，我们的意思是原告有责任提出一些证据来证明待证事实 A 存在。如果原告没能满足这一责任，法院将适用法律就该待证事实 A 作出对原告不利的认定。针对争议事实 A 的举证责任能够且经常在整个审判过程中发生转移。

二者的区别表现在：在刑事诉讼中，说服责任永远由控诉方承担，举证责任则可以在控诉方与被告人之间转移；说服责任对应的是整个案件事实，举证责任则可以是特定的案件事实，也可以是某个案件事实的某一方面（比如说，主体不

---

〔1〕 黄风编著：《罗马法词典》，法律出版社 2002 年版，第 183 页。

〔2〕 李学灯：《证据法比较研究》，台湾五南图书出版公司 1992 年版，第 69 页。

〔3〕 关于英美法中证明责任之概念，主要参见［美］史蒂文·L. 伊曼纽尔：《证据学》（影印版），中信出版社 2003 年版，第 549～552 页。

合格）；说服责任相应的证明标准是排除合理怀疑，举证责任的证明标准则因不同的当事人而异：对控诉方而言，由于他在总体上必须将案件事实证明到排除合理怀疑的程度，所以对他的证明要求比较高；对被告人而言，则只需要对控诉方所主张的事实提出合理怀疑即可。

（二）英美法系刑事诉讼中证明责任之分担

在英国刑事诉讼中，控诉方必须对指控犯罪事实的全部要件承担证明责任，而且都必须证明到排除合理怀疑的程度。这是控诉方承担的说服责任。被告方不承担说服责任，但是在诉讼的不同阶段，被告方承担一定的举证责任。被告方对阻却违法性事实（包括正当防卫、紧急避险、不可抗力、意外事件）、精神病等事实承担举证责任。被告方的举证仅限于提出合理解释，在被告方提出这一主张并举出相应证据后，控诉方有义务加以反驳，并且必须将与被告方提出的事实相反的结论证明到排除合理怀疑的程度。

在美国刑事诉讼中，宪法上的正当程序条款要求控诉方对特定犯罪的要件事实承担举证责任和说服责任（证明至排除合理怀疑程度）。例如，如果某州规定谋杀罪是预谋剥夺另一个人的生命，则该罪的要件事实是：①剥夺另一个人的生命；②预谋的精神状态。不过，宪法上的正当程序条款对"肯定辩护"没有要求。肯定辩护包括可得宽恕和正当理由。"可得宽恕"包括未成年、错误、精神病、被迫行为等，是指在法律上行为是不法的，但是由于特殊的原因而不宜定罪，相当于大陆刑法上的责任阻却事由；正当理由包括紧急避险、正当防卫、警察圈套等，是指行为在实质上有利于社会而被认为是正当的，相当于大陆刑法上的违法阻却事由。大体上，各州都可以要求被告承担肯定辩护的举证责任，即使某一行为或精神状态同时构成犯罪要件事实和肯定辩护事实。但是，说服责任的承担与举证责任不尽相同。如果一项抗辩是一项真正的肯定辩护，即该抗辩与特定犯罪要件事实不重合，则该州可以要求被告承担证明该肯定辩护的说服责任（证明至优势证据程度）。如果一项抗辩与特定犯罪要件事实重合，则控诉方必须承担证明该肯定辩护的说服责任（证明至排除合理怀疑程度）。[1]

关于英美法系刑事诉讼中证明责任的分担，在英国有一个案例阐述得非常明确：

被告人被指控开枪谋杀自己的妻子。被告人辩解说是因为枪走火。在法庭辩论结束时，法官指示陪审团说：一旦检察官证明了被害人的死亡是由于被告人的行为所造成，被告人就必须证明其行为不是谋杀。这一指示被上院认为是错误的指示，该案被发回重审。维斯康特·桑克为此案判决写的理由是："在英国刑法

---

〔1〕 参见〔美〕史蒂文·L. 伊曼纽尔：《证据学》（影印版），中信出版社 2003 年版，第 549～552 页。

之网中有一条可以经常看到的金线，那就是，控诉方有义务证明被告人有罪……如果在案件结束时，就案件整体而言，对于被告人杀死被害人是否出于主观上的故意这一问题，还存在着任何合理的怀疑，这种怀疑不论是由控诉方所提出，还是由被告人所提出，都应当认为，控诉方没有完成对案件的证明，从而应当将被告人无罪释放。不论指控的内容如何以及在何处审判，被告人有罪的事实都应当由控诉方承担，这是英国普通法的一部分，而且任何试图损害这一原则的努力都不会得逞！"[1]

三、大陆法系证据法上之证明责任：以德国为例

对于大陆法系国家的证据理论，我们目前所知比较多的是德国。德国法学家尤利乌斯·格雷塞（Julius Glaser）最早提出主观责任与客观责任之间的区分。

（一）主观证明责任与客观证明责任

1. 主观证明责任。又称为行为责任或形式上的证明责任，是指当事人为避免不利于己的判决而承担的，证明自己主张的事实是否存在的责任。

2. 客观证明责任。又称为结果责任或实质上的证明责任，是指法律规定的要件事实在法律审理的最后阶段仍然真伪不明时，由对该要件事实负有主张责任的当事人承担不利后果的责任。

客观证明责任与主观证明责任的区别在于，客观证明责任是实体法预先确定的责任，它是实体法预先规定的在事实真伪不明时由谁承担不利后果的责任。比如，产品质量法规定的制造商的证明责任，由于这种证明责任的存在，如果由于产品质量问题发生诉讼，则在该产品质量是否存在问题这一事实真伪不明时，由制造商承担败诉的不利后果，这就是客观责任。主观责任则是程序法上的一种责任，它是诉讼中的当事人为避免败诉的风险而承担的证明责任。

由于客观证明责任是由实体法预先确定的，所以客观证明责任又称为实体法上的证明责任。主观证明责任则由于直接与诉讼有关，因而是程序法上的证明责任。在德国，主观责任是程序法上证明责任的一个总的概念，在这个概念之下，又有两个分概念，那就是：主观抽象责任与主观具体责任。

（二）主观抽象责任与主观具体责任

1. 主观抽象责任。当人们抛开具体的诉讼程序和具体的案件事实，就一个抽象的要件事实，比如说，谋杀案件中的主观故意事实发问，由谁来承担在诉讼中对该要件事实举证的责任，那么这就是抽象证明责任。

2. 主观具体责任。如果在一个特定的诉讼中，当法官对某一特定的要件事实，已经形成了临时的内心确信，在这种情况下，需要哪一方当事人提供证据，

---

[1] Woolmington v. DPP［1935］AC 462.

这时候所指的证明责任，就是具体的主观证明责任。

　　关于以上两组概念之关系，可以总结为以下几点：①客观证明责任总是抽象证明责任，决无可能是具体证明责任，因为任何一部实体法均不可能详细规定具体案件的风险分配。②主观证明责任可能是抽象的，也可能是具体的。在诉讼开始之前，谁应当证明什么，这就是抽象证明责任；在诉讼进行当中，问及谁必须举出证据证明特定事实的问题，这就是具体证明责任。③在诉讼程序开始之时主观抽象的证明责任和具体的证明责任承担者一定是相符的。当法官形成了临时的心证，导致证明法上的出发点发生转移时，二者才可能出现分离。第四，客观证明责任在原则上总是符合主观抽象的证明责任，与此相反，具体的主观证明责任则随时可以作不同的分配。其中最重要的是第四点。

　　（三）大陆法系刑事诉讼中证明责任的分配

　　根据普维庭的观点，在德国刑事诉讼中，虽然存在形式上对立的双方当事人，但是形式上的对立并不表明双方利益上的对立。因为检察官独占起诉权，因此他尤其要对真实性和合法性肩负更多责任。况且，有时检察官在主要辩论中也为刑事被告人之利益提供一些证据，即使判决与他的诉状相符。最后，检察官可以为了被判有罪的人的利益提起再审程序，由此看出现代德国刑事诉讼法严格把检察官排除在当事人之外，检察官被视为守护法律的机构。因此，刑事诉讼中的当事人原则已经相当弱化。刑事诉讼中法官奉行调查主义原则，因此根本不存在主观证明责任。与此相反，倒是可能存在客观证明责任，如果刑事诉讼的主要辩论结束时出现真伪不明状态。此时，除个别例外情况，法官借助于客观证明责任规范作出判决。根据"遇异议时有利于被告"的原则，检察官原则上承担客观证明责任。作为原则的例外，被诉人也承担一定的客观证明责任，这种情况被称为举证责任倒置。这些例外主要是一些刑法上的特别规定。[1]

　　在大陆法系国家刑事诉讼中，应用"控方承担证明责任"的分配原则，通常情况下能使证明责任分配公平合理。但是，在某些特殊情况下，为了解决检察官的证明困难，法律也规定某些特别要件事实的证明责任由被告承担。在日本法上，这样的例证主要有：①毁损名誉中的真实的证明（《日本刑法典》第220条第2款）。原则上讲，即使指出的事实真实，毁损名誉的行为也构成犯罪，但当指出的事实具有公共性，其目的又是出于公益时，只要其为真实，就不予处罚。本条规定证明该真实性的义务在于被告。②同时伤害（《日本刑法典》207条）。当两人以上没有犯意联系，即以非共同正犯的形态分别在同时向同一被害人施加

---

〔1〕　参见［德］汉斯·普维庭著，吴越译：《现代证明责任问题》，法律出版社2000年版，第55~59页。

暴行给予伤害时，本来每个人应当只就自己行为产生的结果承担责任。如果在（检察官）不能证明伤害的结果是何人所造成以及伤害的程度（这种情况很多）时，理应只以暴力罪予以处罚。但是，本条将证明结果为何人所造成及伤害程度的证明责任倒置给被告，只要被告一方没有证明这一点，就以伤害罪的共同正犯来处理。[1]

四、我国刑事诉讼中的证明责任及其分配

在中国刑事诉讼中，传统上对证明责任的界定差别甚大，对证明责任的负担也是各种说法都有，一直没有形成通说。[2] 我们主张在刑事诉讼中引进大陆法系关于证明责任的界定，即区分主观证明责任和客观证明责任。目前我国民事诉讼已经在学理和立法中引进这一思路。

在此前提下，我们认为，[3] 根据中国现行刑事诉讼法，中国刑事诉讼中基本上不存在主观证明责任。尽管在刑事诉讼中，特别是在审判程序中，存在控辩双方形式上的对立，但是审判人员、检察人员、侦查人员负有客观性义务，[4] 法院、检察院、公安机关制作刑事法律文书必须忠实于事实真相，[5] 法院在审判过程中可以依职权询问人证、调取证据。[6] 因此中国现行刑事诉讼体制基本上仍然是职权主义的，在这种体制下，不存在主观证明责任及其承担问题。换句话说，主观证明责任显著弱化。但是，有时候肯定会出现在证据调查结束之后法

---

〔1〕 参见［日〕土本武司著，董璠舆、宋英辉译：《日本刑事诉讼法要义》，台湾五南图书出版有限公司1997年版，第305页。

〔2〕 关于传统上刑事诉讼法学者对证明责任含义及分配的争论，参见樊崇义主编：《诉讼法学研究综述与评价》，中国政法大学出版社1991年版，第261～283页；也可参见甄贞主编：《刑事诉讼法研究综述》，法律出版社2002年版，第242～248页。

〔3〕 我们此处的观点，是从中国现行刑事诉讼法及其司法解释出发，换言之，是从法教义学的立场出发。中国刑事诉讼法实际运作或许与教义学的观点不同，这需要进一步的调查研究。

〔4〕 《刑事诉讼法》第43条规定：审判人员、检察人员、侦查人员必须依照法定程序，收集能够证实犯罪嫌疑人、被告人有罪或者无罪、犯罪情节轻重的各种证据。严禁刑讯逼供和以威胁、引诱、欺骗以及其他非法的方法收集证据。必须保证一切与案件有关或者了解案情的公民，有客观地充分地提供证据的条件，除特殊情况外，并且可以吸收他们协助调查。

〔5〕 《刑事诉讼法》第44条规定：公安机关提请批准逮捕书、人民检察院起诉书、人民法院判决书，必须忠实于事实真相。故意隐瞒事实真相的，应当追究责任。

〔6〕 《刑事诉讼法》第155条规定：公诉人在法庭上宣读起诉书后，被告人、被害人可以就起诉书指控的犯罪进行陈述，公诉人可以讯问被告人。被害人、附带民事诉讼的原告人和辩护人、诉讼代理人，经审判长许可，可以向被告人发问。审判人员可以讯问被告人。第156条规定：证人作证，审判人员应当告知他要如实地提供证言和有意伪证或者隐匿罪证要负的法律责任。公诉人、当事人和辩护人、诉讼代理人经审判长许可，可以对证人、鉴定人发问。审判长认为发问的内容与案件无关的时候，应当制止。审判人员可以询问证人、鉴定人。第158条规定：法庭审理过程中，合议庭对证据有疑问的，可以宣布休庭，对证据进行调查核实。人民法院调查核实证据，可以进行勘验、检查、扣押、鉴定和查询、冻结。

院对要证事实处于真伪不明状态，此时总会出现法院根据客观证明责任规范作出判决的场合。客观证明责任在职权主义诉讼体制下也存在。刑事诉讼中，由于被告人受"无罪推定原则"的保护，客观证明责任原则上全部由检察官或自诉中的原告承担，只有在非常特殊的情况下才分配给被告人。这种情况往往被称为证明责任倒置。

与客观证明责任承担相关的实证法条文主要是我国《刑事诉讼法》第162条和第171条。《刑事诉讼法》第162条规定："在被告人最后陈述后，审判长宣布休庭，合议庭进行评议，根据已经查明的事实、证据和有关的法律规定，分别作出以下判决：①案件事实清楚，证据确实、充分，依据法律认定被告人有罪的，应当作出有罪判决；②依据法律认定被告人无罪的，应当作出无罪判决；③证据不足，不能认定被告人有罪的，应当作出证据不足、指控的犯罪不能成立的无罪判决。"第171条规定，人民法院对于自诉案件进行审查后，对于缺乏罪证的自诉案件，如果自诉人提不出补充证据，应当说服自诉人撤回自诉，或者裁定驳回。上述规定表明，对于指控犯罪事实的各个要件，以及可以成为法律上规定加重处罚理由的事实或情节，控诉方（包括公诉案件的公诉人和自诉案件的自诉人）自始至终承担说服责任（也就是大陆法系的客观证明责任）。

我国刑事诉讼中存在的证明责任倒置规定，主要是"巨额财产来源不明罪"。《刑法》第395条规定："国家工作人员的财产、支出明显超过合法收入，差额巨大的，可以责令该国家工作人员说明来源，不能说明来源的，差额部分以非法所得论……"原则上只有控方应当证明被告巨额财产来源非法，才能课被告以罪责。但是考虑到中国目前的实际情况，要检察官完全证明被告巨额财产来源非法，非常困难，于是法律将证明被告巨额财产来源合法的责任倒置给被告，只要被告不能证明这一点，就以巨额财产来源不明罪处理。

第四节　证明标准

一、证明标准的概念

我国传统证明理论认为，证明标准就是证明任务，也称证明要求，是指诉讼中对案件事实的证明所要达到的程度或标准。[1] 英美学者多采证明标准这一概念。根据墨菲的论述，证明标准是证据对于事实裁判者所能产生的对法庭事实的

---

[1] 陈一云主编：《证据学》（第2版），中国人民大学出版社2001年版，第115页；另参见刘金友主编：《证据法学》，中国政法大学出版社2001年版，第312页。

主观印象所必须达到的确定性或可能性程度，是承担证明责任之当事人为赢得案件，或者为获得某一特定事项之有利裁决，而必须对事实裁判者说服的程度。[1]在日本，证明标准又被称为证明度，在实际使用中存在双重含义，①指肯定案件中作为证明对象（待证事实）存在所必需的最低限的证明程度；②指需要被证明的事实（待证事实）通过举证和辩论而呈现出来的逼近真实的程度。[2]

我们也主张采用证明标准这一概念，所谓证明标准就是指承担证明责任的当事方为完成其证明责任、避免承担其主张不能成立之后果而对其主张应当予以证明，从而使法官对其主张之事实产生确信的程度。从当事人的角度而言，它是当事人使法官产生确信的一种任务；就法官的角度而言，它是法官对事实之有无的一种心理状态。法律所要求法官对当事人所主张事实之有无必须达到的确信程度，就是当事人承担的证明责任所必须达到的证明标准。

对证明标准的分析，应当明确三方面的内容[3]：①证明标准规范的认识主体，应当是事实裁判者，例如陪审团、法官；②证明标准规范的内容，是裁判者根据证据等法定证明手段所获得的关于证明对象的认识状态，这种认识状态是一种包含了客观内容的主观认识；③证明的尺度是证明标准的核心内容，实质上指的是裁判者信其为真的确信程度，也就是裁判者对自己的认识已经反映客观内容的确信程度。

要注意，证明标准作为一种法律上的统一规定，与裁判者对于证据的评价不同，因为证据评价属于事实问题，包括关于证据本身的信用性评价和关于从证据内容推导出有关事实证明力的评价两方面内容。

根据上述，证明标准的内容实际上是就案件事实之存在使法官产生确信的程度。这种确定性程度，在西方国家通常被称为可能性或者盖然性程度（probability）。关于证明标准是哪种可能性，理论上有不同见解。一种见解认为，作为证明标准内容的可能性就是数学上的概率（probability 一词，通常译为"可能性"或"盖然性"，在数学上则译为"概率"），这种见解首先出现于 19 世纪的爱尔兰数学家乔治·博尔[4]。第二种见解认为，证明标准中的可能性原则上应当是指数学上的概率，但是由于人类事务的复杂性、相关统计资料的有限性以及衡量

---

[1]　Peter Murphy, *Murphy on Evidence*, 7th edition, Blackstone Press Limited, p. 119.

[2]　参见王亚新：《社会变革中的民事诉讼》，中国法制出版社 2001 年版，第 293 页以下。

[3]　参见吴宏耀、魏晓娜：《诉讼证明原理》，法律出版社 2002 年版，第 199 页。

[4]　George Boole, *An Investigation of the Laws of Thought or which Are Found the Mathemathical Theo*, Dover, 1854, chapter xxi.

人类信念强度的困难性，它在实践中则应当视为一种不可计算的可能性。[1] 第三种见解认为，除非在极为特别的案件中，否则证明标准中的可能性不应当是数学上的概率，因为如果将数学上的概率作为证明标准的内容，将会葬送司法程序中其他重要的价值；此种见解以劳伦斯·却伯为代表，但是却伯的目的也只是反对将可能性加以量化，而并不反对数学计算上的结构性原则。[2] 第四种见解认为，诉讼证明中的可能性根本就不应当包括数学上的原则；边沁早就指出：机会原理（即数学上的概率计算）根本就不适用于可能性大小的衡量。[3] 本书同意博尔的观点，认为作为证明标准内容的可能性本质上应当是数学上的概率。

二、比较法上的刑事诉讼证明标准

对于刑事诉讼中证明标准的设置，两大法系明显不同，在英美法系实行"排除合理怀疑"的标准，而在大陆法系则实行"内心确信"的制度。

（一）英美法系的排除合理怀疑标准

排除合理怀疑（beyond reasonable doubt）是英美法系国家普遍实行的刑事证明标准制度，它是指检控方指控一个人犯罪必须达到让裁判者内心没有合理怀疑的程度。排除合理怀疑标准形成于 17 世纪末期，它的形成离不开当时的社会政治、经济和文化因素的影响。从其形成的理论背景来看，宗教和哲学中的认识论起了重要作用，17 世纪的神学家、哲学家、历史学家、博物学家对可能性、确定性、真实的本质、知识的来源等问题作了大量的研究。可以说，排除合理怀疑是一种"道德上的确定性"，而不同于数学证明中的"绝对的确定性"。英国学者塞西尔·特纳指出，"控诉一方只证明一种有罪的可能性（即使是根据或然性的原则提出的一种很强的可能性）是不够的，而必须将事实证明到道德上的确信程度——能够使人信服、具有充分理由，可以据以作出判断的确信程度"[4]。

在美国，排除合理怀疑的标准被判例法、制定法和州宪法广泛的接受，但对其是否属于联邦宪法保证的正当法律程序的一部分而被要求这个问题，很少有人提出，直到温斯普（Winship）一案中，最高法院才提到了这个问题，并裁决："正当法律条款保护被告人非因证据达到排除合理怀疑的程度不被定罪的权利，这些证据必须排除合理怀疑地证明构成他所被指控的犯罪所必需的每一事

---

〔1〕 转引自 Peter Murphy, *Evidence*, *Proof and Truths*: *A Book of Sources*, New York: Oxford University Press, 2003, p. 299.

〔2〕 L. H. Tribe, "Trial by Mathematics: Precision and Ritual in the Legal Process", 84 *Have. L. Rev.* 1971, pp. 1329~1393.

〔3〕 J. Bentham, *A Treaties on Judicial Evidence*, Fred B Rothman & Co., 1981, p. 41.

〔4〕 ［英］J. W. 塞西尔·特纳著，王国庆、李启家等译：《肯尼刑法原理》，华夏出版社 1989 年版，第549 页。

实"[1]。在辛普森一案中，排除合理怀疑标准的适用正是作为正当法律程序（due process）实施的一部分而导致辛普森在刑事上无罪的。

对于排除合理怀疑的概念，没有统一的说法，按照西方学者所言，它"表面上简单，实际上却是一个复杂、微妙的概念，这一概念对于那些必须向陪审团解释其含义的法官来说尤其困难"，"证明标准是那种容易识别、难以解释、更难以适用的法律概念的一个典型的例子"[2]。大多数法官都拒绝向陪审团给出"合理怀疑"的定义，而将这一证明标准视为不言自明的。正如一位法官所指出的，"对'合理怀疑'一词来说，没有比其本身更清楚明确的定义了"。人们一致认为这个词的含义是要把能阻止一个合理且公正的人得出有罪结论的怀疑作为衡量的标准。例如，在对陪审团通常的指示中将其解释为，"合理怀疑是指'基于原因和常识的怀疑——那种将使一个理智正常的人犹豫不决的怀疑'，所以排除合理怀疑的证明必须是如此的令人信服以至于一个理智正常的人在处理他自己的十分重要的事务时将毫不犹豫地依靠它并据此来行事"[3]。

排除合理怀疑标准中关键是对"合理"标准的确定，要排除的不是一切怀疑，而是合理的怀疑，而所谓"合理的"怀疑是一个理性的人所应持有的怀疑，按照19世纪美国一位法官的看法，合理怀疑是指"在一切证据经过全部比较和考虑以后，审理事实的人本于道义和良知，对于所诉的事实，不能信以为真"，另外一位爱尔兰法官的说法则是"本于一颗赤诚的心，对于全部证据为冷静的观察，发生了理智的了解，不受任何一方的影响，没有偏见、没有恐惧……所谓怀疑，当然是一种可以说出理由的怀疑，而不是无故质疑。否则，对于任何纷纭的人事，都可以发生想象的或幻想的怀疑。因此，所谓合理之怀疑，必非以下各种的怀疑：非任意妄想的怀疑；非过于敏感机巧的怀疑；非仅凭臆测的怀疑；非吹毛求疵、强词夺理的怀疑；非于证言无征的怀疑；非故为被告解脱以逃避刑责的怀疑。如果属于以上各种的怀疑，即非通常有理性的人，所为之合理的、公正诚实的怀疑"[4]。美国联邦司法中心建议，法官在陪审团退庭评议之前应当就证明标准问题向其作如下指示："排除合理怀疑的证明是这样的证明，它使你们坚定地确信被告人有罪。在这个世界上，极少有我们所绝对确定地认识的事情，而且在刑事案件中，法律也没有要求证明到排除每一种可能的疑问的程度。基于你们对证据的评议，如果你们坚定地确信被告人犯了被指控的罪，你们必须宣告他有罪；但如果你们认为存在他无罪的现实可能性，你们则必须就这种疑问作出有利

---

〔1〕 转引自刘善春、毕玉谦、郑旭：《诉讼证据规则研究》，中国法制出版社2000年版，第302页。

〔2〕 ［加］阿兰·曼森："加拿大刑事诉讼中的证明标准"，2002年北京刑事证据法国际研讨会论文。

〔3〕 Devitt & Blaekmar, *Federal Jury Practice and Instructions*, West Publishing Co., 1977, §11.14.

〔4〕 李学灯：《证据法比较研究》，台湾五南图书出版有限公司1992年版，第666~667页。

于被告人的结论，宣告他无罪。"这个建议得到了联邦最高法院金斯伯格大法官的赞同。

布莱克认为，所谓排除合理怀疑是指全面的证实、完全的确信或者相信一种道德上的确定性。[1] "排除合理怀疑的证明并不排除轻微可能的或者想象的怀疑，而是排除每一个合理的假设。除非这种假设已经有根据。'排除合理怀疑'的证明是'达到道德上的确定性'的证明，是符合陪审团的判断和确信的证明。作为理性的人，陪审团成员在根据有关指控犯罪是由被告人实施的证据进行推理时，如此确信以致不可能作出其他合理的结论"[2]。

不难看出，"怀疑"、"合理怀疑"以及"道德上的确定性"是说明排除合理怀疑标准的关键所在。而对此，布莱克逐一作了详细的解释。

布莱克认为，所谓"怀疑"是一种两可或者多可的意识状态，具有正常理智的、一般的人在选择一种行为方式时，不能排除其他行为方式的可能性和可行性。怀疑是"一种认识的不确定性状态，指没有现成的意见或信念；是一种在接受或相信一种主张、理论或陈述时的认识态度，由于没有形成肯定的判断，另一种判断也是可能的"[3]。

关于"合理怀疑"，布莱克认为，"作为无罪释放判决根据的怀疑，是具有理由的怀疑，是产生于证据或缺乏证据的怀疑。合理怀疑是理性的男人或女人可以接受的怀疑，而不是一种妄想的怀疑或者想象的怀疑，也不是陪审团可以请求回避不愉快的任务或义务的怀疑。合理怀疑是这样一种怀疑，可以使冷静的人在针对重要的事务采取行动之前会产生犹豫"[4]。合理的怀疑"是这样一种怀疑，能够使理智的和谨慎的人在遇到比较严肃的和重要的生活事务时，对指控事件的真实性停止或犹豫采取行动。但是合理怀疑并不是无罪的单纯的可能性，也不是在证据或证据缺乏的情况中产生的有关无罪的反常性、幻影、想象"[5]。"合理怀疑是一个被经常使用的术语，可以很好地理解，但很难界定。合理怀疑并不是一种仅仅具有可能性的怀疑，因为每一个与人类活动有关的并且以道德证据为根据的事务都具有某种可能的或者可以想象的怀疑。合理怀疑是指这样的一种案件情况，即经过对全部证据进行全面的比较和考虑，陪审团的认识仍然处于认为对指控事实道德上的确定性不能形成持久确信的状态。如果证明之后仍然具有合理的怀疑，被告人就有权得到因此而产生的利益即无罪释放。仅仅确立一种机会原

---

[1] Henry Campbell Black, *Black's Law Dictionary*, 5th edition, West Publishing Co.. p. 147.

[2] Henry Campbell Black, *Black's Law Dictionary*, 5th edition, West Publishing Co.. P. 447.

[3] Henry Campbell Black, *Black's Law Dictionary*, 5th edition, West Publishing Co.. p. 441.

[4] Henry Campbell Black, *Black's Law Dictionary*, 5th edition, West Publishing Co.. p. 1138.

[5] Henry Campbell Black, *Black's Law Dictionary*, 5th edition, West Publishing Co.. p. 442.

理上的很强的可能性，即指控的事实比反面的事实更有可能是不够的，证据证明（案件）事实的真实性必须达到合理的和道德上的确定性。这种确定性能够指导和确信某种认识，证实有义务据之谨慎地活动的人的推理和判断。这就是排除合理怀疑的证明，由于绝大多数法律都是以道德上的考虑为基础的，如果法律走得更远，要求绝对的确定性，所有的情况证据都会被排除（而这实际上是不可能的）。"[1]

布莱克认为，"道德上的确定性"是一种高度的可能性，尽管这种确定并不排除其他遥远的可能性，但是除了根据对这种确定性的认识和信念采取行动之外，没有其他的选择余地。道德上的确定性是"促使理智的人毫不犹豫地根据作出的结论采取行动的信念；是一种有关事实真实性的高度的认识，虽然缺少绝对的肯定性，但足以证实一个有罪判决，即使是判处死刑的案件。这种确定性显示了一种据之采取正确行动的足够强大的可能性；是一种高度的可能性，即使不可论证，这个术语用于形容得到排除合理怀疑证明的认定结论"[2]。

罗特斯坦因和墨菲从另一个角度对"合理怀疑"作了解释。罗特斯坦因认为，如果将怀疑的事实存在的可能性大小用百分比来表示，可以认为怀疑的事实存在的可能性低于5%的，这种怀疑就不是合理的怀疑，因为这种可能性太小和太遥远；怀疑的事实存在的可能性高于25%的，这种怀疑也不是合理的怀疑，因为这种可能性太大和太明显，已经足以支持另一种判断，公诉人不能在具有如此明显怀疑的情况下起诉；相应地，在5%～25%之间的怀疑则是合理的。[3] 墨菲认为，百分比表不能精确地证明排除合理怀疑标准，所有可说的是百分比表必须实质性地偏向公诉人一方，如果百分比表没有超过占优势的盖然性或者居于中间位置，被告人有权得到无罪判决。[4]

加拿大法院长期以来一直在努力设计一种能够清楚地向陪审团解释什么是排除合理怀疑的证明以及该证明标准如何适用于刑事案件的方法，加拿大最高法院最近以对该证明标准的来源、功能、范围和缺陷的理解为基础，作出了一份向陪审团解释这一问题的示范模式[5]：

（1）该标准不可避免地与无罪推定交织在一起，无罪推定是作为所有刑事审判根基的基本前提，在整个审判过程中，证明责任始终由控诉方承担而不得转移给被告人（被告人进入诉讼程序时被推定为无罪，这种无罪的推定贯穿审判始

---

〔1〕 Henry Campbell Black, *Black's Law Dictionary*, 5th edition, West Publishing Co., p. 441.

〔2〕 Henry Campbell Black, *Black's Law Dictionary*, 5th edition, West Publishing Co., p. 909.

〔3〕 Paul F. Rothstein, *Evidence: State and Federal Rule*, West Publishing Co., 1981, p. 110.

〔4〕 Peter Murphy, *A Practical Approach to Evidence*, 4th edition, Blackstone Press Ltd., 1992, p. 105.

〔5〕 参见卞建林主编：《刑事证明理论》，中国人民公安大学出版社 2004 年版，第 239～240 页。

终，直到控诉方所提交的证据排除合理怀疑地使你相信被告人是有罪的）。

（2）合理怀疑不是指想象的或者轻率的怀疑，也不是指基于同情或偏见的怀疑；它基于推理和常识，这些推理和常识必须合乎逻辑地由证据的存在或不存在而得出。

（3）排除合理怀疑的证明不只是要求证明被告人可能有罪。

（4）合理怀疑不是绝对确定的证明，后者是一种过高的不可能达到的证明要求。同理，也不应将排除合理怀疑的证明单纯地描述为"道德上的确定性"。

（5）虽然"合理怀疑"的表述由日常谈话中经常使用的词语组成，但是它在法律的背景下有着特殊的含义；将法律要求达到的证明标准描述为与陪审员在日常生活中作出某种决定（即使是最重要的决定）时所采用的标准相同的证明标准是错误的。

（6）"怀疑"一词不应当以除形容词"合理的"以外的任何方式加以限制；使用像"萦绕于脑际的"怀疑、"重大"怀疑或者"严重"怀疑这样的修饰是容易引起误导的。

（7）只有在陪审团就"排除合理怀疑"这一表述的含义被给予恰当的、谨慎的指示之后，法官才能告诉他们，如果他们"确定"或者"确信"被告人有罪，他们可以作出有罪裁决。

排除合理怀疑标准的哲学基础是经验主义的认识论，陪审员在刑事审判中审查证据是一个典型的经验运用或利用的过程，也是一个归纳法的运用过程。[1] 许多英美学者都强调，排除合理怀疑的表述规定了一个非常高的证明标准，它"是如此接近确定性以致几乎没有什么分别"，但是由于绝对确定是不必要的和不可能达到的，所以无论这一标准如何地高，都不能等于绝对确定。布伦南大法官认为，由于说一个人被推定无罪并不意味着什么，而除非这一声明指出谁应该对罪责问题提出证明以及这种证明应达到什么样的标准，所以排除合理怀疑标准为无罪推定这一刑事司法的基础原则提供了实质性的内容，它是减少定罪裁决事实错误的最重要的工具，在美国刑事程序的架构中发挥着极其重要的作用。

注意，在英美法系，被告人在某些情况下，也要承担一定的证明责任。例如，英国就规定当被告人提出激怒、自卫、强迫、精神不正常以外的无意识行为等辩护意见，或者以精神不正常为由作无罪答辩，以及制定法明确或默示地规定某一事实的法律负担由被告人承担时，被告人必须证明其存在的可能性大于不存在的可能性，实行优势证据标准。当然，被告人承担的证明责任与检控方的证明责任相比，证明标准的要求大大降低了，不是排除合理怀疑而是优势证据标准。

---

〔1〕　参见吴宏耀、魏晓娜：《诉讼证明原理》，法律出版社 2002 年版，第 275～280 页。

（二）大陆法系的内心确信原则

大陆法系国家普遍实行自由心证的证明制度，例如《法国刑事诉讼法典》第 353 条对自由心证的经典表述是："重罪法庭退席之前，庭长宣读以下训词。这一训词以粗体大字张贴于评议室最明显的位置：'法律不过问法官形成自我确信的理由，法律也不为法官规定某种规则并让他们必须依赖这种规则去认定某项证据是否完备，是否充分。法律只要求法官平心静气、集中精神、自行思考、自行决定，本着诚实，本着良心，依其理智，寻找针对被告人及其辩护理由所提出之证据产生的印象。法律只向法官提出一个概括了法官全部职责范围的问题：你已有内心确信之决定吗？'"在法国刑事诉讼程序中，"法官以完全的自由来评判向其提出的证据的价值"，这"既适用于预审法庭，也适用于审判法庭。而在刑事审判法庭中，自由心证制度不仅适用于重罪法庭，同样也适用于轻罪法庭与违警罪法庭"[1]。在德国，自由心证原则要求法官根据他个人的自由确信而确定证据，《德国刑事诉讼法典》第 261 条规定，对证据调查的结果，由法庭根据它在审理的全过程中建立起来的内心确信而决定。《日本刑事诉讼法典》第 318 条也规定，证据的证明力由法官自由判断；《俄罗斯刑事诉讼法典》第 17 条要求，法官、陪审员以及检察长、侦查员、调查人员根据自己基于刑事案件中已有全部证据的总和而形成内心确信，同时遵循法律和良知对证据进行评价。可见，自由心证原则为大陆法系各国刑事诉讼法所明确规定。

前文已经指出，证明标准一定程度上是对自由心证原则的限制。事实上，自由心证证据制度的要义有二：①自由判断原则，即证据的证明力由法官自由判断，法律不作预先规定，法官判断证据证明力时，不受外部的任何影响或法律上关于证据证明力的约束；②内心确信，即法官必须依据证据，在内心"真诚地确信"，形成心证，由此判定事实。[2]"在自由心证的范围内，无论法官达到何种认定，均不产生违反法律的问题。"[3]

那么，自由心证与内心确信是否是一回事呢？有的学者直接将证据评价中的自由心证作为一种证明标准，进而将自由心证和内心确信的概念混同，认为是翻译外文时的用词不同而已。[4] 但是，事实并非如此，德国法学家贝塔斯（K. Peters）将自由心证主义解释为"客观＋主观的证据评价原则"，这个解释在

---

〔1〕［法］卡斯东·斯特法尼等著，罗结珍译：《法国刑事诉讼法精义》（上），中国政法大学出版社 1999 年版，第 46～47 页。

〔2〕参见徐静村主编：《刑事诉讼法学》（上），中国政法大学出版社 1999 年版，第 144 页。

〔3〕［日］兼子一、竹下守夫著，白绿铉译，《民事诉讼法》，法律出版社 1995 年版，第 107 页。

〔4〕参见裴苍龄："制定证据法典刻不容缓"，载《法商研究》1999 年第 5 期；毕玉谦：《民事证据法及其程序功能》，法律出版社 1997 年版，第 92 页。

日本学界也引起很大共鸣，自由心证作为证据评价属于事实问题，而证明标准属于法律问题。"自由心证作为描述证据评价的方式而被使用，而内心确信则作为自由心证时法官内心所达到的一种心理状态，法官可以据此作为裁判的依据，该词是作为描述一种证明标准而被使用的。"[1]

在大陆法系国家，证明标准的基本内容是内心确信，这与英美法系的排除合理怀疑是互为表里的两种表述，其中排除合理怀疑是证伪，而内心确信则是证实。内心确信要求法官在认定事实的时候达到深信不疑的程度，而当出现疑问时，实行"疑问有利于被告人"的原则。当然，这里的内心确信标准主要适用于针对实体法事实的"严格证明"情况。

三、我国刑事诉讼之证明标准

（一）我国刑事诉讼法对证明标准之表述与理解

我国现行刑事诉讼法将定罪的证明标准表述为"案件事实清楚、证据确实充分"。我国《刑事诉讼法》第 162 条规定："在被告人最后陈述后，审判长宣布休庭，合议庭进行评议，根据已经查明的事实、证据和有关的法律规定，分别作出以下判决：①案件事实清楚，证据确实、充分，依据法律认定被告人有罪的，应当作出有罪判决；②依据法律认定被告人无罪的，应当作出无罪判决；③证据不足，不能认定被告人有罪的，应当作出证据不足、指控的犯罪不能成立的无罪判决。"这一规定既是对证据质的规定，也是对证据量的规定。对于这一规定所包含的两个方面，最高人民法院、最高人民检察院、公安部、国家安全部、司法部颁布的《办理死刑案件证据规定》第 5 条第 1～2 款规定：办理死刑案件，对被告人犯罪事实的认定，必须达到证据确实、充分。证据确实、充分是指：①定罪量刑的事实都有证据证明；②每一个定案的证据均已经法定程序查证属实；③证据与证据之间、证据与案件事实之间不存在矛盾或者矛盾得以合理排除；④共同犯罪案件中，被告人的地位、作用均已查清；⑤根据证据认定案件事实的过程符合逻辑和经验规则，由证据得出的结论为唯一结论。以上五点必须同时具备，才能认为是达到了案件事实清楚，证据确实、充分的标准。

还需注意的是，证据确实充分并不是刑事诉讼中所有事实认定的证明标准，它只是对于被告人定罪的事实、从重处罚情节事实的证明标准；与此相对，对被告人有利的情节、从轻的情节、从宽的情节，并不要求必须达到"确实、充分"的程度。《办理死刑案件证据规定》第 5 条第 3 款规定，办理死刑案件，对于以下事实的证明必须达到证据确实、充分：①被指控的犯罪事实的发生；②被告人实施了犯罪行为与被告人实施犯罪行为的时间、地点、手段、后果以及其他情

〔1〕 张卫平主编：《外国民事证据制度研究》，清华大学出版社 2003 年版，第 434 页。

节；③影响被告人定罪的身份情况；④被告人有刑事责任能力；⑤被告人的罪过；⑥是否共同犯罪及被告人在共同犯罪中的地位、作用；⑦对被告人从重处罚的事实。

在司法实践中，对于案件事实的证明，应当按照以上理解予以适用。对于司法实践中的一些提法和做法，这里有必要进行分析。

有观点认为，案件事实清楚，证据确实、充分，就是基本事实清楚，基本证据确实、充分，这是正确的。因为在司法实践中，我们根本做不到完全发现或者证明原来客观上发生的事实。这是符合证明的相对性原理的。但是，应当注意，基本事实清楚，基本证据确实、充分，并不等于事实基本清楚，证据基本确实、充分。因为诉讼必须对于基本的事实，实际上也就是实体法规定的要件事实作出清楚的证明，但是，事实基本清楚，则是对于案件事实本身大大降低了证明的标准和要求。两者是性质不同的事实认定标准，不可同日而语。

有观点认为，证据充分，就是证据越多越好，这是不准确的。案件证据再多，如果不符合上述对案件事实清楚，证据确实、充分的四点理解，则不能认为达到了证明标准。相反，如果符合上述标准，三五个证据也可以定案。另外，证据确实、充分也不意味着必须对所有的证据都要收集，收集的证据只要能满足以上四个要求即可。不一定要事无巨细，统统收集。这不但是不必要的，而且还会浪费人力、物力，降低诉讼效率。我们知道，证据确实、充分不单是对证据的量的方面的要求，更重要的是对证据总体上质的方面的要求。

还有观点认为，在刑事诉讼中，虽然我国刑事诉讼法规定在侦查终结、提起公诉、法院判决时都实行统一的证明标准，但是，这样规定是不正确的，证明标准应当有一种阶段性，即审判阶段的证明标准最高，依次往前，审查起诉、侦查终结、逮捕、立案的证明标准应该相应降低。我们认为，这种观点有一定的道理，但并不完全正确。实际上，决定起诉和有罪判决的证明标准是一致的，因为承担证明责任的都是检察机关，只不过判断证明是否达到标准的主体不同而已。但是，立案、逮捕、侦查终结、移送审查起诉等的证明标准应当与上述标准不同，这是因为，立案、逮捕、侦查终结、移送审查起诉时的证明，在本质上并不是对实体法事实所作的证明，而是对这些程序法事实是否成立所作的证明。实体法事实和程序法事实是两种不同性质的事实，它们的证明标准也应当不同。前者适用严格证明的标准，后者适用自由证明的标准。

学术视野

关于刑事诉讼中证明责任的含义，在刑事诉讼理论界争论很大。争论的焦点集中在如何认识证明责任和举证责任这两个概念之间的关系上面。影响较大的观点有以下几种：①同一说。该学说认为，证明责任就是举证责任，也就是指谁负有提出证据证明案件事实的义务。②并列说。该学说认为，证明责任和举证责任是两个完全不同的概念。证明责任专指刑事诉讼中公检法机关承担的收集、运用证据证明犯罪嫌疑人、被告人是否有罪的法律义务，犯罪嫌疑人、被告人及其他当事人、诉讼参与人不承担证明责任。举证责任是指当事人向司法机关提供证据的责任。③大小说。该学说认为不应将证明责任等同于举证责任，而是证明责任包含了举证责任。证明责任是指司法机关或某些当事人应当收集或提供证据证明案件事实或不利于己的主张的责任，不负证明责任将承担其认定或主张不得成立的后果。举证责任仅指当事人提供证据证明有利于己的主张的责任。④包容说。该说认为举证的目的是为了证明，而证明是举证的结果，因而两者之间具有互相包容的特征。⑤前后说。该学说主张证明责任和举证责任是两个独立的概念，但两者之间存在着一种前后关系。举证责任主要是指提出和收集证据，证明责任主要是指判断和适用证据。从认识论的角度讲，前者属于感性认识；后者属于理性认识。

我们认为，上述后四种观点是在证明责任理论传承断绝的情况下、基于个人狭隘思考产生的理论，没有说服力。我们主张，不能因为翻译的不统一而将大陆法系原本是一个概念的"证明责任"误认为是两个不同的概念，证明责任和举证责任是同一个概念。进一步，我们主张，根据我国刑事诉讼基本理论和架构主要来源于大陆法系的现状，主张引进大陆法系国家、特别是德国的证明责任理论，明确证明责任的两种含义——主观证明责任和客观证明责任。

理论思考与实务应用

一、理论思考

（一）名词解释

诉讼证明　严格证明　自由争鸣　证明责任　证明标准

（二）简答题

1. 试析诉讼证明的相对性。
2. 我国刑事诉讼的一般证明对象是什么？
3. 试析我国刑诉中无需证明事项的一般范围。
4. 如何准确理解巨额财产来源不明罪构成要件的证明责任分配？

（三）论述题

1. 试述证明责任在我国刑事诉讼中的分配。

2. 简评我国刑事诉讼的证明标准。

二、实务应用

（一）案例分析示范

案例一

2004 年 8 月 24 日上午，自诉人陈宗伦到所在单位芜湖水文水资源局董复明的办公室，为本人工伤、子女就业等问题找其交涉并发生了争执。后自诉人又与被告人范家著发生了拉扯。在拉扯中，自诉人陈宗伦实施了咬被告人范家著并撕坏其衣服的行为。被告人范家著也实施了卡自诉人颈部的行为。被告人庆启敏、马世荣闻讯后也分别到了董复明的办公室。纠纷发生后，自诉人当天到芜湖市牙病防治所检查，被确诊为上下假牙基托全部变形，已无法装戴使用，87 缺损 Ⅱ 度松动，建议拔除。自诉人当天未报警，2004 年 9 月 6 日自诉人向芜湖市公安局中江派出所报警，经法医鉴定，自诉人系外力作用造成上述伤害，考虑自诉人年龄较大，损伤程度为轻伤（偏轻）。

后自诉人陈宗伦提起自诉及附带民诉，芜湖市镜湖区人民法院经审理认为：自诉人起诉指控三被告人犯故意伤害罪，应对实体法事实的证明承担举证责任。根据现有证据，只能认定自诉人陈宗伦实施了咬被告人范家著并撕坏其衣服的行为，被告人范家著也实施了卡自诉人颈部的行为的事实。虽然自诉人有伤害的结果，但并不能必然的认定伤害结果就是被告人范家著卡自诉人颈部所造成的，且自诉人未能证明上述行为发生的先后顺序，亦使案件性质的认定存在不确定因素，使案件事实认定不能得出唯一的结论，致合理怀疑不能得以充分排除。关于附带民事赔偿部分，因无法认定双方在纠纷中所应负的责任，故对自诉人要求三被告人共同赔偿的诉讼请求亦不予支持。依照《刑事诉讼法》第 162 条第 3 项之规定，判决：①被告人范家著、庆启敏、马世荣无罪；②驳回附带民事诉讼原告人陈宗伦要求被告人范家著、庆启敏、马世荣共同赔偿其经济损失合计人民币 13 054.60 元的诉讼请求。

一审宣判后，自诉人陈宗伦提出上诉。陈宗伦的上诉称，原审被告人范家著采取卡上诉人下巴的方法致上诉轻伤事实清楚，证据充分，应当承担刑事责任和民事责任，原审被告人庆启敏、马世荣作为范家著的帮凶，亦应承担相应责任。其诉讼代理人意见与上诉理由基本相同。

二审法院经审理查明，原判认定 2004 年 8 月 24 日上午，自诉人陈宗伦与被告人范家著发生拉扯的过程中造成轻伤的基本事实清楚，二审予以确认。二审法院认为：

（1）原判根据现有证据，不能必然的认定上诉人的伤害结果就是被告人范家著卡自诉人颈部所造成的，且自诉人未能证明上述行为发生的先后顺序，亦使案件性质的认定存在不确定因素，致合理怀疑不能得以充分排除，从而认定原审被告人范家著无罪，符合刑事诉讼排除合理怀疑的证明标准的要求。对原审被告人庆启敏、马世荣，因无证据证明其实施了伤害的行为，故原判以证据不足认定二人无罪亦属正确。对上诉人陈宗伦关于本案刑事部分的上诉理由二审不予采信。

（2）关于本案的附带民事部分，上诉人陈宗伦提供的关于其牙齿损伤系由范家著卡颈所致的证据，无论在数量还是在可信度上均优于范家著所辩称的该损伤是其咬人所致的证据，根据民事诉讼优势证据的证明标准，可以认定上诉人陈宗伦的损伤是范家著卡颈所致。况且即使如范家著辩称是陈宗伦咬人在先，从陈宗伦与范家著年龄及力量对比看，其卡颈行为造成陈宗伦假牙变形，咽喉充血，其行为即便有防卫性质，也已过当，故范家著对上诉人陈宗伦的损伤应承担相应的民事责任。根据本案上诉人咬人在先的事实，上诉人陈宗伦对本案结果亦有过错，二审认定范家著承担50%的赔偿责任。对于上诉人陈宗伦的损失数额，根据其在原审的诉讼请求，法院认定为医药费1629.60元，鉴定费400元，交通费25元，合计为2054.60元。对于其精神损害费3000元的请求，因不属刑事附带民事诉讼的赔偿范围，不予支持。对其后期治疗费8000元的诉讼请求，可在该损失实际发生后另行起诉。此外，因无证据证明原审被告人庆启敏、马世荣实施了侵权行为，故该二人不承担民事责任。

问：刑事自诉案件中谁应当承担证明被告人定罪量刑的责任？

【评析】我国《刑事诉讼法》第171条规定，人民法院对于自诉案件进行审查后，对于缺乏罪证的自诉案件，如果自诉人提不出补充证据，应当说服自诉人撤回自诉，或者裁定驳回。根据上述规定，在自诉案件中，自诉人对指控犯罪事实的各个要件，以及可以成为法律上规定加重处罚理由的事实或情节，自始至终承担说服责任（也就是大陆法系的客观证明责任）。

案例二

龙门县人民检察院指控被告人钟树深涉嫌故意伤害。公诉机关提交的关键证据之一是证人刘定辉的证言。该证言称：2004年春节前的一天，被告人钟树深与刘定辉到顺德市乐丛镇尚雅家具厂结清货款，途中钟树深对刘定辉说：他与张密荣同做尚雅家具厂的生意，竞争非常激烈，愿出资让刘定辉找人殴打张密荣，使其不能经营生意。于是，刘定辉找到张孝德（在逃），并先后转交钟树深出资的6000元给张孝德。由张孝德找到张孝兵再由张孝兵、孟光明（均已判刑）找到李静坚、谭运熙、林建邦（均已判刑）去殴打张密荣。2004年3月10日16时许，李静坚、谭运熙、林建邦用刀砍伤被害人张密荣。公诉机关还提供了被害人陈述；鉴定结论；现场勘查笔录及图片；被告人供述及辩解等证据。

辩护人唐仲清辩称：没有确实、充分的证据证明钟树深具备伤害张密荣的犯罪故意，也没有直接证据证明钟树深曾出资雇凶；至今只有刘定辉一人的供述声称钟树深曾有教唆的言行，且刘定辉的供述既无直接证据，也没有相互印证完整无缺的间接证据予以证明。且本案证据疑点很多、混乱不堪，既不具备真实性，也不具备关联性。本案间接证据作为单独证据不能成立，且各间接证据之间彼此无内在联系，不能形成完整体系，故请求法院依据法律规定作出证据不足，指控的犯罪不能成立的无罪判决。

广东省龙门县人民法院经过两次公开开庭审理查明，公诉机关当庭出示的证据中，只有刘定辉一人的供述作为直接证据指认被告人钟树深出资雇凶伤人，没有其他有效证据加以佐证这一事实。

问：假设本案发生在 2010 年 7 月以后，请根据现行法判断本案仅凭证人刘定辉的证言能否定案？

【评析】本案涉及的是仅有一个证人证言能否定案的问题。假设本案发生在 2010 年 7 月以后，则判断本案证人刘定辉的证言能否单独作为定案根据涉及《办理死刑案件证据规定》第 5 条。该条第 1 款规定，办理死刑案件，对被告人犯罪事实的认定，必须达到证据确实、充分。该条第 2 款规定，证据确实、充分是指：①定罪量刑的事实都有证据证明；②每一个定案的证据均已经法定程序查证属实；③证据与证据之间、证据与案件事实之间不存在矛盾或者矛盾得以合理排除；④共同犯罪案件中，被告人的地位、作用均已查清；⑤根据证据认定案件事实的过程符合逻辑和经验规则，由证据得出的结论为唯一结论。该条第 3 款规定，办理死刑案件，对于以下事实的证明必须达到证据确实、充分：①被指控的犯罪事实的发生；②被告人实施了犯罪行为与被告人实施犯罪行为的时间、地点、手段、后果以及其他情节；③影响被告人定罪的身份情况；④被告人有刑事责任能力；⑤被告人的罪过；⑥是否共同犯罪及被告人在共同犯罪中的地位、作用；⑦对被告人从重处罚的事实。

根据本案案情介绍，本案仅有证人刘定辉的证人证言这一个有罪证据，没有任何其他有效证据能证实刘定辉的证言的真实性，因而刘定辉的证言无法查证属实，进而《办理死刑案件证据规定》第 5 条规定的证明标准无法达到，故应依法判决被告人无罪。

案例三

被告人石仁富在 1990～1993 年大中专招生工作中，利用职务和与职务有关的便利条件，在为考生提供招生有关信息、帮助联系学校、解决委培和预科读书名额、联系委培单位中，以"差旅费"、"烟酒招待费"等种种名目，先后索取和收受四百多名考生、考生家长和亲友的人民币四十二万多元。此外，检察机关在侦查过程中，从被告人石仁富家中搜查出现金、银行存折及有价证券共八十九万余元，扣除其自参加工作以来的所有合法收入和受贿所得款项后，尚有三十二万余元，被告人不能说明其合法来源。后，泸州市人民检察院对被告人石仁富提起公诉，指控其构成受贿罪和巨额财产来源不明罪。

问：结合这起案件，谈谈巨额财产来源不明罪证明责任应如何分配？

【评析】我国《刑法》第395条规定："国家工作人员的财产、支出明显超过合法收入，差额巨大的，可以责令该国家工作人员说明来源，不能说明来源的，差额部分以非法所得论……"根据本条，只要控方证明作为国家工作人员的被告财产或者支出明显超过合法收入，差额巨大，则被告就应承担证明自己财产或收入合法的责任。只要被告不能证明这一点，就以巨额财产来源不明罪来处理。

（二）案例分析实训

案例一

1995年10月7日，被告人孙万刚在云南财贸学院读书期间认识了该院巧家籍女生陈兴会，并建立了恋爱关系。其间孙万刚曾向同乡李安富等人借了人民币350元给陈兴会作报考费。12月29日，2人一同返回巧家县城。1996年1月2日中午，李安富电话向孙万刚催还借款，孙万刚即带陈兴会欲向他人借款未果。当晚8：30分，孙万刚将陈兴会骗至城郊红卫山一块草地上对其进行了奸淫。事后陈兴会不满并表示要告发。孙万刚为杀人灭口，将陈兴会拖到草地附近一地坎下，用陈兴会的挎包带将陈兴会勒昏，又用尖刀切割陈兴会的颈部致死。尔后又用尖刀刺了陈兴会的右乳房、左眼及腹部各一刀，割下陈兴会的左乳房、外阴、会阴、肛门，随后用现场泥土擦拭手上血迹，并用泥土填塞陈兴会的盆腔，用陈兴会的右裤腿擦拭手上的泥土后逃离现场。孙万刚次日被公安机关抓获。陈兴会因开放性颈外伤失血死亡。

1996年9月20日昭通地区中级人民法院以故意杀人罪判处孙万刚死刑，剥夺政治权利终身。宣判后孙万刚不服提出上诉。云南省高级人民法院于1997年9月19日以孙万刚杀死陈兴会的事实不清，证据不足为由作出裁定，撤销原判，发回原审法院重审。昭通地区中级人民法院重新审理后认为，被告人孙万刚无视国家法律，持刀行凶杀死一人，已构成故意杀人罪，且情节特别恶劣，手段极为凶残，后果特别严重，社会危害极大，应依法严惩，遂判处孙万刚死刑，剥夺政治权利终身。孙万刚不服又提出上诉。1998年11月12日云南省高级人民法院经审理后认为，原审判决定罪准确，审判程序合法，根据本案具体情节，撤销原判决对孙万刚的量刑部分，以故意杀人罪判处孙万刚死刑，缓期2年执行，剥夺政治权利终身。

终审判决宣告后，孙万刚以原判认定其杀死陈兴会纯属冤枉，原供认系预审期间诱逼供的结果为由提出申诉。2003年9月28日，云南省高级人民法院审判委员会讨论并决定对本案进行再审。2004年1月15日，经再审审理认为，原判认定原审被告人孙万刚杀死陈兴会一事，孙万刚虽作过供认，但与现场勘查、尸体检验情况，存有疑点；虽经鉴定其身上沾染的血迹与陈兴会的血型相同，但不具有排他性。故原判认定孙万刚杀死陈兴会的证据不足。遂依据最高人民法院《刑诉解释》第312条第4项、第176条第4项之规定判决：①撤销昭通地区中级人民法院（1996）昭中刑初字第107号、（1997）昭中刑初字第134号刑事判决和本院（1996）云高刑一终字第657号刑事裁定及（1998）云高刑一终字第361号刑事判决；②宣告原审被告人孙万刚无罪。

问：结合这起案件，谈谈你对我国刑事诉讼证明标准的认识？

案例二

被告人李伊斯麻（又名马一洒给）于1998年1月初与其妻高某到上海市暂住。同年1月10日，经上海集源电讯技术开发有限公司信息服务部袁某介绍，被告人李伊斯麻用"马一洒给"的名义及身份证租借了王某的位于上海市国定路600弄28号103室的一套房屋。"马一洒给"支付给房主王某租金6000元，支付给上海集源电讯技术开发有限公司信息服务部袁某介绍费800元。王某当场把该房间钥匙交给"马一洒给"。当日下午，王某去取自己存放在该房间的大米时，发现该房间的铁门钥匙已被调换，王某未能进入。此后，王某多次与"马一洒给"电话联系，但李伊斯麻避而不见。

同年1月，新疆伊宁市公安局派员到上海市追捕贩毒嫌疑人李伊斯麻，在上海市警方的配合下，于同月13日，在上海市长阳饭店706房间将李伊斯麻抓获。当场从李伊斯麻的箱包内查获人民币十七万余元、手机一部、钥匙一串、租借上海市国定路600弄28号103室的《房屋租赁协议》一份。公安人员遂带李伊斯麻到国定路600弄28号103室，用从李伊斯麻处搜出的钥匙将该房间门锁打开，从室内查获海洛因60块，重23 914克。

后上海市人民检察院第二分院以被告人李伊斯麻犯非法持有毒品罪，向上海市第二中级人民法院提起公诉。上海市第二中级人民法院认为：被告人李伊斯麻曾因贩卖海洛因被公安机关处理过，本次藏匿于由其承租并控制的房间内的海洛因数量达到23 914克，远远超过个人需要，故其具有贩毒故意，其行为已构成贩卖毒品罪。故依法判决被告人李伊斯麻犯贩卖毒品罪,判处死刑,剥夺政治权利终身,并处没收财产人民币 10 万元。

一审宣判后,被告人李伊斯麻不服,以认定其犯贩卖毒品罪的证据不足为由,向上海市高级人民法院提出上诉。上海市高级人民法院经审理维持原判。

问:本案一审法院能否根据被告人持有毒品数量远远超过个人正常需求,推定其具有贩卖故意,从而定贩卖毒品罪?

案例三

1994 年 5 月的一天上午,被告人凌云在贵州省修文县农场镇街上遇见贵州省修文县谷堡乡红焰村村民陶昌燕,凌云受陶昌燕之邀叫其与吉永贵(在逃)、蒋润仙到上海玩。凌云即提出没有费用,陶昌燕便告知凌云费用由吉永贵支出。之后便由吉永贵出资 4 人一同乘火车到达上海,4 人到达上海后并未停留游玩,吉永贵便将凌云、陶昌燕、蒋润仙带至江苏省睢宁县古邳镇马路口村崔庆柱、万银芬家。4 人在万银芬家居住六七天后,经万银芬联系将蒋润仙介绍给当地农民张延亮为妻,张延亮即支付现金 3000 元给蒋润仙,并表明其中 1500 元属于给蒋润仙父母的抚养费,另 1500 元作为吉永贵等人返回贵州的路费,蒋润仙拿到张延亮支付的 3000 元后当即便被吉永贵拿走。之后凌云提出要回贵州,吉永贵便拿200 元给凌云作回贵州的路费,因凌云不识路途即要吉永贵带其返回贵州。目前,蒋润仙与张延亮共同生活至今。

贵州省修文县人民检察院指控被告人凌云涉嫌拐卖妇女罪。被告人凌云辩解之一是称自己主观上没有拐卖妇女的故意。本案一审法院贵州省修文县人民法院认为:被告人凌云拐卖妇女一案缺乏指控被告人凌云构成拐卖妇女罪的主观要件,即凌云没有拐卖妇女的主观故意,公诉机关提供的证据不能形成锁链,不予确认,因而判决被告人凌云无罪。

一审判决宣判后,被告人凌云服判,贵州省修文县人民检察院在法定期限内提出抗诉。二审法院贵州省贵阳市中级人民法院经公开开庭审理后认为:拐卖妇女罪是指以出卖为目的,有拐骗、绑架、收买、贩卖、接送、中转妇女的行为,被告人只要实施其中任何一种行为,就构成本罪。在本案中,最具有证明力的是被害人蒋润仙的陈述,详细地叙述了被拐卖的过程,被告人供述及证人陶昌燕的证词由于与本案有利害关系,对其证词合理的部分予以采纳。本案中,被告人凌云是否具有出卖蒋润仙的目的,可以从基本事实中得出:吉、凌、陶、蒋 4 人到了万银芬家中呆了六七天后,蒋润仙以 3000 元钱被卖给张延亮为妻,吉永贵拿到钱后与凌云回贵州。即使凌云在路上没有出卖蒋润仙的故意,但在万银芬家的六七天时间里,知道而且应当知道吉永贵在出卖蒋润仙,在拐卖蒋润仙的每一个环节里他都在场，虽然分赃情况不明，但从凌云与吉永贵一同回贵州的客观事实来看，凌云是参与出卖蒋润仙的全过程了的，构成了拐卖妇女的共犯，系从犯。对于被告人供述得了 200 元的事实，由于只有被告人一人的供述，系孤证，不宜认定，但可以从一定程度上讲凌云是有贩卖的故意的，客观上实施了贩卖的行为。被告人凌云与他人共同以出卖为目的，参与接送、贩卖妇女的行为已构成拐卖妇女罪，贵州省修文县人民检察院抗诉成立。鉴于本案吉永贵未归案，有些疑点还无法排除，被告人凌云系从犯，根据本案实际情况，可对被告人减轻处罚。最终判决被告人犯拐卖妇女罪，判处有期徒刑 3 年，缓刑 3 年，并处罚金人民币 2000 元。

问：本案中的罪疑从轻判决或留有余地，判决是否正确？为什么？

主要参考文献

1. 何家弘、刘品新：《证据法学》（第 2 版），法律出版社 2007 年版。
2. 樊崇义主编：《刑事诉讼法》，法律出版社 2004 年版。
3. 徐静村主编：《刑事诉讼法学》，法律出版社 1997 年版。
4. 易延友：《刑事诉讼法》，法律出版社 2004 年版。
5. 孙长永、黄维智、赖早兴：《刑事证明责任制度研究》，中国法制出版社 2009 年版。
6. 刘金友主编：《证据法学》，中国政法大学出版社 2001 年版。
7. 张保生主编：《证据法学》，中国政法大学出版社 2009 年版。
8. 孙彩虹主编：《刑事诉讼法学》，广西师范大学出版社 2009 年版。
9. 卞建林主编：《证据法学》，中国政法大学出版社 2000 年版。
10. 何家弘主编：《证据的审查认定规则示例与释义》，人民法院出版社 2009 年版。
11. 林钰雄：《刑事诉讼法》，中国人民大学出版社 2005 年版。
12. 陈一云主编：《证据学》，中国人民大学出版社 2001 年版。
13. 卞建林、郭志媛、韩阳："诉讼证明：一个亟待重塑的概念"，载何家弘主编：《证据学论坛》（第 3 卷），中国检察出版社 2001 年版。
14. 郑禄："诉讼证明的中国传统模式初探"，载《政法论坛》1993 年第 1 期。
15. 何家弘："司法证明方法的特点和种类"，载《公安大学学报》2001 年第 3 期。
16. 秦策："美国证据法上推定的学说与规则的发展"，载《法学家》2004 年第 4 期。
17. 何家弘："论推定适用中的证明责任和证明标准"，载《中外法学》2008 年第 6 期。
18. 刘英明："也论推定适用中的证明责任和证明标准"，载《证据科学》2009 年第 5 期。
19. 柴发邦、李浩："两种举证责任含义之比较"，载《中国法学》1993 年第 4 期。
20. 崔敏："刑事证明责任概论——侧重谈刑事被告人应否承担部分证明责任"，载何家弘主编：《证据学论坛》（第 6 卷），中国检察出版社 2003 年版。
21. 张继成、杨宗辉："对'法律真实'和'排他性证明'的逻辑反思"，载何家弘主编：《证据学论坛》（第 2 卷），中国检察出版社 2001 年版。
22. 韩象乾："民刑事诉讼证明标准比较论"，载《政法论坛》1996 年第 2 期。

第十二章

期间与送达

【本章概要】刑事诉讼中的期间，是对公安机关、人民检察院、人民法院和诉讼参与人进行刑事诉讼活动在期限和时间上的要求。刑事诉讼中的送达，是一项诉讼行为，从形式上看是向收件人交付某种诉讼文件，本质上是司法机关的一种告知行为，它是诉讼程序的重要组成部分。

【学习目标】学习本章内容主要掌握以下要点：刑事诉讼期间的概念、种类；立法对各种法定期间的规定；送达的概念及各种送达方式及程序。

【教学重点与难点】特殊情况的期间计算；期间的耽误与补救；留置送达。

第一节　期　间

一、期间的概念、种类和意义

（一）期间的概念

刑事诉讼中的期间，是指公安机关、人民检察院、人民法院进行刑事诉讼以及诉讼当事人和其他诉讼参与人参加刑事诉讼活动必须遵守的时间期限。它是对公安机关、人民检察院、人民法院和诉讼参与人进行刑事诉讼活动在期限和时间上的要求。

在刑事诉讼中，除了期间外，还有期日。期日是指公安司法机关和诉讼参与人共同进行刑事诉讼活动的特定时间。《刑事诉讼法》对期日未作具体规定，在诉讼实践中，由公安机关、人民检察院、人民法院根据法律关于期间的一般规定和案件的具体情况予以指定。如司法机关传唤犯罪嫌疑人于某一时间到机关接受讯问。期间与期日同为诉讼中规范时间的重要概念，但二者也存在很大的区别：

1. 期日是一个特定的时间单位，如某日、某时；期间则是指一定期限内的时间，即始于一个期日止于另一个期日的一段时间。

2. 期日是公安司法机关和诉讼参与人共同进行某项刑事诉讼活动的时间；期间则是指公安司法机关和诉讼参与人各自单独进行某项诉讼活动的时间。

3. 期日由公安司法机关指定，遇有重大理由时，可以变更或延后。如人民法院可以变更开庭时间。期间一般由法律规定，不得任意变更。如第二审人民法院受理上诉、抗诉案件，应当在 1 个月以内审结，至迟不得超过 1 个半月，法院无权任意延长。

4. 期日只规定开始的时间，不规定终止的时间，以诉讼行为的开始为开始，以诉讼行为的实行完毕为结束；期间则以规定的起、止时间为始期和终期。

5. 期日到达，则必须立即实施某项诉讼行为或开始某项诉讼活动；期间开始后不要求立即实施诉讼行为，只要是在期间届满之前，任何时候实施都是有效的。

（二）期间的种类

刑事诉讼期间原则上由法律明文规定，称为法定期间。少数情况下由公安司法机关指定，称作指定期间。法定期间可以分为：公安司法机关应当遵守的和诉讼当事人及其他诉讼参与人应当遵守的两大类。前者如拘留、逮捕等强制措施期间；后者如当事人上诉期间。

1. 法定期间。法定期间，是指由法律明确规定的诉讼期间。这种期间的开始是基于某种诉讼行为的实施或法律事实的发生。在法定期间内的任何时候都可以实施诉讼行为，同时，也只有在此期间内所进行的诉讼活动才是有效的。《刑事诉讼法》关于各种诉讼活动的具体规定如下：

（1）侦查阶段的期间。

第一，强制措施期间。拘传、取保候审和监视居住的期间。对犯罪嫌疑人、被告人拘传持续的时间最长不得超过 12 小时，不得以连续传唤、拘传的形式变相拘禁犯罪嫌疑人、被告人。取保候审最长不得超过 12 个月，监视居住最长不得超过 6 个月。根据司法解释，取保候审、监视居住期间应理解为司法机关分别适用。例如公安机关、人民检察院已对犯罪嫌疑人取保候审的，案件到人民法院后，法院对于符合取保候审条件的，应当依法对被告人重新办理取保候审手续。取保候审的期间重新计算。但法院不得对同一被告人重复采取取保候审或监视居住。

拘留、逮捕的期间。拘留现行犯、重大嫌疑分子或者逮捕犯罪嫌疑人、被告人后，除有碍侦查或者无法通知的情形以外，办案机关应当在 24 小时以内对被拘留人或被逮捕人进行讯问，并在 24 小时以内把拘留或者逮捕的原因和羁押的处所通知被拘留人或者被逮捕人的家属或者他的所在单位。公安机关对被拘留的人认为需要逮捕的，应当在拘留后 3 日内提请人民检察院审查批准。在特殊情况下，可以将提请审查批准的时间延长 1 日至 4 日；对于流窜作案、多次作案、结伙作案的重大嫌疑分子，提请审查批准的时间可以延长至 30 日。人民检察院应当在接到公安机关提请批准逮捕书的 7 日以内，作出批准逮捕或者不批准逮捕的决定。人民检察院对直接受理的案件中被拘留的人，认为需要逮捕的，应当在

10 日以内作出决定。在特殊情况下，决定逮捕的时间可以延长 1 日至 4 日。

第二，侦查羁押期间。我国《刑事诉讼法》对于侦查期限的规定，仅限于被告人在侦查过程中被羁押的期限。根据我国《刑事诉讼法》第 124～127 条规定，对犯罪嫌疑人逮捕后的侦查羁押期限不得超过 2 个月。案情复杂、期限届满不能终结的案件，可以经上一级人民检察院批准延长 1 个月。交通十分不便的边远地区的重大复杂案件，重大的犯罪集团案件，流窜作案的重大复杂案件，犯罪涉及面广、取证困难的重大复杂案件，在上述办案期限届满（3 个月）不能侦查终结的，经省、自治区、直辖市人民检察院批准或者决定，可以延长 2 个月。对犯罪嫌疑人可能判处 10 年有期徒刑以上刑罚，依照本法第 126 条规定延长期限届满，仍不能侦查终结的，经省、自治区、直辖市人民检察院批准或者决定，可以再延长 2 个月。因为特殊原因，在较长时间内不宜交付审判的特别重大复杂的案件，由最高人民检察院报请全国人民代表大会常务委员会批准延期审理。

法律规定的侦查羁押期限，既适用于公安机关负责立案侦查的案件，也适用于人民检察院直接立案侦查的案件。公安机关在侦查期间，发现犯罪嫌疑人另有重要罪行，重新计算侦查羁押期限的，由公安机关决定，不再经人民法院批准，但须由人民检察院备案。公安机关对案件提请延长羁押期限时，应当在羁押期限届满 7 日前提出，并书面呈报延长羁押期限案件的主要案情和延长羁押期限的具体理由，人民检察院应当在羁押期限届满前作出决定。

最高人民检察院直接立案侦查的案件，需要延长犯罪嫌疑人侦查羁押期限的，由最高人民检察院依法决定。

（2）律师参与刑事诉讼的期间。聘请律师提供法律帮助的期间。犯罪嫌疑人自被侦查机关第一次讯问后或者采取强制措施之日起，可以聘请律师为其提供法律帮助。律师提出会见犯罪嫌疑人的，应当在 48 小时内安排会见，对于组织、领导、参加黑社会性质组织罪、组织、领导、参加恐怖活动组织罪或者走私犯罪、毒品犯罪、贪污贿赂犯罪等重大、复杂的 2 人以上的共同犯罪案件，律师提出会见犯罪嫌疑人的，应当在 5 日内安排会见。

委托辩护人、诉讼代理人的期间。公诉案件自案件移送审查起诉之日起，犯罪嫌疑人有权委托辩护人。人民检察院自收到移送审查起诉的案件材料之日起 3 日以内，应当告知犯罪嫌疑人有权委托辩护人。人民法院至迟在开庭 10 日以前将人民检察院的起诉书副本送达被告人。对于被告人未委托辩护人的，告知被告人可以委托辩护人，或者在必要的时候指定承担法律援助义务的律师为其提供辩护。自诉案件的被告人有权随时委托辩护人。人民法院自受理自诉案件之日起 3 日以内，应当告知被告人有权委托辩护人。

公诉案件的被害人及其法定代理人或者近亲属，附带民事诉讼的当事人及其法定代理人，自案件移送审查起诉之日起，有权委托诉讼代理人。人民检察院自收到移达审查起诉的案件材料之日起3日以内，应当告知被害人及其法定代理人或者其近亲属、附带民事诉讼的当事人及其法定代理人有权委托诉讼代理人。自诉案件的自诉人及其法定代理人，附带民事诉讼的当事人及其法定代理人，有权随时委托诉讼代理人。人民法院自受理自诉案件之日起3日以内，应当告知自诉人及其法定代理人、附带民事诉讼的当事人及其法定代理人有权委托诉讼代理人。

（3）审查起诉阶段的期间。审查起诉期间。人民检察院对于公安机关移送审查起诉的案件，应当在1个月以内作出决定，重大、复杂的案件，可以延长半个月。根据《刑诉规则》第268、269条的规定，对于退回公安机关补充侦查的案件，应当在1个月以内补充侦查完毕，补充侦查以2次为限。人民检察院在审查起诉中决定自行侦查的，应当在审查起诉期限内侦查完毕。

对不起诉决定的申诉期间。被害人对于人民检察院作出的不起诉决定不服的，可以在收到决定书后7日以内向上一级人民检察院提出申诉。被不起诉人对于人民检察院因"犯罪情节轻微，依照刑法规定不需要判处刑罚或者免除刑罚"而作出的不起诉决定不服，可以在接到决定书后7日以内向人民检察院申诉。

（4）审判阶段的期间。

第一，一审程序期间。

庭前告知期间。人民法院应当在开庭10日以前将人民检察院的起诉书副本送达被告人；应当在开庭3日以前将开庭的时间、地点通知人民检察院；至迟应当在开庭3日以前将传票、通知书送达当事人、辩护人、诉讼代理人、证人、鉴定人和翻译人员；公开审判的案件，在开庭3日以前先期公布案由、被告人姓名、开庭时间和地点。

补充侦查期间。检察人员在法庭审判过程中发现提起公诉的案件需要补充侦查，提出建议经法庭同意延期审理的，人民检察院应当在1个月以内补充侦查完毕。

公诉案件的审理期间。人民法院审理公诉案件，应当在受理后1个月以内宣判，至迟不得超过1个半月。对于交通十分不便的边远地区的重大复杂案件、重大的犯罪集团案件、流窜作案的重大复杂案件以及犯罪涉及面广、取证困难的重大复杂案件（即"四类案件"），经省、自治区、直辖市高级人民法院批准或者决定，可以再延长1个月。适用简易程序审理的案件，应当在受理后20日以内审结。

人民法院审理自诉案件，适用普通程序的，应当在被告人被羁押后1个月以内宣判，至迟不得超过1个半月。有《刑事诉讼法》第126条规定情形之一的，经省、自治区、直辖市高级人民法院批准或者决定，可以再延长 1 个月。需要延长审理期限的，应当在期满 7 日以前报请高级人民法院批准或者决定。人民法院适用普通程序审理被告人未被羁押的自诉案件，应当在立案后 6 个月以内宣判。有特殊情况需要延长审理期限的，由本院院长批准，可以延长 3 个月。

判决宣告的期间。人民法院当庭宣告判决的，应当在 5 日以内将判决书送达当事人和提起公诉的人民检察院。定期宣判的，应当在宣告后立即将判决书送达当事人和提起公诉的人民检察院。判决被告无罪、免于刑事处罚的，如果被告人在押，在宣判后应当立即释放。

第二，上诉、抗诉期间。不服判决的上诉、抗诉的期限为 10 日；不服裁定的上诉、抗诉的期限为 5 日。被害人及其法定代理人不服地方各级人民法院第一审判决的，有权自收到判决书后 5 日以内请求人民检察院提出抗诉；人民检察院应在收到请求后 5 日以内作出是否抗诉的决定，并且答复请求人。

第三，二审程序期间。上诉人通过原审人民法院提出上诉的，原审人民法院应当在 3 日以内将上诉状连同案卷材料、证据一并送交上一级人民法院，同时将上诉状副本送交同级人民检察院和对方当事人；上诉人直接向第二审人民法院提出上诉的，第二审人民法院应当在 3 日以内将上诉状交原审人民法院送交同级人民检察院和对方当事人。第二审人民法院必须在开庭 10 日以前通知人民检察院查阅案卷。第二审人民法院受理上诉、抗诉案件后，应当在 1 个月以内审结，至迟不得超过 1 个半月。对于交通十分不便的边远地区的重大复杂案件，重大的犯罪集团案件，流窜作案的重大复杂案件，犯罪涉及面广、取证困难的重大复杂案件，在上述期限内不能审结的，经省、自治区、直辖市高级人民法院批准或者决定，可以再延长 1 个月，但是最高人民法院受理的上诉、抗诉案件，由最高人民法院决定。

第四，审判监督程序期间。人民法院按照审判监督程序重新审判的案件，应当在作出提审、再审决定之日起 3 个月以内审结，需要延长期限的，不得超过 6 个月。接受抗诉的人民法院按照审判监督程序审判抗诉的案件，审理期限适用前述规定；对需要指令下级人民法院再审的，应当自接受抗诉之日起 1 个月以内作出决定，下级人民法院审理案件的期限适用前述规定。

（5）执行期间。死刑执行期间。下级人民法院接到最高人民法院或高级人民法院执行死刑的命令后，应当在 7 日以内交付执行。

暂予监外执行的相关期间。人民检察院认为暂予监外执行不当的，应当自接到通知之日起 1 个月以内将书面意见送交批准暂予监外执行的机关，批准暂予监外执行的机关接到人民检察院的书面意见后，应当立即对该决定进行重新核查。

减刑、假释的相关期间。人民检察院认为人民法院减刑、假释的裁定不当，应当在收到裁定书副本后 20 日以内，向人民法院提出书面纠正意见，人民法院应当在收到纠正意见后 1 个月以内重新组成合议庭进行审理，作出最终裁定。

（6）解除扣押、冻结期间。人民检察院、公安机关对于扣押的物品、文件、邮件、电报或者冻结的存款、汇款，经查明确实与案件无关的，应当在 3 日以内解除扣押、冻结，退还原主或者原邮电机关。

（7）申请恢复期间的期间。当事人由于不能抗拒的原因或者有其他正当理由而耽误期限的，在障碍消除后 5 日以内，可以申请继续进行应当在期满以前完成的诉讼活动。

（三）期间的意义

刑事诉讼活动中的期间具有重要意义，主要表现在：

1. 有利于司法机关有章可循，增强司法人员的诉讼法制观念和责任心，保障诉讼活动的顺利进行，提高办案和诉讼效率，保证准确、及时、合法的查明犯罪事实，惩罚犯罪。

2. 有利于保护当事人的合法权益不受侵犯，可以在制度上防止对犯罪嫌疑人、被告人久押不结、以捕代罚等违法现象发生。有了诉讼期间的规定，诉讼参与人才能够清楚什么时候该做什么、不该做什么，也可以保障当事人充分行使自己的诉讼权利。

3. 有利于维护法律权威，保障法律的统一、正确实施。我国的刑事法律是惩罚犯罪、保护人民的法律，对任何人犯罪，都应依照刑事法律的规定予以惩处。如果犯罪行为发生得不到及时处理，或受理后久拖不决，会损害法律的严肃性。

二、期间的计算单位和方法

（一）期间的计算单位

我国《刑事诉讼法》第 79 条规定，期间以时、日、月计算。据此，期间的计算单位有时、日、月三个。如连续拘传的期间不得超过 12 小时；人民法院应当在开庭 10 日以前将人民检察院起诉书副本送达被告人；犯罪嫌疑人被逮捕后的侦查羁押期限不得超过 2 个月。

（二）期间的计算方法

以时计算的，从期间开始的下一时起算，期间的开始之时不计算在期间以内；它的届满以法定期间时数的最后一时为止。如犯罪嫌疑人 4 月 3 日 9 时被拘传到案接受讯问，12 小时的起算时间应从 10 时开始，计算至当日 21 时为止。

以日计算的，从期间开始的次日计算，应当从第 2 日起开始计算。期间开始的日不计算在内。它的届满以法定期间日数的最后一日为止。例如，被告人 4 月 1 日接到一审判决书，其上诉期限应从 4 月 2 日开始计算，即到 4 月 11 日为届满之日。

以月为计算单位的，《刑事诉讼法》没有具体规定计算方法，《刑诉解释》第 103 条第 3 款对此作出明确规定"以月计算的期限，自本月某日至下月某日为 1 个月，如本月 1 日收案至下一个月 1 日、本月最后一日至下一个月最后一日为 1 个月的审理期限；半月一律按 15 日计算期限"。

（三）期间计算的特别规定

1. 期间的最后一日为法定节假日的，以节假日后的第一个工作日为期间届满的日期。节假日包括公休日（星期六、星期日）和法定节假日（元旦、春节、中秋节等）。应当注意，期间的开始日以及期间中的一些日期是节假日的，应当计算在期间而不应从期间中扣除。另外，为了保障犯罪嫌疑人、被告人的人身权利，最高人民法院《刑诉解释》和《六机关规定》同时又规定，对于犯罪嫌疑人、被告人或者罪犯在押期间，应当至期间届满之日为止，不得因节假日而延长在押期限至节假日后的第一日。例如，犯罪嫌疑人被拘留后，如果人民检察院审查批捕期限届满之日为 5 月 1 日，即应当以此为限适时作出批准逮捕与否的决定，不应顺延；但是，如果被告人上诉的届满之日为 5 月 1 日，则应顺延至五一劳动节后的第一个工作日。

2. 法定期间不包括路途上的时间。《刑事诉讼法》第 79 条第 3 款规定，法定期间不包括路途上时间。例如，缉捕犯罪嫌疑人，如果从外地押解回侦查机关需要 2 天时间，则 24 小时讯问和通知其家属或单位的法定期间应当扣除 2 天，但路途时间仍然应当计算在侦查羁押期限内。此外，有关诉讼文书材料在公安司法机关之间传递过程中的时间，也应当在法定期间内予以扣除。此外，当事人的住处或工作地如果距离公安司法机关比较远，则他们为参加诉讼花费在路途上的时间，应当从法定期间内扣除。

3. 上诉状或者其他文件在期满前已经交邮的，不算过期。这就是说，通过邮寄的上诉状或者其他文件，应当以当地交邮盖戳的时间为标准法定期间。只要在法定期间届满前交邮的，即使文件到达司法机关时已过法定期间，也不算过期，仍然有效。上诉状或者其他文件是否在法定期间内交邮以当地邮局所盖的邮戳为准。

三、期间的重新计算与期间的免算

（一）期间的重新计算

这是指由于发生法定情况，原来已进行的期间不予计算，而重新计算期间。主要包括以下几种情况：

1. 在侦查期间，发现犯罪嫌疑人另有重要罪行的，自发现之日起重新计算侦查羁押期限。

2. 对于补充侦查的案件，补充侦查完毕移送人民检察院后，人民检察院重新计算审查起诉期限。

3. 人民检察院审查起诉的案件，改变管辖的，从改变后的人民检察院收到案件之日起计算审查起诉期限。

4. 人民法院改变管辖的案件，从改变后的人民法院收到案件之日起计算审理期限。

5. 在人民法院审判案件过程中，人民检察院补充侦查的案件，补充侦查完毕移送人民法院后，人民法院重新计算审理期限。

6. 第二审人民法院发回原审人民法院重新审判的案件，原审人民法院从收到发回的案件之日起，重新计算审理期限。

（二）期间的免算

这是指由于发生或存在法定的情况，所进行的诉讼和所采取的措施的时间不计入办案期限。主要包括以下几种情况：

1. 对犯罪嫌疑人作精神病鉴定的期间不计入办案期限。

2. 审理期间，对被告人作精神病鉴定的时间不计入审理期限。

3. 犯罪嫌疑人不讲真实姓名、住址，身份不明的，侦查羁押期限自查清其身份之日起计算，但是不得停止对其犯罪行为的侦查取证。

4. 当事人和辩护人申请通知新的证人到庭，调取新的证据，申请重新鉴定或者勘验的，应当提供证人的姓名、证据的存放地点，说明所要证明的案件事实，要求重新鉴定或者勘验的理由。审判人员根据具体情况，认为可能影响案件事实认定的，应当同意该申请，并宣布延期审理；不同意的，应当告知理由并继续审理。依照该规定延期审理的时间不得超过1个月，延期审理的时间不计入审限。

5. 在审判过程中，自诉人或者被告人患精神病或者其他严重疾病，以及案件起诉到人民法院后被告人脱逃，致使案件在较长时间内无法继续审理的，人民法院应当裁定中止审理。由于其他不能抗拒的原因，使案件无法继续审理的，可以裁定中止审理。中止审理的原因消失后，应当恢复审理。中止审理的期间不计入审理期限。

6. 对于辩护人依照有关规定当庭拒绝继续为被告人进行辩护的，合议庭应当准许。如果被告人要求另行委托辩护人，合议庭应当宣布延期审理，由被告人另行委托辩护人或者由人民法院为其另行指定辩护律师。被告人当庭拒绝辩护人为其辩护，要求另行委托辩护人的，应当同意，并宣布延期审理。被告人要求人民法院另行指定辩护律师，合议庭同意的，应当宣布延期审理。重新开庭后，被告人再次当庭拒绝重新委托的辩护人或者人民法院指定的辩护律师为其辩护的，合议庭应当分别情形作出处理：

（1）被告人是成年人的，可以准许。但被告人不得再另行委托辩护人，人民法院也不再另行指定辩护律师，被告人可以自行辩护。

（2）被告人具有《刑诉解释》第36条规定（被告人没有委托辩护人而具有下列情形之一的，人民法院应当为其指定辩护人：①盲、聋、哑人或者限制行为能力的人；②开庭审理时不满18周岁的未成年人；③可能被判处死刑的人）情形之一的，不予准许。根据上述规定另行委托、指定辩护人或者辩护律师的，自案件宣布延期审理之日起至第10日止，准备辩护时间不计入审限。

四、期间耽误与恢复

期间的耽误，是指司法机关或者诉讼参与人没有在法定期间内完成应当进行的诉讼行为。期间的恢复，是指诉讼当事人由于某种特殊的原因而未能在法定期间内进行特定的诉讼行为的，申请法院准许其继续进行应当在期满以前完成的诉讼行为的一种补救措施。

设立期间恢复制度，是为了解决诉讼过程中可能发生的特殊情况，维护当事人的合法权益，保证诉讼活动的顺利进行。鉴于当事人耽误的原因中确有不能抗拒的原因或者有其他正当理由的情况，为了充分保护当事人的合法权益，《刑事诉讼法》对当事人有正当理由耽误期限的，规定了一条补救措施，即期间的恢复。《刑事诉讼法》第80条规定："当事人由于不能抗拒的原因或者有其他正当理由而耽误期限的，在障碍消除后5日以内，可以申请继续进行应当在期满以前完成的诉讼活动。前款申请是否准许，由人民法院裁定。"根据这一规定，期间恢复必须具备以下条件：

1. 当事人提出了恢复期间的申请。由于只有当事人才与案件裁判结果有着切身的利害关系，因而只有当事人才有权提出恢复诉讼期间的申请，其他诉讼参与人无权提出这种申请。不仅如此，当事人申请恢复诉讼期间还必须以在法定期间内未能实施特定诉讼行为为前提。

2. 期间的耽误是由于不能抗拒的原因所致或具备其他正当理由。不能抗拒的原因是指在诉讼活动中，发生了当事人不可预见、无法避免和无法克服的客观困难，例如，发生地震、洪水、泥石流、战争等当事人本身无法抗拒的自然和社会现象，或者是当事人突发交通事故、突患严重疾病，或没有收到诉讼文书等情况，致使当事人无法实施诉讼行为。其他正当理由，指上述情况以外的来自当事人主观方面的障碍，例如，当事人家中发生了重大或意外变故使其不能分身，等等。

3. 当事人的申请应当在障碍消除后5日以内，向审理本案的人民法院提出。当事人在法定期间，特别是在上诉期间内遇到上述特殊情况而耽误诉讼期间的，可以申请继续进行尚未完成的诉讼活动，但这种申请是有时间要求的，即应当在前述障碍或原因消除后的 5 日以内提出，若逾期，恢复诉讼期间申请权即丧失。

4. 期间恢复的申请须经人民法院裁定批准。当事人申请是否准许，需经人民法院裁定。人民法院在接到当事人的申请后，经审查认为当事人申请中所述情况确实属于不能抗拒的原因或其他正当理由的，应当裁定准许其继续进行在原期间内未完成的诉讼活动。如果认为当事人不是因为不能抗拒的原因或其他正当理由而耽误期限的，则裁定驳回。由此可见，当事人只有申请权，而人民法院有决定权，对于申请是否批准只能由人民法院裁定。

第二节　送　达

一、送达的概念与意义

（一）送达的概念

刑事诉讼中的送达，是指人民法院、人民检察院和公安机关按照法定的程序和方式将有关诉讼文书送交诉讼参与人、有关机关或单位的诉讼活动。送达作为一项诉讼行为，从形式上看是向收件人交付某种诉讼文件，本质上是司法机关的一种告知行为，是诉讼程序的组成部分。送达具有以下特征：

1. 送达的主体只能是公安机关、人民检察院、人民法院。送达是公安司法机关所进行的诉讼活动。送达的对象是诉讼参与人和有关机关或单位，收件人可以是公民，也可以是机关、单位。例如，接受判决书的被告人、接受开庭通知的人民检察院。送达是发生在送达主体和送达对象之间的一种法律关系。因此，诉讼参与人向公安司法机关递交诉讼文书或者其相互之间传递诉讼文书的行为，不是刑事诉讼中的送达。

2. 送达必须按照法律规定的程序和方式进行。《刑事诉讼法》对于送达的程序和方式有明确的规定，实施送达行为，必须严格依照法律规定的程序和方式，送达机关违反法定程序和方式送达诉讼文件的，不能产生送达的法律效力。

3. 送达的内容是各种诉讼文件。刑事诉讼中需要送达的诉讼文书是多种多样的，如传票、通知书、不起诉决定书、起诉书、判决书、裁定书等。公安司法机关制作的诉讼文书是送达的主要内容。自诉状副本、附带民事诉状和答辩状的副本、上诉状副本等由当事人制作的诉讼文书，也是通过人民法院送达的。

（二）送达的意义

送达是一项严肃的法律活动，是诉讼程序的组成部分，直接关系整个诉讼活动能否顺利进行。它有以下几方面的意义：

1. 使收件人了解送达文件的内容，按照法定时间和程序参加诉讼活动。只有按照《刑事诉讼法》规定的期间和程序，将有关诉讼文件送达收件人，才能使收件人及时了解到其中的内容，得以按照法定时间和程序参加诉讼活动，行使诉讼权利，承担相应的义务。例如，将起诉状副本送达被告人，使被告人知道被控告的内容，以便于对针对自己的控告进行供述和辩解。

2. 使某些诉讼文件产生法律效力。某些诉讼文件，只有按照法定程序送达后，才能发生法律效力。诉讼文件的送达与产生一定的法律后果相联系。例如，当事人在法定期间内接到人民法院的传票，就必须按传票的要求准时出庭，如果没有在法定期间内接到，则有权拒绝出庭。

（三）送达回证

送达回证，指公安司法机关制作的用以证明送达行为及其结果的诉讼文件。送达回证是检查公安司法机关是否按照法定的方式和程序送达诉讼文书的标志，是送达人完成送达任务的标志，也是受送达人接收或者拒绝接收所送达文书的证明，同时还是认定当事人和其他诉讼参与人的诉讼行为是否有效的依据。送达回证是司法机关依法送达诉讼文件的证明文件，是计算期间的根据，是送达程序的必要形式。因此在送达诉讼文件时必须使用送达回证并入卷归档。

送达回证的内容包括：送达机关和送达文书的名称；被送达人的姓名（名称）、职业、职务、住所地或者经常居住地；送达方式；送达人和受送达人签名、盖章；签收日期等。

二、送达的方式和程序

根据《刑事诉讼法》第 81 条和《刑诉解释》第 104～108 条的规定，送达方式主要有以下几种：

1. 直接送达。直接送达，指公安司法机关指派专人将诉讼文书直接送交收件人的一种送达方式。直接送达的特点是承办案件的司法机关将诉讼文书直接送达收件人，而不通过中介或其他中间环节。根据法律规定，送达通常应当将诉讼文书交给收件人本人，由收件人本人在送达回证上记明收到的日期，并且签名或者盖章。如果收件人本人不在，由他的成年家属或所在单位的负责人代收，代收人也应当在送达回证上记明收到的日期，并且签名或者盖章。不论是其本人还是代收人，在送达回证上签收的日期均为送达日期。公安司法机关送达诉讼文书，一般应当以直接送达为原则。因为直接送达可靠性强，所需时间短，效率高，通常重要的诉讼文书均应尽量采用这种方式。

2. 留置送达。留置送达，指收件人或者代收人拒绝签收向其送达的诉讼文书时，司法机关的送达人依法将诉讼文书留在收件人住处的送达方式。留置送达的程序是，在收件人本人或者代收人拒绝接收或者拒绝签名、盖章的情况下，送达人员邀请他的邻居或者其他见证人到场，说明情况，把诉讼文书留在他的住处，并在送达回证上记明拒绝的事由、送达日期，由送达人、见证人签名或者盖章，即认为已经送达。诉讼文书的留置送达与直接送达具有同样的法律效力。虽然留置送达与直接送达具有同等的法律效力，但适用时应注意：调解书不适用留置送达。当事人或者其指定的代收人拒绝签收调解书，说明当事人已反悔，不能将调解书留在受送达人的住所。

3. 委托送达。委托送达，指公安司法机关直接送达诉讼文书有困难的，委托收件人所在地的公安司法机关代为送交收件人的送达方式。委托送达的程序是，委托送达的公安司法机关应当将委托函、委托送达的诉讼文书及送达回证，寄送收件人所在地的公安司法机关。受委托的公安司法机关收到委托送达的诉讼文书，应当登记，并指派专人及时送交收件人，然后将送达回证及时退回委托送达的公安司法机关。受委托的公安司法机关无法送达时，应当及时将不能送达的原因告知委托的公安司法机关，并将需要送达的诉讼文书及送达回证退回。

4. 邮寄送达。邮寄送达，指公安司法机关在直接送达有困难的情况下，通过邮局将诉讼文书、送达回证用挂号方式邮寄给收件人的送达方式。挂号回执上注明的日期为送达的日期。其程序是，公安司法机关将诉讼文书、送达回证挂号邮寄给收件人，收件人签收挂号邮寄的诉讼文书后即认为已经送达。

5. 转交送达。当收件人为某些特殊人时，可以通过有关部门将诉讼文书转交给收件人。转交送达，指公安司法机关将诉讼文书交收件人所在机关、单位代收后再转交给收件人的送达方式。通常适用于军人、正在服刑的犯人、正在被劳动教养的人。根据有关司法解释，转交送达的程序是，诉讼文书的收件人是军人的，可以通过所在部队团级以上单位的政治部门转交；收件人正在服刑的，可以通过所在监狱或者其他执行机关转交；收件人正在劳动教养的，可以通过劳动教养单位转交。代为转交的部门、单位收到诉讼文书后，应当立即交收件人签收，并将送达回证及时退回送达的公安司法机关。

学术视野

关于我国刑事诉讼送达立法的不足，引起学者们探讨的问题主要集中在：

从我国关于刑事诉讼送达立法的总体情况来看，《刑事诉讼法》仅有1条对送达的规定，加上司法解释也才共6条，规定得相当简单、宽泛、不完备。当然也不是所有的国家都规定的条文很多。但像日本、德国、英国、美国、法国及我国台湾地区等，都在民事诉讼法规定完备的基础上，在刑事诉讼法中明确规定送达准予适用民事诉讼法的相关规定。这是符合节约立法资源和避免重复立法精神的。而我国刑诉法并没有类似的规定。

关于送达主体。送达主体包括送达机关和送达人。在我国，送达机关包括公安机关（国家安全机关、军队保卫部门、监狱等）、人民检察院和人民法院，这在我国理论界是没有争议的。但对于送达人，无论是我国《刑事诉讼法》还是《民事诉讼法》都没有明确的规定。从其他国家的立法例来看，很多国家都对送达机关和送达人作出了明确规定。例如，《德国刑事诉讼法典》第36条第1款规定"由审判长命令裁判送达。法院书记处负责使送达付诸实施"。在我国，《刑事诉讼法》并未明确规定送达具体由谁来负责，在司法实践中，刑事诉讼送达活动一般由承办案件的干警进行送达，而且各公安司法机关的做法不一，送达人不固定、不专业，导致送达工作无法高质量地完成。

关于送达对象。我国法律规定，送达对象不仅包括诉讼当事人及其他诉讼参与人，还包括其他一些有关机关、单位，这一点与外国的立法是不一样的。纵观国外的立法，多数国家的送达对象即受送达人仅指当事人及其他诉讼参与人。

理论思考与实务应用

一、理论思考

（一）名词解释

期日　期间　留置送达

（二）简答题

1. 我国法律规定的法定期间有哪些？

2. 期间耽误后恢复的条件是什么？

（三）论述题

试述刑事诉讼期间恢复的条件。

二、实务应用

（一）案例分析示范

案例一

吴某因抢劫被某区人民法院依法审理。2000年9月22日，吴某因抢劫罪被判处有期徒刑5年。吴某收到判决书后的第8天不服一审判决，向上级人民法院提出上诉。因上诉状是在国庆节前一天即9月30日寄出的，上级人民法院接到上诉状时已是10月8日。但上级人民法院还是接受了吴某的上诉，按照第二审程序进行了审理并依法予以改判，判处吴某有期徒刑3年。

问：二审法院的做法是否正确，请说明理由。

【评析】二审法院的做法正确。

我国《刑事诉讼法》规定：法定期间不包括路途上的时间；上诉状或者其他文件在期满前已经交邮的，不算过期；期间届满之日如果是法定节假日的，应当顺延至法定节假日后的第一个工作日。此案的被告人吴某于9月22日收到判决书，上诉期限的起算日起应为9月23日，因为不服判决的上诉期限为10日，所以原本终止日期为10月2日，但由于是在国庆节期间（国庆节放假时间为1日到7日），所以上诉期限的终止日期为10月8日。吴某于9月30日将上诉状寄出，根据法律的规定，应属于在上诉期内提出上诉，二审法院虽然接到上诉状时已经是判决宣告后的第16天即10月8日，但是根据法律规定仍然是在上诉期内，二审法院依据《刑事诉讼法》有关期间的规定，接受了吴某的上诉，并按照第二审程序进行了审理的做法是正确的，是符合法律规定的。

案例二

某县基层人民法院以故意毁坏他人财物罪判处被告人韩某有期徒刑1年，赔偿被害人经济损失3000元。被告人韩某接到判决书后，认为法院判决过重，因此找人写了上诉状，准备向上级人民法院上诉。在其准备寄上诉状的前一天晚上，由于连天暴雨，冲毁了铁路，邮局停业，上诉状无法寄出。等到铁路恢复运营，邮局恢复营业时，已超过法定上诉期限。被告人韩某在铁路通车的第三天直接找到上级人民法院说明了情况，上级人民法院审查了被告人上诉超过期限的原因，最后接受了韩某的上诉，并对案件进行了审理。

问：结合本案谈谈自己对诉讼期限恢复的理解。

【评析】我国《刑事诉讼法》第80条规定，"当事人由于不能抗拒的原因或者有其他正当理由而耽误期限的，在障碍消除后5日以内，可以申请继续进行应当在期满以前完成的诉讼活动。前款申请是否准许，由人民法院裁定。"根据本条规定，诉讼当事人耽误诉讼期限的，符合以下条件时，应申请继续进行应在期满以前完成的诉讼活动：①耽误期限是由于不能抗拒的原因或者有其他正当理由；②当事人应在障碍消除后5日以内提出申请。另外，当事人申请应由法院审查并作出是否准许的裁定。

根据上述法律规定，在本案中被告人韩某在提出上诉之前，因暴雨冲毁铁路导致邮局不能营业，上诉书不能寄出，属于当事人由于不能抗拒的自然灾害而耽误诉讼期限，而且韩某在障碍消除的第三天就赶到二审法院说明情况，符合法律规定的条件，二审法院经过审查，接受了韩某的上诉，是正确的做法。

案例三

被告人甲因涉嫌侵占罪被自诉人告上法院，法院开庭审理后当庭判决被告人甲有期徒刑 6 个月。判决宣告后的第三天法院向被告人甲送达判决书时，甲及其家属均避而不见，拒绝签收判决书。送达人员找到甲的邻居做见证人，并说明了情况，遂把判决书留在了其住处，并将有关情况在送达回证上记明，由送达人、见证人签名。

问：送达人员的做法是否正确？

【评析】本案送达人员的做法是正确的。

此种送达方式为留置送达。我国《刑事诉讼法》第 81 条第 2 款及最高人民法院《刑诉解释》第 104 条第 3 款都对留置送达作了具体的规定。在采用留置送达时需要符合以下条件：①必须是在收件人本人或者代收人拒绝签收的前提下适用，找不到收件人，同时也找不到代收人时，不能采用留置送达；②需要有见证人到场；③留置送达的地点需是收件人或代收人的住处；④采用留置送达的，需要在送达回证上记明拒绝的事由、送达的日期，由送达人、见证人签名或者盖章。符合以上条件的即视为送达。

此案中，被告人甲及其家属拒收判决书，送达人找到其邻居做见证人，把判决书留在其住处，并将有关情况在送达回证上记明，是符合法律规定的。

（二）案例分析实训

案例一

1999 年 9 月，某市发生了一起杀人案。被害人余某，女，30 岁，某市针织厂女工。该市公安机关经立案侦查，认为范某有重大嫌疑。侦查终结后，公安机关于 1999 年 10 月 31 日将案件移送至市检察院审查起诉。市检察院接到公安机关移送起诉的案件，对犯罪嫌疑人范某进行了讯问，认为证据不足，遂于同年 11 月 12 日退回公安机关补充侦查。12 月 19 日，公安机关补充侦查完毕，再次移送起诉。市检察院经过审查，认为证据仍然不足以证明范某实施杀人行为。遂于 2000 年 2 月 12 日作出了证据不足不起诉的决定，公开宣布，并于 2 月 13 日将不起诉决定书送达了公安机关、犯罪嫌疑人范某、被害人余某的母亲周某。市公安局认为不起诉决定不当，继续羁押犯罪嫌疑人范某，并向上一级检察院提起复议，省检察院维持了不起诉决定。

问：请指出本案诉讼程序在期间方面的不当之处，并说明理由。

案例二

被告人江某，原系国家电力监督委员会某局副局长，2009 年 8 月 6 日因受贿罪一审被判处有期徒刑 12 年。江某收到一审判决书后，认为量刑过重，遂委托其兄代为上诉。其兄于 8 月 16 日在其所居住地的邮政局将上诉状邮寄给二审法院。二审法院于 8 月 21 日收到了江某的上诉状，认为江某的上诉已经过了法定上诉期，于是裁定驳回上诉。

问：本案二审法院的做法是否合适？并说明理由。

案例三

被告人王某原系某糖酒公司总经理，人民检察院以王某涉嫌诈骗罪向人民法院提起公诉。人民法院于开庭 5 日前将传票送至被监视居住的王某本人。王某认为自己只有欠款，不构成犯罪，拒绝在传票上签字。经送达人说服教育，王某仍不签。于是送达人找到王某的几个邻居，向他们说明了情况，把传票留在了王某的住处，并在送达回证上说明了王某拒绝签字的理由、送达的日期，并签了名。

问：我国《刑事诉讼法》对留置送达的适用情形及适用程序是如何规定的？本案送达程序是否合法？

 主要参考文献

1. 陈卫东主编：《刑事诉讼法学原理与案例教程》，中国人民大学出版社 2008 年版。
2. 宋英辉：《刑事诉讼原理》，法律出版社 2003 年版。
3. ［美］罗纳德·杰伊·艾伦等：《刑事诉讼程序全书》（影印版），中信出版社 2003 年版。

第三编 普通程序论

第十三章

立 案

【本章概要】 本章重点阐述立案程序，具体包括立案程序的概念、立案的材料来源和条件、立案的程序、立案监督几个部分的内容。英美法系国家倡导"审判中心"主义，认为刑事诉讼活动就是刑事审判活动，不把立案程序作为一个独立的刑事诉讼程序，而将其作为审判程序的准备活动。根据我国《刑事诉讼法》的基本原理和精神，以及相关的法律规定，立案程序是一个独立的刑事诉讼程序，是刑事诉讼程序的起点，是刑事诉讼程序的必经阶段。立案程序有其特定的价值和意义，属于刑事诉讼法调整范围，也必须严格按照法律的规定进行。

【学习目标】 通过本章学习掌握：立案程序的概念和特点、立案的材料来源、立案的条件、对立案材料的接受；通过本章学习了解：立案的意义、对立案材料的审查、对立案材料审查后的处理、对不立案决定的救济。

【教学重点与难点】 从立案所直接启动的刑事诉讼程序来看，分为侦查立案和审判立案两种，要结合上文中立案管辖概念来理解这两种立案的联系和区别。在公诉案件中，既有侦查立案，还存在法院的审判立案，但此处的审判立案并不等同于真正意义上的审判立案。严格意义上讲，与侦查立案相对应的审判立案，即为与公诉案件立案相对应的自诉案件立案。

第一节 立案概述

一、立案的概念和特点

刑事诉讼中的立案，是指公安机关、人民检察院发现犯罪事实，或者公安机关、人民检察院、人民法院对于控告、检举、举报和自首材料，以及自诉人起诉的材料，按照各自的管辖范围进行审查后，认为有犯罪事实存在并且依法需要追究刑事责任的时候，决定作为刑事案件进行侦查或者审判的一种诉讼活动。

根据我国刑事诉讼基本原理和相关法律、法规的规定来看，刑事诉讼中的立案是一个独立的诉讼阶段，是启动刑事诉讼程序的必经之路。立案是一个动态的连续过程，可以称作立案阶段或者立案程序，具体包括三方面的内容：①发现立案材料或者对立案材料的接受；②对立案材料进行审查；③根据审查结果，作出是否立案的决定。立案决定，是指司法机关对立案材料审查后，对于有犯罪事实发生，依法需要追究刑事责任的情况，决定将其纳入刑事诉讼的轨道，作为刑事案件进行追究，启动侦查或者审判程序的一种诉讼活动。立案决定是立案程序的一部分，立案决定是以立案程序中的其他活动为前提的，如果没有立案，也就谈不上作出立案决定；同时立案决定又是对立案程序的终结，是立案程序的结果。二者相互联系，不能混同。

立案作为刑事诉讼的一个独立阶段，具有以下特点：

1. 立案是国家专门机关的诉讼活动。刑事诉讼的立案是法律赋予公安机关、人民检察院和人民法院的一种职权，根据法律的规定，国家安全机关、军队保卫部门和监狱对特殊的案件享有立案权。除此之外，其他任何国家机关、社会团体、组织和个人均无此权，他们只能向有立案权的国家机关提出控告、检举、举报等。

2. 立案是启动刑事诉讼程序的必经阶段。国家通过刑事诉讼程序实现惩罚犯罪和保障人权的目的，因此必须严格按照法律的规定进行追诉活动。对任何犯罪行为的追究，都必须经过立案，才能进入刑事诉讼的轨道，司法机关才能按照刑事诉讼程序进行侦查或者审判，否则司法机关所采取的相关行动、措施都属于违法行为。可以说，没有立案，就没有刑事诉讼程序的启动，也就无法实现刑事诉讼的目的。

3. 立案是一个独立的诉讼阶段，有其特定的诉讼任务。英美法系国家大都实行"审判中心"主义，不把立案作为一个独立的诉讼阶段，而认为其是审判的准备活动。我国将立案作为启动刑事诉讼程序的一个独立阶段，是因为立案有其特定的诉讼任务，即依法接受并审查控告、检举、举报或者自首材料，确定是否有犯罪事实，依法应否需要追究刑事责任，最终作出立案或者不立案的决定，从而达到是否启动刑事诉讼的目的。

从立案所直接启动的具体刑事诉讼程序上来看，立案可以分为侦查立案和审判立案两种。为启动侦查程序，由公安机关和人民检察院直接立案受理的，称为侦查立案；为启动审判程序，由人民法院直接立案受理的，称为审判立案。从立案的案件性质上来看，立案又可以分为公诉案件的立案和自诉案件的立案。公诉案件的立案是指公安机关、人民检察院直接受理的公诉案件的立案程序；自诉案件的立案是指人民法院对自诉人提起的自诉案件予以立案的程序。从立案管辖上来看，立案还可以分为公安机关的立案、人民检察院的立案和人民法院的立案。

二、立案的意义

立案作为刑事诉讼程序的开始和必经的一个独立程序，是我国长期以来司法实践经验的总结，是保证刑事诉讼任务顺利完成的重要环节，具有以下重大意义：

1. 立案可以节约司法资源，提高诉讼效率。公安机关、人民检察院发现犯罪事实，或者公安机关、人民检察院、人民法院收到的控告、检举、举报和自首材料，以及自诉人起诉的材料，数量是相当庞大的，其中鱼龙混杂，有的符合立案条件，有的不符合立案条件，甚至是虚假的。因此，必须通过立案程序进行初步的审查和筛选，把其中符合立案条件的，即有犯罪事实发生，依法需要追究刑事责任的，才作为刑事案件来处理；不符合的，则不予立案，不按照刑事诉讼程序的要求进行处理。只有这样，才能保证将有限的司法资源用到需要处理的刑事案件上去，提高诉讼效率，为及时、准确地追究犯罪奠定基础。

2. 立案可以保护公民的合法权益不受侵犯，实现保障人权的目的。公安机关、人民检察院、人民法院对各种各样的立案材料进行审查，并依据这些审查结果作出立案与否的决定，不仅能够及时、准确地打击犯罪，同时也是对公民合法权益的保护，保障无罪的人不受刑事追究，将那些不具有犯罪事实，或者犯罪事实显著轻微，不需要追究刑事责任的人排除在刑事诉讼范围之外，使之免于讼累之苦。

综上所述，立案作为刑事诉讼开始的一个独立阶段，既可以保障无罪的人不受刑事追究，保护公民的合法权益；又可以保证及时、准确地追究犯罪，节约司法资源，提高诉讼效率。立案对实现惩罚犯罪、保障人权的诉讼目的，维护社会主义法制的严肃性都具有重要意义。

值得一提的是，在立案前的审查过程中，是否可以采取侦查行为。关于这一问题，学术界存在不同的看法：有的认为在必要时可以采取适当的侦查行为；有的认为不应当采取侦查行为，原因上又有所不同：有的认为在立案前采取侦查行为会侵犯公民的合法权益；有的认为在立案前采取侦查行为违反刑事诉讼法的规定。笔者认为，这个问题不能一概而论，必须从我国的司法实践出发，考虑到在立案前采取侦查措施是否符合实践的需要，是否有利于立案阶段特定任务的完成，是否有利于实现惩罚犯罪和保障人权这一刑事诉讼的目的，是否符合我国法律的规定，等等。根据《刑事诉讼法》第84条第3款的规定，"公安机关、人民检察院或者人民法院对于报案、控告、举报，都应当接受。对于不属于自己管辖的，应当移送主管机关处理，并且通知报案人、控告人、举报人；对于不属于自己管辖而又必须采取紧急措施的，应当先采取紧急措施，然后移送主管机关。"由此可知，在立案前可以采取紧急措施，虽然"紧急措施"的内容并不明确，但从立法意图上不排斥立案前的相应侦查行为。具体可以采取什么样的紧急措施，以及在什么条件下采取都需要司法机关根据司法实践，作出进一步细化的解释。因此，立案前是可以采取适当侦查行为的，但必须对适用的范围和措施予以确定。

第二节　立案材料来源和立案的条件

一、立案材料来源

立案程序作为刑事诉讼的开始程序，必须要有说明犯罪事实和犯罪嫌疑人存在的材料，这些材料是司法机关决定是否立案的根据。所谓立案的材料来源，是指司法机关取得有关犯罪事实和犯罪嫌疑人情况的材料的途径。

根据我国《刑事诉讼法》的规定和司法实践，立案的材料来源主要有司法机关内部和司法机关外部两个渠道，具体体现为：

（一）来自司法机关内部的渠道

公安机关、人民检察院或者人民法院直接发现的犯罪事实或者犯罪嫌疑人。公安机关、人民检察院和人民法院在执行本职工作时，常常会发现一些新的犯罪事实或者线索，特别是公安机关，作为国家治安保卫机关，处在同犯罪作斗争的第一线，在日常工作中，如执勤、执行任务，尤其是在侦查过程中，能够发现新的犯罪事实或者线索；人民检察院在审查批捕、审查起诉等各种检察业务活动中，也会发现犯罪事实或者线索；人民法院在审理案件的过程中，发现的与本案无关的其他犯罪事实或者线索等，也是立案的材料来源。《刑事诉讼法》第83条规定："公安机关或者人民检察院发现犯罪事实或者犯罪嫌疑人，应当按照管辖范围，立案侦查。"对于不属于自己立案管辖的案件，应当及时移送有关机关予以处理，防止立案中的职责不清、相互推诿或者越权管辖的现象。同时，国家安全机关、军队保卫部门、监狱等在行使刑事诉讼法赋予的职权时所发现的犯罪事实或者犯罪嫌疑人，也是立案的材料来源。

（二）来自司法机关外部的渠道

1. 被害人的报案或者控告。被害人是犯罪行为直接侵害的对象，具有揭露犯罪、追究犯罪的积极性和主动性，并且被害人与犯罪嫌疑人在大多数情况下都有过接触，能够较为准确和详尽地描述犯罪事实和犯罪嫌疑人，因此，被害人的报案或者控告是具有重要价值的立案材料来源，也是来自司法机关外部的主要渠道。"报案"是指被害人对侵犯自己人身权利、财产权利的行为，但并不知道犯罪嫌疑人为何人时，向司法机关告发的行为。"控告"是指被害人或者其法定代理人、近亲属（在被害人死亡或者丧失行为能力的情况下），为保护被害人的人身权利、财产权利而向司法机关指控犯罪并请求依法追究刑事责任的行为。《刑事诉讼法》第 84 条第 2 款规定，"被害人对侵犯其人身、财产权利的犯罪事实或者犯罪嫌疑人，有权向公安机关、人民检察院或者人民法院报案或者控告。"报案和控告都是被害人揭露、告发犯罪事实的行为，但二者存在区别：报案是被害人在不知道犯罪嫌疑人为何人时所采取的方式，而控告中被害人知道犯罪嫌疑人为何人。

2. 单位、个人的报案或者举报。单位、个人的报案或者举报是发动群众、打击犯罪的有效手段，是在刑事诉讼中贯彻依靠群众这一原则的重要体现，也是司法机关决定是否立案的最为主要和普遍的来源。"报案"是指单位和个人发现有犯罪事实发生，但不知道犯罪嫌疑人是谁的情况下，向司法机关告发的行为。单位和个人的报案与被害人的报案都是在仅知道犯罪事实而不知犯罪嫌疑人的情况下所采用的告发形式，但被害人报案的范围仅限于其人身、财产权利遭受犯罪行为侵害的事实，被害人与案件的处理结果有直接利害关系，是刑事诉讼的当事人；而单位和个人的报案，其范围不受犯罪行为性质的限制，报案的单位和个人与案件没有直接的利害关系，不是刑事诉讼的当事人。"举报"是指单位和个人出于责任感对自己发现的犯罪事实或者犯罪嫌疑人向司法机关进行告发、揭露的行为。《刑事诉讼法》第 84 条第 1 款规定："任何单位和个人发现有犯罪事实或者犯罪嫌疑人，有权利也有义务向公安机关、人民检察院或者人民法院报案或者举报。"向公安机关、人民检察院或者人民法院报案或者举报不仅是每个单位和个人的权利也是义务，单位和个人应以主人翁的姿态，通过报案或者举报，同犯罪行为作斗争，维护国家、社会和人民群众的利益，任何单位和个人不得以任何借口对报案人、举报人进行阻止、压制或者打击报复。《刑事诉讼法》第 85 条第 3 款规定，"公安机关、人民检察院或者人民法院应当保障报案人、控告人、举报人及其近亲属的安全。报案人、控告人、举报人如果不愿公开自己的姓名和报案、控告、举报的行为，应当为他保守秘密。"司法机关对单位和个人的报案或者举报都应当接受，不得拒绝和推诿，为方便接受单位和个人的报案和举报，司法机关还设置了专门机构进行处理，例如人民检察院举报中心。

3. 犯罪嫌疑人的自首。自首是指犯罪人在实施犯罪行为后，自动投案，如实交待自己的罪行，接受司法机关审查和审判的行为。自首一般是在犯罪行为实施后，尚未被发觉，或者虽然被发觉但尚未被司法机关查获，犯罪人自己或者在其家长、监护人、亲友的陪同、护送下，主动向司法机关如实交待自己的罪行。根据最高人民法院《关于处理自首和立功具体应用法律若干问题的解释》，犯罪嫌疑人向其所在单位、城乡基层组织或者其他有关负责人员投案的；犯罪嫌疑人因病、伤或者为了减轻犯罪后果，委托他人先代为投案，或者先以信件、电话等方式投案的，都应视为投案自首。对于犯罪嫌疑人的投案自首，可以从轻或者减轻处罚，其中，犯罪较轻的，可以免除处罚。为鼓励犯罪嫌疑人主动投案自首，刑事诉讼中将其作为立案的材料来源之一，犯罪嫌疑人的自首是十分重要和有效的立案材料来源，但应注意审查，防止犯罪嫌疑人主观上为减轻罪责而对犯罪事实进行有利于自己的供述。

二、立案的条件

司法机关通过来自其内部和外部的途径，获得大量的立案材料，但并非所有的材料都予以立案，启动刑事诉讼程序，因而必须进行审查，对那些符合立案条件的，才能够立案。立案条件，是指立案必须符合的基本要求，也就是决定刑事案件成立，启动刑事诉讼程序追究犯罪所必须具备的法定条件。《刑事诉讼法》第86条规定，"人民法院、人民检察院或者公安机关对于报案、控告、举报和自首的材料，应当按照管辖范围，迅速进行审查，认为有犯罪事实需要追究刑事责任的时候，应当立案；认为没有犯罪事实，或者犯罪事实显著轻微，不需要追究刑事责任的时候，不予立案……"由此可知，立案必须同时具备两个条件：

（一）有犯罪事实

有犯罪事实，是指客观上存在着某种危害社会的犯罪行为。作为立案的事实条件，具体包含两方面意思：

1. 要立案追究的，是根据刑法规定构成犯罪的行为。这要求立案时必须划清罪与非罪的界限，不能把违反道德规范的行为、违反党纪政纪的行为、一般的违法行为当成犯罪行为处理，立案追究。需要注意的是，立案是启动刑事诉讼程序追究犯罪的开始，案件尚未进入侦查或者审理阶段，因此，这里所指的犯罪事实，是发现有某种危害社会的且属于刑法规定构成犯罪的行为发生。至于全部犯罪事实如何、犯罪人为何人、如何定罪量刑等，并不需要在立案时就清楚，这不属于立案的任务范围。

2. 要有一定的证据证明犯罪事实确已发生。这是立案的证据要求。要立案予以刑事追究的不仅是犯罪行为，而且是客观存在的、已经发生的，而非办案人员的主观臆想或者推测，这就需要一定的证据加以证明。在立案阶段的证据并非证明犯罪事实和犯罪嫌疑人的全部证据，只要达到证明犯罪事实已经发生这一标准即可，其证明标准远远低于后面的刑事诉讼阶段中的证明标准。

（二）需要追究刑事责任

需要追究刑事责任，是指行为人的行为不仅构成犯罪，并且按照法律的规定需要对其追究刑事责任，使其受到刑罚的处罚。这是立案的法定条件。有犯罪事实存在，还需要追究刑事责任时，才能立案；有犯罪事实存在，但根据法律的规定不需要追究刑事责任，也就不能立案追究。根据《刑事诉讼法》第 15 条的规定，不需要追究刑事责任的包括以下六种情形：①情节显著轻微、危害不大，不认为是犯罪的；②犯罪已过追诉时效期限的；③经特赦令免除刑罚的；④依照刑法告诉才处理的犯罪，没有告诉或者撤回告诉的；⑤犯罪嫌疑人、被告人死亡的；⑥其他法律规定免予追究刑事责任的。

以上两个条件必须同时具备，缺一不可。

自诉案件由自诉人直接向法院提起，没有经过侦查阶段，如果予以立案即直接进入审判阶段，因此其立案的条件与公诉案件有所不同，要求更加严格。人民法院在审查自诉人提起的诉讼时，除了要符合以上两个基本的立案条件之外，还必须满足以下条件：①属于自诉案件范围；②属于受诉人民法院管辖；③由刑事案件的被害人所提起；④有明确的被告人、具体的诉讼请求和能证明被告人犯罪事实的证据。

第三节　对立案材料的接受与审查

一、对立案材料的接受

对立案材料的接受，又称受案，是指公安机关、人民检察院或者人民法院对于报案、举报、控告和犯罪嫌疑人的自首等材料依法接受的行为。《刑事诉讼法》第 84 条第 3、4 款规定："公安机关、人民检察院或者人民法院对于报案、控告、举报，都应当接受。对于不属于自己管辖的，应当移送主管机关处理，并且通知报案人、控告人、举报人；对于不属于自己管辖而又必须采取紧急措施的，应当先采取紧急措施，然后移送主管机关。犯罪人向公安机关、人民检察院或者人民法院自首的，适用第 3 款规定。"因此，对立案材料的接受应当注意以下几个问题：

1. 公安机关、人民检察院或者人民法院对送交的立案材料应当接受，不得拒绝，或者相互推诿；如果不属于自己管辖的案件，也应当接受，然后按照法律规定的立案管辖的原则，将案件移交给有管辖权的机关处理，并且通知报案人、举报人、控告人或者自首的犯罪嫌疑人。

2. 公安机关、人民检察院或者人民法院在接受材料的时候，对于紧急情况可以采取适当的紧急措施，以防止犯罪嫌疑人逃跑、自杀、继续犯罪、毁灭证据等行为，保障立案工作的顺利进行。立案前所采取的"紧急措施"的条件、适用范围、种类、程序，法律没有明确规定，司法机关应当根据具体的情况作出相应的处理，但应注意不要侵犯公民的合法权益。

3. 公安机关、人民检察院或者人民法院在接受材料时应当向报案人、举报人、控告人说明诬告应负的法律责任，并做好保密和保障工作。《刑事诉讼法》第85条第2、3款规定："接受控告、举报的工作人员，应当向控告人、举报人说明诬告应负的法律责任。但是，只要不是捏造事实，伪造证据，即使控告、举报的事实有出入，甚至是错告的，也要和诬告严格加以区别。公安机关、人民检察院或者人民法院应当保障报案人、控告人、举报人及其近亲属的安全。报案人、控告人、举报人如果不愿公开自己的姓名和报案、控告、举报的行为，应当为他保守秘密。"

4. 公安机关、人民检察院或者人民法院接受的立案材料可以是口头的形式，也可以是书面的形式。《刑事诉讼法》第85条第1款规定："报案、控告、举报可以用书面或者口头提出。接受口头报案、控告、举报的工作人员，应当写成笔录，经宣读无误后，由报案人、控告人、举报人签名或者盖章。"

5. 公安机关、人民检察院或者人民法院的工作人员，在接受报案、举报、控告或者自首后，应当填写《受理刑事案件登记表》或者《立案登记表》，作为受理刑事案件的原始材料，并妥善保管、存档备查。

二、对立案材料的审查

《刑事诉讼法》第86条规定，人民法院、人民检察院或者公安机关对于报案、控告、举报和自首的材料，应当按照管辖范围，迅速进行审查。对立案材料审查的目的是为最终作出立案或者不立案的决定奠定基础，审查主要从以下两个方面着手：

1. 立案材料是否属于本机关的管辖范围。公安机关、人民检察院或者人民法院对立案材料应当一律接受，不得拒绝或者相互推诿，但接受的立案材料中，不一定都是属于受案机关立案管辖的范围，因此，公安机关、人民检察院或者人民法院应当按照法律规定的立案管辖的原则，对立案材料进行审查，以确定是否属于本机关管辖权限之内，从而开展下一步的工作。对立案材料管辖范围的审查是对立案材料审查的第一步，是一种程序性审查，是对立案材料的初步分类，对于属于受案机关管辖的立案材料，进行下一步的审查工作；对于不属于受案机关管辖的立案材料，应当将所有的材料移送给有管辖权的机关，并通知报案人、举报人、控告人或者自首的犯罪嫌疑人。

2. 立案材料是否符合立案的条件。在确定立案材料的管辖权后，以立案条件为标准，对立案材料进行实质性的审查，看是否符合"有犯罪事实，并且需要追究刑事责任"的立案条件。有犯罪事实，并且需要追究刑事责任是立案应当具备的两个基本条件，不可或缺。为了准确把握立案的条件，公安部、最高人民检察院和最高人民法院分别或者联合制定了一些具体的立案标准，如最高人民检察院在 1997 年 12 月 31 日发布的《关于检察机关直接受理立案侦查案件中若干数额、数量标准的规定（试行）》；最高人民检察院在 1999 年 9 月 16 日公布施行的《关于人民检察院直接受理立案侦查案件立案标准的规定（试行）》；最高人民法院、最高人民检察院、公安部于 1998 年 3 月 26 日发布的《关于盗窃罪数额认定标准问题的规定》；等等。

公安机关、人民检察院或者人民法院对立案材料的审查，应当及时、迅速进行，可以要求报案人、举报人、控告人补充材料或者作进一步的说明，必要时，还可以采用询问、查询、勘验、鉴定、调取证据材料等措施，但要注意这些措施的强度和范围，这是刑事诉讼程序启动前以审查立案材料，决定是否立案的必要审查措施，并非刑事诉讼中的强制措施。最高人民检察院制定的《刑诉规则》第 128 条规定："在举报线索的初查过程中，可以进行询问、查询、勘验、鉴定、调取证据材料等不限制被查对象人身、财产权利的措施。不得对被查对象采取强制措施，不得查封、扣押、冻结被查对象的财产。"

三、对立案材料审查后的处理

《刑事诉讼法》第 86 条规定，"人民法院、人民检察院或者公安机关对于报案、控告、举报和自首的材料，应当按照管辖范围，迅速进行审查，认为有犯罪事实需要追究刑事责任的时候，应当立案；认为没有犯罪事实，或者犯罪事实显著轻微，不需要追究刑事责任的时候，不予立案，并且将不立案的原因通知控告人。控告人如果不服，可以申请复议。"因此，对立案材料审查后应当根据事实情况，作出立案与不立案的决定。

（一）立案决定

公安机关、人民检察院或者人民法院经过审查，认为符合立案条件，即有犯罪事实，并且需要追究刑事责任的，应当作出立案决定。

公安机关决定立案的，应当由受案单位的承办人制作《刑事案件立案报告书》，经县级以上公安机关负责人批准后，予以立案；人民检察院决定立案的，由承办人提出《提请立案报告》，经检察长批准后，予以立案。《刑事案件立案报告书》或者《提请立案报告》，应当载明：立案机关的名称；立案的材料来源和案由；发案的时间、地点、犯罪事实、现有的证据；立案的法律依据和初步意见；立案的时间；承办人的姓名；等等。人民法院对自诉人提请的自诉案件进行审查后，认为符合自诉案件立案条件的，应当在收到自诉状或者口头自诉之日起

15 日内作出立案决定，并向自诉人或者代为告发人发出《立案通知书》。

（二）不立案决定

公安机关、人民检察院或者人民法院经过审查，认为不符合立案条件的，应当作出不立案决定。

公安机关作出不立案决定的，应当由承办人制作《呈请不予立案报告书》，经县级以上公安机关负责人批准后，不予立案。对有控告人而决定不立案的，还应当制作《不予立案通知书》，并在 7 日内送达控告人。

人民检察院决定不立案的，由承办人提出《提请不予立案报告》，经检察长批准后，不予立案。对于有控告人而决定不立案的，还应当制作《不予立案通知书》，并由侦查部门在 10 日内送达控告人，同时告知本院控告申诉检察部门。

人民法院决定不予立案的，在收到自诉状或者口头自诉之日起 15 日内作出不立案决定，并书面通知自诉人或者代为告诉人。自诉人或者代为告诉人坚持起诉的，由负责审查起诉的审判人员作出不予受理或者驳回起诉的裁定。

对于某些报案、举报、控告材料，虽然不具备立案的条件，但被举报人、被控告人的行为有严重错误或者属于违法行为，需要给予党纪、政纪处分，或者需要给予行政处罚的，公安机关、人民检察院、人民法院应当将报案、举报、控告材料移送给有关主管机关处理。

第四节　对不立案决定的救济

一、对不立案决定救济的概念

对不立案决定的救济，又可称为立案监督，是指对立案活动是否合法依法进行的监督，这是保证准确、及时立案的重要措施。对不立案决定的救济有狭义和广义之分，狭义的救济主要是指人民检察院对公安机关的立案活动进行的法律监督，对人民检察院自侦部门的侦查活动和人民法院自诉案件的立案活动，人民检察院也应实行监督，对上述机关的不立案决定进行处理；广义的救济是指除狭义的救济之外，还包括单位和个人对不立案进行的监督。我们这里讲的是广义的对不立案决定的救济。

《刑事诉讼法》第 86 条规定，司法机关决定不立案时，应"将不立案的原因通知控告人。控告人如果不服，可以申请复议"。第 87 条规定："人民检察院认为公安机关对应当立案侦查的案件而不立案侦查的，或者被害人认为公安机关对应当立案侦查的案件而不立案侦查，向人民检察院提出的，人民检察院应当要求公安机关说明不立案的理由。人民检察院认为公安机关不立案理由不能成立的，应当通知公安机关立案，公安机关接到通知后应当立案。"因此，对不立案决定的救济从形式上看，可以分为控告人的救济和人民检察院的救济。人民检察院的监督属于狭义救济的范畴，控告人的监督和人民检察院的监督即广义的救济。控告人的救济以提起复议的方式进行，对于控告人的复议申请，司法机关应当及时予以复议，并将复议结果通知控告人。人民检察院的救济主要通过审查批捕、审查起诉等侦查监督活动的方式进行。

人民检察院对其自侦案件的不立案决定的救济程序，《刑事诉讼法》没有明确的规定，我国理论界和司法实践中大多数人倾向于对自侦案件的不立案决定的救济，应当采取内部制约的形式。具体而言，人民检察院逮捕或者审查起诉部门发现本院侦查部门对应当立案侦查的案件不报请决定立案侦查的，应当报告检察长决定。对人民法院自诉案件的不立案决定的救济，《刑事诉讼法》也没有具体规定，人民检察院根据宪法授予的法律监督权，可以对人民法院的立案活动予以救济。在实践中，人民检察院如果发现人民法院有立案不当的情况，可以向人民法院建议予以纠正。

立案作为刑事诉讼的开始和必经程序，对于及时揭露和惩罚犯罪、保护公民的合法权益、保障无罪的人不受刑事追究，具有十分重要的意义。但是在司法实践中，公安机关、人民检察院应当立案而不立案的情况比较突出，出现"有案不立"、"不破不立"、"破而不立"、"以罚代立"等不良现象；人民法院在审查自诉案件时，也存在不认真、不负责的现象，不按照正常法律途径立案处理，推诿了事，或者不愿追究，甚至故意包庇、放纵。这些现象，极大的挫伤了群众同犯罪作斗争的积极性，出现许多不安定因素，同时严重损害了司法权威，破坏了司法机关的形象，妨碍了司法机关法律职责的完成。因此，必须加强对不立案决定的救济，杜绝和克服上述各种违法现象和不良影响，发挥立案程序的作用，为准确、及时启动刑事诉讼程序来惩罚犯罪、保障人权把好第一关。

二、对不立案决定救济的程序

（一）控告人对不立案决定救济的程序

1. 控告人对于公安机关不立案决定不服的，在收到《不予立案通知书》后7日内，有权向原作出决定的公安机关申请复议，接受复议的公安机关应当在收到复议申请后10日内作出决定，并将复议结果通知控告人。控告人对公安机关不立案决定不服的，还有权向人民检察院提出申诉，请求人民检察院对公安机关进行立案监督。

2. 控告人对人民检察院不立案决定不服的，可以在收到《不予立案通知书》后10日内申请复议；人民检察院控告申诉检察部门在收到复议申请后30日内作出复议决定，并书面通知控告人。

3. 《刑事诉讼法》第170条第3项规定，"被害人有证据证明对被告人侵犯自己人身、财产权利的行为应当依法追究刑事责任，而公安机关或者人民检察院不予追究被告人刑事责任的案件。"被害人可以直接向人民法院提起自诉。换言之，控告人对公安机关、人民检察院不立案决定不服的，可以提出复议申请，对复议申请不服的，可以向人民法院提起自诉；还可以不经过复议，直接向人民法院提起自诉。

（二）人民检察院对不立案决定救济的程序

1. 人民检察院发现公安机关应当立案侦查而不立案侦查的，由审查逮捕部门审查，并填写对公安机关《不立案案件审查表》，认为需要公安机关说明不立案理由的，经检察长批准，可以向公安机关发出《说明不立案理由通知书》，公安机关应当在7日内制作《不立案理由说明书》予以说明。人民检察院认为不立案理由不成立的，经检察长或者检察委员会决定，应制作《通知立案书》，连同有关证明材料移送公安机关，并抄送上一级人民检察院备案。公安机关应在收到《通知立案书》后15日内决定立案，并将立案决定书送达人民检察院。

2. 被害人认为公安机关应当立案侦查而不立案侦查，向人民检察院提出的，人民检察院的控告申诉部门应进行必要的调查，认为需要公安机关说明不立案理由的，应将案件移送审查逮捕部门办理，要求公安机关作出不立案理由说明。认为公安机关不立案理由成立的，由控告申诉部门在10日内制作《不立案理由审查意见书》，将不立案的理由和根据通知被害人；认为公安机关不立案的理由不成立的，经检察长或者检察委员会决定，通知公安机关立案。

3. 人民检察院通知公安机关立案的，应当依法对通知立案的执行情况进行监督。对于公安机关管辖的国家机关工作人员利用职权实施的重大犯罪案件，人民检察院通知公安机关立案，公安机关不予立案的，经省级以上人民检察院决定，人民检察院可以直接立案侦查。

4. 人民检察院对于公安机关不应当立案而立案侦查的，应当向公安机关提出纠正意见。

5. 人民检察院审查逮捕部门或者审查起诉部门发现本院侦查部门对应当立案侦查的案件不报请立案侦查的，应当建议侦查部门报请立案侦查；建议不被采纳的，应当报请检察长决定。

学术视野

立案程序作为刑事案件的启动程序，有着重要的作用和意义，但是在立法和实践中存在矛盾和不足，主要表现在：①刑事立案程序的法律规定与刑事诉讼中的强制措施存在矛盾。《刑事诉讼法》第84条第3款规定，公安机关、人民检察院或者人民法院对于报案、控告、举报，都应当接受。对于不属于自己管辖而又必须采取紧急措施的，应当先采取紧急措施，然后移送主管机关。在刑事司法实践中，尤其是公安机关立案侦查的案件，通常具有突发性、紧迫性和不确定性。公安机关在接到报案、控告后，必须立即进行现场勘查、物证勘验、搜查、抓捕嫌疑人等行动，否则，就容易贻误抓获犯罪嫌疑人的时机、丧失许多重要的证据。这就形成了实质上的侦查先于立案的状态。因此，在此过程中，拘传、拘留等强制措施作为辅助手段和侦查手段被大量适用。这种状况是由刑事案件的特点所决定的。但是，强制措施只能是在刑事诉讼阶段，也就是必须在立案后才能采取。由于法律对立案程序独立法律地位的明确界定，使得侦查机关在立案前阶段采用实际上等同于强制措施的方法是非法的。②过高且不明确的立案条件，导致了"边破边立，不破不立"的不良现状。刑事诉讼法规定了"有犯罪事实，需要追究刑事责任"的立案条件，但对于立案的证据标准，刑事诉讼法却没有明确规定。而在司法实践中，一方面办案人员在接受案件线索时，涉嫌犯罪的事实和犯罪嫌疑人大多是模糊不清的。这与立案条件明显相去甚远。另一方面，随着法治、人权观念的增强，民众对惩治犯罪的破案率寄予了较高的期望，公安机关、检察机关和法院在立案审查上十分谨慎，设立了很高的门槛，有的司法机关甚至做出"立得起、诉得出、判得了"的立案条件。③对不立案决定救济的范围过窄。现有法律只规定了对公安机关不立案决定的救济，对于人民法院、人民检察院等其他立案机关的不立案决定没有法律监督。这往往会导致人民法院等其他有刑事立案权的国家机关在立案时产生随意性，出现民众告状难、告状无门的情况。

　　鉴于立案程序存在的不足和缺陷，理论界出现了"立案程序"存废之争。主要存在三种观点。第一种观点认为，在刑事诉讼法中规定立案程序是正确的，应当予以坚持。第二种观点认为，我国刑事立案程序既无存在的价值也无存在的必要，立案制度的存在导致诸多立案前审查行为无法得到合理的解释，故立案不应作为一个独立的诉讼程序，应予以取消。第三种观点是对前面两种观点的折中改良，肯定了"立案程序"这一制度存在的必要，但同时认为我国现行的立案程序的制度建构与其制度价值存在严重的背离，必须对我国的刑事立案程序予以改革完善。每一种主张都有支持其观点的合理理由，笔者并不想在此表明自己的看法，希望同学们结合诉讼理论、我国法治观念和刑事司法实践，通过你们的视角和理解去思考这个问题，或许你赞同其中一种观点，或许你有更为全面的解决方案。在此只起到抛砖引玉之用。

理论思考与实务应用

一、理论思考

（一）名词解释

立案　立案的条件　立案材料来源　对立案材料的接受　对不立案决定的救济

（二）简答题

1. 立案的条件是什么？立案程序的意义是什么？

2. 立案材料来源有哪些？

3. 对不立案决定救济的程序有哪些？

4. 对立案材料的接受应当注意什么问题？

5. 对立案材料的审查应当从哪些方面入手？

（三）论述题

1. 我国目前立案程序存在哪些不足？

2. 你对我国立案程序的完善有什么看法？

二、实务应用

（一）案例分析示范

案例一

赵某之父为某市公安局局长，赵某常以此事炫耀，并向其朋友夸下海口，如果他们有什么事情，赵某将出面负责摆平。刘某系赵某初中同学，整天游手好闲，不务正业，他与赵某关系要好。一次，刘某找借口向钱某借一万块钱，钱某知道刘某可能没有能力偿还借款，不愿借钱给刘某，刘某就对钱某讲："我过段时间周转过来了就还给你，这个忙你要是不帮的话，你可不要后悔！"钱某知道刘某与赵某的关系，无奈借钱给刘某。后钱某要刘某还钱，与刘某发生争执，并相互殴打，二人均有些皮面伤。刘某找到赵某要其出面摆平。赵某找到某派出所所长，要求将钱某拘留。派出所所长碍于其父的情面，便以钱某涉嫌故意伤害罪立案侦查，并采取了拘留的强制措施。

问：什么是立案？派出所的做法是否正确？

【评析】刑事诉讼中的立案，是指公安机关、人民检察院发现犯罪事实，或者公安机关、人民检察院、人民法院对于控告、检举、举报和自首材料，以及自诉人起诉的材料，按照各自管辖范围进行审查后，认为有犯罪事实存在并且依法需要追究刑事责任的时候，决定作为刑事案件进行侦查或者审判的一种诉讼活动。立案是启动刑事诉讼程序的独立阶段，是司法机关的一种法定职权，是对犯罪行为进行追诉的开始程序，没有立案，就没有刑事诉讼活动的开始。但是立案是以有犯罪事实存在并且依法需要追究刑事责任为前提的，换言之，没有犯罪事实，就没有刑事诉讼的立案。本案中，钱某的行为并不构成犯罪，不属于立案的范围，公安机关就不能启动立案程序。因此，公安机关对钱某立案并采取拘留的强制措施的做法是错误的。

案例二

万某，女，25岁，本在家乡务农，后经人介绍，到某市打工，从事家政服务。后来万某到李某家做保姆，由于家庭琐事，万某与李某发生矛盾，李某对万某说："你不要忘了，你只是一个打工妹，有什么好的，你要注意自己的身份！"万某觉得十分羞辱，怀恨在心，准备报复李某。一个周末，李某因为要购置音响，从银行提取现金一万余元，突然单位有急事要办，打电话给李某，李某把钱放在床头的抽屉里，就匆匆离开，还嘱咐万某小心看家。李某走后，万某独自在家，发现这一万元现金，便萌生邪念。万某连忙拿走全部现金，立即跑到银行，以自己名义存入银行，并离开了某市。回到老家后，万某心里十分害怕，在家人的陪同下，到当地派出所投案自首，如实交代了自己的犯罪经过。

问：万某在家人的陪同下投案自首，是立案的材料来源吗？

【评析】立案的材料来源是指司法机关取得有关犯罪事实和犯罪嫌疑人情况的材料的途径。根据我国《刑事诉讼法》的规定和司法实践，立案的材料来源主要来自司法机关内部和司法机关外部两个渠道。犯罪嫌疑人的自首，是来自司法机关外部的立案材料来源之一，也是十分重要和有效的立案材料来源。本案中万某尽管出于害怕，主动到当地派出所如实交代自己的罪行，但是已经构成自首，所以，万某的自首属于立案材料来源。

案例三

1998年，史某与梁某经人介绍认识，并结婚。婚后梁某生下一女，史某便觉得后继无人，家庭矛盾渐生。史某经常以各种借口对梁某进行羞辱、殴打，梁某不堪忍受，提出离婚。史某提出，小孩由梁某抚养，并且不承担抚养费。梁某为早日摆脱史某，同意了史某的要求。离婚后，史某又与陈某结婚，梁某与女儿一同生活。史某再婚后，陈某不能生育，与史某的关系恶化，搬回娘家住。史某渐渐觉得还是前妻比较好，想与梁某复合，但遭到梁某拒绝。一日，史某寻机将孩子领走，并告诉梁某，梁某无奈只得到史某家里谈判要回孩子。史某对梁某说："你如果不跟我好，就永远见不到孩子了！"并强行与梁某发生性关系。之后，史某将梁某关在家中，让梁某好好考虑考虑，等她想清楚了再让她回家。4天后，梁某乘机逃脱。梁某立即前往法院告发史某。法院工作人员告诉梁某，史某的行为涉嫌强奸罪和绑架罪，应当由公安机关处理。梁某听后连忙赶到公安机关报案，公安机关人员告诉梁某，史某的行为构成非法拘禁罪，应当由人民检察院受理。梁某到了检察院，得到的答复是，史某的行为构成虐待罪，直接找法院就可以了。梁某在各机关的推诿下，不知如何是好，又急又气，无奈之下上吊自尽。史某闻讯后，立即潜逃。

问：公、检、法三机关的做法是否正确？本案应当如何处理？

【评析】被害人的控告是立案的材料来源之一，对于被害人的控告公、检、法三机关应当接受，不得拒绝，或者相互推诿；如果不属于自己管辖的案件，也应当接受，然后按照法律规定的立案管辖的原则，将案件移交给有管辖权的机关处理，并且通知报案人、举报人、控告人或者自首的犯罪嫌疑人。本案中，史某涉嫌多项罪名，分别由不同机关管辖，但公、检、法三机关相互推诿的做法是错误的。因为，除了司法机关在工作中自行发现的立案材料之外，其他的立案材料都来自于司法机关外部，如果司法机关之间相互推诿，会损害提供立案材料来源者对司法机关的信任，造成"告案无门"的局面，影响司法的权威，同时不利于保护国家、集体、公民的合法权益。本案中，应当由最先接到梁某控告的人民法院接受下来，然后按照立案的程序进行审查。根据《刑事诉讼法》的规定，综观全案，史某涉嫌强奸罪、非法拘禁罪、虐待罪，由公安机关管辖最为恰当，法院在审查后，对不属于自己管辖的，再移送到公安机关。同时，梁某被史某强奸并非法拘禁，孩子也在史某控制中，在这种情况下，应当立即采取强制措施并对梁某予以保护。而三机关的相互推诿导致梁某的自杀身亡，史某潜逃，是十分错误的。

（二）案例分析实训

案例一

王某系某市公安局某分局巡警队队长，一日，他下班回家，看见妻子正在与邻居吴某争吵，妻子对吴某说："你最好小心点，等我老公回来，把你抓去坐牢！"王某便上去劝阻。吴某以为王某要抓自己，便推了王某一把，转身逃跑。王某没有注意，一下摔倒在地。王某十分恼火，追上吴某，与吴某相互殴打。情急之下，王某拔出警棍，击打吴某，吴某顺手抓起旁边的一根木棍奋力还击，在抵挡中，王某的警棍被打飞，正好砸到路边一个4岁小孩的头部，小孩当场昏倒。2人立即把小孩送到医院，经抢救无效，当天死亡。王某即命令分局警察将吴某拘留，并以故意伤害致人死亡罪对吴某立案侦查。吴某家属对公安机关的做法不服，便找到检察院，要求对王某进行审查、处理。

问：①检察机关对于吴某家属的要求，应当如何处理？②立案监督中存在哪些值得探讨的问题？

案例二

李某夫妇是某市个体户，因不同意女儿李林与农村打工青年贺强恋爱，多次打骂女儿，不让女儿出门，并让儿子李兵找朋友将贺强毒打一顿，并扬言如果再找李林就要他小命。一日，李林借故出门找到贺强后，两人抱头痛哭，觉得走投无路，今生无缘做夫妻，便相约一起自杀。当晚，两人留下遗嘱后一起跳河自尽。贺强父母处理完儿子丧事后，悲痛欲绝，认为儿子是被李林父母逼死的，便到公安机关告状。当时公安机关的办案人员张某告诉贺强父母，此案属于暴力干涉婚姻自由案，是自诉案件的范围，但因为被害人已经死亡，自诉人不存在，因此无法提起刑事诉讼。因此不能立案。

问：张某的做法是否正确？

案例三

王某与陆某是邻居，平日关系不错。陆某在某国有银行任信贷科长，与其妻子2人的月收入二千元左右。家里要供养年幼的女儿和年老的父母，但家里有成套的红木家具、高档电器、豪华摩托车，日常的吃穿用等也比较奢侈。王某一直怀疑陆某收入不正当，但碍于情面没有去举报。后来，因为两家小孩打架，关系恶化，王某便去公安机关举报陆某巨额财产来源不明的问题，并提供了陆某夫妇收入及家庭财产开支情况的材料。公安机关对举报十分重视，并进行了相关调查。调查后发现陆某有修理家电的特长，10年前就担任某电器修理公司技术顾问，收入颇丰。因怕单位领导知道，陆某并未对外声张。于是公安机关未对王某的举报立案。

问：王某的举报是否属于诬告？

 主要参考文献

1. 樊崇义主编：《刑事审前程序改革与展望》，中国人民公安大学出版社2005年版。
2. 彭海青：《刑事诉讼程序设置研究》，中国法制出版社2005年版。
3. 孙长永：《侦查程序与人权》，中国方正出版社2000年版。
4. 杨宗辉、刘为军："立案侦查条件新论"，载《法商研究》2001年第2期。
5. 吕萍："刑事立案程序的独立性质疑"，载《法学研究》2002年第3期。
6. 黄一超、李浩："强化刑事立案监督的若干问题探讨"，载《政治与法律》2001年第3期。

第十四章

侦 查

【本章概要】侦查是我国公诉案件诉讼过程中一个独立的、必需的阶段。我国专门机关按照侦查程序所进行的活动是整个刑事诉讼活动的重要组成部分，是行使国家对犯罪追诉权的重要体现。因此，《刑事诉讼法》第 89 条规定：公安机关对已经立案的刑事案件，应当进行侦查，收集、调取犯罪嫌疑人有罪或者无罪、罪轻或者罪重的证据材料。侦查行为包括侦查机关在侦查过程中依法采取的拘传、取保候审、监视居住、拘留和逮捕等强制措施和讯问犯罪嫌疑人、询问证人或被害人、勘验、检查、搜查、扣押物证或书证、鉴定、通缉等专门调查工作，辨认等侦查行为。

【学习目标】通过对本章的学习，使学生掌握侦查、侦查实验、勘验、检查、现场勘验、物证检验、尸体检验、人身检查、搜查、扣押物证书证、通缉等概念；侦查的任务、意义和侦查工作的原则；法律对采用讯问犯罪嫌疑人、询问证人、勘验、检查等侦查方法时的要求，侦查终结的条件和依法应当对案件作出的处理。

【教学重点与难点】侦查行为；侦查终结的案件；补充侦查的程序与措施；补充侦查的限制。

第一节 侦查概述

一、侦查的概念

侦查是指国家专门机关在办理刑事案件的过程中，为了收集调取犯罪嫌疑人有罪或者无罪、重罪或者轻罪的证据材料和查获犯罪嫌疑人，依照法定程序进行的专门调查工作和有关的强制性措施。

侦查是我国公诉案件诉讼过程中一个独立的、必需的阶段。我国专门机关按照侦查程序所进行的活动是整个刑事诉讼活动的重要组成部分，是行使国家对犯罪追诉权的重要体现。因此，《刑事诉讼法》第 89 条规定：公安机关对已经立案的刑事案件，应当进行侦查，收集、调取犯罪嫌疑人有罪或者无罪、罪轻或者罪重的证据材料。我国刑事诉讼中的侦查有以下几个特点：

（一）侦查主体的法定性

根据我国现行《刑事诉讼法》和其他有关法律的规定，侦查只能由公安机关、国家安全机关、人民检察院、军队保卫部门和监狱等专门机关按照法律规定的管辖权限进行，其他任何机关、团体和个人都无权侦查。擅自进行侦查活动，属于违法行为，应当受到法律的制裁。

（二）侦查活动的法律性

侦查活动的法律性首先表现在侦查目的的法律性上。虽然侦查是为了查明事实真相，但是侦查并非一种仅止于探求事实真相的活动，查明案件事实真相的目的是为了准确地适用法律，即为认定被追诉者有罪或者无罪、罪重或者罪轻提供事实上的依据。其次，侦查活动的法律性表现在侦查方式、方法、步骤的法定性上。侦查是一项艰巨而复杂的工作，必须有严格的法定程序作保障，才能实现侦查目的，完成侦查任务。最后，侦查措施所具有的强制性和侦查权力的强大性使得侦查极容易侵犯被侦查对象的合法权益，这也要求有严格的法律程序来规范侦查行为，防止侦查权的滥用。

（三）侦查活动的广泛性

根据我国《刑事诉讼法》的规定，侦查活动总的来说是由专门调查工作和有关的强制性措施两大方面构成。专门调查工作主要包括讯问犯罪嫌疑人、询问被害人、询问证人、勘验、检查、辨认、鉴定，等等。有关的强制性措施，不仅是指以限制或剥夺人身自由为内容的拘传、取保候审、监视居住、拘留和逮捕等强制措施，还包括为了配合收集证据材料和查获犯罪嫌疑人而使用的具有强制性的专门手段，如搜查、扣押物证或书证、通缉，等等。

二、侦查的任务和意义

（一）侦查的任务

侦查作为刑事诉讼的一个重要阶段，其主要任务有以下几个方面：

1. 收集、核实各种证据材料，查明案件事实。在刑事诉讼中，证据是保证准确认定案件事实，正确适用法律的关键。同时，根据我国《刑事诉讼法》的规定，证明责任主要应当由控诉方承担。因此，收集确凿、充分的证据，为提起控诉提供坚实的事实依据，必然是侦查的首要任务。要完成这一任务，首先要注意发现证据材料。其次，应当及时做好证据材料的提取和固定工作。最后，要注意对所收集的具体证据材料的分析，排除虚假的或者无关的材料。在此基础上，再从整体上分析案件的证据材料，看其是否达到了法定的证明要求，以确定是否需要进一步收集有关证据材料以及收集的方向。

2. 查获和控制犯罪嫌疑人，保证诉讼的顺利进行。刑事诉讼的中心问题是犯罪嫌疑人、被告人的刑事责任问题。只有查获和控制犯罪嫌疑人，才能为审判机关定罪处刑提供具体的对象。这就要求侦查人员在收集证据材料、查明案件事实的同时，必须密切注意犯罪嫌疑人的动向，在符合法定条件的情况下，应当根据法定程序，果断地对犯罪嫌疑人采取必要的强制措施。

3. 指导防范、控制犯罪，减少刑事案件的发生。从预防犯罪的角度来看，侦查机关还应当肩负指导防范、控制犯罪的任务。这一任务主要是通过两个方面的工作来完成的：①在侦查过程中，对犯罪嫌疑人进行政策、法律和思想教育，为罪犯认罪服法和今后的改造打下基础，防止其今后继续犯罪；②通过分析具体犯罪的原因，帮助发案单位或者部门发现管理上的漏洞，指导其改进防范工作，以防止和减少刑事案件的发生。

（二）侦查的意义

侦查是公诉案件的必经程序，在整个刑事诉讼程序中具有十分重要的意义。

1. 侦查是打击和控制犯罪的重要手段。任何一个国家，如果没有同多种多样的犯罪行为作斗争的强有力的手段，就难以保持良好的社会秩序。侦查机关的侦查活动便是现代法治社会同犯罪行为作斗争的理性而又有效的手段。通过侦查，一方面能够及时、准确地查清案情，揭露犯罪，查获犯罪分子，为起诉和审判做好准备，从而对犯罪分子进行及时、有效的打击；另一方面，快速、准确的侦查使潜在的犯罪分子感觉到法网难逃，客观上起到震慑罪犯的作用。

2. 侦查为公诉案件的起诉和审判提供了必要的证据材料和可靠的事实依据。侦查不仅仅是公诉案件的一个必经程序，也就是说，侦查不仅仅具有程序上的意义。实际上，侦查对案件实体问题的认定具有极为重要的影响。一个公诉案件，只有在经过缜密的侦查，准确地查明案件事实的基础上，才能使控诉准确、充分、有力，审判机关对案件的定性才会准确，量刑才会恰当，才能使犯罪分子受到应有的惩罚，使无罪的人不受刑事追究。

3. 侦查工作是预防犯罪和加强社会治安综合治理的有力措施。侦查的任务之一就是在侦查的过程中指导防范、控制犯罪的发生。因此，在某种意义上，侦查的过程也就是教育群众、发动群众同犯罪作斗争，让群众了解犯罪规律，使发案单位加强防范、控制犯罪发生的过程。同时，侦查活动对社会上那些不稳定分子起着震慑的作用。这些都有利于加强社会治安综合治理，预防和减少犯罪的发生。

第二节　刑事侦查的原则

侦查是我国刑事诉讼中一个极为重要的诉讼阶段，它不仅事关能否准确及时揭露犯罪、证实犯罪，为提起诉讼做好充分的准备，而且直接关系到对公民基本权利的保护。因此，为了确保侦查任务的实现和保障人权，侦查活动必须遵守下列原则。

一、迅速及时原则

刑事犯罪的特点决定了刑事侦查工作的进行必须迅速及时。这一原则要求侦查机关接到报案后要立即组织侦查力量，制订侦查方案，及时采取侦查措施，收集案件的各种证据。侦查工作的时间性很强。犯罪分子实施犯罪后，为了逃避惩罚，一方面会毁灭证据、伪造证据或者隐匿证据，另一方面会逃跑、隐匿，或者与同案人订立攻守同盟，还有继续危害社会的可能。另外，由于自然或者其他的原因，证据有可能难于收集。为此，侦查工作是否迅速及时，是顺利完成侦查任务的一个重要条件。

二、客观全面原则

所谓客观，就是指一切从实际情况出发，尊重客观事实，按照客观事实的本来面目去认识它并如实反映它。所谓全面，就是要全面地调查了解和反映案件的情况，不能仅仅根据案件的某个情节或者部分材料就下结论。这一原则要求侦查人员一切从案件的实际情况出发，实事求是地收集证据，既要收集能够证明犯罪嫌疑人有罪、罪重的证据，也要收集能够证明犯罪嫌疑人无罪、罪轻的证据。

三、深入细致原则

刑事案件千变万化，十分复杂。在侦查过程中为了准确查明案件的真实情况，侦查人员还必须坚持深入细致的原则。这一原则要求侦查人员必须做深入细致的调查研究，对犯罪的具体情节要全部查清，并要求有相应的证据证明。

四、依靠群众原则

这一原则要求在侦查工作中，不仅要充分发挥专门机关的作用，而且要善于依靠群众的力量。犯罪嫌疑人生活在广大的人民群众之间，群众对于犯罪嫌疑人的经历、表现都比较了解，可以为侦查人员提供线索；并且由于人民群众对犯罪的深恶痛绝，人民群众也会主动同犯罪作斗争。所以，在侦查工作中，侦查人员应当充分依靠人民群众的力量。

五、遵守法制原则

程序法制原则是刑事诉讼的一项基本原则，旨在将刑事诉讼活动纳入法制的轨道，以防止国家机关滥用职权，恣意妄为，保证刑事诉讼的民主性、公开性，从而顺利实现刑事诉讼的目的和任务。侦查是一项严肃的执法活动，侦查机关和侦查人员进行侦查活动，必须严格遵守法定的程序。因为侦查机关所适用的各种专门侦查手段和采取的强制性措施，稍有不慎，就会侵犯公民的人身权利、民主权利或者其他诉讼权利。因此，在侦查工作中，侦查人员必须增强法制观念，严格依照刑事诉讼法的规定收集证据。严禁刑讯逼供，严禁以威胁、引诱、欺骗、允诺以及其他非法方法收集证据。采取逮捕、拘留等强制措施，也必须依照法定的条件和程序进行。

六、保守秘密原则

侦查是同各种刑事犯罪嫌疑人进行的尖锐而复杂的斗争。侦查与反侦查的矛盾，存在于整个侦查的过程。侦查工作的这种性质和特点，决定了在侦查工作中要注意保守侦查工作的秘密，严格禁止将案情、证据、当事人及诉讼参与人的情况向无关人员泄露，以保证侦查活动的顺利进行。

七、比例原则

比例原则是指侦查权在侵犯公民权利时，必须在法律规定范围内选择侵害公民权利最小的方式。侦查阶段是刑事诉讼中国家权力与公民基本权利对抗最严重的一个阶段，在这一阶段中，侦查权的行使可能涉及对公民个人权利和自由的限制或者剥夺，国家权力与公民个人权利之间的对抗比其他领域更为尖锐。基于侦查阶段的这一特性，现代法治国家普遍确立了比例原则，将侦查权对公民个人权利的侵犯设定在合理的范围之内。我国《刑事诉讼法》第 60 条规定：对有证据证明有犯罪事实，可能判处徒刑以上刑罚的犯罪嫌疑人、被告人，采取取保候审、监视居住等方法，尚不足以防止发生社会危险性，而有逮捕必要的，应即依法逮捕。但是，我国《刑事诉讼法》对于比例原则的贯彻却远远不够，尤其是在侦查阶段对于这一原则的贯彻存在严重缺陷，如在司法实践中侦查人员在诉讼手段的适用上非常随意，对于一些强制性诉讼手段的适用上过于宽松等。为了避免对公民个人权利的过度侵犯，刑事诉讼法必须确立比例原则。

第三节　侦查行为

侦查行为是指侦查机关对刑事案件依照法律进行的各种专门调查工作。根据我国《刑事诉讼法》的规定，侦查行为包括侦查机关在侦查过程中依法采取的拘传、取保候审、监视居住、拘留和逮捕等强制措施和讯问犯罪嫌疑人、询问证人或被害人、勘验、检查、搜查、扣押物证或书证、鉴定、通缉、辨认等专门调查工作。由于强制措施在本书中已另有专章论述，本章主要介绍《刑事诉讼法》第 91～123 条所规定的几种侦查行为和其他的侦查行为。

一、讯问犯罪嫌疑人

（一）讯问犯罪嫌疑人的概念

侦查阶段讯问犯罪嫌疑人，是指侦查人员依照法律程序，以言词的方式，就案件对犯罪嫌疑人进行的审查和追问。

犯罪嫌疑人作为案件的当事人，对自己是否实施某种犯罪行为以及如何实施应当清楚，同时，案件的处理结果又与其有直接的利害关系，犯罪嫌疑人这种特殊的诉讼地位，决定了讯问犯罪嫌疑人有两方面的作用：①对侦查机关来讲，通过对犯罪嫌疑人的讯问，可以直接搜集和核实证据材料，帮助查明案件事实，判定犯罪嫌疑人是否实施了犯罪行为以及犯罪的性质；②对犯罪嫌疑人来讲，侦查人员的讯问为其行使辩护权和争取悔罪表现提供了机会，在接受讯问时，犯罪嫌疑人对不当指控可以进行辩护，对属实的指控可以如实供述以争取宽大处理。因此，讯问犯罪嫌疑人实际上是每一个刑事案件侦查工作中的必需程序。

（二）讯问犯罪嫌疑人的原则

讯问犯罪嫌疑人是侦查人员与犯罪嫌疑人的正面交锋，是一项法律性、技术性很强的诉讼活动。对犯罪嫌疑人来讲，如果他是犯罪人，他一般会千方百计地逃避法律的追究，在侦查机关没有掌握过硬的证据之前总会抱着侥幸的心理，要么矢口否认、百般抵赖，要么保持沉默、避重就轻；对侦查人员来讲，一旦对某一犯罪嫌疑人正式讯问，即已形成了先入为主的心理定势，势必会想方设法令犯罪嫌疑人供述罪行，于是在司法实践中就可能会出现威胁、引诱、欺骗甚至刑讯逼供的非法讯问现象。所以，在讯问犯罪嫌疑人时，侦查人员必须遵守以下原则：

1. 权利告知原则。我国《刑事诉讼法》虽没有确定沉默权，但根据相关规定，侦查人员在讯问犯罪嫌疑人之前应当告知其有权利聘请律师获得法律帮助，有权利拒绝回答与本案无关的问题等。

2. 自然陈述原则。在讯问过程中，侦查人员首先应让犯罪嫌疑人自然而充分地陈述与案件有关的情况，包括对自己无罪或罪轻的辩解，然后再根据需要进行提问，令其补充。而不能让犯罪嫌疑人顺着侦查人员的思路和暗示作出侦查人员需要的供述。

3. 禁止非法讯问原则。为保障犯罪嫌疑人的权利，保证口供的客观真实性，各国的法律和联合国相关的公约严禁使用暴力、胁迫、诱导等非法方法进行讯问，以非法的行为取得的口供，不具有证据效力，而且视情况要追究采用非法行为的侦查人员的法律责任。我国《刑事诉讼法》第43条规定："严禁刑讯逼供和以威胁、引诱、欺骗以及其他非法的方法收集证据。"《刑诉规则》第265条第1款规定："严禁以非法的方法收集证据。以刑讯逼供或者威胁、引诱、欺骗等非法的方法收集的犯罪嫌疑人供述、被害人陈述、证人证言，不能作为指控犯罪的根据。"最高人民法院也有类似的规定，以否定这类证据的价值来从根本上降低用非法手段取得口供的动力。同时，刑法中也规定了对刑讯逼供的刑罚处罚，它涉及司法制度中包括机构设置、权力分配以及诉讼结构、诉讼价值等一系列的问题，其中也有对沉默权制度的认同和怀疑。

（三）讯问犯罪嫌疑人的程序

根据《刑事诉讼法》以及《公安机关办理刑事案件程序规定》，侦查机关讯问犯罪嫌疑人应严格遵守以下程序：

1. 讯问前的准备工作。讯问前，侦查人员应当了解案件情况和证据材料，制订讯问计划，列出讯问提纲。讯问犯罪嫌疑人必须由侦查人员进行，其他任何单位包括公安机关、检察机关的非侦查人员均无权讯问。讯问的时候，侦查人员不得少于两人。讯问同案犯罪嫌疑人，应当个别进行。

2. 讯问的地点。侦查人员对于不需要拘留、逮捕的犯罪嫌疑人，经县级以上侦查机关负责人批准，可以传唤犯罪嫌疑人到所在市、县内的指定地点或者到他的住处进行讯问。不得异地传唤、拘传。提讯在押的犯罪嫌疑人，在填写《提讯证》后，在看守所或者侦查机关的工作场所进行讯问。

3. 讯问时间的规定。传唤或拘传犯罪嫌疑人持续的时间不得超过12小时，不得以连续传唤或拘传的形式变相拘禁犯罪嫌疑人。对于拘留或逮捕后的犯罪嫌疑人，应当在拘留或逮捕后的24小时内进行第一次讯问，及时收集证据，澄清事实，发现不应当拘留或逮捕的人，应当立即释放。

4. 讯问过程的规定。

（1）第一次讯问，应当问明犯罪嫌疑人的姓名、别名、曾用名、出生年月日、户籍所在地、暂住地、籍贯、出生地、民族、职业、文化程度、家庭情况、社会经历、是否受过刑事处罚或者行政处理等情况。

（2）讯问犯罪嫌疑人时，应当告知其对侦查人员的提问应当如实回答，与本案无关的情况有拒绝回答的权利。严禁刑讯逼供或者使用威胁、引诱、欺骗以及其他非法的方法获取供述。

（3）讯问犯罪嫌疑人时，应当首先讯问其是否有犯罪行为，让其陈述有罪的情节或无罪的辩解，然后再向其提出问题。犯罪嫌疑人请求自行书写供述的，侦查人员应当允许。必要的时候，侦查人员也可以要求犯罪嫌疑人亲笔书写供述。但以言词形式讯问必不可少，且应当在要求其书写供词之前。

（4）讯问聋、哑犯罪嫌疑人应当由通晓聋、哑手势的人参加，并在讯问笔录上注明犯罪嫌疑人的聋、哑情况，以及翻译人员的姓名、工作单位和职业。讯问不通晓当地语言文字的犯罪嫌疑人，应当配备翻译人员。

（5）侦查人员在讯问中对犯罪嫌疑人的犯罪事实、动机、目的、手段，与犯罪有关的时间、地点，涉及的人、事、物，都应当讯问清楚，对犯罪嫌疑人供述的犯罪事实、申辩和反证，都应当认真核查。

（6）侦查人员应当将问话和犯罪嫌疑人的供述与辩解均如实记录清楚，讯问笔录应当交给犯罪嫌疑人核对或者向其宣读。如果记录有差错或者遗漏，应当允许犯罪嫌疑人更正或者补充并捺指印。笔录经犯罪嫌疑人核对无误后，应当由其在笔录上逐页签名（盖章）、捺指印，拒绝签名（盖章）、捺指印的，侦查人员应当在笔录上注明。在文字记录的同时，侦查人员可以根据条件和需要记录、录像。

（四）关于律师介入

1996 年《刑事诉讼法》修改的一个重大举措，就是允许律师在侦查阶段介入诉讼为犯罪嫌疑人提供法律帮助，这标志着我国由职权主义诉讼模式向当事人主义诉讼模式的初步转化，在我国的刑事立法史上具有重要的意义。律师在侦查阶段的介入，是当今世界刑事立法的趋势，也是人权运动发展的需要。此项制度不仅是对刑事被追诉者合法权益的有力保障，同时还是侦查活动中重要的监督制约机制。

《刑事诉讼法》第 96 条规定："犯罪嫌疑人在被侦查机关第一次讯问后或者采取强制措施之日起，可以聘请律师为其提供法律咨询、代理申诉、控告。犯罪嫌疑人被逮捕的，聘请的律师可以为其申请取保候审。涉及国家秘密的案件，犯罪嫌疑人聘请律师，应当经侦查机关批准。受委托的律师有权向侦查机关了解犯罪嫌疑人涉嫌的罪名，可以会见在押的犯罪嫌疑人，向犯罪嫌疑人了解有关案件情况。律师会见在押的犯罪嫌疑人，侦查机关根据案件情况和需要可以派员在场。涉及国家秘密的案件，律师会见在押的犯罪嫌疑人，应当经侦查机关批准。"该规定有以下几层含义：

（1）犯罪嫌疑人聘请律师为其提供法律帮助的时间，即律师介入诉讼的时间，应当是犯罪嫌疑人被侦查机关第一次讯问后或者是采取了强制措施之日起。根据《公安机关办理刑事案件程序规定》，公安机关在对犯罪嫌疑人依法进行第一次讯问后或者采取强制措施之日起，应当告知犯罪嫌疑人有权聘请律师，并记录在案。犯罪嫌疑人可以自己聘请律师，其亲属也可以代为聘请。

（2）侦查阶段介入诉讼为犯罪嫌疑人提供法律帮助的人，只能是律师，而不能是犯罪嫌疑人的监护人、亲友或其他人。在侦查阶段聘请律师与在审查阶段和审判阶段委托辩护人是两项制度，我国《刑事诉讼法》并未将律师在此定位于"辩护人"。因为侦查活动在我国不公开性的特点，所以能够在此阶段介入诉讼为犯罪嫌疑人提供法律帮助的人，同时还应该是与犯罪嫌疑人或者案件无利害关系、从而不至于干扰侦查活动的人。因此，只有具备法律理性和行业约束的特定职业者——律师才合适。

律师介入后可以依法从事下列业务：

（1）向侦查机关了解犯罪嫌疑人涉嫌的罪名。

（2）会见犯罪嫌疑人，向犯罪嫌疑人了解有关案件的情况。这是律师在侦查阶段最有实质性意义的一项权利。律师提出会见在押的犯罪嫌疑人，侦查机关应当在48小时内安排会见；对于组织、领导、参加黑社会性质组织罪、组织、领导、参加恐怖活动组织罪或者走私犯罪、毒品犯罪、贪污贿赂犯罪等重大复杂的共同犯罪案件，律师提出会见犯罪嫌疑人，应当在5日以内安排会见。

（3）为犯罪嫌疑人提供法律咨询、代理申诉、控告。

（4）为逮捕的犯罪嫌疑人申请取保候审。

律师在侦查阶段行使权利时的限制：

（1）涉及国家秘密的案件，犯罪嫌疑人聘请律师，以及律师会见此类案件的犯罪嫌疑人，都应当经侦查机关批准。但侦查机关不得借口案件本身需要保密而拒绝犯罪嫌疑人及其律师的请求。

（2）律师会见在押的犯罪嫌疑人，侦查机关根据案件情况和需要，可以派员在场。

律师会见在押的犯罪嫌疑人时的规定：律师会见在押的犯罪嫌疑人，公安机关应当查验律师执业证、律师事务所介绍信、聘请书、侦查机关的会见通知书。对于涉及国家秘密的案件，还应当查验侦查机关的《批准会见犯罪嫌疑人决定书》。同时，公安机关应当告知律师遵守会见场所的规定，如有违反法律或者会见场所规定的行为，在场的公安人员应当制止，必要时可以决定停止本次会见。

律师在案件侦查阶段的介入，应当对犯罪嫌疑人地位的改善具有积极的作用，同时也是对侦查行为的监督和制约。但从律师行使的十分有限的权利中可以看出，此时的律师并不具有为犯罪嫌疑人进行辩护以及为今后辩护收集证据的权利，因此，律师不具有"辩护人"的法律地位和权利，也不是法定的诉讼参与人。在律师介入后所能够行使的最富实质性意义的权利——"会见权"中，有一项关键的限制：律师会见犯罪嫌疑人时，侦查机关可以派员在场，这实质上就阻断了律师与犯罪嫌疑人正常的交流，同时也加大了律师的执业风险。另外，也没有确认律师介入后的一项最重要的权利——犯罪嫌疑人被讯问时律师的在场权，致使犯罪嫌疑人被讯问时仍处于有可能被刑讯逼供的危险之中，侦查机关的讯问过程仍可能是"暗箱操作"的局面，律师对侦查讯问过程的监督制约作用十分有限。

二、询问证人、被害人

（一）询问证人、被害人的概念

询问证人、被害人，是指侦查人员依照法定程序对证人或者被害人就案件情况以查问的方式进行调查的一种侦查活动。

"询问"与"讯问"虽然都是以查问的方式就案件情况所做的调查活动，但二者针对的对象、查问的方式有明显的区别："讯问"针对的是犯罪嫌疑人、被告人，其基本含义是审查、追问，讯问时侦查人员态度一般比较严厉；"询问"则是以平等的口吻、平和的态度向证人或被害人进行调查访问，所以侦查人员在询问证人、被害人时一定要注意方式、方法和态度，禁止暴力取证。

证人是除当事人外，亲自感知案件情况的知情者，他（她）的陈述很多是直接证据，不仅可以为破案提供重要线索，往往也是最终定案的依据。被害人作为当事人，最了解犯罪的危害后果。与犯罪人有过人身接触或近距离接触的被害人，往往可以提供直接证据，对破案和定案至关重要。所以询问证人、被害人是收集证据、发现犯罪事实的重要侦查手段。

当前在我国，证人拒绝作证、甚至被害人拒绝与侦查机关合作的现象比较普遍，这与有些公民法制观念淡薄、缺乏起码的正义感和责任心有关系，也与个别办案人员在取证过程中不尊重证人的合法权益，态度粗暴，甚至对证人威胁、恐吓、引诱、拷打，导致证人产生抵触情绪有关，更重要的是我国尚未建立起完善的证人作证保护制度，使证人普遍害怕遭到打击报复。我国《刑事诉讼法》仅在第49条中规定："人民法院、人民检察院和公安机关应当保障证人及其近亲属的安全。对证人及其近亲属进行威胁、侮辱、殴打或者打击报复，构成犯罪的，依法追究刑事责任；尚不够刑事处罚的，依法给予治安管理处罚。"但如何保障证人及其近亲属的安全，并无详细规定。所以很多学者呼吁在立法上应对证人作证作出法律保障，建立对拒绝作证的法律制裁制度，并对证人作证付出的代价予以相应补偿。

（二）询问证人、被害人的程序

1. 询问的主体和地点。询问证人、被害人是一项侦查活动，只能由侦查机关的侦查人员进行。询问前，侦查人员应当向证人、被害人出示侦查机关的证明文件或者侦查人员的工作证件。询问时，侦查人员不得少于两人。询问证人、被害人，可以到证人、被害人所在单位或者住处进行。必要的时候，也可以通知证人、被害人到侦查机关提供证言。

2. 询问的过程。侦查人员在询问证人、被害人之前，应当了解证人、被害人的身份，证人、被害人与犯罪嫌疑人之间的关系。询问时，应首先告知证人、被害人必须如实提供证据、证言，如果有意作伪证或者隐匿罪证应负相应的法律责任。严禁使用威胁、引诱或者其他非法方法去询问证人、被害人。同时不得向证人、被害人泄露案情。一案有多个证人或被害人的，询问时应当个别进行，不能把证人集中起来开座谈会，以免互相影响，使证言失真。

3. 询问终结。侦查人员对询问的对话应尽量不失原意地记录下来，询问笔录应交证人、被害人核对或者向其宣读。如果记录有差错或者遗漏，应当允许证人、被害人更正、补充。笔录核实无误后，应当由证人、被害人签名（盖章）。

如果证人、被害人要求书写证言时，应当允许，但书面证言不能代替口头询问，且以言词方式进行的询问应当在其书写证言之前完成。

三、勘验、检查

（一）勘验、检查的概念

勘验、检查是性质相同、对象不同的两项侦查措施。

勘验，是指侦查人员对与犯罪有关的场所、物品、尸体等进行勘查和检验，以发现和收集各种犯罪痕迹和其他物证的侦查行为。包括现场勘查、物证检验、尸体检验、侦查实验等。

检查，是指侦查人员为确定犯罪嫌疑人或被害人的某些生理特征及伤害情况，对他们的人身进行检验查证的侦查行为。

勘验、检查是取得原始证据的重要途径。勘验、检查的任务是发现和收集犯罪的痕迹和其他物证，分析研究罪犯作案的情况，判断罪犯的作案动机和手段，从而确定侦查的方向和范围，揭露和证实犯罪。

勘验、检查只能由侦查人员进行，必要时可以指派或邀请具有专门知识的人，在侦查人员的主持下进行。侦查人员必须持有公安机关的证明文件，并应当邀请与案件无利害关系的公民作见证人。

勘验、检查必须及时、细致、客观。如果不及时，就会使一些物证尤其是痕迹消失、现场变化、物品变质，给侦查带来困难；如果不细心，就会遗漏重要的证据。所以收集和保全证据应当全面、客观，对有罪无罪、罪轻罪重的证据都应收集，不能有片面性，更不能任意取舍，弄虚作假。

（二）勘验、检查的种类和程序

根据《刑事诉讼法》的规定，勘验、检查包括现场勘查、物证检验、尸体检验、人身检查、复验、复查、侦查实验。

1. 现场勘查。现场勘查，是指对犯罪现场以及与犯罪有关的场所、物品和痕迹进行的勘查检验。现场勘查的任务，是查明犯罪现场的情况，发现和收集证据，研究分析案情，判断案件性质，确定侦查方向和范围，为破案提供线索和证据。

犯罪现场，是指犯罪分子实施犯罪的地点或其他遗留了与犯罪有关的痕迹和物品的场所，是罪证比较集中的地方。所以对于犯罪现场，发案地派出所、巡警或者治安保卫组织应当妥善保护。注意保全证据，控制犯罪嫌疑人，并及时报告公安机关主管部门。执行勘验人员接到通知应立即赶赴现场。侦查人员勘查现场应持有《刑事犯罪现场勘查证》。现场勘查应邀请两名与案件无关的公民做见证人，也可以邀请有关专业人员参加。公安机关的刑侦部门勘查重大案件现场，必要时应当商请人民检察院派人参加。

勘查现场，应按有关规定和要求拍摄现场照片，制作《现场勘查笔录》和现场图，对重大案件、特别重大案件的现场，还应当录像。计算机犯罪现场的勘查，应当立即停止应用，保护计算机及相关设备，并复制电子数据。需要迅速采取搜索、追踪、堵截、鉴别、控制销赃等紧急措施的，应立即报告侦查本案的指挥人员，以便迅速作出相应的布置。

现场勘查还可以与现场访问结合起来，通过询问证人和访问周围群众，进一步了解案发时的情况，印证现场勘查中的现象。

2. 物证检验。物证检验，是侦查人员对已经收集到的物品、痕迹，在侦查过程中进行的检查验证，以便发现物品、痕迹的特征，确定该物品与案件事实的关系。物证检验通常会涉及许多专业技术问题，应指派或聘请专业技术人员进行。检验物证应当制作检验笔录。

3. 尸体检验。尸体检验，是通过尸表检验和尸体解剖，确定或判断死亡的时间、原因、致死的手段、工具、方法等，为查明案情提供证据，为侦破案件提供线索。

《刑事诉讼法》第104条规定："对于死因不明的尸体，公安机关有权决定解剖，并且通知死者家属到场。"尸体检验应及时进行，防止尸体上的痕迹因尸体变化和腐烂而消失。检验还应在侦查人员的主持下由法医或医师进行。检验过程中应遵守国家的法律和有关规定，尊重群众的风俗习惯，不允许任意破坏尸体外貌的完整性。

为确定死因需要解剖尸体或者开棺检验的，必须经县级以上公安机关负责人批准，并且通知死者家属到场，让其在《解剖尸体通知书》上签名或者盖章。死者家属无正当理由拒不到场或者拒绝签名、盖章的，不影响解剖或者开棺检验，但应当在《解剖尸体通知书》上注明。对于身份不明的尸体，无法通知死者家属的应当在笔录中注明。

对于已经查明死因，没有继续保存必要的尸体，应当通知家属领回处理，对无法通知或者通知后家属拒绝领回的，经县级以上公安机关负责人批准，可以及时处理。

检验尸体应制作笔录，由侦查人员和法医或医师共同签名或盖章。

4. 人身检查。人身检查，是为了确定犯罪嫌疑人、被害人的某些特征、伤害情况或者生理状态，依法对犯罪嫌疑人或被害人的身体进行的检查。

人身检查是对活人进行的一项特殊检查，除紧急情况外，必须经由县级以上公安机关负责人批准。检查妇女的身体，应由女侦查人员或者医师进行。

人身检查触及人的身体，如果不严格依法进行，会侵犯公民的人身权利，所以不能任意扩大检查范围。检查时，无论是对犯罪嫌疑人还是对被害人，均不得侮辱人格。犯罪嫌疑人如果拒绝检查，侦查人员认为必要的时候，可以强制检查；对于被害人应耐心说服其接受检查，尽量不强制检查，如果被害人拒绝检查，侦查人员认为十分必要时也可以强制检查。

人身检查应制作笔录，详细记载检查的情况和结果，由参加检查的侦查人员、检查人员和见证人签名或者盖章。

刑事诉讼中的检查与行政活动中的检查是截然不同的两种行为。刑事诉讼中的检查是一种侦查手段，检查对象仅指犯罪嫌疑人、被害人的身体，目的是发现被检查人的身体特征、生理状态或者伤害情况；而行政活动中的检查是一种维护社会治安的行政行为，其对象是可能违反各种行政法规的人及其随身携带的物品，以及可能隐匿违法物品的场所等，目的是发现违法的各类物证。行政活动中的检查与刑事诉讼中的搜查有一些共同之处。

5. 侦查实验。侦查实验，是指侦查过程中为证实某一事实或者某种现象是否可能发生，而仿照原有的环境和条件进行模拟演习的侦查活动。其目的在于验证在某种情况下，某种事实或现象能否发生。

它通常解决以下问题：①确定在一定条件下能否听到某种声音或者看到某种现象；②确定在一定时间内能否完成某一行为；③确定在什么条件下能够发生某种现象；④确定在某种条件下某种行为和某种痕迹是否吻合一致；⑤确定在某种条件下使用某种工具可能或者不可能留下某种痕迹；⑥确定某种痕迹在什么条件下会发生变异；⑦确定某种事件是怎样发生的。

侦查实验必须经县级以上公安机关负责人批准，在紧急情况下，现场勘查指挥人员或者主管负责人也可以决定。

侦查实验应当注意选择适当的实验地点和时间，在与案发时间极为相似的条件下进行。公安机关进行侦查实验，必要时可以商请人民检察院派员参加。如果需要某种专门知识，应当聘请有关专业人员参加，也可以要求犯罪嫌疑人、被害人、证人参加。

禁止一切足以造成危险、侮辱人格或者有伤风化的行为。

侦查实验的经过和结果要制作《侦查实验笔录》，由参加侦查实验的人员签名或者盖章。

6. 复验、复查。复验、复查，是指人民检察院在审查案件时，对公安机关的勘验、检查，认为可能有错误，从而进行的再次勘验、检查。

复验、复查的目的，是要保证勘验、检查的质量，防止和纠正可能出现的错误。这是人民检察院对公安机关侦查工作的一种监督，有利于提高侦查人员的责任心。对人民检察院要求复验、复查的，公安机关应当及时进行复验、复查，并通知人民检察院派员参加。

复验、复查的规则和要求与勘验、检查相同。复验、复查可以由公安机关组织进行，人民检察院派员参加，如果条件允许，人民检察院也可以自行复验、复查。

四、搜查

（一）搜查的概念

搜查，是指侦查人员对犯罪嫌疑人以及可能隐藏罪犯或者犯罪证据的人的身体、物品、住所和其他有关的地方进行搜索、检查的侦查行为。其目的是收集犯罪证据，查获犯罪嫌疑人。

搜查与检查不同，人身检查是为了确定犯罪嫌疑人或者被害人的某些特征、伤害情况和生理状况，而且对于犯罪嫌疑人、被害人以外的其他人均不得强制检查；搜查则是为了搜寻罪证和查获犯罪人，对一切拒绝合法搜查的人都可以依法强制搜查。在搜查过程中，如果侦查人员认为有关人员的身上可能隐藏有犯罪证据，也可以对其进行人身搜查，这种人身搜查与人身检查最大的区别是：人身搜查是针对被搜查人的衣物，目的是发现其随身隐藏的物证；人身检查则是针对被检查人的身体，以期发现其与案件有关的某些特征、生理状况及伤害情况。

（二）搜查的程序

1. 搜查只能由侦查人员进行，其他任何单位、组织和个人均无权进行搜查，否则将依法追究其非法搜查的责任。

2. 搜查必须由县级以上公安机关负责人或者人民检察院负责人签发《搜查证》。执行逮捕、拘留时，有下列紧急情况之一的，不用《搜查证》也可以进行搜查：①犯罪嫌疑人可能携带凶器、自杀器具的；②可能隐藏爆炸、剧毒等危险物品的；③犯罪嫌疑人可能毁弃、转移犯罪证据的；④可能隐匿其他犯罪嫌疑人的；⑤其他突然发生的紧急情况。

3. 搜查一般在白天进行，但遇到紧急情况或对特殊场所进行侦查时除外。所谓"紧急情况"，即犯罪嫌疑人正在实施犯罪或者犯罪后即将逃离现场，以及如不立即搜查会丧失证据，使犯罪分子脱逃的其他情形。所谓"特殊场所"，即侦查人员已监视的处所、秘密赌博或推定是卖淫嫖娼的处所，以及侦查人员认为藏有犯罪嫌疑人或罪证的车船、歌舞厅、旅馆等场所。

4. 搜查应向被搜查人出示搜查证，搜查人员不得少于两人。搜查应该有被搜查人或其家属、邻居、单位负责人或其他见证人在场。搜查妇女的身体，应由女侦查人员进行。

5. 搜查时不应损坏被搜查人的财物，除罪证和违禁品外，不得提取与案件明显无关的物品。搜查到的与案件有关的物品，应当让见证人过目。

6. 搜查的情况应写成《搜查笔录》，由侦查人员、被搜查人或其家属、邻居或其他见证人签名或盖章。如果被搜查人或其家属不在现场或拒绝签名，应当在笔录上注明。

除此以外，我们认为，无论是对犯罪嫌疑人的搜查还是对嫌疑场所的搜查，都应当在一定的证据基础上适用，最起码的证据条件也应当是符合拘留或者逮捕的证据条件，否则就会任意扩大这种对当事人人身和财产具有巨大威胁的强制性侦查手段的适用范围和比例。同时，对于搜查措施的决定，除拘留或者逮捕是同时进行搜查以外，其他的情形，应由检察机关审批，以减少公安机关自行决定的随意性。

五、扣押物证、书证

（一）扣押物证、书证的概念

扣押物证、书证，是侦查机关对与案件有关的物品、文件等依法强制扣留、冻结、提取、留置和封存的一种侦查行为。其目的是为了提取和保全诉讼证据。

扣押物证、书证一般是在勘验、搜查时进行的，查询、冻结、扣留物证、书证一般是针对银行存款或者邮局信件进行的。在拘留、逮捕犯罪嫌疑人时，也可以单独进行扣押。

（二）扣押物证、书证的程序

1. 扣押物证、书证，只能由侦查人员进行，且须经过侦查机关负责人的批准。单独进行扣押，应持有侦查机关的有关法律文书或者侦查人员的工作证件；如果是在勘验、检查和搜查中扣押物品、文件等，凭勘验证或搜查证即可予以扣押。

2. 扣押物品的范围应当严格控制，只有可能用以证明犯罪嫌疑人有罪或者无罪的各种物品和文件才能予以扣押。司法实践中如果发现物品与案件的关系一时难以确定，可以先行扣押，待查清后再做处理。在扣押物品中如果没有发现违禁物品、文件不得扣押。

3. 持有人拒绝交出扣押的物品、文件的，公安机关可以强行扣押。决定扣押的物证、书证，应当会同在场证人和被扣押物品、文件的持有人查点清楚，当场开列《扣押物品、文件清单》一式三份，写明物品或者文件的名称、编号、规格、数量、重量、质量、特征及其来源，由侦查人员、见证人和持有人签名或者盖章后，一份交给持有人，一份交给公安机关保管人员，一份附卷备查。对于决定扣押而又不便提取的物品、文件，经拍照或者录像后，可以将物品交被扣押物品持有人保管或者封存，并且单独开具《扣押物品、文件清单》一式二份，在清单上注明已经拍照或者录像，物品、文件持有人应当妥善保管，不得转移、变卖、毁损，清单由侦查人员、见证人和持有人签名或者盖章，一份交给物品、文件持有人，另一份连同照片或者录像带附卷备查。

4. 不能随案移送的物证，应当拍成照片；容易损坏、变质的物证、书证，应当用笔录、绘图、拍照、录像、制作模型等方法加以保全。对于可以作为证据使用的录音、录像带、电子数据存储介质，应当记明案由、对象、内容，录取、复制的时间、地点、规格、类别、应用长度、文件格式及长度等，并妥为保管。

5. 扣押犯罪嫌疑人的邮件、电子邮件、电报，须经县级以上公安机关负责人批准，签发扣押通知书，然后通知邮电部门或者网络服务单位检交扣押。当不需要继续扣押时，应当经县级以上公安机关负责人批准，分别签发解除扣押通知书，立即通知邮电部门或者网络服务单位。

6. 对银行或者其他金融机构、邮电部门查询犯罪嫌疑人的存款、汇款，应当经县级以上公安机关负责人批准，制作《查询（或者冻结）存款、汇款通知书》，通知银行或者其他金融机构、邮电部门执行。犯罪嫌疑人的存款、汇款已被冻结的，不得重复冻结。冻结的期限为 6 个月，有特殊原因需要延长的，公安机关应当在冻结期满前办理继续冻结手续，每次续冻期限最长不超过 6 个月，逾期不办理续冻手续的，视为自动撤销冻结。

对于冻结的存款、汇款经查明确实与案件无关的，应当在 3 日内通知原冻结单位解除冻结，并通知被冻结存款、汇款的所有人。

对于在侦查中犯罪嫌疑人死亡，对犯罪嫌疑人的存款、汇款应当依法予以没收或者返还被害人的，可以申请人民法院裁定通知冻结犯罪嫌疑人存款、汇款的银行、其他金融机构或者邮电部门上缴国库或者返还被害人。

对于冻结在银行、其他金融机构或者邮电部门的赃款，应当向人民法院随案移送冻结存款、汇款的执行单位出具的证明文件，待人民法院作出生效判决后，由人民法院通知执行单位将赃款直接上缴国库。

7. 对犯罪嫌疑人违法所得的财物及其孳息，应当依法追缴。对被害人的合法财产及其孳息，应当在登记、拍照或者录像、估价后及时返还，并在案卷中注明返还的理由，将原物照片、清单和被害人的领取手续存卷备查。

8. 对扣押的物品、文件，侦查机关应当妥善保管，以供核查，任何单位和个人不得挪用、损毁或者自行处理。其中作为证据使用的实物应当随案移送；对不宜移送的，应当将其清单、照片或者其他证明文件随案移送。待人民法院作出生效判决后，由扣押的侦查机关按照人民法院的通知，上缴国库或者返还受害人，并向人民法院送交执行回单。

六、鉴定

（一）鉴定的概念

我国刑事诉讼中的鉴定，是指公安司法机关指派或者聘请有鉴定资格的人，对案件中的某些专门性问题进行分析判断、鉴别的活动。因为我国侦查构造的特点，案件中需要鉴定的专门性问题，绝大多数都在侦查阶段进行鉴别，在审查起诉和审判阶段，多是对有争议的问题进行重新鉴定，所以鉴定也是一项重要的侦查手段。

鉴定的范围很广泛，包括刑事技术鉴定、人身伤害的医学鉴定、精神病的医学鉴定、扣押物品的价格鉴定、文物鉴定、珍稀动植物及其制品的鉴定、违禁品和危险品鉴定、电子数据鉴定等。

鉴定人应当是具有鉴定资格的自然人。虽然我国现在对鉴定人及鉴定规则尚无统一的法律规定，但司法部、最高人民法院及某些省，已经相继出台了各自的鉴定规则。随着证据立法步伐的加快，统一的鉴定法规将于不久后面世。

（二）鉴定的程序

1. 对案件的专门性问题需要聘请有鉴定资格的人进行鉴定的，应当经县级以上侦查机关负责人批准，制作《聘请书》。

2. 侦查机关应当为鉴定人进行鉴定提供必要的条件，及时向鉴定人送交有关检材和对比样本等原始材料，介绍与鉴定有关的情况，明确提出要求鉴定解决的问题，但是不得暗示或者强迫鉴定人作出某种鉴定结论。

3. 刑事技术鉴定，由县级以上侦查机关刑事技术部门或者其他专职人员负责进行。刑事技术鉴定的范围，必须是与查明案情有关的物品、文件、电子数据、痕迹、人身、尸体等。

4. 对人身伤害的医学鉴定有争议需要重新鉴定的或者对精神病的医学鉴定，由省级人民政府指定的医院进行。

5. 鉴定人应当按照鉴定规则，运用科学方法进行鉴定。鉴定后应出具鉴定结论，由两名以上具有鉴定资格的鉴定人签名或者盖章。鉴定结论应当只回答专门性问题，而不是回答能否构成犯罪、犯罪性质如何等法律问题。如果几个鉴定人对同一问题意见有分歧的，可以分别作出自己的鉴定意见，鉴定人故意弄虚作假鉴定的，应当依法追究其法律责任。

6. 办案机关如果认为鉴定结论不确切或者有错误的，经县级以上侦查机关批准，可以补充鉴定或者重新鉴定。重新鉴定应当指派或者聘请鉴定人。

7. 侦查机关应当将用作证据的鉴定结论告知犯罪嫌疑人、被害人。如果犯罪嫌疑人、被害人对鉴定结论有异议提出申请，经县级以上侦查机关负责人批准后，可以补充鉴定或者重新鉴定。

8. 对犯罪嫌疑人作精神病鉴定的时间不计入办案期限，其他鉴定时间都应当计入办案期限。对于因鉴定时间较长，办案期限届满仍不能终结的案件，自期限届满之日起，应当对被羁押的犯罪嫌疑人变更强制措施，改为取保候审或者监视居住。

七、通缉

（一）通缉的概念

通缉，是公安机关对应当逮捕而又在逃的犯罪嫌疑人，通令缉拿归案的一种侦查措施。它是公安机关以发布通缉令的方式，动员毗邻地区或其他地区的公安机关及广大群众，协助追捕在逃的犯罪嫌疑人和越狱罪犯的一项手段。它充分体现了公安机关之间以及与广大群众的通力合作，对防止罪犯继续犯罪，及早抓获犯罪嫌疑人或者罪犯，保证侦查、审判工作的顺利进行，具有重要的意义。

（二）通缉的程序

1. 有权发布通缉令的机关只能是公安机关，根据《人民检察院刑事诉讼规则》第217、218条之规定，人民检察院有权决定通缉，但须将通缉通知书和通缉犯的照片、身份、特征、案情简况送达公安机关，由公安机关发布通缉令。

2. 通缉的对象应是下列几类人：①罪该逮捕而在逃的犯罪嫌疑人；②罪该逮捕，但由于种种原因被取保候审或者监视居住，期间逃避侦查和审判，去向不明的犯罪嫌疑人；③在押的犯罪嫌疑人逃跑的；④服刑期间逃跑的罪犯。

对于不构成犯罪或虽已构成犯罪但情节显著轻微，不够逮捕条件的犯罪嫌疑人，不应采取通缉的办法。

3. 县级以上公安机关在自己管辖的地区内，可以直接发布通缉令；毗邻的和有固定协作任务的省、自治区、直辖市或者行署、市、县公安机关，按协作规定可以互相抄发通缉令，同时报上级公安机关备案；需要在全国或者跨协作区通缉重要逃犯时，由省、自治区、直辖市公安厅、局上报公安部，由公安部发布通缉令。

通缉令的发送范围，由签发通缉令的负责人决定。

4. 通缉令中应写明被通缉人的姓名、别名、曾用名、绰号、民族、籍贯、出生地、户籍所在地、居住地、职业、身份证号码、衣着和体貌特征，并附被通缉人近期照片。有条件的，可以附指纹及其他物证的照片。除必须保密的事项外，应当写明案发的时间、地点和简要案情。通缉令必须加盖发布机关的印章。

5. 通缉令发出后，如果发现新的重要情况，可以补发通报。通报必须注明原通缉令的编号和日期。

6. 有关公安机关接到通缉令后，应当及时布置查缉。抓获被通缉人后，要迅速通知通缉令发布机关，并报经抓获地县级以上公安机关负责人批准后，凭通缉令羁押。原通缉令发布机关应当立即进行核实，并及时依法处理。

7. 为发现重大线索，追缴涉案财物、证据，查获犯罪嫌疑人，必要时经县级以上公安机关负责人批准，可以发布悬赏通告。悬赏通告应当写明悬赏对象的基本情况和赏金的具体数额。

通缉令、悬赏通告可以通过广播、电视、报刊、计算机网络等媒体发布。

8. 犯罪嫌疑人自首、被击毙或者抓获，经核实后，原发布机关应当在原通缉、通知、通告范围内，撤销通缉令、边控通知、悬赏通告。

八、辨认

(一) 辨认的概念

辨认，是指侦查机关为了查清犯罪事实，组织有关人员对犯罪嫌疑人、无名尸体及与案件有关的物品、文件进行辨别认定的一项侦查活动。在侦查过程中，辨认被经常运用，其目的在于审查那些与犯罪有关的人员、物品或场所与犯罪案件存在的某种内在联系。正确地运用辨认措施，对于确定和缩小侦查范围，发现犯罪线索，澄清犯罪嫌疑人或认定犯罪分子有重要的意义。特别是那些受害人与犯罪分子有过正面接触的案件，运用这项措施可以直接查获犯罪分子。在无名尸体案件中使用这一措施，可以弄清死者的身份，从而明确侦查工作的方向和范围。

(二) 辨认应注意的问题

1. 组织辨认应当由侦查人员主持进行，主持辨认的侦查人员不得少于2人。辨认前侦查人员要充分了解辨认人的精神是否正常，生理功能是否良好，对案情了解的程度等情况，还应注意辨认时与发案时自然条件是否一致，被辨认对象是否有明显的特征、标记以及其案发前后的误差和伪装等情况。组织辨认以前，应当向辨认人详细询问辨认对象的具体特征，避免辨认人见到辨认对象。

2. 对人和物的辨认，应把被辨认人和物混杂在若干无关人员和同类的物品中，把被辨认人的照片混杂在其他人员的照片中组织辨认。辨认犯罪嫌疑人时，被辨认的人数不得少于7人；对犯罪嫌疑人的照片进行辨认的，不得少于10人的照片。尸体或尸体照片除外。严禁暗示和诱导辨认人，不得诱导辨认人按照侦查人员的意图作出回答。

3. 当辨认人不止1人时，应逐个分别进行辨认，严禁搞集体辨认，以免互相影响，使辨认失去客观性。

4. 辨认地点一般不应在拘留场所，以免辨认人先入为主。

5. 对犯罪嫌疑人的辨认，辨认人不愿意公开进行时，可以在不暴露辨认人的情况下进行，侦查人员应当为其保密。

公开辨认要制作《辨认记录》，秘密辨认要写出《秘密辨认报告》。辨认笔录由侦查人员签名，辨认人、见证人签字或者盖章。

九、测谎检查

测谎检查，是利用测谎技术对相关人员回答与案件有关问题的真实性继续判断的活动。测谎检查离不开测谎技术，而测谎技术的可靠性和人们对它的认识程度，直接影响一个国家对它的接纳程度。

测谎技术，是指在控制条件下，使用多参量测谎仪，通过测试人的呼吸、血压、脉搏、皮肤电阻、脑电等多种生理反应，以评判测试人的心理变化的一种专门技术。它是包括测谎硬件和软件的操作、测谎编题、测后评图等多项技术在内的综合技术。

测谎仪的准确称谓是"心理生理反应测试仪"，简称心理测试仪，基本上分为两种：一种是语言分析仪，一种是多参量心理测试仪，目前人们使用和所指的大多是多参量测谎仪。多参量测谎仪的使用已有数十年，实践证明，其适用领域广泛、测试参数准确、实用价值可靠。同一台仪器可以测量三种以上生理参数，这些数据可以相互印证，从而加大了实用性测试功能。但多参量测谎仪在使用时也有缺点，它要求被测人在被测时必须完全静止，任何轻微的分心，都会影响测试效果；测试时要佩戴许多传感器，操作繁琐；对测试对象也有一定的局限性，对不宜测试者得到的结果不可靠；曲线图谱较为复杂，很难评判；对同一图谱，不同的测试人可能会作出不同的解释。

我国的测谎技术经过二十多年的开发研制和应用，目前已经形成具有我国本土特色的测谎理论体系。我国的测谎技术由六个阶段的技术组成：描绘犯罪心理痕迹技术、测谎编题技术、测前访谈技术、实测操作技术、图谱评度技术、测后讯问技术。这六项技术是相互关联、不可分割的整体，它们在实际操作中，既相对独立，又相互衔接，以实现测谎目的为中心，构成了测谎的具体活动过程。

近几年，测谎技术在司法领域中的应用发展十分迅速，公安司法机关利用测谎技术办理了一大批案件，引起了诉讼理论研究和立法的高度重视，如何规范测谎检查、如何评判测谎结果的证据价值，成为刑事诉讼理论研究中的一个重要课题。

我国《刑事诉讼法》及相关条款，均未对测谎检查加以规范，但在《国家安全法》和《人民警察法》中规定，国家安全机关和公安机关因侦查犯罪的需要，可以采取技术侦察措施（《国家安全法》第 10 条、《人民警察法》第 16 条）。从条文本身看，技术侦查措施可以理解为包括测谎技术。立法部门对此模棱两可，司法实践中却对测谎技术给予了充分的肯定，也有诉讼中测谎证据被采信的实例。所以，目前法律对测谎技术并不排斥，关键的问题在于如何规范才能使测谎技术既能发挥迅速澄清事实、确定或者排除犯罪嫌疑的功能，又不会因测谎结果 1% 或者更大一点的不准确性而伤及无辜，破坏司法公正。

与其他技术鉴定手段一样，测谎技术的准确性也不是 100%，即使测谎技术有 99% 的准确性，当 1% 的错误落在一个无辜者头上，他的权利受到侵害的可能性就是 100%。正因如此，就连测谎技术最为发达、最早将测谎技术运用于犯罪侦查和审判之中的美国，至今也有相当一部分州法院是不采信测谎结果的。1999年9月10日，最高人民检察院针对四川省人民检察院《关于 CPS 多道心理测试鉴定结论能否作为诉讼证据使用问题的批复》中指出："CPS 多道心理测试（俗称测谎）鉴定结论与刑事诉讼法规定的鉴定结论不同，不属于刑事诉讼法规定的证据种类。人民检察院办理案件，可以使用 CPS 多道心理测试鉴定结论帮助审查、判断证据，但不能将 CPS 多道心理测试鉴定结论作为证据使用。"这个批复实际上代表了目前立法界对测谎技术的态度：测谎技术可以作为审查、判断证据的协助手段，但测谎结果不能作为证据来使用。

从诉讼理论和实务来讲，法律对测谎技术和结果仅做如此定位是远远不够的，法律应该对测谎检查的适用前提作出严格而明确的规定，对测试人员的资格和诉讼地位作出高水平的要求和界定，对测试的组织、实施程序严加规范，对测试结论在案件中的运用应依照疑罪从无的证据原则。总之，对测谎结果的证据价值应当慎重待之。

第四节　侦查终结

一、侦查终结的概念

侦查终结，是指侦查机关通过侦查，认为案件事实已经查清，证据确实充分，足以认定犯罪嫌疑人是否犯罪和应否对其追究刑事责任而决定结束侦查，依法对案件作出结论和处理的一种诉讼活动。

侦查终结是侦查阶段的最后一道程序，在此阶段，侦查机关要对前期的侦查工作进行审核和总结，要查清是否有遗漏的证据和没有完全查清的情节，侦查人员的侦查活动是否完全合法，手续是否齐全等。由于侦查本身的重要性，侦查终结这一总结性的工作对提起公诉和审判的顺利、正确进行起着奠基性的作用。同时，如果在侦查阶段就可以证明犯罪嫌疑人无辜或者具有不应追究刑事责任的情形，则可以使受到追诉的公民尽早解脱被追诉的困境，以保障其合法权益。

二、侦查终结的条件

公安机关和人民检察院自行侦查终结的案件，均须具备三个条件：

1. 案件事实已经查明。案件事实，是指犯罪嫌疑人有罪或无罪、罪重或罪轻以及是否应当受到刑事处罚的全部事实和情节。如果认定犯罪嫌疑人确有犯罪行为的，应当查清其犯罪的时间、地点、动机、目的、手段、危害结果、犯罪情节以及是否有遗漏罪行和其他应当追究刑事责任的人等。事实已经查清，是侦查终结的首要条件。

2. 证据确实、充分。清楚的犯罪事实和每一个情节，是需要证据来证明的。证据确实、充分，是指认定的每一项事实和情节都要有证据加以证明，而这些证据必须是经过了去伪存真、互相印证、准确可靠的。所有的证据能够组成一个完整的证明体系，足以排除各种矛盾和合理怀疑，得出的结论是唯一的、排他的，以此来确认犯罪事实。

3. 各种法律手续齐备。这是衡量侦查活动是否严格依法进行的标准。它要求侦查机关无论是采取各种侦查手段还是适用各种强制标准，都要有法定的审批、签名、盖章等手续和法律文书。如果发现有遗漏或不符合要求之处，应及时补正。

以上三个条件，必须同时具备，缺一不可。

三、侦查终结的处理

侦查终结的案件，侦查人员应当制作结案报告。结案报告应当包括以下内容：①犯罪嫌疑人的基本情况；②是否采取了强制措施及其理由；③案件的事实和证据；④法律依据和处理意见。

制作完结案报告后，应当对案件作出处理决定。案件的处理决定，由县级以上公安机关负责人批准，重大、复杂、疑难的案件应当经过集体讨论决定。

公安机关侦查终结的案件，如果犯罪事实清楚，证据确实、充分，犯罪性质和罪名认定正确，法律手续完备，依法应当追究刑事责任的，应当制作《起诉意见书》，经县级以上公安机关负责人批准后，连同案卷材料、证据一并移送同级人民检察院审查决定。对于犯罪情节轻微，依法不需要判处刑罚或可以免除刑罚的，公安机关在移送起诉时，可以依照具备不起诉的条件，由人民检察院经过审查作出起诉或不起诉的决定。如果移送起诉的案件，人民检察院经过审查作出了不起诉的决定，而公安机关认为人民检察院的不起诉决定有错误的，应当在7日内制作《要求复议意见书》，经县级以上公安机关负责人批准后，移送同级人民检察院复议。如果要求复议的意见未被接受，可以在7日内制作《提请复核意见书》，经县级以上公安机关负责人批准，提请上级人民检察院复核。

公安机关侦查终结的案件，如果犯罪嫌疑人的行为不构成犯罪，或者有依法不追究刑事责任的其他情形的，应当作出撤销案件的决定并制作《撤销案件决定书》。犯罪嫌疑人已被逮捕的，应当立即释放，发给释放证明，并通知批准逮捕的人民检察院。

公安机关在侦查过程中，发现犯罪嫌疑人不够刑事处罚条件，需要予以行政处理的，经县级以上公安机关负责人批准，对犯罪嫌疑人依法予以行政处理或移交其他有关部门处理。

如果遇有犯罪嫌疑人长期潜逃或者犯罪嫌疑人身患重大疾病不能接受讯问，

从而使侦查不能继续进行的情况，可以中止侦查，但不能撤销案件，应当分别采取通缉或者取保候审、监视居住等措施，在中止条件消失后，再恢复侦查，直至侦查终结。

四、侦查中的羁押期限

由于刑事案件自身的特点及侦查的因案而异，刑事诉讼对侦查的期限一向没有硬性的时间限制。但是依照《公安机关办理刑事案件程序规定》，犯罪嫌疑人已经归案，且符合逮捕条件者，即告破案。所以，在主要犯罪事实已有证据证实，犯罪嫌疑人已被逮捕的前提下，侦查工作没有必要无限期地拖下去。另外，犯罪嫌疑人一旦被逮捕，也不能将其无限期地羁押。从提高办案效率、保障犯罪嫌疑人人权的双重目的出发，也应当对侦查羁押期限作出限制。

所谓侦查羁押期限，是指犯罪嫌疑人在侦查阶段被逮捕后到侦查终结之间的羁押期限。此类期限可分两种。

（一）一般羁押期限

《刑事诉讼法》第 124 条规定："对犯罪嫌疑人逮捕后的侦查羁押期限不得超过 2 个月。案情复杂、期限届满不能终结的案件，可以经上一级人民检察院批准延长 1 个月。"第 125 条又规定："因为特殊原因，在较长时间内不宜交付审判的特别重大复杂的案件，由最高人民检察院报请全国人民代表大会常务委员会批准延期审理。"此规定不适用于一般案件。

（二）特殊羁押期限

《刑事诉讼法》中的特殊羁押期限有以下两种规定：

1. 因案件重大、复杂，或者交通不便等原因的特别规定。《刑事诉讼法》第 126 条规定："下列案件在本法第 124 条规定的期限届满不能侦查终结的，经省、自治区、直辖市人民检察院批准或者决定，可以延长 2 个月：①交通十分不便的边远地区的重大复杂案件；②重大的犯罪集团案件；③流窜作案的重大复杂案件；④犯罪涉及面广，取证困难的重大复杂案件。"

2. 因犯罪性质严重的特别规定。《刑事诉讼法》第 127 条规定："对犯罪嫌疑人可能判处 10 年有期徒刑以上刑罚，依照本法第 126 条规定延长期限届满，仍不能侦查终结的，经省、自治区、直辖市人民检察院批准或者决定，可以再延长 2 个月。"

此外，根据《刑事诉讼法》第 128 条的规定："在侦查期间，发现犯罪嫌疑人另有重要罪行的，自发现之日起依照本法第 124 条的规定重新计算侦查羁押期限。犯罪嫌疑人不讲真实姓名、住址，身份不明的，侦查羁押期限自查清其身份之日起计算，但是不得停止对其犯罪行为的侦查取证。"依立法精神，此项规定是针对被逮捕的犯罪嫌疑人而言的，但依照《公安机关办理刑事案件程序规定》

第 112 条第 1 款规定："犯罪嫌疑人不讲真实姓名、住址、身份不明，在 30 日内不能查清批准逮捕的，经县级以上公安机关负责人批准，拘留期限自查清其身份之日起计算，但不得停止对其犯罪行为的侦查。"

五、人民检察院对直接受理的案件的侦查

人民检察院作为国家的法律监督部门，对一部分职务犯罪行使立案侦查权，这部分由检察机关直接受理的案件，也称为检察机关的自侦案件，其范围是《刑事诉讼法》第 18 条第 2 款规定的案件。人民检察院对这部分案件行使侦查权力时，适用《刑事诉讼法》第二编第二章的规定，即刑事诉讼中关于侦查的一般规定均适用于人民检察院的自侦案件。但根据检察机关的性质及其自侦案件的特点，《刑事诉讼法》对检察机关的侦查权限及侦查终结后案件的处理，又作了一些特殊规定。

（一）人民检察院在自侦案件中对拘留和逮捕的适用

《刑事诉讼法》第 132 条规定："人民检察院直接受理的案件中符合本法第60 条、第 61 条第 4～5 项规定情形，需要逮捕、拘留犯罪嫌疑人的，由人民检察院作出决定，由公安机关执行。"根据这一规定，人民检察院对自侦案件也享有拘留的决定权，但此项权力对检察机关来讲并不完整，因为执行权由公安机关行使。拘留本就是在情况紧急的前提下适用的一项强制措施，如此划分，增加了操作的难度和不便。

与公安机关对犯罪人拘留后的审查及提请人民检察院审查批准逮捕的期限相对应，人民检察院对自侦案件中拘留的犯罪嫌疑人，认为需要逮捕的，应当在10 日以内作出决定，特殊情况下，决定逮捕的时间可以延长 1～4 日。对于不需要逮捕的，应当立即释放。

（二）自侦案件侦查终结后的处理

《刑事诉讼法》第 135 条规定："人民检察院侦查终结的案件，应当作出提起公诉、不起诉或者撤销案件的决定。"这是一个原则性的规定。根据《刑诉规则》第 234、235、237 条之规定，侦查终结后作出如下处理：

1. 对于侦查终结的案件，如果认为犯罪事实清楚，证据确实、充分，足以认定犯罪嫌疑人构成犯罪，依法应当追究刑事责任；或者犯罪情节轻微，依照刑法规定不需要判处刑罚或者可以免除刑罚的，由侦查人员写出侦查终结报告并制作《起诉意见书》或《不起诉意见书》，连同其他案件材料一并移送审查起诉部门，由审查起诉部门进行审查，然后作出提起公诉或者不起诉的决定。

2. 经过侦查，发现有下列情形之一的，由检察人员制作《撤销案件意见书》，经侦查部门负责人审核后，报请检察长或检察委员会讨论决定后撤销案件：①具有《刑事诉讼法》第 15 条规定的情形之一的；②没有犯罪事实的，或者依照刑法规定不负刑事责任和不是犯罪的；③虽有犯罪事实，但不是犯罪嫌疑人所为的。撤销案件的决定，应当分别送达犯罪嫌疑人所在单位和犯罪嫌疑人。犯罪嫌疑人在押的，应当制作《决定释放通知书》，通知公安机关依法释放。

根据《刑诉规则》的规定，人民检察院直接立案侦查的共同犯罪案件，如果同案犯罪嫌疑人在逃，但在案犯罪嫌疑人犯罪事实清楚，证据确实、充分的，对本案犯罪嫌疑人应当依照规定分别移送审查起诉或者审查不起诉。如果因同案犯罪嫌疑人在逃，而使在案犯罪嫌疑人的犯罪事实无法查清的，对在案犯罪嫌疑人应当根据案件的不同情况分别报请延长侦查羁押期限、变更强制措施或者解除强制措施。

在侦查过程中，犯罪嫌疑人长期潜逃，采取有效追捕措施仍不能缉拿归案的，或者犯罪嫌疑人患有精神病及其他严重疾病不能接受讯问，丧失诉讼行为能力的，经检察院决定，中止侦查。中止侦查期间，如果犯罪嫌疑人在押，对符合延长侦查羁押期限条件的，应当依法延长侦查羁押期限；对侦查羁押期限届满的，应当依法变更为取保候审或者监视居住措施。

人民检察院直接立案侦查的案件，撤销案件以后，又发现新的事实或者证据，认为有犯罪事实需要追究刑事责任的，可以重新立案侦查。

第五节　补充侦查

一、补充侦查的概念和意义

补充侦查，是指公安机关或人民检察院依照法定程序对已经侦查终结移送审查起诉的案件，就案件中的部分情节和证据重新调查、补充的诉讼活动。

补充侦查不是刑事诉讼的必经程序，它只适用于案件事实未完全查清，证据尚未完全确实、充分，或者有遗漏罪行或遗漏犯罪人等情况的案件。我国的侦查和起诉是两个几乎不交叉的诉讼阶段，除检察机关自侦的案件以外，大部分案件的侦查和审查起诉权力分属于公安机关和人民检察院，而检察机关作为控诉职能的承担者，案件事实是否清楚，证据是否确实、充分，对其指控犯罪、达到惩罚犯罪目的至关重要。同时检察机关作为法律监督部门，对侦查机关的侦查过程进行监督也是其职能所在。所以，正确地退回补充侦查和及时的补充侦查，对于客观公正地处理案件，纠正错误，防止疏漏，具有十分重要的意义。补充侦查制度也是适合我国独特的侦、控分离模式的一项有效制度。

二、不同诉讼阶段的补充侦查

根据我国《刑事诉讼法》第68、140、165条的规定，补充侦查在程序上有：

审查批准逮捕阶段的补充侦查、审查起诉阶段的补充侦查、法庭审理阶段的补充侦查三种。

（一）审查批准逮捕阶段的补充侦查

《刑事诉讼法》第68条规定，人民检察院对于公安机关提请批准逮捕的案件进行审查后，对于不批准逮捕的，人民检察院应当说明理由，需要补充侦查的，应当同时通知公安机关。可见，这种补充侦查的通知，是在不批准逮捕的前提下作出的。

（二）审查起诉阶段的补充侦查

《刑事诉讼法》第140条第2~4款规定："人民检察院审查案件，对于需要补充侦查的，可以退回公安机关补充侦查，也可以自行侦查。对于补充侦查的案件，应当在1个月以内补充侦查完毕。补充侦查以2次为限。补充侦查完毕移送人民检察院后，人民检察院重新计算审查起诉期限。对于补充侦查的案件，人民检察院仍然认为证据不足，不符合起诉条件的，可以作出不起诉的决定。"此项规定有以下几层含义：

1. 补充侦查的方式有两种。人民检察院审查案件，对于需要补充侦查的，既可以退回公安机关补充侦查，也可以自行侦查。当然，退回公安机关补充侦查的案件应当是公安机关侦查终结移送起诉的案件。

2. 补充侦查的期限一次为1个月。无论是人民检察院退回公安机关补充侦查，还是人民检察院自行侦查，都不得超过1个月的期限。补充侦查完毕移送人民检察院后，人民检察院重新计算审查起诉期限。

3. 补充侦查的次数不得超过两次。这是1996年《刑事诉讼法》修改后新增的内容，旨在抑制公、检机关之间反复退侦，案件久拖不决，长期羁押犯罪嫌疑人的状况，以增强侦查机关的办案责任心，切实维护犯罪嫌疑人的合法权益。

4. 经过两次补充侦查的案件，人民检察院仍然认为证据不足，不符合起诉条件的，可以作出不起诉的决定。这一规定与限制补充侦查次数的目的是一致的，其意义也在于防止案件久拖不决，长期羁押犯罪嫌疑人。如果经过了两次补充侦查，案件仍然证据不足，不符合起诉条件，人民检察院就有权处分此类案件，要么提起公诉，使之进入审判程序；要么不起诉，终止诉讼。

（三）法庭审理阶段的补充侦查

根据《刑事诉讼法》第165、166条的规定，在法庭审理过程中，检察人员发现提起公诉的案件需要补充侦查，提出建议的，人民法院可以延期审理，人民检察院应当在1个月以内补充侦查完毕。从此规定中可以看出，法庭审理阶段的补充侦查的决定权在于人民检察院而不是法院。根据控审分离的现代诉讼原则和我国刑事庭审方式改革的目的，人民法院对于提起公诉的案件，只要符合法律规定，就必须开庭审判。如果认为案件证据不足，不能认定被告人有罪的，应当作出证据不足、指控的犯罪不能成立的无罪判决，而无权将案件退回人民检察院补充侦查。补充侦查的方式，一般由人民检察院自行侦查，必要时可以要求公安机关协助。补充侦查的期限不能超过1个月。根据《刑诉解释》第157条规定，检察机关因补充侦查建议法庭延期审理的，不得超过两次，如果人民检察院超过1个月的补充侦查期限没有提请人民法院恢复法庭审理的，人民法院应当决定按人民检察院撤诉结案。

第六节 侦查监督

由于我国诉讼结构及侦查模式的特点，侦查机关拥有独立的、较少制约机制的侦查权，加之侦查过程的不公开性和强制性措施在侦查阶段运用的相对集中性，打击犯罪和保障人权的矛盾在侦查过程中十分明显，刑讯逼供、超期羁押等违法现象也很突出。所以，对侦查程序的监督制约是一个十分必要和重要的机制。从目前我国的《刑事诉讼法》以及公安部、最高人民检察院的相关规定来看，对侦查程序的监督有三种。

一、自行监督

公安机关立案侦查的案件，在公安机关内部设有法制部门对侦查部门的侦查措施、强制措施、破案、提请批准逮捕、移送审查起诉、撤销案件等进行审查；侦查部门采取任何侦查手段和强制措施，都要经县级以上公安机关负责人批准。这种监督在一定程度上防止了侦查行为的任意性，保证了案件的质量和效率。

二、当事人及律师的监督

当事人及其法定代理人、近亲属，在侦查过程中，如果认为侦查机关的活动侵犯了其合法权益，或者受到了刑讯逼供、诱供、骗供和暴力取证，或者认为侦查机关及其侦查人员违反了法定的程序，有徇私舞弊嫌疑的，可以向公安机关负责人或者上级公安机关控告、检举，也可以直接向人民检察院控告、检举。当事人及其法定代理人如果发现侦查人员有应当回避的情形的，有权向其主管机关提出申请，要求该侦查人员回避。当事人及其法定代理人对侦查机关制作或者提供的勘验、检查笔录、鉴定结论，有质疑和要求重新勘验、检查、鉴定的权利。被采取了强制措施的犯罪嫌疑人，如果强制措施期限届满，他本人及其法定代理人、近亲属，都有权向侦查机关提出申请，要求解除强制措施。在侦查机关采取搜查、扣押等侦查手段时，当事人及其近亲属有权在场监督等。

律师在侦查阶段介入诉讼的作用主要有两个：①为犯罪嫌疑人提供法律帮

助；②监督制约侦查活动。律师在侦查过程中，对侦查机关的刑讯逼供、诱供、骗供以及监管部门殴打、虐待犯罪嫌疑人的行为有权代替犯罪嫌疑人申诉、控告，也可以向有关部门直接检举。对于侦查机关适用的强制措施如果期限届满，律师有权向侦查机关提出解除强制措施的要求。

三、法律监督

法律监督，即来自人民检察院的监督，它是检察机关法律监督职能在刑事诉讼中的一个体现，也是目前在侦查过程中最为有效的一种监督。

（一）人民检察院对公安机关侦查活动进行监督的内容

1. 对犯罪嫌疑人刑讯逼供、诱供的。

2. 对被害人、证人以体罚、威胁、诱骗等非法手段收集证据的。

3. 伪造、隐匿、销毁、调换或者私自涂改证据的。

4. 徇私舞弊，放纵、包庇犯罪分子的。

5. 故意制造冤、假、错案的。

6. 在侦查活动中利用职务之便谋取非法利益的。

7. 在侦查过程中不应当撤案而撤案的。

8. 贪污、挪用、调换所扣押、冻结的款物及其孳息的。

9. 违反《刑事诉讼法》关于决定、执行、变更、撤销强制措施规定的。

10. 违反羁押和办案期限规定的。

11. 在侦查中有其他违反《刑事诉讼法》规定的行为的。

（二）人民检察院对公安机关侦查活动进行监督的程序

1. 诉讼参与人对于侦查机关或者侦查人员侵犯其诉讼权利和对其进行人身侮辱的行为提出控告的，人民检察院应当受理，并及时审查，依法处理。

2. 人民检察院在审查逮捕和审查起诉过程中，应当审查公安机关的侦查活动是否合法，如果发现有违法情况，应当提出意见通知公安机关纠正。构成犯罪的，移送有关部门依法追究刑事责任。对于重大案件，人民检察院还可以根据需要派员参加公安机关的侦查活动和讨论，发现违法行为，及时通知纠正。

《刑诉规则》第265条规定："严禁以非法的方法收集证据。以刑讯逼供或者威胁、引诱、欺骗等非法的方法收集的犯罪嫌疑人供述、被害人陈述、证人证言，不能作为指控犯罪的根据。人民检察院审查起诉部门在审查中发现侦查人员以非法方法收集犯罪嫌疑人供述、被害人陈述、证人证言的，应当提出纠正意见，同时应当要求侦查机关另行指派侦查人员重新调查取证，必要时人民检察院也可以自行调查取证。侦查机关未另行指派侦查人员重新调查取证的，可以依法退回侦查机关补充侦查。"

3. 对于强制措施的适用，人民检察院如果发现公安机关在执行逮捕、变更、撤销强制措施以及释放犯罪嫌疑人的过程中有违法行为或者监所检察部门发现违反规定羁押和超期羁押的，应当及时提出纠正意见。

4. 对于人民检察院的纠正意见，公安机关应当落实并回复人民检察院。公安机关不接受纠正意见的，人民检察院应当向上一级人民检察院报告，并抄报上一级公安机关。

公安机关的侦查活动除受到以上各方的监督制约以外，还要受到公众及媒体的舆论监督、党纪监督等。但司法实践证明，我国侦查程序中存在的问题仍然是很突出的，刑讯逼供、超期羁押等现象未得到遏制。这其中有我国司法体制、侦查人员执法观念和素质及侦查装备落后方面的因素，也与我国的侦查构造不无关系。独立的侦查权、秘密的侦查过程、法律监督的滞后以及侦查过程中缺乏三方共同参与的诉讼特征等，都是发生违法情形的根本所在。所以，对侦查过程的监督，除以上监督之外，还应当在侦查程序设立对羁押的司法控制机制。

逮捕作为最严厉的强制措施，错误的适用是侦查过程中对公民合法权益尤其是人身权利造成巨大伤害的首要因素。司法实践证明，大量的违法取证行为多发生在犯罪嫌疑人被逮捕后的羁押期间。而我国的侦查羁押期限本来就较长，超期羁押还很常见。在这个方面，法律之所以难以控制的原因在于：我国《刑事诉讼法》规定的逮捕措施，并非仅指将犯罪嫌疑人缉拿归案的活动，而是长期羁押的开始。羁押是逮捕的自然结果，中间没有任何机构和制度对其再进行审查，被羁押的犯罪嫌疑人也没有任何申诉、上诉的权利和机会。而决定或者批准逮捕的检察机关虽负有法律监督职能，但同时它也是积极追诉犯罪的国家机关，因此它并不具有中立性，当然就很难保证其决定的公正性了。所以，建立一个中立的、有控、辩、审三方共同参与的制度来审查羁押的合法性和必要性以及对违法羁押的司法救济就十分必要了。

学术视野

备受社会关注的《关于办理死刑案件审查判断证据若干问题的规定》和《关于办理刑事案件排除非法证据若干问题的规定》于 2010 年 6 月 24 日全文公布。特别值得关注的是，《关于办理死刑案件审查判断证据若干问题的规定》第 35 条明确规定："侦查机关依照有关规定采用特殊侦查措施所收集的物证、书证及其他证据材料，经法庭查证属实，可以作为定案的根据。法庭依法不公开特殊侦查措施的过程及方法。"这就意味着通过特殊侦查手段所获取的证据可以作为定案的依据，也标志着"秘密侦查法制化"。

特殊侦查又称秘密侦查。在中国人民大学法学院陈卫东教授看来，特殊侦查手段包括监控类侦查、卧底类侦查、诱惑类侦查和传统侦查行为加密类侦查等四类新刑侦查手段。这些新刑侦查手段或者说特殊侦查手段拥有一个共同的特征，即被侦查人并未意识到侦查手段的运用，正是从这个角度上讲，这些侦查手段又可以被称之为"秘密侦查"。

由于秘密侦查在使用时常常发生控制犯罪与人权保障的利益冲突，所以，关于其运用的法律问题，各国均有争论。

在英国，通过国家权力截获通讯信息的历史较长，但因为此行为长期以来没有法律依据，所以遭到尖锐的批评。1985 年，英国议会通过了规范通讯截获的法律，即《通讯截获法》，规定禁止截获通过邮电或公共电讯系统传递的通讯，违背该法而截获通讯的，处 2 年以下拘禁。警察、情报部门依据内政大臣依法签发的令状进行截获的场合，不以犯罪论，但监听所得的证据不能在法庭上提出。为了防止截获通讯的权力被滥用及当该权力被滥用时能给受害人以赔偿，《通讯截获法》还设立了两个监督截获通讯的机关：裁决委员会和专员。

在美国，联邦最高法院在奥姆斯特德诉合众国案件中，针对窃听私人电话作出的判例认为，窃听不是对物体的侵犯，并未构成不合理的搜索与扣押，没有违反联邦宪法关于公民不受不合理搜查、扣押以及不得因刑事案件而强迫犯罪人自证其罪的规定。因此所获资料是可为证据的。1934 年，针对滥用侦听而侵犯公民权利的情况，美国制定的《联邦通讯法》规定，任何人非经发讯者许可，不得截取任何通讯及向他人公开或泄露通讯内容、实质、要旨及意义。据此，电话窃听所得的证据材料在联邦追诉中不具有证据容许性，因而禁止在联邦法院运用。但其他形式的电话窃听，并不受上述规定的限制。1967 年联邦最高法院在伯杰一案中认为，办案确需采用窃听方法时，必须由法院颁发授权的"侦听证"。1968 年美国制定《综合整治犯罪与街道安全法》，禁止任何人在没有法院授权的情况下以电子的、机械的或者其他类型的设计装置来达到窃听或者企图窃听谈话和电话线传输的目的。

《德国刑事诉讼法典》对监视电讯往来、秘密拍照、录像、秘密搜查、卧底侦查（秘密侦查员）等均作了较为具体的规定。对于监视电讯往来，《德国刑事诉讼法典》第 100 条 a 和 b 规定了使用的前提条件必须是：有一定的事实使得有理由怀疑某人作为主犯、共犯犯有法定的犯罪案件的罪行，或者在未遂也可罚的情况中实施未遂，或者以犯罪行为预备实施这些罪行的时候，在以其他方式不能或者难以查明案情、侦查被指控人居所的条件下，允许命令监视、录制电讯往来。对监视电讯往来的决定权只能由法官行使，在延误就有危险时也可以由检察院决定。对于秘密拍照、录像、窃听的使用，《德国刑事诉讼法典》第 100 条 c 和 d 规定，在采用其他方式进行侦查将成果甚微或者难以取得成果的情形中，不经当事人知晓，允许拍照、录像、窃听、录制非公开的言论；在所侦查事项对于查清案情十分重要的条件下，允许在当事人不知晓的情况下，使用其他特别侦查技术手段侦查案情、行为人居所。这些措施一般只允许针对被指控人，只能由法官来决定，在侦查员的派遣、活动权限、所获材料的证据价值等方面，《德国刑事诉讼法典》第110条a、b、c、d、e作了具体的规定。

《意大利刑事诉讼法典》对"谈话或通讯窃听"作了整个一节的规定。其中规定了窃听的实施条件及限制，作出决定的程序条件及形式，窃听的执行程序，窃听获取的材料的保存、使用及限制，等等，十分详尽。

在日本，侦查分为任意侦查与强制侦查，但区分二者的标准是什么，学界观点不一，而且对任意侦查的界限，也存在许多争议的问题。日本传统的刑事诉讼理论认为，如果将秘密侦查作为强制侦查，这种活动就要受到宪法上的令状主义（《日本国宪法》第33、35条）及刑事诉讼法上的强制处分法定主义（《日本刑事诉讼法》第197条第1项但书）的限制；如果将秘密侦查作为任意侦查，则这种活动就没有必要受到如此严格的限制。1999年，日本通过了《关于犯罪侦查中监听通讯的法律》，对监听对象、要件、有权和执行的机关、程序、监听材料的使用及受监听人的权利等，作了明确的规定。

可见，我国对于秘密侦查（技术侦查）在法律上只有《国家安全法》和《人民警察法》中的一个原则性的规定，没有具体的操作性规范，有关的司法解释也没有对运用秘密侦查手段获取的材料的证据价值作出相应规定。因此，学术界对关于侦听、截获通讯、电子监控、秘密拍照、秘密搜查、秘密跟踪等侦查手段的正当性以及由此所获材料的证据资格，也有肯定和否定两种截然不同的看法。司法实践中，这些手段一方面确实是侦查犯罪的有力措施；另一方面却也是极易侵犯公民基本权利的双刃剑。所以，对秘密侦查手段的适用，必须通过专门的立法或者在刑事诉讼法中加以明确、严格、具体的规范，以保证秘密侦查手段适用的正当性、合法性。

理论思考与实务应用

一、理论思考

（一）名词解释

侦查　人身检查　侦查实验　通缉　侦查终结

（二）简答题

1. 评析我国的侦查模式的特点。
2. 评析我国在侦查阶段对犯罪嫌疑人权利的保障措施。

3. 简述补充侦查的种类和内容。

4. 试述侦查行为的种类和程序上的要求。

5. 简述自行侦查的特点。

6. 试述侦查监督的概念、内容和程序。

（三）论述题

论述律师在侦查阶段的权利。

二、实务应用

（一）案例分析示范[1]

案例一

2003 年 3 月 5 日凌晨，三江县公安局接到报案，在主民路有 2 人持刀拦路抢劫行人。三江县公安局立即组织侦查人员赶赴案发现场，到达时，拦路抢劫的犯罪嫌疑人萧某（男，19 岁，无业青年）和陆某（女，18 岁，某个体服装店临时工）已被下夜班路过此地的县钢铁公司保安人员刘某当场抓获。在未携带搜查证的情况下，决定进行搜查。因为在场的侦查人员均为男性警察，于是分别对萧、陆二人进行人身搜查，并搜得人民币三千余元以及 2 条金项链。1 名侦查人员说："这些证据被扣留了。"就将人民币、金项链一起放入一文件袋内拿走了。之后，侦查人员制作了搜查笔录，由侦查人员和在场见证人签名。本案经三江县公安局立案侦查，依法对萧、陆 2 人执行拘留后，侦查人员分别对他们进行了讯问。萧某聘请的律师要求会见犯罪嫌疑人，公安局拖了 10 天才安排会见。被害人张某（女，27 岁），因被犯罪嫌疑人萧某刺了两下，侦查人员因侦查需要欲对其进行人身检查，以确定其伤害状况。但张某拒绝检查，侦查人员组织女医师强制进行了人身检查，确定为轻伤。由于现场的目击证人刘某、王某等对 2 犯罪嫌疑人实施抢劫行为的具体事实情节陈述有误，侦查人员便对目击证人同时进行询问，刘某等互相提醒、互相补充，终于作出了一致的陈述。

问：本案侦查程序有无不当之处？并说明理由。

【评析】

（1）本案中，侦查人员不应无证搜查。搜查时，除非有特定紧急情况，否则必须出示搜查证。

（2）对陆某的人身搜查，不应由男性侦查人员进行，搜查妇女身体，应该由女工作人员进行。

（3）侦查人员不应将搜查所得的证据直接装入文件袋中拿走，扣押程序违法。扣押时应会同在场见证人和被扣押物品持有人查点清楚，当场开列清单，由

---

〔1〕 本章部分案例引自 http：//www.51test.net/，在此一并表示感谢。

侦查人员、见证人和持有人签名或者盖章。

（4）搜查笔录不应只由侦查人员和在场见证人签名。搜查笔录应由侦查人员和被搜查人或者他的家属、邻居或其他见证人签名。

（5）萧某聘请的律师要求会见犯罪嫌疑人，公安局不应拖了10天才安排会见。侦查阶段犯罪嫌疑人聘请的律师提出会见犯罪嫌疑人的，应当在48小时内安排会见。

（6）侦查人员在被害人拒绝人身检查时，不应强制进行检查。只有对犯罪嫌疑人才能强制进行人身检查。

案例二

2006年9月，某市发生了一起杀人案。被害人李某，女，23岁，某市电子厂女工。家人发现她失踪，多方寻找未果。几天后，在郊区护城河发现其尸体。某市公安局经立案、侦查，认为市丝绸厂业务科职员万某有嫌疑。侦查终结后，公安局于2006年10月31日将案件移送至某市检察院审查起诉。市检察院接到公安局移送审查起诉的案件，对犯罪嫌疑人万某进行了讯问，认为证据不足，遂于11月12日退回公安局补充侦查。12月19日，公安局补充侦查完毕，再次移送审查起诉。市检察院经过审查，认为证据仍然不足以证明范某实施杀人行为，于2007年2月10日作出了证据不足不起诉的决定，公开宣布，并于2月12日将不起诉决定书送达了公安局、犯罪嫌疑人万某、被害人李某的母亲周某。市公安局认为不起诉决定不当，继续羁押犯罪嫌疑人万某，向上一级检察院即某省人民检察院提请复议，省检察院维持了不起诉决定。周某对不起诉决定不服，向中级人民法院提起诉讼，该法院以未先行向检察机关申诉为由拒绝受理。

问：本案中刑事诉讼程序有何不当之处？并说明理由。

【评析】

（1）市检察院接到公安局移送起诉的案件，不应仅讯问犯罪嫌疑人。检察院审查案件，还应听取被害人和犯罪嫌疑人、被害人委托人的意见。

（2）市公安局自11月12日接到案件，至12月19日才补充侦查完毕，超过了法定期限。补充侦查期限是1个月。市检察院自2006年12月19日接到公安局补充侦查完毕再次移送起诉的案件，2007年2月10日才作出不起诉决定，审查起诉超过法定期限。审查起诉期限是1个月，重大、复杂的案件，可以延长半个月。

（3）市公安局认为不起诉决定不当，不应继续羁押犯罪嫌疑人。检察院作出不起诉决定的，公安机关对在押的被不起诉人应当立即释放。

（4）市公安局认为不起诉决定不当，不应向上一级检察院提请复议。公安机关认为不起诉决定不当，可以要求作出决定的检察院复议，意见不被接受，可向上一级检察院提请复核。

（5）中级人民法院不应以未先行向检察机关申诉为由拒绝受理被害人母亲周某的申诉。被害人不服不起诉决定的，可以不经申诉，直接向人民法院起诉。

案例三

犯罪嫌疑人王某涉嫌盗窃被某县公安机关立案侦查，以下是侦查人员李某对其单独讯问的笔录。李某：王某，你知道为什么被拘留吗？王某：不知道。李某：根据我们掌握的证据你犯了盗窃罪，你如实交代一下你的问题。王某：我没有偷东西，我是被冤枉的。李某：你要老实交待，顽抗是没有出路的。王某：我没有罪，我要请律师。李某：现在你不能请律师，你可以为自己辩护。你要如实回答我的问题，你是怎么盗窃林原家的财物的？偷了多少东西？王某：我现在不想回答问题。我以前听说过，在一些电影中也看到过，我享有沉默权，可以不回答你的问题。李某：你可以不回答我的问题，但是，你要想清楚后果！据我们调查，你一贯品行不端，曾经谈过好几个对象了，总是三心二意，始乱终弃，对不对？王某：什么？你们无权过问我的私生活！李某：政府的政策历来是"坦白从宽、抗拒从严"。你如果老老实实交代罪行，问你什么就回答什么，我们可以放你出去。否则，我们可以关你一辈子！

问：上述讯问笔录在哪些方面违反了《刑事诉讼法》的有关规定？并分析理由。

【评析】

（1）侦查人员不应单独讯问犯罪嫌疑人。讯问犯罪嫌疑人时，侦查人员不得少于2人。

（2）侦查人员不应在开始讯问时，先让其陈述犯罪事实。讯问时首先应问其是否有犯罪行为。

（3）侦查人员不应拒绝犯罪嫌疑人聘请律师的要求。侦查阶段犯罪嫌疑人有权聘请律师。

（4）犯罪嫌疑人在侦查阶段不享有沉默权。犯罪嫌疑人应当如实回答侦查人员的问题。

（5）侦查人员不应要求犯罪嫌疑人回答与本案无关的问题。犯罪嫌疑人有权拒绝回答与本案无关的问题。

（6）侦查人员不应说"你老老实实交代罪行，问你什么就回答什么，我们可以放你出去。否则，我们可以关你一辈子！"侦查人员不得以威胁、引诱、欺骗等非法手段收集证据。

(二) 案例分析实训

案例一

犯罪嫌疑人赵某，男，25 岁，工人。赵某因盗窃公款潜逃，1998 年 1 月 4 日，侦查人员张某在执行其他公务活动时，偶然撞见赵某并将他拘留。为了使本案的证据更充分，侦查人员张某、杜某于 1 月 5 日前往赵某所在单位，将本案的部分证人召集在一间办公室内，进行了询问。1 月 6 日，侦查人员张某一人开始讯问赵某，讯问笔录如下：

张：你老实交代你的罪行，我们的政策是"坦白从宽、抗拒从严"，不准你狡辩、抵赖。赵：我要请律师。张：现在你不能请律师，侦查阶段律师不能介入。赵：我抗议，你拘留我到现在已经 2 天了，还没有向我出示拘留证。张：对你这种在逃犯，可以不出示。现在你老实交代罪行。赵：我没罪。张：你必须拿出充分的证据来，我们才能说你无罪。你若老实交代，说完了我们可以放你出去；你若顽抗到底，我们将从重处罚你。在讯问过程中，张某多次打赵某的耳光，并罚赵某跪在地下。

问：在本案的侦查中，侦查人员收集证据存在哪些问题？

案例二

2000 年 5 月 28 日凌晨，浙江省瑞安市的谭某（男，35 岁，于 1985 年因盗窃被劳教 1 年）进入李秀池家，正要窃取李家"步步高"子母电话机（价值 700 元）时，被李秀池当场抓获，并被李及其丈夫扭送瑞安市公安局，向该局报案。当该局刑警刘伟向李进行询问时，李秀池不仅陈述了上述事实，同时还称："有一部价值 1400 多元的'掌中宝'手机同时被盗。"据此，瑞安市公安局对谭某依法立案。李秀池回家后，于次日上午在家中发现了该手机。此后，在公安机关的侦查和人民检察院的审查起诉中，当侦查人员和检察人员再次向李秀池调查核实证据时，李仍然坚持说手机失窃，致使谭某被依法逮捕，并被羁押近七个月。人民检察院经过两次补充侦查，最终查明了事实真相，遂对谭某依法作出不起诉决定。与此同时，对李秀池经公安机关立案侦查，由检察院以李秀池的行为构成伪证罪，向市人民法院提起公诉。瑞安市人民法院于 2001 年 7 月 28 日以伪证罪判处被告人李秀池拘役 5 个月。

问：指出本案在诉讼程序上的错误，并简要说明理由。

案例三

某市检察机关接到群众的举报，称该市烟草专卖局局长刘某曾挪用一笔国有巨款用于个人炒股。检察机关接到举报后，立刻展开初查，通过查询刘某个人银行存款、询问相关知情人并未发现重要线索。检察人员为突破此案，径行搜查了刘某的住宅，结果发现了巨额的股票凭证和其他贵重礼品、存折等物品。基于此，检察机关决定以在其住处发现犯罪证据为由对刘某实施刑事拘留，由于时间紧急，检察人员来不及申请拘留证就前往刘某的住处将其拘留。拘留后2天，2名检察人员对其进行了讯问，在讯问中刘某提出了聘请律师的要求，但提不出聘请的对象，侦查人员认为此种情况可以不予理睬。在刘某被拘留过程中，刘某的妻子提出由其本人作为刘某的辩护人的要求，侦查人员再次以法律不允许为由加以拒绝。为进一步收集证据，检察人员还将刘某的妻子传唤到市招待所内进行了询问，后又以协助调查为由将其软禁在房间，对外称为采取监视居住，后由于家属强烈反对、申诉，方予以释放。该案经过几天的侦查，办案人员发现刘某并不符合逮捕的条件，遂决定对其取保候审，自行向其家属索要1万元保证金，而将其取保候审。在对刘某取保候审期间，刘某突发精神病，检察人员认为该案无法继续办理，报检察长批准而撤销案件。

问：依据《刑事诉讼法》及相关司法解释，上述检察机关在侦查刘某挪用公款一案中有哪些程序错误？

主要参考文献

1. 孙长永：《侦查程序与人权》，中国方正出版社2000年版。
2. 孙长永：《沉默权制度研究》，法律出版社2001年版。
3. 陈瑞华：《刑事诉讼的前沿问题》，中国人民大学出版社2000年版。
4. 陈光中主编：《刑事诉讼法实施问题研究》，中国法制出版社2000年版。
5. 卞建林译：《美国联邦刑事诉讼规则和证据规则》，中国政法大学出版社1996年版。
6. 黄风译：《意大利刑事诉讼法典》，中国政法大学出版社1994年版。
7. 李昌珂译：《德国刑事诉讼法典》，中国政法大学出版社1995年版。

第十五章

起　诉

【本章概要】刑事起诉是指依法享有控诉权的公民，请求法院对指控的犯罪进行审判，以确定被告人刑事责任并予以刑事制裁的诉讼行为。刑事起诉，按照行使追诉权的主体不同分为公诉和自诉两种。公诉就是指依法享有刑事起诉权的国家专门机关代表国家和公众向法院起诉，要求审判机关追究被告人的刑事责任。自诉则是刑事被害人及其法定代理人、近亲属以个人名义向法院起诉，要求保护自己的合法权益，追究被告人刑事责任的诉讼活动。起诉是连接侦查和审判的唯一桥梁，是刑事诉讼的关键程序之一，具有非常重要的意义。

【学习目标】通过对本章的学习，使学生掌握提起公诉、审查起诉、不起诉、出庭支持公诉的概念；审查起诉的内容和程序，提起公诉、不起诉的条件和相互之间的区别；出庭支持公诉的任务和公诉人在法庭审判中的地位。

【教学重点与难点】提起公诉的条件；不起诉的条件及法定情形；自诉案件提起的条件及反诉；自诉案件的审理。

第一节　起诉概述

一、起诉的概念

刑事起诉，是指依法享有控诉权的公民，请求法院对指控的犯罪进行审判，以确定被告人刑事责任并予以刑事制裁的诉讼行为。

刑事起诉，按照行使追诉权的主体不同分为公诉和自诉两种。公诉就是指依法享有刑事起诉权的国家专门机关代表国家和公众向法院起诉，要求审判机关追究被告人的刑事责任。自诉则是刑事被害人及其法定代理人、近亲属以个人名义向法院起诉，要求保护自己的合法权益，追究被告人刑事责任的诉讼活动。

合法的刑事起诉必然产生下列法律后果：

1. 引起审判程序。起诉是审判的前提，使受诉法院对起诉案件获得审判权，也使双方当事人对受诉案件有进行诉讼活动和接受法院审判的权利和义务。起诉意味着对犯罪行为追诉机制的正式启动。法院对符合法律要求的起诉必须开始审理，直至作出实体上的判决。

2. 限制审判范围。起诉和审判的分离以及不告不理原则和辩护原则的确立，要求审判受起诉的制约。法院审判的案件，不能超出起诉的范围，包括不能审判未经起诉的人和事两方面的内容。

3. 禁止再次起诉。即除了依法撤回起诉的案件外，任何已经起诉的案件只要被法院正式受理，就不得对同一案件再次起诉。否则，社会和公众将处于不能安定的状态。

二、我国刑事起诉制度的基本特点

（一）公诉为主，自诉为辅，公诉与自诉互为补充

由于犯罪行为首先侵犯了国家和社会的利益，再加上犯罪的侦查和起诉日益复杂，公民个人难以担当，因此现代各国普遍以代表国家和公众的公诉机关提起公诉作为刑事诉讼的主要形式，只允许少数案件实行私人起诉。我国的刑事诉讼也是这样，绝大多数刑事案件都交给相应的国家机关实行公诉，只有少部分事实清楚、危害不大的案件才交给公民自诉，国家一般不主动干预。因此，我国的起诉制度是以公诉为主、自诉为辅。这种分工有利于国家集中人力、物力和时间，打击那些较为严重的犯罪活动，也有利于公民个人维护自己的合法权益。

（二）公诉和自诉互为救济

人民检察院通常只对涉及国家利益和社会公众利益，比较复杂而且需要采用侦查手段的刑事案件依照公诉程序进行追诉。但是，当某些可以采用自诉程序追诉的比较轻微的刑事案件缺少原告，而又需要追究被告人刑事责任时（如重婚案件的被害人由于某种原因不敢控告或者不能控告时），为了有效地保护被害人的合法权益，维护国家法律的尊严，在人民群众、社会团体或有关单位提出控告后，人民检察院也可以依公诉程序进行追诉，这就弥补了自诉的不足。另外，根据《刑事诉讼法》第170条第3项的规定，被害人有证据证明对被告人侵犯自己人身、财产权利的行为应当依法追究刑事责任，而公安机关或者人民检察院不予追究被告人刑事责任的，被害人有权直接向人民法院提起诉讼。这一规定意在解决某些情况下公民告状无门的问题，弥补了公诉的不足，加强了对被害人权益的保护。

（三）公诉权由检察机关独立启动，专门行使，不受司法监督

在其他一些国家，公诉权可能受到其他机关和组织的限制和分割。如在美国，大陪审团对刑事起诉有一定的决定作用。在法国，对于检察官认为应当提起公诉的重罪案件，必须提交上诉法院审查庭再次进行审查，并由审查庭最后决定案件是否应当起诉。即使在实行检察官起诉独立的日本，作为一种例外，对个别案件也设有准起诉程序，在这一程序中允许有关当事人在不服检察官不起诉决定

时，直接向法院提出请求，法院经审查可以作出交付审判的裁定。但根据我国法律，人民检察院是唯一有权行使公诉权的专门国家机关。也就是说，只有人民检察院才有权代表国家追诉犯罪，对各种刑事犯罪分子依法提起公诉，交付人民法院进行审判。其他任何机关、团体和个人都无权行使公诉权。

（四）公诉机关兼行法律监督

我国的检察机关是国家的法律监督机关，《刑事诉讼法》规定，检察机关对刑事诉讼实行法律监督，这就决定了检察院在行使公诉权过程中，同时也行使着法律监督职权。检察机关对于公安机关侦查终结并移送起诉的刑事案件的审查，就是对公安机关侦查工作的一种监督，所作出的是否起诉的决定，既是认定被告人是否有罪、是否提交人民法院审判的决定，也是对公安机关侦查认定的事实和所作结论是否正确、合法的肯定或否定评价。检察机关提起公诉和支持公诉，不仅是控告犯罪，证实犯罪，还要对人民法院的审判活动是否合法实行监督，人民检察院发现人民法院审理案件违反法律规定的程序，有权向人民法院提出纠正的意见。因此，检察院进行公诉、追诉犯罪的过程，也是实施法律监督的过程。

三、起诉的意义

起诉是连接侦查和审判的唯一桥梁，是刑事诉讼的关键程序之一，具有非常重要的意义。

1. 起诉是审判程序之前的必经程序，不告不理是现代刑事诉讼的一项基本原则。没有起诉就没有审判，所以起诉是审判的前提。

2. 当社会主体的权益受到犯罪行为的侵害时，需要借助国家审判力量予以保护，惩罚犯罪，恢复权益的正常状态，而起诉正是向审判提供对象的活动。因此，起诉无论是对于有效地惩罚犯罪还是保障人权，都具有重要意义。

3. 起诉程序对于保证准确的惩罚犯罪，保障无辜的人及依法不受刑事追究的人免受刑事追究，实现程序公正都具有非常重要的意义。在公诉案件中，人民检察院可以代表国家对公安机关侦查终结移送起诉的案件和自行侦查终结的案件进行全面审查，监督侦查工作依法进行，根据事实和法律对案件分别决定起诉、不起诉和撤销案件，并制作相应的法律文书，将符合起诉条件的人起诉到人民法院，保障准确惩罚犯罪，从而使无辜的人和依法不受追诉的人尽早从刑事诉讼程序中解脱出来，对于决定提起公诉交付审判的案件，做好出庭支持公诉的准备工作。在自诉案件中，通过提起自诉和对自诉的审查，既能够解决人民群众告状难的问题，也可以保证案件处理的正确性，顺利实现诉讼公正与效率的双重价值。

第二节 审查起诉

一、审查起诉的概念和作用

（一）审查起诉的概念

审查起诉，是指人民检察院在提起公诉阶段，为了确定经侦查终结的刑事案件是否应当提起公诉，而对侦查机关确认的犯罪事实和证据、犯罪性质和罪名进行审查核实，并作出处理决定的一项诉讼活动。它是实现人民检察院公诉职能的一项最基本的准备工作，也是人民检察院对侦查活动实行法律监督的一项重要手段。因此，它对保证人民检察院正确地提起公诉，发现和纠正侦查活动中的违法行为，具有重要意义。

审查起诉的案件有两个来源：①公安机关、国家安全机关等侦查机关侦查终结并移送要求提起公诉的案件；②检察机关的侦查部门侦查终结并移送审查起诉部门审查决定是否提起公诉的案件。

《刑事诉讼法》第 136 条规定：凡需要提起公诉的案件，一律由人民检察院审查决定。这一规定表明，一方面提起公诉的决定权只能由人民检察院行使，其他任何机关、团体和个人都无权行使这一权力；另一方面，无论是公安机关侦查终结的案件，还是人民检察院自行侦查终结的案件，在决定提起公诉之前，都必须经过严格的审查。在我国的刑事诉讼中，没有在起诉和审判之间设立预审法庭来防止不当起诉和滥用追诉权。因此，对于侦查终结的案件必须进行审查，以保证刑事诉讼准确、顺利进行。

（二）审查起诉的作用

审查起诉工作在刑事诉讼中的作用主要表现为：

1. 通过审查，对那些犯罪事实清楚，证据确实、充分，依法应当追究刑事责任的犯罪嫌疑人提起公诉，交付审判，以实现国家刑罚权。它是准确有效地追诉犯罪的重要保证，审查起诉可以防止遗漏犯罪嫌疑人的罪行和其他应当被追诉的人，避免放纵罪犯，确保犯罪人受到应有的惩罚。

2. 通过审查起诉，保证追诉的公正性和准确性。审查起诉是审判前防止错诉的最后一道关口，通过审查起诉可以防止错误地追究无辜者的刑事责任，防止将明显无审判必要的案件交付审判，影响司法威信，保障公民的合法权益。

3. 它是侦查监督的基本方式。作为连接侦查与审判的纽带，通过审查起诉，可以对侦查机关的侦查活动是否合法进行法律监督，做到肯定侦查工作中的成绩，发现侦查工作中的问题，弥补侦查工作中的不足，及时纠正侦查工作中的错误，防止滥用侦查职权。

二、移送审查案件的受理

根据我国《刑事诉讼法》的规定，人民检察院对于公安机关移送审查起诉的案件，应当在 7 日内进行审查，审查的期限记入审查起诉的期限。人民检察院收到公安机关的起诉意见书后，应当指定检察人员审查案件是否属于本院管辖，起诉意见书以及案卷材料是否齐备，案卷装订移送是否符合有关规定和要求，诉讼文书、技术鉴定材料是否单独装订成卷，作为证据使用的实物是否随案移送及移送的实物与物品清单是否相符，犯罪嫌疑人是否在案及采取强制措施的情况。经过审查，对具备受理条件的，填写受理审查起诉登记表。对移送的起诉意见书及其他材料不符合有关规定和要求或者有遗漏的，应当要求公安机关按照要求制作后移送或者在 3 日内补送。对于犯罪嫌疑人在逃的，应当要求公安机关采取措施保证在逃的犯罪嫌疑人到案后另案移送审查起诉，对在案的犯罪嫌疑人的审查起诉应当照常进行。人民检察院审查起诉部门受理本院侦查部门移送审查起诉的案件，应当按照上述程序办理。

人民检察院受理同级公安机关移送审查起诉的案件，经审查认为属于上级人民法院管辖的第一审案件时，应当写出审查报告，连同案卷材料报送上一级人民检察院，同时通知移送审查起诉的公安机关；认为属于同级其他人民法院管辖的第一审案件时，应当写出审查报告，连同案卷材料移送有管辖权的人民检察院或者报送共同的上级人民检察院指定管辖，同时通知移送审查起诉的公安机关。上级人民检察院受理同级公安机关移送审查起诉的案件，认为属于下级人民法院管辖时，可以直接交由下级人民检察院审查，由下级人民检察院向同级人民法院提起公诉，同时通知移送审查起诉的公安机关。一人犯数罪、共同犯罪和其他需要并案审理的案件，只要其中一人或一罪属于上级人民检察院管辖的，全案由上级人民检察院审查起诉。

三、审查起诉的内容

根据《刑事诉讼法》第 137 条和《刑诉规则》第 250 条的规定，人民检察院审查移送起诉的案件，必须查明以下内容：

1. 犯罪嫌疑人身份状况是否清楚，包括姓名、性别、国籍、出生年月、职业和单位等。

2. 犯罪事实、情节是否清楚，证据是否确实、充分，犯罪性质和罪名的认定是否正确。查明犯罪事实、情节是正确定罪量刑的前提，查明证据是否确实、充分是正确定罪量刑的依据和基础。

在查明犯罪事实和取得确实、充分证据的基础上，应当对犯罪的性质和罪名的认定是否恰当进行鉴别。犯罪的性质与罪名互相联系，密不可分，如果只认定了犯罪性质，而不认定具体的罪名，性质也难以定准，因为在同一性质的犯罪中，法律又规定了若干罪名。可见，审查犯罪性质与审查具体的罪名，应当同时进行。

3. 有无遗漏罪行和其他应当追究刑事责任的人。人民检察院追诉犯罪应当客观、全面，因此，在审查起诉时，要注意审查有无遗漏犯罪嫌疑人的罪行和其他应当追究刑事责任的人。要查清案件的全部犯罪事实，就必须查清犯罪嫌疑人的全部罪行，对共同犯罪案件，要查清所有实施犯罪的人。例如，在审查盗窃、诈骗、投机倒把、走私案件时，要注意追查销赃犯和包庇、窝藏犯，对于已构成掩饰、隐瞒犯罪所得、犯罪所得收益罪罪的，也应对窝赃销赃者一并提起公诉；在审查未成年人犯罪案件时，要注意审查有无教唆犯；在审查个人犯罪案件时，要注意发现团伙犯罪活动；在审查团伙犯罪时，更应注意审查有无漏诉其他犯罪成员。对此，最高人民法院、最高人民检察院、公安部于 1984 年 6 月 15 日在《关于当前办理集团犯罪案件中具体应用法律的若干问题的解答》中指出：办理共同犯罪案件特别是集团犯罪案件，除对其中已逃跑的成员可以另案处理外，一定要把全案的事实查清，然后对应当追究刑事责任的同案人，全案起诉，全案判决。切不要全案事实还没有查清，就急于杀掉首要分子或主犯，或者把案件拆散，分开处理。这样做，不仅可能造成定罪不准，量刑失当，而且会造成死无对证，很容易漏掉同案成员的罪行，甚至漏掉罪犯，难以做到依法"从重从快、一网打尽"。在共同犯罪案件中，还应审查共同犯罪嫌疑人在共同犯罪活动中责任的认定是否恰当。

4. 是否属于不应追究刑事责任的情形。保障无罪的人不受刑事追究是人民检察院的职责之一，因此人民检察院在审查案件时，必须查明犯罪嫌疑人有无不应追究刑事责任的情形，《刑事诉讼法》第 15 条对不应追究刑事责任的情形作了明确的规定。

5. 有无附带民事诉讼。《刑事诉讼法》第 77 条规定：被害人由于被告人的犯罪行为而遭受物质损失的，在刑事诉讼过程中，有权提起附带民事诉讼。刑事附带民事诉讼制度，对于全面追究被告人的刑事责任和民事责任，保护国家、集体利益和公民的合法权益，具有十分重要的意义。因此，人民检察院在审查起诉时，首先要审查犯罪嫌疑人的犯罪行为是否给被害人造成了经济损失，被害人是否提起了附带民事诉讼。已提起的要保护被害人的这项权利，没有提起的，应主动告知被害人有权提起。其次，还要查明国家、集体财产是否因犯罪而受到损失，如果造成了损失，人民检察院可以在提起公诉时一并提起附带民事诉讼。

6. 侦查活动是否合法。人民检察院审查起诉的过程，也是对侦查工作进行法律监督的过程，因此人民检察院对案件进行审查时，要注意审查侦查人员的侦查活动是否符合法定程序，法律手续是否完备，特别要查明在讯问犯罪嫌疑人和询问证人的过程中是否有刑讯逼供和以威胁、引诱、欺骗以及其他非法方法收集证据的情况。一旦发现侦查活动中有违反法律的行为，应当及时提出纠正意见；构成犯罪的，应依法追究刑事责任。

在司法实践中，人民检察院在审查起诉案件过程中，还应当注意审查以下内容：①案件是否属于本院管辖。按照《刑事诉讼法》关于管辖的规定，对于不属于自己管辖的案件，就不能提起公诉，而应该将案件移送有管辖权的检察机关审查起诉。②证据是否随案移送，不易移送证据的清单、照片或者其他证明文件是否随案移送。人民检察院审查案件，决定是否起诉，需要确定充分的证据，因此，侦查机关或侦查部门移送案件时应当将案件的所有证据一并移送，对不宜移送的证据要附有不宜移送的证据的清单、照片或者其他证明文件。③与犯罪有关的财物及其孳息是否扣押冻结并妥善保管，以供核查。对被害人合法财产的返还和对违禁品或者不宜长期保存的物品的处理是否妥当，移送的文件是否完备，等等。

四、审查起诉的步骤和方法

审查起诉是一项重要的诉讼活动，在整个刑事诉讼过程中，处于承前启后的中间环节。为保证审查起诉得以顺利进行，审查起诉的具体方法和步骤如下：

1. 各级人民检察院审查起诉的案件应与人民法院的审判管辖相适应。人民检察院受理同级公安机关移送审查起诉的案件，经审查，认为属于上级人民法院管辖的第一审案件时，应当退回同级公安机关，由其按照案件管辖规定交由上级公安机关向同级人民检察院移送审查起诉；必要时也可以写出审查报告，连同案卷材料报送上一级人民检察院。认为属于同级其他人民法院管辖的第一审案件时，应当退回公安机关，由其按照案件管辖规定向有管辖权的人民检察院移送审查起诉；必要时也可以写出审查报告，连同案卷材料报送共同上级人民检察院指定管辖。上级人民检察院受理同级公安机关移送审查起诉的案件，认为属于下级人民法院管辖时，可以建议同级公安机关按照案件管辖规定，交由下级公安机关向同级人民检察院移送审查起诉，也可以直接交下级人民检察院审查起诉。

人民检察院受理移送审查起诉案件，应当指定检察员或者经检察长批准代行检察员职务的助理检察员办理，也可由检察长办理。

2. 审阅案卷材料。办案人员接到案件后，应当及时地审查公安机关或者刑事侦查部门移送的案件材料是否齐备，有无起诉意见书、证据材料和其他法律文书。例如，如果犯罪嫌疑人被拘留、逮捕或被搜查过，审查有无搜查证、拘留证或逮捕证。然后仔细阅读起诉意见书，了解犯罪嫌疑人的犯罪事实、情节、犯罪性质和罪名以及要求起诉的理由，详细审阅案卷中的证据材料，按照法定审查起诉的五项内容，逐项进行审查。发现疑问，可以向侦查人员询问。审阅案卷要认真细致，并应制作阅卷笔录。

3. 讯问犯罪嫌疑人。讯问犯罪嫌疑人是人民检察院审查起诉的必经程序。这是人民检察院核实证据，正确认定案件事实，监督侦查活动是否合法所必需的。讯问犯罪嫌疑人还有助于直接了解犯罪嫌疑人的精神状态和悔罪态度，为其提供辩护的机会，倾听其辩解理由。因此，讯问犯罪嫌疑人意义重大，必须依法进行。根据《刑事诉讼法》规定，讯问只能由检察人员进行，讯问犯罪嫌疑人时应当告知其有申请回避的权利。检察人员在讯问时不得少于两人，并且首先应当讯问犯罪嫌疑人是否有犯罪行为，让其陈述有罪的情节和无罪的辩解，然后根据犯罪嫌疑人的陈述情况和阅卷确定的符合证据的重点，向犯罪嫌疑人提出问题让其回答。除对质以外，讯问犯罪嫌疑人应当个别进行，并注意做好笔录。

4. 听取被害人和犯罪嫌疑人、被害人委托的人的意见。人民检察院自收到移送审查起诉的案件材料之日起3日内，应当告知犯罪嫌疑人有权委托辩护人，并应当告知被害人及其法定代理人或者近亲属有权委托诉讼代理人。询问被害人和诉讼代理人、被害人委托的人，并听取他们的意见，这也是人民检察院审查起诉的必经程序。刑事案件中的被害人是犯罪行为的受害者，对案件情况比较了解，因而听取他的意见，既有助于查清案件事实，又有利于对被害人合法权益的保护。

在司法实践中，有许多被害人、犯罪嫌疑人缺乏法律知识或受其文化水平限制，不能准确地陈述和回答检察人员的问题，需要委托他人代为诉讼，因此《刑事诉讼法》规定人民检察院审查案件，应当听取被害人和犯罪嫌疑人、被害人委托的人的意见，这样更有助于检察人员核实证据，查明案件事实。询问被害人和犯罪嫌疑人、被害人委托的人时，应当由两个以上检察人员进行，并需向他们出示人民检察院的证明文件，询问前还要告知他们应当如实提供证据和陈述，询问时应个别进行，同时注意做好笔录。

5. 补充侦查。补充侦查，在提起公诉阶段是指人民检察院对公安机关侦查终结移送起诉的案件，或者自行侦查终结的案件，在审查起诉中，发现有事实不清、证据不足或者遗漏了罪行或同案犯，需要补充进行有关专门调查等工作的一项诉讼活动。补充侦查的目的在于查清有关事实和证据，以决定是否将犯罪嫌疑人交付人民法院审判。根据《刑事诉讼法》第140条第2款的规定，补充侦查有两种形式：一种是由人民检察院退回公安机关进行。这种方式一般适用主要犯罪事实不清、证据不足，或者遗漏了重要犯罪事实及应追究刑事责任的同案犯的案件。人民检察院对需要退回补充侦查的案件，应当制作《退回补充侦查决定书》，写明退查的理由和需要补充查明的具体事项及要求。另一种是由人民检察院自行侦查。这种方式一般适用于只有某些次要的犯罪事实情节不清、证据不足，公安机关侦查活动中有违法情况，在认定事实和证据上与公安机关有较大分歧或者已经退查过但仍未查清的案件。自侦案件需要补充侦查的人民检察院刑事检察部门应将案件退回本院侦查部门。

人民检察院在补充侦查中，对各种证据有疑问的都要进行重新收集或鉴定。比如人民检察院对鉴定结论有疑问或按照当事人的请求，应当自行对犯罪嫌疑人或被害人进行医学鉴定，必要时可以聘请医学机构或专门鉴定机构有鉴定资格的人员参加。人民检察院对物证、书证、视听资料、勘验、检查笔录存在疑问的，应当要求办案人员提供物证、书证、视听资料、勘验、检查笔录获取制作的有关情况，必要时应当重新收集和制作，对物证、书证、视听资料可以进行鉴定。对证人证言有疑问的，也应当重新进行询问。

根据《刑事诉讼法》第140条第3款的规定，对于补充侦查的案件，应当在1个月以内补充侦查完毕。补充侦查以2次为限。这一规定是为了防止拖延结案时间，避免对犯罪嫌疑人超期羁押、久押不决的情况，有利于保护犯罪嫌疑人的合法权益，督促侦查机关的侦查工作。

退回补充侦查的案件，如果在主要事实或证据上发生了重大变化，侦查机关就应当重新制作起诉意见书；如果只是在个别情节上补充了有关材料，可以书面意见的形式移送人民检察院；如果认为应当撤销案件的，应将决定通知人民检察院。

6. 作出决定。一般来说，人民检察院的检察人员审查起诉，首先应当全面阅卷，找出疑点矛盾后，再有的放矢地讯问犯罪嫌疑人，听取被害人和犯罪嫌疑人、被害人委托的人的意见，以解决案卷中存在的问题。如果发现新情况，根据需要做进一步的调查和补充侦查。检察人员对案件经过一系列审查活动，查清全部案件事实后，应当拟写《案件审查意见书》，根据审查的具体情况，提出起诉或者不起诉以及是否需要提起附带民事诉讼的意见，报请审查起诉部门负责人审核。审查起诉部门负责人对案件进行审核后，应当提出审核意见，报请检察长或者检察委员会决定起诉或者不起诉。

五、审查起诉的期限

《刑事诉讼法》第138条规定：人民检察院对于公安机关移送起诉的案件，应当在1个月以内作出决定，重大、复杂的案件，可以延长半个月。人民检察院审查起诉的案件，改变管辖的，从改变后的人民检察院收到案件之日起计算审查起诉期限。该条对审查起诉的期限以及改变管辖后审查起诉期限的计算，都作出了明确的规定。这一规定是长期审查起诉经验的总结，是符合准确、及时办案要求的。根据《刑事诉讼法》第140条第3款的规定，对补充侦查的案件，补充侦查完毕移送人民检察院后，人民检察院也要重新计算审查起诉期限。以上规定的审查起诉的期限是针对犯罪嫌疑人被羁押的案件来说的。在实践中，对犯罪嫌疑人未被羁押的案件，人民检察院不受 1 个月至 1 个半月期限的限制，既可以在 1 个月至 1 个半月内完成，也可以超过这个期限，但是必须贯彻迅速及时原则，不得中断对案件的审查。此外，如果在审查起诉的过程中犯罪嫌疑人在逃，人民检察院应当中止审查，并按照《刑事诉讼法》的有关规定作出通缉的决定，并通知公安机关执行。共同犯罪中的部分犯罪嫌疑人在逃的，对在逃犯罪嫌疑人应当中止审查，对其他犯罪嫌疑人的审查起诉应当照常进行。中止审查应当由审查起诉部门负责人提出意见报请检察长决定。中止审查的时间不计入审查起诉的期限。

人民检察院经过审查，应当根据案件的不同情况，依法作出提起公诉或不起诉的决定。

第三节　提起公诉

一、提起公诉的概念

提起公诉，是指人民检察院代表国家对公安机关侦查终结移送起诉的案件以及自行侦查终结的案件，经过全面审查，认为犯罪事实已经清楚，证据确实、充分，依法应当追究刑事责任时向人民法院提起诉讼，要求给被告人以刑事处罚的活动。提起公诉是我国《刑事诉讼法》赋予人民检察院的一项专有职权，只有人民检察院才能代表国家对犯罪提起公诉，其他任何机关、团体和个人都无权行使该项权力。

二、提起公诉的条件

根据《刑事诉讼法》第141条的规定：人民检察院认为犯罪嫌疑人的犯罪事实已经查清，证据确实、充分，依法应当追究刑事责任的，应当作出起诉决定，按照审判管辖的规定，向人民法院提起公诉。根据这一规定，人民检察院提起公诉的案件必须具备以下三个条件：

1. 犯罪嫌疑人的犯罪事实已经查清。犯罪事实是对犯罪嫌疑人正确定罪和处刑的基础，只有查清犯罪事实，才能正确定罪量刑，因此人民检察院提起公诉，必须首先查清犯罪嫌疑人的犯罪事实。这里的"犯罪事实"，是指影响定罪量刑的犯罪事实，包括：①确定犯罪嫌疑人实施的行为是犯罪，而不是一般违法行为的事实。②确定犯罪嫌疑人是否负刑事责任或者免除刑事责任的事实。比如犯罪嫌疑人的主观状态（包括故意、过失、动机和目的）、犯罪嫌疑人的年龄、精神状态等。③确定对犯罪嫌疑人应当从轻、减轻或者从重处罚的事实。查清上述各项事实就符合犯罪嫌疑人的犯罪事实已经查清的条件。实践中，就具体案件来说，具有下列情形之一的，就可以确认犯罪事实已经查清：①属于单一罪行的案件，与定罪量刑有关的事实已经查清，不影响定罪量刑的事实无法查清的；②属于数个罪行的案件，部分罪行已经查清并符合起诉条件，其他罪行无法查清的；③无法查清作案工具、赃物去向，但由其他证据足以对被告人定罪量刑的；④言词证据中主要情节一致，只有个别情节不一致且不影响定罪的。对于符合上述第 2 种情况的，应当以已经查清的罪行起诉。因此，对那些并不影响定罪量刑的事实则没有必要查清，在司法实践中，那种查清案件的一切事实后才提起公诉的做法是不可取的。

2. 证据确实、充分。证据是认定犯罪事实的客观依据，因此人民检察院指控犯罪嫌疑人实施的犯罪行为，必须要有确实、充分的证据。证据确实，是对证据质的要求，是指用以证明犯罪事实的每一证据必须是客观真实存在的事实，同时又与犯罪事实有内在的联系，能够证明案件的事实真相。证据充分，是对证据量的要求，只要一定数量的证据足够证明犯罪事实，就达到了证据充分的要求。

证据确实与充分是相互联系、不可分割的两个方面，证据确实必须以证据充分为条件，如果证据不充分，证据确实也无法达到；反之，如果证据不确实，那么证据再充分，也不能证明案件真实。因此，证据确实、充分是提起公诉的一个必要条件。

3. 依法应当追究刑事责任。依照法律规定，犯罪嫌疑人实施了某种犯罪，并非一定要负刑事责任。根据《刑法》、《刑事诉讼法》的有关规定，有些犯罪行为法定为不予追究刑事责任的情形。因此，决定对犯罪嫌疑人提起公诉，还必须排除法定不予追究刑事责任的情形。依法应当追究犯罪嫌疑人的刑事责任就成为对其提起公诉的又一必要条件。

总之，对犯罪嫌疑人提起公诉，必须同时具备上述三个条件，缺少上述三个条件中的任何一项，都不能对犯罪嫌疑人提起公诉。

三、起诉书的制作

人民检察院决定对被告人提起公诉的案件，必须向人民法院提交起诉书。起诉书是人民检察院依照法定的诉讼程序代表国家对被告人向人民法院提起诉讼的文书，这种文书是检察机关以国家公诉人的名义制作的，因而通常又被称之为公诉书。起诉书是人民检察院重要的司法文书，它具有揭露犯罪、证实犯罪的功效，是将被告人交付法院审判的书面凭证，是人民法院对被告人得以行使审判权的法律依据，也是宣传法制、教育群众的生动教材。因此，它的制作无疑是一项十分严肃的工作。根据《刑事诉讼法》和最高人民检察院颁发的《刑事检察文书格式》样本的规定，起诉书由下列部分组成：

（一）首部

1. 标题。主要写明"××××人民检察院起诉书字样"。其右下方注明案号：（年度）检×字第×号。

2. 被告人的基本情况。主要写明被告人的姓名、性别、年龄、籍贯、身份证号码、民族、文化程度、职业、住址、主要简历（包括有无前科）、何时被拘留逮捕、在押被告人的关押处所等。共同犯罪的案件，应当逐个写明被告人的上述情况。

3. 案由和案件来源。这部分是说明人民检察院对案件所认定的罪名和案件从何处来的。采用何种方式表述，可根据具体情况决定，但必须将"案由"、"案件来源"和"查明的犯罪事实"这三个项目交代清楚。

（二）犯罪事实和证据

犯罪事实和证据是起诉书的主要部分。起诉书要写明被告人的罪名、罪状、罪证以及认罪态度。在记叙被告人的犯罪事实时，一定要写明犯罪的时间、地点、经过、手段、动机、目的、危害后果等七大要素。起诉书所写的内容是经过人民检察院严格审查和核实后所认定的，而不是公安机关起诉意见书所写内容的复述照搬，也不是它的缩写和改写。因此，起诉书的犯罪事实和证据部分与起诉意见书相比有自己的特点：

1. 在审核事实上，起诉书严于起诉意见书。起诉书产生于起诉意见书之后，是人民检察院代表国家作出的正式文书。起诉书所认定的事实是人民检察院严格审查核实之后作出的结论。因此，起诉书不仅是人民法院审判被告人的依据，而且也是被告人及其辩护人在法庭审理中进行辩护的依据。

2. 在记叙事实上，起诉书简于起诉意见书。起诉意见书在记叙犯罪事实时，一般涉及面较宽，只要无碍于记叙主罪，就无可非议。因为它是提请审查是否起诉的意见，事实摆得详尽些，便于审查决定，而起诉书则要求突出主要犯罪事实，要求明晰而简略地列出犯罪事实。

3. 在排列事实上，起诉书要有严格的逻辑性和很强的说服力。一般有四种排列方法：①按时间先后顺序交代犯罪事实。这样叙述较清楚，也能说明其犯罪的连续性。②按突出主罪的方法排列。这适用于一人犯数罪的起诉，先叙述主罪，突出重点，再叙述次罪，主次分明。③按综合归纳方法排列。这适用于被告人作案次数较多，而罪名情节又大致相同的案件。④在记叙犯罪事实时，一般可采用罪证分述，使罪证分明，一目了然。但在一定条件下，也可以罪证合并记叙。

（三）结论

这部分即起诉的理由和法律根据，是写人民检察院对被告人犯罪事实的分析认定，直接反映对被告人所犯罪行追究法律责任的具体意见，因而十分重要。其具体内容主要包括：被告人触犯的法律条款；犯罪的性质；对社会危害性的大小；有从重、从轻或减轻的情节，还应根据被告人认罪态度及其他原因，说明从宽或从严处理的理由；共同犯罪各被告人应负的罪责；在公诉案件中，如果被告人的罪行给被害人造成了物质损失，有附带民事诉讼情况的，也应写明。

这部分结束时，还应写明"此致，××××人民法院"，并由检察长（员）署名，注明具文的时间，加盖公章。

（四）附项

这部分应写明：被告人的主旨或羁押处所；证据目录、主要证据复印件或者照片；证人名单及其住址或单位地址；鉴定人的住址或单位地址；随案移送案卷的册数、页数；随卷移送的赃物、证物。

起诉书应当经检察长审查同意后署名，并加盖人民检察院的公章。人民检察院在制作起诉书时，如果被告人真实姓名和住址无法查清楚的，应当按其绰号或者自报的姓名、自报的年龄制作起诉书，并在起诉书中注明。如果被告人自报的姓名可能造成损害他人名誉、败坏道德风俗等不良影响的，可以对被告人编号并按编号制作起诉书，在起诉书中附具体被告人的照片。

四、起诉书的移送

移送起诉书是起诉的表示。各级人民检察院提起公诉的案件，应当按照审判管辖的规定，向人民法院移送起诉书。下级人民检察院受理同级公安机关移送起诉的案件，经审查认为属于上级人民法院第一审管辖的案件，应当分情况报送相应的上级人民检察院向同级人民法院提起公诉；上级人民检察院受理同级公安机关侦查终结移送起诉的案件，如果认为属于下级人民法院管辖的，应由上级人民检察院交给下级人民检察院审查后，向同级人民法院提起公诉。

移送起诉书时应按照被告人人数制作起诉书副本（一式8份，每增加一名被告人增加起诉书5份），连同证据目录、证人名单和主要证据复印件或者照片，一并移送有管辖权的人民法院。人民检察院针对具体案件移送起诉时，主要证据的范围由办案人员根据法律和各个证据在具体案件中的实际证明作用加以确定。

主要证据，是对认定犯罪构成要件的事实起主要作用、对案件定罪量刑有重要影响的证据。主要证据包括：①起诉书中涉及的各种证据种类中的主要证据；②多个同种类证据中被确定为"主要证据"的；③作为法定量刑情节的自首、立功、累犯、中止、未遂、正当防卫的证据。对于主要证据为书证、证人证言笔录、被害人陈述笔录、被告人供述与辩解笔录或者勘验、检查笔录的，可以只复印其中与证明被告人构成犯罪有关的部分，鉴定书可以只复印鉴定结论部分。

人民法院认为人民检察院起诉移送的有关材料不符合《刑事诉讼法》第 150 条规定的条件，向人民检察院提出书面意见要求补充提供的，人民检察院应当自收到通知之日起 3 日内补送。

对提起公诉后，在人民法院开庭审判前，人民检察院自行补充收集的证据材料，应当根据《刑事诉讼法》第 150 条的规定向人民法院移送有关的证人名单、证据目录和主要证据的复印件或照片。

根据《刑事诉讼法》第 174 条的规定：对依法可能判处 3 年以下有期徒刑、拘役、管制、单处罚金的公诉案件，事实清楚、证据充分，人民检察院有权建议或者同意适用简易程序。根据《六机关规定》第 38 条的规定：人民检察院按照简易程序提起公诉的案件，应当向人民法院移送全部案卷和证据材料。

五、变更追加或撤回公诉

《人民检察院刑事诉讼规则》第 351 条规定："在人民法院宣告判决前，人民检察院发现被告人的真实身份或者犯罪事实与起诉书中叙述的身份或者指控犯罪事实不符的，可以要求变更起诉；发现遗漏的同案犯罪嫌疑人或者罪行可以一并起诉和审理的，可以要求追加起诉；发现不存在犯罪事实、犯罪事实并非被告人所为或者不应当追究被告人刑事责任的，可以要求撤回起诉。"这一规定为检察实务提供了必要的依据。

人民检察院经过人民法院准许撤回起诉的案件，没有新的事实不应重新起诉。但可以根据案件的情况分别作出撤销案件或者不起诉的处理。

第四节 不起诉

一、不起诉的概念

不起诉，是指人民检察院对公安机关侦查终结移送起诉的案件以及自行侦查终结的案件进行审查后，认为案件不符合起诉条件或者可以不将犯罪嫌疑人交付审判，而作出的不将犯罪嫌疑人提交人民法院审判的一种处理决定。

不起诉决定具有终止刑事诉讼的效力，必须依法作出才能保证既防止不必要的审判，又不放过应当追究刑事责任的罪犯。

二、不起诉的种类

根据《刑事诉讼法》第 140 条第 4 款、第 142 条的规定，不起诉分为法定不起诉、酌定不起诉和存疑不起诉三类。

（一）法定不起诉

又称绝对不起诉，是指犯罪嫌疑人具有《刑事诉讼法》第 15 条规定的不追究刑事责任情形之一的，人民检察院应当作出不起诉决定。法定不起诉是法律规定的应当不起诉。《刑事诉讼法》第 142 条第 1 款规定：犯罪嫌疑人有本法第 15 条规定的情形之一的，人民检察院应当作出不起诉决定。这里规定的"应当作出不起诉决定"，是指人民检察院遇到《刑事诉讼法》第 15 条规定的情形之一时，只能依法作出不起诉决定，没有自由裁量的余地。根据《刑事诉讼法》第 15 条的规定，法定不起诉有以下六种情形：①犯罪嫌疑人实施的行为情节显著轻微、危害不大，不认为是犯罪的；②犯罪嫌疑人的犯罪已过追诉时效期限的；③犯罪嫌疑人的犯罪经特赦令免除刑罚的；④依照刑法告诉才处理的犯罪，没有告诉或者撤回告诉的；⑤犯罪嫌疑人、被告人死亡的；⑥其他法律规定免予追究刑事责任的。

以上六种情形，有的不认为是犯罪，有的是不应追究刑事责任或无法追究刑事责任。总之都不具备起诉的法定条件。因此，人民检察院在审查起诉中，对于具备上述六种情形之一的，都应当作出不起诉决定，而无须权衡作出这一决定是否适宜，这是法定不起诉不同于酌定不起诉的重要特征。

（二）酌定不起诉

又称相对不起诉，是指人民检察院认为犯罪嫌疑人的犯罪情节轻微，依照《刑法》规定不需要判处刑罚或者免除刑罚的，可以作出不起诉决定。

我国《刑事诉讼法》第 142 条第 2 款规定：对于犯罪情节轻微，依照刑法规定不需要判处刑罚或者免除刑罚的，人民检察院可以作出不起诉决定。根据这一规定，酌定不起诉必须同时具备两个条件：①犯罪嫌疑人实施的行为触犯了刑律，符合犯罪构成的要件，已经构成犯罪；②犯罪行为情节轻微，依照刑法规定不需要判处刑罚或者免除刑罚。《刑法》第 37 条规定：对于犯罪情节轻微不需要判处刑罚的，可以免予刑事处罚，但是可以根据案件的不同情况，予以训诫或者责令具结悔过、赔礼道歉、赔偿损失，或者由主管部门予以行政处罚或者行政处分。这是《刑法》规定的不需要判处刑罚的情形。依照《刑法》规定免除刑罚的情形主要是指：①犯罪嫌疑人在中华人民共和国领域外犯罪，依照我国《刑法》规定应当负刑事责任，但在外国已经受过刑事处罚的；②犯罪嫌疑人又聋又哑或者是盲人的；③犯罪嫌疑人因防卫过当或紧急避险超过必要限度并造成不应有危害而犯罪的；④为犯罪准备工具制造条件的；⑤在犯罪过程中自动中止或自动有效地防止犯罪结果发生的；⑥在共同犯罪中，起次要或辅助作用的；⑦被胁迫、被诱骗参加犯罪的；⑧犯罪嫌疑人自首或者在自首后有立功表现的。

在司法实践中，人民检察院在确定犯罪嫌疑人具有上述情形之一时，还必须在其犯罪情节轻微的前提条件下才可以作出不起诉决定，人民检察院要根据犯罪嫌疑人的年龄、犯罪动机和目的、手段、危害后果等情节以及一贯表现进行综合考虑，在确实认为作出不起诉的决定更为有利时，才可以作出不起诉决定。

（三）存疑不起诉

又称证据不足的不起诉，是指检察机关对于经过补充侦查的案件，仍然认为证据不足，不符合起诉条件的，可以作出不起诉决定。我国《刑事诉讼法》第140条第4款规定：对于补充侦查的案件，人民检察院仍然认为证据不足，不符合起诉条件的，可以作出不起诉的决定。而根据我国《刑事诉讼法》第140条规定的精神，补充侦查的案件应在1个月内补充侦查完毕，补充侦查以2次为限。因此，经过两次补充侦查，对于事实仍未查清、证据不足的案件，人民检察院可以作出不起诉的决定。案件经过两次补充侦查，具有下列情形之一，不能确定犯罪嫌疑人构成犯罪和需要追究刑事责任的属于证据不足，不符合起诉条件：①据以定案的证据存在疑问，无法查证属实的；②犯罪构成要件事实缺乏必要的证据予以证明的；③证据之间的矛盾不能合理排除的；④根据证据得出的结论具有其他可能性而无法排除的。

人民检察院根据上述情形作出不起诉决定后，如果发现了新的证据，证明案件符合起诉条件的，可以撤销不起诉决定，提起公诉。

对于存疑不起诉应当注意的是，只有案件经过两次补充侦查后，人民检察院仍然认为案件事实不清、证据不足时，才可以作出不起诉决定。因此，案件经过两次补充侦查和案件事实不清、证据不足，是《刑事诉讼法》规定的这种不起诉的必要条件，人民检察院必须严格执行，只有这样才能既可以防止放纵犯罪分子，又可以防止久侦不决、久押不放的现象，更好地保护公民的合法权益。

人民检察院根据《刑事诉讼法》第140条第4款的规定决定不起诉的，在发现新的证据符合起诉条件时，可以提起公诉。

三、不起诉的程序

同起诉决定一样，人民检察院对犯罪嫌疑人作出的不起诉决定，也是对案件处理的一种结果，因而是一项十分严肃的工作，不起诉决定一经作出即具有法律效力。因此，为了保证人民检察院不起诉决定的质量，及时发现和纠正可能发生的差错，《刑事诉讼法》第142～146条规定了不起诉的具体程序，其具体内容如下：

1. 制作不起诉决定书。凡是不起诉的案件，人民检察院都应当制作《不起诉决定书》，这是人民检察院代表国家依法确认不追究犯罪嫌疑人刑事责任的决定性法律文书，具有法律效力。《不起诉决定书》应当包括以下主要内容：①不起诉决定书的名称编号；②犯罪嫌疑人的基本情况，包括犯罪嫌疑人的姓名、出生年月日、出生地、民族、文化程度、职业、住址、身份证号码、是否受过刑事处罚、拘留逮捕的年月日等；③案由和案件的来源；④案件事实，包括否定或者指控犯罪嫌疑人构成犯罪的事实以及其他作为不起诉决定根据的事实；⑤不起诉的理由和法律根据，写明作出不起诉决定适用的《刑事诉讼法》条款；⑥检察长署名、制作日期和加盖院印；⑦附注事项。

2. 不起诉决定书的宣布和送达。依照《刑事诉讼法》的规定，不起诉的决定书应该公开宣布，同时应当将不起诉决定书分别送达下列机关和人员：①被不起诉人和他的单位，如果被不起诉人在押的，应当立即释放；②对于公安机关移送起诉的案件，应当将不起诉决定书送达公安机关；③对于有被害人的案件，应当将不起诉决定书送达被害人。

3. 解除扣押、冻结。侦查中对犯罪嫌疑人的财物采取扣押、冻结，是一种强制侦查措施，其目的在于防止犯罪嫌疑人转移财物，保证判决的执行。人民检察院对案件作出不起诉决定后，就终止了刑事诉讼，应当同时对侦查中扣押、冻结的财物解除扣押、冻结；对于公安机关作出的扣押、冻结，人民检察院应当以口头或者书面形式通知公安机关或者执行公安机关扣押、冻结决定的机关解除扣押、冻结。

4. 移送有关主管机关处理。根据《刑事诉讼法》第 142 条第 3 款的规定，人民检察院决定不起诉的案件，对被不起诉人需要给予行政处罚、行政处分或者需要没收其违法所得的，人民检察院应当提出检察意见，连同不起诉决定书一并移送有关主管机关处理。有关主管机关应当将处理结果及时通知人民检察院。

5. 对公安机关的意见进行复议复核。根据《刑事诉讼法》第 144 条的规定，对于公安机关移送起诉的案件，人民检察院决定不起诉的，应当将不起诉决定书送达公安机关。公安机关认为不起诉的决定有错误的时候，可以要求复议，人民检察院审查起诉部门应当另行指定检察人员进行审查并提出审查意见，经审查起诉部门负责人审核后，报请检察长或检察委员会决定。人民检察院应当在收到要求复议意见书后的 30 日内作出复议决定，通知公安机关。如果公安机关认为复议决定有错误的，还可以向上一级人民检察院申请复核。上一级人民检察院收到公安机关提请复核的意见书后，应当交由审查起诉部门办理。审查起诉部门应当指定检察人员进行审查并提出审查意见，经审查起诉部门负责人审核后，报请检察长或检察委员会决定。上一级人民检察院应当在收到提请复核意见书后的 30 日内作出复核决定，制作复核决定书送交提请复核的公安机关和下级人民检察院。改变下级人民检察院不起诉决定的，应当撤销下级人民检察院作出的不起诉决定，交由下级人民检察院执行。

6. 对被害人、被不起诉人的申诉进行复查。根据《刑事诉讼法》第 145、

146 条的规定，对于有被害人的案件，决定不起诉的，人民检察院应当将不起诉决定书送达被害人。被害人如果不服，可以自收到决定书后 7 日以内向上一级人民检察院申诉，请求提起公诉。人民检察院应当将复查决定告知被害人。对于人民检察院依照《刑事诉讼法》第 142 条第 2 款规定作出的不起诉决定，被不起诉人如果不服，可以自收到决定书后 7 日以内向人民检察院申诉。人民检察院应当作出复查决定，通知被不起诉人，同时抄送公安机关。被害人在申诉期限内提出申诉的，由上一级人民检察院审查起诉部门受理，上一级人民检察院作出的复查决定，应当送达被害人和作出不起诉决定的下级人民检察院。如果上一级人民检察院经复查作出起诉决定的，应当撤销下级人民检察院的不起诉决定，交由下级人民检察院提起公诉，并将复查决定抄送移送审查起诉的公安机关。被不起诉人在申诉期限内向人民检察院提出申诉的，由人民检察院的控告申诉部门受理，控告申诉部门复查后提出复查意见，认为应当维持不起诉决定的，报请检察长作出复查决定；认为应当撤销不起诉决定提起公诉的，报请检察委员会作出复查决定。复查决定书应当送达被不起诉人。撤销不起诉决定的，应当同时抄送移送起诉的公安机关。人民检察院作出撤销不起诉决定提起公诉的复查决定后，应当将案件交由审查起诉部门提起公诉。

此外，《刑事诉讼法》第 145 条还规定，对人民检察院维持不起诉决定的，被害人也可以不经申诉，直接向人民法院起诉。人民法院受理案件后，人民检察院应当将有关案件材料移送人民法院。根据这一规定，人民检察院接到人民法院受理被害人起诉的通知后，人民检察院应当终止复查，将诉讼文书和有关的证据材料移送人民法院。法律的这一规定既体现了对被害人合法权益的充分保护，同时也完善了对人民检察院不起诉决定的制约制度。不起诉决定同样是人民检察院对案件的处理结果，一旦作出，就具有法律约束力，因此保证它的正确性至关重要。如果人民检察院的不起诉决定缺乏一种有效的制约方式，就难以保证错误的不起诉决定得到纠正，从而不利于保护被害人的合法权益。人民检察院的起诉决定能够受到人民法院的制约，不正确的决定就可以通过人民法院的判决予以纠正。

第五节 提起自诉

一、自诉的概念和意义

（一）自诉的概念

自诉与公诉相对应，是指对于法律规定的案件，被害人或者他的法定代理人、近亲属直接向人民法院提起的刑事诉讼。

自诉是最古老的起诉方式，在人类社会之初，起诉完全由私人进行，是否对犯罪嫌疑人追究和惩罚取决于被害人是否向有审判权的组织和个人提出控告，即"无告诉即无审判"。随着对犯罪性质认识的更新、阶级的分化、国家的形成和国家机器的强化，特别是国家公诉机制的建立，被害人自诉逐步为国家公诉所取代。目前关于追诉犯罪的形式大致有两种类型：一类是国家垄断型，起诉权由国家垄断，没有被害人自诉，实行这种制度的国家主要有日本、法国、美国等；另一类是公诉与自诉共存型，而且以公诉为主，自诉为辅，目前采用这一类型的国家占多数。我国采用后一种类型的追诉机制。

（二）自诉的意义

1. 有利于维护被害人的利益。被害人的合法权益通过自诉制度得到维护，表现在两个方面：一方面被害人是犯罪行为的直接受害者，向国家审判机关控告犯罪，要求予以惩罚是被害人的固有权利。由于诸多因素，在国家追究不力的情况下，由被害人直接起诉有利于维护其合法权益。另一方面，有些犯罪如侮辱诽谤方面的案件，往往涉及被害人的名誉、隐私，如果付诸公诉，张扬开来，可能对被害人造成更大的损害，法律将对此类案件的起诉权交给被害人行使，起诉与否由被害人自己决定，这样更有利于维护被害人的利益。

2. 一定情况下有助于化解矛盾，教育感化犯罪分子，维护社会秩序。有些案件涉及的主要是公民个人的利益，或者是发生在家庭成员之间的犯罪，如果国家不强加干预，将起诉决定权交给被害人行使，以及允许被害人与加害人在诉讼过程中和解，反而有利于案件的解决，有利于对犯罪分子的教育、感化和挽救，从而消除犯罪起因，维护社会秩序。

3. 有利于弥补和监督刑事追诉机关对犯罪的追诉工作。对有些犯罪由于各种原因，公安、检察机关没有追诉，由被害人直接向人民法院告诉，有助于监督制约公安、检察机关对犯罪的追诉活动，避免有罪不究、告状无门等现象，遏制司法腐败。

二、自诉的原则

（一）自诉权处分原则

自诉案件的法理依据是国家将这类案件视为主要侵犯公民个人权利的案件，因此而赋予被害人诉权。作为公民的一种权利，被害人对于这种诉权可以行使也可以放弃。正是基于这种处分权，对自诉案件可以进行调解，自诉人还可以同被告人自行和解或撤回自诉，但这种处分权在行使时可能损害国家和社会利益的除外。

（二）手段对等原则

在公诉案件中，公诉人代表国家，以被告为追诉对象，利用国家力量进行追诉，而且直接具有或经过法院批准具有一定的强制处分权，被告人即使在法律形式上与公诉人处于平等的地位，其诉讼手段也很难对等。自诉案件则不同，当事人双方地位平等，手段对等。一个突出表现是自诉案件的被告人在诉讼过程中，可以对自诉人提起反诉，而反诉适用自诉的规定，因此在自诉案件中原被告的诉讼地位是相对的，在一定条件下是可以互换的，这也是与公诉案件的重要区别。

（三）国家援助原则

鉴于国家和社会利益的重要性以及个别公民诉讼能力的有限性，由国家机关主要是检察机关援助自诉，是现代自诉制度的一项普遍性原则。这种援助主要表现在：当检察官认为原自诉案件涉及社会公众利益或被害人于特殊情况难以维护个人合法权益时，该案件可以由其提起公诉或承担诉讼。如根据《德国刑事诉讼法典》第376、377条的规定，符合公共利益的时候，检察院可对原属于自诉案件的犯罪提起公诉。法院认为应当由检察官接管自诉案件的追诉时，应向他移送案卷。检察院也可以在判决发生法律效力前的任何程序阶段中以明确的声明接管自诉案件的追诉。英国的自诉案件范围较广，但检察机关有权在诉讼进行的任一阶段参加诉讼或接管诉讼。在我国刑事诉讼中，对重婚等自诉案件的被害人不能有效保护自己合法权益的，检察机关也可以根据人民群众、社会团体和有关单位的控告按公诉程序进行追诉，从而体现了对自诉的国家援助。

三、自诉案件的范围

根据我国《刑事诉讼法》第170条的规定和有关司法解释，自诉案件的范围有以下几类：

（一）告诉才处理的案件

所谓告诉才处理的案件，指由被害人及其法定代理人、近亲属等提出告诉，人民法院才予以受理的案件。告诉才处理的刑事案件具体包括：

1. 《刑法》第246条规定的侮辱、诽谤案，但是严重危害社会秩序和国家利益的除外。

2. 《刑法》第257条第1款规定的暴力干涉婚姻自由案。

3. 《刑法》第260条第1款规定的虐待案。

4. 《刑法》第270条规定的侵占案。

（二）被害人有证据证明的轻微刑事案件

所谓轻微刑事案件，是指犯罪事实情节较为轻微，可能判处3年以下有期徒刑以及拘役、管制等较轻刑罚的案件。应当注意的是，这类案件强调被害人的举证责任，自诉能否成立在一定程度上取决于被害人等有无证据或者证据是否充分，如果被害人等没有证据，人民法院将不予受理；如果被害人等提出的证据不充分，不足以支持其起诉主张，人民法院将裁定驳回自诉。被害人有证据证明的轻微刑事案件具体包括：

1. 《刑法》第 234 条第 1 款规定的故意伤害案，通常这类案件被称为轻伤案。

2. 《刑法》第 245 条规定的非法侵入住宅案。

3. 《刑法》第 252 条规定的侵犯通信自由案。

4. 《刑法》第 258 条规定的重婚案。

5. 《刑法》第 261 条规定的遗弃案。

6. 《刑法》分则第 3 章第 1 节规定的生产、销售伪劣商品案，但是严重危害社会秩序和国家利益的除外。

7. 《刑法》分则第 3 章第 7 节规定的侵犯知识产权案，但是严重危害社会秩序和国家利益的除外。

8. 属于《刑法》分则第 4、5 章规定的，对被告人可能判处 3 年有期徒刑以下刑罚的案件。

以上八项案件，被害人直接向人民法院起诉的，人民法院应当依法受理。对于其中证据不足可由公安机关受理的，或者认为对被告人可能判处 3 年有期徒刑以上刑罚的，应当移送公安机关立案侦查。被害人向公安机关控告的，公安机关应当受理。

伪证罪、拒不执行判决、裁定罪由公安机关立案侦查。

（三）被害人有证据证明对被告人侵犯自己人身、财产权利的行为应当依法追究刑事责任，而公安机关或者人民检察院不予追究被告人刑事责任的案件

依据有关司法解释，所谓公安机关或者人民检察院不予追究被告人刑事责任的案件，是指公安机关或人民检察院已作出不予追究的书面决定的案件，即公安机关、人民检察院已经作出不立案、撤销案件、不起诉等书面决定。

与公诉案件相比，自诉案件有以下特点：

1. 从犯罪客体来看，主要是侵犯公民个人权益方面的犯罪，比如侵犯公民的人身权利、财产权利、名誉权、婚姻自主权等。

2. 从起诉对象看，自诉案件多数是性质不太严重，给社会造成的危害相对于公诉案件较小的案件。国家将追诉犯罪的权利交给被害人等自己行使，不但不会危害国家利益、集体利益和社会利益，而且可以节省人力、物力、财力，可以使国家侦查机关和提起公诉的机关集中力量打击较为严重的刑事犯罪，将有限的司法资源进行更为合理的分配。

3. 从诉讼程序看，被害人及其法定代理人等有能力依靠自己的力量承担诉

讼。自诉案件一般有明确的被告，案件比较清楚，情节比较简单，无需专门的取证手段和侦查措施，被害人及其法定代理人等有能力自行提起诉讼和支持诉讼。如果案情复杂，需要专门的侦查手段，被害人及其法定代理人没有能力查清案情或者收集证据、提供证据的，不宜作为刑事自诉案件。

四、自诉案件的提起条件

依据自诉案件的特征和法律的有关规定，自诉案件提起诉讼的条件如下：

（一）有适格的自诉人

在法律规定的自诉案件范围内，遭受犯罪行为直接侵害的被害人有权向人民法院提起自诉。被害人死亡、丧失行为能力或者因受强制、威吓等原因无法告诉或者是限制行为能力人以及由于年老、患病、盲、聋、哑等原因不能亲自告诉的，被害人的法定代理人、近亲属有权向人民法院起诉。

（二）有明确的被告人和具体的诉讼请求

自诉案件的刑事诉讼程序由于自诉人的起诉而引起，对于自诉案件，公安机关和人民检察院均不介入，因此没有公安机关的侦查和人民检察院的审查起诉。自诉人起诉时应明确提出控诉的对象，如果不能提出明确的被告人或者被告人下落不明的，自诉案件不能成立。自诉人起诉时还应提出具体的诉讼请求，包括指明控诉的罪名和要求人民法院追究被告人何种刑事责任。如果提起刑事自诉附带民事诉讼，还应提出具体的赔偿要求。

（三）属于自诉案件范围

即属于《刑事诉讼法》第170条规定的告诉才处理的案件；被害人有证据证明的轻微刑事案件；被害人有证据证明对被告人侵犯自己人身、财产权利的行为应当依法追究刑事责任，而公安机关或者人民检察院不予追究被告人刑事责任的三类案件以及《刑诉解释》确定的具体的自诉案件范围。

（四）被害人有证据证明

被害人提起刑事自诉必须有能够证明被告人犯有被指控的犯罪事实的证据。

（五）属于受诉人民法院管辖

自诉人应当依据《刑事诉讼法》关于级别管辖和地区管辖的规定，向有管辖权的人民法院提起自诉。根据有关司法解释的规定，刑事自诉案件的自诉人、被告人一方或者双方是在港澳台居住的中国公民或者其住所地是在港澳台的，由犯罪地的基层人民法院审判，港澳台同胞告诉的，应当出示港澳台居民身份证、回乡证或者其他能够证明本人身份的证明。

根据《刑诉解释》，人民法院受理《刑事诉讼法》第170条第3项规定的自诉案件，还应当符合《刑事诉讼法》第86、145条的规定。《刑事诉讼法》第86条规定：人民法院、人民检察院或者公安机关对于报案、控告、举报和自首的材料，应当按照管辖范围，迅速进行审查，认为有犯罪事实需要追究刑事责任的时候，应当立案；认为没有犯罪事实，或者犯罪事实显著轻微，不需要追究刑事责任的时候，不予立案，并且将不立案的原因通知控告人。控告人如果不服，可以申请复议。《刑事诉讼法》第 145 条规定：对于有被害人的案件，决定不起诉的，人民检察院应当将不起诉决定书送达被害人。被害人如果不服，可以自收到决定书后 7 日以内向上一级人民检察院申诉，请求提起公诉。人民检察院应当将复查决定告知被害人。对人民检察院维持不起诉决定的，被害人可以向人民法院起诉。被害人也可以不经申诉，直接向人民法院起诉。人民法院受理案件后，人民检察院应当将有关案件材料移送人民法院。

在司法实践中，有下列情形之一的自诉案件，人民法院不予受理：①犯罪已过刑法规定的追诉时效限制的；②被告人死亡或者下落不明的；③除因证据不足撤诉的之外，自诉人撤诉后，就同一事实又自诉的；④经人民法院调解结案后，自诉人反悔，就同一事实再行自诉的；⑤民事案件结束后，自诉人就同一事实再行提出刑事诉讼的。

自诉人明知侵害人是两人以上，但只对部分侵害人提出自诉的，人民法院应当受理，并视为自诉人对其他侵害人放弃诉讼权利。判决宣告后，自诉人对其他侵害人就同一事实提起自诉的，人民法院不再受理。

共同被害人中只有部分自诉人自诉的，人民法院应当通知其他被害人参加诉讼，被通知人接到通知后，至第一审宣判前未提出自诉的，视为放弃自诉权利，第一审宣判后，被通知人就同一事实又提起自诉的，人民法院不予受理。

五、提起自诉的程序

自诉人应当向人民法院提交刑事自诉状，提起附带民事诉讼的，还应当提交刑事附带民事自诉状。自诉人书写自诉状确有困难的，可以口头告诉，由人民法院工作人员作出告诉笔录，向自诉人宣读，自诉人确认无误后，应当签名或者盖章。

自诉状或者告诉笔录应当包括以下内容：①自诉人、被告人、代为告诉人的姓名、性别、年龄、民族、出生地、文化程度、职业、工作单位、住址；②被告人犯罪行为的时间、地点、手段、情节和危害后果等；③具体的诉讼请求；④致送人民法院的名称及具状时间；⑤证人的姓名、住址及其他证据的名称、来源等。

如果被告人是两人以上的，自诉人在自诉时需按照被告人的人数提供自诉状副本。人民法院收到自诉人的自诉状或者口头起诉后，应即按受理条件进行立案前的初步审查，对于符合受理条件的，应即立案审理，并告知自诉人。对于不符合受理条件的，应迅速通知自诉人，并告知不受理的理由。自诉人坚持告诉的，人民法院可以裁定驳回起诉。

学术视野

新中国检察制度建立后，虽然历经沧桑，但其法律监督的定位，从未改变。对于检察权是法律监督权，检察机关是国家法律监督机关的观点，人们早已达成共识。近年来，司法改革方兴未艾，各种方案竞相提出，新学说、新观点层出不穷，传统观点不断遇到挑战，检察权的定性就是其中之一。概括学界对检察权性质提出的不同观点，主要有行政权说、司法权说、双重属性说三种。

1. 行政权说。该观点认为，检察权具有行政权的属性和特点，应归入行政权。理由有：①体制的行政性。我国检察机关建立了"阶层"分明、结构严密的组织体系，实行上级领导下级的领导体制，是典型的行政模式。②权力行使方式的行政性。检察机关采取的是"检察一体制"，上下形成一个整体，统一行使检察权。上级对下级有指挥监督权、职务收取和移转权、变更决定权、人员替换权。具有明显的上命下从的行政属性。③检察权的行使，最终要接受司法权的裁判，不具有司法权的终局性。④检察权中的侦查权、公诉权行使具有主动性，不具有司法权的被动性。⑤检察官提起、支持诉讼，站在追诉犯罪的立场上，不具有司法权的中立性。

2. 司法权说。该说认为检察权本质上属司法权。理由有：①司法的定义是指司法机关依司法程序就具体事实适用法律的活动。检察机关参加司法活动，在办理有关案件中采取措施、作出决定，是对个案具体事实适用法律的活动，符合司法权特征。②诉讼是行使司法权的基本方式。检察机关是诉讼活动的主要参加者，检察权较多采取诉讼的形式进行。③检察官与法官具有同样目的（在查明案件事实和法律适用判断方面），即实现法律和维护公共利益。④检察机关依法独立行使检察权，并且在国家体制上是独立的，其独立地位与法院相同。检察官享有较大的自由裁量权，具有接近甚至等同于法官的独立性。⑤检察权的效力接近或等同于司法权的效力。检察官决定是否提起公诉，尤其是作出的不起诉决定，与法官的免刑和无罪判决具有相似的效力，如具有裁断性、终局性、法律适用性等司法特征。⑥检察权具有中立性。公益原则是检察活动的基本原则，检察官在诉讼中不是一方当事人，而是代表公益的国家机关，其职责既包含指控犯罪，又要维护被告人的人权，地位具有中立性。⑦在许多国家，检察官的身份保障与法官等同或接近，被当做司法官看待。⑧检察权定位为司法权，对于摆脱行政权的不当干预，十分必要。

3. 双重属性说。该说认为检察权兼具司法与行政的双重属性。主要理由是：

在理论上，检察权兼具司法与行政的属性。（其论述兼采前两说）。在实践中，多数国家认为检察官具有双重属性。《日本检察讲义》的观点是，由于检察官与检察厅是兼有行政与司法双重性质的机关，所以在组织上也是具有行政、司法的两方面特征。美国学者雅各比指出，美国的检察官是政府在刑事诉讼中的代表，行使着一半是司法，一半是政治的那种特殊的混合的权力。实践中的不同定位，只不过是在双重性前提下的倾向不同。有的国家倾向于检察权是行政权，检察官是行政官，如美国；有的国家倾向于检察权为司法权，检察官是司法官，如德国、意大利等国。

 理论思考与实务应用

一、理论思考

（一）名词解释

公诉　提起公诉　审查起诉　不起诉

（二）简答题

1. 如何理解刑事起诉在刑事诉讼活动中的作用？

2. 不起诉有哪几种？其性质和特点是什么？

3. 自诉案件的审理程序有什么特点？

（三）论述题

向人民法院提起公诉的活动与提起公诉阶段的区别。

二、实务应用

（一）案例分析示范

案例一

泸市（县级市）人民检察院受理了一起该市公安机关移送审查起诉的故意伤害案。经公安机关侦查认定，三名犯罪嫌疑人刘某、李某、张某于1999年5月19日因酒后口角将被害人邹某打成重伤。在审查起诉时，检察院的办案人员发现公安机关仅将其中的两名犯罪嫌疑人刘某与李某抓获，另一犯罪嫌疑人张某案发后一直在逃。检察机关的办案人员就以犯罪嫌疑人尚未全部在案为由，将该案退回公安机关补充侦查。两天后公安机关成功地在外地抓获了张某，又将该案移送审查起诉。而在该期间被害人邹某由于伤情恶化被迫转院至北京治疗。由于路途遥远，办案人员通过电话征询了被害人邹某及其诉讼代理人的意见，并记录在案。检察机关在对该案审查的过程中，发现公安机关在讯问犯罪嫌疑人刘某的过程中有刑讯逼供行为，办案人员遂向公安机关提出纠正意见。市公安机关回复了一份工作说明以证明侦查过程中未采用非法取证手段，检察机关的办案人员将该说明加入案卷，继续审查。后又发现该案整体上证据较为薄弱，达不到起诉要求，因此检察机关决定退回补充侦查。补充侦查结束后，检察机关再次对该案进行审查起诉时，根据前后补充的证据并结合全案作出以下处理决定：认定张某并未参与殴打邹某，只是旁观者，对张某作出不起诉决定；李某是否参与犯罪，依据现有证据难以认定，检察机关对其作出证据不足的不起诉；刘某的罪行虽已查清，但由于无法查清作案工具（一把匕首）的去向，而且刘某的真实身份、住址也未查清，检察机关对其作出了暂时不予起诉的决定。[1]

问：请指出上述审查起诉的过程有哪些程序错误。

【评析】

错误一：依据《刑诉规则》第 246 条第 4 款的规定，一人在逃不影响全案审查起诉的进行，泸市检察机关的第一次退回补充侦查不合法。

错误二：依据《刑诉规则》第 252 条的规定，检察机关征询被害人及其代理人的意见只能通过书面形式进行，通过电话方式是错误的。

错误三：依据《刑诉规则》第 265 条的规定，检察机关在审查起诉中发现侦查人员有刑讯逼供行为的，应当要求侦查机关另行指派侦查人员重新调查取证，公安机关未另行取证的，检察机关可以将案件退回公安机关补充侦查。本案中公安机关仅以工作说明代替补充取证，而检察机关也未继续要求重新取证，在程序上有瑕疵。

错误四：对犯罪嫌疑人张某与刘某的处理决定不适当。对于李某应当退回公安机关处理，法条依据为《刑诉规则》第 262 条；对于刘某应当决定起诉，法条依据为《刑诉规则》第 279 条。

案例二

刘某系 H 县人民商场职工，因涉嫌犯盗窃罪被 H 县公安机关侦查终结移送县人民检察院审查起诉。H 县人民检察院经审查认为刘某的行为依照刑法规定不需要判处刑罚，于是决定不起诉。

问：H 县人民检察院应当如何宣布和送达不起诉决定书？

【评析】①不起诉决定书，应当公开宣布；②将不起诉决定书分别送达刘某和 H 县人民商场；③将不起诉决定书送达 H 县公安机关；④将不起诉决定书送达该盗窃案的被害人。

---

[1] 本章部分案例引自潘牧天主编：《刑事诉讼法案例教程》，中国政法大学出版社 2006 年版，关于起诉一章，在此表示感谢。

案例三

被不起诉人汪某，某市某石油化工有限公司经营部经理。1996 年 3 月 11 日因涉嫌职务侵占被某市公安局刑事拘留，同年 3 月 19 日经某市人民检察院决定逮捕。同年 6 月 2 日经某市人民检察院决定取保候审。汪某在担任某市某石油化工有限公司经营部经理期间，于 1993 年 6 月利用经手运输油品业务的便利，虚报冒领 5000 元人民币据为己有；1994 年 2 月在销售液化气业务中采取收入不入账的手段将销售款 17 000 元人民币据为己有。

此案经该市人民检察院审查认为：上述事实有书证、证人证言等证据佐证，但在赃款去向上始终无法查证核实，故指控汪某犯职务侵占罪的证据不足，虽经补充侦查，仍不符合起诉条件。根据《刑事诉讼法》第 140 条第 4 款之规定决定对汪某不起诉。

问：人民检察院对汪某的不起诉决定是否正确？

【评析】在本案中，人民检察院对汪某的不起诉决定是正确的，因为人民检察院因对赃款的去向无法查证核实，没有构成完整的证据锁链，不能排除合理怀疑，指控汪某犯职务侵占罪的证据不足，虽经补充侦查，仍不符合起诉条件，根据《刑事诉讼法》第 140 条第 4 款之规定，可以决定对汪某不起诉。

(二) 案例分析实训

案例一

甲县杨某和乙县贺某是朋友。杨在贺家做客时，遇贺同邻居鲁某争执。杨不平，动手打鲁某，致鲁轻伤，鲁为此花去药费 2000 余元，扣去工资 1000 元。

问：鲁某要起诉，应到哪个县去起诉？向公检法哪个机关起诉？被告人是谁？起诉哪些内容？

案例二

某年 5 月 12 日，某县水泥厂一车间工人因对厂里的奖金分配不满而停工。几天后，车间球磨机的轴瓦内被人投放了沙石，致使球磨机报废，直接经济损失达四千四百余元。公安机关对此案侦查后，认定工人张某某、赵某某因对奖金分配不满，向车间球磨机的轴瓦内投放沙石，遂以破坏生产经营罪移送人民检察院审查起诉。检察院办案人员审阅案卷后，发现有以下几处疑点：犯罪嫌疑人张某某自始至终不承认自己犯了罪，而且证实同案人赵某某也没有犯罪，而赵某某却供认自己是和张某某一起作的案；证人赵某（系犯罪嫌疑人赵某某之兄）讲他从厂房外小道骑自行车，从厂房的小门看见张某某和赵某某在车间里，站在球磨机的南北两侧，正用铁锨往球磨机的轴瓦里添沙子；其他证人却证实犯罪嫌疑人张某某和赵某某与大伙一起离开车间回了家。为查清案情，人民检察院决定去案件现场复查、复验。结果表明，一车间厂房全长 30 米，东西两面墙上无窗，只有在东面墙上距球磨机南端 2 米处有一个小门，证人赵某骑车走的小道距这个小门有 15 米左右，赵某根本看不见车间内的情况，而且无论如何也看不到球磨机北端的情况，显然赵某的证言不可靠。复查中又找了几个工人，都证实犯罪嫌疑人张某某、赵某某没有作案时间，于是重新提审犯罪嫌疑人赵某某，经对其说服教育，晓以利害，他终于道出了案件的原委。原来，破坏机器的事是其兄赵某干的。事发后，赵某找到其弟赵某某，说看在兄弟的情面上，可怜他有家有口，让其弟把事情承担下来，赵某某便同意了。在确凿的证据面前，案情终于真相大白。

问：①人民检察院办案人员的做法是否正确？②体现了《刑事诉讼法》的什么原则？

案例三

某公安机关侦查终结了一起故意伤害（重伤）案，遂决定移送人民检察院审查起诉。起诉意见书认为：犯罪嫌疑人郭某某（女，30 岁）和田某某（女，27 岁）因邻里纠纷发生口角，继而发生殴打。郭因个子瘦小，殴打中始终处于下风，便顺手操起木棍向田的腿部打去，造成其"膑骨呈粉碎性骨折，膑骨畸形愈合，功能丧失 60% 以上，屈伸受限，已构成重伤"。田某某也以"重伤"模样频频出现在司法人员面前，要求追究郭某某的刑事责任。检察人员在审查案件时，结合案件情况分析犯罪嫌疑人郭某某的伤害行为不可能造成原鉴定书认定的伤害结果。在依法讯问犯罪嫌疑人时，郭某某也对被害人的伤势提出异议，认为原鉴定结论不正确，被害人是假装重伤，要求重新对被害人进行人身检查，准确认定其伤害程度。为此，人民检察院决定对被害人重新进行人身检查。但田某某说，公安机关在侦查此案的过程中已经对其进行过人身检查，并作出了鉴定结论，人民检察院不相信公安机关得出的结论，再次对其进行人身检查，是偏袒犯罪嫌疑人，因此拒绝接受人身检查。人民检察院为查明案件事实，决定对田某某强制检查。于是由两名女法医认真复审了有关文证材料，并重新检验了活体，发现被害人田某某的膑骨根本不存在粉碎性骨折，只是部分模形骨折，而且愈合良好，功能恢复完整，最终得出轻伤的鉴定结论。人民检察院以故意伤害（轻伤）罪向人民法院提起公诉。

问：①人身检查应遵守哪些规定？②本案中，人民检察院对被害人田某某强制进行人身检查的做法对吗？

主要参考文献

1. 陈瑞华：《刑事审判原理论》，北京大学出版社 1997 年版。
2. 龙宗智：《刑事庭审制度研究》，中国政法大学出版社 2001 年版。
3. 何家弘：《中国的陪审制度向何处去》，中国政法大学出版社 2006 年版。
4. 刘计划：《中国控辩式庭审方式研究》，中国方正出版社 2005 年版。

第十六章

第一审程序

【本章概要】本章是对刑事诉讼第一审程序的论述。第一审程序是刑事诉讼审判的基本程序，是刑事审判的基础。本章具体内容包括：审判和第一审程序的概述，了解审判和第一审程序的基本概念、特征和相互关系；审判组织，论述第一审程序审理的组织形式；公诉案件的第一审程序和自诉案件的第一审程序，对于不同性质的案件在进行第一审程序上、审判组织上的区别和联系；简易程序，是第一审普通程序的简化程序，了解其概念和适用范围、审判组织；判决、裁定和决定，是经过第一审程序后产生的具有终局性的书面裁决，是审判的必然结果，了解三者的概念、适用范围和特点；司法实践中第一审程序常见的问题，针对刑事诉讼实务中容易出现的问题，进行分析，提出解决方案。

【学习目标】通过本章学习掌握：第一审程序的概念和意义、合议制的概念、独任制的概念、公诉案件庭前审查的概念、自诉案件的概念、简易程序的概念和特征、简易程序适用的案件范围、判决的概念、裁定的概念和特点、裁定的适用范围、既判力的概念。通过本章学习了解：审判的概念、审判的原则、审判组织的概念、公诉案件庭前准备程序和庭审程序、延期审理和中止审理的概念、决定的概念和适用范围。

【教学重点与难点】根据诉讼原理提炼出来的审判原则，在目前我国的立法和司法实践中还有很多没有得到贯彻和落实，如何实现这些审判原则是教学中的一个重点和难点。另外，如何在第一审程序中保持法官的公正性和中立性，防止审判程序的虚化，防止出现审判程序走过场的现象，也是本章教学的重点和难点。还有，关于简易程序的完善也是本章的重点和难点。

第一节　审判概论

一、审判的概念

审判是最终、最彻底解决社会冲突的方式，是国家"为当事人双方提供不用武力解决争端的方法"[1]。根据审判解决纠纷的性质不同，可以分为刑事审判、民事审判和行政审判三种。现代诉讼理论认为，审判活动包括以下要素：①客观

---

〔1〕　张文显：《当代西方法哲学》，吉林大学出版社 1987 年版，第 206 页。

上存在一个双方或者多方当事人之间的纠纷或者冲突；②利益不同的冲突双方或者多方把这一争议交由非冲突方、具有权威性、中立的、属于国家权力的第三方处理；③在"两造具备"、第三方"居间中立"的"三方组合"格局中，按照特定的程序解决该纠纷；④对冲突或者纠纷的处理，第三方具有最终决定权。

刑事审判是解决刑事案件实体问题的程序，是指人民法院在控、辩双方及其他诉讼参与人的参加下，依照法定的权限和程序，针对控诉方提出的诉讼请求，围绕被告人的刑事责任进行审理和裁判的诉讼活动。审判由"审理"和"裁判"两部分组成。审理，是指人民法院在人民检察院及其他诉讼参与人的参加下，通过法庭举证、质证和论证，在控、辩双方的辩论基础上，查实各种证据，认定案件事实的诉讼活动。审理有狭义与广义之分：狭义的审理专指法庭审理，换言之，仅指在开庭审理中，法官在控、辩双方及其他诉讼参与人的参加下开展活动的程序；广义的审理包括狭义的审理活动以及审理前的准备活动，包括确定审判组织组成人员、庭前的程序性审查、确定开庭的时间、地点以及通知当事人、诉讼参与人、公布案由等活动。裁判，是指人民法院在案件审理的基础上，以事实为依据、以法律为准绳，对被告人的刑事责任作出实体性裁决。审理是裁判的前提和基础，裁判是审理的目的和结果，二者密切联系，辩证统一。

刑事审判，应当把握以下三方面的内容：

1. 刑事审判是由法院代表国家行使权力的专门活动。在人类社会冲突史上，审判与社会冲突并非同时产生。在出现国家这一强制性组织之前，冲突双方或者多方解决冲突的方式一般是同态复仇，也有妥协和解，不存在强制性的解决社会冲突的手段。审判就是由审判机关代表国家，以国家力量作强大支撑进行的、以解决社会冲突、维护社会秩序为目的的专门性国家职权活动。根据我国《刑事诉讼法》的规定，"审判由人民法院负责"。人民法院代表国家行使审判权。刑事审判只能由人民法院代表国家进行，其他任何机关、团体、组织或者个人无权享有；同时刑事审判是一种强制性的解决社会冲突的手段，其处理结果必须被遵从。

2. 刑事审判是刑事诉讼三大基本职能之一。审判与控诉、辩护共同构成刑事诉讼的三大职能。刑事审判围绕控、辩双方对刑事责任的争执而展开，中立、超然的法官在听取控、辩双方对案件事实和法律适用的意见后，审查证据，并逐渐形成对案件事实的内心确认，从而作出裁判。从一定意义上讲，刑事审判的目的在于判定控、辩双方的主张是否正确，平息控、辩双方在刑事责任上的纠纷。

3. 刑事审判是国家的一项基本权力。审判权是国家权力分工的结果，其基本内容是审理权和裁判权。审判权源于国家主权，是国家主权的外化形式和一个重要组成部分，审判权的行使也是国家行使主权的一种基本形式。

二、审判的原则

审判原则，是指贯穿整个刑事诉讼审判过程，并用以指导审判活动的规范和准则。审判原则贯穿整个审判过程，包括第一审程序、第二审程序和再审程序，是一种强制性、抽象性规范。现代世界各国为实现审判公正，大都遵循以下原则：

（一）不告不理原则

不告不理，是指第一审人民法院对未经起诉的案件，一律不予审理的原则。不告不理是人民法院审理第一审刑事案件所适用的一项基本原则。刑事诉讼中的不告不理原则，应当与国家机关主动追究犯罪原则相区别。不告不理原则是针对人民法院的审判而言，没有"告诉"就没有"审理"，无论是公诉案件，还是自诉案件。而国家机关主动追究犯罪是针对立案、侦查而言，只要有犯罪行为存在，无论有没有"告诉"，有关国家机关都应当主动予以追究。

不告不理原则具体包括以下几层含义：①公诉案件只有经人民检察院提起公诉后，人民法院才能启动审判程序，并进行开庭前的准备工作，最终审理并裁判；②自诉案件只有经被害人或者其法定代理人等依法提起自诉后，人民法院才能审查是否符合自诉案件的提起条件，然后决定是否受理和审判；③刑事附带民事诉讼案件，只有附带民事诉讼的原告在作出判决前提出，或者人民检察院在提起公诉时一并提出，人民法院才能在审理刑事案件的同时一并解决民事责任，附带民事诉讼才能被审理。不告不理原则将起诉权和审判权截然分开。起诉权从属于人民检察院或者自诉人，审判权则属于人民法院；而人民法院行使审判权的前提是人民检察院或者自诉人提起诉讼，没有人民检察院或者自诉人的起诉就没有人民法院的审判。

（二）审判公开原则

审判公开是指审判活动对社会公开，即要求人民法院审理案件和宣告判决，都应当公开进行，在不损害审判公正和其他合法利益的情况下，允许公民到庭旁听，允许记者采访和报道。换言之，法庭审理的全过程，除了休庭评议之外，都应当公之于众。审判公开原则有两方面的要求：①形式要求，即产生法律裁决的法庭审判行为应当在一定场合公开进行。因此，开庭前应先期公布案由、被告人姓名、开庭时间、地点，以便公民参加旁听和记者采访报道。②实质要求，即作为司法裁判基础的事实、证据，裁判的法律依据和理由以及裁判的过程应当向诉讼主体和社会公开。因此，证据的提出、调查和认定等活动，一律在法庭上进行；判决书及其据以裁判的事实和理由应以公开的形式宣布。

审判公开原则是现代刑事诉讼的重要表征，突出反映了刑事诉讼的民主化要求，正如18世纪被誉为"刑法学之父"的贝卡利亚在《论犯罪与刑罚》一书中所指出："审判应当是公开的"，"以便社会舆论能够制止暴力和私欲"。审判公开原则为社会监督审判创造了必要条件，满足了公民作为国家主人对国家权力及其运作的了解需要，增强了公众对司法的信心；防止司法专横和司法腐败；同时公开审判还是进行法制教育的有效手段。"正义不仅应得到实现，而且要以人们看得见的方式加以实现。"

但是，审判公开原则并非绝对的，为保护国家利益和当事人权益，审判公开原则存在例外情况：①法庭的评议过程不公开；②涉及国家秘密、个人隐私及未成年人犯罪的案件，一般采取不公开或者不完全公开的审理方式。《刑事诉讼法》第152条规定，"人民法院审判第一审案件应当公开进行。但是有关国家秘密或者个人隐私的案件，不公开审理。14岁以上不满16岁未成年人犯罪的案件，一律不公开审理。16岁以上不满18岁未成年人犯罪的案件，一般也不公开审理。对于不公开审理的案件，应当当庭宣布不公开审理的理由。"值得注意的是，无论是否公开审理的案件，都应当公开宣判。

（三）参审与陪审原则

参审与陪审原则，是指从公民中产生的陪审员参与法院对案件的审判。具体而言，参审是指陪审员参加合议庭，与专业法官一起共同审理案件，共同作出裁决，这种方式主要为大陆法系国家所采用；陪审是指由非法律专业人员组成陪审团参加法庭审理活动，陪审团在审查证据的基础上，对有争议的事实和是否有罪作出决定，法官依据陪审团的决定作出裁判，这种方式主要通行于英美法系国家。参审与陪审都是普通公民参与审理活动的一项原则，但二者的作用范围不同：在参审制度下，陪审员与法官共同解决事实认定和法律适用问题，陪审员与法官有平等的表决权；而在陪审制度下，陪审团单独认定案件事实，决定被告人有罪与否，但无权决定被告人的量刑问题。

大陆法系的参审制确立的背景是反对封建司法专横的产物，是近现代民主政治的当然要求和体现。普通公民参与刑事审判本质上是公民行使国家管理权的一种直接、有效的民主方式。英美法系国家设立陪审制，其目的在于防止国家权力滥用。无论是大陆法系国家还是英美法系国家都贯穿了参审与陪审原则，仅仅在形式上存在区别，如在法国，重罪法院审判刑事案件，除法律特别规定外，均采用由3名法官和9名陪审员组成的法庭进行；在美国，根据联邦最高法院的规定，无论发生在联邦或者州的刑事案件，只要被告人有可能被判处6个月以上的监禁，被告人就享有受小陪审团审判的权利。

我国刑事诉讼中实行人民陪审员制度，虽然名称上叫做陪审制，但实质上属于参审制。《刑事诉讼法》第13条规定："人民法院审判案件，依照本法实行人民陪审员陪审的制度。"第147条规定："基层人民法院、中级人民法院审判第一审案件，应当由审判员 3 人或者由审判员和人民陪审员共 3 人组成合议庭进行，……高级人民法院、最高人民法院审判第一审案件，应当由审判员 3 人至 7 人或者由审判员和人民陪审员共 3 人至 7 人组成合议庭进行。人民陪审员在人民法院执行职务，同审判员有同等的权利。"除被剥夺政治权利的人以外，凡有选举权和被选举权的年满 23 周岁的公民，都可以被选举为人民陪审员。

（四）直接言词原则

直接言词原则，是指法官必须在法庭上亲自听取被告人、证人及其他诉讼参与人的陈述，案件事实和证据必须以口头方式向法庭提出，调查证据以口头辩论、质证和辩认方式进行。直接言词原则包括直接原则和言词原则，直接原则又分为直接审理原则和直接采证原则。直接审理原则，是指法官在审理案件时，公诉人、当事人以及其他诉讼参与人应当在场，除法律规定的情形外，上述人员不在场时，不得进行审理，否则审判活动无效。直接采证原则，是指刑事诉讼程序中证据的调查与采取，应当由法官亲自进行，只有以直接调查并经衡量、评判后的证据，才能作为判决依据。言词原则，是指法庭审理中，如无法律特别规定的情况，应当以口头陈述的方式进行，即要求被告人、被害人以口头方式陈述，证人、鉴定人以口头方式作证，控诉机关与被告人及其辩护人以口头方式辩论，凡未经法庭以口头方式调查的证据不得为法庭采纳，更不能作为判决的依据。

直接言词原则主要适用于第一审法院的审理，因为第一审程序中必然要涉及证据的调查、判断和采信；而在第二审程序及再审程序中，除采用直接审理外，部分案件依照法律的规定还可以采取书面审理的形式。

直接言词原则在英美法系国家在立法和司法上都被完整地采用，而大陆法系国家在立法上有一定的体现，如《德国刑事诉讼法典》第 250 条规定，审判询问不允许以宣读以前的询问笔录或书面证言代替，应当遵循"询问本人原则"。但在司法实践中，大陆法系国家不是特别强调直接言词原则的贯彻。我国《刑事诉讼法》没有明确规定这一原则，但从立法精神上还是予以肯定，如通知证人、鉴定人出庭的规定；证人证言必须在法庭上经公诉人、被害人和被告人、辩护人双方询问、质证的规定；公诉人、当事人和辩护人经审判长许可可以直接对证人、鉴定人发问的规定等，都体现了直接言词原则。

（五）辩论原则

辩论原则，是指在法庭审理中起诉方和被告方应当以公开的、口头的、对抗性的方式进行辩论，未经充分辩论，不得进行裁判。辩论是针对控诉而派生的刑事诉讼的三大基本职能之一，是对被告人权利予以保障的重要方式。控、辩双方在法官的主持下，平等对抗、相互辩论，既是对纠问式或武断专横式诉讼的否定，也有利于法官全面地了解案情、明辨是非，进行公正裁判。辩论原则具体包括以下含义：①辩论内容包括案件事实的认定和法律适用两个方面；②辩论阶段既体现在法庭审理中的集中、专门辩论阶段，也体现在法庭调查阶段对证据的审查、判断和对事实的认定的分散辩论；③辩论方式表现为，首先是控、辩双方以口头方式各自论述自己的理由，反驳对方的观点；其次是通过反诘等方式进行交叉辩论，控、辩双方形成实质性的激烈交锋。

在英美法系国家，辩论原则在刑事诉讼中的应用较为充分，这与他们实行当事人主义的诉讼模式密切相连。刑事诉讼活动以控、辩双方的平等对抗活动为主线展开，当事人在诉讼中起主导作用，法官只是消极听证，居中裁判。大陆法系国家实行职权主义的诉讼模式，法官的职权活动引导诉讼的进行，法官在诉讼中居主导地位，活动积极，可以主动询问双方当事人，也可以主动调查取证，而控、辩双方的活动受到限制，因此，辩论原则体现不充分，主要集中在法庭审理中的专门辩论阶段。我国刑事诉讼活动中也贯彻辩论原则，根据《刑事诉讼法》第 160 条的规定，"经审判长许可，公诉人、当事人和辩护人、诉讼代理人可以对证据和案件情况发表意见并且可以互相辩论。"我国的辩论原则也集中体现在法庭审理过程中的辩论阶段。

（六）集中审理原则

集中审理原则，是指刑事案件的审判，原则上应当持续、不间断地进行，即法庭审理程序应当尽可能的不间断，一气呵成，即行裁判。这一原则包括两层含义：①整个审判阶段以庭审为中心，所有的事实、证据和法律适用等问题都应在庭审中一并提出、调查、判断，审判结论也应当在庭审中形成；②审判不间断，即对一个案件的审判应当一次性连续完成。即使对需要进行 2 日以上审理的复杂、疑难案件，也应当每日连续审理，直到审理完毕，其间除法定节假日外，不应有日数的间隔；在此期间，庭审法官不得审理其他案件；如果庭审法官因故不能继续审理，审理则由一直在场的候补法官替补或者另换法官重新进行审判。

集中审理原则可以避免审判拖延，及早结案，提高诉讼效率；同时可以防止外界对法官审理案件的干扰，保证法官在自始至终的连续审理中获得对案件的清晰、连贯的印象，形成完整的案件事实，避免同其他案件混淆，保证作出准确、公正的裁判。

世界上大多数国家采用集中审理原则，英美法系国家的刑事审判较充分地体现了这一原则，大陆法系国家的刑事诉讼立法中也有所体现。如《法国刑事诉讼法典》第 307 条规定，"法庭审理不得中断，应当连续进行直到重罪法庭作出判决，案件终结为止；在法官和被告人必要的用餐时间内，审理可以暂停。"第355 条又规定，"法庭的法官和陪审员退庭进入评议室，他们在作出决定之前，不得离开。"《德国刑事诉讼法典》第 262 条规定："审判是在被召集作裁判人员、检察员和法院书记处 1 名书记员不间断的在场的情形下进行。"我国《刑事诉讼法》没有明确规定这一原则，但在立法上或多或少体现了集中审理原则的第一层含义，对第二层含义体现不足，法律不但规定在特定情况下可以延期审理，还规定可以因检察人员的建议而退回补充侦查。

（七）一事不再理原则

一事不再理原则，是指除法律有特别规定外，对已经发生法律效力的裁判所评价的同一行为，法院不得再次进行审理，被告人也不能请求对自己的同一行为再次进行审理。这一原则源于古罗马的审判原则，并一直为后世所沿袭。一事不再理原则有深刻的理论依据：①有利于维护法律尊严和法院权威，维护社会关系的稳定。法院对某一犯罪行为依照现行法律予以审理，作出的裁判应当是对该犯罪行为最具权威的法律认定，这一结果非经法定程序，其他任何机关、团体、组织和个人无权变更或者撤销。如果随意变更或者撤销，法律便不会被遵循，法院权威无从谈起。同时社会关系通过法院的终局性裁判得以调整、修正和确定，如果随意变更或者撤销法院的裁判，社会关系就会处于一种不确定的状态，使得人们无所适从，不利于经济的发展和社会的进步。②有利于保障被告人的人权。同一人实施的同一行为不受第二次追诉和审判是近现代法治国家的公民应当享有的一项重要人权。如果对被告人的同一行为进行重复的追诉和评价，势必使被告人陷入累讼的旋涡中，使其权利受到损害。

世界各国在立法和司法实践中都确立了一事不再理原则。美国联邦宪法修正案第 5 条规定，任何人不得因同一罪行接受两次生命或者肢体上的危害。依此规定，某人实施的同一罪行不受第二次追诉和审判，是公民的重要权利，受宪法保护。《联邦德国基本法》也规定了一事不再理原则，"不论是有罪还是无罪判决，作出产生法律效力的判决后不允许对同一行为再启动新程序。此原则的出发点，是国家刑罚权的耗尽。"[1] 我国刑事诉讼贯彻一事不再理原则，实行两审终审制度，对同一犯罪行为的裁决生效后，除有法律规定的特殊情况外（体现为审判监督程序），均不得再次提起诉讼和进行审理。

三、第一审程序的概念和意义

第一审程序，又称初审程序，是指人民法院对人民检察院提起公诉或者自诉人提起自诉的刑事案件进行初次审判所依照的程序。第一审程序根据案件的性质和提起的主体的不同，可以分为公诉案件第一审程序和自诉案件第一审程序。第一审程序根据其适用的范围不同又分为第一审普通程序和第一审简易程序。

---

[1] ［德］约阿希姆·赫尔曼："《德国刑事诉讼法典》中译本引言"，载李昌珂译：《德国刑事诉讼法典》，中国政法大学出版社 1995 年版，第 14 页。

第一审程序是刑事诉讼审判程序的开始，主要任务在于认定案件事实、适用法律，以解决被告人的刑事责任问题。具体而言：通过确立审判原则和法定的审判方式、方法及其顺序，保障人民法院在公诉人、当事人和其他诉讼参与人的参加下，客观全面地审查判断证据，认定案件事实，正确适用法律，对被告人是否有罪、有何罪、应否受刑罚、受何刑罚作出裁决；保障当事人的合法诉讼权利的行使；同时审判公开，允许公民旁听和记者采访报道，发挥法制宣传的作用。

第一审程序对整个刑事诉讼程序而言，有着极其重要的地位，在英美法系国家实行"审判中心主义"的情况下，第一审程序就是整个刑事诉讼的核心和灵魂，其他的程序都是围绕审判程序而展开的。在我国刑事诉讼体系中，第一审程序也有重要意义：

1. 第一审程序是刑事诉讼的中心环节，审判是具有决定性意义的阶段，而第一审程序又是其他审判程序的基础。第一审程序针对刑事实体问题作出权威裁判，是前面进行的立案、侦查、起诉等活动的集中和总结。整个刑事诉讼活动围绕被告人的刑事责任展开，而对被告人刑事责任作出最终的裁判，只能在审判程序中实现，而第一审程序又是实现准确作出这一裁判的基础。

2. 第一审程序是审判阶段的基本和必经程序。无论是公诉案件，还是自诉案件的审理，都是从第一审程序开始。一个刑事案件可能会经历二审程序、再审程序，但没有第一审程序，后面的审理程序也就没有出现的可能。

3. 第一审程序是实现刑事诉讼任务的主要阶段。第一审程序不仅可以使各项诉讼原则和制度得以贯彻实施，而且还可以直接、生动地进行法制宣传教育，通过各种审判活动查清事实、适用法律，既准确、及时地惩罚犯罪，又保障无辜的人不受刑事处罚，实现刑事诉讼惩罚犯罪和保障人权的根本目的。

4. 第一审程序的正确、合理适用，可以减少上诉、抗诉和申诉，减轻人民法院的当事人的诉讼负担，节约国家司法资源，提高诉讼效率。

第二节　审判组织

一、审判组织的概念

审判组织，是指人民法院审判案件的组织形式。刑事诉讼中的审判组织是人民法院贯彻实施刑事实体法和程序法，完成刑事诉讼任务的前提和保证。审判组织是进行审判操作的具体组织，可以说，没有合法的审判组织形式，就不可能保证刑事案件合法有效的审判。根据《刑事诉讼法》第147条的规定，审判组织包括两种形式：①合议制，即合议庭；②独任制，即独任庭。审判组织适用于整个审判阶段，包括第一审程序、第二审程序和审判监督程序。

二、合议制

合议制又称合议庭，是集体审判刑事案件的一种组织形式，它由审判员或者审判员与人民陪审员共同组成合议庭，对具体刑事案件进行审理。这种审判组织形式有利于发挥集体的智慧，集思广益，防止办案人员在审判活动中的主观片面性，对保证人民法院公正、客观地审理刑事案件具有重要意义。合议庭是刑事审判活动中最常用的基本组织形式。

1. 合议庭人员的组成。《刑事诉讼法》第147条规定："基层人民法院、中级人民法院审判第一审案件，应当由审判员3人或者由审判员和人民陪审员共3人组成合议庭进行……高级人民法院、最高人民法院审判第一审案件，应当由审判员3人至7人或者由审判员和人民陪审员共3人至7人组成合议庭进行。人民法院审判上诉和抗诉案件，由审判员3人至5人组成合议庭进行。"合议庭人员组成包括两种形式：①由审判员组成。这种形式适用于所有的审判程序。②由审判员和人民陪审员组成。这种形式仅适用于第一审程序，第二审程序和审判监督程序不能采用这种形式。同时，合议庭的组成人员在人数上应当为单数，这是由合议庭表决原则决定的。人民陪审员在人民法院执行职务时，同审判员有同等的权利。

2. 合议庭的活动原则。《刑事诉讼法》第148条规定："合议庭进行评议的时候，如果意见分歧，应当按多数人的意见作出决定，但是少数人的意见应当写入笔录。评议笔录由合议庭的组成人员签名。"第149条规定："合议庭开庭审理并且评议后，应当作出判决。对于疑难、复杂、重大的案件，合议庭认为难以作出决定的，由合议庭提请院长决定提交审判委员会讨论决定。审判委员会的决定，合议庭应当执行。"可以看出，合议庭审理案件应当遵循以下活动原则：①按多数人员的意见作出判决的原则。合议庭对案件进行评议时按照"少数服从多数"的原则进行，但是，少数人的意见应当写入笔录。②对疑难、复杂、重大的案件难以作出决定时，提请院长交审判委员会讨论的原则。③对审判委员会的决定，合议庭应当执行的原则。

三、独任制

独任制又称独任庭，是指由审判员一人审理刑事案件的组织形式。独任庭的设置是为了提高诉讼效率，对符合法律规定的简单刑事案件，由审判员一人独立审理即可。《刑事诉讼法》第147条规定，"基层人民法院适用简易程序的案件可以由审判员一人独任审判。"因此，采用独任制应当具备两个条件：①形式要件。基层人民法院在进行第一审程序时才能适用独任制。②实质要件。只有对自诉案件和情节轻微的公诉案件才能适用独任制。独任制是对合议制的补充。在司法实践中，案件是否适用独任制审判，应当由庭长根据案件具体情况决定。

四、审判委员会

审判委员会，是人民法院内部对审判工作实行集体领导的组织形式。各级人民法院内部都设有审判委员会，由院长提请同级国家权力机关任免。审判委员会由院长主持，院长不能主持时可以委托副院长主持，其成员享有同等的权利。审判委员会讨论案件和其他问题时，贯彻民主集中制，实行少数服从多数原则。同级人民检察院检察长可以列席审判委员会会议，参加对重大、复杂和疑难案件的讨论，但没有表决权。

审判委员会的具体工作是对人民法院内部的日常工作进行领导、监督、协调，同时"对于疑难、复杂、重大的案件，合议庭认为难以作出决定的，由合议庭提请院长决定提交审判委员会讨论决定"。审判委员会不是审判组织形式，不负责审理具体刑事案件。审判委员会对具体案件作出裁判，必须符合下列条件：

1. 实质要件，即刑事案件必须是疑难、复杂、重大的，并且合议庭难以作出决定；即使案件是疑难、复杂、重大的，但合议庭能够作出决定时，审判委员会也不能审理。根据司法实践，这类案件具体包括：①案件复杂、影响较大；②判处死刑且案情重大的；③适用法律有疑难，合议庭难以作出决定的；④院长不同意合议庭的决定且分歧较大的；⑤合议庭不能形成多数决定，分歧较大的。

2. 形式要件，即案件必须由合议庭提请院长决定后，再提交审判委员会；审判委员会不能主动审理某个刑事案件。审判委员会审理具体的刑事案件必须符合上述两个条件，防止"审"、"判"脱节和"先审后判"的做法，充分发挥合议庭的积极性；同时也有利于疑难、复杂、重大案件的处理，实现刑事诉讼的目的。

第三节　公诉案件庭前审查

一、公诉案件第一审程序的概念

公诉案件的第一审程序，是指人民法院对人民检察院提起公诉的案件进行初次审判时所必须遵循的步骤、方式和方法。公诉案件的第一审程序包括庭前审查、庭前准备、法庭审判、延期和中止审理、评议和宣判等诉讼环节。

二、公诉案件庭前审查的概念

公诉案件庭前审查，又称对公诉案件的审查，是指人民法院对人民检察院提起公诉的案件进行庭前审查，决定是否开庭审理的活动。《刑事诉讼法》第150条规定："人民法院对提起公诉的案件进行审查后，对于起诉书中有明确的指控犯罪事实并且附有证据目录、证人名单和主要证据复印件或者照片的，应当决定开庭审判。"因此，对公诉案件的审查是公诉案件进入第一审程序的专门的必经程序，只有审查通过，才能启动第一审程序。可以说，公诉案件的第一审程序是审判程序的开始，而对公诉案件的审查又是公诉案件第一审程序的开始。

世界各国刑事诉讼中大都规定有法院的庭前审查。英美法系国家的庭前审查又称为预审或者提审，主要是审查证据是否符合起诉条件，而不是确定被告人是否有罪。如英国法律规定，凡是按正式起诉程序由刑事法院审理的案件，除法律另有规定外，先经过治安法院的预审（或称起诉审）。[1] 大陆法系国家法院的庭前审查活动主要是围绕起诉书进行，其中心任务是审查起诉案件，并在此基础上作出同意、拒绝、暂停或移交其他法院审判的最初处理决定。如德国将这一审查称为"中间程序"。对公诉案件的审查程序仅仅是程序性的审查，主要是查明人民检察院提起公诉的案件是否具备开庭审理的条件，这一条件着重解决案卷材料问题，并非实质性审查，不解决被告人刑事责任问题。通过对公诉案件的庭前审查，有利于避免不当审判的出现，保障被告人的合法权益，提高法院审判效率；同时也要避免"先入为主"的现象，防止先"定"后"审"。

三、公诉案件庭前审查的内容

《刑诉解释》第 116 条规定，人民法院对人民检察院提起的公诉案件，应当在收到起诉书（一式 8 份，每增加一名被告人，增加起诉书 5 份）后，指定审判员审查以下内容：①案件是否属于本院管辖；②起诉书指控的被告人的身份、实施犯罪的时间、地点、手段、犯罪事实、危害后果和罪名以及其他可能影响定罪量刑的情节等是否明确；③起诉书中是否载明被告人被采取强制措施的种类、羁押地点、是否在案以及有无扣押、冻结在案的被告人的财物及存放地点；是否列明被害人的姓名、住址、通讯处，为保护被害人而不宜列明的，应当单独移送被害人名单；④是否附有起诉前收集的证据的目录；⑤是否附有能够证明指控犯罪行为性质、情节等内容的主要证据复印件或者照片；⑥是否附有起诉前提供了证言的证人名单；证人名单应当分别列明出庭作证和拟不出庭作证的证人的姓名、性别、年龄、职业、住址和通讯处；⑦已委托辩护人、代理人的，是否附有辩护人、代理人的姓名、住址、通讯处明确的名单；⑧提起附带民事诉讼的，是否附有相关证据材料；⑨侦查、起诉程序的各种法律手续和诉讼文书复印件是否完备；⑩有无《刑事诉讼法》第 15 条第 2～6 项规定的不追究刑事责任的情形。

前款第 5 项中所说的主要证据包括：①起诉书中涉及的《刑事诉讼法》第 42 条规定的证据种类中的主要证据；②同种类多个证据中被确定为主要证据的；

---

〔1〕 王以真主编：《外国刑事诉讼法学》，北京大学出版社 1994 年版，第 172 页。

如果某一种类证据中只有一个证据，该证据即为主要证据；③作为法定量刑情节的自首、立功、累犯、中止、未遂、防卫过当等证据。

四、公诉案件庭前审查的结果和处理

根据《刑诉解释》第117条规定，案件经审查后，人民法院应当根据不同情况分别处理：①对于不属于本院管辖或者被告人不在案的，应当决定退回人民检察院；②对于不符合本解释第116条第2~9项规定之一，需要补送材料的，应当通知人民检察院在3日内补送；③对于根据《刑事诉讼法》第162条第3项规定宣告被告人无罪，人民检察院依据新的事实、证据材料重新起诉的，人民法院应当依法受理；④依照本解释第177条规定，人民法院裁定准许人民检察院撤诉的案件，没有新的事实、证据，人民检察院重新起诉的，人民法院不予受理；⑤对于符合《刑事诉讼法》第15条第2~6项规定的情形的，应当裁定终止审理或者决定不予受理；⑥对于被告人真实身份不明，但符合《刑事诉讼法》第128条第2款规定的，人民法院应当依法受理。

第四节　公诉案件庭前准备

一、庭前准备的概念

庭前准备，是指人民法院对公诉案件庭前审查后，对符合开庭条件的案件决定开庭审理，为保障庭审工作的顺利进行，而依法进行的必要的准备工作。

二、庭前准备的内容

根据《刑事诉讼法》第151条规定，人民法院在开庭前应当做好以下准备：

1. 确定合议庭的组成人员。

2. 将人民检察院的起诉书副本至迟在开庭10日以前送达被告人。对于被告人未委托辩护人的，告知被告人可以委托辩护人，或者在必要的时候指定承担法律援助义务的律师为其提供辩护。

3. 将开庭的时间、地点在开庭3日以前通知人民检察院。

4. 传唤当事人，通知辩护人、诉讼代理人、证人、鉴定人和翻译人员，传票和通知书至迟在开庭3日以前送达。

5. 公开审判的案件，在开庭3日以前先期公布案由、被告人姓名、开庭时间和地点。

上述活动情形应当写入笔录，由审判人员和书记员签名。

第五节 公诉案件法庭审判

一、公诉案件法庭审判的概念

公诉案件法庭审判，是指人民法院在公诉人、被告人、被害人以及其他诉讼参与人的参加下，对刑事案件进行开庭审判时所遵循的步骤、方式和规则。

二、公诉案件法庭审判的程序

根据《刑事诉讼法》的规定，公诉案件法庭审判程序分为开庭、法庭调查、法庭辩论、被告人最后陈述、评议和宣判五个阶段。

（一）开庭

宣布开庭是法庭审理的开始，其任务在于为实体审理做好程序上的准备。

1. 开庭前，书记员首先查明公诉人、当事人、辩护人、证人以及其他诉讼参与人是否到庭；公开审理的案件，书记员应宣读法庭规则；然后请公诉人、辩护人入庭；再请审判长和合议庭成员入庭；审判人员入庭时，请全体人员起立；审判人员、全体人员就座后，当庭向审判长报告开庭前的准备工作已经就绪。

2. 审判长宣布开庭，传被告人到庭，查明被告人的基本情况；是否曾受到过法律处分及处分的种类、时间；是否被采取强制措施及强制措施的种类、时间；收到人民检察院起诉书副本的日期；有附带民事诉讼的，附带民事诉讼被告人收到附带民事诉状的日期。

3. 审判长宣布案件的来源、起诉的案由、附带民事诉讼原告人和被告人的姓名及是否公开审理。对于不公开审理的案件，应当庭宣布不公开审理的理由。

4. 审判长宣布合议庭组成人员、书记员、公诉人、辩护人、鉴定人和翻译人员的名单。

5. 审判长分别询问当事人、法定代理人是否申请回避及回避的理由。如果当事人、法定代理人申请回避，符合法定条件的，合议庭应当按照有关规定办理；不符合条件的，应当庭驳回，继续审理；如果当事人不服，申请复议的，合议庭应宣布休庭，待复议决定后，决定是否继续法庭审理。

（二）法庭调查

法庭调查，是指在公诉人、当事人和其他诉讼参与人的参加下，当庭对案件事实和证据进行调查核对的阶段。法庭调查阶段是法庭审理的核心，是对案件进行实体审查的中心环节。案件事实的认定、证据的采信、被告人的刑事责任等关键性问题，都将在这一阶段展开，为最后的裁判奠定事实基础。法庭调查按照下列顺序展开：

1. 宣读起诉书。审判长宣布进行法庭调查后，首先由公诉人宣读起诉书，向法庭阐明公诉犯罪事实，即法庭调查的范围和被告人应负刑事责任的事实依据和法律依据。宣读起诉书时，如果一案有数名被告人，应同时在场。

2. 被告人、被害人就指控的犯罪事实发表意见。公诉人宣读完起诉书后，审判长应当分别就指控的犯罪事实听取被告人、被害人的陈述，以便全面了解案情。

3. 讯问被告人。被告人、被害人意见陈述完毕，在审判长的主持下，公诉人可以就起诉书中指控的犯罪事实讯问被告人。讯问一般围绕下列问题进行：指控的犯罪事实是否存在，是否系被告人所为，是否承认起诉书中指控的罪行；承认犯罪的，进一步讯问实施犯罪的时间、地点、方法、手段、目的、动机及犯罪后的表现；等等。共同犯罪的，讯问被告人是否清楚在共同犯罪中的地位和作用。问清有无从重、从轻或者减轻以及免除刑罚的情节。公诉人讯问被告人，一般采取一问一答的方式。

4. 被害人、附带民事诉讼的原告人和辩护人、诉讼代理人，经审判长许可，可以向被告人发问。被害人及其诉讼代理人可以根据公诉人的讯问情况进行补充性发问，实现控诉职能。附带民事诉讼原告人及其法定代理人或者诉讼代理人，可以就附带民事诉讼部分向被告人发问，揭露和证实被告人的犯罪行为给自己造成物质上的或者名誉上的损失。被告人的辩护人及其法定代理人可以在控诉一方就某一具体问题讯问完毕后向被告人发问，向法庭揭示有利于被告人的事实、情节和证据，维护被告人的合法权益。

在公诉人讯问被告人之后，或者其他诉讼参与人对被告人发问之后，审判人员对案件事实有疑问的，可以自行讯问被告人。

5. 审查核实证据。在讯问和发问被告人完毕后，无论被告人是否承认指控罪行，合议庭都应当当庭对提交法庭的证据予以审查核实。控、辩双方都有权向法庭出示物证、书证、视听资料等证据，有权要求证人出庭作证。只有合议庭审查核实的证据，才能作为定案的依据。①由控诉方向法庭举证。即对指控的每一个犯罪事实，公诉人都可以提请审判长传唤证人、鉴定人和勘验、检查笔录制作人出庭作证，或者出示证据，宣读未出庭的被害人、证人、鉴定人和勘验、检查笔录制作人的书面陈述、证言、鉴定结论及勘验、检查笔录；被害人及其诉讼代理人和附带民事诉讼的原告人及其诉讼代理人经审判长许可，也可以分别提请传唤尚未出庭作证的证人、鉴定人和勘验、检查笔录制作人出庭作证，或者出示公诉人尚未出示的证据，宣读尚未宣读的书面证人证言、鉴定结论及勘验、检查笔录。②由被告人及其辩护人、法定代理人就控诉方提出的证据当庭进行质证、辨认和辩论。③由辩护方向法庭举证。即被告人、辩护人、法定代理人在控诉方举证完毕后，分别提请传唤证人、鉴定人出庭作证，或者出示证据，宣读未到庭的证人的书面证人证言、鉴定人的鉴定结论。④由控、辩双方依次当庭进行质证、辨认和辩论。

6. 调取新证据。《刑事诉讼法》第 159 条规定："法庭审理过程中，当事人和辩护人、诉讼代理人有权申请通知新的证人到庭，调取新的物证，申请重新鉴定或者勘验。法庭对于上述申请，应当作出是否同意的决定。"当事人和辩护人等申请通知新的证人到庭，调取新的证据，申请重新鉴定或者勘验的，应当提供证人的姓名、证据的存放地点，说明所要证明的案件事实，要求重新鉴定或者勘验的理由。法庭根据具体情况，作出是否同意的决定。同意的，应当宣布延期审理；不同意的，应当告知理由并继续开庭。

7. 法庭调查核实证据。在法庭调查中，合议庭对证据有疑问的，可以宣布休庭，对证据进行调查核实。人民法院调查核实证据时，可以进行勘验、检查、扣押、鉴定和查询、冻结，必要时，可以通知检察人员、辩护人到场。

在庭审过程中，公诉人发现案件需要补充侦查，提出延期审理建议的，合议庭应当同意。但建议延期审理的次数不得超过 2 次。法庭宣布延期审理后，人民检察院在补充侦查期限内没有提请人民法院恢复法庭审理的，人民法院应当决定按人民检察院撤诉处理。

（三）法庭辩论

法庭辩论，是指在法庭调查的基础上，控、辩双方在审判长的主持下，就被告人的行为是否构成犯罪、构成何罪、是否应受刑罚、受何种刑罚、依据证据是否具有证明力、是否确实、充分等问题，提出自己的意见和理由，进行相互争论和反驳的一种诉讼活动。法庭辩论是刑事审判程序的一个重要环节，通过控、辩双方的直接交锋，暴露矛盾，更能充分展示案情，查清事实，既保障当事人合法权利的行使，是辩论原则在刑事诉讼中的集中体现，又有利于法官进一步认识案件事实，作出公正裁判。

《刑事诉讼法》第 160 条规定："经审判长许可，公诉人、当事人和辩护人、诉讼代理人可以对证据和案件情况发表意见并且可以互相辩论。"法庭辩论依照下列顺序进行：公诉人发言；被害人及其诉讼代理人发言；被告人自行辩护；辩护人辩护；控辩双方进行辩论。

公诉人的发言，在司法实践中称为公诉词。公诉词是公诉人为揭露犯罪，阐明检察机关对被告人追究刑事责任的意见，在法庭辩论阶段发表的演说词。发表公诉词是人民检察院支持公诉的主要形式，也是进一步揭露犯罪、论述观点的方式。被害人作为犯罪行为的直接受害者，承担控诉职能，有权在法庭上发表自己对被告人刑事责任等问题的意见，既是其合法权利的行使，也是对公诉人公诉意见的补充。

被告人在辩论中的发言既是其行使辩护权的基本形式，也是合议庭了解案件事实和被告人主观恶性程度的一个重要渠道。被告人自行辩护后，还可以由辩护人进一步发言，加强被告人的辩护职能。辩护人的发言，在司法实践中称为辩护词。辩护词应以法庭调查的情况为基础，从保护被告人合法权益方面提出辩护观点。辩护人一般围绕以下几个方面进行辩论：①被告人的行为不构成犯罪或者罪行较轻；②证明被告人有罪的证据不确实、不充分；③被告人具有从轻、减轻或者免除刑事责任的理由。在法庭辩论中，被告人当庭拒绝辩护人为其辩护，要求另行委托辩护人的，应当同意。被告人要求另行指定辩护律师，合议庭同意的，应当宣布延期审理。

在法庭辩论中，控、辩双方的发言以"轮"计，第一轮控、辩双方发言后，可以就存在的分歧相互辩论，双方发言机会均等。每一轮结束后，再进行下一轮，直至控、辩双方停止发言为止。

（四）被告人最后陈述

《刑事诉讼法》第160条规定："审判长在宣布辩论终结后，被告人有最后陈述的权利。"被告人最后陈述，是指被告人在法庭审理即将结束之际，就自己被指控的罪行进行最后辩护和最后陈述的活动。这是被告人的一项重要诉讼权利，审判长应当告知被告人享有此项权利。被告人最后陈述是法律赋予其在法庭即将进行评议判决之前的最后发言机会，让其充分陈述自己对案件的意见，或者向法庭表明其对自己所犯罪行的认识和态度，这有利于法庭全面分析案情，保护被告人的合法权益。

被告人最后陈述是每个被告人都享有的法定诉讼权利，审判长应当予以保障。被告人最后陈述只要不超出本案范围，就不应限制其发言时间，或者随意打断。同时，被告人可以拒绝最后陈述，可以自行放弃这一权利。

被告人在最后陈述中如果提出新的犯罪事实，或者新的证据，在一般情况下，应当恢复法庭调查。如果案情复杂，恢复法庭调查仍不能查清事实，可以宣布延期审理。

（五）评议和宣判

被告人最后陈述后，审判长应当宣布休庭，由合议庭进行评议。合议庭评议，是指合议庭全体成员对案件事实的认定和法律的适用进行全面的讨论、评定，并作出处理决定的诉讼活动。评议的任务就是根据法庭审理查明的事实和证据，确定被告人的刑事责任，以及对附带民事诉讼和赃款、赃物的处理。

根据《刑事诉讼法》第162条的规定和《刑诉解释》第176条的规定，合议庭评议后，人民法院应当根据案件的具体情形，分别作出裁判：

1. 起诉指控的事实清楚，证据确实、充分，依据法律认定被告人的罪名成立的，应当作出有罪判决。

2. 起诉指控的事实清楚，证据确实、充分，指控的罪名与人民法院审理认定的罪名不一致的，应当作出有罪判决。

3. 案件事实清楚，证据确实、充分，依据法律认定被告人无罪的，应当判决宣告被告人无罪。

4. 证据不足，不能认定被告人有罪的，应当以证据不足，指控的犯罪不能成立，判决宣告被告人无罪。

5. 案件事实部分清楚，证据确实、充分的，应当依法作出有罪或者无罪的判决；事实不清，证据不足部分，依法不予认定。

6. 被告人因不满 16 周岁，不予刑事处罚的，应当判决宣告被告人不负刑事责任。

7. 被告人是精神病人，在不能辨认或者不能控制自己行为的时候造成危害结果，不予刑事处罚的，应当判决宣告被告人不负刑事责任。

8. 犯罪已过追诉时效期限，并且不是必须追诉或者经特赦令免除刑罚的，应当裁定终止审理。

9. 被告人死亡的，应当裁定终止审理；对于根据已查明的案件事实和认定的证据材料，能够确认被告人无罪的，应当判决宣告被告人无罪。

评议活动应当秘密进行。评议后，进入法庭宣判阶段。宣告判决，一律公开进行，无论是否公开审理。宣告判决有当庭宣判和定期宣判两种形式。当庭宣判，是指合议庭评议后在继续开庭时即宣告判决内容。定期宣判，是指当庭宣判不能，另定日期宣告判决。《刑事诉讼法》第 163 条规定："当庭宣告判决的，应当在 5 日以内将判决书送达当事人和提起公诉的人民检察院；定期宣告判决的，应当在宣告后立即将判决书送达当事人和提起公诉的人民检察院。"第 164条规定："判决书应当由合议庭的组成人员和书记员署名，并且写明上诉的期限和上诉的法院。"

三、审理期限

《刑事诉讼法》第 168 条规定："人民法院审理公诉案件，应当在受理后 1 个月以内宣判，至迟不得超过 1 个半月。有本法第 126 条规定情形之一的，经省、自治区、直辖市高级人民法院批准或者决定，可以再延长 1 个月。人民法院改变管辖的案件，从改变后的人民法院收到案件之日起计算审理期限。人民检察院补充侦查的案件，补充侦查完毕移送人民法院后，人民法院重新计算审理期限。"第 126 条规定的情形，是指交通十分不便的边远地区的重大、复杂案件，重大的犯罪集团案件，流窜作案的重大复杂案件和犯罪涉及面广、取证困难的重大复杂案件。另外，对被告人作精神病鉴定而延期审理的，鉴定期间不计入审理期限；第二审人民法院发回重新审判的案件，原审人民法院从收到案件之日起，重新计算审理期限。

第六节　延期审理和中止审理

一、延期审理

延期审理，是指案件因故不能按原定开庭时间审理，或者在法庭审理过程中，出现足以影响审判继续进行的情形，合议庭决定把案件审理推迟，待影响审理进行的原因消失后，再继续开庭。延期审理的原因是诉讼内障碍。

根据《刑事诉讼法》第 165 条的规定，延期审理有以下三种情况：①需要通知新的证人到庭，调取新的物证，重新鉴定或者勘验的；②检察人员发现提起公诉的案件需要补充侦查，提出建议的；③由于当事人申请回避而不能进行审判的。

另外，在审判实践中，下列情况也可以延期审理：①在审理中，发现被告人因患病而神志不清或者体力不支不能承受审问的；②被告人拒绝辩护人继续为其辩护，要求另行委托辩护人的；③人民检察院变更了起诉范围，指控被告人有新的罪行，被告人、辩护人为准备答辩，申请延期审理的；④合议庭成员、书记员、公诉人、辩护人在审理过程中由于身体原因，不能继续进行的。

是否延期审理由合议庭审议后决定。延期审理后再进行审判时，仍应按照法庭审判顺序进行，但对于以前庭审已经查清的事实和证据，可以不再逐一核查。

二、中止审理

中止审理，是指人民法院因发生某种特定情况，影响案件正常审理而决定停止诉讼活动，待该情形消失后，再行恢复审理。中止审理的原因是发生了诉讼外障碍，其发生的时间可以是在开庭审理期间，也可以是在开庭审理之前。

《刑诉解释》第 181 条规定："在审判过程中，自诉人或者被告人患精神病或者其他严重疾病，以及案件起诉到人民法院后被告人脱逃，致使案件在较长时间内无法继续审理的，人民法院应当裁定中止审理。由于其他不能抗拒的原因，使案件无法继续审理的，可以裁定中止审理。中止审理的原因消失后，应当恢复审理。中止审理的期间不计入审理期限。"

中止审理与延期审理相同，都会引起审判活动的暂停，但二者存在区别：①适用的情形不同。中止审理是由于诉讼外的原因造成，不能通过诉讼上的努力消除；延期审理因诉讼内原因造成，可以通过诉讼上的努力消除。②造成审判暂停原因产生的时间不同。中止审理可以出现在庭审中，也可以出现在庭审前；延期审理的障碍只能产生在庭审中。③再行审判的可预测性不同。中止审理再开庭的时间往往无法确定；延期审理的案件，再次开庭的时间可以确定，有时当庭作出决定。

第七节　自诉案件的审判

一、自诉案件第一审程序的概念和特点

自诉案件第一审程序，是指人民法院在自诉人、被告人及其他诉讼参与人的参加下，依法处理自诉案件的方式、方法和步骤。

自诉案件相对于公诉案件而言，具有以下特点：

1. 参加诉讼的国家机关一般来说只有人民法院，公安机关、人民检察院不予介入。这是由自诉案件的性质决定的。自诉案件由自诉人自行提起诉讼，人民法院直接受理，不由国家机关来主动追诉犯罪，因此，自诉人在刑事诉讼中承担了侦查、起诉职能，代替国家机关的相关职能。

2. 自诉案件通常采用独任庭形式。自诉案件对于公诉案件而言，大多数事实比较清楚、情节比较简单，争议不大，因此，由审判员一人独立审理也能达到刑事诉讼的目的。这样可以提高诉讼效率，实现诉讼效率与公平的合理结合。如果人民法院在审理过程中发现案情有变化，不宜再继续适用独任庭的，应当按照公诉案件第一审程序进行。

3. 当事人对审判活动的终止，具有一定的决定作用。自诉人在宣告判决前可以同被告人自行和解或者撤回自诉。自行和解是当事人双方在互谅互让的基础上，相互协商的结果，有利于社会团结和稳定。进行和解后撤回自诉，人民法院一般应予准许，进而结束诉讼活动。同时，人民法院对于告诉才处理的案件和被害人有证据证明的轻微刑事案件，可以进行调解。当事人在法院主持下，按照自愿、合法的原则，达成调解协议的，可以结束诉讼，终止审判。因此，当事人对审判活动的终止，具有一定的决定作用。

4. 自诉案件的被告人在诉讼中可以提出反诉。反诉，是指自诉案件的被告人作为反诉案件的自诉人，以自诉案件中的自诉人为被告人，控告自诉案件中的自诉人犯有与本案有联系的犯罪行为，向人民法院提出请求，要求合并审理，依法追究其刑事责任的行为。提出刑事反诉应当符合四个条件：①反诉的主体为本诉的被告人，反诉的对象为本诉的自诉人；②反诉的内容是与本案有关联的行为；③反诉的案件属于《刑事诉讼法》第170条第1、2项的范围；④反诉的时

间应在作出判决之前。

二、自诉案件的提起

自诉案件的提起是引起自诉案件第一审程序的前提。自诉案件由自诉人提起。自诉人，是指以自己的名义向人民法院起诉，请求追究被告人刑事责任的公民。自诉人通常是被害人或者被害人的法定代理人，如果公民因受强制、威吓等原因无法起诉，或者限制行为能力人以及由于年老、患病、盲、聋、哑等原因不能亲自起诉的，其近亲属也可代为起诉，但这种情况下，自诉人为被害人本人，近亲属是代理人。

自诉人起诉，应当提出起诉的事实依据，向人民法院提供必要的证据，起诉书应当以书面形式进行，如果写起诉书确有困难的，可以口头起诉，由人民法院接待人员写出笔录，经宣读无误后，由自诉人签名或者盖章。自诉状或者起诉笔录中应当包括以下内容：①自诉人、被告人、代为告诉的近亲属的姓名、性别、年龄、民族、籍贯、出生地、文化程度、职业、工作单位和住址；②被告人的犯罪行为的时间、地点、手段、情节和危害后果等；③诉讼请求；④证人的姓名、住址，其他证据目录。被告人为2人以上的，自诉人在起诉时应按照被告人的人数提供自诉状副本。

三、对自诉案件的审查和处理

人民法院收到自诉状或者起诉笔录后，应当指定一名审判员进行审查。自诉案件的庭前审查与公诉案件不同，其既是诉讼程序性的审查，也是实体上的审查，要求案件事实清楚，并有证据予以证明。

《刑诉解释》第186条规定，人民法院受理的自诉案件必须符合下列条件：①属于《刑事诉讼法》第170条、本解释第1条规定的案件；②属于本院管辖的；③刑事案件的被害人告诉的；④有明确的被告人、具体的诉讼请求和能证明被告人犯罪事实的证据。人民法院受理《刑事诉讼法》第170条第3项规定的自诉案件，还应当符合《刑事诉讼法》第86、145条的规定。

人民法院对自诉案件依照法律规定进行审查后，作出如下处理：

1. 有下列情形之一的，应当说服自诉人撤回自诉，或者裁定驳回起诉：①犯罪已过追诉时效的；②被告人已经死亡的；③被告人下落不明的；④不属于自诉案件范围的；⑤缺乏证据，自诉人又提不出补充的；⑥除因证据不足而撤诉的外，自诉人撤诉后，就同一事实又重新起诉的；⑦经法院调解结案后，自诉人反悔，就同一事实又重新起诉的；⑧民事案件结案后，自诉人就同一事实又提起刑事自诉的。

2. 对于事实清楚，有足够证据的自诉案件，应当开庭审判。

3. 应当由人民检察院提起公诉的案件，移送至人民检察院；如果被告人实施了两个以上的犯罪行为，既有公诉案件，又有自诉案件的，人民法院审理公诉案件时，可以对自诉案件一并审理。

4. 对于已经立案，由于缺乏证据自诉人撤回自诉，或者被驳回起诉后，提供新的证据的，人民法院应当受理。

5. 自诉人知道有其他共同侵害人，但只对部分侵害人起诉的，视为放弃对其他侵害人的起诉权利。人民法院宣判后，自诉人又对其他侵害人起诉的，不予受理。共同被害人中部分起诉的，人民法院应当通知其他被害人参加诉讼；通知后不参加的，视为放弃起诉权利。宣判后，又提起诉讼的，人民法院不予受理。

6. 自诉人自愿撤诉的，人民法院应当准许；不是自诉人自愿撤诉，而是由于被强迫、恐吓等原因，人民法院不予准许。

人民法院应当在收到自诉状或者起诉笔录后 15 天内作出是否立案的决定，并书面通知自诉人。对于不予立案的，应书面说明理由。

四、自诉案件的庭审程序

自诉案件如果按照第一审普通程序进行，则与公诉案件庭审程序相同，包括：开庭、法庭调查、法庭辩论、被告人最后陈述、评议和宣判五个阶段。但在庭审过程中，人民法院可以进行调解，自诉人在判决宣告之前可以同被告人自行和解或者撤诉，被告人或者其法定代理人可以提出反诉，这是自诉案件第一审程序的特点。如果按照简易程序进行，参照下节的论述。

第八节　判决、裁定和决定

一、判决

判决，是在审判结束时人民法院对案件的实体问题所作的决定。人民法院经过法庭审理，根据已经查明的事实、证据和法律规定，对被告人是否犯罪、犯何罪、应否处刑罚、处何刑罚等作出的结论，就是判决。从程序上说，判决是案件审理结束的标志；从内容上讲，它解决刑事诉讼中的实体性问题。判决是人民法院代表国家行使审判权和执行国家法律的具体结果，是惩罚犯罪、保护人民、维护社会主义法制的有力武器，对于教育公民遵守法律有着重要的作用。判决以国家强制力为后盾，一经生效，就具有强制性，非经法定程序，任何国家机关、组织、团体和个人不得变更或者撤销。

刑事判决根据其结果可分为有罪判决和无罪判决两种。有罪判决又分为课刑判决和免刑判决。课刑判决，是指确定被告人有罪，并处以刑罚的判决；免刑判决，是指虽然确定被告人有罪，但根据法律规定免除其刑罚的判决。

《刑事诉讼法》第162条规定，在被告人最后陈述后，审判长宣布休庭，合议庭进行评议，根据已经查明的事实、证据和有关的法律规定，分别作出以下判决：

（1）案件事实清楚，证据确实、充分，依据法律认定被告人有罪的，应当作出有罪判决。

（2）依据法律认定被告人无罪的，应当作出无罪判决。

（3）证据不足，不能认定被告人有罪的，应当作出证据不足、指控的犯罪不能成立的无罪判决。

判决必须制作判决书。判决书是判决的书面表现形式，是重要的法律文书，必须严格按照规定的格式和要求制作。

（1）开头部分。写明人民法院的名称、判决书的类别、案号；公诉人（或者自诉人）情况；被告人的姓名、性别、年龄、民族、职业、籍贯、住址、是否在押；辩护人的姓名、职业；案由；开庭日期、审判组织和是否公开审理等。

（2）事实部分。有罪判决应写明犯罪的时间、地点、动机、目的、手段、危害后果等。共同犯罪的案件，应把每个被告人的犯罪事实、情节分别写明。叙述犯罪事实时，应以查实的证据为根据，对缺乏证据或者不属于犯罪的问题不应写入。涉及国家秘密的内容，应当防止泄密。涉及个人隐私的，不宜具体描述。

（3）理由部分。写明认定事实的证据，应当处以刑罚、免予刑事处罚、宣告无罪以及从重、从轻、减轻的理由和法律依据。

（4）判决结果部分。即判决的主文部分。应写明被告人所犯罪名，决定处以何种刑罚，何种情况下免予刑事处罚，适用何种附加刑，刑期起止日期和已经被拘留、逮捕的被告人先行羁押日期同刑期的折抵，以及附带民事诉讼问题的处理和赃款、赃物的处理等。

（5）结尾部分。写明对本判决不服可以上诉，以及上诉的法院和上诉期限；合议庭或者独任庭审判员和书记员的姓名；判决的日期。

二、裁定

裁定，是指人民法院在审理过程或者执行过程中，对有关诉讼程序问题和部分实体问题所作的一种处理决定。

裁定和判决都是人民法院处理案件的一种形式，但二者存在区别：①判决所解决的是实体问题，而裁定既可以解决部分实体问题，也可以解决程序问题。前者如减刑或者假释的裁定，驳回上诉、抗诉和申诉的裁定；后者如当事人耽误期限，人民法院对其提出的继续进行应当在期限届满之前完成的诉讼活动的申请是否准许的裁定，对自诉案件驳回起诉的裁定。②在一个案件中，生效的判决只有一个，而生效的裁定可以有若干个。③判决必须以书面形式表现，而裁定既可以是书面的，也可以是口头的。④上诉期限不同。不服第一审刑事判决的上诉期或者抗诉期为 10 日，而不服第一审裁定的上诉期或者抗诉期为 5 日。

裁定书是裁定的书面形式。裁定书的格式、写法和署名，与刑事判决书基本相同，但内容更为简单。裁定书与判决书一样，是一种重要的法律文书，在制作时应严格遵照法律的规定进行。

三、决定

决定，是人民法院在办理案件过程中对某些程序性问题进行处理的一种形式。决定用以解决诉讼中的程序性问题，如审判人员的回避问题；对当事人和辩护人提出的通知新的证人到庭、调取新的物证的申请，应由法庭作出是否同意的决定等。决定作出后，除驳回回避申请的决定，当事人及其法定代理人可以申请复议一次外，都立即生效，不能上诉或者抗诉。决定可以是口头的，也可以是书面的。口头决定应当记录在案，书面决定应当制作决定书。

学术视野

第一审程序在整个刑事诉讼程序中占有举足轻重的地位，可以说是诉讼活动的中心，学术界也倾注了极大的关注热情。第一审程序中涉及刑事庭前审查程序的改革完善、控辩式的庭审方式变革、程序分流与简化等诸多重大的学术和实践课题。在此，笔者予以简要的介绍。

一、关于庭前审查程序完善

1996 年修改后的《刑事诉讼法》第 150 条规定："人民法院对提起公诉的案件进行审查后，对于起诉书中有明确的指控犯罪事实并且附有证据目录、证人名单和主要证据复印件或者照片的，应当决定开庭审判。"对于这一妥协与兼顾的庭前审查，有学者认为，在实践中带来了新的问题：①排除预断的立法意图没有实现；②庭前了解案情不全面；③庭前审查内容不确定；④复印件移送为案件的全面实体审查创造了可能，又导致走过场的局面出现。因此，庭前审查程序的改革还需继续深入下去。在改革措施上，有学者主张相对合理主义的观点，渐进式、阶段性地实施改进，具体为：首先，基本维持现有做法，进行必要的改良，如移送材料时注意正、反两方面均有反映，可以实行审前讨论会制度；其次，减少材料移送内容，实行基本的程序审；最后，建立预审法官制度，同时贯彻排除预断原则，实行预审法官和庭审法官形式分离和实质分离制度[1] 有学者认为，科学的刑事庭前程序必须遵循防止预断、明晰争议和促进效率三项原则，拥有过

---

〔1〕 参见龙宗智：《刑事庭审制度研究》，中国政法大学出版社 2001 年版。

滤、分流、庭前准备、司法审查等基本功能。[1] 还有学者主张，弱化公诉案件庭前审查程序不符合各国立法的一般发展趋势。在借鉴他国合理经验的基础上，具体设计我国庭前审查及准备程序时，应避免过于复杂并考虑其可操作性，建议我国建立由法官对有关材料进行审查、控辩审三方共同进行准备的、充分完善的庭前审查及准备程序机制。这样，既可以解决我国现行法律机制下准备活动不足所产生的问题，又可以避免因准备程序过于繁琐而影响诉讼活动的效率。[2]

二、关于庭审方式改革

在庭审方式改革方面，有学者认为，我国现行的审判制度既非当事人主义，也非职权主义，而是一种具有中国特色的混合式审判方式。我国刑事审判方式的改革以及诉讼程序的改造只能进行推进，对职权主义性质的诉讼结构进行当事人主义的改造，使诉讼程序及法院角色更符合法治，即宪政制度对冲突解决及法院角色的要求。[3] 有学者就审判公正性问题进行调研，并提出改革建议，认为在第一审程序中，我国审判程序在以下方面的问题亟待解决：①审判独立；②审判公开；③当事人获得积极有效的律师帮助的权利；④完善证人出庭作证制度；⑤加强简易程序和普通程序简化审的贯彻实施；⑥明确证明标准。这些都将有利于审判公正的实现。有学者主张，程序公开的制度设计，是实现诉讼公正这一价值目标的必然要求、直接体现和有力保障。第一审程序的公开应妥善解决审判组织的公开、准备程序中的证据开示、简易程序的公开以及如何向社会公开问题，以真正实现诉讼公正。[4] 还有学者认为，就法庭设置与审判公开展开论述，认为我国法庭设置"伞形结构"存在诸多弊端。辩护人与被告人在法庭席位上不能处于一体，割裂了辩护方的整体性，限制和剥夺了被告人在法庭审判中及时、充分获得辩护人法律帮助的合法权益，将辩护人由"被告人合法权益维护者"异化为"讯问参与者"。[5]

三、关于刑事简易程序的改革和完善

目前我国简易程序存在诸多缺陷：①对刑事简易程序建立的理论基础的认识过于片面。②简易程序对被告人基本权利的保障不利：被告人对简易程序的启动没有选择权，公诉案件以检察官和法官的合意为前提，自诉案件由法官决定；被告人在启动简易程序之前，没有获得律师帮助的权利；简易程序"纠问"色彩

---

〔1〕 汪建成、杨雄："比较法视野下的刑事庭前审查程序之改造"，载《中国刑事法杂志》2001 年第 6 期。

〔2〕 宋英辉、陈永生："刑事庭前审查及准备程序研究"，载《政法论坛》2002 年第 2 期。

〔3〕 龙宗智："试析我国刑事审判方式改革的方向与路径"，载《社会科学研究》2004 年第 3 期。

〔4〕 参见徐鹤喃、刘林呐：《刑事程序公开论》，法律出版社 2003 年版。

〔5〕 卞建林、李菁菁："从我国刑事法庭设置看刑事审判构造的完善"，载《法学研究》2004 年第 3 期。

浓厚，被告人基本辩护权受到威胁；被告人没有反悔权，他在简易程序中的陈述仍然可以作为指控其有罪的证据。③我国简易程序的种类单一、适用范围不合理。对此，有学者认为，简易程序的改革中应当赋予被告人知悉权、选择权和获得律师帮助权。我国应建立证据展示制度、赋予被告人简易程序选择权、指定辩护权以及要求公诉人出庭。[1] 有学者结合其他国家简易程序的制度现状，在介绍我国简易程序立法沿革和进行实证分析的基础上，提出中国简易程序的改革应设立微罪案件的中国式处罚令程序以及被告人认罪案件简易程序的构想，并对刑事简易程序进行了立法条文设计。[2] 有学者提出，对于认罪案件，刑事程序应当进一步简化。在整个刑事诉讼程序中给予认罪案件以更简便、快速的处理，将简易化从审判程序前移到审前程序，从现有的简易程序扩展到普通程序，从一审程序延伸到二审程序，从而使简易化贯彻于刑事诉讼的各个环节，尽可能地提高诉讼效率。有学者认为，随着刑事诉讼效率价值的凸显、刑罚目的的转换，程序分流在两大法系的主要国家得到了普遍确立，并有不同程度的发展。程序分流有狭义和广义两种，狭义的程序分流，是指对特定的构成犯罪的案件，在侦查和起诉环节即作出终止诉讼的处理，并施以非刑罚的处罚，而不再提交法庭审判的制度和做法；广义的程序分流，包括了狭义的程序分流，还包括在审判阶段适用较普通程序更加简化的程序对案件进行处理。我国立法应当借鉴其他国家的有益经验，进一步体现程序分流的内在精神，如在侦查阶段设置相应的程序分流机制，允许公安机关对特定范围内的犯罪作撤销案件的处理；在审查起诉阶段，应引入缓予起诉制度、适度扩大酌定不起诉的案件的适用范围。[3]

理论思考与实务应用

一、理论思考

（一）名词解释

第一审程序　判决　裁定　决定　延期审理　中止审理

（二）简答题

1. 直接言词原则的含义。
2. 公诉案件第一审程序有哪些？
3. 自诉案件第一审程序与公诉案件第一审程序的区别。

---

[1] 参见高一飞："不能简化的权利——评刑事简易程序中的国际人权标准"，载《现代法学》2002 年第 4 期。

[2] 参见左为民等：《建议刑事程序研究》，法律出版社 2005 年版。

[3] 参见张小玲："论刑事诉讼中的程序分流"，载《政法论坛》2003 年第 2 期。

4. 延期审理与中止审理的区别。

5. 简易程序的概念和特点。

6. 判决、裁定和决定的适用范围。

（三）论述题

1. 如何在我国的审判程序中实现集中审理原则？

2. 论合议制。

3. 论刑事简易程序的完善。

二、实务应用

（一）案例分析示范

案例一

2000 年 6 月 9 日，一辆满载着乘客的客车，从上海出发到温州。当汽车行驶至浙江境内国道时，天色已晚，大多数乘客都昏昏欲睡。突然，公路中间出现了不明障碍物，车子一个急刹车，车上的乘客被惊醒了。大家还没有反应过来发生了什么事，几条黑影立即从车窗窜进车内。犯罪嫌疑人秦某冲到司机刘某身边，用刀抵在刘某的脖子上，其他 5 个犯罪嫌疑人分别堵住车的出口，并大声叫到："不要乱动，刀子不长眼睛，把你们值钱的东西都交出来！"乘客张某是警察，他立即意识到车子遭到了抢劫。张某乘其不备，夺窗逃出，一边跑，一边拿出手机报案。秦某见状，在司机身上猛刺几刀，又迅速与同伙去追张某。在群众的共同努力下，最终将这一犯罪团伙制服。

2001 年 5 月，法庭公开审判了此案，一百多名群众旁听了法庭审判。庭审中，在合议庭（包括 2 名审判员和 1 名陪审员）的主持下，控辩双方经过激烈的辩论和举证、质证，在认真听取控辩双方意见的基础上，对秦某等 6 名犯罪嫌疑人作出了一审判决。秦某等人不服，提起上诉，二审法院审理后，驳回上诉，维持原判。秦某等仍不服，向法院再次上诉，法院不予受理。随后，数家新闻媒体对此案进行了报道，在社会上引起了较大的反响。

问：①现代社会，对犯罪的追诉最终通过什么途径来实现？②本案体现了哪些刑事诉讼的审判原则？

【评析】在现代社会中，对犯罪行为的追诉，通过刑事诉讼程序实现，并集中体现在审判过程中。刑事审判是最终、最彻底解决犯罪行为的方式。本案中，在群众的合力下，秦某等 6 名犯罪嫌疑人被抓获，但并未就此解决此事，也不能通过受害人或者群众的私力报复方式来处理，必须通过刑事审判，用统一、公正的程序来解决，才能维持正常的社会秩序。本案中涉及的审判原则主要有：审判公开原则（允许群众旁听、新闻媒体报道），直接言词原则和辩论原则（控辩双方辩论、举证和质证），参审与陪审原则（合议庭由两名审判员和一名陪审员组成），一事不再理原则（对被告人不服二审法院判决再次上诉的行为法院不予受理）。

案例二

丁某为某市卫生局局长，因涉嫌贪污罪被某区人民检察院向人民法院提起公诉。丁某对自己的行为拒不承认。人民法院受理此案后，由审判员李某、张某和人民陪审员刘某组成合议庭公开开庭审理。史某与丁某是大学同学，二人关系要好，史某系该人民法院院长、审判委员会成员。史某便以院长的名义召集审判委员会审理此案。

问：本案合议庭组成是否合法？史某以审判委员会名义审理此案是否正确？

【评析】《刑事诉讼法》明确规定，基层人民法院、中级人民法院审判第一审案件，应当由审判员3人或者由审判员和人民陪审员共3人组成合议庭进行。本案中由审判员李某、张某和人民陪审员刘某组成合议庭符合法律规定。合议庭作为一种审判组织，独立行使审判权，不受其他组织或者个人的干涉。审判委员会是人民法院内部对审判工作实行集体领导的组织形式，不能独立审理案件。只有当合议庭对于疑难、复杂、重大的案件，认为难以作出决定的，由合议庭提请院长交审判委员会讨论决定，审判委员会不能主动审理某个案件。因此，本案中史某以审判委员会的名义主动对此案进行审理是错误的。

案例三

郑某，女，为筹措资金，在某市A区注册了春风贸易有限公司（以下简称"春风公司"），自己担任公司总经理职务。该公司系郑某伪造注册资金予以登记的，无资金、无场地、无货源。1999年5月，春风公司与该市B区鸿图工业公司签订了价值45万余元的代购煤炭合同，鸿图公司支付预付款8万元。由于郑某组织货源不力，未能按约交货，鸿图公司要求退还8万元预付款，并支付违约金4万元。为弥补损失，同年11月，春风公司与该市C区成诚物资公司签订一份代购900吨煤炭的合同，收取成诚公司预付款12万元。郑某将其中4万元赔偿给鸿图公司后，将余款挥霍一空。成诚公司催要货物时，发现受骗，立即报案。A区人民检察院受理此案后，经审查认为郑某的行为构成诈骗罪，应当追究刑事责任，遂向A区人民法院提起公诉。A区人民法院受理此案后，对案件进行审查，发现郑某以春风公司名义同成诚公司签订的代购900吨煤炭合同纠纷一案，已经由C区人民法院审理终结。遂以一个案件的实体问题不能得出两种法律结论为由，驳回起诉，将案件退回A区人民检察院。

问：人民法院对公诉案件的审查包括哪些内容？在本案中，驳回起诉的做法是否正确?

【评析】对公诉案件的审查,是指人民法院对人民检察院提起公诉的案件进行庭前审查,决定是否开庭审理的活动。根据《刑事诉讼法》的规定,人民法院对公诉案件的审查是一种程序性活动,只要起诉书中有明确的指控犯罪事实并且附有证据目录、证人名单和主要证据复印件或者照片的,就应当决定开庭审判。因此,本案中 A 区法院以案件已作为民事案件审理结束为由驳回起诉,是不符合法律规定的。

(二) 案例分析实训

案例一

被告人梁某,男,29 岁,涉嫌抢夺罪,2002 年 3 月 2 日,由某区人民检察院向该区人民法院提起公诉。梁某被逮捕后被取保候审。2002 年 3 月 17 日,书记员将梁某传唤到法院,对其送达起诉书。梁某签收后,提出要自己的妻子作辩护人,书记员说:"她与你有利害关系,不能作你的辩护人,你应当聘请律师作辩护人。"3 月 25 日书记员打电话通知李某:"请你明天早上 8:00 到法院第七法庭参加陪审。"同时又在公告栏里贴出公告:梁某抢夺案于 2002 年 3 月 26 日上午 9:00 在本院第七法庭开庭。3 月 26 日早上 8:30,该案的主审法官陈某对同一办公室的另一法官王某说,"我九点钟有个庭要开,你参加一下吧!"王某说,"我一会儿也要开庭,我们在这里先审吧!"于是,法警把梁某带到法官办公室,由陈某、王某、李某开庭审理此案。

问:本案中开庭前准备阶段,有哪些做法不符合法律的规定?

案例二

周某与陈某系同一单位同事,一次单位评选先进工作者,周某为了得到这一荣誉,便跑到领导那里打陈某的小报告,讲陈某平时工作不认真,喜欢做表面文章,领导在时表现积极,领导不在时消极怠工。最终,陈某没有评上先进工作者,周某获得了这一称号。后来,陈某得知周某打自己小报告一事,十分生气,决定报复周某。陈某在家中写了许多毁损周某名誉的匿名信,捏造事实,并将这些信件发送给周某的单位领导、同事和亲戚朋友。同时,陈某利用报纸的字体,通过剪切、复印等方法,制作了许多大字报,谩骂、侮辱周某,并将大字报贴在周某家和单位周围,造成许多人围观。陈某的一系列行为,在周某的生活圈中引起了重大的影响,周某因此受到了巨大的打击,终日神情恍惚,心情郁闷,形成轻度精神失常,住院治疗 3 个月。周某出院后,向人民法院提起诉讼,要求以侮辱罪追究陈某的刑事责任。人民法院根据周某的陈述及其提供的其他证据,审查后认为符合立案条件，受理了此案。在法院审理期间，陈某认识到了自己行为的严重性，表示愿意悔改，当面向周某赔礼道歉，并答应公开登报澄清此事，同时赔偿周某的经济损失。陈某想到以后大家还会相处，万事以和为贵，同意调解。在法院的主持下，双方达成和解协议，周某撤回了自诉。

问：①本案是否符合自诉案件的条件？②本案中体现了自诉案件的哪些特点？

案例三

某村村民李某家丢失了一台电视机，村长杨某怀疑此事是平时有小偷小摸习惯的张某所为，遂将张某叫到村长办公室问话，张某觉得十分委屈，并拒不承认此事。村长觉得很失面子，十分生气，便叫人找来绳索将张某绑在办公室里达1天之久。案发后，某县检察院以非法拘禁罪对杨某提起公诉。因本案事实清楚，证据充分，杨某对于指控也供认不讳，某县检察院便建议某县法院适用简易程序。某县法院经审查，同意适用简易程序，遂由审判员1人、陪审员2人组成合议庭，合议庭在研究本案材料的基础上，对杨某进行了讯问，认为没有开庭的必要，遂决定不开庭审理，于1个月后对该案作出了判决。

问：①本案是否符合简易程序适用的条件？②本案在审判程序上存在哪些错误？

 主要参考文献

1. 卞建林：《刑事诉讼的现代化》，中国法制出版社2003年版。
2. 陈瑞华：《刑事审判原理论》（第2版），北京大学出版社2004年版。
3. 陈卫东：《被告人认罪案件简化审程序》，中国检察出版社2004年版。
4. 樊崇义主编：《刑事审前程序改革与展望》，中国人民公安大学出版社2005年版。
5. 刘计划：《中国控辩式庭审方式研究》，中国方正出版社2005年版。
6. 彭海青：《刑事诉讼程序设置研究》，中国法制出版社2005年版。
7. 龙宗智："论我国刑事审判中的交叉询问制度"，载《中国法学》2000年第4期。
8. 宋英辉、陈永生："刑事案件庭前审查及准备程序研究"，载《政法论坛》2002年第2期。
9. 陈桂明："审前准备程序设计中的几对关系问题"，载《政法论坛》2004年第4期。
10. 万毅、何永军："司法中公正和效率之关系辩证——兼评刑事普通程序简易审"，载《法律科学》2004年第6期。
11. 王俊民、仲正康："刑事诉讼普通程序简化审定位"，载《法学》2003年第3期。
12. 刘根菊、黄新民："从普通程序简化审看我国刑事速决程序的建构"，载《法学评论》2005年第3期。

第十七章

第二审程序

【本章概要】我国的刑事诉讼遵循两审终审制。第二审程序是指上一级法院根据当事人及其法定代理人的上诉或者人民检察院的抗诉，对下一级人民法院经过一审审理但裁判尚未生效的案件，依法进行再次审判的程序。它是刑事诉讼中一个独立的诉讼阶段。有权提起上诉的人员有：自诉人、被告人、或者他们的法定代理人，附带民事诉讼的当事人及其法定代理人，以及经被告人同意的辩护人、近亲属。有权提出抗诉的机关是地方各级人民检察院，公诉案件被害人及其法定代理人有请求抗诉权。第二审人民法院就第一审判决认定的事实和适用的法律进行全面审查，不受上诉或抗诉范围的限制。第二审人民法院审理案件时，采用开庭审或不开庭审方式，遵守上诉不加刑原则，按情况分别作出维持原判、改判和发回重审的处理。

【学习目标】了解第二审程序的任务和意义，审理上诉、抗诉案件的方式和期限；理解第二审程序的概念，对第二审案件的处理，上诉人的范围和抗诉的机关，上诉、抗诉的理由；上诉、抗诉的方式、期限，对上诉、抗诉案件全面审理的原则，上诉不加刑原则。

【教学重点与难点】上诉人的范围和抗诉的机关；上诉、抗诉的理由；上诉、抗诉的方式、期限；上诉不加刑原则的概念和含义。

第一节　第二审程序概述

一、两审终审制

我国人民法院的设置分为四级，即最高人民法院、高级人民法院、中级人民法院和基层人民法院。下级人民法院的审判工作要受上级人民法院的监督，二者之间是一种审级监督的关系。两审终审制是与人民法院体制相关的一项基本的审判制度，我国的三大诉讼均遵循此项制度。刑事诉讼法上的两审终审制，是指一个案件经过两级法院的审判即告终结的制度，对于第二审人民法院作出的终审判决、裁定，当事人不得再提出上诉，人民检察院也不得再提出抗诉。

根据两审终审制的要求，地方各级人民法院按照第一审程序对案件审理后所作的判决、裁定，尚不能立即发生法律效力，只有在法定期限内，有上诉权的人没有提起上诉，同级人民检察院也没有提出抗诉，第一审法院所作出的判决、裁定才发生法律效力。在法定期限内，如果有上诉权的人提出了上诉，或者同级人民检察院提出了抗诉，上一级人民法院应当对该案件进行第二审的审判。上一级人民法院审理第二审案件作出的判决、裁定，是终审的判决、裁定，立即发生法律效力。经过上述两级人民法院对案件进行审判后，该案的审判即告终结，因此又称作四级两审终审制。

实行两审终审制是根据我国国情和司法实践的需要确定的。①两审终审可以使错误的一审判决、裁定，在尚未发生法律效力之前，得到及时的纠正，从而有利于法律的正确执行，确保办案质量。②上级人民法院通过审判上诉、抗诉案件，可以了解下级人民法院的审判工作情况，有利于发挥审级监督的作用，改进审判工作。③通过两审即告终审，可以防止诉讼拖延，保证及时地惩罚犯罪，节省人力物力，便利公民诉讼。

两审终审制有两种例外的情形：

（1）两审终审仅适用于地方各级人民法院审判的一审刑事案件，而不适用于最高人民法院的一审案件。最高人民法院是我国的最高审判机关，由其进行一审所作出的裁判是终审裁判，不得再行上诉或抗诉。因此，其本质上是一种一审终审制。

（2）判处死刑的案件，在经过二审程序之后，其裁判仍未发生法律效力，必须经过了死刑复核程序的审判，其裁判方可生效并交付执行。因此，死刑案件具有一定的三审终审的性质。

二、第二审程序的概念和特征

（一）概念

第二审程序，也称上诉审程序、终审程序，是指上一级法院根据当事人及其法定代理人的上诉或者人民检察院的抗诉，对下一级人民法院经过一审审理但裁判尚未生效的案件，依法进行再次审判的程序。

对于第二审程序的理解，应当注意以下几点：

1. 第二审程序并不是审理刑事案件的必经程序。一个案件是否经过第二审程序，关键在于上诉权人或一审法院的同级人民检察院是否依法提起了上诉或抗诉。提起上诉或抗诉的，该案就应由一审法院的上一级人民法院依第二审程序进行审理，否则即不产生第二审程序。

2. 不能机械地将第二审程序认为就是对同一案件进行第二次审理的程序。因为对同一案件的第二次审理，既可能是第二审程序，也可能是适用第一审程序的重审，还可能是审判监督程序。

3. 除基层人民法院以外的各级人民法院，都可以成为上级人民法院。因此，中级人民法院、高级人民法院和最高人民法院对于其下一级法院来说，都是第二审人民法院，对于不服下一级人民法院的第一审判决或裁定而提出上诉或抗诉的，都要适用第二审程序来进行审判。

第二审程序的任务是对第一审人民法院所作的判决、裁定进行全面审查和处理，查明所认定的事实是否清楚，证据是否确实和充分，适用法律是否适当，诉讼程序是否合法。并在此基础之上，作出终审裁判，以维护正确的一审裁判，或者纠正错误的或不合法的一审裁判，实现刑事诉讼的最终目的。

（二）特征

与第一审程序相比，第二审程序具有以下几个方面的特征：

1. 在程序开启方面，第一审程序的发动是基于检察机关的公诉或者自诉人的自诉；第二审程序的发生则是基于下一级人民检察院的抗诉或者被害人以外当事人的上诉。

2. 在审理对象方面，第一审程序是审理检察机关或自诉人指控的犯罪事实和诉讼主张，其内容集中反映于控诉范围之内；第二审程序则是就一审裁判认定的事实是否清楚、适用法律是否正确、程序是否合法进行审理，其内容集中反映在一审裁判之中。

3. 在审判法院方面，一审法院是按照级别管辖的规定，任何一级法院都可以审理一审案件；二审法院必须是一审法院的上一级法院。

4. 在审判组织方面，第一审程序可以组成合议庭进行审理，也可以依法由一名审判员独任审理，其中的合议庭之中除审判员外还可以吸收人民陪审员参加；第二审程序只能采用合议庭进行审理，并且合议庭只能由审判员组成。

5. 在审理方式和裁判结果方面，第一审程序必须开庭审理，并作出有罪或无罪的判决；第二审程序可以开庭审理，也可以适用调查讯问的方式审理，所作的处理结果可以是维持原判、改判或者发回重审。

6. 在裁判的法律效力方面，地方各级人民法院的第一审裁判在法定的上诉、抗诉期限内并不生效，可以对其提起上诉或抗诉；第二审裁判一般则为终审裁判，立即生效并交付执行。

三、第二审程序的意义

（一）第二审程序有利于及时纠正一审法院的错误裁判

第二审程序的设立主要根源于审判程序自身的局限性。即使审判程序是科学的，审判主体难免也会犯错误，审判的结果仍有可能发生误判。罗尔斯对此曾有过精辟的论述："即便法律被仔细地遵循，过程被公正、恰当地引导，还是有可能达到错误的结果。一个无罪的人可能被判有罪，一个有罪的人却可能逍遥法外。在这类案件中，我们看到了这样一种误判：不正义并非来自人的过错，而是因为某些情况的偶然结合挫败了法律规范的目的。"[1] 既然一审的错误是不可避免的，那么再设计一审之上的复审程序以逐渐压缩误判的可能性，是保证正确解决案件的良好选择。在我国的司法实践中，错误的裁判更多可能是由于一审程序的不完善和法官的不负责任甚至有意徇私枉法引起的。二审程序的存在意义便更加显得强烈，一方面通过上下级法院的权力制衡在一定程度上弥补审判程序的不完善；另一方面用权力制衡来预防法官的不负责任和有意犯错。另外，第二审程序是在一审裁判未生效情形下的重新审理，起到了防患于未然的作用，较之审判监督程序的纠错，更能体现诉讼效率原则和诉讼经济原则。

（二）第二审程序有利于增强审判程序的吸纳不满的功能，使审判结果更加服众

诉讼程序的一个重要价值，是通过设置救济程序来吸收当事者的异议或不满，而刑事第二审程序是刑事审判程序中使用最为普遍的救济程序。二审程序的吸纳不满不仅体现为通过纠正错误的裁判使上诉人满意，也体现为通过维持原判使当事人打消各种顾虑甚至不切实际的想法。二审程序为当事人提供了进一步抒发不满的机会，弹性更强的程序设置使得当事人的不满可逐渐消弭于程序进行中，这便增加了当事人对审判结果的接受程度。

（三）第二审程序有利于保证刑法的统一实施

较之于一审法院，二审法院的接触视野更为广阔，可以把不同的一审法院的裁判进行比较和归纳，总结出相对科学的审判经验，使得相同的刑事案件尽可能得到相同的处理，从而在较大程度上确保刑法的统一实施。

第二节　第二审程序的提起

引发二审程序发生的方式包括两种：上诉和抗诉。上诉是指上诉权主体不服地方各级人民法院作出的未生效的一审判决、裁定，依照法定程序和期限，要求上一级人民法院对案件进行重新审判的诉讼行为。我国刑事诉讼法中的抗诉，包括对一审未生效裁判的抗诉和对生效裁判的抗诉两种。本章内容中所讲的抗诉，系指前者，也称上诉审抗诉，它是指地方各级人民检察院认为同级人民法院作出的未生效的一审判决、裁定确有错误时，提请上一级人民法院对案件进行重新审判的诉讼行为。上诉和抗诉作为提起二审程序的两种方式，共同的作用是及时阻

---

〔1〕 ［美］约翰·罗尔斯著，何怀宏等译：《正义论》，中国社会科学出版社 1988 年版，第 81 页。

止一审裁判的生效和开启二审程序。

一、提起二审程序的主体

（一）上诉的主体

《刑事诉讼法》第180条规定："被告人、自诉人和他们的法定代理人，不服地方各级人民法院第一审的判决、裁定，有权用书状或者口头向上一级人民法院上诉。被告人的辩护人和近亲属，经被告人同意，可以提出上诉。附带民事诉讼的当事人和他们的法定代理人，可以对地方各级人民法院第一审的判决、裁定中的附带民事诉讼部分，提出上诉。"根据上述规定，可将上诉主体作如下归纳：

1. 独立上诉权主体。

（1）被告人、自诉人及其法定代理人是享有独立上诉权的主体。被告人、自诉人在刑事诉讼中分别处于被告与原告的诉讼地位，人民法院的判决、裁定与他们有切身的利害关系，因此，法律赋予他们独立的上诉权。只要他们在法定期限内提出上诉，就引起第二审程序。《刑事诉讼法》第180条第3款还特别规定，对被告人的上诉权，不得以任何借口加以剥夺。法定代理人，是根据法律的规定为无行为能力人或者限制行为能力人代为行使诉讼权利的人，法律也赋予了他们独立的上诉权。

（2）附带民事诉讼的当事人及其法定代理人是对判决、裁定中的附带民事诉讼部分享有独立上诉权的主体。附带民事诉讼的原告人和被告人及其法定代理人，也享有独立的上诉权。上诉的内容，只限于附带民事诉讼部分，对刑事判决、裁定部分无权提出上诉，且不影响刑事判决、裁定在上诉期满后发生法律效力和执行。

2. 非独立上诉权主体。非独立上诉权，就是附条件才能提起上诉的权利，在我国的刑事诉讼法上是指要经过独立上诉权主体的同意方可上诉。这类主体包括被告人的辩护人和近亲属，他们须经被告人的同意才能上诉。允许被告人的辩护人和近亲属提出上诉，是让他们帮助被告人行使上诉权。是否上诉，应由被告人自己决定。如果被告人不同意上诉，其辩护人或近亲属就无权提起上诉。在司法实践中，根据相关的司法解释，被告人的辩护人或近亲属提出上诉的，应当写明其和被告人的关系，并以被告人为上诉人。

（二）抗诉的主体

1. 抗诉权主体。二审抗诉权主体是地方各级人民检察院。根据《刑事诉讼法》第181条的规定，地方各级人民检察院认为本级人民法院第一审的判决、裁定确有错误的时候，应当向上一级人民法院提出抗诉。人民检察院是国家法律监督机关，对于地方各级人民法院的一审判决、裁定，依照二审程序提出抗诉，这是地方各级人民检察院依法行使职权，对本级人民法院的审判活动实行监督的一种重要形式。最高人民法院是国家的最高审判机关，它的一审判决和裁定就是终审的判决和裁定，对其既不能上诉，也不能按照二审程序抗诉。最高人民检察院如果认为最高人民法院的裁判确有错误，只能按照审判监督程序提出抗诉。

2. 请求抗诉权主体。被害人及其法定代理人对一审刑事判决不服，没有上诉权，只能请求人民检察院抗诉。根据《刑事诉讼法》第182条的规定，被害人及其法定代理人不服地方各级人民法院第一审的判决的，自收到判决书后5日以内，有权请求人民检察院提出抗诉。人民检察院自收到被害人及其法定代理人的请求后5日以内，应当作出是否抗诉的决定并且答复请求人。可见，请求抗诉权并不能直接引发第二审程序，最终还要取决于检察机关的抗诉权。但是，请求抗诉也是对检察机关的一种法定约束力，是对抗诉的必要补充。另外应当指出的是，被害人及其法定代理人只对未生效的第一审判决享有请求抗诉权，而对未生效的第一审裁定则不享有这项权利。

二、提起二审程序的理由

（一）上诉的理由

关于上诉的理由，刑事诉讼法未作规定。上诉主体只要不服第一审判决、裁定，并在法定期限内依法提出上诉，人民法院就应当受理，并引起第二审程序。对上诉权不加任何限制的目的在于充分保障当事人的上诉权。

（二）抗诉的理由

关于抗诉的理由，刑事诉讼法有明确的限制，其目的在于确保国家权力的正当行使。根据《刑事诉讼法》第181条的规定，"地方各级人民检察院认为本级人民法院第一审判决、裁定确有错误的时候，"人民检察院才能提出抗诉。可见，检察机关抗诉的理由是认为一审判决或裁定确有错误。在司法实践中，一般具体表现为以下几种情况：①认定事实不清、证据不足的；②有确实、充分证据证明有罪而判无罪，或者无罪判有罪的；③重罪轻判，轻罪重判，适用刑罚明显不当的；④认定罪名不正确，一罪判数罪、数罪判一罪，影响量刑或者造成严重的社会影响的；⑤免除刑事处罚或者适用缓刑错误的；⑥人民法院在审理过程中严重违反法律规定的诉讼程序的。

三、提起二审程序的期限

提起二审程序的期限，是指进行上诉、抗诉的期限，也就是提出上诉、抗诉的法定有效时间。上诉、抗诉必须在法定期限内提出，才会引起第二审程序；否则超过上诉、抗诉期限，一审裁判便获得确定而产生相应的法律效力。规定上诉、抗诉期限的目的是为了维护裁判的严肃性。同时，也是为了维护上诉人、检察机关的实际利益。上诉、抗诉期限太长，不利于及时纠正错误的判决、裁定，也不利于及时打击犯罪，难以体现法律的权威性；期限太短，又不利于保障上诉人的上诉权和检察机关的抗诉权。《刑事诉讼法》第 183 条对上诉、抗诉的期限作了明确规定，即不服判决的上诉和抗诉期限为 10 日，不服裁定的上诉和抗诉的期限为 5 日，从接到判决书、裁定书的第二日起算。最高人民法院刑事诉讼法解释还规定，对附带民事判决或者裁定的上诉、抗诉期限，应当按照刑事部分的上诉、抗诉期限确定；如果原审附带民事部分是另行审判的，上诉期限应当按照民事诉讼法规定的期限执行。

需要指出的是，检察机关的抗诉期限存在一种特殊的情况，被害人及其法定代理人有权对地方各级法院的一审判决请求人民检察院提出抗诉，行使请求抗诉权的期限为 5 日，而人民检察院根据请求提出抗诉的期限，为接到请求后的 5 日以内作出决定，两方面的期限合在一起便可能会超出对一审判决的法定抗诉期 10 日。这种情形可以视为是对 10 日的法定抗诉期的一种补充。但是，此种情形只适用于未生效的一审判决，而不适用于未生效的一审裁定。

四、提起二审程序的方式和程序

（一）上诉的方式和程序

1. 方式。上诉可以书面方式，也可以口头方式提出。口头与书面上诉具有同等效力，人民法院都应当受理。用上诉状提出上诉的，应向人民法院提交上诉状正本及副本。对于口头上诉，一审或者二审法院的办案人员应当根据上诉人陈述的理由和请求制作笔录，由上诉人阅读或者向其宣读后，上诉人应当签名或者盖章。如果被告人的辩护人或近亲属提起上诉的，必须说明与被告人的关系，并出具被告人同意上诉的相关证明材料。之所以允许口头上诉，是为了充分保障上诉人的上诉权。

2. 途径。上诉既可以通过原审人民法院提出，也可以直接向第二审人民法院提出。

上诉人通过原审人民法院提出上诉的，原审人民法院应当审查上诉是否符合法律规定。符合法律规定的，应当在 3 日内将上诉状连同案卷、证据移送上一级人民法院，同时将上诉状副本送交同级人民检察院和对方当事人。

上诉人直接向第二审人民法院提出上诉的，第二审人民法院应当在收到上诉状后 3 日内将上诉状交原审人民法院。原审人民法院应当审查上诉是否符合法律规定。符合法律规定的，应当在接到上诉状后 3 日以内将上诉状连同案卷、证据移送上一级人民法院，同时将上诉状副本送交同级人民检察院和对方当事人。

3. 撤回。上诉人对上诉的撤回包括两种情形：

（1）上诉人提起上诉后，在上诉期限内要求撤回上诉的，人民法院应当准许。上诉主体是否提出上诉，以其在上诉期满前最后一次的意思表示为准。

（2）上诉人在上诉期满后要求撤回上诉的，应当由第二审人民法院进行审查。如果认为原判决认定事实和适用法律正确，量刑适当，应当裁定准许被告人撤回上诉。如果认为原判决事实不清，证据不足或者无罪判为有罪、轻罪重判等，应当不准许撤回上诉，并按照上诉程序进行审理。

对于在上诉期满前撤回上诉的案件，第一审判决、裁定在上诉期满之日起生效；对于在上诉期满后要求撤回上诉，第二审人民法院裁定准许的，第一审判决、裁定应当自第二审人民法院裁定书送达原上诉人之日起生效。

可见，在上诉期限内，上诉人可以自由处分上诉权，而不受任何限制。但在上诉期满后，上诉人的上诉权一旦行使，便会受到二审法院的制约，而不得随意撤回上诉。

（二）抗诉的方式和程序

1. 方式。抗诉应以书面方式提出，即必须制作抗诉书，而不允许用口头方式进行。这是由于检察机关作为抗诉主体并不存在运用书面方式的困难，并要体现抗诉活动的严肃性，抗诉书由检察长签发。

2. 途径。根据刑事诉讼法的规定，地方各级人民检察院对同级人民法院第一审判决、裁定的抗诉，应当通过原审人民法院提出抗诉书，并将抗诉书副本连同案件材料报送上一级人民检察院。原审人民法院应当将抗诉书连同案卷、证据移送上一级人民法院，并且将抗诉书副本送交当事人。上一级人民检察院认为抗诉正确的，应当支持抗诉；认为抗诉不当的，应当向同级人民法院撤回抗诉，并且通知下级人民检察院。下级人民检察院如果认为上一级人民检察院撤回抗诉不当的，可以提请复议。上一级人民检察院应当复议，并将复议结果通知下级人民检察院。上一级人民检察院在上诉、抗诉期限内，发现下级人民检察院应当提出抗诉而没有提出抗诉的案件，可以指令下级人民检察院依法提出抗诉。

3. 撤回。人民检察院撤回抗诉包括两种情形：

（1）在抗诉期限内撤回抗诉的，只能由原审人民法院的同级人民检察院提出，对此原审人民法院不再移送案件。

（2）在抗诉期满后撤回抗诉的，只能由二审法院的同级人民检察院提出，对此第二审人民法院可以裁定准许，并通知第一审人民法院和当事人。

对于在抗诉期满前撤回抗诉的案件，第一审判决、裁定在抗诉期满之日起生效；对于在抗诉期满后要求撤回抗诉，第二审人民法院裁定准许的，第一审判决、裁定应当自第二审人民法院裁定书送达抗诉的检察机关之日起生效。

第三节　第二审程序的审判原则

一、全面审查处理原则

在世界许多国家的刑事诉讼法上，第二审法院对二审案件的审判范围，因是否受上诉或抗诉申请的限制的不同，而分为部分审查处理和全面审查处理两种立法例。部分审查处理，是指二审法院仅对当事人在上诉状或复审申请书中声明不服的部分进行审查，而对于其中没有涉及的部分，即便存在错误也不作重新的审理。部分审查处理又有事实审查和法律审查之分。事实审查是指二审法院对当事人主张不服的案件重新作事实上的实体审查；法律审查则是二审法院仅对案件适用法律是否正确进行审查。与上述部分审查不同的是，全面审查处理是指二审法院对二审案件的审查范围，不受当事人的上诉状或复审申请书的限制，而对一审裁判的认定事实和适用法律进行全面处理。

在实行三审终审制的诸多英美法系国家，原审为事实审，而上诉审则为法律审，这主要是因这些国家陪审团与专职法官的审判职责分工以及对原审和上级法院在设置陪审制上的不同规定所致，上诉法院通常都不考虑证据和事实方面的问题，一般只对初审法院适用法律方面的错误进行审查。可见，它们的上诉审程序系遵循典型的部分审查处理原则。在大陆法系国家，除极少数国家外，也大都采取部分审查处理原则。从理论上讲，这是不告不理原则、辩论原则、法官角色的消极和被动以及程序的安定性等理念在上诉审程序中的体现。[1]

我国的《刑事诉讼法》第186条规定："第二审人民法院应当就第一审判决认定的事实和适用法律进行全面审查，不受上诉或者抗诉范围的限制。共同犯罪的案件只有部分被告人上诉的，应当对全案进行审查，一并处理。"可见，我国刑事诉讼的二审程序遵循全面审查处理原则。[2] 这一原则的含义主要包括：

1. 既要对原审法院所认定的事实是否正确进行审查处理，又要对其适用法律是否正确进行审查处理。

2. 既要对上诉或抗诉的部分进行审查处理，又要对未上诉或抗诉的部分进行审查处理。

---

〔1〕　参见陈卫东：《刑事二审程序论》，中国方正出版社1997年版，第64页。

〔2〕　刑事诉讼法学界传统上习惯于将这一原则称为"全面审查原则"，如参见陈光中、徐静村主编：《刑事诉讼法学》，中国政法大学出版社2002年版，第302页。不过，这种术语的概括不甚准确，容易给人以只是在案件审查方面全面展开的印象。实际上，我国刑事二审程序在对案件的审查和处理方面都是全面进行的。

3. 在共同犯罪案件中，只有部分被告人上诉的，或者人民检察院只就第一审人民法院对部分被告人的判决提出抗诉的，第二审人民法院应当对全案进行审查，一并处理。也就是说，既要对已上诉的被告人的问题进行审查处理，又要对未上诉的被告人的问题进行审查处理；既要对被提起上诉或抗诉的被告人的问题进行审查处理，又要对未被提起上诉或抗诉的被告人的问题进行审查处理。另外，如果提出上诉的被告人死亡，其他被告人没有上诉，第二审人民法院仍应当对全案进行审查处理。死亡的被告人不构成犯罪的，应当宣告无罪；审查后认为构成犯罪的，应当宣布终止审理。对其他同案被告人仍应当作出判决或者裁定。

4. 对于附带民事诉讼的上诉案件，应当对全案进行审查处理，即不仅审查处理附带民事诉讼部分，还要审查处理刑事诉讼部分，以便正确确定民事责任。如果第一审判决的刑事部分并无不当，第二审人民法院只需就附带民事诉讼部分作出处理。如果第一审判决附带民事部分事实清楚，适用法律正确的，应当以刑事附带民事裁定维持原判，驳回上诉、抗诉。如果第一审判决的刑事部分确有错误，第二审人民法院应当按照审判监督程序指令再审，并将附带民事部分发回重审。

根据司法实践，第二审人民法院对案件的全面审查主要包括下列内容：①第一审判决认定的事实是否清楚，证据是否确实、充分，证据之间有无矛盾；②第一审判决适用法律是否正确，量刑是否适当；③在侦查、起诉、第一审程序中，有无违反法律规定的诉讼程序的情形；④上诉、抗诉是否提出了新的事实和证据；⑤被告人供述、辩解的情况；⑥辩护人的意见以及采纳的情况；⑦附带民事部分的判决、裁定是否适当；⑧第一审法院合议庭、审判委员会讨论的意见。上述内容在审查之后应当写出审查报告。

二、上诉不加刑原则

（一）概念

上诉不加刑原则，是第二审人民法院在审判只有被告人一方上诉的案件时，最终作出新的判决，不得对被告人判处重于原判的刑罚的一项原则。上诉不加刑原则是世界各国在刑事诉讼中普遍采用的一项重要原则，旨在保障被告人依法享有的上诉权，使其不至于因害怕上诉后可能被加重刑罚而不敢提出上诉，从而确保上诉审制度不致成为虚设。"上诉不加刑"是我国刑事诉讼理论界的说法，系从国外刑事诉讼理论中的"禁止不利变更原则"引申而来。立法上最早确立这一原则的是1808年的《法国刑事诉讼法典》，其基本内容是：刑事案件于一审判决后，被告人或者他的近亲属，监护人以及辩护人不服而为被告人的利益提起上诉的，上诉审法院不得判处比原判决更重的刑罚；只有在为被告人之不利益而提起上诉时，上诉审法院才可以处以比原判决更重的刑罚。这一原则在各国刑事诉讼法上有多种表述，如德国为"禁止加重刑罚"、日本为"禁止变更为不利"、罗马尼亚为"不能给当事人带来麻烦"等，但一般统称为"禁止不利变更原则"。[1]

我国《刑事诉讼法》第190条规定："第二审人民法院审判被告人或者他的法定代理人、辩护人、近亲属上诉的案件，不得加重被告人的刑罚。人民检察院提出抗诉或者自诉人提出上诉的，不受前款规定限制。"根据上述规定，上诉不加刑原则，只应用于被告一方上诉的案件，第二审人民法院在审判时不得加重被告人的刑罚。但是，第二审人民法院在审理人民检察院抗诉或者自诉人提出上诉的案件时，或者既有被告人上诉又有人民检察院抗诉，亦或者既有被告人上诉又有自诉人上诉的上诉案件时，被告人是否加刑不受上诉不加刑原则的限制。

上诉不加刑中的"不加刑"，具有非常广泛的含义，具体包括：①同一刑种不得在量上增加；②不得改变刑罚的执行方法，如将缓刑改为实刑，延长缓刑考验期，将死刑缓期执行改为立即执行等；③不得在主刑上增加附加刑；④不得改判较重的刑种，如将拘役6个月改为有期徒刑6个月；⑤不得加重数罪并罚案件的宣告刑；⑥不得加重共同犯罪案件中未提起上诉和未被提起抗诉的被告人刑罚。

（二）意义

1. 上诉不加刑有利于保障被告人的辩护权。辩护权是犯罪嫌疑人、被告人诉讼权利的核心，不仅在一审中可以行使，而且在二审中仍然可以行使。被告上诉不加刑的原则，就可以消除被告人担心加重处罚而不敢提出上诉的顾虑，充分行使宪法和法律所赋予的辩护权，而且他的法定代理人和辩护人，不必担心加重被告人的处罚，而不敢提出上诉。

2. 上诉不加刑有利于维护上诉制度，保障法院正确行使审判权。被告人等提出上诉，是第二审程序得以开始的主要依据。消除被告人等上诉的障碍，才有利于发挥上诉制度的作用，防止流于虚设；才有利于错误的判决、裁定及时得到纠正，保障审判权的正确行使。

3. 上诉不加刑有利于促使检察机关履行法律监督职能。人民检察院提出抗诉的案件，不受上诉不加刑原则的限制，二审法院审理抗诉案件时，如果原判量刑过轻，可以改判加重被告人的刑罚。这就促使第一审人民法院的同级人民检察院及时审查一审判决，发现确有错误时，依法提起抗诉，督导人民法院改正错误。因此，上诉不加刑可以加强检察机关的责任感，促使其发挥监督功能，及时做好有关量刑过轻案件的抗诉工作。

---

〔1〕　参见陈林林："论上诉不加刑"，载《法学研究》1998年第4期。

（三）内容

贯彻执行上诉不加刑原则，根据法律规定和司法实践经验，二审法院应当注意以下几个方面的问题：

（1）共同犯罪案件，只有部分被告人提出上诉的，既不能加重提出上诉的被告人的刑罚，也不能加重其他同案被告人的刑罚。

（2）对原判认定事实清楚、证据充分，只是认定的罪名不当的，在不加重原判刑罚的情况下，可以改变罪名。

（3）对被告人实行数罪并罚的，不得加重决定执行的刑罚，也不能在维持原判决决定执行的刑罚不变的情况下，加重数罪中某罪的刑罚。

（4）对被告人判处拘役或者有期徒刑宣告缓刑的，不得撤销原判缓刑或者延长缓刑考验期。

（5）对事实清楚、证据充分，但判处的刑罚畸轻，或者应当适用附加刑而没有适用的案件，不得撤销第一审判决，直接加重被告人的刑罚或者适用附加刑，也不得以事实不清或者证据不足发回原审人民法院重新审理。必须依法改判的，应当在第二审判决、裁定生效后，按照审判监督程序重新审判。

（6）共同犯罪案件中，人民检察院只对部分被告人的判决提出抗诉的，第二审人民法院对其他第一审被告人也不得加重刑罚。

（7）对于人民检察院没有提出抗诉的案件，第二审人民法院不得以商请人民检察院抗诉的办法达到加刑的目的。

但是，下列几种情形，不受上诉不加刑原则的限制：

（1）被告人一方没有提出上诉，检察机关提出抗诉的，或者同时有被告人一方的上诉和检察机关的抗诉的。

（2）被告人一方没有提出上诉，自诉人提出上诉的，或者同时有被告人一方的上诉和自诉人的上诉的。

（3）二审法院审理时发现了新的犯罪事实，发回原审法院重审，原审法院查明新的犯罪事实后，应当适用刑罚的。此种情形即使只是由被告人一方提出上诉的，也不受上诉不加刑原则的制约。

（4）二审法院审理时，基于事实不清或证据不足抑或违反法定程序的原因发回重审的，原审法院能否加重刑罚，学术界对此存有争议。主流观点认为，这种情况并不受上诉不加刑原则的限制。[1] 立法对此缺乏明确的规定，但根据我国当前上诉不加刑原则的立法意图和实践背景，上诉不加刑并不能适用于发回重

---

〔1〕　参见陈光中主编：《刑事诉讼法实施问题研究》，中国法制出版社 2000 年版，第 263 页；王国枢主编：《刑事诉讼法学》（新编本），北京大学出版社 1998 年版，第 347 页。

审的情形。被告人提出上诉，第二审法院将案件发回原审法院重新审理，原审法院重新审理后，应当依据重新审理认定的事实和法律的规定定罪量刑。那么，这样量刑的结果，可能比原判刑罚较重或者较轻。但重新审理后所作出的裁判独立于原裁判，无论相比较而言两个裁判的量刑结果孰轻孰重，都不能说重新审理后作出的裁判加重或者减轻了原判刑罚。因此，被告人提出上诉，第二审法院将案件发回原审法院重新审理，原审法院重新审理后判处的刑罚可以重于原判刑罚，也可以轻于原判刑罚，不受上诉不加刑原则的约束。但是我们认为，从学理的层面基于对上诉不加刑原则的全面认识和进一步深化，应当考虑在立法上将这一原则延伸至二审法院发回重审的案件中去。

第四节　第二审程序的审理与裁判

一、对上诉、抗诉案件的审查与受理

第二审人民法院在正式审理上诉、抗诉案件之前，应当对案件进行审查，审查的性质主要是程序审查。这主要是为了保证二审审判的顺利进行。程序性审查主要是解决二审案件的受理问题，审查内容包括两个方面：

1. 审查提起上诉或抗诉的程序是否合法。主要是上诉人是否具备上诉的主体资格，抗诉机关是否按法定途径提起抗诉，提起上诉、抗诉是否是在法定期限以内。

2. 审查原审人民法院移送的上诉、抗诉的案卷材料是否齐备。这些材料包括：移送上诉或者抗诉案件的信函；上诉状或者抗诉书；一审判决书或者裁定书；全部案卷材料和证据，还包括案件审结报告和其他应当移送的材料。材料齐备的应当收案，材料欠缺的应当通知及时补正。

二、第二审程序的审理方式

对于第二审程序的审理方式，《刑事诉讼法》第 187 条规定："第二审人民法院对上诉案件，应当组成合议庭，开庭审理。合议庭经过阅卷，讯问被告人、听取其他当事人、辩护人、诉讼代理人的意见，对事实清楚的，可以不开庭审理。对人民检察院抗诉的案件，第二审人民法院应当开庭审理。"可见，第二审程序的审理方式包括两种：开庭审理和不开庭审理。

（一）开庭审理

1. 开庭审理的案件范围。开庭审理，也叫直接审理，是指二审法院直接开庭，传唤当事人，通知诉讼参与人到庭，进行法庭调查和辩论，然后进行评议并判决的一种审理方式。第二审人民法院开庭审理上诉、抗诉案件，可以到案件发

生地或者原审人民法院所在地进行。

二审案件包括两种：①上诉人提起上诉的案件；②人民检察院提起抗诉的案件。其中，第二种案件是必须开庭审理的案件；第一种案件可以开庭审理，也可以不开庭审理，视具体情况而定。合议庭经过阅卷，讯问被告人、听取其他当事人、辩护人、诉讼代理人的意见，对事实清楚的上诉案件，可以不开庭审理；除此之外的上诉案件，应当开庭审理。但是，一审法院判处死刑的案件是一种例外。

2006 年，最高人民法院和最高人民检察院联合出台了司法解释《关于死刑第二审案件开庭审理程序若干问题的规定（试行）》。其中，第 1 条规定："第二审人民法院审理第一审判处死刑立即执行的被告人上诉、人民检察院抗诉的案件，应当依照法律和有关规定开庭审理。"第 2 条规定："第二审人民法院审理第一审判处死刑缓期二年执行的被告人上诉的案件，有下列情形之一的，应当开庭审理：①被告人或者辩护人提出影响定罪量刑的新证据，需要开庭审理的；②具有刑事诉讼法第 187 条规定的开庭审理情形的。人民检察院对第一审人民法院判处死刑缓期二年执行提出抗诉的案件，第二审人民法院应当开庭审理。"综上可知，对于死刑案件，即使合议庭经过阅卷与讯问听取意见后认为事实清楚的上诉案件，在两种情形下也必须开庭审理：①第一审判处死刑立即执行的被告人上诉的案件；②第一审判处死刑缓期二年执行的被告人上诉的案件，被告人或者辩护人提出影响定罪量刑的新证据，需要开庭审理的。

2. 开庭审理的程序。对于开庭审理的二审案件，除自诉案件以外，二审人民法院开庭审判前，都应通知同级人民检察院查阅案卷，了解案情，以便出席二审法庭，支持公诉，进行法律监督。同时，二审人民法院决定开庭前，还应提审在押被告人，传唤其他当事人，通知当事人的法定代理人、证人、鉴定人等到庭；如果被告人委托了辩护人的，还应通知出庭辩护。被告人没有委托辩护，又属于刑事诉讼法规定的必须指定辩护的情形的，应当为其指定辩护人。

第二审人民法院开庭审理上诉或者抗诉案件，除参照第一审程序的规定外，还应当依照下列程序进行：

（1）法庭调查阶段，审判长或者审判员宣读第一审判决书、裁定书后，由上诉人陈述上诉理由或者由检察人员宣读抗诉书；如果是既有上诉又有抗诉的案件，先由检察人员宣读抗诉书，再由上诉人陈述上诉理由；法庭调查的重点要针对上诉或者抗诉的理由，全面查清事实，核实证据。

（2）法庭调查阶段，检察人员和辩护人需要出示、宣读、播放一审中已移交人民法院的证据的，出庭的检察人员和辩护人可以申请法庭出示、宣读、播放。如果检察人员或者辩护人申请出示、宣读、播放第一审审理期间已经移交给人民法院的证据的，法庭应当指令值庭法警出示、播放有关证据；需要宣读的证据，由法警交申请人宣读。

（3）法庭辩论阶段，发言的顺序大致为：上诉案件，应当先由上诉人、辩护人发言，再由检察人员及对方当事人发言；抗诉案件，应当先由检察人员发言，再由被告人、辩护人发言；既有上诉又有抗诉的案件，应当先由检察人员发言，再由上诉人、辩护人发言，并依次进行辩论。共同犯罪案件，没有提出上诉的和没有对其判决提出抗诉的第一审被告人，应当参加法庭调查，并可以参加法庭辩论。

（4）辩论结束后，由原审的被告人作最后陈述。

（5）最后陈述之后，审判长宣布休庭，合议庭进行评议，并依法作出裁判。

（二）不开庭审理

不开庭审理，也称庭外调查讯问式审理，是指二审法院在审理案件书面材料的基础上，提审被告人，听取其他当事人、辩护人、诉讼代理人的意见，对案件事实和证据进行必要的调查核实，在核实证据、查明事实后直接进行裁决，而不再开庭审判的一种审理方式。根据《刑事诉讼法》第 187 条的规定，二审法院可以采用不开庭审理方式进行审判的案件，应当是事实清楚的上诉案件，并且合议庭阅卷和讯问被告人以及听取其他当事人、辩护人、诉讼代理人的意见，是不开庭审理的必经程序。因为这类案件一审法院的事实认定没有错误，或者控辩双方基本没有分歧，当事人上诉的理由主要集中在适用法律上、裁量刑罚或诉讼程序上。

不开庭审理是一种比较简便、节省的审判方式。对于符合条件的二审案件，人民法院可以采用这种方式，以简便诉讼，提高二审效率。但是，应当看到，这种方式毕竟不是开庭审理，对于保护诉讼参与人特别是被告人的诉讼权利和保证二审质量，仍具有一定的局限性。因此，二审法院不能只图简单省事，而用不开庭审理代替开庭审理。否则，将损害当事人的合法权益，使刑事案件难以得到公正处理。从上述意义上讲，开庭审理是二审程序的原则性规定和常态审理方式，而不开庭审理只是二审程序的例外性规定。

采用不开庭审理方式审理二审案件，应当遵循以下程序：

1. 合议庭阅卷，并制作阅卷笔录。合议庭的全体组成人员都应当阅卷，至少也应当是主审审判员全面阅卷，然后向合议庭进行全面的汇报，指明本案的争点，其他成员必须阅读案件的主要材料，不能只听取汇报而不阅卷。

2. 讯问原审的被告人，听取其供述和辩解以及对一审裁判的意见。共同犯罪案件，对没有上诉的被告人也应当讯问。

3. 听取其他当事人、辩护人、诉讼代理人的意见。这是不开庭审理方式与开庭审理的一项基本区别。这项程序一般包括核实证据和听取对一审裁判的意见以及对是否开庭的意见，听取意见应当分别进行。

4. 合议庭评议和宣判。经过上述程序，合议庭认定的事实与第一审认定的没有变化，证据充分的，可以不开庭审理即作出相应的处理决定，并予以公开宣判。

三、第二审程序的审理期限

根据《刑事诉讼法》第 196 条的规定，第二审人民法院受理上诉、抗诉案件，应当在 1 个月以内审结，至迟不得超过 1 个半月；另外，四类案件（交通十分不便的边远地区的重大复杂案件，重大的犯罪集团案件，流窜作案的重大复杂案件，犯罪涉及面广、取证困难的重大复杂案件）经省、自治区、直辖市高级人民法院批准或者决定，可以再延长 1 个月，但是最高人民法院受理的上诉、抗诉案件，由最高人民法院决定。

二审的审理期限，应当从二审法院收到原审法院移送的案件材料之日起算，终止于二审裁判的宣告之日。

四、第二审程序的裁判

根据《刑事诉讼法》第 189、191 条的规定，第二审人民法院对不服第一审判决的上诉、抗诉案件，经过审理后，应当分别作出如下的处理：

（一）裁定驳回上诉或者抗诉，维持原判

第二审人民法院对上诉或抗诉案件进行审理后，认为原判决认定事实和适用法律正确、量刑适当，提出上诉或抗诉的理由不能成立的，应当裁定驳回上诉或者抗诉，维持原判。

（二）改判

改判是指第二审人民法院直接作出判决，改变一审判决的内容。属于第二审人民法院改判的情形包括两种：

1. 原判决认定事实没有错误，但适用法律有错误，或者量刑不当。这种情形主要是指，一审判决引用刑法条款不当，导致定性或者罪名的错误；在法定量刑幅度之外量刑；量刑的轻重失当等。只要一审法院认定的事实正确，就没有发回重审的必要，而由二审法院直接改判即可。

2. 原判决事实不清或者证据不足的，可以在查清事实后改判；也可以裁定撤销原判，发回原审人民法院重新审判。在司法实践中，属于改判情形的主要是案件中的一些次要事实不清或证据不足，而且二审法院能够通过自行调查或通知一审法院补充材料查清事实或证据的。否则，难以查清事实的只能考虑发回重审。

(三) 裁定撤销原判，发回重审

属于第二审人民法院裁定撤销原判、发回重审的情形包括两种：

1. 对原判决事实不清或者证据不足的，除二审法院可以自行查清直接改判的案件之外，二审法院应当裁定撤销原判，发回原审人民法院重新审判。另外需要指出的是，最高人民法院、最高人民检察院和公安部于 2003 年联合颁发了《关于严格执行刑事诉讼法，切实纠防超期羁押的通知》，其中第 4 条规定："第二审人民法院经过审理，对于事实不清或者证据不足的案件，只能一次裁定撤销原判、发回原审人民法院重新审判；对于经过查证，只有部分犯罪事实清楚、证据充分的案件，只就该部分罪行进行认定和宣判；对于查证以后，仍然事实不清或者证据不足的案件，要依法作出证据不足、指控的犯罪不能成立的无罪判决，不得拖延不决，迟迟不判。"

2. 第二审人民法院发现第一审人民法院的审理有下列违反法律规定的诉讼程序的情形之一的，应当裁定撤销原判，发回原审人民法院重新审判：①违反刑事诉讼法有关公开审判的规定的；②违反回避制度的；③剥夺或者限制了当事人的法定诉讼权利，可能影响公正审判的；④审判组织的组成不合法的；⑤其他违反法律规定的诉讼程序，可能影响公正审判的。

只要一审法院在审理案件时违反上述情形中的任何一项，二审法院便可以撤销原判、发回重审。这种规定凸显了诉讼程序的独立价值，有利于维护诉讼程序的严肃性，提升实体公正之外的诉讼公正的观念。

原审人民法院对于发回重新审判的案件，应当另行组成合议庭，依照第一审程序进行审判。对于重新审判后的判决，可以上诉、抗诉。第二审人民法院发回原审人民法院重新审判的案件，原审人民法院从收到发回的案件之日起，重新计算审理期限。

第二审人民法院对不服第一审裁定的上诉或者抗诉，经过审查后，应当参照刑事诉讼法对不服一审判决的上诉或抗诉的处理的规定，分别情形用裁定驳回上诉、抗诉，或者撤销、变更原裁定。而且，只能适用裁定的方式，而不能适用判决。

五、第二审程序对自诉案件的特殊处理

自诉案件的二审程序，除去第二审程序的一般规定之外，还需要遵循一些特殊的处理规定。因为在自诉案件中，进行调解、和解与提出反诉都是公诉案件中所不具有的特殊程序。

1. 对第二审自诉案件，必要时可以进行调解，当事人也可以自行和解。调解结案的，应当制作调解书，原判决、裁定视为自动撤销；当事人自行和解的，由人民法院裁定准许撤回自诉，并撤销原判决或者裁定。第二审人民法院对于调解结案或者当事人自行和解的案件，被告人被采取强制措施的，应即予以解除。

2. 在第二审程序中，当事人提出反诉的，第二审人民法院应当告知其另行起诉。二审法院对当事人的反诉不能一并处理，因为必须要保障当事人的审级利益，不能通过直接的二审而剥夺其上诉的权利。二审法院只能告知需要提起反诉的当事人另案向一审法院起诉。

六、第二审程序对扣押和冻结财物的处理

扣押的在案财物，是指公安机关、人民检察院在侦查、勘验、搜查过程中，人民法院在调查核实证据过程中，所扣押的可以证明犯罪嫌疑人、被告人有罪或者无罪的各种财物。冻结的在案财物，是指公安机关、人民检察院在侦查过程中，人民法院在调查核实证据过程中，所冻结的有关的犯罪嫌疑人、被告人的存款、汇款。根据《刑事诉讼法》、最高人民法院《刑诉解释》以及其他的相关规定，公安机关、人民检察院和人民法院对于扣押、冻结在案的财物，应作以下处理：

1. 对于扣押、冻结犯罪嫌疑人、被告人的财物及其孳息，应当妥善保管，以供核查。任何单位和个人不得挪用或者自行处理。对被害人的合法财产，应当及时返还。但须经拍照、鉴定、作价，并在案卷中注明返还的理由，将原物照片、清单和被害人的领取手续入卷备查。对违禁品或者不宜长期保存的物品，应当依照国家有关规定处理。

2. 对作为证据使用的实物应当随案移送。开庭审判时，经向法庭出示、质证后移交法庭。休庭或闭庭时办理证据交接手续，清点、核对无误的，由经手人在清单上分别签名后予以封存。对因上诉、抗诉引起第二审程序的，第一审人民法院应当将上述证据移送第二审人民法院，并办理证据交接手续。对不宜移送的，如大宗的、不便搬运的物品，易腐烂、霉变和不易保管的物品，违禁品，枪支弹药、易燃易爆物品、剧毒物品以及其他危险品等，应当将其清单、照片或者其他证明文件随案移送。

3. 对于赃款赃物及其孳息，除依法返还被害人的财物以及依法销毁的违禁品外，必须一律上缴国库。任何单位和个人都不得挪用或者私自处理。关于赃款赃物的处理，应当按照《刑事诉讼法》第198条的规定执行，并应当根据不同情况作以下处理：

（1）对作为证据使用的实物，应当依法随案移送。对不宜移送的，应当将其清单、照片或者其他证明文件随案移送，不得以未移送赃款赃物为由，拒绝受理案件。

（2）侦查机关冻结在金融机构的赃款，应当向人民法院随案移送该金融机构出具的证明文件，待人民法院作出生效判决后，由人民法院通知该金融机构上

缴国库，该金融机构应当向人民法院送交执行回单。

（3）查封、扣押的赃款赃物，对依法不移送的，应当随案移送证据清单、照片或者其他证明文件，待人民法院作出生效判决后，由人民法院通知查封、扣押机关上缴国库，查封、扣押机关应当向人民法院送交执行回单。

需要指出的是，对人民检察院、公安机关因犯罪嫌疑人死亡，申请人民法院裁定通知冻结犯罪嫌疑人存款、汇款等的金融机构，将该犯罪嫌疑人的存款、汇款等上缴国库或者返还被害人的案件，人民法院应当经过阅卷、审查有关证据材料后作出裁定。

4. 对于扣押、冻结的与本案无关的财物，已列入清单的，人民法院应当通知扣押、冻结机关依法处理。被告人被判处财产刑的，人民法院应当通知扣押、冻结机关将拟返还被告人的财物移交人民法院执行刑罚。

5. 司法工作人员贪污、挪用或者私自处理被扣押、冻结的赃款赃物及其孳息的，依法追究刑事责任；不构成犯罪的，给予处分。

学术视野

关于刑事诉讼二审程序，当前理论界的研究热点主要集中在以下几个方面：

第一，关于上诉权主体，理论界围绕是否应该赋予被害人上诉权以及辩护律师应否享有独立上诉权的问题展开了论说。

第二，关于二审程序的审理范围，我国实行全面审查原则，不少学者对此提出了质疑，认为这一原则并不符合诉讼救济活动的基本规律，二审法院应当只对上诉或抗诉的内容进行审查，而不能涉及没有上诉或抗诉的问题。

第三，关于二审程序的审理方式，学者们认为应当在司法实践中明确贯彻以开庭为原则、以不开庭为例外的基本理念，并对不开庭审理的案件范围进行严格的限制。

第四，关于检察人员出席二审法庭的法律地位，理论界大致包括三种观点：①应当以国家法律监督机关代表的身份出席法庭；②应当具备法律监督机关代表和公诉人的双重身份；③应当视引发二审的不同情况而定，如果因上诉引起二审，那么具备双重身份，如果因抗诉引发二审，那么则只具有法律监督者的法律地位。

第五，理论界对上诉不加刑原则进行了深入的探讨，不少学者认为应当改造和完善上诉不加刑原则，使其更加有利于保障被告人的利益。

第六，关于两审终审制的审级制度，有学者认为应当借鉴西方国家的审级制度，引入三审终审制，并对三审终审制的模式设计提供了大量的立法建议。

理论思考与实务应用

一、理论思考

（一）名词解释

上诉　第二审程序　上诉不加刑

（二）简答题

1. 简述我国的全面审查处理原则。

2. 我国刑事诉讼中上诉权的主体有哪些？

3. 什么是二审程序中的抗诉？抗诉的条件有哪些？

4. 如何把握我国刑事第二审程序的审理方式？

5. 刑事第二审程序的裁判处理有哪些形式？

（三）论述题

1. 试述我国刑事诉讼审级制度的重构。

2. 试述我国刑事诉讼中的上诉不加刑原则。

二、实务应用

（一）案例分析示范

案例一

被告人赵某，男，22岁，太原市人。被告人赵某与被害人韩某系大学同学。1999年3月韩某借被告人赵某电脑暂用。不久，赵某找到其另一同学段某，并在段某处给韩某打传呼，韩未回。次日上午，赵某、段某来到韩某处，赵某向韩某要回电脑，三人同到饭店喝酒。喝酒期间，赵某质问韩某昨日为何不回传呼，并责骂韩某，两人因此发生争吵，进而厮打起来，被段某拉开。韩某跑出饭店，赵某随后追赶，并随手捡起一砖头掷打韩某，正中韩某头部，将韩某打倒在地。赵某赶去骑在韩某身上，用拳头打击韩某，韩某挣扎起来跑，赵某继续追赶并用石块追打韩某，后被人拉开。韩某头部受伤经医院抢救无效死亡。

一审太原市中级人民法院以故意伤害罪判处被告人赵某无期徒刑，剥夺政治权利终身，赔偿附带民事诉讼原告人韩某某（被害人韩某之父）、张某（被害韩某之母）经济损失人民币5000元。宣判后，被告人赵某不服，在上诉期限内，以"没想打死韩某，是过失伤害"为由提出上诉，附带民事诉讼原告人韩某某、张某以"应判处赵某死刑，赔偿数额过少"为由提出上诉。

问：（1）哪些人有权提起二审程序？

（2）刑事诉讼法对二审程序提起的期限是如何规定的？

（3）二审程序应当通过什么途径提起？

【评析】

（1）我国刑事诉讼法实行两审终审，二审程序是刑事诉讼的重要程序。二审程序的启动是通过提出上诉、抗诉来实现的。根据我国《刑事诉讼法》第180条规定，被告人、自诉人和他们的法定代理人，不服地方各级人民法院第一审的判决、裁定，有权用书状或者口头向上一级人民法院上诉。被告人的辩护人和近亲属，经被告人同意，可以提出上诉。附带民事诉讼的当事人和他们的法定代理人，可以对地方各级人民法院经一审的判决、裁定中的附带民事诉讼部分，提出上诉。另外，我国《刑事诉讼法》第181条还规定："地方各级人民检察院认为本级人民法院第一审的判决、裁定确有错误的时候，应当向上一级人民法院提出抗诉。"可见，在我国刑事诉讼中现被告人、自诉人和他们的法定代理人、附带民事诉讼的当事人和他们的法定代理人都有权提出上诉；同时，被告人的辩护人和近亲属，经被告人同意也可以提出上诉，这是二审程序启动的最主要途径。另外，人民检察院认为一审判决，裁定有错误可以通过抗诉启动二审程序。在司法实践中，二审程序的启动大多是由被告人及其他上诉人提起上诉而引发的。

在本案中，被告人赵某不服一审判决，附带民事诉讼原告人韩某某、张某不服一审判决中附带民事部分，分别提出上诉，使案件进入二审程序。

（2）关于上诉、抗诉期限问题，我国刑事诉讼法有明确规定。《刑事诉讼法》第183条规定："不服判决的上诉和抗诉的期限为10日，不服裁定的上诉和抗诉的期限为5日，从接到判决书，裁定书的第二日起算。"据此，有权提起上诉、抗诉的人和机关必须在法定期限内提出，否则，一审判决便会发生法律效力。本案被告人赵某、附带民事诉讼原告人在法定期限10日内提出上诉，符合法律规定。

（3）上诉人提出上诉，既可以通过原审人民法院提出，也可以直接向第二审人民法院提出。我国《刑事诉讼法》第184条规定："被告人、自诉人、附带民事诉讼的原告人和被告人通过原审人民法院提出上诉的，原审人民法院应当在3日内将上诉状连同案卷、证据移送上一级人民法院，同时将上诉状副本送交同级人民检察院和对方当事人。被告人、自诉人、附带民事诉讼原告人和被告人直接向第二审人民法院提出上诉的，第二审人民法院应当在3日以内将上诉状交原审人民法院送交同级人民检察院和对方当事人。"

至于人民检察院的抗诉，我国《刑事诉讼法》第185条规定："地方各级人民检察院对同级人民法院第一审判决、裁定的抗诉，应当通过原审人民法院提出抗诉书，并且将抗诉书抄送上一级人民检察院。原审人民法院应当将抗诉书连同案卷、证据移送上一级人民法院，并且将抗诉书副本送交当事人。"在本案中，被告人赵某及附带民事诉讼原告人都是通过原审人民法院提出上诉的。

案例二

被告人王明，国有宏源股份有限公司经理。2008 年市公安机关收到一封检举信，揭露该公司偷税 100 万元的事实。公安机关经调查后，认为该公司确有偷税事实，依法应追究刑事责任，遂对该公司立案侦查。后经侦查发现，该公司自 2006 年到 2008 年间，共偷税漏税 50 万元，于是冻结该公司账户。该案于 2009 年 8 月 1 日由区人民检察院向区人民法院提起公诉，经法庭审理，认为该公司的行为已构成偷税罪，判处被告人王明有期徒刑 3 年，缓刑 3 年，对该公司判处 200 万元的罚金。检察院认为一审法院对被告人王明量刑过轻，直接向二审法院提交抗诉状，提起抗诉。抗诉期满后，对该公司判处的罚金即交付执行。二审法院经不开庭审理后，认为一审法院认定事实正确，但量刑过轻，裁定撤销原判，改判被告人王明有期徒刑 7 年。

问：本案中的哪些程序处理是违法的？

【评析】本案中程序违法之处主要包括：

（1）检察院认为一审判决量刑过轻而向二审法院提交抗诉状的做法是错误的，应通过原审人民法院提出抗诉书。

（2）抗诉期满后，对该公司判处的罚金即交付执行的做法是错误的，因为案件尚处于二审阶段，一审未生效的判决不具有执行效力。

（3）二审法院对抗诉案件不开庭审理的做法是错误的，应当开庭审理。

案例三

张某和王某系某国有企业的中层干部。2009 年，某市中级人民法院一审认定张某、王某犯盗窃罪，判处张某有期徒刑 15 年，判处王某有期徒刑 5 年。张某不服，向省高级人民法院提出上诉。高级人民法院经审理后发现，原判决虽然认定事实清楚，但罪名的适用不当。于是，以原判决事实不清、量刑不当为由裁定撤销原判，发回市中级人民法院重新审判。市中级人民法院按照第一审程序重新组成合议庭审理了此案，并认定张某和王某的行为构成贪污罪，张某系共同犯罪中的主犯，判处无期徒刑，剥夺政治权利终身，王某也在共同犯罪中起了一定的作用，是本案的从犯，判处有期徒刑 12 年。

问：（1）被告人提出上诉，第二审法院将案件发回原审法院重新审理，原审法院重新审理后判处的刑罚能否重于原判刑罚？

（2）本案应当如何处理？

【评析】

（1）可以。被告人提出上诉，第二审法院将案件发回原审法院重新审理，原审法院重新审理后，应当依据重新审理认定的事实和刑法的规定定罪量刑。这是以事实为根据、以法律为准绳原则的应有之义。那么，这样量刑的结果，可能比原判刑罚重，也可能比原判刑罚轻。但重新审理后所作出的裁判独立于原裁判，无论相比较而言两个裁判的量刑结果孰轻孰重，都不能说重新审理后作出的裁判加重或者减轻了原判刑罚。因此，被告人提出上诉，第二审法院将案件发回原审法院重新审理，原审法院重新审理后判处的刑罚可以重于原判刑罚，也可以轻于原判刑罚。

（2）本案应当由二审法院在判处的刑罚不重于原判决判处的刑罚的前提下，直接将原审认定的盗窃罪变更为贪污罪。对于只有被告人一方上诉的案件，第二审人民法院不得为了加重被告人的刑罚而将案件发回原审人民法院重新审判，尤其是在既可以直接改判也可以发回重审的情况下，不得为了加重被告人的刑罚而发回重审。最高人民法院《关于执行〈中华人民共和国刑事诉讼法〉若干问题的解释》第257条第1款第2项规定："对原判认定事实清楚、证据充分，只是认定的罪名不当的，在不加重原判刑罚的情况下，可以改变罪名。"该款第5项还规定："对事实清楚、证据充分，但判处的刑罚畸轻，或者应当适用附加刑而没有适用的案件，不得撤销第一审判决，直接加重被告人的刑罚或者适用附加刑，也不得以事实不清或者证据不足发回第一审人民法院重新审理。必须依法改判的，应当在第二审判决、裁定生效后，按照审判监督程序重新审判。"结合这两项规定和上述理解，我们认为，本案的事实清楚、证据充分，某市高级人民法院应当直接改判，在判处的刑罚不重于原判决判处的刑罚的前提下，将原审认定的盗窃罪变更为贪污罪，而不能发回市第一中级人民法院重新审判，由后者对被告人加重原判刑罚。

（二）案例分析实训

案例一

张某、王某、李某共同诈骗一案，县人民法院在庭前初步审查过程中，认为起诉书事实不清、证据不足，退回人民检察院补充侦查。检察机关补充侦查后再起诉。一审法院经过审理，以诈骗罪判处张某有期徒刑8年，王某有期徒刑5年，李某有期徒刑2年缓刑2年。一审宣判后，张某向市中级人民法院提出上诉，王某、李某表示不上诉。于是一审法院在判决书送达给三被告的次日，将被告王某、李某交付执行，张某由市中级法院进行二审。二审法院经过审理认为一审适用法律不当，裁定撤销原判，将案件发回一审法院重审。一审法院由原合议庭成员对案件重新审理后，改判张某5年，并宣布改判后的判决为终审判决，被告人不得上诉。

问：根据刑事诉讼法的规定，此案在处理上存在哪些诉讼程序上的错误？请简要说明理由。

案例二

2002 年 5 月，某县人民法院经过公开审理，以盗窃罪分别判处共同犯罪的被告人黄某（17 岁）、李某（19 岁）、蒋某（31 岁）有期徒刑 1 年 6 个月并处罚金 1000 元、有期徒刑 3 年并处罚金 2000 元、有期徒刑 6 年并处罚金 5000 元。判决宣告后，黄某和蒋某都以量刑过重为由向中级人民法院上诉。被害人方某在法定期限内以"对被告人判刑太轻"为由也提出上诉。

二审人民法院组成合议庭，发现一审人民法院对黄某进行公开审理有违法律规定，便在案件发生地对共同犯罪案件中黄某和蒋某的盗窃事实进行了不公开审理，发现对黄某的认定事实清楚、证据确实充分，但量刑确实过轻，遂裁定将该案发回原审人民法院重审。

原审人民法院的原审合议庭对该案再次进行审理，审理中发现本应在押的被告人李某在逃，遂对其犯罪事实不予认定，将其案卷材料退回人民检察院，只对黄某和蒋某的犯罪事实进行审理，对黄某判处有期徒刑 2 年并处罚金，对蒋某判处有期徒刑 6 年并处罚金 8000 元。

问：（1）黄某、蒋某和方某的上诉是否合法？请说明理由。

（2）二审人民法院对上诉的处理在程序上有哪些不当之处？为什么？

（3）原审人民法院对案件的处理在程序上有哪些不符合法律规定的地方，请说明理由。

（4）原审人民法院的判决是否违背上诉不加刑原则？为什么？

案例三

某县人民法院以贪污罪判处某甲有期徒刑 4 年。某甲认为自己主动向检察机关投案自首，并交出赃款 2000 元，应当从宽处理，因此，县人民法院的量刑过重。于是，他向地区中级人民法院提出上诉。地区中级人民法院以原判决认定事实不清为由，裁定撤销原判，发回县人民法院重新审判。县人民法院重新组成合议庭审理此案。在重新审理过程中，合议庭查明某甲贪污公款的数额不是原判认定的 18 000 元，而是 28 000 元。在这种情况下，出庭支持公诉的公诉人发表意见："既然这次法庭调查所查明的贪污数额超过了原判所认定的数额，就应当根据这次审判查明的数额为准，判处比原判更重的刑罚。"某甲的辩护人为其辩护说："公诉人的主张违背了《刑事诉讼法》第 186 条规定的上诉不加刑原则。"公诉人辩称："根据以事实为根据、以法律为准绳原则，人民法院只能根据庭审查明的事实和法律的规定定罪量刑。本案是按照第一审程序重新审理，判处比原判刑罚更重的刑罚不违背上诉不加刑原则。"辩护人称："按照公诉人的观点，对上诉案件，第二审人民法院认为需要加刑时，都可以以事实不清发回重审。上诉不加刑原则就成为一纸空文。被告人的上诉权也得不到保障。"

　　问：你认为应当采纳谁的观点？为什么？

 主要参考文献

1. 尹丽华：《刑事上诉制度研究：以三审终审为基础》，中国法制出版社 2006 年版。
2. 陈光中主编：《刑事诉讼法实施问题研究》，中国法制出版社 2000 年版。
3. 徐静村主编：《21 世纪中国刑事程序改革研究——〈中华人民共和国刑事诉讼法〉第二修正案（学者建议稿）》，法律出版社 2003 年版。
4. 汪建成：《冲突与平衡——刑事程序理论的新视角》，北京大学出版社 2006 年版。
5. 陈卫东：《刑事二审程序论》，中国方正出版社 1997 年版。
6. 项明编：《刑事二审程序难题与应对》，法律出版社 2008 年版。
7. 徐静村："刑事第二审程序中的诉讼关系研究"，载《河南社会科学》2008 年第 1 期。
8. 陈卫东、李玉华："刑事二审程序中检察机关的职能与地位"，载《法学杂志》2007 年第 1 期。
9. 陈瑞华："对两审终审制的反思——从刑事诉讼角度的分析"，载《法学》1999 年第 12 期。
10. 林喜芬："我国刑事审级制度功能考辨与变迁改良"，载《东方法学》2009 年第 5 期。
11. 周永年："刑事二审程序中履行检察职能的若干问题研究"，载《华东政法学院学报》2006 年第 3 期。

第十八章

审判监督程序

【本章概要】审判监督程序又称再审程序。它是我国刑事审判程序的重要组成部分，又是刑事诉讼中的特殊程序。在刑事诉讼中，它是一个独立程序，但并非每一案件的必经程序，而是在一定条件下才能采用的一种特殊救济程序。审判监督程序是在发现已经发生法律效力且认定事实或是适用法律上确有错误的判决和裁定时才适用，是不增加审级的具有特殊性质的审判程序，是刑事审判工作中一项重要的补救制度。

【学习目标】学习本章内容主要掌握以下要点：审判监督程序概念、特征；审判监督程序的提起；依照审判监督程序对案件的重新审判。

【教学重点与难点】申诉与上诉的区别；提起审判监督程序的主体；申诉的理由；重新审理后的处理。

第一节　审判监督程序概述

一、审判监督程序的概念

审判监督程序又称再审程序，是指人民法院、人民检察院对已经发生法律效力的判决和裁定，在认定事实或是适用法律上确有错误，依职权提出并由人民法院对案件重新审理，或者由当事人申诉，司法机关经过审查决定对案件重新审理的诉讼程序。

在审判监督程序中，原审已经终结，判决已经发生效力。对生效判决进行再审，是对生效裁判的法律效果的又一次审理。原审终结意味着审判机关对案件的判决已经生效，对案件的法律评价已经结束，其代表国家的权威性、强制性不容置疑，除有法律规定的特殊情况外，不得再对之重复评价、重新审理。审判监督程序对生效判决再审正是基于法律例外规定的更高权威得以推翻原审裁决法律效力而提起的。对判决的重新评价必然要求对其据以作出的事实和适用法律重新认定和考量，因此审判监督再审是对争议案件的重新审理。在司法实践中，很多情况下再审在形式上其实没有必要完全从头开始进行重新审理。为了提高司法效率、节约司法资源而借用原审部分成果也是有效可行的方法，被肯定的原审部分成果也是再审的有机组成部分。

在刑事诉讼中，第一审程序之后进行的审判程序，一般称为刑事救济程序。审判监督程序是我国刑事审判程序的重要组成部分，它又是刑事诉讼中的特殊程序。在刑事诉讼中它是一个独立程序，但并非每一案件的必经程序，而是在一定条件下才能采用的一种特殊救济程序。审判监督程序是在发现已经发生法律效力且认定事实或是适用法律上确有错误的判决和裁定时才适用，是不增加审级的具有特殊性质的审判程序，是刑事审判工作中一项重要的补救制度。

二、审判监督程序的特征

当代各国对已经发生法律效力的判决发现确有错误的，一般都可对案件进行再审，其做法大致可分为两类。第一类是对判决所依据的案件事实认定错误的，适用再审程序；第二类是对判决所适用法律错误的，适用监督程序[1]。大陆法系国家生效判决再审制度比较完善，一般包括上述两类再审判程序[2]。英美法系国家一般没有对裁决事实认定错误的再审，只有对裁决适用法律错误而启动的与大陆法系监督程序类似的程序。我国的审判监督程序包括上述两种再审，既包括对裁决事实认定错误的再审，也包括对裁决适用法律错误的再审。

（一）我国审判监督程序的特征

1. 审判监督程序的审理对象是已经发生法律效力的判决和裁定，包括正在执行和已经执行完毕的判决和裁定。已经发生法律效力的判决或裁定包括：①已经超过法定上诉、抗诉期限的第一审刑事判决、裁定；②经第二审终审的刑事判决、裁定；③最高人民法院所作的刑事判决、裁定；④经最高人民法院核准死刑的判决；⑤经高级人民法院核准判处死刑，缓期二年执行的判决。

2. 审判监督程序是由各级人民法院院长提交本院审判委员会决定，最高人民法院和上级人民法院决定以及最高人民检察院和上级人民检察院提出抗诉而提起的。审判监督程序抗诉除了最高人民检察院有权对各级人民法院的生效判决、裁定提出抗诉外，还包括上级人民检察院对下级人民法院的生效判决、裁定提出抗诉，但地方各级人民检察院对同级人民法院生效的判决、裁定不能提出抗诉，如果发现已生效的同级人民法院的判决确有错误的，可提请上级人民检察院提出抗诉。所以说有权提起审判监督程序的主体是各级人民法院院长及其审判委员会、最高人民法院和上级人民法院，还有最高人民检察院和上级人民检察院。

3. 因当时申请或申诉而提起，必须经有权的人民法院或者人民检察院审查，认为已生效的判决、裁定在认定事实或者适用法律上确有错误时，才能启动审判

---

〔1〕　陈光中主编：《外国刑事诉讼程序比较研究》，法律出版社1984年版第317页。

〔2〕　在日本，生效判决再审分为对事实认定错误进行的"再审"和对法律适用错误进行的"非常上告"。但有的国家，只有对裁决事实认定错误的再审，如意大利和原联邦德国。

监督程序。

4. 有权按照审判监督程序审判案件的法院，可以是原审人民法院，也可以是提审的任何上级人民法院，以及最高人民法院，不受原审级限制。

5. 按照审判监督程序重新审判的案件，根据原来是一审案件或二审案件以及上级人民法院提审案件，分别依照一审程序和二审程序进行。适用一审程序作出的判决或裁定，与普通一审裁判一样，不直接发生法律效力，在法定期限内当事人有上诉权，经过上诉期间发生法律效力。适用二审程序作出的判决或裁定都是终审判决或裁定，不能再按第二审程序提出抗诉。

6. 按照审判监督程序重新审理后所作判决，受时效两重性限制。在为被告人平反宣告无罪的情形，不受追诉时效限制；在改判无罪为有罪或加重被告人刑罚情形，受追诉时效的限制。具有特定情形的，再审不得加重原审被告人（原审上诉人）的刑罚。

（二）审判监督程序与其他刑事救济程序的区别

在我国，刑事救济程序包括第二审程序、死刑复核程序和审判监督程序。刑事审判监督程序区别于其他两类救济程序，在对法院的审判活动进行监督、对控辩双方的权利救济方面都有其独特的方面。

1. 审判监督程序与二审程序的区别，虽然两者都体现了司法机关对刑事审判活动的监督，都是为了保障司法公正，但两者是基于不同的功能和目的设计的，区别还是很明显的：

（1）审理的对象不同。审判监督程序审理的对象必须是已经发生法律效力的判决或裁定，包括正在执行和已经执行完毕的判决或裁定。二审程序审理的对象是尚未发生法律效力的判决或裁定。

（2）有权提起的主体不同。有审判监督程序提起权的主体是各级人民法院院长以及审判委员会、最高人民法院、上级人民法院、最高人民检察院、上级人民检察院。而第二审程序提起的主体是享有上诉权的诉讼当事人及其近亲属、法定代理人、辩护人，还有二审程序抗诉的人民检察院。按照《刑事诉讼法》第181条的规定，有权对人民法院尚未发生法律效力的一审刑事判决、裁定提出抗诉的，只能是同级地方人民检察院。

（3）提起的理由不同。提起审判监督程序的理由是发现已生效的判决或裁定在认定事实或适用法律方面确有错误。而二审程序只要是有权提起抗诉、上诉的主体对一审判决不服，在法定期间内抗诉、上诉，不管是否有充足理由证明裁判有错误，都会引起第二审程序。

（4）提起的期限不同。刑事诉讼中对审判监督程序提起的期限没有具体规定，因此原则上不受所谓时效限制，仅当无罪变有罪或加重刑罚时要考虑追诉时效。而二审程序提起的期限有严格的时间限制。第二审程序抗诉、上诉按《刑事诉讼法》的规定，对判决的抗诉、上诉时限为 10 日，对裁定的抗诉、上诉时限为 5 日，两者皆从接到判决书、裁定书的第二日起算。当事人的上诉、检察院抗诉都必须在法定期限内提起，逾期无正当理由，二审人民法院不予受理。

（5）审理案件的法院不同。依审判监督程序再审的法院不受审级限制。二审案件的审理只能是第一审法院的上一级人民法院。

（6）审理适用的程序和法律后果不同。依审判监督程序再审的案件可以适用第一审程序，也可以适用第二审程序。适用第一审程序作出的判决或裁定，与普通第一审裁判一样，不直接发生法律效力，在法定期限内当事人有上诉权，经过上诉期间发生法律效力。经第二审程序抗诉的，除发回原审法院重新审理外，应当按照第二审程序审理，所作的判决、裁定是终审判决或裁定，不能再按第二审程序提出抗诉。

（7）适用的刑罚原则不同。依审判监督程序再审案件的判决或裁定法律上没有设立量刑限制，依法可以维持原判、减轻或者加重处罚，也可以宣告无罪。二审程序仅是由被告人一方提出上诉而启动的情形下，受到"上诉不加刑"原则的限制，如果改判则不得加重被告人的刑罚。

2. 审判监督程序与死刑复核程序的区别。审判监督程序与死刑复核程序也均为特殊程序，有各自的特点，区别也很明显：

（1）审理的对象不同。审判监督程序审理的对象必须是已经发生法律效力的判决或裁定，包括死刑案件；死刑复核程序审理的对象只是尚未生效的死刑裁判。

（2）提起的主体不同。审判监督程序是由各级人民法院院长以及审判委员会、最高人民法院、上级人民法院、最高人民检察院、上级人民检察院的提起而启动的，要以认为生效判决或裁定确有错误为前提。刑复核程序是由作出裁判的法院依法向有核准死刑判决权的法院报请产生的，死刑判决一经作出即应提起。

（3）有权审理的法院不同。有权按照审判监督程序审判案件的法院，可以是原审人民法院，也可以是提审的任何上级人民法院，以及最高人民法院，不受原审级限制。有权依照死刑复核程序对案件进行复核的法院只能是最高人民法院和高级人民法院。

三、审判监督程序的意义

（一）审判监督程序存在的必要性

在我国，人民法院和人民检察院分别代表国家行使审判权和检察权，人民法院和人民检察院的司法实践活动是国家司法管理权的具体实施，是国家权威的集中体现。因此，人民法院和人民检察院的司法实践活动往往具有权威性、稳定性、终局性和排他性特点。在刑事诉讼中，司法机关依据证据事实和相关法律对案件作出的裁判，一旦发生法律效力，就具有上述四大特点。对发生法律效力的裁判，必须坚决执行，不得随意改变；任何其他机关、团体、单位和个人都无权予以变更或撤销；对于终审裁判，不得再次追诉或审判。

如果仅从形式上看，审判监督程序的目的和作用似乎与维护司法稳定性和司法权威性正好相冲突的。审判监督程序就其内容，是对原司法实践活动的否定，对争议刑事法律关系的重新评价，但其本质上与维护社会主义法制统一是一脉相承的，是对维护司法稳定性的必要补充和重要手段。

生效裁判的权威性和稳定性的基础是其在法律上的公正性，人民法院做出的生效裁判必须是在认定事实清楚、适用法律正确和程序正当的前提下，才有确保其权威性和稳定性的意义。在刑事诉讼中，由于刑事案件的复杂性和司法人员主观因素的影响，再加上刑事诉讼要受到证明规则、诉讼期限等各种条件的制约，完全保证所有生效裁判都不存在错误是不客观、也是不可能的。保障生效裁判的权威性和稳定性不包括这种存在错误的裁判。如果片面强调维护判决的稳定性和司法权威，错误的生效裁判得不到及时纠正，势必破坏诉讼公正的价值。刑罚不当造成被告人申告无门，罪犯逍遥法外，受害者的权利和自由被漠视，严重损害国家公平公正的形象，破坏国家法治，进而使公民对国家权威产生质疑，造成不可估量的毁灭性后果。

因此如何保证不犯错误、更好的及时的纠正已经发生的错误是我们需要关注的问题。不仅要在审判活动中尽量避免错误的出现，也要有错误发生后的补救制度和措施。刑事审判监督程序就是针对生效裁判出现错误进行纠正的一种特殊救济程序。审判监督程序的设立，是国家司法工作坚持"实事求是、有错必纠"的原则在诉讼程序制度上的具体体现，是我国刑事诉讼制度的重要组成部分。

（二）审判监督程序的意义

审判监督程序的适用，对于保护当事人的合法权益，完善刑事诉讼程序制度和增进司法权威方面都有着重要的意义。

1. 恢复个案公正。人民法院通过审判监督程序纠正原生效判决、裁定的错误，使个案中无罪公民免受刑事处罚，有罪者受到应有惩罚，重罪轻判者或轻罪重判者都得到公正的处罚。通过对一件件个案的重新正确处理，保证刑法的准确适用和国家法律的统一正确实施，保护公民的合法权益。

2. 完善司法体系内部监督机制。审判监督程序是上级人民法院对下级人民法院，人民检察院对人民法院的审判工作依法实行监督的重要形式。最高人民法院和上级人民法院通过审判监督程序了解和监督下级人民法院刑事审判工作，帮助和指导其改进审判工作。最高人民检察院和上级人民检察院通过审判监督程序提出抗诉，也有效地发挥其对人民法院的审判工作的监督作用。这种司法机关内部的监督，对及时发现审判中存在的问题，有效遏制和防止法律适用的随意性和不规范性，改进审判工作方法和作风，提高审判人员的业务水平和办案质量，都有很大的积极意义。

3. 发挥公民和社会团体对司法机关的监督作用。我国《刑事诉讼法》规定，对已经发生法律效力的刑事判决和裁定，除当事人及其法定代理人、近亲属可以向人民法院、人民检察院提出申诉外，机关、团体、企事业单位和新闻媒介及其他各界群众都可以对生效裁判提出意见和要求，纠正其认为错误的裁判。公民和社会团体对司法机关的监督为司法机关提起审判监督程序提供了广泛的材料来源。社会群众的广泛参与，充分调动了人民群众履行参与维护社会公正的权利的积极性，并给予司法机关一定的社会舆论压力，督促人民法院及时纠正错误裁判，进而巩固和增强司法机关在公众心目中的权威和信心。

第二节　审判监督程序的提起

一、提起审判监督程序的材料来源

提起审判监督程序的材料来源，是指发现生效裁判可能有错误的有关材料的来源。根据《刑事诉讼法》的规定和司法实践，我国提起审判监督程序的材料来源主要有以下几个方面：

（一）司法机关自行发现

人民法院和人民检察院为了保证办案质量，需要定期或不定期地自查或互查，或者按上级指示进行必要的总结检查或复查。司法机关在内部检查、互查或工作总结中，通过全面复查或对部分案件的复查，发现生效裁判确有错误的，就可以成为提起审判监督程序的材料来源。

（二）各级人民代表大会代表提出的纠正错案的议案

人民代表与广大人民群众具有密切的关系，人民代表源于人民群众，人民群众的要求和意见人民代表会如实反映。我国《宪法》第3条规定："国家行政机关、审判机关、检察机关都由人民代表大会产生，对它负责，受它监督。"人大代表在视察工作、调查研究或走访群众等活动中，发现人民法院的生效裁判可能存在错误。在代表会议期间，针对可能有错误的裁判提出纠正议案、质询意见或向司法机关反映情况。人大代表的议案或者反映材料，体现着权力机关对司法机关工作的监督，是提起审判监督程序的一个重要的材料来源。

（三）机关、团体、企事业单位和新闻媒介等对生效裁判提出的意见

在我国，国家机关、社会团体、企事业单位对刑事司法活动有权进行监督。党政领导部门根据国家形势、政策方针的变化及司法工作情况所提出的关于复查某类案件的文件，是提起审判监督程序的重要材料来源和依据。党的纪律检查委员会、国家监察机关、律师协会及律师事务所等机关团体转送的材料或法律意见书，也是提起审判监督程序材料的重要来源。新闻媒介反映的对生效裁判的意见，司法机关及时审查处理，作为提起审判监督程序的一个重要的材料来源。

（四）人民群众意见、反映和来信来访

在我国，广大人民群众对刑事司法活动也有权进行监督。人民群众如果认为生效裁判确有错误，可以口头反映意见，或者提出书面意见，或者在报刊上反映情况，要求司法机关予以复查和纠正。这种意见、反映和来信来访是人民群众监督人民法院、人民检察院司法工作的重要方式，也是提起审判监督程序的重要材料来源。

（五）当事人以及法定代理人、近亲属的申诉

在我国，当事人及其法定代理人、近亲属，对已经发生法律效力的判决和裁定，可以向人民法院或者人民检察院提出申诉。此项制度源于我国《刑事诉讼法》第203条的规定："当事人及其法定代理人、近亲属，对已经发生法律效力的判决和裁定，可以向人民法院或者人民检察院提出申诉。"当事人以及法定代理人、近亲属的申诉是司法机关发现错误裁判的最重要途径，也是提起审判监督程序最主要的材料来源。

1. 申诉的概念。审判监督程序中的申诉，是当事人及其法定代理人、近亲属对人民法院已经发生法律效力的判决、裁定不服，向人民法院或者人民检察院要求重新审查处理的一种请求。由于当事人及其法定代理人、近亲属与案件的结局有直接的利害关系，为维护其合法权益，法律赋予他们对已经发生法律效力的判决、裁定提出申诉的权利。

申诉是国家法律赋予当事人对于裁判不服的一项重要诉讼权利。刑事上诉也提供当事人一方对裁判不服的司法救济，这里需要和上诉做一番比较研究。

（1）审理的对象不同。申诉的对象是已经发生法律效力的判决或裁定；上诉的对象是尚未发生法律效力的一审判决或裁定。

（2）权利主体范围不同。申诉的主体是当事人及其法定代理人、近亲属；上诉的主体是自诉人、被告人、经被告人同意的被告人的辩护人及近亲属，以及附带民事诉讼当事人及其法定代理人。

（3）受理的机关不同。受理申诉的机关包括原审人民法院及其上级人民法院，也包括与上述各级人民法院对应的人民检察院；受理上诉的机关只能是原审

人民法院及其上一级人民法院。

（4）引起的法律后果不同。申诉只是提起审判监督程序的一种材料来源，审判监督程序启动与否在于受理机关的审查决定，同时申诉不停止生效判决或裁定的执行：上诉必然引起第二审程序，一审判决或裁定不生效。

（5）行使期限的不同。对于申诉的期限，我国刑事诉讼法律和相关司法解释没有明确规定；对于上诉的期限则有明确规定，对判决和裁定提起上诉的期限分别是 10 日、5 日。

2. 申诉的提出、受理以及审查处理。根据我国刑事诉讼相关法律的规定，当事人一方提起申诉，既可以向人民法院提出，也可以向人民检察院提出。但是由于没有相关法律条文明确规范各级人民法院、人民检察院如何受理和审查申诉，也没有明确的申诉期限限制，司法实践中申诉的受理和审查以及重复申诉等问题都不能让人满意。最高人民法院也注意到当前的立法缺失，于 2002 年 9 月 10 日颁布《关于规范人民法院再审立案的若干意见（试行）》（以下简称《若干意见（试行）》）对再审申诉的提出、人民法院受理以及审查处理作了有现实操作意义的补充规定。该《若干意见（试行）》已于 2002 年 11 月 1 日正式实施。

（1）申诉的提出。根据我国刑事诉讼相关法律的规定，当事人及其法定代理人、近亲属的申诉，既可以向人民法院提出，也可以向人民检察院提出。《若干意见（试行）》第 5 条对当事人一方向人民法院提出申诉做了具体规定，再审申请人或申诉人向人民法院申请再审或申诉，应当提交以下材料：①再审申请书或申诉状，应当载明当事人的基本情况、申请再审或申诉的事实与理由；②原一、二审判决书、裁定书等法律文书，经过人民法院复查或再审的，应当附有驳回通知书、再审判决书或裁定书；③以有新的证据证明原裁判认定的事实确有错误为由申请再审或申诉的，应当同时附有证据目录、证人名单和主要证据复印件或者照片；需要人民法院调查取证的，应当附有证据线索。

申请再审或申诉不符合上述规定的，人民法院不予审查。

（2）申诉的受理。根据《若干意见（试行）》第 6 条的规定，人民法院受理申诉申请一般由终审人民法院人民法院进行。直接向上级人民法院申诉的，如果没有经作出发生法律效力的判决、裁定的人民法院审查处理，上级人民法院可以交该人民法院审查，并告知申诉人；如果属于案情疑难、复杂、重大的，或者已经由作出发生法律效力的判决、裁定的人民法院审查处理后仍然坚持申诉的，上级人民法院可以直接受理，下级人民法院也可以请求移送上一级人民法院受理审查。第 11 条规定，人民法院对刑事附带民事案件中仅就民事部分提出申诉的，一般不予再审立案。但有证据证明民事部分明显失当且原审被告人有赔偿能力的除外。二审人民法院对不服本院维持第一审人民法院裁判的申诉，可以交由第一审人民法院审查，第一审人民法院审查后，应当写出审查报告，提出处理意见，报第二审人民法院审定。最高人民法院核准死刑的案件或者授权高级人民法院核准死刑案件的申诉，可以由原核准的人民法院直接处理，也可以交由原审人民法院审查，原审人民法院应当写出审查报告，提出处理意见，逐级上报原核准的人民法院审定。

原审人民法院审查处理的申诉、上级人民法院直接处理的申诉和转交下级人民法院审查处理的申诉，应当立申诉卷。人民法院受理申诉后，应当在 3 个月内作出决定，最迟不得超过 6 个月。根据我国刑事诉讼相关法律，人民法院对于下列情形的申诉不予受理。①人民法院对不符合法定主体资格的申诉，不予受理。②经两级人民法院受理审查均驳回的申诉案件，上级人民法院对经终审法院的上一级人民法院依照审判监督程序审理后维持原判又提出申诉的，人民法院可以不予受理；若申诉人提出新的理由，并且符合《刑事诉讼法》第 204 条规定情形的，以及刑事案件的原审被告人可能被宣告无罪的除外。③最高人民法院再审裁判或复查驳回的案件，申诉人仍不服提出申诉的，不予受理。

《若干意见（试行）》对当事人申诉期限作了规定，第 10 条明确指出人民法院对刑事案件的申诉人在刑罚执行完毕后 2 年内提出的申诉，应当受理；超过 2 年提出申诉，具有下列情形之一的，应当受理：①可能对原审被告人宣告无罪的；②原审被告人在本条规定的期限内向人民法院提出申诉，人民法院未受理的；③属于疑难、复杂、重大案件的。

对不符合上述规定的申诉申请，人民法院不予受理。

（3）申诉的审查处理。《刑事诉讼法》第 204 条对人民法院受理申诉后的审查标准做了规定，人民法院经过审查认为有下列规定的情形之一的，应当按照审判监督程序重新审判：①有新的证据证明原判决、裁定认定的事实确有错误；②据以定罪量刑的证据不确实、不充分或者证明案件事实的主要证据之间存在矛盾；③原判决、裁定适用法律确有错误；④审判人员在审理该案件的时候，有贪污受贿、徇私舞弊、枉法裁判行为。

《若干意见（试行）》第 7 条在上述审查标准基础上，结合司法实践则作了更细致规定。对于终审刑事裁判的申诉，具备下列情形之一的，人民法院应当决定再审：①有审判时未收集到的或者未被采信的证据，可能推翻原定罪量刑的；②主要证据不充分或者不具有证明力的；③原裁判的主要事实依据被依法变更或撤销的；④据以定罪量刑的主要证据自相矛盾的；⑤引用法律条文错误或者违反《刑法》第 12 条的规定适用失效法律的；⑥违反法律关于溯及力规定的；⑦量刑明显不当的；⑧审判程序不合法，影响案件公正裁判的；⑨审判人员在审理案件时索贿受贿、徇私舞弊并导致枉法裁判的。

上述审查标准所列各种情形，实际上就是《刑事诉讼法》第 205 条规定的"认定事实上或适用法律上确有错误"的具体表现形式。人民法院在对申诉申请材料严格审查后，如果认为生效裁判在认定事实上或适用法律上确有错误，就应当启动审判监督程序，重新审判案件。

二、审判监督程序的主体

审判监督程序是一种特殊的刑事诉讼程序，审判监督程序的启动意味着对原生效裁判的否定，因此在世界各国的立法实践中对审判监督程序提起的主体要求一般限制较为严格。我国相关法律对有权提起审判监督程序的主体及其权限也作了严格的限制，根据《刑事诉讼法》第 205 条和《人民法院组织法》第 14 条的规定，有权提起审判监督程序的主体限于人民法院和人民检察院。只有人民检察院提出抗诉或者人民法院作出再审决定，才能启动审判监督程序。当事人及其近亲属只有对生效判决提出申诉的权利，该申诉申请不能直接引起审判监督程序的启动，只有经受理机关经审查后决定是否再审。

在我国有权提起审判监督程序的主体有：

（一）各级人民法院院长及其审判委员会

各级人民法院院长和审判委员会的审判监督程序提起权来源于《刑事诉讼法》的授权，《刑事诉讼法》第 205 条第 1 款明确规定，各级人民法院院长对本院已经发生法律效力的判决和裁定，如果发现在认定事实上或者在适用法律上确有错误，必须提交审判委员会处理，由审判委员会决定是否提起再审。《若干意见（试行）》对审判委员会的审查处理做了概括性的规定，根据《若干意见（试行）》第 1 条的规定，各级人民法院、专门人民法院对本院作出的终审裁判，经复查认为符合再审立案条件的，应当决定或裁定再审。审判委员会审查处理一般方式是集体讨论，根据案件具体情况，按照少数服从多数的原则作出决定。因此，各级人民法院院长和审判委员会的审判监督程序提起权是由院长和审判委员会共同行使，院长提交审判委员会处理，由审判委员会讨论决定是否提起审判监督程序。

（二）最高人民法院和原审人民法院的上级人民法院

最高人民法院和原审人民法院上级人民法院的审判监督程序提起权也来源于《刑事诉讼法》的授权，《刑事诉讼法》第 205 条第 2 款规定，最高人民法院对各级人民法院已经发生法律效力的判决和裁定，上级人民法院对下级人民法院已经发生法律效力的判决和裁定，如果发现确有错误，有权提审或者指令下级人民法院再审。

提审是指原审人民法院的上级人民法院认为该案由原审人民法院再审不适宜，直接调取原案卷材料，将该案提调自行审判的诉讼活动。指令下级人民法院再审一般是指由原审人民法院重新审判。审判实践中，对于需要重新审判的案件，为便于就地调查核实事实和证据，便于诉讼参与人参加诉讼，通常是指令原审人民法院再审。对于原判决、裁定认定事实正确，但是在适用法律上有错误，或者案情疑难、复杂、重大的，或者有其他不宜由原审人民法院审理的情况的案件，可以由最高人民法院或者上级人民法院提审。《若干意见（试行）》第4条还做了补充性规定，上级人民法院对下级人民法院作出的终审裁判，只要认为确有必要的就可以直接立案复查，经复查认为符合再审立案条件的，可以决定再审。

（三）最高人民检察院和上级人民检察院

人民检察院是我国的法律监督机关，对人民法院已经发生法律效力的判决、裁定，如果发现确有错误，有权按照审判监督程序提出抗诉。最高人民检察院和上级人民检察院的审判监督程序提起权同样的来源于《刑事诉讼法》的授权，《刑事诉讼法》第205条第3款规定，最高人民检察院对各级人民法院已经发生法律效力的判决、裁定，上级人民检察院对下级人民法院已经发生法律效力的判决、裁定，如果发现确有错误，有权按照审判监督程序向同级人民法院提出抗诉。地方各级人民检察院发现同级人民法院或者上级人民法院已经发生法律效力的判决、裁定确有错误，无权依照审判监督程序提出抗诉，只能报请上级人民检察院决定是否抗诉。

最高人民检察院的《刑诉规则》对最高人民检察院和各级人民检察院提起审判监督程序的具体程序和要求作了进一步的规定。依据《刑诉规则》，最高人民检察院发现各级人民法院，上级人民检察院发现下级人民法院已经发生法律效力的判决或者裁定确有错误，需要提出抗诉的，由控告申诉部门报请检察长提交检察委员会讨论决定。人民检察院决定抗诉后，审查起诉部门既可以直接向同级人民法院提出抗诉，也可以指令作出生效判决、裁定人民法院的上一级人民检察院向同级人民法院提出抗诉。人民检察院按审判监督程序向人民法院提出抗诉的，应当将抗诉书副本报送上一级人民检察院。

《刑事诉讼法》第205条第4款对人民检察院依照审判监督程序提出抗诉的法律效力做了规定，进一步肯定了人民检察院的再审提起权。根据上述规定，对于人民检察院抗诉的案件，接受抗诉的人民法院应当组成合议庭重新审理，对于原判决事实不清楚或者证据不足的，可以指令下级人民法院再审。人民检察院按照审判监督程序提出抗诉直接引起审判监督程序，人民法院必须再审，接受抗诉的人民法院必须组成合议庭重新审理。人民法院再审时，应当通知人民检察院派员出席法庭。

三、提起审判监督程序的理由

我国《刑事诉讼法》第 205 条对提起审判监督程序的理由作了原则性规定，受理机关只有对各种再审材料进行审查后，发现已经发生法律效力的裁判在认定事实上或者适用法律上确有错误，才能提起审判监督程序。在司法实践中，生效裁判"认定事实上或者适用法律确有错误"主要有以下几种情况：

（一）认定事实确有错误

在认定事实上确有错误，主要是指原裁判认定的案件主要事实不清、认定事实与客观实际不符，或者重大情节模糊、失实。据以定罪量刑的证据不确实、不充分，不足以证明主要犯罪事实或重大情节；或者证明案件事实的主要证据之间存在矛盾；或者发现新的事实或证据，足以证明原判决、裁定认定的事实确有错误。

（二）适用法律确有错误

1. 适用实体法上的错误。适用实体法上的错误，定性方面主要是指应当适用法律条款没有适用或不正确适用，不应当适用却适用等情形，具体表现为定性上的罪与非罪、此罪与彼罪、一罪与数罪的混淆。量刑方面主要是量刑不当，量刑畸轻畸重，对具有法定从轻从重、减轻、免除处罚情节的没有依法正确量刑，罪刑不适当。

2. 适用程序法上的错误。诉讼程序正当是保证实体法正确实施的前提。这里适用程序法上的错误指的是严重违反法律规定的诉讼程序，如未遵守回避程序等。审判人员在整个诉讼过程中有贪污受贿、徇私舞弊、枉法裁判等情节，也属于严重违反法律规定的诉讼程序。

四、提起审判监督程序的方式

根据我国《刑事诉讼法》第 205 条的规定，提起审判监督程序的方式有：决定再审、指令再审、决定提审和提出抗诉。

（一）本院决定再审

本院决定再审是指各级人民法院院长对本院已经发生法律效力的判决和裁定，如果发现在认定事实或者适用法律上确有错误，经提交审判委员会讨论决定再审从而提起审判监督程序的一种方式。

本院决定再审提起的具体步骤是：①各级人民法院院长发现本院已生效的裁判有错误，需要提起审判监督程序；②由院长提交本院审判委员会讨论，由审判委员会讨论决定是否再审；③审判委员会根据少数服从多数原则讨论决定再审的，审委会作出再审裁定，根据再审裁定开始审判监督程序。在该种情形下，人民法院的审判监督权由各级人民法院院长和和审判委员会共同行使。

（二）指令再审

指令再审，是指最高人民法院对各级人民法院已经发生法律效力的判决、裁定，上级人民法院对下级人民法院已经发生法律效力的判决、裁定，如果发现确有错误，可以指令下级人民法院再审，从而提起审判监督程序的一种方式。

最高人民法院、上级人民法院发现下级人民法院的生效判决、裁定确有错误，认为需要再审的，可以裁定指令作出原生效裁判的人民法院再审，也可以指令原终审法院的上一级人民法院进行再审。但是如果需要再审的案件经过上级人民法院的审理并作出裁判的，只能由上级人民法院自行再审，不得指令下级人民法院再审。上级人民法院、最高人民法院指令下级人民法院再审的，应当作出指令再审的裁定，下级人民法院再审结束后应当制作再审决定书，报最高人民法院和上级人民法院审查。

（三）提审

提审，是指最高人民法院对各级人民法院发生法律效力的判决、裁定，上级人民法院对下级人民法院发生法律效力的判决和裁定，如果发现确有错误，需要重新审理的，直接组成合议庭，调取原审案卷和材料，进行审判从而提起审判监督程序的一种方式。它是最高人民法院对地方各级人民法院、上级人民法院对下级人民法院已经发生法律效力的判决、裁定，向该院提起审判监督程序的方式。

一般情况下，为便于再审案件审理时传唤当事人和其他诉讼参与人出庭以及就地复查证据，核实案情，最高人民法院和上级人民法院会指令原终审人民法院再审。对于原判决、裁定认定事实正确，但是在适用法律上有错误，或者案情疑难、复杂、重大的，或者有其他不宜由原审人民法院审理的情况的案件，可以提审。

（四）提出抗诉

提出抗诉，是指最高人民检察院对各级人民法院发生法律效力的判决和裁定，上级人民检察院对下级人民法院已经发生法律效力的判决和裁定，如果发现确有错误，向同级人民法院提出抗诉从而提起审判监督程序的一种方式。它区别于前述三种人民法院提起审判监督程序的方式，是人民检察院提起审判监督程序的方式。

最高人民检察院的《刑诉规则》第406条规定了人民检察院应当按照审判监督程序向人民法院提出抗诉的具体情形。对人民法院已经发生法律效力的判决、裁定需要提出抗诉的，由控告申诉部门报请检察长提交检察委员会讨论决定。最高人民检察院发现各级人民法院已经发生法律效力的判决或者裁定，上级人民检察院发现下级人民法院已经发生法律效力的判决或者裁定确有错误时，可以直接向同级人民法院提出抗诉，或者指令作出生效判决、裁定的人民法院的上一级人民检察院向同级人民法院提出抗诉。人民检察院按照审判监督程序向人民法院提出抗诉的，应当将抗诉书副本报送上一级人民检察院。

接受抗诉的人民法院应当组成合议庭重新审理抗诉案件，人民检察院由审查起诉部门出庭支持抗诉。再审结束后直接作出裁判，不必制作再审决定书。

第三节　依照审判监督程序对案件的重新审判

一、再审立案

根据我国《刑事诉讼法》第205条的规定，依照审判监督程序对案件进行重新审判的法院，因提起主体的多样性，总的来说包括任何审级的法院和专门法院。再审立案主要是指下列几种情形：

1. 地方各级人民法院、专门人民法院负责下列案件的再审立案：①本院作出的终审裁判，符合再审立案条件的；②上级人民法院审查下级人民法院驳回再审申请，或者审查下级法院的再审改判，符合再审立案条件的；③上级人民法院指令再审而立案的；④人民检察院依法提出抗诉的，接受抗诉的人民法院立案的。对于人民检察院依法提出抗诉的，人民检察院应派员参与庭审，对人民检察院接到出庭通知后未出庭的，应当裁定按人民检察院撤回抗诉处理，并通知诉讼参与人。

2. 最高人民法院负责下列案件的再审立案：①最高人民法院对其本院作出的终审裁判，符合再审立案条件的；②高级人民法院复查驳回再审或者再审改判，符合再审立案条件的；③最高人民检察院依法提出抗诉的；④最高人民法院认为应由自己再审的。

二、重新审判的程序

我国《刑事诉讼法》第206条规定："人民法院按照审判监督程序重新审判的案件，应当另行组成合议庭进行。如果原来是第一审案件，应当依照第一审程序进行审判，所作的判决、裁定，可以上诉、抗诉；如果原来是第二审案件，或者是上级人民法院提审的案件，应当依照第二审程序进行审判，所作的判决、裁定，是终审的判决、裁定。"这一条对人民法院按照审判监督程序重新审判案件的程序做了概括性规定，结合最高人民法院有关司法解释的规定，人民法院按照审判监督程序重新审判的案件，应当遵循以下规则：

1. 合议庭组成。人民法院按照审判监督程序重新审判的案件，不得由原审合议庭审判人员审理，应当另行组成合议庭，原审合议庭成员（参与过原案第一审、第二审、复核程序审判的合议庭组成人员）应当回避。

2. 审级规则。人民法院按照审判监督程序重新审判案件的审级，随原审案件的审级而定。如果重审案件是第一审案件，应当依照第一审程序进行审判，所作的裁判可以上诉、抗诉；如果重审案件是第二审案件，应当依照第二审程序进行审判，所作的裁判是终审的判决、裁定，不得上诉。上级人民法院提审案件的再审程序按照第二审进行。提审是指最高人民法院对各级人民法院、上级人民法院对下级人民法院已经发生法律效力的判决、裁定发现确有错误，或者接受同级人民检察院的再审抗诉后，直接调取原审案卷和材料，并组成合议庭对案件进行审判的程序。提审案件也应当依照第二审程序进行审判，所作的裁判是终审的判决、裁定，不得上诉。

3. 审理方式。根据最高人民法院《关于刑事再审案件开庭审理程序的具体规定（试行）》（以下简称《具体规定（试行）》）第 5 条的规定，人民法院审理下列再审案件，应当依法开庭审理：①依照第一审程序审理的；②依照第二审程序需要对事实或者证据进行审理的；③人民检察院按照审判监督程序提出抗诉的；④可能对原审被告人（原审上诉人）加重刑罚的；⑤有其他应当开庭审理情形的。

根据《具体规定（试行）》第 6 条的规定，下列再审案件可以不开庭审理：

（1）原判决、裁定认定事实清楚，证据确实、充分，但适用法律错误，量刑畸重的。

（2）1979 年《刑事诉讼法》施行以前裁判的。

（3）原审被告人（原审上诉人）、原审自诉人已经死亡、或者丧失刑事责任能力的。

（4）原审被告人（原审上诉人）在交通十分不便的边远地区监狱服刑，提押到庭确有困难的；但人民检察院提出抗诉的，人民法院应征得人民检察院的同意。

（5）人民法院按照审判监督程序决定再审，按本规定第 9 条第 5 项规定，经 2 次通知，人民检察院不派员出庭的。

有上述规定不难看出，再审一般情况下实行的是公开审判制。再审案件无论是否由人民检察院提出抗诉启动，人民检察院都必须派员出席法庭，支持抗诉或发表意见，并对人民法院的审判活动进行监督。庭审中由审判人员直接调查核实案件事实和证据，传唤当事人，通知证人、鉴定人、公诉人、辩护人到庭，进行审判。

4. 关于共同犯罪再审程序规定。根据《具体规定（试行）》第 7 条的规定，人民法院审理共同犯罪再审案件，如果人民法院再审决定书或者人民检察院抗诉书只对部分同案原审被告人（同案原审上诉人）提起再审，其他未涉及的同案原审被告人（同案原审上诉人）不出庭不影响案件审理的，可以不出庭参与诉讼；部分同案原审被告人（同案原审上诉人）具有本规定第 6 条第 3、4 项规定情形不能出庭的，不影响案件的开庭审理。

5. 中止审理与终止审理。根据《具体规定（试行）》第 12 条的规定，原审被告人（原审上诉人）收到再审决定书或者抗诉书后下落不明或者收到抗诉书后未到庭的，人民法院应当中止审理；原审被告人（原审上诉人）到案后，恢复审理；如果超过 2 年仍查无下落的，应当裁定终止审理。

三、重新审判后的处理

根据《刑诉解释》第 312 条的规定，人民法院依照审判监督程序对案件重新审理后，应当按照下列情形分别处理：

1. 原判决、裁定认定事实和适用法律正确，量刑适当的，应当裁定驳回申诉或者抗诉。

2. 原判决、裁定认定事实没有错误，但适用法律有错误，或者量刑不当的，应当改判。按照第二审程序审理的案件，认为必须判处被告人死刑立即执行的，直接改判后，应当报请最高人民法院核准。

上述条文仅仅规定按照第二审程序审理的再审案件直接改判后应当报请最高人民法院核准，其实凡属于人民法院再审改判死刑的案件，都必须报请最高人民法院核准。具体来讲，包括对于上级人民法院决定指令原审人民法院，或者原审人民法院审判委员会决定本院按照第一审程序再审判处被告人死刑的；上级人民法院裁定撤销原一、二审判决、裁定发回原审人民法院按照第一审程序再审判处被告人死刑的；人民法院裁定撤销原生效裁判后，人民检察院撤回起诉并由其上一级人民检察院向同级人民法院重新起诉，按照第一审程序审理判处被告人死刑的，以及上级人民法院提审或者原二审人民法院按照第二审程序审理直接改判被告人死刑的案件。

3. 应当对被告人实行数罪并罚的案件，原判决、裁定没有分别定罪量刑的，应当撤销原判决、裁定，重新定罪量刑，并决定执行的刑罚。

4. 按照第二审程序审理的案件，原判决、裁定认定事实不清或者证据不足的，可以在查清事实后改判，也可以裁定撤销原判，发回原审人民法院重新审判。原判决、裁定认定事实不清，证据不足，经再审仍无法查清，证据不足，不能认定原审被告人有罪的，应当参照本解释第 176 条第 4 项规定，判决宣告被告人无罪。

5. "再审不加刑"的适用。这里面还有一个值得注意的问题，就是人民法院依照审判监督程序审理案件，如果改判能否加重被告人的刑罚？考察立法实践，目前我国刑事诉讼法法律法规对这个问题没有明确的规定，只有最高人民法院的《具体规定（试行）》有所涉及。《具体规定（试行）》第8条规定，除人民检察院抗诉的以外，再审一般不得加重原审被告人（原审上诉人）的刑罚。根据该规定第6条第2~6项、第7条的规定，不具备开庭条件可以不开庭审理的，或者可以不出庭参加诉讼的，不得加重未出庭原审被告人（原审上诉人）、同案原审被告人（同案原审上诉人）的刑罚。

对于此条能否理解为针对人民法院依照审判监督程序审理案件的"再审不加刑"原则？理论界存在较大争议，司法实践中也没有定论。理论界的传统观点和司法实践的习惯做法是，不管再审是否受到"再审不加刑"的限制，根据案件的具体情况，既可以选择减轻被告人的刑罚，也可以选择加重被告人的刑罚。本书赞同这种传统的观点和习惯做法。从审判监督程序设计的初衷来看，审判监督的目的就是为了纠正和杜绝原审裁判的错误，维护司法公正。人民法院依照审判监督程序重新审判的案件，应当对原裁判所认定的事实和法律的适用进行全面审查，不受申诉或抗诉范围的限制。在全面审查的基础之上，再对案件按照执法必严、违法必究的原则，重新作出裁判。对原审裁判要做到无误不纠、有错必改。全案错全案改，部分错部分改，不论是事实认定方面还是适用法律方面，发现错误都要实事求是的予以纠正。

正是基于上述再审程序设立目的和价值的考量，再审程序中的"再审不加刑"不能也不应当作为一项基本量刑原则适用。因为作为改判的两种结果——加重刑罚和减轻刑罚（包括免除刑罚、不予追究刑事责任和宣告无罪）——都应当是再审程序发挥其功能价值的现实体现，仅仅将再审裁判限制在减轻被告人刑罚方面，则显然是有所偏颇的，也必然和再审程序设立的目的相左。原审错案不可能都是错误加重被告人刑罚的，在再审裁判应当加重被告人刑罚的情形下没有正确依照再审程序的公正原则正确裁判量刑，则又是新的误判错案。

"再审不加刑"虽然不作为一项基本量刑原则在再审裁判中适用，但再审裁判也不排除"再审不加刑"在一定情形下的适用。在因审查被告人申诉而决定启动的再审程序，再审判决一般不宜再加重被告人刑罚。这一情形和二审被告人上诉适用的"上诉不加刑"原则基本相同，基于保障被告人的诉权考虑，不宜再使被告人有出现境况更加恶化的可能，从而保障被告人能够依法正确行使其上诉权。这里也要注意，如果原审原告一方也同时提出申诉，人民检察院抗诉或者人民法院自查启动的再审程序，裁判量刑不适用"再审不加刑"。

还有一种情形也适用"再审不加刑"。原案裁判在《刑事诉讼法》修改（1996年）按照当时的政策和法律作出，审理和裁判符合当时的政策和法律规定的量刑标准，按照我国刑法溯及力"从旧兼从轻"原则，不应当在再审时加重被告人刑罚。

四、重新审判的期限

重新审判的期限，是指依照审判监督程序重新审判的案件在法律规定的办案时间内审结的期限。

根据我国《刑事诉讼法》第 207 条的规定，人民法院按照审判监督程序重新审判的案件，应当在作出提审、再审决定之日起 3 个月以内审结，需要延长期限的，经本院院长批准，可以延长 3 个月，最多不得超过 6 个月；接受抗诉的人民法院按照审判监督程序审判抗诉的案件，审理期限适用上述规定，期限自接受抗诉之日起计算。对需要指令下级人民法院再审的，应当自接受抗诉之日起 1 个月以内作出决定，下级人民法院审理案件的期限也适用上述规定，即再审决定之日起 3 个月以内审结，需要延长期限的，经本院院长批准，可以延长 3 个月，期限自收到指令再审决定之日起计算。自接到阅卷通知后的第二日起，人民检察院查阅案卷超过 7 日后的期限，不计入再审审理期限。

 学术视野

对于刑事审判监督程序的定义，各国都有着不同的表述，就是在我国国内，理论界对于刑事审判监督程序也有三种不同的表述方式。按照樊崇义主编的《刑事诉讼法学》，"审判监督程序是指人民法院、人民检察院对已经发生法律效力的判决和裁定，如果发现在认定事实或适用法律上确有错误，依法提出并进行重新审理的程序。在司法实践中，刑事诉讼中的审判监督程序又称刑事再审程序（这里的审判监督程序和刑事再审程序并无内涵的不同，只存在语义的区分）"[1] 这是当前学术界的主流观点。有的学者不使用审判监督程序这一概念，而是用再审来代替。"再审，又称生效裁判再审程序，是指人民法院、人民检察院，对发生法律效力的裁判，在特定情形下对案件进行重新审理的程序"[2] 但也有学者持有不同意见，陈光中教授认为"对于审判监督程序，有的教材或专著、论文称做再审程序，我们认为不妥。因为，在我国刑事诉讼法中对再审一词的规定有特定含义，即指最高人民法院或上级人民法院对下级人民法院发生法律效力的判决和裁定，如发现确有错误，有权指定下级人民法院再审。因此，审判监督程序不一定称为再审程序"[3] 陈光中教授指出了审判监督程序与再审程序的区别。实际上，不能把刑事审判监督程序与刑事再审程序混为一谈，刑事再审程序只是刑事审判监督程序的一部分。

---

[1]　樊崇义主编：《刑事诉讼法学》，中国政法大学出版社 2002 年版，第 325 页。

[2]　易延友：《刑事诉讼法》，法律出版社 2004 年版，第 421 页。

[3]　陈光中主编：《刑事诉讼法》，北京大学出版社、高等教育出版社 2002 年版，第 345～346 页。

刑事审判监督程序是我国刑事诉讼程序的重要组成部分，作为一项错误裁判的救济程序，对于实现我国刑事诉讼法的目的以及完成刑事诉讼法的任务具有十分重要的意义。但是我国刑事诉讼法对刑事审判监督程序不仅规定得过于原则、缺乏可操作性，而且还存在深层次的理论缺陷。从当前的审判实践来看，现行刑事审判监督程序参照了前苏联的模式，国家干涉色彩过浓，强调由法院代表国家发现"真理"，追求一种绝对的结果公正（有错必纠）。因此，刑事审判监督程序的启动是法定的国家机关（人民法院、人民检察院等）依职权启动，而不是依据当事人的申请。这种诉讼模式带来诸多弊端，在实践中产生了许多问题，概括起来有以下几点：职权主义色彩过于浓厚，对当事人，尤其是对被告人的权益保护不够；提起再审的理由规定得过于笼统，操作起来有诸多困难等。

理论思考与实务应用

一、理论思考

（一）名词解释

申诉　再审　提审　指令再审　审判监督程序

（二）简答题

1. 审判监督程序的特点和意义是什么？

2. 申诉和上诉有什么区别？

3. 再审与提审有什么区别？

4. 简述提起审判监督程序的条件。

5. 简述审判监督程序与审判监督的关系。

6. 审判监督程序的抗诉和二审程序的抗诉有哪些异同？

（三）论述题

1. 试述已生效判决、裁定，在认定事实，适用法律上确有错误。

2. 审判监督程序中有没有不得加重刑罚的情形？

3. 试述审判监督程序对案件重新审理后的处理。

4. 我国审判监督程序有哪些特点？有哪些需要完善的地方？

二、实务应用

（一）案例分析示范

案例一

被告人罗娜，女，33 岁，无业。2007 年 6 月 17 日下午，被告人罗娜带着女儿在某百货公司闲逛。在一个服装柜台处，被告人罗娜看见一个女顾客将手提包交给了服务员，她就把自己的提包也交给了服务员。在那个女顾客试衣服期间，罗娜故意指着那个女顾客的提包低声对服务员说："给我包，给我包。"罗娜拿着别人的提包，拉上女儿急忙离开商场回到家打开提包发现包里有现金4000多元、手机一部、太平洋卡、银行存折等物品。经估价，被冒领的提包价值3000元，手机价值3000元。

同年8月13日，某县检察院以涉嫌诈骗罪向某县人民法院提起公诉。法院经审理后认为，被告人以非法占有为目的，虚构事实，骗取钱财，数额较大，其行为已经构成诈骗罪，但鉴于其在案发后能主动交出赃物，2007年9月3日，法院作出判决：被告人罗娜构成诈骗罪，判处有期徒刑6个月，缓刑6个月，并处罚金2000元。

判决送达后，在上诉、抗诉期内，被告人未提出上诉，检察院也没有抗诉。2008年7月上旬，该县检察院对被告人罗娜一案的判决书进行审查时发现，一审法院在认定事实和适应法律上与县检察院的指控是一致的，但判处有期徒刑6个月、缓刑6个月显然违反了《刑法》第73条第2款关于有期徒刑缓刑考验期"不能少于1年"的规定。于是提出抗诉建议一审法院予以纠正。

问：（1）该案是否符合提起审判监督程序的理由？

（2）县检察院对于一审法院违反法律的情况提出抗诉，建议一审法院予以纠正是否正确？为什么？如不正确，应当采取何种措施？

（3）对于本案中一审法院的生效裁判，哪些机关有权提出再审？

【评析】

（1）我国《刑事诉讼法》第205条对提起审判监督程序的理由作了原则性规定，受理机关只有对各种再审材料进行审查后，发现已经发生法律效力的裁判在认定事实上或者适用法律上确有错误，才能提起审判监督程序。所谓"确有错误"，是指在认定事实上或者适用法律上确有错误。这里的"适用法律"既包括刑法，也包括刑事诉讼法。对适用刑法而言，既包括定罪也包括量刑。县法院判处被告人罗娜有期徒刑6个月、缓刑6个月，确属违反刑法有关适用缓刑的规定。因此，本案符合提起审判监督程序的理由。

（2）县检察院对于一审法院违反法律的情况提出抗诉，建议一审法院予以纠正是不正确的。《刑事诉讼法》第205条第3款规定，最高人民检察院对各级人民法院已经发生法律效力的判决、裁定，上级人民检察院对下级人民法院已经发生法律效力的判决、裁定，如果发现确有错误，有权按照审判监督程序向同级人民法院提出抗诉。因此在本案中，县检察院发现一审法院的判决存在错误，无权直接向同级法院提出抗诉的。它只能向上级检察院提出《提请抗诉报告书》，报请上级检察院决定是否提出抗诉。

（3）对于该生效判决，以下机关有权提出再审：①该县人民法院的院长和审判委员会。该法院院长对本院已经发生法律效力的判决和裁定，如果发现在认定事实上或者在适用法律上确有错误，必须提交审判委员会处理，由审判委员会决定是否提起再审。②最高人民法院和原审人民法院的上级人民法院。最高人民法院对各级人民法院已经发生法律效力的判决和裁定，上级人民法院对下级人民法院已经发生法律效力的判决和裁定，如果发现确有错误，有权提审或者指令下级人民法院再审。③最高人民检察院和上级人民检察院。最高人民检察院对各级人民法院已经发生法律效力的判决、裁定，上级人民检察院对下级人民法院已经发生法律效力的判决、裁定，如果发现确有错误，有权按照审判监督程序向同级人民法院提出抗诉。

案例二

顾荣学，男，26 岁，原系某公安局刑警。2008 年 7 月 14 日晚，顾荣学去某饭馆吃饭，因饮酒过多与同桌吃饭的刘某发生口角，顾荣学抽枪对刘某进行威胁，不慎走火将刘某打死。某中级人民法院对顾荣学进行了公开审理，认定顾荣学犯杀人罪判处无期徒刑。宣判后，顾荣学不服，向高级人民法院提起上诉，高级人民法院经过二审，认为原审判决认定事实清楚、证据确实充分，量刑适当，驳回了顾荣学的上诉。顾荣学在监狱服刑期间，以量刑过重，多次向一审法院提出申诉。一审法院院长审查后认为，判决确有不妥，遂提交审判委员会讨论，审判委员会认为量刑偏重，决定再审。合议庭经过再审，决定撤销原判，改判顾荣学有期徒刑 15 年。

问：这起再审案件是否正确？为什么？

【评析】这起再审案件不正确。因为该案虽经某中级人民法院进行了一审，宣判后，被告人顾荣学不服，向高级人民法院提起了上诉，所以该案是经过了高级人民法院二审生效的案件。

人民法院按照审判监督程序重新审判案件的审级，随原审案件的审级而定。如果重审案件是第一审案件，应当依照第一审程序进行审判，所作的裁判可以上诉、抗诉；如果重审案件是第二审案件，应当依照第二审程序进行审判，所作的裁判是终审的判决、裁定，不得上诉。

因此，如果发现该案在认定事实上或者在适用法律上确有错误，那么有权决定再审的法院应是高级人民法院。由该高级人民法院院长提交审判委员会，由审判委员会决定是否提起再审。

案例三

被告人郭某，男，21 岁，河南省镇平县人。2006 年 8 月因涉嫌强奸罪、抢劫罪、盗窃罪被河南省南阳市人民检察院提起公诉，南阳市中级人民法院一审判决：被告人郭某犯强奸罪判处死刑，剥夺政治权利终身；犯抢劫罪判处有期徒刑1年；犯盗窃罪判处有期徒刑6年，数罪并罚，决定执行死刑，剥夺政治权利终身。被告人不服提出上诉。2006年12月24日，河南省高级人民法院作出终审判决：维持对被告人郭某犯抢劫罪、盗窃罪的刑罚部分。但撤销对被告人郭某犯强奸罪的量刑部分，认为根据案件的具体情况，郭某还不属于判处死刑必须立即执行的犯罪分子，遂改判其死刑，缓期二年执行，剥夺政治权利终身。

河南省人民检察院认为，河南省高级人民法院的判决确有错误，遂提请最高人民检察院抗诉。针对河南省高级法院的二审改判理由，最高检察院全面审查了案卷材料，认为被告人郭某强奸犯罪情节特别严重，无任何法定或酌定从轻情节，应处死刑。最高人民检察院遂于2007年9月以河南省高级人民法院二审改判郭某死刑缓期二年执行，属量刑不当，判决确有错误，向最高人民法院提出抗诉。

问：（1）最高人民检察院的抗诉理由是否合法？

（2）对最高人民检察院的抗诉，最高人民法院在是否进行再审的问题上有无自由裁量权？

【评析】

（1）最高人民检察院的抗诉理由合法。人民检察院作为国家的法律监督机关，提起抗诉的理由与当事人上诉、申诉的理由要求不同。根据《刑事诉讼法》的规定，必须是已经发生法律效力的裁判确有错误。根据司法解释"确有错误"包括：有罪判无罪，无罪判有罪；重罪轻判，轻罪重判，量刑明显不当的；认定罪名不正确，一罪定数罪，数罪定一罪；严重违反诉讼程序影响争取判决、裁定的等。

本案中，河南省高级人民法院二审改判被告人死刑缓期执行，却没有相关的证据证明任何法定或酌定的从轻情节，因而属于量刑不当，判决确有错误。因此，最高人民检察院的抗诉理由是合法的。

（2）《刑事诉讼法》第205条第4款规定："人民检察院抗诉的案件，接受抗诉的人民法院应当组成合议庭重新审理，对于原判决事实不清楚或者证据不足的，可以指令下级人民法院再审。"

检察院的再审抗诉与当事人向法院提起的申诉效力是不一样的。刑事申诉不能够必然引起或决定再审程序的开始，必须经过法院的审查后，由法院决定是否再审。而人民检察院作为国家的法律监督机关，提起抗诉是一种严肃的国家行为，其抗诉一旦提出，即具有法律效力，法院无权审查决定，必须进行再审。因此，人民检察院按照审判监督程序提出抗诉直接引起审判监督程序，人民法院必须再审。针对本案，对于最高人民检察院的抗诉，最高人民法院没有是否进行再审的自由裁量权。

（二）案例分析实训

案例一

在一起贪污案件中，某区基层人民法院一审判处被告人有期徒刑 3 年。人民检察院提起了抗诉，第二审人民法院维持了原判。随后，人民检察院按照审判监督程序提起了抗诉。

问：根据法律规定，依照审判监督程序提起抗诉的检察院应是哪一级？接受抗诉的法院应该是哪一级法院？

案例二

甲因犯贪污罪经一审程序被判处死刑缓期二年执行。判决生效后发现本案第一审的合议庭成员乙在审理该案时曾收受甲的贿赂。

问：对于本案，哪些检察机关可以提起抗诉？

案例三

2009 年 2 月 5 日，王武（18 岁）在打架斗殴过程中，用匕首将被害人高飞（16 岁）刺成重伤。一审人民法院以故意杀人罪（未遂）判处王武有期徒刑 8 年。判决生效后，同级人民检察院认为该判决有误，王武应定故意伤害罪，遂于 2009 年 9 月 5 日按照审判监督程序向同级人民法院提起抗诉。人民法院经审查后作出再审决定。为了更好地审理该案，人民法院指派原合议庭庭长和另外 2 名审判员组成合议庭审理该案。经再审审判后，人民法院于 2010 年 6 月作出判决：认定王武犯故意伤害罪，判处有期徒刑 3 年。

问：请指出本案在再审程序中有无违反刑事诉讼法的做法？为什么？

案例四

某区人民法院一审判决乙某犯有抢劫罪，乙某不服提出上诉。二审法院进行了公开审判。乙某在法庭出示各种证据后，承认自己实行了抢劫行为，法庭评议后判决被告人乙某犯有抢劫罪。但在二审法院公布判决后第 2 天，丙某到原审法院自首，承认自己化装成乙某后进行抢劫，并在事后将作案工具、赃物送到乙某处。

问：①对此案应当如何处理？②谁有权改变已生效的判决？

主要参考文献

1. 陈卫东:《刑事审判监督程序研究》,法律出版社 2001 年版。
2. 陈光中主编:《刑事再审程序与人权保障》,北京大学出版社 2005 年版。
3. 张毅:《刑事诉讼中的禁止双重危险规则论》,中国人民公安大学出版社 2004 年版。
4. 向泽选等:《法律监督与刑事诉讼救济论》,北京大学出版社 2005 年版。
5. 叶青主编:《中国检察制度研究》,上海社会科学院出版社 2003 年版。
6. [美] 史蒂文·L 伊曼纽尔:《刑事诉讼程序》(影印版),中信出版社 2003 年版。
7. 陈光中、郑未媚:"论我国刑事审判监督程序之改革",载《中国法学》2005 年第 2 期。
8. 熊秋红:"错判的纠正与再审",载《环球法律评论》2006 年第 5 期。
9. 张泽涛:"禁止重复追诉研究——以大陆法系既判力理论为切入点",载《法律科学》2007 年第 4 期。

第四编　特别程序论

第十九章

死刑复核程序

【本章概要】死刑复核程序是我国刑事诉讼中的一种特别程序，是人民法院判处死刑的案件进行复查、核准的必经程序，体现了我国刑法对死刑判决的严肃和谨慎，对于保证办案质量，正确适用死刑，切实保障公民的人身权利、财产权利和其他合法权益，保障社会的长治久安均有重要意义。本章主要就死刑复核程序的概念、特点、意义、程序阶段以及我国死刑核准权的变化进行了阐述。

【学习目标】学习本章内容主要掌握以下要点：死刑复核程序的概要；死刑复核程序的程序阶段。

【教学重点与难点】死刑复核程序的概念和意义、死刑复核的程序要求。

第一节　死刑复核程序概述

一、死刑复核程序的概念

死刑复核程序是人民法院对判处死刑的案件进行复查核准所遵循的一种特别审判程序。死刑是剥夺犯罪分子生命的刑罚，是刑法所规定的诸刑种中最严厉的一种，称为极刑。我国法律一方面把死刑作为打击犯罪、保护人民的有力武器，另一方面又强调严格控制死刑的使用。因此，除在实体法中规定了死刑不适用于未成年人、怀孕妇女等限制性要求外，还在程序法中对判处死刑的案件规定了一项特别的审查核准程序——死刑复核程序。

根据法律规定和司法实践经验，死刑复核程序的任务是，由享有复核权的人民法院对下级人民法院报请复核的死刑判决、裁定，在认定事实和适用法律上是否正确进行全面审查，依法作出是否核准死刑的决定。因此，对死刑案件进行复核时，必须完成两项任务：①查明原判认定的犯罪事实是否清楚，据以定罪的证据是否确实、充分，罪名是否准确，量刑（死刑、死缓）是否适当，程序是否合法；②根据事实和法律，作出是否核准死刑的决定，并制作相应的司法文书，以核准正确的死刑判决、裁定，纠正不适当或错误的死刑判决、裁定。

二、死刑复核程序的特点

我国的刑事诉讼程序分为普通程序和特殊程序。一般的刑事案件（主要指公诉案件），大致经过立案、侦察、起诉、第一审程序、第二审程序、执行程序这些是普通程序，此外对于判处死刑的案件，还要经过专门的复核核准程序；对于已经发生法律效力的判决和裁定，当发现确有错误时，可以通过审判监督程序进行纠正，等等，这些是特殊程序。死刑复核程序尤以其独特的审判对象和核准权的专属性等特征既区别于普通程序，又不同于其他特殊程序。具体而言具有以下特点：

1. 审理对象特定。这一程序只适用于判处死刑的案件，包括判处死刑立即执行和判处死刑缓期二年执行的案件。只有死刑案件才需要经过死刑复核程序。没有被判处死刑的案件无须经过这一程序。这种审理对象的特定性使死刑复核程序既不同于普通审判程序———一审和二审程序，也不同于另一种特殊审判程序——审判监督程序。

2. 死刑复核程序是死刑案件的终审程序。一般刑事案件经过第一审、第二审程序以后，判决就发生法律效力。而死刑案件除经过第一审、第二审程序以外，还必须经过死刑复核程序。只有经过复核并核准的死刑判决才发生法律效力。从这一意义上说，死刑复核程序是两审终审制的一种例外。

3. 所处的诉讼阶段特殊。死刑复核程序的进行一般是在死刑判决作出之后，发生法律效力并交付执行之前。相比较而言，第一审程序、第二审程序审理时间是在起诉之后，二审判决之前；审判监督程序则是在判决、裁定发生法律效力之后。

4. 权力具有专属性。依据刑事诉讼法的规定，有权进行死刑复核的机关只有最高人民法院和高级人民法院。而其他审判程序与此不同：一审案件任何级别的法院均可审判；二审案件中级以上的法院均可审判；再审案件原审以及原审以上的法院均可审判。

5. 程序启动上具有自动性。第一审程序和第二审程序的启动都遵循不告不理原则：只有检察机关提起公诉或者自诉人提起自诉，人民法院才能启动第一审程序；只有检察机关提起抗诉或者被告人、自诉人提起上诉，人民法院才能启动二审程序。而死刑复核程序的启动既不需要检察机关提起公诉或者抗诉，也不需要当事人提起自诉或上诉，只要二审法院审理完毕或者一审后经过法定的上诉期或抗诉期被告人没有提出上诉、检察院没有提起抗诉，人民法院就应当自动将案件报送高级人民法院或最高人民法院核准。

6. 报请复核方式特殊。依照法律有关规定，报请复核应当按照法院的组织系统逐级上报，不得越级报核，而审判监督程序可以越级申诉。

三、死刑复核程序的意义

死刑复核程序是一道十分重要的审判程序。这一程序的设置充分体现了党和国家对适用死刑一贯坚持的严肃与谨慎、慎杀与少杀的方针政策，对于保证办案质量，正确适用死刑，坚持少杀，防止错杀，切实保障公民的人身权利、财产权利和其他合法权益，保障社会的长治久安均有重要意义。具体表现在：

1. 死刑复核程序有利于保证死刑适用的正确性。人的认识有一个循环往复、螺旋上升的过程，只有经过多次不断的检验，才能使认识逐渐接近客观实际。诉讼认识也是如此，只有经过从侦查到起诉、审判，从一审到二审和审判监督程序等多次反复，才能使公安司法人员的认识逐渐接近案件的客观事实，才能最大限度地减少冤假错案。死刑案件通常更加复杂，往往更需要经过多次检验。不仅如此，人死不可复生，死刑一旦被执行就无法补救，因而更必须保证死刑判决的正确无误。死刑复核程序的设置使死刑案件在一审和二审程序的基础上又增加了一道检验和保障机制，这对于保证死刑的正确适用具有非常重要的意义。

2. 死刑复核程序有利于控制死刑的适用，实现少杀、慎杀的刑事政策。严肃谨慎、少杀慎杀是我们党和国家的一贯方针，在刑事诉讼法中特别设立死刑复核程序，正是贯彻这一方针的具体体现。通过死刑复核，对那些适用死刑不当的判决、裁定，作出不予核准的决定，并依照法定程序，分别作出不同的处理：对纯属无罪或因证据不足应判无罪的人，纠正冤案，立即释放，恢复其自由；对那些虽然有罪，但不应判处死刑的罪犯，可根据不同情况依法改判为无期徒刑、有期徒刑等刑罚。这样做，不仅有利于防止无辜错杀和死刑滥用，给国家、公民造成重大损失，而且还可以收到良好的政治效果。因此，死刑复核程序是坚持少杀、慎杀和防止滥杀的可靠保证。

3. 死刑复核程序还是严格死刑规格、统一执法尺度的关键程序。由于死刑（死缓）判决的核准权是由最高人民法院和高级人民法院行使的，这有利于从诉讼程序上保证死刑执法尺度的统一，防止地区之间宽严不一。而且有利于最高人民法院和高级人民法院及时发现死刑适用中可能出现的偏差和错误，及时纠正错误的死刑裁判，并在此基础上总结审判工作的经验和教训，指导和督促下级人民法院提高死刑案件的审判质量，确保死刑在全国和全省（直辖市、自治区）范围内的统一正确适用。

第二节　判处死刑立即执行案件的复核程序

一、死刑案件的核准权的历史沿革

死刑核准权是死刑复核程序中最核心的问题，关系到设立这一程序的根本目的能否得以实现，关系到死刑复核程序能否真正发挥防止错杀无辜和罚不当罪的作用。

新中国成立以来，死刑核准权经历了一个复杂的变化过程。在新中国成立初期，虽然系统的司法体制尚未完全建立，但国家有关部门仍规定，死刑案件必须经核准才能执行。死刑核准权由高级人民法院和最高人民法院分工行使。1957年7月15日，第一届全国人民代表大会第四次会议经讨论决定：今后一切死刑案件，都由最高人民法院判决或核准。从而在新中国成立后第一次将死刑案件的核准权全部收归最高人民法院。1958年5月29日，最高人民法院对死缓案件的核准权作出规定：凡是由高级人民法院判处或者审核的死刑缓期执行案件，一律不再报最高人民法院核准。从而第一次确立了死缓和死刑立即执行的核准权由高级人民法院和最高人民法院分别行使的做法。1966年"文化大革命"开始后，死刑复核程序与其他法律制度一样受到冲击，死刑核准权被下放给省、直辖市、自治区革命委员会。

1979年7月1日，新中国第一部《刑事诉讼法》正式颁布。该法第144条要求，死刑立即执行必须由最高人民法院核准。但这一规定实施不到2个月，国家有关部门就不断作出例外规定：

第一次是1980年2月12日，第五届全国人大常委会第十三次会议批准最高人民法院和最高人民检察院的建议，同意在1980年内对现行的杀人、强奸、抢劫、放火等犯有严重罪行应当判处死刑的案件，最高人民法院可以授权省、自治区、直辖市高级人民法院核准。

第二次是1981年6月，第五届全国人大常委会第十九次会议通过了《关于死刑案件核准权问题的决定》，规定在1981～1983年之间，对犯有杀人、抢劫、强奸、爆炸、投毒、决水和破坏交通、电力等设备的罪行，有高级人民法院终审判处死刑的，或者中级人民法院一审判处死刑后被告人不上诉、经高级人民法院核准的，以及由高级人民法院一审判处死刑、被告人不上诉的，都不必报最高人民法院核准。

第三次是1983年9月2日，第六届全国人大常委会第二次会议通过了《关于修改〈中华人民共和国人民法院组织法〉的决定》，将该法第13条修改为：

"死刑案件除由最高人民法院判决的以外，应当报请最高人民法院核准。杀人、抢劫、强奸、爆炸以及其他严重危害公共安全和社会治安判处死刑案件的核准，最高人民法院在必要的时候，得授权省、自治区、直辖市的高级人民法院行使。"据此，最高人民法院于 1983 年 9 月 7 日发布了《关于授权高级人民法院核准部分死刑案件的通知》（以下简称《通知》），《通知》规定："在当前严厉打击刑事犯罪活动期间，为了及时严惩严重危害公共安全和社会治安的罪大恶极的刑事犯罪分子，除由最高人民法院判处死刑的案件以外，各地对反革命案件和贪污等严重经济犯罪案件判处死刑的，仍应由高级人民法院复核同意后，报最高人民法院核准；对杀人、抢劫、强奸、爆炸以及其他严重危害公共安全和社会治安判处死刑案件的核准权，最高人民法院依法授权由省、自治区、直辖市高级人民法院和解放军军事法院行使。"

第四次是 1991～1997 年之间，最高人民法院以《通知》的形式分别授予云南、广东、广西、甘肃、四川和贵州高级人民法院对毒品犯罪判处死刑案件（本院判决的和涉外的毒品犯罪死刑案件除外）的核准权。

第五次是 1997 年。1996 年修改的《刑事诉讼法》和 1997 年修改的《刑法》都要求死刑立即执行案件的核准权必须由最高人民法院核准，但在 1997 年 9 月 26 日，最高人民法院又发出通知，规定除本院判处的死刑案件外，各地对《刑法》分则第一章规定的危害国家安全罪，第三章规定的破坏社会主义市场经济秩序罪，第八章规定的贪污受贿罪判处死刑的案件，高级人民法院、解放军军事法院二审或复核同意后，仍应报本院核准。对《刑法》分则第二、四、五、六（毒品犯罪除外）、七、十章规定的犯罪，判处死刑的案件（本院判决的和核准的除外）的核准权，本院依据《人民法院组织法》第 13 条的规定，仍授权由各省、自治区、直辖市高级人民法院和解放军军事法院行使。但涉港澳台死刑案件在一审宣判前仍需报本院内核。对于毒品犯罪死刑案件，除已获得授权的高级人民法院可以行使部分案件核准权外，其他高级人民法院和解放军军事法院在二审或复核同意后，仍应报本院核准。

死刑立即执行案件的核准权由最高人民法院和高级人民法院行使，在必要的时候最高人民法院把死刑案件的核准权授予高级人民法院和解放军军事法院，简称"下放"。这一政策存在不少问题。首先，使得高级人民法院的死刑复核程序名存实亡。对于授权高级人民法院核准的死刑案件，高级人民法院在进行第二审作出维持死刑判决的裁定后，实际上就不再进行死刑复核程序了，而是在死刑裁定书的结论之后写上"根据最高人民法院《关于授权高级人民法院和解放军军事法院核准部分死刑案件通知》的规定，本裁定作为核准死刑的刑事裁定"这样一句话。这样一来就把二审程序和死刑复核程序糅合在一起，以终审权代替核准权，以二审代替死刑复核，使得死刑复核程序名存实亡，不能发挥该程序的价值功能，不能达到该程序应实现的目的。其次，造成全国死刑标准不统一，违背法制统一原则。沈德咏先生曾指出，近几年，某些地方实际适用死刑偏多，个别地方甚至出现错杀，原因固然很多，但与死刑核准权长期下放不无关系。根据最高人民法院 1997 年的《通知》，高级人民法院有权核准全部死刑案件的绝大部分。由于各地政治、经济发展的不平衡，社会治安形势不同，犯罪率也大相径庭，各高级人民法院在中央及本省、自治区、直辖市的刑事政策的影响下，掌握和适用不同的死刑标准，为了政治的需要不惜降低适用死刑的规格，放松对死刑的有效控制，导致一些可杀可不杀的也杀了，这在严打从重从快气氛笼罩时表现得尤其明显。这样一来由国家统一制定的法律，却被各地司法机关以不同的标准实施，严重破坏了法制的统一性，造成不同省份死刑犯之间的实质不平等。最后，造成不同罪犯在适用死刑复核程序上存在严重不平等。死刑核准权分别由最高人民法院和高级人民法院行使的做法使不同的犯罪主体在适用死刑复核程序上存在严重不平等。比如官民不平等，只有国家机关工作人员才能构成犯罪的贪污贿赂死刑案件要由最高人民法院核准，而普通人因各种犯罪被判处死刑的案件却由各高级人民法院核准；又比如境内外不平等，涉外毒品死刑案件、涉港、澳、台死刑案件由最高人民法院核准或一审宣判前内核，而中国内地（大陆）人的相同案件却由各高级人民法院核准。这种不平等会让人百思不得其解，难道生命权有轻重之分？

近年来，随着云南昆明"杜培武案"、湖北京山"佘祥林案"、河北唐山"李久明案"等一系列错案的出现，死刑复核程序被抛向了舆论的风口浪尖，经受着舆论界和理论界的批评和质疑，其中焦点无疑是死刑复核权下放导致死刑复核程序虚置的问题。2004 年和 2005 年的"两会"期间，肖扬院长都表示最高人民法院将收回死刑核准权。2005 年 3 月 14 日，温家宝总理在答记者问时明确表示，要"上收死刑的核准权到最高人民法院，以制度保障死刑判决的慎重与公正"。2005 年 10 月 27 日，最高人民法院发布第二个五年改革纲要，明文宣示收回死刑复核权。至此，沸沸扬扬的死刑复核权收回的争论终于尘埃落定。2007年 1 月 1 日，下放了 26 年的死刑复核权终于回归最高人民法院。

死刑复核程序的成功改革不仅实现了所有死刑案件都由最高人民法院行使这一程序正义，而且带动了其他司法执法环节的改革和发展，促进了公民法律意识和社会心理的发展变化。这些变化至少表现在三个方面：首先，死刑复核程序改革带动了死刑案件的一审和二审程序的改革和规范，全国法院根据最高法院提出的要求，通过与其他办案机关的密切配合，使得办理死刑案件的程序更加规范，死刑案件的证据更加扎实，死刑案件的证人、鉴定人出庭率明显提高，死刑案件的辩护效果更加有效，死刑二审案件由原来的极少数开庭审理实现全部了开庭审理，等等，这些都是死刑复核程序改革直接促进和带动的结果。其次，国家慎用死刑和严格控制死刑的刑事政策进一步得到落实。根据 2008 年媒体披露的 15% 的不核准率和死刑缓期执行人数超过死刑立即执行人数等，都足以说明死刑复核程序改革发挥了重要的限制死刑功能。最后，死刑核准权由最高法院统一行使和国家慎用死刑所昭示的对生命权的日益尊重，通过各种途径传达给社会公众后，已经引起公众对生命权的进一步尊重，连行为人实施严重暴力犯罪的，都逐渐减少了。例如，根据统计数据，在 2007 年，故意杀人、抢劫、绑架、重大伤害等重大恶性犯罪率的明显下降，故意杀人案件 12 900 件，下降 6.87%；绑架案件 2435 件，下降 4.25%；故意重伤案件 26 746 件，下降 6.14%；抢劫案件 72 713 件，下降 3.13%。尽管这些案件的下降还有国家重视建立社会保障制度和公安机关重视从源头上预防犯罪等重要原因，但是，我国出现了限制死刑适用与严重暴力犯罪同步减少这一良性互动现象，则是不争的事实，这也是当代多数国家限制死刑和废除死刑以后出现的共同现象。我们不能忽视国家尊重和保障生命权所产生的榜样和示范作用。

二、判处死刑立即执行案件的报请复核

由于目前我国对于判处死刑立即执行案件的核准权由最高人民法院行使。

（一）判处死刑立即执行案件的报请复核的程序要求

根据《刑事诉讼法》、《六机关规定》以及最高人民法院《刑诉解释》的规定，最高人民法院核准的死刑立即执行案件的报请复核应当遵循以下要求：

1. 中级人民法院判处死刑的第一审案件，被告人不上诉、人民检察院不抗诉的，上诉、抗诉期满后，3 日以内报请高级人民法院复核。高级人民法院同意判处死刑的，依法作出裁定后，再报请最高人民法院核准。不同意判处死刑的，应当提审或者发回重新审判。高级人民法院提审后所做的改判是终审裁判，其中改判为死刑缓期二年执行的判决，不需经过复核程序。

2. 中级人民法院判处死刑的第一审案件，被告人上诉或者人民检察院抗诉，高级人民法院终审裁定维持死刑判决的，报请最高人民法院核准；高级人民法院经第二审不同意判处死刑的，应依不同情形直接改判或者发回重审，高级人民法院所做的改判为死刑缓期二年执行的判决，即为终审判决，不需再经复核程序。

3. 高级人民法院判处死刑的第一审案件，被告人不上诉、人民检察院不抗诉的，在上诉、抗诉期满后，3 日以内报请最高人民法院核准。

4. 依法应当由最高人民法院核准死刑的案件，判处死刑缓期二年执行的罪犯，在死刑缓期执行期间，如果故意犯罪，查证属实，应当执行死刑的，由高级人民法院报请最高人民法院核准。

（二）判处死刑立即执行案件报请复核的特点

1. 自动性。死刑立即执行案件的报请复核程序是法院系统自动启动的，不以被告人、人民检察院的意思表示为转移。中级人民法院或者高级人民法院判处死刑的第一审案件，被告人不上诉、人民检察院不抗诉的，在上诉期满后3日内报请上一级人民法院复核。

2. 层报性。死刑立即执行案件的报请复核，必须逐级上报，不能越级，比如，中级人民法院判处死刑的第一审案件，被告人不上诉、人民检察院不抗诉的，在上诉期满后3日内报请高级人民法院复核。高级人民法院同意判处死刑的，应当依法作出裁定后，报请最高人民法院核准；不同意判处死刑的，应当提审或者发回重新审判。

3. 独立的复核权。由于死刑复核本身就是审判权的一种，因此，任何复核法院都享有独立的复核权。

三、判处死刑立即执行案件报请复核的材料及要求

中级人民法院或高级人民法院报请复核死刑案件，应当一案一报。报送的材料应当包括：报请复核报告、死刑案件综合报告和判决书各15份以及全部诉讼案卷和证据；共同犯罪的案件，应当报送全部诉讼案卷和证据。具体内容如下：

1. 报请复核报告应当包括下列内容：①案由；②简要案情（时间、地点、手段、情节、后果等）；③审理过程；④判决结果。

2. 死刑案件综合报告包括下列内容：

（1）被告人的姓名、性别、出生年月日、民族、文化程度、职业、住址、简历以及拘留、逮捕、起诉的时间和现在被羁押的处所。

（2）被告人的犯罪事实，包括犯罪时间、地点、动机、目的、手段、危害后果以及从轻、从重处罚等情节，认定犯罪的证据和定罪量刑的法律依据。

（3）需要说明的其他问题，如被告人虽无前科但有劣迹等。

3. 诉讼案卷和证据，根据具体案件情况应当包括下列内容：①拘留证、逮捕证、搜查证的复印件；②扣押赃款、赃物和其他在案物证的清单；③起诉意见书或者人民检察院的侦查终结报告；④人民检察院的起诉书；⑤案件审查报告、法庭审查笔录、和议庭评议笔录和审判委员会讨论决定笔录；⑥上诉状、抗诉状；⑦人民法院的判决书、裁定书和宣判笔录、送达回证；⑧能够证明案件具体情况并经过查证属实的各种肯定的和否定的证据，包括物证或者物证照片、书证、证人证言、被害人陈述、报告人供述和辩解、鉴定结论以及勘验检查笔录等。

四、判处死刑立即执行案件的复核

（一）复核庭的组成

必须是由 3 名审判员组成合议庭。

（二）提审被告人

高级人民法院复核或者核准死刑（含死刑缓期二年执行）的案件，必须提审被告人。

（三）死刑复核中的全面审查原则

共同犯罪案件中，部分被告人被判处死刑的，最高人民法院或者高级人民法院复核时，应当对全案进行审查，但不影响对其他被告人已经发生法律效力判决、裁定的执行；发现对其他被告人已经发生法律效力的判决、裁定确有错误时，可以指令原审人民法院再审。

（四）最高人民法院复核后的处理

1. 复核的三类结果。最高人民法院《关于复核死刑案件若干问题的规定》改变了以往对于死刑复核案件可以作出核准、改判或者发回重审裁判的传统做法，规定对于各地报请复核的死刑案件，最高人民法院原则上只能作出核准死刑或者不核准死刑的裁定；只有少数特定情况下，可以依法改判。

2. 三种结果的适用情形。

（1）核准死刑。①直接核准：原判认定事实和适用法律正确、量刑适当、诉讼程序合法的，裁定予以核准；②纠正后核准：原判判处被告人死刑并无不当，但具体认定的某一事实或者引用的法律条款等不完全准确、规范的，可以在纠正后作出核准死刑的判决或者裁定。

（2）裁定不予核准，并撤销原判、发回重新审判。有三种情形：事实原因、实体法原因与程序法原因。具体表现为：①复核后认为原判认定事实不清、证据不足的（事实原因）；②复核后认为原判认定事实正确，但依法不应当判处死刑的（实体法原因）；③复核后认为原审人民法院违反法定诉讼程序，可能影响公正审判的（程序法原因）。其中，实体法原因比如量刑不当，要发回重审。

（3）改判。根据规定，改判是一种例外。司法解释保留了最高人民法院对少数死刑复核案件在部分核准死刑的前提下有限改判的、做法。规定对于一人有两罪以上判处死刑，或者 2 名以上被告人被判处死刑，经复核认为其中部分罪犯或者部分被告人的死刑裁判量刑不当的，可以在对应当判处死刑的犯罪或者被告人作出核准死刑的判决的前提下，予以部分改判。

3. 最高人民法院"一人数罪"、"一案数个被告人"案件的复核程序。针对一人有两罪以上被判处死刑以及一案中 2 名以上被告人被判处死刑的案件，如果其中部分犯罪或者部分被告人的死刑裁判认定事实不清、证据不足的，对全案裁定不予核准，并撤销原判，发回重新审判。就是说，部分犯罪或者被告人的案件不清，致使全部案件重新审判。这体现了合并原则。但是，如果其中部分犯罪或者被告人的死刑裁判认定事实正确，但依法不应当判处死刑的，对这一部分可以改判，同时对其他应当判处死刑的犯罪或者被告人作出核准死刑的判决。这体现了分开原则。

具体分解如下：

（1）数罪并罚案件。一人有两罪以上被判处死刑，最高人民法院复核后：认为其中部分犯罪的死刑裁判认定事实不清、证据不足的——对全案裁定不予核准，并撤销原判，发回重新审判；认为其中部分犯罪的死刑裁判认定事实正确，但依法不应当判处死刑的——可以改判并对其他应当判处死刑的犯罪作出核准死刑的判决。

（2）一案中2名以上被告人被判处死刑的案件。最高人民法院复核后：认为其中部分被告人的死刑裁判认定事实不清、证据不足的——对全案裁定不予核准，并撤销原判，发回重新审判；认为其中部分被告人的死刑裁判认定事实正确，但依法不应当判处死刑的——可以改判并对其他应当判处死刑的被告人作出核准死刑的判决。

（五）死刑复核中的发回重审程序

1. 最高人民法院裁定不予核准死刑的，根据案件具体情形可以发回第二审人民法院或者第一审人民法院重新审判。高级人民法院依照复核程序审理后报请最高人民法院核准死刑的案件，最高人民法院裁定不予核准死刑，发回高级人民法院重新审判的，高级人民法院可以提审或者发回第一审人民法院重新审判。

2. 发回一审与二审程序的区别与共同点。

（1）区别（审理方式不同）：二审法院可以不经过开庭审理直接改判；而发回第一审人民法院重新审判的案件，第一审人民法院应当开庭审理。当然，在二审法院，必须通过开庭审理查清事实、核实证据的，或者必须通过开庭审理纠正原审程序违法的，应当开庭审理。

（2）共同点：除了法律使用上的原因之外，发回重新审判的案件，原审人民法院应当另行组成合议庭进行审理。

（六）复核的裁判文书应说明裁判理由

最高人民法院依法核准或者不予核准死刑的，裁判文书应当引用相关法律和司法解释条文，并说明理由。

第三节　判处死刑缓期二年执行案件的复核程序

一、判处死刑缓期二年执行案件的复核权

死刑缓期二年执行，作为一种特殊执行死刑的方式，与死刑立即执行一样是一种非常严厉的刑罚方法。因此对死刑缓期二年执行的适用，也必须严肃谨慎，从程序上加以严格限制和监督。

《刑事诉讼法》第201条规定："中级人民法院判处死刑缓期二年执行的案件，由高级人民法院核准。"根据这一规定，判处死刑缓期二年执行案件的核准权由高级人民法院行使。这样规定，既可以节约有限的司法资源，减少不必要的诉讼程序，减轻最高人民法院的工作量，便于各地及时处理这类案件，又能由高级人民法院对这类案件进行把关、监督，以保证正确适用这一刑罚方法。

二、判处死刑缓期二年执行案件的报请复核

根据刑事诉讼法及最高法院司法解释的有关规定，高级人民法院复核死刑缓期二年执行案件，应按下列程序分别处理：

1. 中级人民法院判处死刑缓期二年执行的第一审案件，被告人不上诉的、人民检察院不抗诉的，在上诉、抗诉期满后，报请高级人民法院核准。

2. 中级人民法院判处死刑缓期二年执行的第一审案件，被告人上诉或者人民检察院抗诉的，高级人民法院应当依照第二审程序审理。

中级人民法院在报送死刑缓期二年执行案件进行复核时，其报请复核的要求与报送死刑立即执行案件基本相同，也是应当一案一报。应当报送报请复核的报告，死缓案件综合报告，以及各种诉讼文书，全部诉讼案件和证据。共同犯罪的案件，对其中一名或几名被告人判处死刑缓期二年执行的，也应当报送全案的诉讼案卷和证据。

三、判处死刑缓期二年执行案件的复核

高级人民法院复核死缓案件，应当由审判人员3人组成合议庭进行。合议庭应当认真审查报送的诉讼案卷和证据，审查时必须提审被告人，并对案件在认定事实、适用法律上及诉讼程序方面进行全面审查，其审查的事实，审查的方式方法与复核死刑立即执行案件基本相同。

死刑案件经过高级人民法院复核以后，按照不同情形分别作出以下处理：

1. 原判决认定事实清楚，证据确实、充分，适用法律正确，量刑适当的，裁定予以核准死缓判决。

2. 原判决认定事实不清，证据不足的，应当裁定发回原审人民法院重新

审判。

3. 原判决认定事实正确，但适用法律有错误，或者量刑过重的，应当依法改判。

4. 发现第一审人民法院违反法律规定的程序，可能影响正确判决的，应当裁定撤销原判，发回原审法院重新审判。

特别需要指出的是，根据《六机关规定》第47条和最高人民法院《刑诉解释》第278条规定，高级人民法院核准死刑缓期二年执行的案件，需要改判的，不能加重被告刑罚。即高级人民法院对死缓案件的改判，只能减轻原判刑罚，而不能改判为死刑立即执行，也不得以提高审级等方式加重被告人的刑罚。

学术视野

死刑复核程序是法院对判处死刑的案件进行复查核准所遵循的一种特别审判程序。死刑是剥夺犯罪分子生命的刑罚，是刑法所规定的诸刑种中最严厉的一种，称为极刑。我国法律一方面把死刑作为打击犯罪、保护人民的有力武器，另一方面又强调严格控制死刑的使用。因此，除在实体法中规定了死刑不适用于未成年人、怀孕妇女等限制性要求外，还在程序法中对判处死刑的案件规定了一项特别的审查核准程序——死刑复核程序。但是它不是一种行政程序，而是一种司法程序。死刑复核程序在保障被告人和被告人的生命权，保障案件公正，防止错判、错杀无辜，体现我国刑法轻型化的发展方向上起着非常积极的作用，但是由于立法和现实条件的制约，我国死刑复核程序还存在一定的问题，但是国家已经采取了非常积极的措施，我们应当尽快从立法上消除冲突，最高人民法院应以点带面，统一各地标准，妥善解决二审与死刑复核程序的竞合问题，加强检察院监督，提审被告人时需让律师参与，建立死刑延期执行制度，但是应对延期的时间加以限制，细化上报的材料，健全法官责任制度，以期最大限度地保护被告人的生命权。

理论思考与实务应用

一、理论思考

（一）名词解释

死刑核准　死刑复核

（二）简答题

1. 对判处死刑立即执行的案件应当怎样进行复核？

2. 对判处死刑缓期二年执行的案件应当怎样进行复核？

（三）论述题

在各国逐步取消死刑的情况下，如何完善我国的死刑复核程序？

二、实务应用

（一）案例分析示范

孙某因犯故意杀人罪被某中级人民法院第一审判处死刑缓期二年执行，检察院提起抗诉，第二审法院审理后改判孙某死刑立即执行。

问：对此案的处理，应如何进行处理？

【评析】二审法院应报请最高人民法院核准。根据《最高人民法院关于统一行使死刑案件核准权有关问题的决定》，死刑除依法由最高人民法院判决的以外，各高级人民法院和解放军军事法院依法判处和裁定的，应当报请最高人民法院核准。

（二）案例分析实训

案例一

被告人某甲犯故意杀人罪、贪污罪，被 A 市中级人民法院一审分别判处死刑，决定执行死刑，在上诉期限内，某甲没有上诉，检察院也没有提出抗诉。

问：对此案应当如何报请复核？

案例二

被告人李阳，因故意杀人罪、间谍罪被中级人民法院一审判处死刑缓期二年执行。在上诉期间内，人民检察院认为人民法院的量刑不当，依法提起抗诉。二审法院不开庭审理后，认为一审法院认定事实没有错误，量刑过轻，依法撤销原判，改判为死刑立即执行，并核准执行死刑立即执行。

问：该案中哪些做法是违法的？

案例三

2004 年 1 月，甲因犯故意杀人罪被一审法院判处无期徒刑。甲以自己是正当防卫过当，原判量刑过重为由提起上诉，检察院以量刑畸轻为由提出抗诉。在二审审理过程中，双方对证人乙的证言进行了激烈的质证。某高级人民法院审理后认为，抗诉理由成立，改判甲死刑立即执行。

问：第二审人民法院的判决是否正确？

案例四

被告人郑某因贪污罪被某市中级人民法院一审判处死刑，缓期二年执行。判决后被告人没有上诉，检察机关也没有抗诉，该中级人民法院遂在抗诉、上诉期满后第二天报请省高级人民法院核准。

问：此时，省高级人民法院不得作出哪种处理？

 主要参考文献

1. 陈光中、徐静村主编：《刑事诉讼法学》，中国政法大学出版社 2002 年版。
2. 刘金友：《刑事诉讼法》，中国政法大学出版社 2007 年版。
3. 李乐平：《现代刑事诉讼制度检讨与完善》，中国检察出版社 2006 年版。
4. 张明楷：《刑法学》，法律出版社 2003 年版。
5. 朱建华："论死刑核准权规定的法律冲突"，载《现代法学》1999 年第 1 期。

第二十章

未成年人刑事诉讼程序

【本章概要】未成年人案件诉讼程序是不同于刑事普通程序的一种特别程序。由于未成年人在生理、心理方面均不成熟，其犯罪动机相对简单和盲目，而且其矫正起来较成年人要容易，因此办理未成年人刑事案件不仅在定罪量刑方面与成年人要有所不同，而且在诉讼程序上也要适应未成年人的特点，适用与普通程序不同的特别程序。诉讼程序应注意教育、感化和挽救，坚持分案处理、不公开审理、保障诉讼权利、全面调查和迅速简易等原则。未成年人刑事诉讼在立案程序、侦查程序、起诉程序、审判程序和执行程序等方面都有自己的独特之处。

【学习目标】了解未成年人刑事诉讼程序的概念以及各国的立法概况；理解未成年人刑事诉讼程序的特有原则以及具体程序的相关规定。

【教学重点与难点】未成年人刑事诉讼的特有诉讼原则；未成年人刑事诉讼的具体程序。

第一节　未成年人刑事诉讼程序概述

一、概念

未成年人刑事诉讼程序，也称少年刑事司法程序，是指司法机关在处理未成年人犯罪案件时所遵循的一些特殊的方针、原则、方式、方法等的总称。一般而言，未成年人是指未满 18 周岁的人。而刑事法意义上的未成年人，主要是指已满 14 周岁不满 18 周岁的人。凡是已满 14 周岁不满 18 周岁的人实施了危害社会，应当受刑事处罚的行为，则称为未成年人犯罪。

未成年人犯罪案件具有不同于成年人犯罪的特殊性。一方面，从犯罪动机来看，未成年人犯罪多为激情犯罪。未成年人处于青春发育期，生理变化和智力发育较快，精力旺盛，心理发育由幼稚趋于成熟。外部表现为具有较强的模仿欲和好奇心，对外界反应敏感，自尊心和独立意识较强，情绪不稳定，易受外界环境的影响。这些特点决定了未成年人的是非辨别能力差，缺乏自控能力，其行为往往带有盲目性和突发性，犯罪诱发快，而且往往大胆不计后果。但另一方面，未成年人的上述生理和心理特点又同时决定了他们具有较强的可塑性，主观恶性并非根深蒂固，犯罪的个性心理尚未定型，教育改造的有利因素比成年人多。因此，针对未成年人犯罪的刑事诉讼程序，也应当区别于一般的刑事诉讼程序。①应当更加突出对未成年人的教育和改造的基本方针，避免过重的惩罚和报复色彩；②应当更加注意维护和保障未成年人的各项诉讼权利，避免让其产生严重的孤立感，自尊心遭受重创；③应当设置特殊的审判组织和审判程序，在平等对话的情境中完成对其的审判；④在整个刑事诉讼终结后，应当对其进行继续教育，防止再犯罪。

二、未成年人刑事诉讼立法概况

针对未成年人的刑事犯罪，世界各国也采取了不同的处理模式。总体概括而言，大致包括以下几种：①"法庭模式"，主张一般的未成年人刑事案件由法庭按照一定程序进行审理，代表国家有美国、日本和德国。因其处理方式的严肃性，又称"蓝色模式"。②"福利治疗模式"，或称"委员会模式"，主张一般的未成年人刑事案件由行政性福利机构来处理，只有少量严重的刑事案件由刑事法庭来审理，即使审理，适用刑罚的可能性也很小，处罚程度很轻微，代表国家主要是北欧各国，如瑞典、芬兰、挪威、丹麦。因其处理方式的缓和性，又称"红色模式"。③"社区参与模式"，强调社区和公众积极参与案件的处理，而国家机构的干预减少到最低限度。如新西兰，通过运用集体会议制度以及司法协调制度，将大部分未成年人刑事案件从司法程序中转处出来，运用社区资源进行解决。因其处理方式的新颖性和草根性，又称"绿色模式"。[1] 其中，"蓝色模式"强调司法干预，侧重保护性的少年司法制度的建立；"红色模式"侧重于保障性的儿童和家庭福利制度的建立；"绿色模式"侧重于家庭、家族和社区等自治力量的动员，公权力的减少介入，倡导自然环境下的问题解决机制的建立。我国目前的未成年人犯罪处理模式，应当属于典型的"法庭模式"。

对未成年人案件适用特殊程序，已成为世界各国普遍关注的问题，已经受到有关国际组织和各国的立法、司法活动的高度重视。美国于1889年通过了世界上第一个关于处理未成年人违法犯罪的专门立法——《未成年人法庭法》，规定了未成年人案件的专门执法机构、审理程序、处理办法和管辖对象等内容，标志着未成年人司法制度的正式形成。之后，欧洲和亚洲的许多国家纷纷效仿，颁布未成年人法和未成年人法庭法，逐步建立了完善的未成年人司法制度。国际社会也加强了对未成年司法保护方面的立法。联合国《公民权利和政治权利国际公约》是确定少年刑事司法国际标准的第一个具有约束力的国际性文件。在此基础上，1989年联合国《儿童权利公约》确立了"儿童最大利益原则"，即凡涉及儿

---

〔1〕 参见鞠青："各国罪错少年司法管辖制度比较"，载《人民法院报》2006年6月28日。

童的一切事物和行为，都应首先考虑以儿童的最大利益为出发点。之后，联合国分别通过了《联合国少年司法最低限度标准规则》（即《北京规则》）、《联合国预防少年犯罪准则》（即《利雅得准则》）、《囚犯待遇最低限度标准规则》、《保护被剥夺自由少年准则》等国际公约。这些国际公约是国际社会预防未成年人犯罪、未成年司法管理和保护被拘押的未成年人权利的法律文献的范本，构成了少年司法领域的联合国准则体系。世界绝大多数国家都具有针对未成年人案件的立法，并在实际中得到充分运用，这已成为势在必行的发展方向。

我国的刑事诉讼法未设专章规定未成年人案件的诉讼程序，只有在不公开审理、指定辩护、法定代理等方面有一些关于未成年犯罪嫌疑人、被告人的特殊规定，散见于某些相关章节之中。1991年9月，全国人大常委会通过了《未成年人保护法》，该章的第五章专门规定了对未成年人的司法保护。另外，最高人民法院也于1991年1月制定并发布了《关于办理少年刑事案件的若干规定（试行）》。1991年6月，最高人民法院、最高人民检察院、公安部、司法部、国家教委等部门以及工、青、妇等组织联合发布了《关于审理少年刑事案件建立相互配套工作体系的通知》、《关于审理少年刑事案件聘请特邀陪审员的联合通知》。1995年5月，最高人民法院又发布了《关于办理未成年人刑事案件适用法律的若干问题的解释》。1999年6月28日，全国人大常委会通过了《中华人民共和国预防未成年人犯罪法》，其中不少规定，特别是第六章"对未成年人重新犯罪的预防"，涉及了对犯罪的未成年人追究刑事责任的方针、原则和具体制度。当然除上述立法和司法解释之外，未成年人刑事司法的法律渊源可能还有一些其他的零散规定。不过令人遗憾的是，到目前为止我国还没有一部有关未成年人犯罪诉讼程序的专门法律或者在刑事诉讼法中设置专门规定。因此，进一步建立和完善具有中国特色的未成年人诉讼程序，是维护未成年犯罪嫌疑人、被告人的合法法权益和保障无罪的未成年人不受刑事追究的需要，也是完善和发展我国刑事司法制度的一个重要方面。

在出台立法之余，我国各地司法机关也开展了未成年人案件诉讼程序的广泛实践。1984年底，上海市长宁区人民法院建立了我国内地首个"少年刑事案件合议庭"，专门审理未成年人案件。1986至1987年，天津市4个区、县的人民法院也设立了少年法庭。1988年，最高人民法院在上海召开了审理未成年人刑事案件经验交流会，向全国推广少年法庭工作经验，设立少年法庭工作随之在全国展开。到1994年，全国已有少年法庭3369个，其中有些是以独立建制形式设立的。少年法庭运用特殊程序审理未成年人案件，取得了积极效果。少年法庭审判的未成年罪犯，经过改造回归社会后，重新犯罪率明显下降。

第二节   未成年人刑事诉讼的特有诉讼原则

未成年人刑事诉讼除了应当遵循我国刑事诉讼法所规定的基本原则外，还应当根据未成年人刑事诉讼程序的特点，遵循以下几项特有的原则：

一、教育、感化和挽救方针

我国《未成年人保护法》第 54 条规定："对违法犯罪的未成年人，实行教育、感化、挽救的方针，坚持教育为主、惩罚为辅的原则。"《预防未成年人犯罪法》第 44 条也作了同样的规定。教育、感化、挽救方针，是指公安司法机关的办案人员在办理未成年人犯罪案件时，要坚持以教育为主、惩罚为辅的原则，帮助未成年人认清所犯罪行的严重性，唤醒其悔罪意识，认罪服法，并重新做人。这一原则的含义是：侦查人员、检察人员和审判人员要以满腔热情的工作态度，正确对待未成年被告人，既要查明事实真相，维护正常的社会秩序，又要注意保护失足青少年，帮助挽救他们，促使其同犯罪行为划清界限；依法保障其享有的诉讼权利；落实"帮教"措施。

贯彻这一方针，要求公安司法机关的办案人员在刑事诉讼中各个阶段，既要查明案件事实，又要对未成年人继续教育和感化。既不能强调教育、感化而疏于查清事实，也不能只查事实而淡漠教育、感化，两者应该并重。教育、感化、挽救的方针和以教育为主、惩罚为辅的原则精神，应当贯彻于未成年人犯罪案件诉讼程序的始终，贯穿于立案、侦查、起诉和审判的各个环节。对于未成年人的教育感化，要在以下几个环节有所体现：

1. 审前教育。在案件起诉到法院之前，公安机关和检察机关的工作人员应当注重在初步了解其犯罪事实、犯罪原因、家庭环境、性格爱好和学习工作等情况的基础上，采取座谈、聊天的方式，减轻少年犯的心理压力，使其消除思想顾虑，让其暴露真实思想，以便有针对性地帮助少年犯解决思想认识问题。

2. 庭审教育。在开庭查清事实的基础上，着重询问少年犯走上犯罪道路的原因，分析犯罪的社会危害性，引导他们对犯罪有较深刻的认识。开庭时，审判人员、公诉人、辩护人都要注意语言的分寸，避免讽刺、挖苦等过激言辞的出现。

3. 宣判教育。审判人员应当在判决书中详细说明判决的理由，在以法服人的同时，对于未成年人还要做到以理服人。宣判时，审判人员要给少年犯详细讲解判决的理由和根据，耐心听取他们对判决的意见。

4. 诉讼后的延伸教育。对投入劳改的少年犯，公诉人、法官还要不定期地进行回访，配合劳改部门，帮助少年犯安心改造，争取早日回归社会。

坚持教育、感化、挽救的原则，就必须处理好惩罚与教育的关系。对犯罪的未成年人进行教育、感化和挽救，并不意味着对其所犯罪行可以不处罚。未成年人对自己的行为有一定的认识能力，应当承担一定的刑事责任。我国刑法规定刑事责任的起点年龄为 14 岁，这是比较科学、合理的，与世界上大多数国家一致或较为接近。对未成年人犯罪行为，特别是对那些重大恶性案件的首要分子，要依法惩处。但是，惩罚本身不是目的，惩罚的目的是立足于对犯罪者的改造和挽救。

二、分案处理原则

《预防未成年人犯罪法》第 46 条规定："对被拘留、逮捕和执行刑罚的未成年人与成年人应当分别关押、分别管理、分别教育。"《未成年人保护法》第 55 条规定："公安机关、人民检察院、人民法院办理未成年人犯罪案件和涉及未成年人权益保护案件，应当照顾未成年人身心发展特点，尊重他们的人格尊严，保障他们的合法权益，并根据需要设立专门机构或者指定专人办理。"第 57 条也规定："对羁押、服刑的未成年人，应当与成年人分别关押。"这便意味着我国法律对于未成年人犯罪案件实行分案处理原则。分案处理，是指在刑事诉讼过程中，司法机关应当将未成年人案件与成年人案件程序分离，分别关押、分别审理、分别执行。诉讼程序分离，指未成年人和成年人共同犯罪或者犯罪有未成年人时，应当对未成年人适用特别程序；分别关押，指实施刑事诉讼中的拘留、逮捕等强制措施时，应当将未成年人和成年人分别羁押，以免未成年人受到成年犯罪嫌疑人的不良感染；分别审理，指在审理过程中，只要不是必须合并的情形，都应当进行分案审理；分别执行，指未成年人案件的判决、裁定在生效后执行时，未成年罪犯与成年罪犯分开，不能放在同一场所，以防止成年人对未成年罪犯产生不良影响。

确立这一原则的目的，是为了保护未成年犯，避免其受到成年嫌疑人、被告人的交叉感染，有利于教育、感化和挽救。分案处理原则的依据是未成年人的特点，即未成年人思想意识还没有定型，若与成年人案件并案处理，同监执行，容易使未成年人受到不良影响，不利于对其进行教育改造。这在实践中已有例可循，一些未成年人由于与成年人同案处理，同监关押而受到成年罪犯的不良影响，恶习更深。所以，分案处理原则为许多国家所采取。如《俄罗斯刑事诉讼法典》中规定，如果未成年人曾与成年人共同参加犯罪，对未成年人的案件应当在侦查阶段尽可能分案处理。

分案处理，要求对于所有的未成年人犯罪案件都应当与成年人犯罪案件分案处理。此外，还应当将未成年初犯、偶犯与屡教不改的未成年惯犯、累犯和恶习较深的未成年犯罪嫌疑人以及共同犯罪或者集团犯罪中的未成年首犯、主犯分案处理。在条件允许的情况下，还可以将不同类型犯罪的未成年犯罪嫌疑人分案处理。就分案处理的内容而言，应当包括：分别立案；指派不同的侦查人员办理，在设立专门机构的情况下，将未成年人犯罪案件归由未成年人犯罪侦查机构专门办理，不同类型的案件分派不同的专业侦查部门办理；在对未成年犯罪嫌疑人适用拘留、逮捕等强制措施时，分别关押、分别管理、分别教育；对未成年犯罪嫌疑人与成年犯罪嫌疑人分别提请逮捕和移送审查起诉；开庭时分开审理，对未成年犯依法进行不公开审理，而对成年犯依照案情依法公开审理，在审理未成年人案件宣读起诉书时，只宣读涉及未成年人犯罪事实及具体认定的证据，不涉及的内容则不宣读；在法庭审理过程中，对未成年人案件坚持惩罚与教育相结合的政策，执行教育、感化、挽救的方针，充分保护未成年人的诉讼权利和其他权利。

三、不公开审理原则

不公开审理原则，是指人民法院审理未成年人案件或者有未成年人的案件时，审理过程不向社会公开。《刑事诉讼法》第 152 条规定："14 岁以上不满 16 岁未成年人犯罪的案件，一律不公开审理；16 岁以上不满 18 岁未成年人犯罪的案件，一般也不公开审理。"《未成年人保护法》第 58 条规定："对未成年人犯罪案件，新闻报道、影视节目、公开出版物、网络等不得披露该未成年人的姓名、住所、照片、图像以及可能推断出该未成年人的资料。"最高人民法院《关于审理未成年人刑事案件的若干规定》也进一步规定，未成年人刑事案件判决前，审判人员不得向外界披露任何可能推断出该未成年人的资料，并对未成年人刑事案件的诉讼案卷材料的使用进行了严格的限定。这是未成年人案件审理不公开原则的法律依据。

对未成年人案件实行不公开审理，主要是考虑到维护未成年人的名誉，缓解未成年人的精神压力和紧张心态，防止公开审理对其造成精神创伤而导致不利于教育改造的不良后果，有利于未成年被告人重新做人，促使其健康成长。从这个意义上讲，对未成年人案件的审理不公开也是教育、感化、挽救方针在司法程序上的体现。

世界上许多国家的法律对未成年人犯罪案件均有不公开审理的规定。如美国青少年教养法规定，在审理青少年犯罪的整个诉讼过程中，法院应当保护档案，防止泄密，在诉讼活动结束后，应当将全部档案和卷宗封存。法国的相关法律也规定，对于涉及犯罪的少年身份、姓名的文章、照片，一律不准发表；违反者，将分别受到罚款或徒刑的处罚。

应当指出，贯彻这一原则，只是审理过程不公开，宣告判决的程序必须公开。因此，对未成年人案件，也应当公开宣判，但不得采取召开宣判大会等形式。

四、保障诉讼权利原则

保障未成年犯罪嫌疑人、被告人诉讼权利的原则，是指公安司法机关在处理未成年人刑事案件的过程中，应当充分保障未成年犯罪嫌疑人、被告人依法享有的各项诉讼权利。未成年犯罪嫌疑人、被告人作为诉讼参与人，除了享有成年犯罪嫌疑人、被告人的诉讼权利外，还享有一些特殊的权利。

1. 法定代理人的在场权。根据《刑事诉讼法》第14条第2款的规定，对于不满18岁的未成年人犯罪的案件，在讯问和审判时，可以通知犯罪嫌疑人、被告人的法定代理人到场。未成年人心理尚未成熟，法定代理人在讯问、审判时到场，主要基于以下考虑：①可以消除未成年人进入诉讼程序后的紧张恐惧心理，保证对案件的顺利调查审理；②可以加强法定代理人对未成年人合法权益的保护；③可以督促公安司法机关加强对未成年人诉讼权利的特别保护以及办案质量的不断完善。从上述意义来看，法律虽然规定是"可以"，但为保障诉讼目的实现，司法机关在没有妨碍诉讼进行的例外情况时，一般应通知法定代理人到场。

2. 获得辩护人帮助的权利。我国《刑事诉讼法》第34条规定，被告人是未成年人而没有委托辩护人的，人民法院应当指定承担法律援助义务的律师为其提供辩护。未成年人作为被告人时，不但其诉讼地位决定了其行使辩护权的困难，而且未成年人本身这一主体的特点就决定了获得辩护人帮助的迫切性。刑事诉讼法的这一规定对于保障未成年人被告诉讼权利的实现具有重要意义[1]

3. 为未成年犯罪嫌疑人、被告人行使诉讼权利创造了良好的环境。根据《未成年人保护法》、最高人民法院《关于审理未成年人刑事案件的若干规定》等的规定，人民法院应在刑事审判庭内设立未成年人刑事案件合议庭或成立专门少年刑事审判庭受理未成年人犯罪案件；在庭审过程中，审判人员应当根据少年被告人的智力发育程度和心理状态，要态度严肃、和蔼，注意缓和法庭气氛，发现有对未成年被告人进行诱供、训斥、讽刺和威胁的情形时，应当及时制止；休庭时，可以允许法定代理人或其他成年近亲属、教师等人员会见被告人等。《预防未成年人犯罪法》第44条第3款也规定："对于被采取刑事强制措施的未成年学生，在人民法院的判决生效以前，不得取消其学籍。"

---

[1] 这里需要讨论的是未成年犯罪嫌疑人获得辩护人帮助的时间。按照刑事诉讼法规定，未成年被追诉人只有在审判阶段没有委托辩护人，法院才应当为其指定辩护人。事实上，未成年人在侦查和审查起诉阶段承受的心理压力更大，为了消除或减少未成年人对侦查起诉中的恐惧心理和抵触情绪，在侦查和审查起诉程序中为其提供律师帮助也是必要的。因此我们主张，未成年人的辩护人的介入刑事诉讼的时间和对未成年人的指定辩护应提前到侦查阶段。

五、全面调查原则

全面调查原则，是指公安司法机关在办理未成年人案件时，不仅要调查案件事实，而且还要对未成年人的生理、心理状态及社会环境进行彻底的社会调查，必要时进行医疗检查和心理学、精神病学鉴定。全面调查原则要贯穿刑事诉讼的始终，而不限于法庭调查。贯彻全面调查原则，可以全面把握未成的人生活、成长环境，了解其人格、素质等情况，查明犯罪的原因和条件。这不但有利于正确处理案件，而且对选择正确的方法和途径对其进行教育、改造也是很有必要的。

全面调查的范围，包括对犯罪事实的调查和其他特殊调查。特殊调查主要是指对未成年人的社会调查和生理调查，主要内容包括：①未成年人的个人基本情况，尤其是未成年人的实际年龄，这关系到对未成年未成年人是否需要追究刑事责任；②未成年人的经历；③未成年人的身心状况，即生理发育是否有缺陷，是否有病史，特别是是否有精神病史以及现时健康状况等；④未成年人的兴趣爱好；⑤未成年人的交往对象、交往范围；⑥未成年人的受教育状况；就学时间、学习成绩、道德品质及师生关系等；⑦未成年人的职业状况，包括未成年人的就业时间、就业原因，就业经历，就业表现等；⑧未成年人的家庭环境，包括未成年人的家庭结构是否健全，家庭关系是否融洽，家庭教育是否全面、家庭管理是否科学以及家庭经济状况等；⑨未成年人的社区环境，包括未成年人在社区中与有关邻里的关系、交往、表现情况等；⑩未成年人在犯罪后的思想状况，羁押表现和目前的态度；⑪被害人是否有过错；⑫未成年人的家长、监护人或者有关人员的人格、素质、经历和环境；等等。

全面调查要在刑事诉讼的全过程中实施，而非局限于法庭调查。所以，从立案开始到侦查、起诉、审判等所有阶段，都要坚持全面调查，以利于对案件作出相应的处理。尤其是在侦查阶段，对未成年人的全面调查意义更为重大，对整个未成年人的诉讼程序具有奠基的地位。

六、迅速简易原则

迅速简易原则，是指在办理未成年犯罪案件过程中，在诉讼的各个阶段，都要尽可能地缩短时间，提高诉讼效率，简化程序，争取早日结案。迅速，要求尽可能地争取时间，缩短诉讼时间，尽早结案；简易，要求诉讼程序尽可能地从简进行，简化手续。简易是迅速的前提，迅速是简易的目的和效果，两者是相互联系的。

对未成年人案件实行迅速简约原则，是由未成年人的年龄、生理及生活特征决定的，未成年人在诉讼阶段停留越长，心理压力就越大，就会给诉讼的顺利进行带来困难，对以后的教育改造也不利。未成年人大多系初犯，加之对法律知之甚少，很容易精神紧张，极易给未成年被告人造成被社会抛弃的感觉，对他们造成极大的危害和心理创伤。实行迅速简约原则的目的，是为了避免诉讼给未成年被告人带来负效应，排除其紧张、抵触的思想障碍。

贯彻迅速简易原则，需要注意以下两个方面的问题：①应当根据刑事诉讼法的办案期限规定迅速进行，尽可能地缩短办案期限，简化办案手续，尽早地对案件的定性、处理提出检察机关的意见，以尽快结束案件的不确定状态。但是，这在目前还只是司法实践中的理念要求，我国的刑事诉讼法并未对未成年人刑事诉讼的期限进行严格的缩短限制。②在迅速审理的同时，还要注意充分保护未成年人各项合法权益，并且在保护未成年人权益与保护其他方面的权益发生冲突时，应优先保护未成年人的权益。因此，必须注意的是迅速简约并不是草率从快、一切从简，尤其不能忽略保护未成年被告人的辩护权、上诉权等诉讼权利，否则迅速从简就失去了意义。

第三节　未成年人刑事诉讼的具体程序

一、立案程序

未成年人案件的立案在材料来源、立案条件以及立案程序方面与成年人案件立案程序是相同的。但与成年人案件立案程序相比，未成年人立案程序还具有一些不同之处。

未成年人犯罪案件同成年人犯罪案件最根本的区别在于对象的不同。未成年人案件是指已满 14 周岁不满 18 周岁的未成年人的刑事案件。所以在接受、处理立案材料时，应当首先重点查明未成年人的准确的出生年月日，并且严格按照科学方法计算，这是区分是否未成年人犯罪的本质要素。另外在立案时，还要查证未成年人是否系教唆犯罪。同时，为贯彻教育、挽救方针，要扩大审查的范围，除应查明立案的事实条件和法律条件外，对认定案情有意义的材料，都要尽量予以查证。

经过审查，凡是不符合立案条件的，属于罪行轻微，社会危害性不大，不需要判处刑罚的，可以将案件材料转交有关部门，作适当处理；或者责令其家长或者监护人严加管教，并且要协调有关各方，落实帮教措施。对符合立案条件的，除了要与其他案件一样办理立案手续，还应将未成年人的有关情况予以注明。

二、侦查程序

根据未成年人案件的诉讼原则，对未成年人案件在侦查时，应当注意以下几个方面：

（一）贯彻全面审查原则，扩大侦查范围

在对普通案件进行侦查时，侦查的对象主要是与定罪量刑有关的事实和情节。在对未成年人案件进行侦查时，不仅要查明与定罪量刑有关的事实、情节，还必须对案件事实以外的其他有关情况进行调查，如未成年人的个人品性、心理状况、成长环境、犯罪的主客观条件、是否存在教唆等各方面与案件处理有关的情况等等。在详细查清的基础上，使刑事诉讼一方面可以公正地惩罚犯罪，另一方面也可以对未成年人进行良好地教育与改造。

（二）慎用强制措施

在对未成年人案件进行侦查中，强制措施的适用条件和程序要更加严格和慎重。对可用可不用的，坚持不用；对适用强度弱的强制措施可以达到目的，不应适用更强的强制措施。尤其是可捕可不捕的，没有逮捕必要的，不得适用逮捕，以免对其造成不必要的心理压力。在采取强制措施时要尽可能地采用较轻的强制措施，如取保候审、监视居住等。我们建议，可以考虑在立法上设置一些专门适用于未成年人的强制措施，如交由其父母、监护人看管或交由学校监视等较温和的一些措施。如果需要采取暂时剥夺人身自由的强制措施，也应当与成年嫌疑人分管、分押，防止交叉感染。

（三）灵活适用侦查行为

在未成年人案件中侦查中，当需要传唤未成年人时，要注意未成年人的心理特点，避免引起其过度紧张。因此，对未成年人一般可通过其父母、监护人等间接传唤而不宜直接传唤。在讯问未成年人时，尽量选择其熟悉的场所和地点。在讯问时，根据案件情况，可以选择其较为熟悉的场所进行，邀请其亲友、老师等参加，也可以通知其父母、监护人到场。在对未成年人讯问时，坚持教育、挽救的方针，要注意讯问的方式，要讲求符合未成年人的语言和方式，避免生硬、粗暴的训斥和讽刺，要采取教育、启发的方法，减缓其心理压力，使讯问能够在宽松的气氛中进行。另外，我们主张，为了加强对未成年人合法权益的保护，讯问未成年犯罪嫌疑人时，应该有律师在场。在这一方面，刑事诉讼立法应当进行一定的完善。即使律师在场权暂时不能普及至所有刑事案件，但应当确立未成年人刑事诉讼程序中讯问时的律师在场权。

三、起诉程序

未成年人犯罪的起诉程序，除适用刑事诉讼法所规定的普通刑事案件的起诉程序外，在以下几个方面还需要特别贯彻：

1. 在审查起诉时，要贯彻全面调查原则，除了查明《刑事诉讼法》第137条所规定的情况之外，还必须对侦查阶段的全部证明对象，逐个审查核实。

2. 设立专门的起诉科室或指定专门人员，负责未成年人案件的起诉工作。

负责未成年人案件起诉工作的检察人员，在业务素质上应具备较为全面的心理学、生理学、社会学和教育学知识，既能保证正确的执行法律，又能运用多方面的知识对未成年人进行教育、感化和挽救。

3. 针对不起诉案件，做好未成年人的善后工作。凡是决定不起诉的未成年人犯罪案件，一律坚持公开宣告的原则。并在宣告不起诉决定以后，要继续做好对未成年人定期考察和帮教的延伸工作。

4. 起诉书的内容应根据未成年人的具体情况，对未成年人的心理、生理、性格特征及其成长的家庭、社会环境等加以说明。公诉词要对未成年人的个人情况予以详细的论述。

5. 在立法上考虑增加附条件不起诉制度。所谓附条件不起诉，是指检察机关在审查起诉时，根据犯罪嫌疑人的年龄、性格、情况、犯罪性质和情节、犯罪原因以及犯罪后的悔过表现等，对较轻罪行的犯罪嫌疑人设定一定的条件，如果在法定的期限内，犯罪嫌疑人履行了相关的义务，检察机关就应作出不起诉的决定。

四、审判程序

（一）审判机构的专门化

根据需要设立专门机构或指定专人办理未成年人犯罪案件，是我国未成年人保护法中的特殊规定。最高人民法院《关于审理未成年人刑事案件的若干规定》第6条规定："中级人民法院和基层人民法院可以建立未成年人刑事审判庭。条件尚不具备的地方，应当在刑事审判庭内设立未成年人刑事案件合议庭或者由专人负责办理未成年人刑事案件。高级人民法院可以在刑事审判庭内设立未成年人刑事案件合议庭。未成年人刑事审判庭和未成年人刑事案件合议庭统称少年法庭。"第10条又规定了少年法庭的受案范围：少年法庭受理案件的范围：①被告人在实施被指控的犯罪时不满18周岁的案件；②被告人在实施被指控的犯罪时不满18周岁，并被指控为首要分子或者主犯的共同犯罪案件；③其他共同犯罪案件有未成年被告人的，或者其他涉及未成年人的刑事案件是否由少年法庭审理，由人民法院院长根据少年法庭工作的实际情况决定。

目前，全国大多数省、自治区、直辖市的各级法院都建立了少年法庭，这对于提高审判质量和做好未成年被告人的教育改造都是十分有意义的。另外，可以考虑在条件成熟的情况下，建立专门的未成年人刑事法院，作为专司未成年人犯罪案件审判的司法机构。

（二）审判组织的专业化

针对未成年人案件的特点，未成年人案件的审判组织应走专门化的道路。在设立未成年人刑事法院条件尚不具备的情况下，我国司法实践中所采取了设立少年审判庭的做法，这是比较好的选择。对审判组织而言，也应采取专业化的方法，应挑选素质高、了解未成年人特点的人员以合议庭的形式进行审判。合议庭的组成中，一般应有女审判员或陪审员参加，以利于审判的顺利进行。

（三）庭审程序的特殊化

人民法院在审判未成年人犯罪案件时，要注意以下问题：①法庭审理中要注意审判的技术和方法。审判人员要恰当运用审判语言，以调节气氛，缓和未成年人紧张情绪，保证诉讼的顺利进行。②要切实保障未成年被告人在法庭上享有的诉讼权利，例如指定律师进行辩护、实行不公开审理、法定代理人到庭等。③对未成年人犯罪案件的审判，无论是一审还是二审审判，都要以直接开庭的方式审理，直接审理有利于贯彻教育、感化和挽救的方针。

（四）判决结果的轻刑化

《刑法》第49条规定，犯罪时不满18岁的人，不适用死刑。这一规定很好地体现了对未成年人进行挽救和改造的精神。另外，《刑法》第17条第3款又规定："已满14周岁不满18周岁的人犯罪，应当从轻或者减轻处罚。"这一规定既适用于主刑也适用于附加刑，也是贯彻了教育、感化、挽救未成年人的方针。

（五）判决制度的改革尝试

目前，我国不少地方法院已经开始在试点暂缓判决制度的司法试验。所谓暂缓判决，是指法院经过开庭审理后，对构成犯罪并符合一定条件的未成年人，暂不判处刑罚，而是设置一定的考验期，如果未成年被告人在考验期内符合相关条件，法院将对其判处轻刑，或者适用缓刑，或者免除其刑罚。暂缓判决是西方国家在审判未成年人犯罪案件时常用的一项制度。对于未成年人犯罪，一味地判决监禁刑并非是一种科学合理的做法。《联合国少年司法最低限度标准规则》第19条"说明"特别强调："进步的犯罪学主张采用非监禁办法代替监禁教改办法。就其成果而言，监禁与非监禁之间，并无很大或根本没有任何差别。任何监禁机构似乎不可避免的会对个人带来许多消极影响；很明显，这种影响不能通过教改努力予以抵消。少年的情况尤为如此，因为他们最易受到消极影响的侵袭。此外，由于少年正处于早期发育成长阶段，不仅失去自由而且与正常的社会环境隔绝，这对他们所产生的影响无疑较成人更为严重。"在很大程度上，暂缓判决制度能同时达到惩治犯罪和感化、挽救未成年犯罪人的双重目的。

五、执行程序

对未成年人刑事诉讼作出的有罪判决生效后，在执行时应当注意以下几点：

（一）应与成年犯分别羁押，以避免受成年犯的不良影响

《刑事诉讼法》第213条第3款规定："对未成年犯应当在未成年犯管教所执行刑罚。"对未成年犯进行分离关押，既可以避免成年罪犯对未成年犯的教唆、

传授，同时也便于对未成年犯采取有针对性的教育改造措施。另外，我国的未成年犯管教所在名称上与监狱存在断然的区分，可以在一定程度上避免对未成年犯造成自尊心上的伤害，有利于较快地进行犯罪矫正和回归社会。

（二）对于未成年犯的改造，应适用"教育改造为主、轻微劳动为辅"的原则

《监狱法》第75条规定："对未成年犯执行刑罚应当以教育改造为主。"未成年犯的劳动，应当符合未成年人的特点，以学习文化和生产技能为主，坚持半天学习、半天劳动的做法。设专职人员对未成年犯进行文化、法制和劳动技能方面的教育，并注重针对未成年人的心理辅导和矫正，使其回归社会时既有适应社会的思想基础，又有生活能力。《预防未成年人犯罪法》第46条也规定："对被拘留、逮捕和执行刑罚的未成年人与成年人应当分别关押、分别管理、分别教育。未成年犯在被执行刑罚期间，执行机关应当加强对未成年犯的法制教育，对未成年犯进行职业技术教育。对没有完成义务教育的未成年犯，执行机关应当保证其继续接受义务教育。"

（三）在向执行机关交付执行时，人民法院的材料移送应当尽量详尽

人民法院审结未成年人案件后，应当认真详细地填写结案登记表，并附送有关未成年罪犯的社会调查报告及其在刑事诉讼中的表现等诸种材料，连同生效的判决书副本、执行通知书一并交付执行机关，以便执行机关有针对性地对未成年人进行教育、感化和挽救。

（四）对未成年犯在执行过程中，要注意发挥公安司法机关以及其他社会各界的力量

一方面，公安司法机关在执行过程中应当严格依法积极地行使职权。对于被判处管制和缓刑的未成年罪犯，公安机关要依法加强考察的组织和实施工作。人民检察院要加强对未成年罪犯监所的监督工作，发现问题应当及时提出纠正的意见。另一方面，在注意发挥执行机关主导作用的同时，还要发挥社会组织、未成年犯家庭的作用，使未成年犯感受到社会的关怀和家庭的亲情，促进其思想的转变，以早日回归社会。

学术视野

关于未成年人刑事案件诉讼程序，当前理论界的研究热点主要集中在以下几个方面：①有学者认为我国刑事诉讼法对未成年犯罪嫌疑人、被告人辩护权的保障力度不够，应当通过设立辩护律师在场权、强化强制辩护等措施加大保障力度。②有学者建议在未成年人刑事诉讼中建立分案起诉制度，分案起诉是指检察

机关在审查起诉阶段将未成年人与成年人共同犯罪的案件分开，以独立案件提起公诉，并由法院分案受理的诉讼制度。③我国司法实践中出现了对未成年人犯罪暂缓起诉的制度试验，理论界对此也展开了详细的讨论。④理论界从有利于未成年人的角度出发，对未成年人犯罪案件的法庭设置和审理方式提出了不同的设想，主要包括圆桌审判方式、U 字型审判方式和平行式的审判方式等三种观点。⑤有学者提出了设立少年法院的构想，并辅以对未成年人犯罪专门立法的方式，去完善未成年人犯罪的刑事审判程序。

理论思考与实务应用

一、理论思考

（一）名词解释

未成年人刑事诉讼程序　分案处理原则

（二）简答题

1. 未成年人刑事诉讼应当坚持哪些特殊的方针和原则？

2. 未成年人刑事诉讼与成年人刑事诉讼在本质上有什么区别？为什么会存在这些区别？

3. 对未成年人犯罪案件的立案、侦查、起诉和审判，应当注意哪些特别的问题？

4. 对未成年人犯罪的执行，应当注意什么问题？其基本理念是什么？

（三）论述题

试述我国未成年人刑事诉讼程序的改革与完善。

二、实务应用

（一）案例分析示范

案例一

2008 年 5 月 2 日晚上，王华、李志、路平和杨虎 4 人在一起喝酒。后喝至深夜结束时，王华提议去"找点钱花"，于是 4 人走上附近大街。这时，恰巧有一年轻女性经过，4 人上去将其围住，采用暴力手段将其手包抢走，其中有现金 500 元，手机一部。案发后，公安局于 2008 年 5 月 7 日分别逮捕了王华、李志、路平、杨虎，将 4 人共同关押在看守所某房间。在检察院提起公诉后，2008 年 6 月 5 日，法院组成未成年人刑事案件合议庭对案件进行审理，王华、李志都聘请了辩护人，路平、杨虎没有聘请，法院也没有为他们指定辩护人。2008 年 7 月 2 日，法院一审分别判处 4 人：王华有期徒刑 7 年，并处罚金 5000 元，李志有期徒刑 5 年，路平、杨虎均为有期徒刑 3 年。后路平父亲对判决不服，提出上诉，二审法院认为路平父亲无权提起上诉，予以驳回。判决生效后，4 人均被羁押至某监狱执行。后查明 4 人年龄如下：王华，生于 1987 年 8 月 3 日；李志，生于 1988 年 5 月 1 日；路平，生于 1991 年 12 月 5 日；杨虎，生于 1992 年 5 月 10 日。

问：试分析案例中公安司法机关存在的不当之处，并说明理由。

【评析】

（1）公安局将四人共同关押在看守所某房间是错误的。根据《未成年人保护法》第 41 条的相关规定，对于审前羁押的未成年人，应当与羁押的成年人分别看管。本案中，在 2006 年 5 月 7 日，王华、李志已经成年，而路平、杨虎都是未成年人，应当分别看管，所以公安机关的做法是错误的。

（2）法院没有为路平指定律师是错误的。根据最高人民法院《关于审理未成年人刑事案件的若干规定》第 15 条，人民法院应当依法保证未成年被告人获得辩护。开庭审理时不满 18 周岁的未成年报告人没有委托辩护人的，人民法院应当指定承担法律援助义务的律师为其提供辩护。

（3）二审法院驳回路平父亲的上诉是错误的，根据《刑事诉讼法》第 180 条的相关规定，被告人、自诉人和他们的法定代理人，不服地方各级人民法院第一审的判决、裁定，有权用书状或者口头向上一级人民法院上诉。

（4）在执行过程中，将 4 人均被羁押至某监狱执行是错误的，对于 4 人中的路平、杨虎应当交由未成年犯管教所执行。因为根据《刑事诉讼法》第 213 条第 3 款的规定，对未成年犯应当在未成年犯管教所内执行刑罚。

案例二

某区法院审理一起未成年人故意伤害案。被告人孙某，男，15 岁，系某校初中三年级学生。2007 年 11 月某日与本校另一学生打架，致其重伤。开庭前，法院在向被告人送达起诉书副本时，告知他可以委托辩护人为其辩护，被告人因不愿增加家庭负担，表示不委托辩护人。区法院遂将被告人的这一意见记录在案，于 10 日后开庭审理。被告人所在学校为加强校纪教育，征得法院同意后，选派了 5 名学生干部参加旁听审判，并要他们回校后向各自班级作宣传教育。经法庭审理，法院以故意伤害罪判处被告人有期徒刑 3 年。审判后，孙某表示服判不上诉。孙某的父亲不服提出上诉，同时为孙某委托律师参加二审。

问：该案在审理中存在那些问题？

【评析】法院在本案的审理中存在的问题有：

（1）没有为未成年人指定辩护人。本案中被告人孙某 15 周岁，属于不满 16 周岁的未成年人。根据我国《刑事诉讼法》第 34 条的规定，被告人是未成年人而没有委托辩护人的，人民法院应当为其指定辩护人。该案一审时，人民法院在没有指定辩护人的情况下，即开庭审理，严重违反了诉讼程序。

（2）违反了公开审判的规定。根据《刑事诉讼法》的规定，人民法院审判第一审案件应当公开进行。但对于 14 周岁以上不满 16 周岁未成年人犯罪案件，一律不公开审理。本案行为人孙某只有 15 周岁，属于应一律不公开审理的情况。一审法院在开庭时，同意学校派代表参加旁听，严重违反诉讼程序。

（二）案例分析实训

案例一

被告人胡某，男，15 岁，某县中学学生。2009 年 5 月 10 日下午，胡某和其同班同学刘某等 5 人在本县一铁道路口玩耍。约 3 时许，一列旅客列车从远处开来。胡某随即准备了一些石块、砖块，并告诉同学他要向列车投掷石块和砖块，并专挑车窗玻璃未关的窗口打，终于击中旅客王某，致其颅骨粉碎性骨折，经抢救无效于当晚死亡。被害人王某的妻子主动提出，家中有 4 个子女，还有八十多岁的老人，生活负担较重，鉴于被告人胡某是未成年的孩子，不懂事，要求人民法院多判赔偿，减轻刑罚。被告人胡某的父亲表示同意多赔偿被害人家的损失，要求法院能从宽处理其子，最好能不判刑罚。

问：（1）人民法院受理此案后，合议庭有人提出，此案对青少年尤其是在校生有教育意义，社会上经常有向行驶中的列车或汽车投掷石块等物的情况，中小学生可以从本案中汲取教训，防患于未然，故应将本案在中小学生范围里公开审理。人民法院是否可以公开审理此案？

（2）鉴于本案被害人王某的妻子和被告人胡某的父亲均表示可以多判赔偿少判刑罚，人民法院是否可以先行调解，在双方协商一致的基础上进行判决？

案例二

丁某，男，15 岁，系孤儿，由其姨妈周某收养，住某市电业局宿舍。丁某虽有姨妈周某收养，但周某一直疏于管教，其常跟随附近一无业青年董某惹事。董某曾多次盗窃他人财物。1998 年 4 月 20 日清晨，董某带丁某到火车站，趁火车站人多嘈杂，指使丁某抢夺某一行人的背包，抢得人民币 800 余元。同年 5 月，董某又带丁某入室盗窃，让丁某在外望风，窃得财物价值 5000 余元。次年 3 月，董某与被害人苏某发生口角争执，董某给丁某一木棍，授意丁某绕苏某背后将对方击倒。苏某头部被击，流血不止，送医院抢救终因失血过多而死亡。公安机关接到受害人家属报案后，将董某、丁某一举抓获，以共同犯罪对丁某、董某立案侦查。

在侦查阶段，办案人员对丁某进行了讯问，丁某交代了其与董某共同抢夺、盗窃、故意伤害他人的犯罪事实。在讯问过程中，办案人员未通知丁某的收养人周某到场，没有告知丁某有权获得律师的法律帮助，亦没有详细记载丁某犯罪的主客观因素，更没记载下丁某受董某唆使犯罪这一关键事实。

公安机关侦查终结移送检察院审查起诉后，人民检察院经审查后以故意伤害致人死亡罪向人民法院提起了公诉。在该公诉中，也未注明丁某犯罪的详尽家庭社会背景，仅注明丁某是未成年人，在共同犯罪案件中受董某影响，系共同犯罪中的从犯，要求给予从轻处理。

人民法院接到检察院公诉书后，组织合议庭公开开庭对此案进行了审理。在庭审中，某律师事务所律师崔某担任被告人丁某的辩护人，崔某以本案侦查、起诉、庭审准备程序中存在违法做法为由，向法院请求纠正，法院对此辩护意见未予以理睬。庭审结束后，法院进行了宣判，宣告丁某有罪，判处有期徒刑 5 年，随后将丁某与同案犯董某一并交付监狱执行。

问：请指出本案的诉讼程序中所存在的违法之处。

 主要参考文献

1. 杨诚、单民主编：《中外刑事公诉制度》，法律出版社 2000 年版。
2. 温小洁：《我国未成年人刑事案件诉讼程序研究》，中国人民公安大学出版社 2003 年版。
3. 肖建国主编：《发展中的少年司法制度》，上海社会科学院出版社 1997 年版。
4. 孙谦、黄河："少年司法制度论"，载《法制与社会发展》1998 年第 4 期。
5. 高维俭："论我国少年法院的理想模式"，载《青少年犯罪问题》2001 年第 1 期。
6. 康树华："论中国少年司法制度的完善"，载《中国刑事法杂志》2000 年第 3 期。
7. 徐建："论我国建立少年法院的条件和必要性"，载《青少年犯罪问题》2001 年第 4 期。
8. 潘国生、黄祥青："中国少年刑事审判制度若干问题探讨"，载《法学评论》1999 年第 1 期。
9. 刘翔："美、英、德少年司法制度概述"，载《政法论坛》1995 年第 4 期。

第二十一章

涉外刑事诉讼程序

【本章概要】涉外刑事诉讼程序涉及到国家主权和对外关系，既要以国内法为依据，又要信守国际条约，在法律适用和程序规定上有其特殊之处。本章主要介绍了涉外刑事诉讼程序的基本原则、特殊的程序规则以及刑事司法协助的具体范围和程序。

【学习目标】学习本章内容主要掌握以下要点：涉外刑事诉讼程序的概念、特点；涉外刑事诉讼的特有原则；刑事司法协助。

【教学重点与难点】涉外刑事诉讼所适用的法律；外国籍当事人委托中国律师辩护或代理的原则；刑事司法协助的含义、主体和法律依据。

第一节　涉外刑事诉讼程序

一、涉外刑事诉讼程序的概念

涉外刑事诉讼程序是指我国公安机关（含国家安全机关）、人民检察院、人民法院和司法行政机关办理具有涉外因素刑事案件时适用的诉讼程序。由于涉外刑事诉讼即涉及到国家主权，又涉及到对外关系；既要以我国国内立法为依据，又要承担我国缔结或参加的国际条约所规定的义务，法律对如何办理涉外刑事案件有一些特别的程序规定，称作涉外刑事诉讼程序。法律没有规定的，适用普通诉讼程序。

依据《刑诉解释》，涉外刑事案件主要包括以下几类：①在中华人民共和国领域内，外国人犯罪的或者我国公民侵犯外国人合法权利的刑事案件；②在中华人民共和国领域外，符合《刑法》第 8、10 条规定情形的外国人对中华人民共和国国家和公民犯罪和中国公民犯罪的案件；③符合《刑法》第 9 条规定的情形，中华人民共和国在所承担国际条约义务范围内行使管辖权的案件。

"中华人民共和国领域"，包括我国的领土（领陆、领空、领水）和我国的船舶、航空器。

"外国人"包括外国人和无国籍人。外国人的国籍，依他在入境时的有效证件予以确认。国籍不明的，由公安机关出入境管理部门或者公安机关会同外事部门予以查明。

由于涉外刑事诉讼既关系到国家主权和法律尊严的维护，又涉及到对外关系的适当处理；既要符合国内法，又要遵循我国缔结或者参加的国际条约，是一项政治性、技术性都很强的活动，因而需要规定区别于国内刑事诉讼的特别程序和专门的法律规范。世界各国关于涉外刑事诉讼的立法体例，大体有三种类型：

1. 颁布单行的涉外刑事诉讼法，与内国刑事诉讼法典并列适用，共同构成一国的刑事诉讼法体系。

2. 把涉外刑事诉讼程序的各种特别规定，作为刑事诉讼法典的组成部分规定在各章节和诉讼阶段的条款中。

3. 将涉外刑事诉讼程序的各种特别规定以专门的篇章体例统一规定，置于刑事诉讼法典普通刑事诉讼程序之后。

第三种体例即把涉外刑事诉讼纳入统一的刑事诉讼法典中，又对涉外诉讼的一些特殊问题集中加以规定，便于司法机关和当事人运用，已成为世界多数国家刑事诉讼立法的新趋势。

二、涉外刑事诉讼程序的法律依据

我国没有单行的调整涉外刑事诉讼程序的立法，现行刑事诉讼法典基本上属于第二种立法体例，而最高人民法院的司法解释则采第三种立法体例。我国《刑事诉讼法》对于涉外刑事诉讼程序，仅在第16、17条作了原则性规定，在第20条作了对管辖的相关规定，缺乏全面具体的规定。司法实践中处理涉外刑事案件，除根据《刑法》、《刑事诉讼法》外，主要依据一些行政法规、司法解释和政策性文件，包括：①1986年9月5日全国人大常委会通过的《中华人民共和国外交特权与豁免条例》；②1987年6月23日全国人大常委会通过的《关于对中华人民共和国缔结或者参加的国际条约所规定的罪行行使刑事管辖权的决定》；③1981年6月19日公安部、外交部、最高人民法院、最高人民检察院《关于处理会见在押外国籍案犯以及外国籍案犯与外界通信问题的通知》；④1987年8月27日外交部、最高人民法院、最高人民检察院、公安部、国家安全部、司法部《关于处理涉外案件若干问题的规定》；⑤1998年6月29日最高人民法院《关于执行〈中华人民共和国刑事诉讼法〉若干问题的解释》；⑥1998年12月12日最高人民检察院《人民检察院刑事诉讼规则》中的有关规定。

随着法治建设的深化，针对日益明显得犯罪国际化趋势，整合、规范涉外刑事诉讼程序方面的立法显得日益迫切。

第二节　涉外刑事诉讼的特有原则

涉外刑事诉讼除了必须遵循我国刑事诉讼法规定的基本原则外，基于"涉外因素"的特殊性，还必须遵循以下几项特有原则。

一、国家主权原则

国家主权原则即追究外国人犯罪适用中国法律的原则，是涉外刑事诉讼程序的首要原则。主权是指一个国家独立自主地处理对内对外的一切事务、不受他国干涉的最高权力。国家司法主权独立是国家主权的重要内容。司法主权的行使，体现在其适用本国法律，不受任何外来势力的影响，未经同意任何国际条约对本国不具有约束力，不容许在本国存在在治外法权或者领事裁判权。

我国《刑事诉讼法》第16条规定："对于外国人犯罪应当追究刑事责任的，适用本法的规定。对于享有外交特权和豁免权的外国人犯罪应当追究刑事责任的，通过外交途径解决"。本条规定体现了我国涉外刑事诉讼的国家主权原则，它主要包含以下内容：

1. 外国人、无国籍人在中华人民共和国领域内进行刑事诉讼，一律适用我国刑事诉讼法规定的程序；享有外交特权和司法豁免权的外国人犯罪应当追究刑事责任的，通过外交途径解决。外交特权和司法豁免权作为主权原则的延伸，是正常国际交往中平等互惠原则所决定的。

2. 依法应由我国司法机关管辖的涉外刑事案件，一律由我国司法机关受理，外国司法机关无管辖权。

3. 外国法院的刑事裁判，只有经我国人民法院按照我国法律、我国缔结和参加的有关双边协定和国际条约的规定予以承认的，才在我国境内发生应有的效力。

二、信守国际条约原则

信守国际条约原则即公安司法机关处理涉外刑事案件时，在适用我国刑事诉讼法的同时，还须兼顾我国缔结或参加的国际条约，根据条约的规定履行相应的义务。

国际条约是国家之间缔结或签订的确定彼此权利义务的协议。由于国家间主权平等，国际条约靠各国的信守得以实施。作为一个主权国家，其缔结或参加的国际条约，是它自己的意志表示，应该在条约生效后履行信守条约、付诸实施的义务。因此，信守国际条约，是国际法的一项基本原则。这一原则的落实，要靠各国国内法的保证。

具体就涉外刑事诉讼而言，通过国内法保证国际条约的遵行，通常有两种方法，①将所承认的国际条约内容，通过国内立法程序专门制定为一部法律加以实施；②在国内法中规定承认国际条约的条件和原则，凡是符合该规定的国际条约即自动变通为国内法而在境内实施。我国刑事诉讼法对此还没有公开明确的规定。而最高人民法院的司法解释则规定"中华人民共和国缔结或者参加的国际条约中有关于刑事诉讼程序具体规定的，适用该国际条约的规定。但是，我国声明保留的条款除外"。从中可以看到，一方面在我国缔结或参加的国际条约的规定同国内法发生冲突的情况下，优先适用国际条约的有关规定；另一方面，我国参加或缔结国际条约时声明保留条款，对我国司法机关没有约束力。

三、诉讼权利同等原则

诉讼权利同等原则，指外国人在我国参与刑事诉讼，依法享有与我国公民同等的诉讼权利，承担同等的诉讼义务。这是国际法和国际惯例上的"国民待遇"原则在涉外刑事诉讼中的体现。在司法实践中，既要反对盲目排外，给予歧视性待遇，随意剥夺或限制外国诉讼参与人应享的诉讼权利，也要反对盲目崇外，给予特殊待遇，赋予外国诉讼参与人超出我国诉讼参与人的诉讼权利。此外，如果外国法律和司法机关对我国公民在该国内不实行诉讼权利同等原则，而实行歧视或限制的，则我国司法机关可以取对等原则，对该外国所属的诉讼参与人在我国进行刑事诉讼时相应地要予以歧视或限制。

四、使用本国通用语言和文字进行诉讼的原则

使用本国通用语言文字进行诉讼，是各国立法通行做法，也是独立行使国家司法主权的重要体现，因而是我国涉外刑事诉讼的基本原则。依据这一原则，在我国涉外刑事诉讼中全部诉讼活动的进行和司法文书的制作，都必须使用我国通用的语言、文字。外国诉讼参与人向我国司法机关递交诉讼文书、外国司法机关请求我国给予司法协助应当附有中文译本。为方便外国人参与诉讼，利于查明案情，切实维护其诉讼权利和实体权益，应根据外国诉讼参与人的要求为其提供翻译。其中对外国籍犯罪嫌疑人、被告人尤应如此。因此，最高人民法院司法解释规定，为了保障外国籍诉讼参与人的合法权益，体现程序合法和审判公正，人民法院审判涉外刑事案件时，应当为外国籍犯罪嫌疑人、被告人提供翻译。外国籍犯罪嫌疑人、被告人通晓中国语言文字，拒绝他人翻译的，应当由本人出具书面证明，或者将其证明记录在卷。而我国司法机关为外国籍犯罪嫌疑人、被告人制作、提供或送达的诉讼文书为中文本，同时应附有其通晓的外文译本，译本不加盖人民法院印章，对诉讼文书的理解与执行，以中文本为准。翻译费用一般由外国籍犯罪嫌疑人、被告人承担；但如其无力承担翻译费用，不能因此而拒绝外国犯罪嫌疑人、被告人要求提供翻译的请求。根据联合国《公民权利和政治权利国

际公约》第 14 条第 3 款第 6 项规定："如他不懂或不会说法庭上所用的语言，能免费获得译员的帮助"，在此种情况下，应当为其免费提供译员，使诉讼顺利进行。

五、指定或委托中国律师参加诉讼原则

律师制度是一国司法制度的重要组成部分，通常一国的司法制度职能在其主权领域内适用，不应延伸至国外。一个主权国家也不允许外国司法制度在其领域内干涉它的司法事务，这也是主权原则的重要体现。所以一国的律师通常只能在其本国内开展律师业务。

1981 年 10 月 20 日我国司法部、外交部、外国专家局联合签发的《关于外国律师不得在我国开业的联合通知》中明确规定："外国律师不得在我国开业；不得以律师名义在我国代理诉讼和出庭；……不得从事任何有损于我国主权和利益的活动。"1992 年司法部、国家工商行政管理局制定的《关于外国律师事务所在中国境内设立办事处的暂行规定》中指明外国律师事务所在华办事处的范围包括代理外国当事人、委托中国律师事务所办理在华境内的法律事务，并再次明令禁止外国律师事务及其成员从事中国法律事务。

在涉外刑事诉讼中，根据司法解释，外国籍犯罪嫌疑人、被告人，以及附带民事诉讼的原告人、自诉人委托律师代理诉讼的，应当委托具有中华人民共和国律师资格并依法取得执业证书的律师。外国籍被告人没有委托辩护人的，人民法院可以为其指定辩护人。

在司法实践中，为了保证外国籍当事人委托中国律师辩护或代理合法有效，根据最高人民法院发布的有关司法解释，在中华人民共和国领域外居住的外国人寄给中国律师的授权委托书，必须经所在国公证机关证明，所在国外交部或者其授权机关认证，并经中国驻该国使、领馆认证，才具有法律效力。但中国与该国之间有互免认证协定的除外。

第三节　涉外刑事诉讼程序的特点

一、涉外刑事诉讼的管辖

（一）立案管辖

我国司法机关对涉外案件是否有刑事管辖权，是涉外刑事诉讼进行的前提。《刑法》第 6～11 条、《刑事诉讼法》第 16 条确定了我国的刑事专属管辖权，《关于对中华人民共和国缔结或者参加的国际条约所规定的罪行行使刑事管辖权的决定》以及我国缔结或者参加的相应国际条约则规定了我国的刑事普遍管辖

权。具体规定如下：

1. 外国人犯罪案件，由犯罪地的地（市）级以上公安机关立案侦查。

2. 外国人犯中华人民共和国缔结或参加的国籍条约规定的罪行后进入我国领域内的，由该外国人被抓获的地（市）级以上公安机关立案侦查。

3. 外国人在中华人民共和国领域外的中国船舶或者航空器内犯罪的，由犯罪发生后该船舶或者航空器最初停泊或者降落的中国港口的地（市）级以上交通或者民航公安机关立案侦查。

4. 外国人在国际列车上犯罪的，由犯罪发生后列车最初停靠的中国车站所在地或者目的地的地（市）级以上铁路公安机关立案侦查。

5. 外国人在中华人民共和国领域外对中华人民共和国国家或者公民犯罪，依照中华人民共和国刑法应当受出发的，由该外国人入境地的地（市）级以上公安机关立案侦查。

6. 犯罪嫌疑人为享有外交特权和豁免权的外国人的，应当层报公安部，由公安部移交外交部通过外交途径解决其刑事责任问题。

（二）级别管辖

《刑事诉讼法》第20条对法院的级别管辖作了原则规定，外国人犯罪的刑事案件由中级人民法院作为第一审法院。同时，最高人民法院《刑诉解释》作了特定的地域管辖规定，即外国人在中华人民共和国领域外对中华人民共和国国家或者公民犯罪，由该外国人入境地的中级人民法院管辖。《公安机关办理刑事案件程序规定》第325条规定："外国人犯罪案件，由犯罪地的地（市）级以上公安机关立案侦查。"《刑诉规则》则规定："各级人民检察院提起公诉的，应当与人民法院审判管辖相适应"。可见，外国人犯罪刑事案件的立案、侦查、审查起诉，也应由与中级人民法院相适应的地、市一级公安、检察机关负责。

对于由高级人民法院或者最高人民法院管辖的第一审涉外刑事案件，应由负责侦破的公安机关向同级人民检察院移送审查起诉。接受移送的检察机关经审查认为犯罪嫌疑人的犯罪事实已经查清，证据确实、充分，应当追究刑事责任的，层报省级人民检察院提起公诉，并支持公诉

二、涉外刑事诉讼中的强制措施

我国司法机关在处理涉外刑事案件时，为保障侦查和审判活动的顺利进行，可依法对外国犯罪嫌疑人、被告人采取强制措施。我国刑事诉讼法中对犯罪嫌疑人、被告人采取的五种强制措施同样适用于涉外刑事诉讼。但在程序上有所不同：

1. 对外国犯罪嫌疑人、被告人采取拘留、监视居住、取保候审的，由省、自治区、直辖市公安机关负责人批准后，将有关案情、处理情况等在采取强制措

施的 48 小时内报告公安部，同时通报同级人民政府外事办公室。采用拘留和逮捕强制措施的，须遵循我国已参加的国际公约，在对外国人采取强制措施后，有关公安厅、局应该在规定的期限内（与所属国有双边领事条约明确规定期限的，在条约规定的期限内；如无双边领事条约规定，根据或者参照《维也纳领事关系公约》和国际惯例尽快通知，不应超过 7 天），将外国人和案件的有关情况、涉嫌犯罪的主要事实、已采取的强制措施及其法律依据通知该外国人所属国家的驻华使馆、领事馆，同时报告公安部。人民法院对外国人依法做出司法拘留、监视居住、取保候审决定的，人民检察院依法对外国人作出监视居住，取保候审决定的，由有关省、自治区、直辖市高级人民法院、人民检察院通知该外国人所属国家的外国驻华使、领馆。

2. 在被拘捕的外籍被告人或犯罪嫌疑人要求通知其家属会见时，我国主管的公安司法机关应及时通知其家属，并允许其近亲属、监护人探视、通信。外国驻华外交、领事官员要求探视被监视居住、拘留和逮捕的本国公民，主管机关应在双边领事条约规定的时限内予以安排，如无条约规定，亦应尽快安排。如当事人拒绝其所属国家驻华外交、领事官员探视的，主管机关可不予安排，但应由其本人提出书面意见。探视、通信活动，应遵照相关领事条约及《维也纳领事关系公约》、《关于会见在押案犯以及案犯与外界通信的规则》、《关于处理涉外案件若干问题的规定》等规定进行。

3. 对外国犯罪嫌疑人采取强制措施的同时，经省级公安机关批准，可以依法扣留其护照，发给本人扣留护照的证明，并将有关情况及时报告公安部，通报同级人民政府外事办公室。

4. 人民法院审理涉外刑事案件期间，对涉外刑事案件的被告人及人民法院认定的其他相关犯罪嫌疑人，可以决定限制出境。限制出境的决定应当通报同级公安机关或者国家安全机关。人民法院决定限制外国人和中国公民出境的，应当口头或者书面通知被限制出境的人，也可以采取扣留其护照或者其他有效出入境证件的办法，在案件审理终结前不得离境。另外，对开庭审理案件时必须到庭的证人，可以要求暂缓出境。

三、律师参加涉外刑事诉讼

根据我国刑事诉讼法，公诉案件自案件移送审查起诉之日起，犯罪嫌疑人有权委托辩护人，自诉案件的被告人有权随时委托辩护人；犯罪嫌疑人在被侦查机关第一次讯问后或者采取强制措施之日起，可以聘请律师为其提供法律咨询、代理申诉、控告。即我国律师自侦查阶段起就可以参加刑事诉讼。按照诉讼权利同等原则，允许律师参加涉外刑事诉讼的时间应从侦查阶段开始。同时还应信守我国缔结或者参加的国际条约，积极考虑联合国有关刑事司法方面的准则和国际惯例，注意充分保障外犯罪嫌疑人在侦查期间就能获得律师的有效帮助。

在审判阶段，外国籍被告以及附带民事诉讼的原告人、自诉人可以委托中国律师代理诉讼。外国籍被告人没有委托辩护人的，人民法院可以为其指定辩护人。被告人拒绝辩护人为其辩护的，应当由其提出书面声明，或者将其口头声明记录在卷后，人民法院予以准许。在中华人民共和国领域外居住的外国人寄给中国律师或者中国公民的授权委托书，必须经所在国公证机关证明、所在国外交部或者其授权机关认证，并经中国驻该国使、领馆认证，才具有法律效力。但中国与该国之间有互免认证协定的除外。

四、涉外刑事诉讼的文书送达

涉外刑事诉讼的文书送达指对不在我国领域内居住的当事人送达诉讼文书。依据《刑事诉讼法》第 17 条及相关司法解释，涉外刑事诉讼的文书送达主要有以下几种方式：①通过外交途径送达；②对中国籍当事人，可以委托我国使、领馆代为送达；③当事人所在国的法律允许邮寄送达的，可以邮寄送达；④当事人所在国与我国有刑事司法协助协定的，按照协定规定的方式送达；⑤当事人是自诉案件的自诉人或者是附带民事诉讼的原告人，有诉讼代理人的，可以由诉讼代理人送达。

另外依据 1986 年最高人民法院、外交部、司法部联合颁布的《关于我国法院和外国法院通过外交途径相互委托送达法律文书和调查取证费用收支办法的通知》，我国法院和外国法院互相送达法律文书，一般采用外交途径送达，除该国同我国已有协定的依协定外，依据互惠原则办理。

第四节 刑事司法协助

一、刑事司法协助制度概念和意义

刑事司法协助，是指不同国家的司法机关之间，根据本国缔结、参加国际条约或者双边互惠原则，相互请求代为一定刑事诉讼行为的活动。它不仅是涉外刑事诉讼程序的一项重要内容，而且是一项重要的司法制度。我国《刑事诉讼法》第 17 条规定："根据中华人民共和国缔结或者参加的国际条约，或者按照互惠原则，我国司法机关和外国司法机关可以互相请求司法协助。"这条规定，确立了我国刑事司法协助的基本原则。

刑事司法协助的主体为我国司法机关和外国的司法机关。在我国，司法机关通常指人民法院和人民检察院，而外国的司法机关则专指法院。对作为刑事司法协助主体的司法机关可作广义的理解，指我国法院、检察院和公安机关。最高人民法院、最高人民检察院、公安部、司法部分别是我国审判机关、检察机关、公安机关和司法行政机关办理司法协助事务的最高主管机关。地方各级司法机关需要司法协助的，一律通过其最高主管机关办理，或者由本系统最高主管机关转其他中央机关办理。

刑事司法协助的意义在于：

1. 刑事司法协助是国际司法合作的重要组成部分，与民事司法协助、行政司法协助一起共同构成国际间司法合作的有机整体。在各国之间的政治、经济、文化等领域的交往日益频繁的今天，各国的司法机关在审理案件时，不可避免地遇到许多涉外因素，诸如诉讼所需的证据在国外，或者本国的法院判决需要得到他国的承认与执行，等等。在此种情况下，各主权国家只有借助于外国的合作与协助，才能克服司法管辖权障碍，便利诉讼顺利进行。通过这一合作，审理案件的法院不必超越其管辖权行事，就可以使有关的诉讼行为得以完成；而提供协助的一方通过给予另一方支持、便利可望在今后得到对方同等的协助。这既维护了各国法律的权威和司法公正，也实现了各国在相互交往中的良好秩序和共同利益。

2. 刑事司法协助也是国家间联合采取手段惩治国际性犯罪的一种重要手段，在各国打击刑事犯罪的法律机制中，占有举足轻重的地位。随着国际交往的日益频繁，刑事犯罪越来越呈现出跨国性和国际性的特点，特别是近年来，一些国际性有组织的犯罪集团的活动日益猖獗，他们在各国之间组织起严密的犯罪网络，犯罪规模不断扩大，犯罪后果难以估量，使国际社会面临着严重威胁。对此，任何一个国家都难以单靠一国的司法力量来对付这种跨国的或者国际性的犯罪。因此，只有通过各国政府、司法部门共同采取措施预防和惩治犯罪，才能保证各国在同犯罪分子作斗争中掌握主动权。在国际范围内通过刑事司法协助可以在某种程度上避开由于当事国内社会制度、政治制度、经济制度、法制制度各异而带来的某种障碍，从而为各国在本国法律许可的范围内最大限度地遏制国际性犯罪提供了可能性。

另外，尽快完善我国的刑事司法协助制度，拓宽中外刑事合作的范围，将有助于刑事案件得到及时公正处理，确保我国经济建设的发展对外开放政策的实施，而且将有利于我国国际地位的不断提高。

二、刑事司法协助的法律依据

我国《刑事诉讼法》第 17 条对刑事司法协助作了原则性规定，2001 年 3 月 26 日颁布施行的《中华人民共和国引渡法》详细规定了引渡这一国际刑事司法协作的重要形式。同时，我国刑事司法协助的主要法律依据是我国缔结或者参加的国际条约。我国已先后同波兰、蒙古、俄罗斯、罗马尼亚、加拿大、哥伦比亚、美国等 29 个国家签订了含有刑事司法协助内容的双边协定或条约，与乌兹别克斯坦等 10 个国家签订引渡条约，还参加了载有司法协助条款的若干国际公约，包括《1961 年麻醉品单一公约》、《1970 年海牙公约》、《1971 年蒙特利尔公约》、《1971 年精神药物公约》、《1988 年联合国禁止非法贩运麻醉药品和精神药物公约》等。我国司法机关进行刑事司法协助，有我国缔结或者参加的国际条约规定的，根据该条约的规定途径和方式办理，但我国声明保留的条款除外。无相应条约规定的，按照互惠原则通过外交途径办理。

三、刑事司法协助的范围

刑事司法协助的范围和种类一般包括：

1. 代为送达刑事诉讼文书。包括与刑事诉讼有关的司法文书以及诉讼文件和其他文字资料等司法外文书。

2. 委托调查取证。包括询问证人、被害人、鉴定人和其他诉讼参与人，讯问当事人、嫌疑犯、罪犯，调查核实有关人员的身份及履历情况，进行勘验、检查、鉴定，调取物证、书证、视听资料，委托搜查和查封财产，等等。

3. 协助侦查案件和通缉通报。国际刑警组织在这一活动中往往起着极为重要的协调作用。

4. 移交赃款赃物或者扣押品等。

5. 引渡。即一国把当时在其境内而被他国指控犯有罪行和判刑的人，根据该国请求，移交给该国进行审判或处罚的一项制度。引渡具有不同于其他司法协助行为的特殊性，因此很多国家有关于引渡的专门立法，并且与其他国家通过签订专门的引渡条约来解决引渡的问题。联合国有关组织也制定了《引渡示范条约》、《移交外籍囚犯的模式协定》等示范性国际法律文书。

6. 诉讼移转管辖。即一国司法当局接受另一国委托或者请求，依照本国法律受理国际刑事案件的司法协助形式。它主要是为减少外交阻滞带来的投入、更好地惩罚和教育罪犯，由犯罪地国或者受害国将有关案件的证据及其他诉讼材料转交给实际控制人犯的非犯罪地国或者犯罪嫌疑人国籍国管辖审判的移转。

7. 对外国生效判决的承认和执行。

8. 有条件判刑或有条件释放罪犯的转移监督。即一国（一般为罪犯国籍国或者长期居住国）受罪犯判刑国委托，对外国罪犯根据外国判决适用缓刑或者假释的变通执行刑罚方式。

根据刑事司法协助的方式的发展和适用范围，可以对上述方式进行狭义、广义、最广义的划分。狭义的刑事司法协助仅指第 1、2 两种方式，只能解决一般性的问题；广义的刑事司法协助则还包括协查、通缉等方式，以避免放纵罪犯为主要目的；最广义的刑事司法协助则在前两者的基础上，加上第 6、7、8 三种方式，其出现在 20 世纪 60 年代之后，还只是存在于少数地区或国家的国际条约中，但开拓了国际刑事司法协助的新领域，有利于更全面、便捷地打击国际犯罪和更有效地改造罪犯、促使其重返社会。目前，我国的法律和与他国所签订的刑事司法协定，对上述广义的刑事司法协助进行了规范。

四、刑事司法协助程序

1. 司法协助请求。申请司法协助要提交请求书或委托书。参照联合国 1990 年通过的《刑事事件互助示范条约》第 5 条的规定，请求书应包括以下内容：①请求机构的名称和进行请求所涉及的侦查或起诉当局的名称；②请求的目的和所需协助的简要说明；③请求所涉及的犯罪事实及相关法律的规定或文本；④必要情况下收件人的姓名和地址；⑤请求国希望遵守的任何特定程序或要求的理由和细节，如说明要求得到宣誓或证词；⑥对希望在任何期限内执行请求的说明；⑦执行请求所必须的其他资料。请求书应由请求机关签署并加盖公章。请求书及其附件所使用的文字，涉及相互尊重国家主权的问题，联合国通过的《刑事事件互助示范条约》中规定，应使用"被请求国语文或者该国可以接收的另一种语文提出的译文"。这是符合国际惯例的，也是维护国家主权的要求。

2. 司法协助的提出。双方提出的司法协助请求书，均需通过外交途径送达被请求方。即经过被请求方国家外交部送达中央主管机关，再转交有关下级法院办理。对于双方有条约规定的，应按条约规定途径联系送达。例如，我国与乌克兰关于民事和刑事司法协助的条约第 2 条规定："①除本条另有规定外，缔约双方的法院和其他主管机关相互请求的提供民事和刑事司法协助，应通过各自的中央机关进行联系。②第一款中的中央机关，在中华人民共和国方面系指中华人民共和国司法部、中华人民共和国最高人民法院和中华人民共和国最高人民检察院；在乌克兰方面系指乌克兰司法部、乌克兰最高法院和乌克兰总检察院。"

3. 刑事司法协助请求的执行和通知执行情况。在刑事司法协助请求的执行中，如果被请求国的机关认为自己无权执行请求，则应将该项请求转送有权执行的主管机关，并通知请求国的请求机关；如果被请求国机关无法按照请求书所示的地址执行请求．应依被请求国法律采取适当措施确定地址，完成请求事项．必要时要求请求国提供补充情况；如无法确定地址或由于其他原因不能执行请求，被请求国应通知请求国有关机关，说明妨碍执行的原因，并退回请求书及所有附件。对于执行情况的通知，应通过外交途径将执行情况通知请求国的主管机关。并附送达回证和所取得的证据材料。送达回证应有送达机关盖章、送达人和收件人的签名，以及送达方式、日期相地点。如收件人拒收，应说明拒收理由。

4. 刑事司法协助的拒绝。凡符合下列情形的，被请求国可以拒绝提供刑事司法协助：①被请求国认为提供的司法协助有损于被请求国的国家主权、安全或公共秩序的；②按照被请求国的法律，该项请求所涉及的行为不构成犯罪的；③该项请求所涉及的罪犯或嫌疑犯虽有请求国国籍，但不在提出请求的该国境内。凡拒绝提供刑事司法协助，应将拒绝的理由通知提出请求的一方。

学术视野

我国目前上没有系统的涉外刑事诉讼立法，现行刑事诉讼法对涉外刑事诉讼的规定也不很完善，所以现在还没有法定的涉外刑事诉讼原则。多数认为涉外刑事诉讼应具有以下原则：①适用中国刑事法律和信守国际条约相结合的原则；②外籍犯罪嫌疑人、被告人依法享有中国法律规定的诉讼权利并承担诉讼义务的原则；③审判公开原则；④适用中国通用的语言文字进行诉讼的原则；⑤外籍当事人委托中国律师辩护和代理的原则。还有学者从刑事司法协助的角度论述涉外刑事诉讼原则，认为涉外刑事诉讼应包括以下原则：①国家主权原则；②平等互惠原则；③法制原则；④特定性原则；⑤人权保护原则。

关于对外国刑事判决的承认和执行的问题，目前我国在国内立法和对外签署的司法协助条约中，均未涉及对外国刑事判决的承认与执行。有学者建议，在维护我国司法主权的基础上，应当适当扩大执行外国刑事判决的国际司法合作。这种合作形式，一方面由于使罪犯得以在其国籍国接受刑罚惩处，有利于恢复被执行人的社会名誉，促使罪犯改造；另一方面减少或避免了由于请求国请求引渡和被请求国重复审理所产生的司法经费负担。

理论思考与实务应用

一、理论思考
（一）名词解释
涉外刑事诉讼程序　刑事司法协助
（二）简答题
1. 涉外刑事诉讼程序有哪些特有原则？
2. 涉外刑事诉讼程序的管辖有哪些特殊规定？
3. 简述刑事司法协助的含义、主体和法律依据。
（三）论述题
谈谈你对涉外刑事诉讼程序应遵循原则的理解。

二、实务应用

(一) 案例分析示范

案例一

汤姆森，33 岁，英国人。2002 年 10 月趁到我国西部某城市旅游之际，冒充英国巨商，并宣传要在当地寻找投资伙伴。当地企业积极与其联络，为表示诚意，数家企业与其签订了合作意向书，并各缴纳了数万元的保证金。10 月底，汤姆森的签证到期，于是他卷走了数家企业的保证金共计 80 万元逃至我国南部某城市欲继续行骗。当地被骗企业发现上当后赶紧向公安机关报案，公安机关经立案侦查，汤姆森在中国南方某城市被铺。

问：本案在管辖方面应注意哪些问题？对外国人逮捕有哪些程序上的要求？

【评析】涉外刑事诉讼的管辖涉及国家主权和尊严，司法机关应主动、积极、有效行使管辖权，行使管辖权需要注意以下几个问题：

(1) 当事人外国国籍的确认。当事人外国国籍的确认是案件是否适用涉外刑事诉讼程序的前提。外国人的国籍以其入境时的有效证件予以确认；国籍不明的，以公安机关会同外事部门查明的为准；国籍确实无法查明的，以无国籍人的身份对待，同样适用涉外刑事诉讼程序。

(2) 受案范围。根据我国参加和缔结的国际条约、协定，结合我国《刑法》、《刑事诉讼法》以及有关的司法解释，确定由我国行使刑事管辖权的案件范围。

(3) 管辖法院。在级别管辖上，《刑事诉讼法》第 20 条对法院的级别管辖作了原则规定，外国人犯罪的案件由中级人民法院管辖。在地区管辖上，对于我国缔结或者参加的国际条约所规定的，并由我国行使刑事管辖权的刑事案件，由被告人被抓获地的中级人民法院管辖；在中华人民共和国领域外的中国船舶内犯罪的，由犯罪发生后该船舶最初停泊的中国口岸所在地人民法院管辖；在中华人民共和国领域外的中国航空器内犯罪的，由犯罪发生后该航空器最初降落地的人民法院管辖；在国际列车上犯罪的，按照我国与相关国家签订的有关管辖协定确定管辖法院，或由犯罪发生后列车最初停靠的中国车站所在地或者目的地的铁路运输法院管辖；外国人在中华人民共和国领域外对中华人民共和国国家或者公民犯罪，应受刑法处罚的，由该外国人入境地的中级人民法院管辖。

我国《刑事诉讼法》规定的 5 种强制措施，不仅适用于普通刑事诉讼，也适用于涉外刑事诉讼。但是由于涉外刑事诉讼的特殊性，在适用时法律作了些特殊限制，分两种情况：①对外国人因普通刑事犯罪需要逮捕的，由侦查机关报请市、地区检察院审查，然后报省级检察院。省级检察院在征求同级外事部门的意见后，作出是否批准的决定；②对犯危害国家安全罪或者重大刑事犯罪及复杂疑难的涉外案件，需上报最高人民检察院审查，在征求外交部意见后，作出是否批准的决定。

案例二

温某，男，泰国人。从2003年开始，温某就与我国广州当地的贩毒分子勾结贩卖毒品，经我国昆明，运至广州、深圳。经群众举报，2009年7月昆明警方在温某等人接收毒品时将其抓获，并当场缴获海洛因1000克。此案侦查终结后，由昆明市人民检察院向昆明市中级人民法院提起公诉，昆明市中级人民法院通过审理，以贩运毒品罪依法判处温某死刑缓期二年执行，剥夺政治权利终身。

问：假如你是审理该案的法官，在具体程序上，你认为应当注意哪些问题？

【评析】人民法院审理涉外案件，既要维护国家司法主权的独立和完整，又要贯彻国家的外交政策。因此，在审理涉外案件时，除了严格遵守《刑事诉讼法》和我国参加或缔结的国际条约外，还应当注意以下方面：

（1）强化辩护和代理。为了保障外籍当事人的合法权益，根据《刑事诉讼法》的规定，外国人或无国籍人在我国参加刑事诉讼，必须委托中国律师担任其辩护人或诉讼代理人。辩护人或诉讼代理人参加诉讼的时间严格遵守《刑事诉讼法》第33、34条以及《律师法》第33条的规定，这些规定在涉外刑事诉讼中都应当得到保证和强化。

（2）强化公开审判原则。在涉外案件中，除涉及国家秘密或个人隐私的案件外，人民法院均应当公开审理。对于公开审理的案件，中国公民和外国公民均有权进行旁听。

（3）使用中国通用的语言、文字进行诉讼。人民法院在审理涉外案件时，应使用中国通用的语言、文字进行，但同时要注意为外籍当事人提供翻译。

（4）及时通报外事部门。人民法院在审理涉外案件时，应当及时将涉外案件的审理情况及审理结果及时通报当地的外事部门，以使涉外案件得到更好的处理。

（5）涉外案件的裁判。对于涉外案件的裁决，不仅要适用我国法律，还要根据我国缔结、参加的国际条约，或者按照对等原则，对外籍当事人依法作出判决。同时，一审法院在对涉外案件进行宣判前，还应当将拟判意见呈报有审核权的法院进行审查。

案例三

犯罪嫌疑人吉姆，男，美国人。2005 年 6 月在美国抢劫银行中开枪打死一名银行工作人员，之后逃离美国。2005 年 8 月，美国警方证实吉姆已逃窜到中国。美国司法机关遂决定通过刑事司法协助的方式请求中国将吉姆引渡回美国。

问：美国司法机关请求我国司法机关提供司法协助的程序是什么样的？

【评析】司法协助的途径一般有三种，即外交途径、领事途径和条约规定的途径。请求和提供司法协助，应依照我国缔结或者参加的国际条约所规定的途径进行；没有缔结条约的，通过外交途径进行。凡是有司法协助条约的，条约中均各自指定并相互通报或接受司法协助请求书的主管机关，按照条约规定的途径进行司法协助。美国司法机关应通过有关国际条约规定的途径或外交途径，将提出的司法协助请求递交我国最高司法机关。该请求书及所附文件应当附有中文译本或者有关国际条约规定的文字文本。

我国最高司法机关收到美国一方提出的司法协助请求后，应当依据我国法律和有关司法协助条约进行审查。按照有关国际条约，如果我国认为执行协助可能损害我国主权、安全或公共秩序的，可以拒绝提供司法协助。经过审查，对于美国司法机关的请求不具有条约规定的拒绝提供司法协助的情形并且所附材料齐全的，我国最高司法机关应交省级司法机关办理或指定有关司法机关办理，或者移交其他有关最高主管机关指定机关办理。

有关省级司法机关接到最高司法机关转交的司法协助请求书后，可以直接办理，也可以指定有关的司法机关办理。负责执行的司法机关收到司法协助请求书后，应当及时执行，并按条约规定的格式和语言文字将执行结果及有关材料通过省级司法机关报送最高司法机关。对于不能执行的，应当将司法协助书及所附材料，连同不能执行的理由通过省级司法机关报送最高司法机关。

最高司法机关应当对执行结果进行审查。凡符合请求方要求的，由最高司法机关转递美国司法机关。我国司法机关提供司法协助，请求书中附有办理期限的，应当按期完成，不能按期完成的，应当说明情况和理由。

（二）案例分析实训

案例一

被追诉人鲁本，男，西班牙人。2008 年，在中国湖南长沙与有关单位签订买卖合同，在收受对方当事人给付的货款后逃匿。

问：该案在立案、侦查、起诉、审判和执行程序有哪些特殊规定？

案例二

犯罪嫌疑人朴某，男，韩国人。在我国留学，毕业后留在中国工作。2007年6月，在商店购物时与店主发生冲突。冲突当中，朴某对店主心脏部位猛击了一拳，店主本来心脏不好，结果当场死亡。

问：对朴某能否采取强制措施？采取强制措施时应遵守哪些特别规定？

案例三

犯罪嫌疑人迈克，男，26岁，美国人。1999年6月，他在中国河南省开封市旅游时将中国公民张小兰打成重伤，此案由开封市公安局展开立案侦查。

问：（1）该案在诉讼程序中，我国公安司法机关在语言文字方面应遵循什么原则？

（2）假设负责该案预审的李明英语相当流利，他能否用英语讯问迈克？

（3）如果迈克不懂中国语言，公安司法机关应否为其提供翻译；如果迈克精通中国语言，拒绝他人翻译，应当如何处理？

 主要参考文献

1. 程荣斌主编：《刑事诉讼法教程》，中国人民大学出版社1999年版。
2. 卞建林主编：《刑事诉讼法学》，法律出版社1997年版。
3. 樊崇义主编：《中国刑事诉讼法》，中国政法大学出版社1998年版。
4. 陈光中主编：《刑事诉讼法教学案例》，法律出版社2003年版。
5. 成良文：《刑事司法协助》，法律出版社2004年版。
6. 陈卫东主编：《刑事诉讼法资料汇编》，法律出版社2005年版。
7. 王铮："国际刑事司法协助及中国的实践"，载《政法论坛》1995年第1期。
8. 袁古洁："论对外国刑事判决的执行与承认"，载《现代法学》2000年第6期。
9. 张国辉："国际刑事司法合作与我国刑法的域外适用问题"，载《山东法学》1998年第5期。

第五编 执行论

第二十二章

执 行

【本章概要】执行是刑事诉讼的最后一个程序，也是国家刑法权得以实现的关键阶段。本章将执行的概念、意义，各种刑罚的执行特点、方式、具体的执行程序以及执行的变更和人民检察院对执行的监督等进行了较为详细的论述。

【学习目标】学习本章内容主要掌握以下要点：执行的概念和意义；各种刑罚执行的程序性规定；执行的变更和人民检察院对执行的监督。

【教学重点与难点】执行的概念与特征；各类刑罚的执行程序；执行的变更。

第一节 执行的概念和意义

一、执行的概念和特征

（一）执行的概念

执行，是指司法机关将人民法院已经发生法律效力的判决、裁定付诸实施的行为。刑事诉讼中的执行是指刑事执行机关依照法定程序将已生效的刑事判决和裁定所确定的内容付诸实现的各种活动。

人民法院对刑事案件行使判决权，根据查明的事实和刑事法律的有关规定，对被告人作出是否有罪和应否处罚的判决和裁定，在判决和裁定发生法律效力以后，就应当依照法定程序予以执行，以实现判决、裁定所适用的刑罚等内容。已经发生法律效力的判决、裁定应当由法定机关严格执行，即具有强制执行性。这是判决发生法律效力的具体体现。

执行程序是我国刑事诉讼的重要组成部分，是刑事诉讼程序的最后阶段，是刑事审判和刑事惩罚的最终体现。与一般诉讼执行程序相比较有以下特点：

1. 执行的主体是人民法院、人民检察院和公安机关，还包括法律授权的其他机关，如监狱等。

2. 执行的依据是已经发生法律效力的判决和裁定。除此之外，其他任何文件都不能成为执行的依据。《刑事诉讼法》第 208 条规定，判决和裁定在发生法律效力后执行。下列的判决和裁定是发生法律效力的判决和裁定：①已过法定诉讼期限，没有上诉或抗诉的判决和裁定；②终审的判决和裁定；③最高人民法院核准死刑的判决和高级人民法院核准的死刑缓期二年执行的判决。同时，刑事诉讼法还规定，第一审人民法院判决被告人无罪、免除刑事处罚的，如果被告人在押，在宣判后应当立即释放。这一规定并不是对未生效的第一审判决、裁定的执行，而是为了防止继续错押被告人所采取的一种措施，属于强制措施的变更和撤销。

3. 执行的内容主要有两部分：①将已经发生法律效力的判决和裁定所确定的内容付诸实施而进行的活动；②是处理执行过程中的刑罚变更等问题所进行的活动。但并非整个刑罚执行过程及一切活动都属于刑事诉讼的范围，执行机关对罪犯的监管、教育、组织劳动等则不具有诉讼活动的性质，而属于司法行政活动。

4. 执行的原则具有强制性和及时性。即刑事判决和裁定一经发生法律效力，便对任何单位和个人都有强制约束力，必须无条件地立即交付执行，不能有任何拖延。对不执行和阻碍执行的人，必须采取强制手段。任何抗拒执行的行为，都属违法，都应受法律制裁。

（二）执行的目的和原则

刑事执行的目的随着历史的发展有一个变迁的过程，从以恶报恶、镇压、威吓等目的，转变为近现代的教育和改造。这种变化的原因是执行的社会性意义被日益重视。当前刑事执行的目的是，通过刑罚执行教育改造罪犯，使其自食其力，不再危害社会，从而调和犯罪者个人与社会整体之间因犯罪而产生的冲突，增强社会的安全感和秩序。

在这种形式下，形成了现代刑事执行的原则：

1. 法制原则。罪犯只受判决中明确的刑罚，不得再剥夺其刑罚以外的权利。罪犯在权利受到侵害时有权寻求法律保护，执行机关也应给予受刑者陈述意见的机会。

2. 人道原则。在执行中要尊重罪犯的人格，给予必要的生活用品、适当的劳动报酬和休息日，保护其身心健康，生病能得到治疗。

3. 自食其力原则。对罪犯实行强制劳动，使其养成劳动习惯，学会谋生技能，做到自食其力以减轻社会负担。并减少其再犯罪的可能。

4. 重返社会原则。在执行中要启发培养罪犯的自尊心、责任感，使其逐步适应社会生活，复归社会，能重新被亲人家庭接纳，不再危害社会安全。

（三）执行的特征

刑事执行是切实完成刑事诉讼法任务，为实现国家的刑罚权而实现的司法活动，它具有以下三个特点：

1. 合法性。刑事执行的合法性包括下列三个方面的含义：①执行的主体必须合法，非法定的执行机关不得实施执行活动，根据刑事诉讼法的相关规定，人民法院负责死刑立即执行、没收财产和罚金以及无罪或免除刑罚的判决的执行。监狱负责被判处死刑缓期二年执行、无期徒刑、有期徒刑和未成年人犯罪的执行，公安机关负责执行。送交执行时余刑不足 1 年的有期徒刑和拘役、缓刑、假释、管制、剥夺政治权利、监外执行等的执行，在交付有关部门执行时，人民法院应当按照案件的性质和刑罚的不同把判决和裁定交付给法律规定的有关部门执行。②执行的依据是已经发生法律效力的判决裁判。执行机关的执行必须严格依照生效裁判所确定的内容进行，不得任意变更。③执行机关的执行活动必须严格遵循法定程序进行，而不得自定方式方法。

2. 强制性。执行以国家强制力为后盾，执行的强制性来源于生效判决的强制性，生效判决对被执行人和其他一切机关单位与个人都具有约束力，不管是否同意，都必须执行，如果抗拒或阻碍生效判决的执行，将受到法律的制裁。

3. 及时性。判决裁定一旦发生法律效力，就必须立即执行，任何人不得以任何理由拖延执行的时间，这是刑事诉讼效力原则的要求。

二、执行的意义

裁判的执行是刑事诉讼的最后阶段，执行在整个刑事诉讼中占有重要的地位，其意义在于：

1. 通过准确及时的执行，可以有效的惩罚和教育犯罪分子，使他们弃恶从善，改过自新，重新做人，实现刑罚的特殊预防的目的。

2. 通过准确及时的执行，可以使无罪和被免除刑事处罚的在押被告人得到立即释放，最大限度的避免对公民合法权益的损害，特别是对依照法律被认定为无罪的被告人，可以使其名誉得到恢复，合法利益得到保护，切实保障人权。

3. 通过准确及时的执行，可以教育公民遵守法律，增强公民的法制观念，提高同违法犯罪行为作斗争的自觉性，同时对那些违法尚未构成犯罪或者对于那些有犯罪企图的社会不稳定分子，达到一种警戒效果，实现刑罚的一般预防作用，以有效的推动社会治安综合治理方针的贯彻落实，实现社会的长治久安。

4. 通过准确及时的执行，有效地维护社会主义法制的统一性、严肃性和权威性，提高司法机关的威信，以实现司法的公正。

第二节　各种判决裁定的执行

一、死刑立即执行的判决和执行

死刑是最严厉的刑种，是依法剥夺犯罪分子生命的刑罚。为了严格防止错杀，避免造成无法弥补的错误，我国《刑事诉讼法》、《人民法院组织法》和最高人民法院的相关司法解释，对死刑的执行作了严格周密的程序规定。

（一）执行死刑命令的签发

执行死刑判决，必须有执行死刑命令才能进行。根据《刑事诉讼法》第 210 条的规定，最高人民法院判处和核准的死刑立即执行的判决，应当由最高人民法院院长签发执行死刑的命令，最高人民法院授权高级人民法院核准的死刑立即执行的判决，应当由高级人民法院院长签发执行死刑的命令。

（二）死刑执行的主体

死刑立即执行的判决经死刑复核程序核准后，由最高人民法院院长签发死刑执行令，交原审人民法院执行死刑，原审人民法院在接到执行死刑命令后，应当在 7 日以内执行。这一法定期限必须严格遵守，不得借故延期执行。人民法院在执行死刑的过程中，由谁来行刑，我国刑事诉讼法未作明确规定。我国没有专门的死刑执行官，因此，行刑人员也是不特定的。人民法院有条件行刑的，由法院的司法警察执行，没有条件的，可由武装警察来行刑。

（三）死刑的停止执行

1. 适用情形。根据《刑事诉讼法》及 2008 年 12 月 26 日正式实施的最高人民法院《关于适用停止执行死刑程序有关问题的规定》人民法院在接到死刑执行令后，发现有下列情形之一的，应当停止执行，并且立即报告核准死刑的人民法院，由核准死刑的人民法院作出裁决：

（1）在执行前发现判决可能有错误的。包括：①发现罪犯可能有其他犯罪的；②共同犯罪的其他犯罪嫌疑人归案，可能影响罪犯量刑的；③共同犯罪的其他罪犯被暂停或者停止执行死刑，可能影响罪犯量刑的；④判决可能有其他错误的。

（2）在执行前罪犯揭发重大犯罪事实或者有其他重大立功表现，可能需要改判的。

（3）罪犯正在怀孕的。对此规定，在执行过程中应当正确理解。①"在执行前发现判决可能有错误"中的"有错误"，是可能而不是确实，即发现判决在认定事实上或者适用法律上可能有错误，足以影响死刑判决的正确性。这一点体现了法律对死刑执行的慎重要求。②"在执行前罪犯揭发重大犯罪事实或者有其他重大立功表现，可能需要改判的"，应当停止执行死刑。这是1996年《刑事诉讼法》修改新增加的一项规定，体现了法律要求和鼓励罪犯揭发犯罪立功赎罪的精神，有利于调动一切积极因素，最大限度的孤立和打击罪大恶极的罪犯。对于这类罪犯。经查证属实后，可以依法改判。③"罪犯正在怀孕的"，即使在关押期间已对其作了人工流产的，仍应被视为是怀孕的妇女，不得适用死刑，此项规定充分体现了人道主义的精神。以上情形中除了怀孕要求是确实的、确定的外，其他都是可能情形。

总之，即使是在验明正身到行刑前的这段时间，也应当充分审视死刑判决的正确性，如果发现有以上情形在内的一切可能的错误，都应当立即停止死刑的执行。

2. 处理程序，具体分以下几种情况进行：

（1）经下级人民法院发现的。下级人民法院在接到最高人民法院执行死刑命令后、执行前，发现有《刑事诉讼法》第211条第1款、第212条第4款规定的情形的，应当暂停执行死刑，并立即将请求停止执行死刑的报告及相关材料层报最高人民法院审批。最高人民法院经审查，认为不影响罪犯定罪量刑的，应当裁定下级人民法院继续执行死刑；认为可能影响罪犯定罪量刑的，应当裁定下级人民法院停止执行死刑。下级人民法院停止执行后，应当会同有关部门调查核实，并及时将调查结果和意见层报最高人民法院审核。

（2）经最高人民法院审查发现的。在执行死刑命令签发后、执行前，发现有《刑事诉讼法》第211条第1款、第212条第4款规定的情形的，应当立即裁定下级人民法院停止执行死刑，并将有关材料移交下级人民法院。下级人民法院会同有关部门调查核实后，应当及时将调查结果和意见层报最高人民法院审核。前述第1、2项规定停止执行的原因消失后，必须报请最高人民法院院长再签发执行死刑的命令才能执行；由于前述第3项原因停止执行的，应当报请最高人民法院依法改判，需要改判的案件，应当由最高人民法院适用审判监督程序依法改判或者指令下级人民法院再审（最高人民法院《关于对在执行死刑前发现重大情况需要改判的案件如何适用程序问题的批复》）。

（3）临场监督执行死刑的检察人员在执行死刑前，发现有下列情形之一的，应当建议人民法院停止执行：①被执行人并非应当执行死刑的罪犯的；②罪犯犯罪时不满18岁的；③判决可能有错误的；④在执行前罪犯检举揭发重大犯罪事实或者有其他重大立功表现，可能需要改判的；⑤罪犯正在怀孕的（参见《刑诉规则》第416条）。

3. 审查合议庭。对于下级人民法院报送的请求停止执行死刑的报告及相关材料，由最高人民法院作出核准死刑裁判的原合议庭负责审查，必要时，依法另行组成合议庭进行审查。

4. 处理方式。最高人民法院对于依法已停止执行死刑的案件，依照下列情形分别处理：

（1）确认罪犯正在怀孕的，应当依法改判。

（2）确认原裁判有错误，或者罪犯有重大立功表现需要依法改判的，应当裁定不予核准死刑，撤销原判，发回重新审判。

（3）确认原裁判没有错误，或者罪犯没有重大立功表现，或者重大立功表现不影响原裁判执行的，应当裁定继续执行原核准死刑的裁判，并由院长再签发执行死刑的命令。

（四）死刑的执行方式

我国自新中国成立以来至 1996 年，死刑的执行一直采用枪决的方式。相比之下，枪决的方式体现了更多的军事化的色彩，给人以视觉上的残忍感，加之用枪决执行死刑，需要在刑场执行，需动用大量的人力物力。更重要的是枪决在一枪没有毙命的情况下可能带来新的法律问题。所以，1996 年我国修改《刑事诉讼法》时，增设了注射等方式。注射具有执行便利、死亡迅速、痛苦小等文明人道的特点，更符合现代社会的要求，而且，随着注射方式的普及，执行死刑的刑场，会逐渐被专门的死刑执行室所代替。至于立法中的"等方法"，是指比枪决、注射更科学更人道的方法。但如果采用枪决和注射以外的方法执行死刑的，应当事先报请最高人民法院批准。

（五）死刑的执行地点

死刑的执行应当在刑场或者指定的羁押场所内进行，所谓"刑场"是指传统意义上的有执行机关设置的执行死刑的场所。刑场不得设在繁华地区、交通要道和旅游区附近。执行死刑应严格控制刑场，除依法执行死刑的司法工作人员外，其他任何人不准进入刑场。相比之下，在羁押场所执行死刑和在刑场执行死刑，不仅可以节省大量的人力物力，还可以避免对死刑犯的示众。所以，在专门的隐秘的场所，用注射等文明的方式执行死刑，是死刑执行制度的发展趋势，它体现了法律对人的合法权利和对人格尊严的维护，是社会文明的标志。

（六）死刑执行的监督

人民法院在交付执行死刑的 3 日前，应当通知同级人民检察院派员临场监督，担负现场监督职责的检察人员如果发现有违法情况，应当立即纠正。

（七）死刑执行的程序

死刑执行时，负责指挥执行的审判人员应当对罪犯验明正身，以确保执行无误，还应当询问罪犯有无遗言、信札，并制作笔录。对罪犯的遗言、信札，人民法院应当及时进行审查，分别不同情况进行处理。在执行前如果发现可能有错误的，应当暂停执行，报核准死刑的人民法院裁定。执行死刑应当公布，处决罪犯的布告要选择在适当范围内，在适当地点张贴，以使广大公民了解情况。死刑执行后，在场的书记员应当写成笔录，记明执行的具体情况，包括执行死刑的时间、地点、方法，指挥执行的审判人员，临场监督的检察人员，负责执行人员的姓名，执行死刑的具体环节，等等。交付执行的人民法院应将执行死刑的情况以及所附罪犯在执行死刑前后的照片，及时逐级报告核准死刑的最高人民法院。

执行死刑后，交付执行的人民法院应当通知罪犯家属，做好罪犯遗物遗款处理移交工作。罪犯执行死刑后的尸体或火化后的骨灰通知其家属认领。罪犯家属不予认领的，由人民法院通知有关单位处理。

执行死刑的具体程序如下：

1. 执行死刑前，罪犯提出会见其亲属或者其近亲属提出会见罪犯申请的，人民法院可以准许。

2. 人民法院将罪犯交付执行死刑，应当在交付执行 3 日前通知同级人民检察院派员临场监督。

3. 执行死刑前，指挥执行的审判人员对罪犯应当验明正身，即认真核对被执行人的姓名、性别、年龄、籍贯、基本犯罪事实及其他情况，确保被执行的人就是判决裁定所确定的死刑罪犯，以防止错杀，还要询问罪犯有无遗言、信札、并制作笔录，然后交付执行人员执行死刑。

4. 执行死刑应当公布，禁止游街示众或者其他有辱被执行人人格的行为。

5. 执行死刑完毕，应当由法医验明罪犯确实死亡后，在场书记员制作笔录，交付执行的人民法院应当将执行死刑情况（包括执行死刑前后照片）及时逐级上报最高人民法院。

（八）执行死刑后的处理

执行死刑后，负责执行的人民法院应当办理以下事项：

1. 对于死刑罪犯的遗书、遗言、笔录应当及时进行审查。涉及财产继承、债务清偿、家事嘱托等内容的，将遗书、遗言、笔录交给家属，同时复制存卷备查；涉及案件线索等问题的应当抄送有关机关。

2. 通知罪犯家属在限期内领取罪犯尸体；有火化条件的通知领取骨灰。过期不领取的，由人民法院通知有关单位处理。对于死刑罪犯的尸体或者骨灰的处理情况应当纪录在案。

3. 对外国籍罪犯执行死刑后，通知外国使领馆的程序和时限依照有关规定办理。

二、死缓、无期徒刑、有期徒刑和拘役判决的执行

(一) 交付执行的法律手续

我国《刑事诉讼法》第213条第1款规定对于被判处死刑缓期二年执行、无期徒刑、有期徒刑和拘役的罪犯，在"罪犯被交付执行刑罚的事后，应当由交付执行的人民法院将有关的法律文书送达监狱或者其他执行机关"。我国《监狱法》第16条又规定，罪犯被交付执行刑罚时，交付执行的人民法院应当将人民检察院的起诉书副本、人民法院的判决书、执行通知书、结案登记表同时送达监狱。监狱没有收到上述文件的，不得收监。上述文件不齐全或者记载有误的，作出生效判决的人民法院应当及时补充齐全或者作出更正，对其中可能导致错误收监的，不予收监。因此以上四种法律文书必须齐备，缺一不可。

(二) 交付执行的期限

根据《监狱法》第15条和最高人民法院相关司法解释的规定：对于被执行死刑缓期二年执行、有期徒刑的罪犯，交付执行的人民法院应当将执行通知书等有关的法律文书及时送达羁押该罪犯的公安机关，公安机关应当自收到执行通知书等有关的法律文书之日起1个月内将该罪犯送交监狱或其他执行机关执行，对于被判处拘役的罪犯，公安机关在收到交付执行的人民法院送达的执行通知书等有关的法律文书后，应当立即交付执行。对未成年犯，应依法送交未成年监狱执行刑罚。以上各种判决裁定、执行通知书回执，经看守所盖章后，附入人民法院的诉讼案卷。

(三) 执行机关

虽然死刑缓期二年执行、无期徒刑、有期徒刑和拘役都属于剥夺人身自由的刑罚，但由于犯罪性质不同、刑种不同、刑期不同、犯罪人是否成年等不同，所以刑罚在执行方式、执行场所等方面都有所不同。具体来讲应分别按下列情形处理：

1. 对于被判处死缓、无期徒刑、余刑在1年以上的有期徒刑的成年罪犯，应交付监狱执行。

2. 对于被判处有期徒刑的罪犯，在被交付执行刑罚前剩余刑期在1年以下的，由看守所代为执行。对于在看守所执行刑罚的罪犯。应当同未决的犯罪嫌疑人和被告人分管分押。

3. 对于被判处拘役的罪犯，由公安机关在拘役所执行，对于被判处拘役的服刑罪犯，每月可允许其回家1~2天；参加劳动的，可以酌量发给报酬。

4. 对未成年犯应当在未成年犯管教所执行刑罚。

执行机关在接收罪犯时，有收押审查权。收押审查的内容包括：①判决书、裁定书是否已发生法律效力；②法律文书是否齐全和是否有误。罪犯是否患有严

重疾病需要保外就医,是否怀孕或者是否正在哺乳自己婴儿的妇女,等等。对于符合收押条件的,执行机关应当将罪犯及时收押,并且通知罪犯家属,对于不符合收押条件的,执行机关有权拒绝收押。监狱不收监的,应当书面说明理由。由公安机关将执行通知书退回人民法院,人民法院经审查认为监狱不予收监的罪犯不符合《刑事诉讼法》第214条规定的暂予监外执行条件的,应当决定将罪犯交付监狱收监执行,并将收监执行决定书分别送达交付执行的公安机关和监狱。

执行机关对于罪犯死亡、逃脱已满2个月尚未捕回的变动情况,应当书面通知交付执行的人民法院和担负监所检察职责的人民检察院。

判处有期徒刑、拘役的罪犯,执行期满应当由执行机关发给释放证明书。

三、有期徒刑缓刑、拘役缓刑的执行

（一）缓刑的概念

缓刑是指在具备一定法定条件,对被判处一定刑罚的罪犯,在一定期间内暂缓执行刑罚,缓刑考验期满,原判刑罚就不再执行的一种制度。缓刑不是刑种,而是刑罚具体运用的一种特殊执行方式。人民法院对被判处拘役3年以下有期徒刑的罪犯,根据其情节和悔罪表现,认为适用缓刑确实不致再危害社会的,可以宣告缓刑。缓刑必须有一定的缓刑考验期。拘役的缓刑考验期为原判刑期以上1年以下,但不得少于2个月。有期徒刑的缓刑考验期为原判刑期以上5年以下,但不得少于1年。如果被同时判处附加刑的,附加刑仍应执行。

（二）执行机关及交付执行

有期徒刑缓刑、拘役缓刑的执行机关是公安机关。第一审人民法院判处拘役或者有期徒刑宣告缓刑的犯罪分子,判决尚未发生法律效力的,不能立即交付执行。如果被宣告缓刑的罪犯在押,第一审人民法院应当先行作出变更强制措施的决定,改为监视居住或者取保候审,并立即通知有关公安机关。判决发生法律效力后,应当将法律文书送达当地公安机关。

（三）对缓刑罪犯的考察与处理

1. 对缓刑罪犯的考察。根据《刑法》第76条的规定,被宣告缓刑的犯罪分子,在缓刑考验期限内,由公安机关考察,所在单位或者基层组织予以配合。执行的派出所应当根据人民法院的判决、裁定,向罪犯原所在单位或者居住地的群众宣布其犯罪事实,监督考察期限以及监督考察期限内应当遵守的规定。

被宣告缓刑的罪犯,在监督考察期限内,应当遵守下列规定:①遵守法律、行政法规和公安部制定的有关规定,服从监督;②按照公安机关的规定,定期报告自己的活动情况;③遵守公安机关关于会客的规定;④离开所居住的市、县或者迁居,应当报经县级公安机关批准;⑤附加剥夺政治权利的缓刑罪犯还必须遵守有关政治权利及社会活动等方面的限制规定;⑥遵守公安机关制定的具体监督

管理措施；⑦执行的派出所应当定期向罪犯所在单位或指定地居民委员会、村民委员会了解其表现情况，建立监督考察档案。

2. 对缓刑罪犯的处理。具体内容如下：

（1）被宣告缓刑的罪犯违反规定，尚未构成新的犯罪的，由公安机关依法给予治安管理处罚；如果构成犯罪的，由犯罪地公安机关立案侦查，并及时通知原判决的人民法院。

（2）被宣告缓刑的罪犯，在缓刑考验期内没有《刑法》第77条规定的又犯新罪或者漏罪的，缓刑考验期满，原判的刑罚就不再执行。期满后，公安机关应当向本人宣布并通报原判决的人民法院。

（3）公安机关在执行过程中，如果发现被宣告缓刑的罪犯在判决宣告前还有其他罪没有被判决或者重新犯罪的，应当及时通知原判决的人民法院，人民法院应当撤销缓刑判决，在审判新罪、漏罪时，依数罪并罚的原则处理。审判新罪的人民法院在审判新罪时，应对原判决、裁定宣告的缓刑予以撤销；如果原来是上级人民法院判决、裁定宣告缓刑的，审判新罪的下级人民法院也可以撤销原判决、裁定宣告的缓刑。审判新罪的人民法院对原判决、裁定宣告的缓刑撤销后，应当通知原宣告缓刑的人民法院和执行机关。

（4）缓刑考验期从判决之日起计算。判决宣告前先行羁押的日期，不能折抵缓刑考验期。如果又犯新罪或者发现未被判处的漏罪，则撤销缓刑，判处实刑。已执行的缓刑考验期也不能折抵刑期，但是判决执行前先行羁押的日期，应予折抵刑期。

四、管制、剥夺政治权利判决的执行

（一）管制、剥夺政治权利的概念

管制是一个独立的刑种，是适用于较轻的犯罪分子的刑罚。它是指对犯罪不予关押而在公安机关的管束和群众监督之下进行改造，并限制一定自由的刑罚方法。管制的期限为3个月以上2年以下。管制是我国独创的刑罚制度，它既可以减轻监狱的压力，有可以避免轻刑犯在监狱中受其他罪犯恶习的影响。

剥夺政治权利是我国刑法规定的一种附加刑，但也可以独立适用。对于被判处死刑和无期徒刑的罪犯，应当剥夺政治权利终身；死刑和无期徒刑减为有期徒刑的，附加剥夺政治权利的期限应改为3年以上5年以下；其他被附加剥夺政治权利的，期限为1年以上5年以下。附加剥夺政治权利的刑期，从徒刑、拘役执行完毕之日或者从假释之日起计算；剥夺政治权利的效力当然地施行于主刑执行期间。判处管制附加剥夺政治权利的，剥夺政治权利的期限与管制的期限相等，同时执行。

（二）管制、剥夺政治权利具体程序

根据《刑事诉讼法》第218条的规定，对于被判处管制的罪犯和被判处剥夺政治权利的罪犯，由公安机关执行。具体程序如下：

1. 被判处管制的罪犯和被判处剥夺政治权利的罪犯，在判决发生法律效力或者主刑执行完毕后，由人民法院交付罪犯居住地县级以上公安机关指定的派出所执行。

2. 负责执行管制、剥夺政治权利的派出所，应当依照人民法院的判决，向罪犯及其原所在单位或者居住地群众宣布其犯罪事实、被管制或者被剥夺政治权利的期限以及罪犯在执行期间应遵守的规定。

3. 执行机关应当向被管制的罪犯宣布，在执行期间应当遵守下列规定：①遵守法律、行政法规和公安部制定的有关规定，服从监督；②未经执行机关批准，不得行使言论、出版、集会、结社、游行、示威的权利；③定期向监督考察小组报告自己的活动情况；④遵守公安机关关于会客的规定；⑤离开所居住的市、县或者迁居，应当报经公安机关批准；⑥遵守公安机关制定的具体监督管理措施。

4. 执行机关应当向被剥夺政治权利的罪犯宣布，在执行期间应当遵守下列规定：①遵守法律、行政法规和公安部制定的有关规定，服从监督；②不得享有选举权和被选举权；③不得组织或者参加集会、游行、示威、结社活动；④不得出版、制作、发行书籍、音像制品；⑤不得接受采访，发表演说；⑥不得在境外发表有损国家荣誉、利益或者其他具有社会危害性的言论；⑦不得担任国家机关职务；⑧不得担任国有公司、企业、事业单位和人民团体的领导职务；⑨遵守公安机关制定的具体监督管理措施。

5. 被管制、剥夺政治权利的罪犯如果违反以上规定，尚未构成新的犯罪的，由公安机关依法给予治安管理处罚。

6. 被管制、剥夺政治权利的罪犯执行期满，公安机关应当通知其本人，并向其所在单位或者居住地群众宣布解除管制或者恢复政治权利。管制的刑期自判决执行之日起计算，判决执行前先行羁押的，羁押1日折抵刑期2日。被判处管制的罪犯，在劳动中应当同工同酬。

五、罚金、没收财产判决的执行

（一）罚金和没收财产的概念

罚金是指人民法院依法判决犯罪的公民或单位向国家缴纳一定数额金钱的刑罚方法。罚金虽然是一种附加刑，但对于罪该罚金的罪犯，不得以其他刑罚代替罚金。

没收财产是指把罪犯个人财产的一部分或者全部依法无偿收归国家所有的一种刑罚。

（二）执行机关

罚金、没收财产刑可以附加适用，也可以独立适用。根据《刑事诉讼法》第219、220条的规定，罚金和没收财产的执行机关都是人民法院。执行没收财产刑时，可以会同公安机关执行。

（三）执行程序

1. 关于罚金的执行。罚金在判决规定的期限内一次或者分期缴纳。期满无故不缴纳的，人民法院应当强制缴纳。经强制缴纳仍不能全部缴纳的，人民法院在任何时候，包括在判处的主刑执行完毕后，发现被执行人有可以执行的财产的，应当追缴。

如果由于遭遇不能抗拒的灾祸缴纳罚金确实有困难的，犯罪分子可以向人民法院申请减少或者免除。人民法院查证属实后，可以裁定对原判决确定的罚金数额予以减少或者免除。

行政机关对被告人就同一事实已经处以罚款的，人民法院判处罚金时应当予以折抵。

2. 关于没收财产刑的执行。没收财产是没收犯罪分子个人所有财产的一部分或者全部。没收全部财产的，应当对犯罪分子个人及其抚养的家属保留必需的生活费用。没收财产以前犯罪分子所负的正当债务，需要以没收的财产偿还的，经债权人请求，应当偿还。

对判处没收财产刑的犯罪分子，在本地无财产可供执行的，原判人民法院可以委托其财产所在地人民法院代为执行。代为执行的人民法院执行后或者无法执行的，应当将有关情况及时通知委托的人民法院。代为执行的人民法院可以将执行没收财产刑的财产直接上缴国库；需要退赔的财产，应当由执行的人民法院移交委托人民法院依法退赔。

六、无罪判决和免除刑罚的执行

《刑事诉讼法》第209条规定："第一审人民法院判决被告人无罪、免除刑事处罚的，如果被告人在押，在宣判后应当立即释放。"根据这一规定，无罪、免除刑事处罚的判决，由人民法院执行。为了保护不应受到刑罚处罚的被告人的合法权益，这类判决一经宣布，首先要将被关押的被告人立即释放。由人民法院将无罪或免除刑事处罚的判决书连同执行通知书送交看守所，看守所在接到上述法律文书后应当立即释放被关押的被告人。即使当事人及其法定代理人提出上诉或人民检察院提出抗诉，一审判决尚未生效，也不影响释放被告人的立即执行，不得等到判决生效后才予以执行。这是针对无罪判决和免除刑事处罚判决的执行问题所做出的特殊法律规定。

第三节　执行的变更

一、死刑、死刑缓期二年执行的变更

（一）对死刑执行的变更

《刑事诉讼法》第211、212条在执行死刑的程序中规定了停止执行死刑和暂停执行死刑两种变更执行的情况。这些规定，体现了我国在适用死刑上的审慎态度。

1. 停止执行死刑。根据《刑事诉讼法》第211条和最高法院司法解释的相关规定，下级人民法院在接到最高人民法院或高级人民法院执行死刑的命令后，应当在7日内交付执行，但是发现有以下情形之一的，应立即停止执行，并立即报告核准死刑的人民法院，由核准死刑的人民法院作出裁定：①在执行前发现判决可能有错误的；②在执行前罪犯揭发重大犯罪事实或者其他重大立功表现，可能需要改判的；③罪犯正在怀孕的。

上述前两种情况中停止执行的原因消失后，必须报请核准死刑的人民法院院长再签发执行死刑的命令才能执行；对于因上述第三种原因停止执行的，应当报请核准死刑的人民法院依法改判。

2. 暂停执行死刑。指挥执行的审判人员，对犯罪应当验明正身，讯问有无遗言、信札，然后交付执行人员执行死刑。在执行前，如果发现可能有错误，应暂停执行，报请核准死刑的人民法院裁定。

（二）死刑缓期二年执行的变更

死刑缓期二年执行不是独立的刑罚种类，而是我国刑罚中死刑的一种特殊执行制度。是指对于罪该判处死刑的犯罪分子，如果不是必须立即执行，在判处死刑的同时宣告缓期二年执行，实行监管改造，以观后效的制度。根据《刑法》第50条和《刑事诉讼法》第210条的规定，被判处死刑缓期二年执行的罪犯，根据其在死刑缓期执行期间的表现，死缓判决可作两种变更：核准执行死刑；对死刑缓期执行罪犯减刑。

死缓犯在缓刑执行期间，如果没有故意犯罪，2年期满以后，减为无期徒刑。死缓犯在缓期执行期间，如果确有重大立功表现，2年期满以后，减为15年以上20年以下有期徒刑。另需指出的是，被判处死刑缓期二年执行的罪犯，如果死刑缓期二年执行期满后尚未裁定减刑前又犯新罪的，应当依法减刑后，对其所犯新罪另行审判。

根据《刑事诉讼法》、《监狱法》的有关规定，对死刑缓期执行罪犯减刑的管辖法院是服刑地高级人民法院。审理对死刑缓期二年执行罪犯减刑案件的程序：罪犯所在监狱在死刑缓期二年期满时提出减刑建议，报经省、自治区、直辖市监狱管理机关审核后，报请高级人民法院裁定。高级人民法院组成的合议庭对申报材料审查后，认为应当减刑的，裁定减刑，并将减刑裁定书副本同时抄送原判人民法院及人民检察院。死刑缓期二年执行期满减为有期徒刑的，刑期自死刑缓期执行期满之日起计算。

二、监外执行

（一）监外执行的概念

监外执行是指被判处有期徒刑、拘役的罪犯，本应在监狱或其他执行场所服刑，但由于出现了法定的某种特殊情形，不适宜在监狱或其他执行场所执行刑罚，暂时采取不予关押的一种变通执行方法。

（二）监外执行的对象和条件

适用暂予监外执行的对象，只能是被判处有期徒刑或者拘役的罪犯。

被判处有期徒刑或者拘役的罪犯，适用暂予监外执行的情形，有以下三种：

1. 有严重疾病需要保外就医的。这是监外执行的主要方式，简称保外就医。保外就医必须具备四个条件才能适用：①有重疾病且不属于自伤自残的；②须有保证人担保；③适用保外就医不可能有社会危险性的；④必须有省级人民政府指定的医院开具的证明文件。

2. 怀孕或者是正在哺乳自己婴儿的妇女。因怀孕或者正在哺乳自己未满1周岁婴儿的妇女，适用暂予监外执行必须符合以下三个条件：①怀孕或者是正在哺乳自己的婴儿；②有经过查实的怀孕或者正在哺乳自己婴儿的证明；③适用暂予监外执行不致发生社会危险性。

3. 生活不能自理的。所谓生活不能自理，是指罪犯属于老、弱、病、残，需要他人照顾才能生活，而不包括自伤、自残致使生活不能自理。对于生活不能自理的罪犯适用暂予监外执行必须具备三个条件：①生活不能自理且不属于自伤、自残的；②必须有经过查实的证明文件；③适用暂予监外执行没有社会危险性的。

（三）监外执行的适用程序

对具备暂予监外执行条件的罪犯，人民法院判决时，可直接决定。人民法院决定暂予监外执行的，应当制作《暂予监外执行决定书》，载明罪犯基本情况、判决确定的罪名和刑罚、决定暂予监外执行的原因、依据等内容，并抄送人民检察院和罪犯居住地的公安机关。在判决、裁定执行过程中，对具备监外执行条件的罪犯，由监狱提出书面意见，报省、自治区、直辖市监狱管理机关批准。在看守所、拘役所服刑的罪犯需要暂予监外执行的，应由看守所或拘役所提出书面意见，报主管的县级以上公安机关审查决定。批准暂予监外执行的机关应当将批准的决定抄送人民检察院。

对于暂予监外执行的罪犯，由居住地公安机关执行，基层组织或者罪犯的原所在单位协助进行监督，执行机关应当对暂予监外执行的罪犯严格管理监督。对于服刑中决定暂予监外执行的罪犯，原执行机关应当将罪犯服刑改造的情况通报负责监外执行的公安机关，以便有针对性地罪犯进行管理监督。负责执行的公安机关应当告知罪犯，在暂予监外执行期间必须接受监督改造并遵守有关的规定。

暂予监外执行的情形消失后，罪犯刑期未满的，应当及时收监。对于人民法院在作出判决、裁定的同时决定对罪犯暂予监外执行的，对该罪犯的收监，应当由负责执行的公安机关通知人民法院将该罪犯依法交付执行。如果罪犯是在执行过程中被决定暂予监外执行的，负责执行的公安机关应当通知监狱等执行机关收监。暂予监外执行过程中罪犯刑期届满的，应当由原关押监狱等执行机关办理释放手续。罪犯在暂予监外执行期间死亡的，负责执行的公安机关应当及时通知原关押监狱或其他执行机关。

三、减刑

（一）减刑的概念

减刑，是指被判处管制、拘役、有期徒刑或者无期徒刑的罪犯，在执行期间确有悔改或者立功表现，由人民法院依法适当减轻其原判刑罚的制度。减刑可以由较重的刑种减为较轻的刑种，也可以由较长的刑期减为较短的刑期，但是，经过一次或几次减刑以后实际执行的刑期，判处管制、拘役、有期徒刑的，不能少于原判刑期的1/2；判处无期徒刑的不能少于10年。

（二）减刑的对象

减刑的对象必须是被判处管制、拘役、有期徒刑、无期徒刑的犯罪分子。死刑缓期二年执行罪犯的减刑，是依照法律的特别规定进行的，是死刑缓期二年执行制度的组成部分，不属于减刑制度的适用范围。

（三）减刑的条件

根据《刑法》第78条的规定，被判处管制、拘役、有期徒刑、无期徒刑的犯罪分子，在执行期间，如果认真遵守监规，接受教育改造，确有悔改表现的，或者有立功表现的，可以减刑；有下列重大立功表现的，应当减刑：①阻止他人重大犯罪活动的；②检举监狱内外重大犯罪活动，经查证属实的；③有发明创造或者重大技术革新的；④在日常生产、生活中舍己救人的；⑤在抗御自然灾害或者排除重大事故中，有突出表现的；⑥对国家和社会有其他重大贡献的。

（四）减刑的报请审核程序

对于被判处死刑缓期二年执行的罪犯，在死缓执行期间符合《刑事诉讼法》第210条第2款规定的，由监狱通过省、自治区、直辖市监狱管理部门向罪犯服刑地的高级人民法院提出减刑建议。人民法院应当自收到减刑建议书之日起1个月予以审核裁定；案情复杂或情况特殊的，可以延长1个月。减刑裁定的副本应当抄送人民检察院。

对于被判处无期徒刑的罪犯的减刑，由罪犯服刑地的高级人民法院根据省、自治区、直辖市监狱管理机关审核同意的监狱减刑建议书来裁定。高级人民法院应当自收到减刑建议书之日起1个月内依法裁定；案情复杂或者情况特殊的可以延长1个月。

对于被判处有期徒刑（包括减为有期徒刑的）的罪犯的减刑，由罪犯服刑地中级人民法院根据当地执行机关提出的减刑建议书裁定，中级人民法院应当自收到减刑建议书之日起1个月内依法裁定；案情复杂或者情况特殊的，可以延长1个月。

对于被判处拘役的罪犯的减刑，由罪犯服刑地的中级人民法院根据当地同级执行机关即地、市级的公安机关提出的减刑建议书裁定。

对于被判处管制的罪犯的减刑，由罪犯服刑地的中级人民法院根据当地同级执行机关即地、市级的公安机关提出的减刑建议书裁定。

被宣告缓刑的罪犯，在缓刑考验期内确有重大立功表现，需要予以减刑，并相应缩短缓刑考验期限的，应当由负责考察的公安派出所会同罪犯所在单位或者基层组织提出书面意见，由罪犯所在地的中级人民法院根据当地同级执行机关提出的减刑建议书裁定。因为缓刑不能离开原判刑罚独立存在，所以对缓刑考验期限的缩减，应当以对刑罚的减刑为前提来相应缩短其缓刑考验期限。

以上六种情形的减刑，人民法院应当在收到减刑建议书之日起1个月内依法裁定。

（五）人民法院受理减刑案件的程序

人民法院受理减刑案件，应当审查执行机关移送的材料是否包括下列内容：①减刑建议书；②终审法院的判决书、裁定书、历次减刑裁定书的复制件；③犯罪确有悔改或者立功、重大立功表现的具体事实的书面证明材料；④罪犯评审鉴定表、奖惩审批表等。

经审查，如果上述材料齐备的，应当收案；材料不齐备的，应当通知提请减刑的执行机关补送。

人民法院审理减刑案件，应当依法组成合议庭。人民法院应当自收到减刑建议书起1个月内审理完毕作出裁定；对于无期徒刑、有期徒刑（包括减为有期徒刑的）的减刑案件，由于案件复杂或者情况特殊的，可以延长 1 个月。

减刑的裁定，应当及时送达执行机关、同级人民检察院以及罪犯本人。人民检察院认为人民法院的减刑裁定不当，应当在收到裁定书副本后 20 日内，向人民法院提出书面纠正意见。人民法院收到书面纠正意见后，应当重新组成合议庭进行审理，并在 1 个月内作出最终裁定。减刑裁定不得上诉。

四、假释

（一）假释的概念

假释，是指对于被判处有期徒刑、无期徒刑的犯罪分子经过一定期限的服刑改造，确有悔改表现，释放后不致再危害社会的，附条件地将其提前释放的一种制度。

（二）假释的对象

假释的对象必须是被判处有期徒刑、无期徒刑的犯罪分子，但累犯以及因杀人、爆炸、抢劫、强奸、绑架等暴力性犯罪被判处 10 年以上有期徒刑、无期徒刑的犯罪分子除外。

（三）假释的条件

假释的条件有二：①已实际执行一定的刑期，即被判处有期徒刑的犯罪分子；实际执行原判刑期 1/2 以上，被判处无期徒刑的犯罪分子，实际执行 10 年以上；②认真遵守监规，接受教育改造，确有悔改表现，释放后不致再危害社会。以上两个条件须同时具备。但根据《刑法》第 81 条的规定，如果有特殊情况，经最高人民法院核准，可以不受上述执行刑期的限制。所谓特殊情况，是指涉及政治性、外交性的情况等。

（四）假释的程序

根据《刑法》第 82 条的规定，假释依照减刑程序进行。此外，根据《刑法》第 81 条第 1 款规定，报请最高人民法院核准因犯罪分子具有特殊情况，不受执行刑期限制的假释案件，按下列情况分别处理：中级人民法院依法作出假释裁定后，应即报请高级人民法院复核。高级人民法院同意假释的，应当报请最高人民法院核准；高级人民法院不同意假释的，应当裁定撤销中级人民法院的假释裁定，报请最高人民法院核准。因犯罪分子具有特殊情况，不受执行期限制的假释案件，应当报送报请核准假释案件的报告、罪犯具有特殊情况的报告、假释裁定各 15 份以及全案卷宗。最高人民法院核准犯罪分子具有特殊情况，不受执行期限制的假释案件，予以核准的，作出核准裁定书；不予核准的，应当作出撤销原裁定、不准假释的裁定书。

（五）对被假释罪犯的考察与处理

根据《刑事诉讼法》第 217 条的规定，对于被假释的罪犯，在假释考验期限内，由公安机关予以考察。被假释的犯罪分子，在假释考验期限内再犯新罪或者发现判决宣告以前还有其他罪没有判决，应当撤销假释，由审判新罪的人民法院在审判新罪时，对原判决、裁定的假释予以撤销；如果原来是上级人民法院判决、裁定假释的，审判新罪的人民法院也可以撤销原判决、裁定的假释。审判新罪的人民法院对原审判决、裁定的假释撤销后，应当通知原假释的人民法院和执行机关。

被假释的犯罪分子，在假释考验期限内违反法律、行政法规或者公安机关有关假释的监督管理规定，应当依法撤销假释的，原作出假释的人民法院应当自收到同级公安机关提出的撤销建议书之日起 1 个月内依法作出裁定。人民法院撤销假释的裁定，一经作出，立即生效。

被假释的犯罪分子，在假释考验期限内，如果没有上述情形，假释考验期满，就认为原判刑罚执行完毕，并公开予以宣告。

五、对新罪、漏罪的追诉

新罪，是指罪犯在服刑期间又犯的新罪。漏罪，是指在执行过程中发现的罪犯在判决宣告以前所犯的尚未判决的罪行。无论是又犯新罪还是发现漏罪，都应当予以追诉。所以必然会引起正在执行过程中的刑罚的变更。

根据《刑事诉讼法》第 22 条第 1 款、第 225 条、《监狱法》第 60 条的规定以及《公安机关办理刑事案件程序规定》第 306～308 条的规定，对服刑罪犯的新罪、漏罪情况，分别作如下处理：

1. 在监狱服刑的罪犯又犯新罪或发现有漏罪的，由监狱进行侦查，侦查终结后，写出起诉意见书，连同案件材料和证据一并移送人民检察院审查起诉。

2. 在看守所、拘役所服刑的罪犯又犯新罪或发现有漏罪的，由看守所、拘役所立案侦查；重大、复杂的案件由公安机关刑事侦查部门立案侦查。

3. 暂予监外执行的罪犯，在监外执行期间又犯新罪，需要收监执行的，由当地公安机关直接通知原所在监狱、看守所、拘役所解回收监；应当追究刑事责任的，由犯罪地公安机关立案侦查，并将处理结果及时通知原执行机关。

4. 被剥夺政治权利、管制的罪犯在执行期间又犯新罪的，由犯罪地公安机关立案侦查。期间需要采取强制措施的，可以适用逮捕、拘留等强制措施。

5. 被宣告缓刑、假释的罪犯，在缓刑、假释考验期限内再犯新罪或者被发现判决宣告以前还有其他罪没有判决的，公安机关应当建议人民法院撤销原判决、裁定宣告的缓刑、假释，并立案侦查。人民法院在审判新罪时，由审判新罪的人民法院对原判决、裁定宣告的缓刑、假释予以撤销，并通知原宣告缓刑、假释的人民法院和执行机关。对因犯新罪被撤销假释的罪犯，公安机关仍将其送往原服刑的监狱、看守所、拘役所执行。

六、对错判和申诉的处理

《刑事诉讼法》第223条规定："监狱和其他执行机关在刑罚执行中，如果认为判决有错误或者罪犯提出申诉，应当转请人民检察院或者原判人民法院处理。"

罪犯的申诉是罪犯在判决生效后，仍然认为原判决有错误，在服刑中提出的撤销或者变更刑罚的请求。申诉不仅可以由正在服刑的罪犯提出，也可以由其法定代理人、近亲属以及被害人一方提出；申诉可以是在刑罚执行过程中提出（因为生效裁判的执行不因申诉而中止），也可以在刑罚执行完毕后提出；申诉既可以向人民法院（包括原判法院及其上级法院）提出，也可以向人民检察院提出。

在监狱或者其他执行机关服刑的罪犯提出的申诉材料，或者监狱等执行机关认为判决可能有错误的，应当及时转送或者提请人民检察院或者人民法院处理，人民检察院或者人民法院应当自收到监狱等执行机关提请处理意见书之日起6个月内将处理结果通知监狱。

对于罪犯的申诉或者监狱等执行机关转送的认为判决可能有错误的材料，人民法院和人民检察院应当认真审查，符合法定情形的依照审判监督程序提起再审，对不符合法定情形的，按来信、来访处理，并通知监狱等执行机关。

第四节　人民检察院对执行的监督

一、对执行死刑的监督

《刑事诉讼法》第212条第1款规定：人民法院在交付执行死刑前，应当通知同级人民检察院派员临场监督，根据最高人民法院《刑诉解释》的规定，人民法院将罪犯交付执行死刑，应当在交付执行3日前通知同级人民检察院派员临场监督。人民检察院收到同级人民法院执行死刑临场监督通知后，应当查明同级人民法院是否收到最高人民法院或者高级人民法院核准死刑的判决或者裁定和执行死刑的命令。

被判处死刑的罪犯在被执行死刑时，人民检察院应当派员临场监督，执行死刑临场监督由检察人员担任并配备书记员担任记录。

临场监督执行死刑的检察人员应当依法监督执行死刑的场所、方法和执行死刑的活动是否合法。在执行死刑前，发现有下列情形之一的，应当建议人民法院停止执行：①被执行人并非应执行死刑的罪犯；②罪犯犯罪时不满18岁；③判决可能有错误；④在执行前罪犯检举揭发重大犯罪事实或者有其他重大立功表现，可能需要改判；⑤罪犯正在怀孕。

在执行死刑过程中，人民检察院临场监督人员根据需要可以进行拍照摄像，执行死刑后，人民检察院临场监督人员应当检查罪犯是否确已死亡，并填写死刑临场监督笔录，签名后入卷归档。

二、对暂予监外执行的监督

《刑事诉讼法》第215条规定：批准暂予监外执行的机关应当将批准的决定抄送人民检察院，人民检察院认为暂予监外执行不当的，应当自接到通知之日起1个月以内将书面意见送交批准暂予监外执行的机关，批准暂予监外执行的机关接到人民检察院的书面意见后，应当立即对该决定进行重新核查，最高人民检察院规则对此作了具体规定。

人民检察院对监狱、看守所、拘役所暂予监外执行的执法活动实行监督，发现有下列违法情况的，应当提出纠正意见：①将不具备法定条件的罪犯报请暂予监外执行的；②对罪犯报请暂予监外执行没有完备的合法手续的；③对决定暂予监外执行的罪犯未依法予以监外执行的，或者罪犯被批准暂予监外执行后未依法交付监外执行的；④罪犯在暂予监外执行期间有违法行为，应当收监未收监的；⑤暂予监外执行的条件消失后，未及时收监执行的；⑥暂予监外执行的罪犯刑期届满，未及时办理释放手续的。人民检察院接到批准或者决定对罪犯暂予监外执行的通知书，应当进行审查，审查的内容包括：①是否属于被判处有期徒刑或者拘役的罪犯；②是否属于有严重疾病需要保外就医的罪犯；③是否属于正在怀孕或者正在哺乳自己婴儿的妇女；④是否属于自伤自残的罪犯；⑤是否属于生活不能自理适用暂予监外执行不致危害社会的罪犯；⑥办理暂予监外执行是否符合法定程序。检察人员可以向罪犯所在单位和有关人员调查，可以向有关机关调阅有关材料。经审查认为暂予监外执行不当，应当向批准或者决定暂予监外执行的机关提出纠正意见的，由检察长决定。

人民检察院认为暂予监外执行不当的，应当自接到通知之日起1个月以内提出书面纠正意见呈报批准或者决定暂予监外执行的机关的同级人民检察院，并送交批准或者决定暂予监外执行的机关。

人民检察院向批准或者决定暂予监外执行的机关送交不同意暂予监外执行的书面意见后，应当监督其立即对批准或者决定暂予监外执行的结果进行重新核查，并监督重新核查的结果是否符合法律规定。对核查不符合法律规定的，应当依法提出纠正意见。

对于暂予监外执行的罪犯，人民检察院发现暂予监外执行的情形消失，应当通知执行机关收监执行。

三、对减刑、假释的监督

《刑事诉讼法》第222条规定，人民检察院认为人民法院减刑、假释的裁定不当，应当在收到裁定书副本后 20 日以内，向人民法院提出书面纠正意见，人民法院应当在收到纠正意见后 1 个月以内重新组成合议庭进行审理，作出最终裁定。

人民检察院对执行机关报请人民法院裁定减刑、假释的活动实行监督，发现有下列违法情况，应当提出纠正意见：①将不具备法定条件的罪犯报请人民法院裁定减刑、假释的；②对依法应当减刑、假释的罪犯不报请人民法院减刑、假释的，或者罪犯被裁定假释后，应当交付监外执行而不交付监外执行的；③报请人民法院裁定对罪犯减刑、假释没有完备的合法手续的。

人民检察院接到人民法院减刑、假释的裁定书副本后，应当进行审查。审查的内容包括：①被减刑、假释的罪犯是否符合法定条件；②执行机关呈报减刑、假释的程序是否合法；③人民法院裁定减刑、假释的程序是否合法。检察院人员可以向罪犯所在单位和有关人员调查，可以向有关机关调阅有关材料。经审查认为人民法院减刑、假释的裁定不当，应当提出纠正意见的，由检察长决定。

人民检察院认为人民法院减刑、假释的裁定不当，应当在接到裁定书副本后20 日内，向作出减刑、假释裁定的人民法院提出书面纠正意见。对人民法院减刑、假释裁定的纠正意见，由作出减刑、假释裁定的人民法院的同级人民检察院书面提出。下级人民检察院发现人民法院减刑、假释裁定不当的，应当立即向作出减刑、假释裁定的人民法院的同级人民检察院报告。

人民检察院对人民法院减刑、假释的裁定提出纠正意见后，应当监督人民法院是否在收到纠正意见后 1 个月内重新组成合议庭进行审理，并监督重新作出的最终裁定是否符合法律规定。对最终裁定不符合法律规定的，应当向同级人民法院提出纠正意见。

四、对其他执行活动的监督

《刑事诉讼法》第 224 条规定，人民检察院对执行机关执行刑罚的活动是否合法实行监督。如果发现有违法的情况，应当通知执行机关纠正。这是刑事诉讼法关于人民检察院对执行刑罚活动进行监督的原则性规定。

除上述刑事诉讼法已有专条规定的对执行刑罚活动的监督外，对执行机关执行刑罚活动的监督还包括：人民法院判决被告人无罪、免除刑事处罚的，在押被告人是否被立即释放；人民法院的交付执行活动是否合法；看守所的执行活动以及监狱、未成年犯管教所、拘役所的收押犯罪活动是否合法；执行机关的狱政管理教育改造等活动是否合法；对于死刑缓期二年执行的罪犯，死刑缓期执行期满，符合减刑条件的是否依法减刑；在缓期执行期间故意犯罪的，监狱是否依法侦查和移送起诉，人民法院是否依法核准或者裁定执行死刑；执行机关对服刑期满或依法应当予以释放的人员是否按期释放；对服刑未满又无合法释放根据的罪犯是否有予以释放的违法行为；对被判处管制、剥夺政治权利的罪犯，公安机关监督管理措施是否落实或者监督管理措施是否得当；对于罚金、没收财产判决的执行是否合法，罚没钱物是否依法处理；对于被判处拘役、有期徒刑适用缓刑的罪犯、被假释的罪犯和暂予监外执行的罪犯，有关单位对罪犯的监督管理和考察措施是否落实；等等。

人民检察院在对执行机关执行刑罚的活动进行监督的过程中，如果发现有违法的情况，应当通知执行机关纠正。对于情节较轻的违法行为，检查人员可以口头方式向违法人员或者执行机关负责人提出纠正，并及时向监所检察部门的负责人汇报。必要时，由部门负责人提出。对于比较严重的违法行为，应报请检察长批准后，向监狱或公安机关发出纠正违法通知书。对于造成严重后果、构成犯罪的，应当依法追究责任人的刑事责任。人民检察院发出纠正违法通知书的，应当根据执行机关的回复监督落实情况；没有回复的，应当督促执行机关回复，纠正违法的情况，应当及时向上一级人民检察院报告，并抄报执行机关的上级主管机关。上级人民检察院认为下级人民检察院意见正确的，应与同级执行机关共同督促下级执行机关纠正；上级人民检察院认为下级人民检察院纠正违法的意见有错误，应当通知下级人民检察院撤销发出的纠正违法通知书，并通知同级执行机关。

学术视野

刑事诉讼中的执行一个具有多种性质的活动，严格意义上说，执行不是以个司法活动而是以个行政活动。我国现行刑事执行制度，存在着一些亟待解决的问题。

第一，分散型执行体制弱化了执行权、减损了执行效果。我国现在阶段参与刑事案件执行的机关有监狱、公安、检察院等多家，形成分散的多元的执行体制。这种执行体制导致刑罚执行权过于分散，难以形成统一的、有效的指挥体系，相互之间缺乏必要的统一领导、督促和协调，直接导致执行权的弱化，减损了执行的效果。

第二，人民法院承担执行职能，破坏了法院作为审判者的"中立"形象。现行刑事诉讼法对执行权的配置也存在着背离执行权本质和规律的情况。执行权本质上是一种行政权（也有人认为是司法权和行政权的统一）。法院不应该参与到属于行政权的刑事执行权行使中来。但在我国现行刑事执行体制下，死刑立即执行、罚金、没收财产等财产刑的执行都是由人民法院负责的。根据刑诉法的规定，死刑立即执行的判决由人民法院负责执行。但是死刑执行权仍然属于行政权的范畴，作为行使审判权的人民法院来行使死刑执行权，不仅于法理不合，而且容易导致被执行死刑之罪犯的亲属对人民法院的心理对抗和冲突，客观上也容易在社会大众的心理层面上形成法院的负面印象，破坏法院作为审判者的中立、公正的司法者形象。

第三，检察机关仅仅监督执行，难以实现对执行的权力制约和程序控制。从检察监督执行的具体内容来看，检察机关对执行程序中的权力制约和程序控制作用是相对有限的。监督、制约机制的弱化，为执行程序中的权力滥用和权力"寻租"提供了空间，暴露出来的诸多弊端，与执行程序缺乏强有力的监督、制约机制密切相关。

鉴于上述问题的存在，有必要对刑事执行权的归属和使用进行研究，力求建立合理的、统一的执行体系，更好地为刑事诉讼服务。

理论思考与实务应用

一、理论思考

（一）名词解释

减刑　假释　监外执行　保外就医

（二）简答题

1. 减刑有哪些条件？

2. 假释的规定有哪些？

3. 在什么情况下，可以申请保外就医？

4. 对漏罪、余罪和新的犯罪，如何进行追究？

（三）论述题

人民检察院的法律监督如何体现在执行程序中？

二、实务应用

（一）案例分析示范

张某因受贿罪被判处死刑缓期二年执行，在缓期执行期间，张某又与犯人李某共同越狱脱逃，后被抓获。

问：司法机关应该对张某如何处理？

【评析】根据我国《刑法》第50条规定，判处死刑缓期执行的，在死刑缓期执行期间，如果没有故意犯罪，2年期满以后，减为无期徒刑；如果确有重大立功表现，2年期满以后，减为15年以上20年以下有期徒刑；如果故意犯罪，查证属实的，由最高人民法院核准，执行死刑。

张某被判处死刑缓期二年执行，在缓期执行期间与他人共同越狱脱逃，明显构成脱逃罪，由监狱所在地的中级人民法院依法进行审判，并作出相应的判决。然后根据《刑法》第 50 条的规定，报请最高人民法院核准后，交罪犯服刑地的中级人民法院执行死刑。

（二）案例分析实训

案例一

周某因抢劫罪被人民法院判处死刑，下级人民法院在接到核准死刑的最高人民法院院长签发的执行死刑的命令后，周某向有关机关交待说，为了能早入学，自己户籍上的年龄曾经改动过，自己犯罪时实际上不满 18 周岁。负责执行的人民法院依法停止执行后，经过调查，确认周某的话并不属实。

问：下级人民检察院应该如何处理？

案例二

被告人马某被人民法院判处有期徒刑 2 年，在判决确定前，被告人马某没有被羁押。

问：在判决发生法律效力后，应当由哪个机关负责对马某羁押以及交付执行？

案例三

被告人梁某因受贿罪被 A 市人民法院判处无期徒刑。后经法定程序得以假释。在假释期间，梁某又因交通肇事被人民检察院起诉至该市 M 区人民法院，要求撤销对梁某的假释。

问：M 区人民法院应如何处理梁某的假释？

 主要参考文献

1. 陈光中、徐静村主编：《刑事诉讼法学》，中国政法大学出版社 2002 年版。

2. 刘金友：《刑事诉讼法》，中国政法大学出版社 2007 年版。

3. 李乐平：《现代刑事诉讼制度检讨与完善》，中国检察出版社 2006 年版。

4. 万毅："刑事执行制度之检讨与改造"，载《甘肃政法学院学报》2005 年第 6 期。

5. 于同治等："试论刑事执行制度的改革及完善"，载《广西政法管理干部学院学报》2001 年第 1 期。

图书在版编目（CIP）数据

刑事诉讼法学——理论·实务·案例 / 孙彩虹主编. —北京: 中国政法大学出版社, 2011.1

ISBN 978-7-5620-3796-5

Ⅰ.刑… Ⅱ.孙… Ⅲ.刑事诉讼法-法的理论-中国-高等学校-教材　　Ⅳ.D925.201

中国版本图书馆CIP数据核字(2010)第258298号

书　　名	刑事诉讼法学——理论·实务·案例
出版发行	中国政法大学出版社
经　　销	全国各地新华书店
承　　印	固安华明印刷厂

787×960mm　　16开本　　34.5印张　　650千字

2011年1月第1版　　2011年1月第1次印刷

ISBN 978-7-5620-3796-5/D·3756

定　价: 49.00元

社　　址	北京市海淀区西土城路25号
电　　话	(010)58908435(编辑部)　　58908325(发行部)　　58908334(邮购部)
通信地址	北京100088信箱8034分箱　　邮政编码 100088
电子信箱	fada.jc@sohu.com(编辑部)
网　　址	http://www.cuplpress.com　（网络实名: 中国政法大学出版社）